Soná ... *255*
Santa Catalina ... *256*
Isla Gobernadora ... *265*
Parque Nacional Coiba ... 265

PROVINCES DE HERRERA ET LOS SANTOS

Province de Herrera ... 268
Chitré ... *268*
La Arena ... *273*
Parita ... *274*
Parque Nacional Sarigua ... *274*
Pesé ... *275*
Ocú ... *276*
Las Minas ... *276*
Province de Los Santos ... 278
La Villa de los Santos ... *278*
Guararé ... *279*
Las Tablas ... *280*
Pedasí ... *282*
Playa Los Destiladeros ... *286*
Playa Venao ... *286*
Isla Cañas ... *289*
Tonosí ... *291*
Playa Guánico ... *291*
Cambutal ... *292*

PROVINCE DU CHIRIQUÍ

Province du Chiriquí ... 298
David ... *298*
Les Hautes Terres du Chiriquí ... 303
Boquete ... *303*
Caldera ... *314*
Volcán ... *315*
Bambito ... *319*
Cerro Punta ... *319*
Valle Hornito ... *320*
Le golfe de Chiriquí ... 321
Boca Chica ... *321*
Isla Boca Brava ... *327*
Playa Las Lajas ... *329*

PROVINCE DE BOCAS DEL TORO

Le littoral de Bocas del Toro ... 332
Changuinola ... *332*
Parque Internacional La Amistad ... *336*
Almirante ... *336*
Laguna de Chiriquí ... *337*
L'archipel de Bocas del Toro ... 338
Isla Colón ... 338
Isla Carenero ... 358
Isla Bastimentos ... 360
Isla San Cristóbal ... 371
Isla Solarte ... 373
Isla Popa ... 373
Isla Pastores ... 376

PROVINCE DE SAN BLAS – GUNA YALA

Province de San Blas – Guna Yala ... 380
Secteur Garti ... 386
Secteur Porvenir ... 389
Secteurs Cayos Limones et Cayos Holandeses ... 392
Secteur Río Sidra ... 393
Secteur Corazón de Jesús ... 394
Secteur Playón Chico ... 395
Secteur Achutupu ... 396
Secteur Puerto Obaldía ... 398

PROVINCE DU DARIÉN

Province du Darién ... 402
Le long de la Panaméricaine ... 407
Bayano ... *407*
Tortí ... *407*
Aguas Frías ... *408*
Santa Fé ... *408*
Boca Lara ... *409*
Metet ... *410*
Yaviza ... *412*
Golfe de San Miguel ... 414
La Palma ... *414*
Sambu ... *417*
Garachiné ... *417*
Playa de Muerto ... *418*
Parque Nacional Darién ... 418

PENSE FUTÉ

Pense futé ... 422
S'informer ... 437
Rester ... 442
Index ... 445

Panamá

0
60 km
N
Puerto Limón
Pointe de Cahuita
Puerto Viejo
COSTA RICA
Bratsi
Guabito
Changuinola
Almirante
Archipel de
Bocas del Toro
Bocas del Toro
Baie de
Almirante
Cusapín
Péninsule
Valiente
Punta Laurel
Lagune de
Chiriquí
Golfe des
Moustiques
3335
San
Vito
Río Sereno
Nueva
California
Volcán
Barú
Volcán
3475
Bajo
Boquete
Fortuna
2238
Chiriquí
Grande
Canquintú
Calovébora
Cordillère Centrale
2829
Dolega
La Concepción
Boquerón
David
Alanje
Pedregal
Puerto
Armuelles
Baie de
Charco Azul
Pointe Burica
Boca Chica
Horconcitos
Las Lajas
Remedios
Hato
Chamí
Tolé
Las Palmas
Jorones
Soná
Santa Fé
Cañazas
La Mesa
San
Francisco
Santiago
Montijo
Río de
Jesús
Pixvae
El Tigre
Santa Catalina
Golfe
de
Montijo
I. Cébaco
Golfe
de
Chiriquí
Île Coiba
Île Jicarón
Nuevo Chag
Boca del Río Indio
Coclé
del Norte
Miguel de
la Borda
Coclesito
El Copé
La Pintada
La Yeguada
Olá
Penonom
Natá
Calobre
Pocrí
Aguadulce
Baie de
Parita
Santa María
París
Monagrillo
Parita
Chitré
La
Arena
Los Santos
Ocú
Pesé
Las Minas
Los Pozos
Macaracas
Tebario
Mariato
Péninsule
de Azuero
Arenas
Tonosí
Guanico A
Pedregal
Pointe Mariato
Valleric

EDITION

Directeurs de collection et auteurs : Dominique AUZIAS et Jean-Paul LABOURDETTE

Auteurs : Julie OLAGNOL, Nicolas LHULLIER, Marie YOUAKIM, Lise PATHE, Jean-Paul LABOURDETTE, Dominique AUZIAS et alter

Directeur Editorial : Stéphan SZEREMETA

Responsable Editorial Monde : Patrick MARINGE

Rédaction Monde : Caroline MICHELOT, Morgane VESLIN, Pierre-Yves SOUCHET et Talatah FAVREAU

Rédaction France : François TOURNIE, Maurane CHEVALIER, Silvia FOLIGNO et Bénédicte PETIT

FABRICATION

Responsable Studio : Sophie LECHERTIER assistée de Romain AUDREN

Maquette et Montage : Julie BORDES, Sandrine MECKING, Delphine PAGANO et Laurie PILLOIS

Iconographie et Cartographie : Audrey LALOY

WEB ET NUMERIQUE

Directeur Web : Louis GENEAU de LAMARLIERE

Directeur technique : Lionel CAZAUMAYOU

Chef de projet et développeurs : Jean-Marc REYMUND, Cédric MAILLOUX et Florian FAZER

Community Manager : Cyprien de CANSON

DIRECTION COMMERCIALE

Directrice des Régies : Caroline CHOLLET

Responsable Régies locales : Michel GRANSEIGNE

Relation Clientèle : Vimla MEETTOO et Sandra RUFFIEUX

Chefs de Publicité Régie nationale : Caroline AUBRY, François BRIANCON-MARJOLLET, Perrine DE CARNE MARCEIN, Caroline GENTELET et Caroline PREAU

Responsable Clientèle : Déborah LOICHOT

REGIE INTERNATIONALE

Chefs de Publicité : Jean-Marc FARAGUET, Guillaume LABOUREUR assistés d'Elisa MORLAND

Régie Panama : Laurent BOSCHERO

DIFFUSION ET PROMOTION

Directrice des Ventes : Bénédicte MOULET assistée d'Aissatou DIOP et Vianney LAVERNE

Responsable des ventes : Jean-Pierre GHEZ assisté de Nathalie GONCALVES

Relations Presse-Partenariats : Jean-Mary MARCHAL

ADMINISTRATION

Président : Jean-Paul LABOURDETTE

Directrice Administrative et Financière : Valérie DECOTTIGNIES

Directrice des Ressources Humaines : Dina BOURDEAU assistée de Sandra MORAIS

Responsable informatique : Pascal LE GOFF

Comptabilité : Jeannine DEMIRDJIAN, Christelle MANEBARD, Adrien PRIGENT et Sébastien LECORCHE

Recouvrement : Fabien BONNAN assisté de Sandra BRIJLALL et Belinda MILLE

Standard : Jehanne AOUMEUR

PETIT FUTE PANAMA 2017

Petit Futé a été fondé par Dominique AUZIAS.
Il est édité par Les Nouvelles Editions de l'Université
18, rue des Volontaires - 75015 Paris.
☎ 01 53 69 70 00 - Fax 01 42 73 15 24
Internet : www.petitfute.com
SAS au capital de 1 000 000 E
RC PARIS B 309 769 966

Couverture : Jeune paresseux à gorge brune
© VILAINECREVETTE - SHUTTERSTOCK.COM

Impression : IMPRIMEUR DE CHAMPAGNE – 52200 Langres

Dépôt légal : 05/12/2016
ISBN : 9791033105121

Pour nous contacter par email, indiquez le nom de famille en minuscule suivi de @petitfute.com
Pour le courrier des lecteurs : info@petitfute.com

¡ BIENVENIDOS A PANAMÁ !

Le Panamá a fait parler de lui sur la scène internationale en 2016 avec les révélations des Panama papers, un scandale de blanchiment d'argent et d'évasion fiscale à grande échelle. Mais ce petit pays de 4 millions d'habitants ne se limite pas à sa réputation sulfureuse et regorge de bien des trésors ! Apparu il y a seulement 3 millions d'années, cette maigre cigue qui relie les deux Amériques et sépare l'Atlantique et le Pacifique, a tout simplement bouleversé l'histoire biologique du monde ! Véritable pont naturel pour la circulation des espèces du nord et du sud du continent, l'isthme concentre une biodiversité parmi les plus riches de la planète, et présente une palette de paysages et d'atmosphères contrastés : des archipels coralliens aux plages sauvages bordées d'une végétation luxuriante, de la moiteur des forêts tropicales à la fraîcheur des cordillères... Il y en a pour tous les goûts ! Les conquistadors, pirates et chercheurs d'or ont été les premiers à s'intéresser à ce territoire, mais c'est la découverte de l'océan Pacifique en 1513 qui scella à jamais son destin. Au centre d'enjeux géopolitiques énormes depuis des siècles, le Panamá est devenu une voie de transit incontournable grâce à son fameux canal, aujourd'hui centenaire, dont on oublierait presque l'existence tant le pays offre davantage. Passerelle entre la culture occidentale à l'américaine et la douceur de vivre de l'Amérique latine, le Panamá est une mosaïque de visages, de cultures et d'ambiances. Dès votre arrivée à Panamá, vous serez accueilli sur des rythmes endiablés de salsa ou de reggaetón. Prenez le temps de visiter cette capitale bouillonnante et moderne, avant de vous plonger dans un tout autre univers : en moins d'une heure vous vous retrouvez sur une pirogue et remontez un fleuve vers un village amérindien ! Après la jungle, une petite route bucolique vous emmène à travers la campagne panaméenne, El Interior, à la rencontre de traditions encore bien vivaces. Partez ensuite explorer la région montagneuse du Chiriqui, à l'air pur et frais, avant de rejoindre les plages paradisiaques de Bocas del Toro, de San Blas, ou de Boca Chica ...
« Panamá, pont du monde et cœur de l'univers » mérite bien cet adage. Le pays s'apparente à un confortable hamac fixé entre deux continents. Il suffit de s'y poser pour ne plus vouloir le quitter, en atteste les nombreux étrangers qui viennent s'y installer chaque année. Alors, vous aussi, laissez-vous porter par le rêve panaméen et venez explorer ce pays haut en couleur !

L'équipe de rédaction

REMERCIEMENTS. Un grand merci pour leur aide ou conseils à S.E. Monsieur Philippe Casenave, à Álvaro, Florian, Philippe, Sébastien, Stef & Marla, nos deux Michel préférés, Sandrine, Manu, Alex, Chris & Juan, Marta & Ramiro, Pascal & Stéphanie... et à tous les amis que nous prenons un grand plaisir à revoir lors de chaque nouvelle édition.

PEFC
10-31-2009
Certifié PEFC
Ce produit est issu de forêts gérées durablement et de sources contrôlées.
pefc-france.org

IMPRIMÉ EN FRANCE

en page 97

SOMMAIRE

INVITATION AU VOYAGE

Les plus du Panamá 7
Fiche technique 8
Idées de séjour 10
Comment partir ? 13

DÉCOUVERTE

Le Panamá en 30 mots-clés 32
Survol du Panamá 37
Histoire 47
Politique et économie 63
Population et langues 70
Mode de vie 76
Arts et culture 80
Festivités 90
Cuisine panaméenne 94
Jeux, loisirs et sports 100
Enfants du pays 104
Lexique 106

PROVINCE DE PANAMÁ

Ciudad de Panamá 110
Le sud du canal de Panamá 168
Esclusas de Miraflores *168*
Esclusas de Cocolí *173*
Esclusas de Pedro Miguel *173*
Parque Nacional Camino de Cruces *173*
Parque Municipal Summit *173*
Gamboa *174*
L'est de la province 176
Cerro Azúl – Cerro Jefe *176*
Parque Nacional Chagres *176*
L'ouest et les plages 178
Parque Nacional Altos de Campana *178*
Punta Chame *179*
Nueva Gorgona *180*
Playa Coronado *180*
San Carlos *180*
El Palmar *180*
Río Mar *181*
Les îles 182
Isla Taboga *182*
Archipel de Las Perlas 184
Isla Contadora *184*
Isla Saboga *188*
Isla Viveros *189*
Isla San José *189*

PROVINCE DE COLÓN

Province de Colón 192
Colón *194*
Le nord du Canal de Panamá 199
Esclusas de Agua Clara *199*
Esclusas de Gatún *199*
Represa de Gatún *201*
Fuerte San Lorenzo *202*
Cuipo *202*
Lago Gatún 203
Isla Barro Colorado *203*
Costa Abajo 203
Coclé del Norte *204*
Le long du Río Gatún 204
Ella Drua *204*
Embera Quera *205*
Costa Arriba 206
Las Sabanitas *206*
Portobelo *207*
Puerto Lindo *213*
Parque Nacional Portobelo *216*
Isla Grande *217*
Nombre de Dios *220*
Palenque *221*
Miramar *221*
Cuango *221*

PROVINCES DE COCLÉ ET VERAGUAS

Province de Coclé 224
El Copecito *224*
El Valle *226*
Laguna San Carlos *235*
Chiguiri Arriba *235*
Santa Clara *235*
Farallón *236*
Antón *238*
Penonomé *238*
La Pintada *240*
San Miguel Centro *241*
Parque Nacional Omar Torrijos *242*
Natá *243*
Aguadulce *244*
Province de Veraguas 247
Santiago *247*
Au nord de Santiago 248
Le golfe de Montijo 252
Montijo *252*
Atalaya *252*
Mariato *252*
Torio *254*
Playa Morillo *254*
Parque Nacional Cerro Hoya *255*

MER DES CARAÏBES
Pointe de Manzanillo
El Porvenir
Golfe de San Blas
Portobelo
Palenque
Salamanca
Sabanitas
Canal de Panamá
Lac Gatún
Las Cumbres
San Miguel
Chepo
Lac Bayano
Tocumen
San Miguelito
PANAMÁ
Arraiján
La Chorrera
Baie de Panamá
Punta Chame
Chame
San Carlos
Archipel de Las Perlas
Île San José
San Miguel
Île del Rey
Golfe de Panamá
Serranía de San Blas
Playón Chico
Ailigandi
Pointe Mosquito
Ustupo
Piriati
1439
Cañazas
Serranía de Maja
Chimán
Santa Fé
Meteti
Puerto Quimba
La Paz
Río Congo
La Palma
Golfe de San Miguel
Chepigana
Yaviza
Garachiné
Boca de Sábalo
Boca de Pavarandó
Serranía del Sapo
Puerto Piña
Jaqué
Serranía del Darién
Anachucuna
Armila
Puerto Obaldía
Cap Tiburon
Acandí
1875
Boca de Cupé
Serranía de Pirre
COLOMBIE
Pedasí
Pointe Mala
OCÉAN PACIFIQUE

Molas sur un marché de Ciudad de Panama.

Singe capucin dans la forêt panaméenne.

Pirogues chargées de provisions pour le village.

Embera Quera – Une jeune femme embera fabrique un bustier.

LES PLUS DU PANAMÁ

Un pays béni des dieux

Contrairement à ses voisins d'Amérique centrale, le Panamá est à l'abri des grandes catastrophes naturelles (ouragan ou tremblement de terre). Les caprices de la météo s'y limitent à de très fortes précipitations parfois en hiver (notre été). Dans les îles, le temps change alors rapidement : la mer prend des teintes noires bleutées et le ciel se charge d'électricité. L'atmosphère est lourde et le paysage paraît presque surnaturel. Dans les terres, la végétation est plus luxuriante et ses couleurs plus vives. Mais la pluie ne dure jamais longtemps, elle va et vient, interrompt une promenade, puis laisse de nouveau place au soleil !

Une nature généreuse

Véritable pont biologique entre l'Amérique du Nord et l'Amérique du Sud, le pays présente une concentration d'espèces animales et végétales parmi les plus riches au monde, avec un niveau d'endémisme exceptionnel dans certaines régions. Outre des oiseaux, insectes et mammifères terrestres que l'on peut observer sur terre, les eaux chaudes et cristallines du Panamá sont le refuge d'une incroyable faune marine qui fait le bonheur des passionnés de pêche et de plongée. De l'Atlantique au Pacifique, de la forêt tropicale humide aux archipels coralliens, le pays est un immense jardin ! Certains de ses joyaux jouissent déjà d'une grande notoriété avec plusieurs sites naturels inscrits sur la Liste du patrimoine mondial de l'humanité.

Une mosaïque de visages et de cultures

Le Panamá rassemble une incroyable diversité de métissages, née de la position stratégique du pays entre deux océans, au cœur des Amériques. Latinos, Européens, Africains et Asiatiques côtoient pas moins de sept groupes amérindiens, qui se distinguent encore aujourd'hui tant par leurs modes de vie que leurs traditions. Mille et un visages que vous apprendrez à connaître ! Leur point commun ? Sans doute la gentillesse... mais aussi une certaine insouciance et une joie de vivre généralisée ! Attention, c'est contagieux...

Une terre d'aventures

Malgré sa taille réduite, vous constaterez que de nombreuses régions semblent encore inexplorées. De la jungle du golfe de Darién, en passant par la cordillère centrale ou par les centaines d'îles au large de l'isthme, il est facile de sortir des sentiers battus. N'hésitez pas à vous adresser aux guides locaux car le Panamá peut être exploré de mille façons différentes : marche en forêt tropicale à la recherche d'oiseaux rares, randonnées dans les hautes terres du Chiriquí ou de Veraguas, exploration des fleuves en pirogue au milieu des crocodiles, traversées fantastiques à la tombée de la nuit dans les archipels de San Blas ou de Bocas del Toro... Et l'aventure peut même commencer dès votre arrivée, dans la jungle urbaine de Panamá, à bord d'un bus roulant à vive allure !

La douceur de vivre

On y vient souvent par hasard pour repartir avec la sensation d'avoir vécu une aventure unique. L'hospitalité de la population, les paysages hauts en couleur et le climat tropical n'y sont pas étrangers. Mais le Panamá bénéficie de nombreux autres atouts, attirant de plus en plus de Nord-Américains et d'Européens désireux d'y prendre leur retraite ou d'y monter des affaires.
Parmi les avantages chers aux nouveaux résidents, on peut citer la stabilité politique et la sécurité, des infrastructures modernes, un coût de la vie moins élevé comparé au pays d'origine, une économie en forte croissance, l'utilisation du dollar comme monnaie courante, des avantages fiscaux en pagaille, le niveau de langue anglaise des Panaméens, etc. Au final, de nombreux voyageurs y restent et se lancent dans de nouvelles aventures...

Côte sauvage caribéenne, province de Guna Yala.

Devise nationale

Pro mundi beneficio – « Pour le bienfait du monde » – est la devise inscrite sur l'écusson de la République de Panamá. Les Panaméens adorent également cette formulation modeste : *Panamá, puente del mundo, corazón del universo…* « Pont du monde, cœur de l'univers » !

Argent

Monnaie

La monnaie officielle est le balboa (PAB ou B/), en parité fixe avec le dollar américain (US$). 1 PAB = 1 US$. Le balboa n'existe pas sous la forme de billets de banque, ce sont les dollars américains qui sont utilisés. Pour les centimes, on se sert indifféremment de *centavos* de balboa et de *cents* de dollar, de mêmes dimensions.

Taux de change

Le balboa ou dollar équivalait en octobre 2016 : 1 US$ = 0,90 € – 1 € = 1,10 US$.

Idées de budget

Par jour et pour une personne voyageant seule (à plusieurs, le budget de chacun sera réduit de 20 à 30 %, en raison du coût plus avantageux de la nuitée).

- **Petit budget** : de 25 US$ à 50 US$ par jour et par personne avec hébergement en dortoir ou chambre sans salle de bains, repas sur le pouce et petits restos locaux, transports collectifs.
- **Moyen budget** : de 50 US$ à 90 US$ pour une chambre avec salle de bains dans un hôtel confortable, restaurant le soir, excursions avec guide, bus et taxi.
- **Gros budget** : de 90 US$ à 200 US$ et plus pour un hôtel de luxe, restaurants gastronomiques, véhicule privé et avion.

Le Panama en bref

Le pays

- **Nom officiel** : République de Panamá.
- **Capitale** : Panamá City, ou Ciudad de Panamá.
- **Superficie** : 75 517 km².
- **Langue officielle** : espagnol.
- **Religions** : catholiques 85 %, protestants et autres 15 %.

La population

- **Population** : 4 millions d'habitants (*source FMI 2015*).
- **Espérance de vie** : 78 ans (75 pour les hommes, 81 pour les femmes).
- **Répartition** : 50 % de la population a moins de 25 ans. 27,4 % de 0 à 14 ans, 64,65 % de 15 à 64 ans, 7,95 % de plus 65 ans.
- **Croissance démographique** : 1,35 %.
- **Taux de natalité** : 18,32 ‰.
- **Mortalité infantile** : 10,41 ‰.
- **Indice de fécondité** : 2,35 enfants par femme.
- **Taux d'alphabétisation** : 94 %.

L'économie

- **Produit intérieur brut** (PIB en Parité de pouvoir d'achat) : 47 milliards US$.
- **PIB/habitant** : 11 850 US$ (2015).
- **Taux de croissance** : 6 % en moyenne.
- **Taux d'inflation** : 1 % (est. 2015).
- **Taux de chômage** : 5,6 %.
- **Emploi informel** : 37 %.
- **Population vivant sous le seuil de pauvreté** : 26 %.
- **Indice développement humain (IDH)** : 0,78 (60e mondial).

Ciudad de Panama

Janvier	Février	Mars	Avril	Mai	Juin	Juillet	Août	Sept.	Octobre	Nov.	Déc.
24°/ 29°	24°/ 29°	25°/ 29°	25°/ 30°	24°/ 30°	24°/ 30°	24°/ 29°	24°/ 29°	24°/ 30°	24°/ 30°	24°/ 29°	24°/ 29°

Le drapeau du Panamá

Le drapeau fut le premier symbole patriotique que les Panaméens arborèrent à l'annonce de l'indépendance du Panamá de la Colombie, le 3 novembre 1903. Dans le carré supérieur gauche, une étoile bleue ; à sa droite, un carré rouge. Le motif est inversé sur la partie inférieure. Le blanc symbolise la paix, l'union pacifique des deux partis historiques : le parti conservateur représenté par la couleur rouge et le parti libéral par la couleur bleue. L'étoile bleue évoque l'honnêteté ; l'étoile rouge, la loi et l'ordre.

Le drapeau est partout : dans les taxis, les commerces, les administrations et jusque dans les églises. Et puis, c'est sans doute celui que reconnaissent le plus facilement tous les marins du monde, puisqu'il est arboré par près d'un navire marchand sur cinq ! Le Panamá possède en effet, par le biais de son pavillon de libre immatriculation ou de « complaisance », la première flotte de marine marchande du monde. Sachez enfin que le plus grand drapeau du pays domine la capitale, au sommet du Cerro Ancón. Il aurait la superficie d'un terrain de basket !

Téléphone

- **Code pays** : 507.
- **Téléphoner de France au Panamá** : 00 507 + numéro local.
- **Téléphoner du Panamá en France** : 00 33 + numéro local sans le 0.
- **Téléphoner du Panamá au Panamá** : taper directement le numéro. Les téléphones fixes comportent 7 chiffres, les portables 8 chiffres et commencent par 6.
- **Coût d'un appel vers la France**. Avec une carte *telechip* de 5 US$, d'une cabine publique : 90 min vers un fixe, 25 minutes vers un portable. Depuis un centre d'appel, comptez environ 0,15 US$/min vers un fixe et 0,30 US$ vers un portable.
- **Appels locaux** : communications intra-urbaines : 0,10 US$ pour 3 min ; interurbaines : 0,15 US$/min ; portable : 0,35 US$/min.

Décalage horaire

- **Avec la France** : – 7 heures de fin mars à fin octobre ou – 6 heures de fin octobre à fin mars (quand il est 20h en France, il est 14h au Panamá).
- **Avec le Costa Rica et l'Amérique centrale** : + 1 heure.

Formalités

Aucun visa n'est exigé pour un séjour de moins de 180 jours au Panamá. Le passeport doit être valable au moins 6 mois après la date de retour, et un billet retour (avion ou bus) peut être demandé au passage des frontières terrestres. Les citoyens canadiens devront obtenir un timbre d'entrée daté correctement auprès des agents de l'immigration à leur entrée au Panama.

Climat

Le climat est de type tropical humide. Il fait chaud toute l'année, avec une moyenne de 28 à 31 °C pendant la journée et de 20 à 23 °C la nuit (l'altitude peut faire descendre les températures sous les 10 °C en montagne). La pluviométrie varie selon les saisons. Le versant Caraïbe reçoit près de 3 mètres de pluie par an, deux fois plus que le littoral pacifique, mais les microclimats sont nombreux. Durant la saison humide, appelée hiver (*invierno*), de fin avril à début décembre, de fortes pluies s'abattent sur tout le pays, mais elles ne durent en général que quelques heures par jour.
Durant la saison sèche ou été (*verano*), de décembre à mi-avril, la brise rend l'air moins humide et les averses se font plus rares. Cette période est beaucoup plus marquée côté pacifique.

Saisonnalité

- **Haute saison touristique** : de novembre à avril.
- **Très haute saison touristique** : les ponts de novembre, fêtes de fin d'année, carnaval et Semaine sainte.
- **Basse saison** : de début mai à fin octobre (un peu moins en juillet-août).

IDÉES DE SÉJOUR

Le Panamá est une destination agréable toute l'année. Contrairement aux idées reçues, la saison des pluies ou « hiver » est loin de nuire à la réussite d'un voyage dans ce petit pays tropical. Les paysages sont plus verts, les prix plus doux et les ambiances orageuses ont un charme fou !
Un réseau de bus performant et des vols internes à des prix abordables faciliteront votre séjour. Les petits avions ou avionnettes permettent de relier la capitale aux différents aérodromes du pays en moins d'une heure. Compagnies privées et particuliers assurent le relais vers les îles en bateau (lancha) ou en pirogue motorisée. Seule la province de Darién présente des difficultés majeures et reste peu accessible sans guide au-delà de la route panaméricaine.
Il est certain qu'un séjour d'une semaine pour visiter un pays aussi riche et lointain semble toujours trop court. Toutefois, le Panamá offre des perspectives alléchantes même pour un voyage-découverte de huit jours.

Séjour court

Jour 1. Le premier jour dans la capitale : un choc climatique et culturel ! Débutez par un tour dans le quartier moderne, puis rendez-vous dans le Casco Viejo, le quartier colonial. Déambulez dans ses rues, du musée du Canal à la Plaza de Francia. A l'heure du dîner, attablez-vous à une terrasse. Une balade digestive sur le Paseo Esteban Huertas vous permettra de découvrir le quartier des affaires sous un nouvel angle.

Jour 2. Départ tôt en « coucou » de l'aéroport d'Albrook pour l'archipel de San Blas. L'hôtel que vous aurez choisi prendra en charge l'organisation de votre séjour. Au programme : rencontre avec les Indiens gunas, découverte de la vie sous-marine, dégustation de langoustes et baignade.

Jour 3. Farniente sous les cocotiers ou promenade en pirogue à moteur à la découverte des îles paradisiaques de l'archipel. Départ le lendemain matin en avion.

Jour 4. Promenade sur les sentiers balisés du parc national Soberanía. Au retour, arrêt aux écluses de Miraflores pour voir évoluer les navires sur le canal. Dîner dans un des restaurants du Causeway, cette longue jetée aménagée d'où la vue sur la ville illuminée et le pont des Amériques est inoubliable.

Jour 5. Direction les montagnes du Chiriquí. Randonnées à la recherche du quetzal, ascension du plus haut sommet panaméen, le volcan Barú (3 475 m), visite d'une plantation de café, bains bouillonnants de Caldera... Les possibilités d'excursions sont nombreuses autour de Boquete, ce village au climat si agréable.

Jour 6. Excursion en rafting ou *canopy tour*. Le lendemain matin, décollage de David pour Panamá.

Jour 7. Visite de l'une des communautés Emberás, qui vit sur les rives du Río Chagres et qui vous initiera à son mode de vie traditionnel.

Jour 8. *Compras* (emplettes) sur les marchés artisanaux de la capitale et dans la rue piétonne la plus animée du pays : la Avenida Central. Pour ceux qui aiment la nature, le parc naturel métropolitain propose de courtes promenades dans la forêt tropicale.

Séjour long

Jour 1. Le séjour peut commencer par une visite de la capitale. Pour en contempler les différentes facettes, grimpez sur la colline qui domine la ville : le Cerro Ancón, puis promenez-vous sur le Causeway, d'où la vue sur le pont des Amériques est imprenable. En famille, vous pouvez visiter l'incontournable musée de la Biodiversité dessiné par Franck Ghery.

Jour 2. Le matin, respirez dans le parc naturel métropolitain, le poumon vert de la capitale. Louez un vélo pour longer le quartier moderne jusqu'au Casco viejo et attablez-vous au marché aux poissons.

Jour 3. A 1 heure en bateau de Panamá, partez à la découverte d'Isla Taboga, la charmante île aux fleurs où séjourna Paul Gauguin ou, mieux, les îles de Las Perlas si votre budget le permet.

Jour 4. Départ en train touristique pour Colón. Après la visite des nouvelles écluses d'Agua Clara, rejoignez le fort San Lorenzo ou le village de Portobelo (dont les ruines sont inscrites au patrimoine mondial de l'UNESCO).

Jour 5. Dégustation de riz au coco sur l'île verdoyante d'Isla Grande ou excursions dans les petits villages endormis de cette côte autrefois si convoitée par les pirates.

Jour 6. Retour à Panamá et changement de décor. Départ pour Bocas del Toro en avion, à la rencontre de la communauté afro-antillaise qui anime cette côte caribéenne. Visite des quelques communautés Ngäbe Buglé qui y vivent et qui s'ouvrent au tourisme.

- **Jour 7.** De l'ambiance roots de Old Bank et Carenero aux lodges paradisiaques où il fait bon s'isoler, chacune des îles possède sa propre atmosphère. L'archipel regorge de trésors : végétation luxuriante bordant des plages sauvages, dauphins et petites grenouilles rouges…
- **Jour 8.** Excursions à la journée pour découvrir la faune et la flore sous-marines, par exemple à Cayos Zapatillas ou Playa Estrella. Bastimentos, c'est aussi un parc national maritime réputé.
- **Jour 9.** Voyage de Bocas à Boquete. Le bus vous promènera tranquillement sur une route sinueuse environnée d'une dense végétation humide.
- **Jour 10.** Deux jours à Boquete pour profiter du charme de cette petite ville de montagne environnée de plantations de cafés, de forêts et de verts pâturages.
- **Jour 11.** Agrumes et légumes poussent à merveille dans cette vallée fertile. Les parcs nationaux voisins sont le refuge de nombreux oiseaux, dont le fameux quetzal.
- **Jour 12.** Découverte de l'univers *típico* des provinces de Herrera et de Los Santos. Les habitants, fiers de leurs traditions et de leur folklore, vous feront découvrir une nouvelle facette du Panamá. Faites escale pour la nuit à Chitré.
- **Jour 13.** Pourquoi ne pas, par exemple, rencontrer les potiers de La Arena ou les fabricants de masques de la région ?
- **Jour 14.** Plus au sud de la péninsule : Pedasí. Pratique de la pêche et de la plongée. Pas très loin, des milliers de tortues viennent déposer leurs œufs chaque année, sans doute charmées par les longues plages sauvages dont les rouleaux sont également très appréciés des surfeurs.
- **Jour 15.** Isla Iguana : cette petite île déserte et corallienne au large de Pedasí est une zone naturelle protégée. Il est très facile de s'y rendre avec l'un des pêcheurs du village. On peut y croiser des baleines à bosse entre juillet et septembre…
- **Jour 16.** Retour sur la Panaméricaine, où vous pourrez choisir entre la fraîcheur d'El Valle, petit village au milieu d'un cratère volcanique, et la belle plage de sable blanc de Santa Clara. A partir d'El Valle, où un marché artisanal se tient le dimanche, les randonnées sont multiples.
- **Jour 17.** Direction l'archipel de San Blas, territoire autonome des Indiens gunas, en 4x4 puis *lancha* ou en avion. Un nouvel environnement qui va vous enchanter.
- **Jour 18.** Entre les îlots bordés de palmiers et les coraux habités de poissons colorés, on ne sait plus où donner de la tête. Vous devriez peut-être y rester plus longtemps !
- **Jour 19.** La visite d'un musée est souvent comprise dans les excursions organisées par les hôtels de la *comarca*. Une étape essentielle pour mieux comprendre la culture et le mode de vie des Gunas, qui administrent selon leurs propres règles ce territoire paradisiaque. Retour dans la capitale dans l'après-midi.
- **Jour 20.** Dernières emplettes et soirée de *despedida* (« d'au revoir ») dans les discothèques de la calle Uruguay ou sur les terrasses du Casco Viejo.

Séjours thématiques

La diversité des cultures et des paysages permet de nombreuses approches thématiques selon les intérêts de chacun : randonnée, surf, pêche, plongée, ornithologie, ethnologie, farniente… Voici quelques suggestions.

Pour remonter le temps

- **Jour 1.** Les ruines de Panamá la Vieja, la ville coloniale détruite par le corsaire anglais Henry Morgan en 1671.
- **Jour 2.** Déambulation dans les ruelles du Casco Viejo (San Felipe), le quartier colonial fondé en 1673 après la destruction de Panamá la Vieja. Visite du musée du Canal.
- **Jour 3.** Départ pour Colón en empruntant la ligne ferroviaire inter-océanique, l'une des premières au monde (1855). Visite du fort de San Lorenzo situé à l'embouchure du fleuve Chagres. C'est par ce río que transitaient les richesses du Pérou à destination de Portobelo.
- **Jour 4.** Visite des vieux forts en ruine de Portobelo, où étaient organisées de grandes foires commerciales jusqu'au milieu du XVIIIe siècle.
- **Jours 5-6.** Si vous souhaitez partir sur les traces des *Conquistadores*, empruntez le Camino Real, reliant Nombre de Dios à Panamá à travers la jungle. Cette excursion de deux jours, réservée aux sportifs, nécessite la présence d'un guide.

A la rencontre des communautés amérindiennes

- **Jour 1.** Dans la capitale, visite de Mi Pueblito. Cette reconstitution des différents habitats traditionnels du Panamá vous donnera un avant-goût du mode de vie de quelques communautés que vous aurez l'occasion de rencontrer.

Sourire de Bastimentos.

Jours 2-3. A proximité de Panamá, sur les berges du Chagres ou du río Gatún, rencontre avec les Emberá. Certains ont développé des programmes d'écotourisme, avec présentation d'artisanat, danses locales et excursions nature. Ils vous accueilleront, au cœur même de leur village, pour un ou plusieurs jours.

Jours 4-5. Départ pour la comarca de Guna Yala, le premier territoire autonome amérindien des Amériques. Séjour sur l'une des nombreuses îles de l'archipel en compagnie des Gunas.

Jour 6. Retour à Panamá, direction Bocas del Toro. Isla Colón est le point de départ idéal pour visiter les communautés ngäbe buglé de San Cristobal, Salt Creek ou Tobobé.

Jours 7-8. Sur le continent, à proximité du parc international La Amistad, la communauté Naso Teribe vous accueille pour partager sa culture.

Jour 9. Depuis la capitale, il est possible de gagner le Darién où vivent plusieurs communautés emberas et wounaans. Comptez au moins 5 jours supplémentaires.

Aventures en pleine nature

Jour 1. A proximité de la capitale, le parc Soberanía ravira les ornithologues les plus exigeants. Séjour conseillé au Canopy Tower, pour les plus mordus.

Jour 2. Au milieu du lac Gatún, l'île de Barro Colorado est l'un des sites les plus étudiés par les scientifiques. Plus de 1 300 espèces de plantes et une centaine de mammifères y ont été recensées.

Jour 3. Au cœur des montagnes du Chiriquí, la descente de la rivière Chiriquí Viejo est idéale pour une journée en « eaux vives ». Si vous avez encore de la force dans les bras, les hautes cimes de la canopée vous attendent pour quelques heures d'accrobranche.

Jour 4. Ascension du volcan Barú de nuit, du sommet duquel vous pourrez contempler le lever du soleil et, par beau temps, les deux océans.

Jour 5. Dans le couloir biologique qui relie les Galápagos aux îles Cocos, l'île de Coiba est l'un des joyaux naturels du Panamá. Ses fonds marins vous offriront une journée de plongée sous-marine inoubliable.

Jour 6. Pas très loin, les vagues de Santa Catalina n'attendent que vous pour de belles sessions de surf, sensations fortes garanties !

Jour 7. Et s'il vous reste du temps, explorez les forêts impénétrables et mystérieuses du Darién…

COMMENT PARTIR ?

PARTIR EN VOYAGE ORGANISÉ

Voyagistes

Spécialistes

Vous trouverez ici les tour-opérateurs spécialisés dans votre destination. Ils produisent eux-mêmes leurs voyages et sont généralement de très bon conseil car ils connaissent la région sur le bout des doigts. À noter que leurs tarifs se révèlent souvent un peu plus élevés que ceux des généralistes.

■ **LES ATELIERS DU VOYAGE**
54-56, avenue Bosquet (7e)
Paris ✆ 01 40 62 16 60
www.ateliersduvoyage.fr
Ouvert du lundi au jeudi de 10h à 18h30, les vendredi et samedi de 10h à 18h.
Spécialistes du voyage sur mesure, Les Ateliers du Voyage vous emmènent en Afrique, en Amérique latine, en Asie et en Inde. Leurs conseillers voyages, experts de leur zone géographique, sont à votre écoute pour construire le voyage de vos rêves.
Au Panama, l'équipe saura aussi bien vous suggérer les sites incontournables que les dernières adresses tendance. On pourra compléter un séjour de 12 jours couvrant les incontournables du pays par une escapade de 3 à 4 jours dans l'archipel des San Blas ou celui de Bocas del Toro, ou bien dans la luxuriance de la région de Boquete.

■ **CLUB FAUNE VOYAGES**
14, rue de Siam (16e)
Paris
✆ 01 42 88 31 32 – www.club-faune.com
Ouvert du lundi au vendredi de 9h à 19h.
Le Club Faune Côté Pêche propose des séjours à Rio Negro pour les amateurs de pêche sportive. Un programme de 9 jours dont 6 de pêche à l'ouest de la péninsule d'Azuero ou au large des îles de Cebeco et de Coiba. Vous serez accueilli par un duo d'Américains sympathiques qui mettra à votre disposition deux bateaux de 26 pieds. A vous carangues, sérioles, mérous, thons jaunes, wahoos, amberjacks, carpes rouges et poissons-coq.

■ **ECOTOURS**
33, rue Etienne-Chevalier
Argenteuil ✆ 01 39 61 23 00
www.ecotours.fr – contact@ecotours.fr
Bien avant que l'écotourisme ne devienne à la mode, Ecotours proposait déjà des voyages à tous ceux qui étaient à la recherche d'un tourisme plus authentique, solidaire, responsable et équitable. Dans les faits, cela donne des circuits qui vous permettront de découvrir les Panaméens et leurs modes de vie tout en soutenant l'économie locale. L'agence propose un circuit de 15 jours « Rencontre avec les communautés indiennes » entre Bocas de Toro et l'archipel San Blas. 3 % du prix de votre voyage financera directement un projet de développement au Panamá.

■ **EVANEOS**
✆ 01 82 83 36 36 – www.evaneos.com
Evaneos.com s'adresse à tous les amateurs de voyages en liberté et sur-mesure qui veulent maîtriser leur budget et payer le vrai prix de leur voyage... sans sacrifier la qualité. Jeunes ou seniors, individuels, couples, familles ou copains, la plate-forme les met en relation avec les agents locaux pour leur permettre de découvrir un pays à leur rythme, de façon plus ou moins sportive, en bivouac ou en 5 étoiles, toujours selon leurs goûts personnels, hors des sentiers battus et en toute sécurité. De nombreux séjours sont proposés au Panama : « Les forêts tropicales de la zone du canal de Panama », « Les trois archipels : Las Perlas, San Blas et Bocas del Toro », 8 jours dans le Darien, croisières, etc.

■ **IMAGES DU MONDE**
14, rue de Siam (16e)
Paris ✆ 01 44 24 87 88
www.images-du-monde.com
A deux pas de la tour Eiffel, l'équipe de spécialistes d'Images du Monde vous recevra sur rendez-vous dans son espace Voyage : arabica du Panama servi dans le salon de l'agence puis projection sur grand écran des sites incontournables du Panama et des différentes possibilités d'hébergement.
Votre conseiller « construira » votre voyage selon vos envies : rencontres avec les communautés indiennes, navigation sur le canal Panama ou à destination de l'archipel San Blas, sélection d'hôtels de charme, bungalows sur pilotis à Bocas del Toro, plongée bouteille à Coiba, séjour pêche à Pedasi, circuits insolites pour une découverte authentique de cette destination méconnue. Extension possible au Costa Rica.

■ ALTIPLANO VOYAGE

18, rue du Pré d'Avril
Annecy-le-Vieux ✆ 04 50 23 46 50
www.altiplano-voyage.com

Vous préparez un voyage au Panama, mais par où commencer ? L'équipe de passionnés d'Altiplano Voyage vous propose son expertise de plus de 15 ans dans les voyages sur-mesure en Amérique latine. La spécialiste Altiplano du Panama sillonne régulièrement le pays afin de partager avec vous ses astuces et coups de cœur. A votre écoute, elle vous conseille pour créer le voyage qui vous ressemble !

Sur place, voyagez en toute sérénité grâce à un service d'assistance 24h/24 et un carnet de route détaillé : excursions incontournables, temps de parcours, idées de restaurant et même les tubes du moment au Panama !

Devis sur-mesure gratuit.

- **Plus d'informations :** panama@altiplano-voyage.com – ✆ 04 57 09 80 09.
- **Autre adresse :** En Suisse : Place du Temple 3, 1227 Carouge –✆ 022 509 97 42 - agence@altiplano-voyage.ch – www.altiplano-voyage.ch

■ KUONI

76, avenue des Ternes (17e)
Paris
✆ 01 55 87 82 50 – www.kuoni.fr

Fondée à Zurich en 1906 par Alfred Kuoni, la société suisse est depuis toujours reconnue pour son exigence de qualité en matière de voyages. De cette longue histoire, Kuoni a su développer un incomparable savoir-faire qui lui permet aujourd'hui de pouvoir anticiper les nouvelles tendances et les envies de ses clients. Indépendant depuis 2013, Kuoni France est le spécialiste incontournable des circuits accompagnés, des séjours dans l'océan Indien et des croisières, et fait figure de référence du voyage de luxe avec *émotions*. Ses marques spécialistes viennent compléter son expertise : « Scanditours » sur les pays nordiques, « Celtictours » sur les pays celtes, « Vacances Fabuleuses » sur l'Amérique du Nord et « Donatello » sur l'Italie.

■ MAKILA VOYAGES

4, place de Valois (1er)
Paris
✆ 01 42 96 80 00 – www.makila.fr

Lundi au samedi de 10h à 17h sans interruption sur rendez-vous uniquement.

Au Panama, Makila Voyages, spécialiste de l'Amérique latine, vous propose un voyage sur-mesure : croisière en bateau en passant les écluses du célèbre canal, séjours authentiques dans les îles de San Blas, très « nature » dans l'archipel de Bocas del Toro ou inédits à la cime des arbres, marches et aventure dans la jungle du Darien, parcours en véhicule privé dans la péninsule de Azuero. Makila Voyages vous organise des rencontres avec des chercheurs du Smithsonian Institute ou encore des échanges exceptionnels avec les Indiens emberas et kunas et aussi avec les Panaméens, peuple joyeux et attachant ; Makila Voyages propose, à bord de voiliers privatisés, la découverte de deux océans avec l'archipel des San Blas et celui de Las Perlas, et a mis en place des combinés inédits avec le Costa Rica et aussi le Nicaragua. Makila Voyages organise votre voyage au Panama sur-mesure, à la carte et avec passion. Une agence qui saura vous guider !

MELTOUR

103, avenue du Bac
La Varenne-Saint-Hilaire
✆ 01 73 43 43 43
www.meltour.com – meltour@meltour.com
Ouvert du lundi au vendredi de 9h à 19h.
Meltour propose des circuits ou autotour d'une semaine ou de 15 jours avec une extension au Costa Rica. Le parcours Panamá – Canal – Portobelo – Oberania – Gamboa – indiens Embera vous tente ? Vous y prendrez un train historique pour traverser le pays des Caraïbes au Pacifique, entre le canal et la jungle. Réfractaire aux voyages clés en main ? Meltour propose aussi du sur-mesure.

NOSTALATINA

19, rue Damesme (13e)
Paris ✆ 01 43 13 29 29
www.ann.fr – info@ann.fr
Ouverture du lundi au samedi de 10h à 13h et de 15h à 18h.
Ce petit artisan du voyage spécialiste de l'Amérique latine a peaufiné de manière intelligente et créative plusieurs suggestions de voyages pour vous permettre de dénicher les perles du Panamá. Ici, le maître-mot est sur-mesure. Chez Nostalina, il n'y a pas de dates de départs fixes ou de voyages en groupe (à moins que vous et vos amis ne le constituiez !). On vous laisse libre de tout décider et, si vous ne savez pas par quel bout commencer, le voyagiste propose un parcours de base qu'il modifie selon vos envies (cours d'espagnol, sensations fortes, découverte culinaire, farniente...). Que vous soyez farouchement indépendant ou que vous ayez besoin d'être dorloté, Nostalatina répondra à vos attentes.

LA ROUTE DES VOYAGES

10, rue Choron (9e)
Paris ✆ 01 55 31 98 80
www.route-voyages.com
M° Notre-Dame de Lorette
Agences ouvertes du lundi au jeudi de 9h à 19h, le vendredi de 9h à 18h, le samedi sur rendez-vous.
Ce voyagiste résolument éthique propose des séjours tournés vers la biodiversité, les visites culturelles et la rencontre avec les communautés indigènes.
Son offre se compose d'un circuit de 13 jours à travers le pays avec des possibilités d'extension de 3 jours : farniente sur les îles San Blas, immersion dans le Darien avec les amérindiens ou découverte de la faune et la flore au cours d'une randonnée dans la forêt. Partir avec la Route des Voyages vous assure une expérience humaine et écologique.

Autres adresses : Angers ✆ 02 41 43 26 65 • Annecy ✆ 04 50 45 60 20 • Bordeaux ✆ 05 56 90 11 20 • Lyon ✆ 04 78 42 53 58 • Toulouse ✆ 05 62 27 00 68

TERRES LOINTAINES

2, rue Maurice Hartmann
Issy-les-Moulineaux
✆ 01 84 19 44 45 / 09 72 45 35 86
www.terres-lointaines.com
M° Porte de Versailles (M12 et T3) ou Corentin Celton (M12).
Possibilité de venir à l'agence sur rendez-vous uniquement. Appel par téléphone du lundi au vendredi de 9h à 19h et le samedi de 10h à 18h.
Véritable créateur de voyages sur mesure, Terres Lointaines est un spécialiste reconnu du long-courrier sur plus de 30 destinations en Amérique, en Afrique, en Asie et en Australie-Nouvelle-Zélande.Vous serez séduits par ses prix compétitifs et son discours de transparence.

Grâce à une sélection rigoureuse de partenaires sur place et un large choix d'hébergements de petite capacité et de charme, Terres Lointaines offre des voyages de qualité et hors des sentiers battus. Les circuits itinérants sont déclinables à l'infini pour coller parfaitement à toutes les envies et tous les budgets. En plus d'un contact privilégié avec un expert du pays, le site terres-lointaines.com, illustré par de nombreuses photos, cartes interactives et informations pratiques, commencera à vous faire voyager. L'agence propose un séjour de 17 jours combinant le Panama, le Costa Rica et le Nicaragua ou bien plusieurs séjours de 10 à 15 jours pour voir l'essentiel des splendeurs du Panama.

- **Autre adresse :** 4 rue Esprit des Lois, 33000 Bordeaux, ✆ 09 72 41 71 18

Généralistes

Vous trouverez ici les tour-opérateurs dits « généralistes ». Ils produisent des offres et revendent le plus souvent des produits packagés par d'autres sur un large panel de destinations. S'ils délivrent des conseils moins pointus que les spécialistes, ils proposent des tarifs généralement plus attractifs.

ALMA VOYAGES

573, route de Toulouse
Villenave-d'Ornon
✆ 05 33 89 17 60 / 05 56 87 58 46
www.alma-voyages.com
Ouvert de 9h à 21h.
Chez Alma Voyages, les conseillers connaissent vraiment les destinations. Ils ont la chance d'aller sur place plusieurs fois par an pour mettre à jour et bien conseiller. Chaque client est suivi par un agent attitré qui n'est pas payé en fonction de ses ventes… mais pour son métier de conseiller. Une large offre de voyages (séjour, circuit, croisière ou circuit individuel) avec l'émission de devis pour les voyages de noces ou sur mesure. Alma Voyages pratique les meilleurs prix du marché et travaille avec Kuoni, Beachcombers, Jet Tour, Marmara, Look Voyages… Si vous trouvez moins cher ailleurs, l'agence s'alignera sur ce tarif et vous bénéficierez en plus, d'un bon d'achat de 30 € sur le prochain voyage. Surfez sur leur site !

NOUVELLES FRONTIÈRES

✆ 08 25 00 07 47
www.tui.fr
Nouvelles Frontières, un savoir-faire incomparable depuis plus de 50 ans. Des propositions de circuits, d'itinéraires à la carte, des séjours balnéaires et d'escapades imaginés et construits par des spécialistes de chaque destination.

PROMOVACANCES

✆ 08 99 65 48 50
www.promovacances.com
Promovacances propose de nombreux séjours touristiques, des week-ends, ainsi qu'un très large choix de billets d'avion à tarifs négociés sur vols charters et réguliers, des locations, des hôtels à prix réduits. Egalement, des promotions de dernière minute, les bons plans du jour. Informations pratiques pour préparer son voyage : pays, santé, formalités, aéroports, voyagistes, compagnies aériennes.

Réceptifs

Le Panama compte de nombreuses agences réceptives fiables et professionnelles, à même d'organiser l'intégralité ou une partie de votre séjour (réservation des billets d'avion, accueil à l'aéroport, réservation des hébergements, guidage, transports…) ou de planifier et gérer visites guidées, activités et excursions sur place. Certaines implantées depuis longtemps sont francophones et très compétentes. Elles disposent des meilleurs contacts dans tout le pays.

Les spécialistes de la croisière aux San Blas

Partir à la rencontre des indiens Gunas, naviguer dans un archipel constitué de 365 îlots, s'immerger dans des eaux translucides et nager au milieu de récifs coralliens, pratiquer le kayak ou la pêche sous-marine, tout cela est possible aux San Blas. Pour toucher le rêve du bout des palmes, nous vous recommandons d'opter pour une croisière privative.

CATAMARAN CHAKA ZULU

✆ +507 6092 1393

H2O CROISIÈRES

✆ +507 6122 6210

SAN BLAS SAILING

✆ +507 314 1800

APTSO

Albrook Plaza, No. 31 Ancon
✆ +507 209 6120
http://aptso.org – info@aptso.org
La Fondation panaméenne pour le tourisme durable (APTSO) est une organisation privée à but non lucratif, gérée depuis 2007 par un groupe de professionnels issus de divers domaines, dont le but est de promouvoir le tourisme plus durable au Panama, en multipliant les bonnes pratiques du tourisme durable en créant des guides sur les hôtels respectueux de l'environnement, mais aussi de former et d'éduquer les acteurs du milieu. Plusieurs séjours sont proposés aux touristes, comme la visite des communautés bri-bri de Yorking ou naso de Bocas del Toro, du trek dans le parc de la Amistad ou l'observation de la vie marine à Pedasi. Nombreux contacts sur leur site pour organiser son séjour alternatif soi-même.

NATIVA TOURS

Edificio 795B, La Boca, Calle Principal
Balboa
CIUDAD DE PANAMÁ
✆ +507 314 1800 / +507 314 1288
www.nativatours.com
panama@nativatours.com
Agence ouverte du lundi au vendredi de 8h à 18h et le samedi de 9h à 13h. L'agence propose des tarifs attractifs toute l'année, avec des circuits promotionnels.
Tour-opérateur français, enregistré auprès de l'office du tourisme et spécialisé dans les aventures « hors des sentiers battus » notamment à la rencontre des populations amérindiennes. Nativa Tours offre des courts séjours de 2 à 4 jours pour découvrir San Blas, Boquete, Bocas del Toro, le Darien, etc ; des circuits de 9 à 12 jours avec des thématiques pour répondre aux envies de tous : aventure, famille, ethnie, nature, voilier, etc ; des escapades de rêve en formule lune de miel de 11 à 13 jours ; des « circuits à la carte ». Les séjours s'élaborent avec le client par courriel ou téléphone. Au programme des activités : voile, rafting, plongée, observation des baleines, pêche, canopée, découverte de la faune et de la flore tropicales et bien sûr séjours auprès de différentes communautés indiennes (Ngäbe Bugle, Naso Teribe, Guna, Emberá et Wounaan). Les tours s'effectuent sur toute la République du Panama et les circuits sont totalement flexibles. L'agence jouit d'une excellente réputation et vous offre un service réceptif de grande qualité !

CASCO VIEJO
2 nuits (Vieille ville)
BOCA CHICA
2 nuits (Pacifique)
Panama
BOCAS
3 nuits (Caraïbes)
BOQUETE
3 nuits (Montagne)

SAN BLAS SAILING

✆ +507 314 1800 / +507 314 1288
www.sanblassailing.com
panama@sanblassailing.com
Contact en français : Melody

A partir de 200 € par personne et par jour, avec une formule tout inclus à bord en cabine. Des sorties uniques et originales. Possibilité de réaliser des circuits combinés hôtel + voilier.

Grâce au voilier de San Blas Sailing accédez aux mouillages les plus paradisiaques et découvrez les villages indiens éloignés des principaux sites touristiques. Voguez au rythme du vent en séjour croisière à la découverte des 378 îles des San Blas : à bord de voiliers haut de gamme, en location privée ou à la cabine, formule tout compris. Cette équipe française très pro, sur place depuis près de 20 ans, travaille avec une quinzaine de voiliers. Une garantie de départ en cas d'imprévus... Les départs se font depuis Corazón de Jesús ou Playón Chico, et sur demande pour des départs spécifiques. Possibilité de réceptionner les clients depuis Panama City et d'organiser des excursions ailleurs qu'en mer via l'agence Nativa Tours. Les capitaines gunas de San Blas Sailing sont expérimentés et n'hésitent pas à partager et à faire découvrir leur culture, leur langue et ses secrets. Les bonnes têtes de flibustiers francophones qui vous accompagnent sont également aux petits soins et toujours prêtes à vous faire plaisir. Sourire, convivialité et service exclusif à bord. Cerise sur le gâteau, le barbecue sur la plage et ses langoustes et crabes au menu, accompagnés de cocktails et de bons vins ! San Blas Sailing offre aussi des séjours dans le Pacifique, en particulier dans l'archipel de las Perlas ou à Coiba. Une croisière de 16 jours permet même de combiner les deux océans : San Blas, la traversée du Canal et l'archipel de Las Perlas ! C'est ici que l'horloge du temps se fige, que le bonheur de la plaisance prend toute sa dimension et que les émotions exultent.

AIR PANAMA VIAJES

Avenida A y Calle 10
Casco Viejo
CIUDAD DE PANAMÁ
✆ +507 834 0303
www.airpanamaviajes.com
info@airpanamaviajes.com

Nombreux tours et forfaits tout inclus vol + hôtel + excursions guidées pour découvrir une destination au Panama, au Costa Rica et en Colombie. La page facebook/airpanamaviajes propose des nouveautés et des promotions fréquentes. Des bureaux d'informations se trouvent dans le Casco Viejo, près de la Plaza Herrera, et à Boquete dans la rue principale en face de l'église.

Air Panama Viajes est une agence de voyage liée à Air Panama, la compagnie aérienne panaméenne. Elle propose des séjours, excursions et forfaits tout inclus sur les principales destinations desservies par Air Panama. Des formules souvent très intéressantes incluant le vol aller-retour, la ou les nuits d'hôtel dans des établissements de bon standing (du petit hôtel de charme aux grands resorts de plage), et des excursions variées ou encore des évènements (festivals culturels, concerts importants...). Les forfaits concernent presque toutes les régions du Panama (la capitale et ses environs, Bocas, Boquete, Boca Chica, San Blas, las Perlas...) mais aussi des pays limitrophes : la Colombie (autour de Medellin ou d'Armenia, dans la région du café) et le Costa Rica qui se trouvent à 1 heure d'avion à peine. Sympa pour ceux qui veulent s'échapper quelques jours dans un pays limitrophe sans trop se préoccuper de l'organisation et sans se ruiner.

▶ **Autre adresse :** Calle principal devant l'église, Boquete.

■ **TERRA CARIBEA PANAMA**
Apdo Postal 0843-00641
CIUDAD DE PANAMÁ
✆ +507 66 77 20 44 / + 506 22 65 10 20
www.panama-voyage.com
info@terra-caribea.com
Du lundi au vendredi, de 15h30 à 23h (heure française), un spécialiste francophone vous répond en direct du Panama.
Tête de pont du groupe Terra au Panama, l'agence bénéficie également d'un bon réseau tissé pas à pas depuis des années sur le continent (12 agences en Amérique latine). Spécialiste au champ d'action étendu, Terra Caribea propose donc mille et une formules de voyages dans les terres tropicales. « A la carte », c'est presque la devise de l'agence : une croisière dans l'archipel des San Blas ? Une traversée à pieds de l'isthme, d'océan à océan ? Une partie de pêche sportive ou un combiné Panama-Costa Rica-Nicaragua-Guatemala ? Vos envies et votre budget seront les seules limites ! Vous pouvez contacter cette équipe de Français passionnés, ils vous concocteront un itinéraire à votre mesure.

▶ **Autre adresse :** Joignable également au prix d'un appel local en France au ✆ 09 70 40 74 73.

■ **TUCAYA PANAMA**
Edificio Malina, Local #3, Calle Ramón Arias
El Carmen
CIUDAD DE PANAMÁ
✆ +507 264 6137
www.tucaya.com/tucaya/fr
panama@tucaya.com
Organisation de voyages sur mesure au Panama et de circuits combinés avec les pays voisins (Colombie, Costa Rica, Venezuela).
Tucaya est une agence réceptive spécialiste des voyages sur mesure en Amérique latine, depuis plus de 20 ans. Au Panama, c'est Sandrine qui gère l'agence depuis ses débuts, entourée d'une équipe multiculturelle francophone.
Elle connaît parfaitement la culture et la géographie du pays et dispose des meilleurs contacts pour préparer des voyages originaux, au plus proche des attentes de ses clients, qu'ils soient individuels ou en groupes (CE, *incentives*, sportifs, etc.). Tucaya Panama privilégie les lieux authentiques et exclusifs, et l'échange avec les populations locales. Le voyageur peut ainsi s'échapper en dehors des sentiers battus et découvrir la véritable identité du pays. L'agence soutient par ailleurs plusieurs projets de tourisme durable dans les communautés amérindiennes (formations de guides, promotion du tourisme communautaire, appui à la production de cacao, etc.) et participe aux campagnes de sensibilisation de l'ONG « SOS Albinos » auprès des Gunas (victimes d'un taux d'albinisme très élevé), notamment en encourageant ses clients à donner crèmes solaires, tee-shirts à manches longues, chapeaux et lunettes de soleil.

■ **YALA TOURS PANAMA**
Diablo Heights, Local 42
CIUDAD DE PANAMÁ
✆ +507 232 0215 / +507 6527 3233
✆ +507 6689 6112
www.yalatourspanama.com
contact@yalatourspanama.com
Agence spécialisée dans les circuits nature et aventure dans tout le Panama. Tours demi-journée, journée ou sur plusieurs jours dans les montagnes, sur les fleuves, le Canal, ou dans les îles. Randonnées et trekkings, kayak, birdwatching, observation de la faune et flore, découvertes des cultures indigènes. Les guides parlent français, anglais, espagnol, allemand et italien.

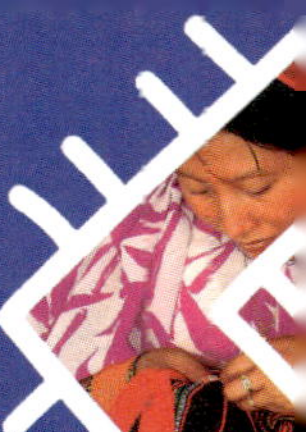

Yala Tours est une agence de très bonne réputation, reconnue pour la qualité de ses expéditions nature et aventure. L'agence est dirigée par un Suisse, qui a exploré le Panama durant plus de 20 ans. Il parle bien le français et pourra vous conseiller sur ses circuits et excursions dans tout le pays. Yala Tours est spécialiste des excursions nature (selvatique et aquatique) et des communautés amérindiennes (« Yala » signifie d'ailleurs « montagne « ou « territoire » en langue guna). Ses zones de prédilection sont les environs du Canal (avec de multiples options combinant visites du Canal, le lac Gatún en bateau et kayak, le parc national Soberanía, Gamboa, le Rio Chagres et les communautés emberas), le célèbre Camino Real, les montagnes volcaniques de El Valle... mais aussi des régions plus lointaines, par exemple dans les provinces de Guna Yala (San Blas) et du Darién, à la rencontre des populations gunas sur la côte et les îles caribéennes, ou emberas et wounaans, en pleine selve tropicale. Des tours hors sentiers battus, en petits groupes, à la journée ou demi-journée, à partir de Panama City, ou de plusieurs jours avec des circuits pour découvrir la grande diversité naturelle et culturelle du Panama.

Sites comparateurs et enchères

Plusieurs sites permettent de comparer les offres de voyages (packages, vols secs, etc.) et d'avoir ainsi un panel des possibilités et donc des prix. Ils classiquement renvoient ensuite l'internaute directement sur le site où est proposée l'offre sélectionnée. Attention cependant aux frais de réservations ou de mise en relation qui peuvent être pratiqués, et aux conditions d'achat des billets.

■ ILLICOTRAVEL

www.illicotravel.com
Illicotravel permet de trouver le meilleur prix pour organiser vos voyages autour du monde. Vous y comparerez billets d'avion, hôtels, locations de voitures et séjours. Ce site offre des fonctionnalités très utiles comme le baromètre des prix pour connaître les meilleurs prix sur les vols à plus ou moins 8 jours. Le site propose également des filtres permettant de trouver facilement le produit qui répond à tous vos souhaits (escales, aéroport de départ, circuit, voyagiste...).

■ JETCOST

www.jetcost.com – contact@jetcost.com
Jetcost compare les prix des billets d'avion et trouve le vol le moins cher parmi les offres et les promotions des compagnies aériennes régulières et *low cost*. Le site est également un comparateur d'hébergements, de loueurs d'automobiles et de séjours, circuits et croisières.

■ **PROCHAINE ESCALE**
www.prochaine-escale.com
Pas toujours facile d'organiser un voyage, même sur internet ! Prochaine Escale a la solution : à vous de décrire le voyage de vos rêves et l'équipe de Prochaine Escale s'occupe du reste, en sélectionnant les meilleurs experts de la destination en fonction de vos attentes. Vous échangez ensuite avec eux et recevez un devis personnalisé. Du sur-mesure en quelques clics.

PARTIR SEUL

En avion

Plusieurs compagnies dont Air France, avec un vol direct depuis Roissy Charles-de-Gaulle cinq jours par semaine, desservent Panamá Ciudad... Attention si vous choisissez un vol avec escale aux Etats-Unis, il vous faudra un passeport biométrique et vous devrez impérativement remplir en ligne le formulaire ETSA sur le site www.esta.cbp.dhs.gov, assorti d'une taxe de 14 US$, pour y transiter même brièvement.
Le prix moyen d'un vol Paris-Panamá est compris entre 700 € et 1 300 € (selon la saison). A noter que la variation de prix dépend de la compagnie empruntée mais, surtout, du délai de réservation. Pour obtenir les meilleurs tarifs en haute saison, achetez vos billets 6 mois à l'avance. Pour ce qui est des périodes moins courues, un délai beaucoup plus court ne devrait pas vous empêcher de décrocher un prix intéressant.

Principales compagnies desservant la destination

■ **AIR FRANCE**
✆ 36 54
www.airfrance.fr
Au départ de Roissy-Charles-de-Gaulle, Air France KLM propose 5 fréquences hebdomadaires vers Panama City. Comptez environ 11 heures de trajet en vol direct.
De Paris-Charles de Gaulle vers Panama-City (vol AF474) : vols les lundis, jeudis, vendredis, samedis et dimanches. Départ à 13h55 et arrivée à 17h40.
De Panama-City vers Paris-Charles de Gaulle (vol AF475) : vols les lundis, jeudis, vendredis, samedis et dimanches. Départ à 21h et arrivée le lendemain à 14h15.
Air France propose un vol supplémentaire le vendredi pour la saison hivernale à partir du 12 décembre 2016.

■ **AMERICAN AIRLINES**
✆ 08 26 46 09 50
www.americanairlines.fr
American Airlines assure un vol quotidien au départ de CDG pour Panamá Ciudad via Miami. Pour la première connexion, il faut compter 10 heures 20 de vol et, entre Miami et Panamá City, 2 heures 50.

AVIANCA
4, rue Gramont (2e)
Paris
✆ 01 44 50 58 60
www.avianca.com
paris@avianca.fr
Avianca est la nouvelle identité du groupe qui réunit les compagnies aériennes Avianca (Colombie), Taca (Amérique centrale) et Aerogal (Equateur). Avianca assure la desserte de tous les pays d'Amérique centrale et relie celle-ci à l'Amérique du Sud, l'Amérique du Nord ainsi qu'à l'Europe, via Bogota et Madrid, Barcelone ou Londres.

Autre adresse : 1, rue d'Hauteville 75010 Paris ✆ 08 25 869 883.

DELTA AIRLINES
✆ 08 11 64 00 05
www.delta.com
Delta Airlines propose au moins deux vols quotidiens au départ de Paris via Atlanta pour Panamá City.

IBERIA
✆ 08 25 800 965
www.iberia.com
Leader européen sur les lignes aériennes Europe-Amérique latine, la compagnie espagnole assure un départ tous les jours de la semaine sauf le vendredi pour Panamá Cuidad au départ d'Orly via Madrid. Le temps de trajet s'élève en moyenne à 18 heures 30.

Sites comparateurs

KIWI.COM
fr.skypicker.com
info@skypicker.com
Kiwi.com (anciennement Skypicker) fut créé par un entrepreneur Tcheque Oliver Dlouhy en avril 2012 et est en passe de révolutionner le domaine de la vente de billets d'avion en ligne. Ce site permet à ses utilisateurs de débusquer les vols les moins chers et de les réserver ensuite. Il emploie pour cela une technologie unique en son genre basée sur le recoupement de données et les algorithmes, et permettant d'intégrer les tarifs des compagnies low cost à ceux des compagnies de ligne classiques créant ainsi des combinaisons de vols exceptionnelles dégageant des économies pouvant aller jusqu'à 50 % de moins que les vols de ligne classiques.

MISTERFLY
✆ 08 92 23 24 25
www.misterfly.com
Ouvert du lundi au vendredi de 9h à 21h. Le samedi de 10h à 20h.
MisterFly.com est le nouveau-né de la toile pour la réservation de billets d'avion. Son concept innovant repose sur un credo : transparence tarifaire ! Cela se concrétise par un prix affiché dès la première page de la recherche, c'est-à-dire qu'aucun frais de dossier ou frais bancaire ne viendront alourdir la facture finale. Idem pour le prix des bagages ! L'accès à cette information se fait dès l'affichage des vols correspondant à la recherche. La possibilité d'ajouter des bagages en supplément à l'aller, au retour ou aux deux… tout est flexible !

OPTION WAY
✆ +33 04 22 46 05 23
www.optionway.com
Option Way est une agence de voyage en ligne qui offre une toute nouvelle façon d'acheter ses billets d'avion. En proposant à ses utilisateurs de fixer le prix qu'ils souhaitent payer, elle leur permet de profiter des fluctuations de prix des billets d'avion avant l'achat.
Après l'achat, elle continue de faire profiter ses utilisateurs des variations de prix en les remboursant automatiquement si une baisse se produit. Lancée en octobre 2014, cette jeune agence de voyage traque jour et nuit l'évolution des tarifs des vols afin de faire bénéficier ses clients des prix les plus avantageux.

SKYSCANNER
www.skyscanner.fr
Ce moteur de recherche permet de comparer les vols bon marché, mais aussi les hôtels et locations de voiture dans le monde entier. Très populaire auprès des internautes, il dispose de sérieux atouts : une très grande rapidité, l'affichage en un clic de la durée du vol et des liaisons directes (ou non), la possibilité de comparer les prix sur un mois… Le site propose également de recevoir par mail une alerte en cas de changement de prix. Utile et pratique !

En bus

LE BUS DIRECT-PARIS AÉROPORT
✆ 08 10 81 20 01
www.lebusdirect.com
Les cars Air France, désormais rebaptisés Le bus direct, desservent Roissy et Orly Ouest et Sud, 7j/7.

Ligne 1 : Orly-Montparnasse-La Motte Picquet-Tour Eiffel-Trocadéro-Paris-Etoile de 5h50 à 23h35. Dans le sens inverse de 4h50 à 22h30. Fréquence toutes les 20 min. Aller simple : 12 €. Aller-retour : 20 €. Gratuit pour les moins de 4 ans.

Ligne 2 : Roissy-CDG-Porte Maillot-Trocadéro-Etoile de 6h à 23h15. Dans le sens inverse de 5h45 à 23h. Fréquence : toutes les 30 min. Aller simple : 17 €. Aller-retour : 30 €. Gratuit pour les moins de 4 ans.

Ligne 3 : Roissy-CDG-Orly de 6h15 à 22h15. Dans le sens inverse de 6h30 à 22h30. Fréquence : toutes les 20 min. Aller simple : 21 €. Aller-retour : 36 €. Gratuit pour les moins de 4 ans.

Ligne 4 : Roissy CDG-Gare de Lyon-Montparnasse de 6h15 à 22h45. Dans le sens inverse de 5h30 à 22h30. Aller simple : 17 €. Aller-retour : 30 €. Gratuit pour les moins de 4 ans.

En bateau

Si vous avez le temps et souhaitez réduire votre empreinte écologique tout en vivant une expérience originale, vous pouvez partir en cargo depuis l'Europe et ailleurs, le Panamá attirant de nombreux navires grâce à son canal. Des voiliers et caboteurs effectuent des traversées depuis la Colombie (Carthagène) jusque San Blas, Puerto Lindo, Portobelo ou Colón. Il conviendra d'être prudent dans le choix du navire, n'oubliez pas que vous êtes dans une zone sensible (trafic de drogue). Mêmes recommandations pour rejoindre la Colombie et l'Equateur par le Pacifique.

Location de voitures

ALAMO

✆ 08 05 54 25 10
www.alamo.fr

Avec plus de 40 ans d'expérience, Alamo possède actuellement plus de 1 million de véhicules au service de 15 millions de voyageurs chaque année, répartis dans 1 248 agences implantées dans 43 pays. Des tarifs spécifiques sont proposés, comme Alamo Gold aux États-Unis et au Canada, le forfait de location de voiture tout compris incluant le GPS, les assurances, les taxes, les frais d'aéroport, un plein d'essence et les conducteurs supplémentaires. Alamo met tout en œuvre pour une location de voiture sans souci.

AUTO EUROPE

✆ 08 00 94 05 57
www.autoeurope.fr
reservations@autoeurope.fr

Auto Europe négocie toute l'année ces tarifs privilégiés auprès des loueurs internationaux et locaux afin de proposer à ses clients des prix compétitifs. Les conditions Auto Europe : le kilométrage illimité, les assurances et taxes incluses à tout petits prix et des surclassements gratuits pour certaines destinations. Vous pouvez récupérer ou laisser votre véhicule à l'aéroport ou en ville.

BSP AUTO

✆ 01 43 46 20 74
www.bsp-auto.com

Ouvert du lundi au vendredi de 9h à 21h30, le week-end de 9h à 20h. Location de voitures sur votre ordinateur.

Il s'agit là d'un prestataire qui vous assure les meilleurs tarifs de location de véhicules auprès des grands loueurs dans les gares, aéroports et centres-villes. Les tarifs comprennent toujours le kilométrage illimité ainsi que les assurances. Les bonus BSP : réservez dès maintenant et payez seulement 5 jours avant la prise de votre véhicule, pas de frais de dossier ni d'annulation, la moins chère des options zéro franchise.

TRAVELERCAR

✆ 01 73 79 27 21
www.travelercar.com
contact@travelercar.com

Service disponible aux aéroports de Roissy- CDG, Orly, Beauvais et Lyon St-Exupéry.

Agir en éco-responsable tout en mutualisant l'usage des véhicules durant les vacances, c'est le principe de cette plateforme d'économie du partage, qui s'occupe de tout (prise en charge de votre voiture sur un parking de l'aéroport de départ, mise en ligne, gestion et location de celle-ci à un particulier, assurance et remise du véhicule à l'aéroport le jour de votre retour, etc.). S'il n'est pas loué, ce service vous permet de vous rendre à l'aéroport et d'en repartir sans passer par la case transports en commun ou taxi, sans payer le parking pour la période de votre déplacement ! Location de voiture également, à des tarifs souvent avantageux par rapport aux loueurs habituels.

SÉJOURNER

Se loger

Le pays est bien pourvu en ressources hôtelières de toutes catégories, mais il montre ses limites face au boom touristique actuel. En période de carnaval ou durant la semaine sainte, vous aurez peut-être des difficultés à trouver un lieu qui corresponde à la fois à vos goûts et à votre budget. Par ailleurs, ne soyez pas surpris si un hôtel a poussé sur une plage dont on vous vantait la tranquillité ! Quoique récent, c'est un phénomène fréquent, et il est fort probable que certains coins vous réservent d'étranges surprises. De nombreux projets touristiques étaient à l'étude lors de la rédaction du guide. Se seront-ils concrétisés au moment de votre voyage ? Espérons que la population locale et l'environnement auront été respectés...

■ AIRBNB

www.airbnb.fr

Créée en Californie en 2008, cette société de locations saisonnières meublées, de particulier à particulier, a la cote. Ce concept simple, sorte de réseau social où il faut s'identifier pour conclure une transaction, tend à se développer dans le monde entier. Tout se passe directement sur Internet où l'on accède aux petites annonces affichant plusieurs photos et informations pratiques, fournies par les propriétaires. La recherche est lancée par géolocalisation, selon les dates et l'hébergement souhaité (chambre, maison, villa à la plage, etc.). Hôtes et clients peuvent se renseigner en ligne, échanger directement et laisser des commentaires.

■ BEDYCASA

1348, avenue de la Mer
Montpellier
✆ 04 11 93 43 70
www.bedycasa.com
contact@bedycasa.com

Chez BedyCasa, pionnier de la location chez l'habitant, il est possible de louer une chambre, un appartement, une maison, une cabane (la liste est encore longue !) ou de trouver une famille d'accueil. BedyCasa propose aux voyageurs en quête d'échange une solution économique et sympathique.

■ COUCHSURFING

www.couchsurfing.com

Grâce au CouchSurfing, vous voyagez dans le monde entier en logeant gratuitement chez l'habitant. Il suffit de s'inscrire sur des sites Internet spécialisés pour accéder aux offres des membres prêts à mettre à disposition un couchage pour quelques nuits. Échange de bons procédés oblige, vous devez accepter en contrepartie (en principe) d'accueillir chez vous celle ou celui qui vous reçoit. Soyez rassuré, des systèmes de contrôle existent sur les sites : notation des membres, numéro de passeport exigé à l'inscription, etc. CouchSurfing est le service d'hébergement en ligne regroupant le plus d'adhérents. Les participants ont accès à des hébergements volontaires dans plus de 200 pays.

© DC_COLOMBIA – ISTOCKPHOTO

Bienvenidos a Panama.

HELPX

www.helpx.net

Des fermes biologiques, des ranchs, des B&B, des hôtels où l'étranger aide tout en bénéficiant (selon les pays et hôtes) de cours d'anglais, de randonnées à cheval, de repas selon le travail fourni. Un panel de lieux, partout dans le monde, où vivre durant une année ou moins, afin d'améliorer une langue ou vivre une expérience hors du commun pendant une année de césure. Le prix d'adhérent est symbolique, seulement 20 €, et permet d'accéder aux offres.

HOSTELBOOKERS

fr.hostelbookers.com

Depuis 2005, cette centrale de réservation en ligne permet de planifier son séjour à prix corrects dans le monde entier. Afrique, Asie, Europe, Amérique… Hostelbookers est spécialisé dans les logements peu onéreux (auberges de jeunesse ou *hostels*…) mais proposant des services et un cadre plutôt soignés. Pour chaque grande ville, le site propose une sélection pointue d'enseignes partenaires et vous n'aurez plus qu'à choisir l'adresse la plus pratique, la mieux située, ou tout simplement la moins chère. Une plate-forme bien pratique pour les baroudeurs.

Hôtels

L'implantation des chaînes hôtelières internationales, conséquence directe du tourisme d'affaires, ne se limite plus à la capitale. La côte Pacifique a maintenant ses grands complexes avec piscines, golfs ou plages privées, proposant des formules *todo incluido* au succès grandissant. Pour séjourner dans cette catégorie d'hôtels, il faut débourser au minimum 80 US$ par personne et par jour.

Plus intimes, les établissements de type écolodges sont arrivés au Panamá – sûrement du Costa Rica où l'on en trouve de partout. Ils offrent confort et charme, en pleine nature. Le pays regorge désormais de paradis isolés en bord de mer, sur des îles ou en forêt, des maisonnettes rustiques sur pilotis au-dessus des flots, aux complexes avec piscines et spas, dans des sites incroyables. Les tarifs généralement compris entre 60 US$ à 250 US$ incluent les repas et des excursions.

On trouve également des chambres en *cabañas* aux formules plus économiques visant une clientèle au budget plus limité mais tout aussi soucieuse du cadre. L'offre est très variable en termes de commodités. De nombreux hôtels dans les îles n'ont, par exemple, qu'un petit générateur électrique ou un panneau solaire à l'autonomie limitée, et ne sont pas alimentés en eau courante.

Les établissements dénommés *pensión*, *residencial* ou *hospedaje* sont économiques. Le confort, tout comme la tranquillité et le service sont très variables. Il est toujours possible de trouver une chambre à moins de 20-25 US$, surtout en province. Dans la plupart des hôtels de basse ou moyenne catégorie, vous aurez le choix entre l'air conditionné qui fera augmenter sensiblement le tarif, et le simple ventilateur (parfois plus efficace qu'une clim déréglée). Pour la douche, il faudra vous faire à l'eau froide, ou plutôt tiède (sauf si vous êtes en montagne).

Chambres d'hôtes

Les chambres d'hôtes, *hostal* ou *bed & breakfast* sont tenues le plus souvent par des étrangers tombés amoureux du pays et offrent un accueil individualisé et plus chaleureux que dans un hôtel classique. Le petit déjeuner est souvent inclus, tout comme la Wifi et parfois l'accès à la cuisine. Vos hôtes sont toujours ravis de vous indiquer les sites à visiter et leurs bons plans.

Auberges de jeunesse

On trouve partout des *hostels*, ou hôtels *backpackers* (de *backpack*, sac à dos en anglais) ; ils sont le plus souvent modernes et confortables. Le concept est d'offrir au meilleur prix (autour de 10-15 US$ par personne) un lit en dortoir et de nombreuses facilités : cuisine, Internet, laverie, infos pratiques… Les *hostels* proposent souvent en plus des dortoirs des chambres individuelles, mais la salle de bains est le plus souvent à l'extérieur. La clientèle est internationale et plutôt jeune, même si s'y retrouvent des voyageurs de tout âge et des couples. C'est l'idéal pour rencontrer des compagnons de route. Il faut toutefois aimer la vie en communauté et accepter de parler anglais de temps en temps. Il faut aussi parfois ne pas être trop regardant sur le confort et la tranquillité des lieux.

Campings

Les terrains de camping équipés ne sont pas fréquents au Panamá. En revanche, le camping sauvage est toléré. Renseignez-vous préalablement auprès des locaux et méfiez-vous des marées si vous plantez la tente sur une plage, surtout côté Pacifique ! Certains *hostels* offrent la possibilité de camper lorsqu'ils ont un jardin. Egalement très pratique, le hamac, que vous pourrez accrocher entre deux cocotiers (attention à la chute des fruits) ou sous un *rancho* ou *bohío*, petite structure au toit de palme.

Tourisme rural – Agritourisme

L'agritourisme, ou tourisme à la ferme (*finca* ou *granja*), se développe depuis quelques années au Panama ; c'est une bonne alternative au tourisme classique pour découvrir un mode de vie rural authentique. Le site Internet www.visitpanama.com recense plus d'une trentaine de *fincas de agroturismo* dans tout le pays.

Se déplacer

Avion

L'avion est parfois l'unique moyen d'atteindre une destination, et surtout le plus rapide. Les principales villes de province sont desservies par des lignes intérieures régulières, au départ de l'aéroport d'Albrook à Panamá Ciudad. C'est l'un des grands avantages du pays : pouvoir se retrouver sur la côte Caraïbes de Bocas del Toro en moins d'une heure ou se rendre dans l'une des îles de San Blas en une demi-heure. Ceux qui appréhendent les voyages en avion doivent toutefois être prévenus : beaucoup de vols s'effectuent dans de petits appareils dont la capacité excède rarement les vingt personnes et cela peut secouer en cas de mauvais temps. Air Panamá (www.airpanama.com) est à ce jour la seule compagnie régulière pour les vols intérieurs. Les billets s'achètent directement à l'aéroport d'Albrook où la compagnie a son siège.

Bateau

Le bateau à moteur (*lancha* ou *panga*) plus ou moins puissant ou la pirogue en bois (*bote*) sont souvent l'unique moyen de transport dans les archipels et au milieu de la jungle en l'absence de piste ou de route. Les traversées offrent des moments forts en émotion ! Assurez-vous toutefois que suffisamment de gilets de sauvetage sont présents dans l'embarcation.

Bus

La gare routière de Panamá Ciudad (terminal de Albrook) bénéficie d'infrastructures modernes et dessert toutes les villes de provinces, avec certaines compagnies allant jusqu'à San José au Costa Rica. Les liaisons sont fréquentes et les tarifs peu élevés. Il n'est pas nécessaire de réserver son billet en période normale mais conseillé de l'acheter à l'avance les vendredis soir et veilles de fêtes. En province il est courant d'acheter son ticket directement dans le bus.
Autocars et minibus sont souvent climatisés, parfois à l'extrême. Un vêtement chaud est donc indispensable, en particulier sur le trajet Panamá-David. Ce n'est pas pour rien que les bus climatisés sont surnommés *nevera* (frigo) !

Train

L'unique train du pays relie en une heure Panamá et Colón, uniquement du lundi au vendredi. Départ de Panamá à 7h15, retour de Colón à 17h15 (25 US$ l'aller, 15 US$ pour les moins de 12 ans. La réservation n'est pas nécessaire). A vocation principalement touristique, ce train historique transporte également les personnes qui travaillent dans la Zone libre et résident dans la capitale. Détails de ce voyage magnifique dans la rubrique consacrée dans la ville de Colón ou sur www.panarail.com.

Voiture

L'état des routes est fonction de l'état d'avancement des travaux publics, souvent lié aux périodes électorales, mais il est très bon par rapport à son voisin le Costa Rica ! La Panaméricaine (*Interamericana*) est l'axe principal du pays qu'elle traverse d'est en ouest, de la frontière du Costa Rica jusqu'à Yaviza, à une centaine de kilomètres de la frontière colombienne dans le Darién (il n'est donc pas possible de se rendre en Colombie en voiture, à moto ou à vélo).
L'autre axe principal, la Transisthmique (*Transísmica*) relie Panamá City à Colón. La plupart des routes secondaires sont goudronnées mais nécessitent d'être prudent en raison des nombreux nids-de-poule... et des poules, sans parler des chiens, des vaches, des chevaux ou des paresseux ! Attention aussi aux enfants qui reviennent à pied de l'école sur certaines routes.
La ceinture n'est obligatoire qu'à l'avant mais cela ne coûte rien de la porter à l'arrière aussi.En règle générale, la vitesse est limitée à 80 km/h sur route (avec des sections à 100 km/h) et à 30-60 km/h en ville. Les routes ne sont pas éclairées la nuit, ce qui rend la conduite difficile. Attention aux intersections, les feux tricolores sont placés de l'autre côté de la rue à traverser, comme aux Etats-Unis. La conduite est plutôt sportive : la priorité est rarement fonction des panneaux mais suit la loi du plus fort. En résumé, laissez passer les *diablos rojos* et les gros 4x4 et utilisez le Klaxon !
En cas de collision, les voitures impliquées doivent rester à leur place même si elles obstruent totalement la circulation ! Vous devez attendre l'arrivée de la police en présence de laquelle le constat sera établi. Cette règle explique en partie les fréquents embouteillages dans la capitale...
Les agents de la circulation, comme partout, font parfois preuve de zèle : restez calme et souriant, si possible. L'amende doit normalement être acquittée à l'autorité du transit

et du transport terrestre (ATTT) de la ville du lieu de l'infraction. La *coima* (le petit billet de 20 US$ de la main à la main) est souvent subtilement demandé par l'agent de circulation. A vous de voir. Le mieux est de refuser et de demander le numéro de matricule de l'agent en question et de dire que vous connaissez quelqu'un de haut placé, cela le calme en général. A la station-service (*bomba*), vous n'aurez en général pas à descendre de voiture, un pompiste viendra vous servir. Certaines stations n'acceptent pas les cartes de crédit.Le permis étranger est valable 90 jours à compter de son entrée sur le territoire (alors que l'on peut rester 180 jours dans le pays sans visa). L'âge minimum pour conduire est de 18 ans (21 ou 25 ans en cas de location de voiture).

Location de voitures. Les principales agences internationales sont présentes à Panamá et dans les grandes villes. Dans la capitale, elles sont concentrées dans la Vía Veneto et les rues adjacentes, mais aussi en périphérie et aux aéroports de Tocumen (24h/24) et d'Albrook. Il est possible de louer une voiture à Panamá et de la rendre dans une autre ville, mais cela représente un supplément parfois important. Le 4x4 est rarement indispensable, surtout en saison sèche. Les voitures à boîte de vitesse automatique sont les plus répandues. Le kilométrage est illimité ; on paye à la journée entre 40 et 150 US$, sans l'essence. Certains loueurs proposent des combinaisons intéressantes : voiture/nuit d'hôtel ou voiture/billet d'avion (vols intérieurs). Pour louer un véhicule, il vous faudra présenter votre permis et votre passeport, avoir plus de 21 ou 25 ans, et posséder une carte de crédit pour la caution.

Transports en ville

Taxi. Le Panaméen de la capitale ne marche pas... Ce qui fait le bonheur des taxis ! Vous n'aurez aucune difficulté à en trouver, sauf aux heures de pointe (entre environ 6h30 à 9h et 16h à 19h) où les temps de déplacement sont considérablement allongés, et quand il pleut... La course coûte autour de 2,50 US$ et 4 US$ selon la distance, mais les tarifs sont de plus en plus à la tête – et à l'accent – du client. En province, comptez 2 US$. Se mettre d'accord avec le chauffeur sur le prix au début de la course pour éviter les embrouilles.

Métro. Le premier métro d'Amérique centrale a été inauguré en avril 2014, après 3 ans de travaux. Bien pratique pour traverser la ville, la ligne 1, l'unique ligne pour l'instant sur les 3 prévues à terme, de 16 km, compte 14 stations aériennes ou souterraines. Elle relie Albrook (terminal de bus, mall) à San Isidro, en 23 minutes (le même trajet en voiture prend 1 à 2 heures). Les stations les plus utiles pour les touristes sont « 5 de Mayo » (proche du Casco Viejo), « Iglesia del Carmen » et « Vía Argentina » (Cangrejo). Le métro fonctionne de 5h à 22h et coûte 35 cents par trajet. Il faut se munir d'une carte à puce rechargeable que l'on peut acheter au terminal d'Albrook ou se faire prêter à l'hôtel (2 US$ + recharge).

Les travaux d'une 2e ligne pour desservir l'est de la capitale – bien au-delà de l'aéroport de Tocumen – ont commencé en octobre 2015 et devraient s'achever fin 2018. Une 3e ligne pour l'ouest de la capitale est également en projet, mais nécessite au préalable la construction d'un nouveau pont au-dessus du canal. Affaire à suivre...

Bus. Il y a aussi deux sortes de bus. Les « Metrobus » sont modernes (climatisés, bouton pour demander l'arrêt...) et ont des stations spécifiques sur les grandes artères. Les trajets coûtent 25 cents ou 1,25 US$ (ceux qui prennent le corredor sur). Ils remplacent les fameux *diablos rojos*, les « diables rouges » : klaxons surpuissants, conducteurs et rabatteurs impatients, déco flashy style boîte de nuit, *reggaetón* ou salsa à gogo... Tout cela est fini, à quelques exceptions près desservant certaines zones de la capitale et villes de province. La destination est inscrite sur le pare-brise et criée par un rabatteur. Pour descendre, on se dirige vers la sortie et paye au chauffeur (25 cents à Panamá, de 15 à 20 cents en province).

Circuler à vélo à Panamá Ciudad n'est pas conseillé, sauf sur les voies sécurisées prévues à cet effet du Causeway et de la Cinta Costera, en raison de la circulation anarchique.

Deux-roues

On croise très peu de cyclistes ou motards sur les routes du pays. Les chauffeurs panaméens n'y sont pas vraiment habitués. Il convient donc d'être très prudent si vous vous lancez sur les routes panaméennes.

Auto-stop

Pour les adeptes de l'autostop, comme dans la plupart des pays d'Amérique latine, la gratuité est rarement de mise et il est coutume de laisser un petit quelque chose au chauffeur.

Ciudad de Panamá – Le pont des Amériques.

DÉCOUVERTE

LE PANAMÁ EN 30 MOTS-CLÉS

Amérindiens

Les premiers habitants de la région sont les Indiens ou plutôt les peuples dits « premiers », « autochtones » ou « indigènes » (*pueblos indígenas*). Cette dernière dénomination est largement utilisée et préférée par les intéressés eux-mêmes. En revanche, le terme *Indio* (« Indien ») est considéré comme très péjoratif, voire insultant en Amérique latine. On compte sept groupes amérindiens au Panamá (Ngäbe, Buglé (ou Bokota), Guna, Emberá, Wounaan, Naso (ou Teribe), Bri-bri) qui représenteraient environ 8 % de la population du pays. Comme dans toute l'Amérique latine, grand nombre d'entre eux appartiennent aux classes les plus défavorisées. Mais les communautés se battent avec beaucoup de détermination pour faire valoir leurs droits ancestraux, notamment sur les terres qu'elles occupent. Cinq territoires autonomes existent déjà, ce sont les *comarcas*.

Ayudante

Souvent des jeunes, rarement des filles, les assistants des chauffeurs de bus sont chargés de rameuter les passagers, de prendre soin de leurs bagages et d'encaisser la course. Et ces précieux compagnons ont tout intérêt à avoir du coffre et de l'énergie pour s'imposer dans le brouhaha de la circulation !

Bohío

Vous pourrez les louer à la journée sur la plupart des plages… Ces petits abris traditionnels, ouverts à la brise, seront votre refuge pour vous protéger du soleil. Abrité sous leur toit de palme, vous n'hésiterez pas à y accrocher votre hamac !

Cantina

Les endroits où l'on sert le plus de bière et de rhum sont traditionnellement les *cantinas*, dont la porte style saloon empêche de voir ce qui se passe à l'intérieur. Presque exclusivement fréquentés par les hommes (qui en ressortent vacillants), ces bars ont pour principales attractions billards, musique *típico* et caisses de bières. Les locaux pourront accueillir d'un œil amusé les touristes mais nous ne conseillons pas aux femmes d'y entrer, même accompagnées…

Carnaval

Evénement très attendu, le carnaval est fêté avec la plus grande ferveur. Quatre jours où tout s'arrête (les congés sont presque imposés par les entreprises), sauf la bringue ! Parades, élections de reines, arrosages au jet d'eau de la foule… On se désaltère à la bière ou au *seco*… Le carnaval le plus couru et le plus fou est celui de Las Tablas, dans la péninsule d'Azuero.

Chino

Désigne toute personne d'origine asiatique, panaméenne ou non. Au milieu du XIXe siècle, une importante communauté chinoise est arrivée à l'occasion de la construction de la ligne de chemin de fer reliant Panamá à Colón. Aujourd'hui, leurs descendants tiennent la grande majorité des laveries, restaurants populaires et surtout les épiceries (à 99% !). D'ailleurs, le *chino* signifie « l'épicerie » en langage courant !

Clim

Installée dans la plupart des lieux publics en ville (centres commerciaux, bureaux, restos, bus, etc.), elle est appréciable à toute saison mais trop souvent réglée (ou déréglée) au maximum. N'oubliez donc pas pull et chaussettes avant un long voyage en bus ou une séance de ciné !

Cooler

La glacière : l'accessoire indispensable de tout Panaméen qui veut passer un bon moment à la plage ! Car les bières se boivent *bien frías*, bien fraîches. Certains *coolers* sont même équipés de roulettes tout-terrain !

Corruption

Le thème fait souvent la une des journaux. Comme le scandale des *Panama Papers* a pu le révéler au monde entier, des sommes d'argent colossales circulent au Panamá et les organismes de contrôle ne sont pas toujours très regardants. Lors de chaque campagne électorale, l'objectif « *Cero corrupción* » fait un tabac. Malgré les mesures prises pour lutter contre ce fléau, le secteur public panaméen reste l'un des plus corrompus du continent, notamment dans la justice et la police. En tant que touriste, vous y serez peut-être confronté si vous êtes au volant d'une voiture…

Diablos rojos

Avec leurs graffs colorés, leurs pots d'échappement pétaradants et leurs mégas Klaxons, les « diables rouges » font la loi dans la capitale ! Ne vous aventurez pas à traverser la rue si vous en voyez débouler un au loin : c'est la course au passager entre leurs chauffeurs ! Alors ça passe ou ça casse, et à l'intérieur on s'accroche comme on peut à son fauteuil défoncé !
Ce nom de diable rouge leur colle à la peau et viendrait du surnom que l'on donnait à certains gardes nationaux qui portaient un béret rouge sous la dictature de Noriega... On raconte aussi que ces bus, à l'origine destinés au transport scolaire aux Etats-Unis, devaient être peints en rouge par leurs nouveaux propriétaires panaméens. Mais ces derniers ont préféré les personnaliser en les décorant de couleurs vives. Monter à bord de ces œuvres d'art roulantes vaut le détour : ambiance garantie ! Certains ont même été réaménagés spécialement pour la fiesta et inondent la ville de décibels musicaux les soirs de fin de semaine : ce sont les *chivas parranderas*. Mais ces drôles de bus sont peu à peu remplacés dans la capitale par les Metrobus, modernes et confortables, des « anges » orange et blanc un peu moins marrants !

Dominos

Dans certains endroits stratégiques de la capitale, comme au parc Santa Ana ou dans la Avenida Central par exemple, les hommes aiment se réunir pour de longues parties, qui sous leurs apparences improvisées, sont sérieuses et bien organisées. Des tables carrées sont installées et des juges sont désignés. Jeunes et moins jeunes se rassemblent et des parties endiablées commencent. C'est l'occasion de s'affronter en équipe. Habitués ou novices, tout le monde est convié, à condition de respecter les règles établies. Car si les rires fusent, les coups de gueule ne sont pas rares ! C'est un véritable spectacle codifié : certains se font des signes et tous lèvent la main avant de faire claquer leur pièce de domino sur la table.

Drogue

Le Panamá est connu pour ses affaires de trafic et de blanchiment d'argent de la drogue. Le voisinage avec la Colombie, dont la production de cocaïne inonde le monde, n'est pas facile à gérer : la frontière en pleine jungle du Darien est particulièrement poreuse et les centaines d'îles et de plages des deux côtés du pays reçoivent régulièrement de gros colis, les *regalos de Dios* (cadeaux de Dieu).
La présence gênante, à la tête de l'Etat, du général Noriega, narcotrafiquant notoire mais aussi ex-agent de la CIA et ancien informateur de la DEA (Centre américain de lutte antidrogue !), donna lieu à l'opération « Juste Cause » en décembre 1989. Mais l'arrestation du narco-dictateur n'a pas arrangé les choses. « *Ali Baba est parti, mais les quarante voleurs sont toujours là* », plaisantait-on à l'époque.
Trafics et opérations de blanchiment ont continué de plus belle dans les années 1990. Les « tours cocaïnes », comme étaient appelés les immeubles abritant les banques, et la zone libre de Colón continuaient tranquillement leurs fonctions de blanchisseuses. Récemment, des lois ont limité le montant des dépôts d'argent liquide et l'usage de prête-noms pour rendre plus difficile le blanchiment à travers les banques. Il semblerait qu'aujourd'hui les « machines à laver » l'argent sale les plus puissantes soient le secteur du bâtiment et les casinos... mais c'est toujours la même poudre blanche qui est utilisée !

Ciudad de Panamá – Détail d'un diablo rojo, bus de ville multicolore, icône de la capitale.

Gecko

Parfois appelé margouillat, il en existe de nombreuses espèces. Au Panamá, les plus fréquents sont d'un jaune translucide et mesurent de 5 à 7 cm. Si vous ne les voyez pas, vous les entendrez. Ils se cachent dans tous les recoins et émettent un petit bruit (toc toc) qui vous accompagnera tout au long de votre voyage. Ecoutez bien le soir dans votre chambre, vous ne pourrez pas les manquer !

Gringo

A l'origine, ce terme péjoratif désignait les militaires nord-américains basés en Amérique latine. Il viendrait de l'expression « *Green go !* » (« les verts dehors ! »), en référence au coloris de la tenue des soldats. Au Panamá, la présence néocoloniale américaine a duré près d'un siècle et a profondément marqué le nationalisme panaméen. Aujourd'hui, le terme *gringo* ou *gringa* est plus largement associé à tout(e) étranger (ère) au teint clair, sans distinction entre Nord-Américains et Européens. Il symbolise entre autres un porte-monnaie bien fourni !

Isthme

190 km dans sa partie la plus large et 51 à peine entre le golfe de San Blas et l'estuaire du Río Chepo, l'isthme de Panamá, né il y a 3 millions d'années, s'étire entre deux océans et représente un pont naturel pour les espèces animales et végétales entre l'Amérique du Nord et l'Amérique du Sud. Une terre unique de rencontre biologique et humaine : sa plus grande richesse !

Loterie

Synonyme de chance, de rêve et d'évasion, la *lotería nacional* a de nombreux adeptes. Les deux tirages hebdomadaires (mercredi et dimanche) et *El Gordito* (trois tirages à la fin du mois) sont attendus avec impatience. Le coupon de 1 US$ peut faire gagner jusqu'à 2 000 US$ et celui de 0,25 US$ (dit « *chance* ») 14 US$. Etre vendeur de billets de loterie est une véritable profession. Ils sont nombreux, hommes et femmes, à étaler leurs coupons sur de grandes planches en bois et à attendre les acheteurs. Ces derniers vont de l'un à l'autre, à la recherche de leur numéro favori. Une fois celui-ci trouvé, ils dépensent toutes leurs économies. Parallèlement, la loterie clandestine a autant de succès ! C'est le tirage des numéros gagnants de la loterie officielle qui détermine aussi ceux de la clandestine... dont le prix des billets est plutôt de l'ordre de 5 US$!

Mall

Paradis de la consommation, ce terme américain désigne un centre commercial géant comprenant galeries marchandes, restaurants, cinés, jeux pour enfants... Ces espaces modernes, aseptisés et climatisés, font fureur dans toute l'Amérique latine, en particulier à Panamá où les prix sont très attractifs. On y trouve de tout, et en particulier des articles de luxe, ce qui attire des dizaines de milliers de touristes d'Amérique centrale et du Sud. Ces touristes fortunés avaient l'habitude de se rendre à Miami (Floride) pour faire leurs courses, mais les Etats-Unis ont durci leur politique de visas. Du coup, plus souple en matière d'entrée sur son territoire, le Panamá semble en profiter directement !

Panamax

Nom donné aux navires que leur taille autorisait à emprunter le canal de Panamá avant son élargissement. Ce sont des « post-panamax » ou « neo-panamax » – avec jusqu'à 14 000 conteneurs – qui franchissent les nouvelles écluses d'Agua Clara et de Cocoli. Les uns comme les autres n'ont parfois que quelques centimètres de libre de chaque côté lorsqu'ils empruntent les écluses. Il reste encore des porte-conteneurs et des pétroliers trop larges, ce qui laisse penser que de nouvelles écluses encore plus larges seront un jour construites.

Paseo

Le dimanche sur les routes, vous croiserez peut-être des vieux bus un peu plus bruyants et agités que les autres. Ils sont loués à la journée par des groupes d'amis ou des familles nombreuses, pour partir ensemble, à moindres frais, à la plage ou à la rivière. A l'arrivée, les barbecues se préparent et les *coolers* se vident. Les retours sont en général plus calmes, le soleil et la bière ayant fait leur effet...

Piñata

La *piñata* est une figurine représentant un personnage apprécié des enfants (Mickey, Titi, etc.) ou tout autre objet. Confectionnée avec du papier crépon coloré, sa hauteur atteint souvent plus d'un mètre. D'origine mexicaine, cette tradition a été peu à peu adoptée par toute l'Amérique centrale. Au Panamá, c'est la coutume d'offrir une *piñata* aux enfants dont on célèbre l'anniversaire... On l'accroche en hauteur au bout d'une corde. Le héros de la fête se munit d'un bâton et tape sur la *piñata* jusqu'à ce qu'elle se casse. Surprise et bonheur ! Une pluie de friandises et de petits cadeaux tombe alors de la figurine, et tous les enfants se précipitent, ravis, les mains tendues.

Plages

Elles sont magnifiques, que ce soit du côté atlantique ou pacifique, sur le continent ou sur les îles : sable blanc, gris ou noir, végétation luxuriante, température de l'eau entre 24 et 30 °C… Il convient parfois d'être prudent en raison de courants perfides, de puissantes vagues et d'un soleil ravageur. Les plages sont le plus souvent désertes, mais, les week-ends et jours fériés, les Panaméens viennent y festoyer en nombre et la rumba commence !

Push Button

Le motel « presse bouton » est une institution purement panaméenne ! Né dans les années 1960 et destiné à l'origine aux soldats américains de la Zone du canal pour emmener leurs conquêtes, ces *love motels* ou *casas de ocasión* se sont démocratisés dans un pays où l'on vit de plus en plus tard chez ses parents… et où l'infidélité n'est pas vraiment rarissime ! On trouve des dizaines de *push button* à Panamá. L'idée est d'offrir aux couples illégitimes confort et… discrétion ! Les établissements ressemblent à des garages collés les uns aux autres pour former un U, afin que l'on ne puisse rien distinguer depuis la rue. Ils portent des enseignes aux noms évocateurs (La Croisière de l'Amour, les Mille et Une Nuits, Mes Jolis Rêves…) et aux cœurs roses qui clignotent.
On rentre directement en voiture. A l'intérieur, dans le mur, un bouton : la porte de garage se referme tandis qu'une porte sur le côté s'ouvre… dévoilant une chambre sans fenêtre mais climatisée avec un grand lit, un minibar, une télé et de grands miroirs…
Ces lieux anonymes et mystérieux ont été le théâtre d'assassinats de personnalités du monde des affaires ou de la politique. Les tabloïds se régalent d'histoires de ce genre, tandis que les polars dont l'intrigue se déroule au Panamá ont tous leur scène de *push button* !

Quincena

Au Panamá, les salaires sont payés par quinzaine. Les jours de *quincena*, des queues se forment devant les banques où les salaires en liquide attendent au guichet. Les billets de 20 US$ partent vite dans le loyer et les factures puis vient le moment d'en profiter. La journée, les commerçants font recette ; le soir, ce sont les restaurants et discothèques !

Rumba

Assimiler la fête à un sport national n'est pas un euphémisme ! Et il ne s'agit pas d'oublier l'équipement qui va avec : bonne humeur, *cooler*, glaçons, rhum et sono… Rendez-vous également dans les boîtes de la capitale un jour de *quincena* pour participer aux *rumbas* les plus endiablées !

Seco

Loin d'égaler en matière de goût les rhums locaux, cet alcool blanc, fort, à base de canne à sucre et très bon marché, est le plus populaire du pays. Goûtez le *seco con vaca* (littéralement « seco avec vache » servi avec du lait).

Snorkeling

Ce mot anglais, qui désigne la plongée libre avec masque, tuba et palmes, est utilisé à travers tout le pays et n'a pas d'équivalent en espagnol. A retenir, car les coraux et la faune sous-marine sont spectaculaires et accessibles à tous.

DÉCOUVERTE

© NICOLAS LHULLIER

Une île déserte du Golfe de Chiriqui.

Ne pas faire

A todos (pour tous)

- **Photographier des gens** sans leur autorisation, en particulier dans les communautés amérindiennes. Et si vous promettez d'envoyer des photos, soyez certain que vous allez le faire !
- **Entrer en short** dans certains lieux de culte ou administrations.
- **Boire de l'alcool en public** dans la rue. Par ailleurs, certaines veilles de fêtes religieuses ou électorales, la loi interdit la vente d'alcool (*ley seca*).
- **Sortir sans une photocopie de son passeport** (la page principale + la page où apparaît le tampon d'entrée sur le territoire).
- **Acheter, vendre ou consommer des stupéfiants**, la police ne rigole pas, surtout avec les touristes.
- **Vous impatienter** à la caisse d'un supermarché ou en attendant un rendez-vous, les notions d'horaires et de temps sont très fluctuantes. *¡Tranquilo, toma la suave papi !* En règle générale, prévoyez de la souplesse dans vos plans de voyage.

A los varones (pour les hommes)

- **Rougir** quand une vendeuse ou serveuse vous appelle « *mi amooor* » !
- **Conduire ou se promener en ville torse nu**, même dans les stations balnéaires...

A las mujeres (pour les femmes)

- **S'exposer seins nus à la plage,** à cause des coups de soleil, mais surtout parce que c'est interdit !
- **Inviter au restaurant ou au cinéma** un Panaméen, il le prendrait comme une offense. C'est à l'homme de payer !

Paruma

Les femmes embera et wounaan portent la *paruma*, un tissu enroulé autour de la taille comme une jupe. Un nouveau design sort chaque mois et les plus coquettes – même sans le sou – se jettent dans les boutiques pour se le procurer. Plus le motif est rare, plus la *paruma* a de la valeur à leurs yeux. Le plus drôle, c'est que ces tissus sont en fait fabriqués en Asie spécialement pour les autochtones panaméennes. Ils sont distribués par des grossistes de l'avenida central à Panama City qui les revendent jusqu'au fin fond du Darién.

Sombrero

Les chapeaux communément appelés « panama » ne sont pas originaires de l'isthme mais d'Equateur. Le nom donné au chapeau équatorien viendrait de l'expression « panama hats » utilisée par les Américains pour désigner les chapeaux portés au début du siècle dernier par les ouvriers et ingénieurs du canal, dont beaucoup étaient originaires d'Equateur. Les élégants chapeaux dont sont coiffés les Panaméens, surtout dans l'intérieur du pays, sont appelés *pintado* (ou *pinta'o*). Fabriqués à partir de fibres végétales, ils sont originaires du village de La Pintada. On fabrique aussi des chapeaux à Ocú, les *ocueños*, au style légèrement différent et reconnaissable à leur unique couleur blanche. Il y a plusieurs façons de porter le *pintado*, selon que l'on est plutôt un « dur à cuir », un intellectuel, un jeune homme ou un vieux sage... Informez-vous !

Telenovela

A partir de 18h, ne manquez pas les *telenovelas*, ces feuilletons latinos dramatiques ou comiques qui font un tabac. Tous les ingrédients sont réunis pour émouvoir le spectateur : des femmes sexy, des hommes aux cheveux gominés, de jolies maisons, des gouvernantes, des maîtresses, des regards dévastateurs, des trahisons et beaucoup de larmes...

Típico

Ce terme qui englobe aussi bien un mode de vie, une cuisine, une musique, une danse et des costumes traditionnels, renvoie à une grande fierté régionale et beaucoup d'authenticité. Le carnaval et de nombreux festivals rendent hommage à ce folklore « typiquement » panaméen, originaire des provinces centrales que l'on appelle « El Interior ».

SURVOL DU PANAMÁ

GÉOGRAPHIE

Sur un planisphère, le Panamá apparaît comme une étroite bande de terre reliant deux masses continentales. C'est un « isthme ». Le voyageur s'embrouille souvent avec les signes cardinaux, car le pays présente plutôt une forme horizontale au milieu d'un continent largement allongé du nord au sud. On rejoint le Costa Rica (et l'Amérique du Nord) en partant vers l'ouest et la Colombie (Amérique du Sud) en se dirigeant vers l'est. Telle une maigre digue, le Panamá sépare l'Atlantique – ou plutôt la mer des Caraïbes (ou des Antilles) – au nord et le Pacifique au sud. Il s'étire sur 725 km. Sa largeur ne dépasse pas 190 km au plus large et se réduit à 51 km dans sa partie la plus étroite, entre le golfe de San Blas et l'estuaire du Río Chepo. Malgré sa taille modeste (75 517 km², 1/7e de la France) le Panamá abrite une biodiversité parmi les plus riches au monde.

Relief

Les cordillères qui traversent l'isthme sur presque toute sa longueur structurent le pays pour lui donner cette forme particulière de « S » allongé, paresseux. Même si 87 % du territoire se situe à moins de 700 m d'altitude, le pays est relativement montagneux.

- **Le relief est plus marqué à l'ouest dans la région du Chiriquí.** La cordillère centrale (de Talamanca) qui arrive du Costa Rica s'y élève à une hauteur moyenne de 1 500 m et dépasse à quatre reprises les 3 000 m. Le volcan Barú (3 475 m) est le point culminant du pays. La péninsule d'Azuero, au sud, présente également quelques pointes volcaniques supérieures à 1 500 m. La cordillère se poursuit vers l'est jusqu'aux environs du lac Gatún, région de plaines et de collines où l'homme a choisi de creuser un canal. La célèbre voie d'eau emprunte en partie le lac artificiel Gatún qui a longtemps été le plus grand au monde (423 km²).
- **Dans la partie orientale**, le relief s'élève de nouveau mais sans dépasser les 2 000 m. Plaines et collines centrales sont séparées des océans par deux axes montagneux qui suivent les côtes. Au nord, l'arc du Darién longe la côte Caraïbes. Au sud, les chaînes de Bagre, Majé, Pirre et Sapo dominent le Pacifique avec une altitude moyenne comprise entre 600 et 800 m. De ces cordillères naissent 500 rivières ou fleuves, dont 350 se déversent dans le Pacifique et 150 dans la mer des Antilles. Les principaux fleuves navigables sont le Tuira, le Chucunaque et le Bayano.

Du détroit à l'isthme : la rencontre de deux continents

Il y a 3 millions d'années, l'isthme a émergé des flots, pour relier deux vastes continents. Les Amériques du Nord et du Sud sont en effet issues de 2 masses continentales différentes qui se sont éloignées puis rapprochées par le jeu de la tectonique de plaques, avant d'atteindre leurs positions actuelles.

Selon la théorie de Wegener (1912), 280 millions d'années avant notre ère, l'ensemble des terres émergées de la planète formait un continent unique appelé Pangée. La Pangée commença à se fractionner il y a 220 millions d'années en deux grands blocs : au sud, le Gondwana regroupait les actuelles Amérique du Sud, Afrique, Inde, Antarctique et Australie. Au nord, la Laurasie se composait des actuelles Amérique du Nord, Europe et Asie (sans l'Inde).

Le Gondwana et la Laurasie se morcelèrent à leur tour, et les futures Amérique du Nord et Amérique du Sud dérivèrent seules jusqu'à se rapprocher de nouveau pour n'être séparées que par un archipel d'îles volcaniques. La poussée des plaques et l'accumulation de lave et de cendres dégagées par les éruptions finirent par réunir les îles et former un véritable pont entre les deux blocs continentaux, mais aussi séparer les océans Atlantique et Pacifique. L'isthme du Panamá était né… Ce n'est que bien plus tard que l'homme décida de le percer !

Aguacero en la Ciudad (orage dans la ville)

Lorsque le vent se lève, que le ciel et la mer prennent la couleur de l'encre et que la moiteur est maximale, prenez garde ! Des trombes d'eau risquent de s'abattre sur vous en quelques minutes. Les orages tropicaux sont spectaculaires. A Panamá, ils provoquent débordements de bouches d'égout, chutes d'arbres et interminables embouteillages…

Les chauffeurs de taxi pragmatiques improvisent alors une petite sieste, à peine dérangés par le tonnerre qui fait trembler les tours de verre et déclenche des concerts de sirènes. Pendant ce temps, des courageux, nus pieds et trempés, accompagnent les passants sous leurs grands parapluies, d'une rive à l'autre des rues pour quelques *centavos*…

Le littoral et les îles

Le Panamá possède près de 3 000 km de côtes assez accidentées avec plusieurs golfes, baies et lagunes. 1 288 km baignent dans les eaux chaudes de la mer des Antilles et 1 700 km reçoivent les rouleaux puissants du Pacifique. Les eaux du littoral caribéen possèdent de très nombreuses variétés de coraux et de mangroves. Les marées sont moins importantes côté Caraïbes car les eaux littorales sont plus profondes que du côté Pacifique. Le pays possède également 1 518 îles et îlots. Côté Caraïbes, on trouve deux magnifiques archipels non loin des côtes : Bocas del Toro et Las San Blas. Côté Pacifique, l'archipel des Perles (Las Perlas) est un petit paradis, tout comme Coiba, la plus grande île du Panamá (493 km²) et l'une des mieux préservées. Cette île et les fonds marins qui l'entourent constituent un sanctuaire pour de très nombreuses espèces endémiques.

Répartition spatiale

La population est surtout installée sur le littoral alors que dans les autres pays d'Amérique centrale les gens vivent plutôt dans les vallées montagneuses ou sur les plateaux. Panamá est l'une des rares capitales du continent à être située sur la côte.
Le taux d'urbanisation est d'environ 75 % avec une moyenne de 46 hab/km². La moitié des 4 millions d'habitants se concentre aux abords du canal et plus d'un million vit dans l'agglomération de Panamá, tandis que la province de Darién et une grande partie du versant Atlantique sont très peu peuplées.

CLIMAT

© FERNANDOAH – ISTOCKPHOTO

Forêt du Darién.

Le pays jouit principalement d'un climat de type tropical humide et maritime. Il fait chaud et humide toute l'année, avec deux périodes bien marquées : la saison sèche, venteuse, appelée *verano* (été), qui s'étend de mi-décembre à avril ; la saison humide ou « verte », *invierno* (hiver), le reste de l'année, à l'exception d'une accalmie d'une quinzaine de jours vers le mois de juillet : *el veranillo* (petit été). Le pays est à l'abri des ouragans qui touchent les Caraïbes de juin à novembre, mais de fortes pluies peuvent s'abattrent alors, provoquant des crues et inondations importantes aux abords des cours d'eau.

Températures

Même si la chaleur se fait davantage sentir en « hiver » en raison d'une humidité plus forte et du peu de vent, la saison influe peu sur les températures, l'amplitude thermique annuelle étant d'environ 3 °C. Les températures évoluent surtout en fonction de l'altitude. Dans les plaines côtières, terres chaudes, la moyenne

est de 26 °C. Les températures descendent rarement sous les 20 °C la nuit et peuvent dépasser les 35 °C la journée. Les bains de mer vous rafraîchiront même si la température de l'eau est à peine inférieure à celle de l'air ambiant (entre 25 et 32 °C) !
Dans les terres dites tempérées, entre 700 et 1 500 m, il fait entre 12 et 26 °C. Dans les hautes terres de la cordillère, au-delà de 2 500 m, il peut faire froid mais il ne neige jamais. Sur les îles, la brise impose parfois une petite laine, le soir ou après un orage.

Pluies

Une forte disparité caractérise la répartition des pluies sur le territoire. Sur le versant Atlantique, les précipitations atteignent en moyenne 2 960 mm par an. Colón, Portobelo et Bocas del Toro sont parmi les endroits les plus pluvieux. Il pleut presque quotidiennement par averses successives de mai à décembre, mais les microclimats existent. À la saison « sèche », les pluies sont plus rares, même si les alizés du nord-est chargés de l'air humide de la mer des Antilles restent souvent bloqués par les cordillères. La mer est souvent agitée durant l'été panaméen.
Le versant Pacifique quant à lui bénéficie d'une saison sèche plus marquée. Les précipitations atteignent 1 650 mm par an, presque deux fois moins que de l'autre côté des cordillères. La brise marine estivale dégage les nuages et le soleil s'impose largement. L'hiver, le ciel est nuageux et les orages éclatent généralement en début d'après-midi (de mai à septembre) ou en fin d'après-midi (d'octobre à décembre). Les pluies durent rarement plus d'une heure ou deux. Octobre et novembre sont les mois les plus pluvieux. Mais comme partout le climat semble se dérégler, la météo vous réservera toujours des surprises !

ENVIRONNEMENT – ÉCOLOGIE

Le Panamá est l'un des pays les plus « bio-diversifiés » au monde et dispose de nombreux parcs et réserves naturelles permettant la conservation des espèces. Mais le pays souffre des maux du monde moderne : réchauffement climatique et montées des eaux (l'archipel de San Blas est particulièrement menacé), déforestation et destruction de l'habitat des animaux sauvages, des coraux et de la faune marine, chasse et trafic d'espèces…

Les zones protégées

L'impact du canal de Panamá sur l'environnement

Rappelons que le Panamá est un territoire charnière entre l'Amérique du Nord et l'Amérique du Sud, à l'origine issu de deux continents différents, et que le bassin hydrographique du canal accueille l'une des biodiversités les plus riches au monde. D'un point de vue strictement écologique, le canal est donc une barrière dans les migrations naturelles de nombreuses espèces animales et végétales entre le nord et le sud du continent. En raison du flux des navires en provenance du monde entier, le canal est également un facteur de dispersion d'espèces invasives au cœur de l'Amérique. Enfin, le passage d'un océan à un autre, séparé depuis des millions d'années, permet à certaines espèces marines vivant naturellement dans l'océan Pacifique d'accéder à l'Atlantique, et inversement...

L'agrandissement du canal a des incidences certaines sur la faune, la flore et la qualité de vie de personnes vivant autour du lac Gatún. La première incidence provient de l'objectif même des travaux : l'augmentation du trafic. On comptait environ 14 000 navires par an. Ce chiffre devrait doubler d'ici 2025, ce qui va entraîner inexorablement une dégradation de la qualité de l'eau du lac.

La seconde incidence est l'élévation de 45 cm des eaux du lac Gatún. En plus des conséquences économiques et sociales du déplacement des habitants vivant autour du lac, la submersion des berges aura des conséquences sur une biodiversité déjà menacée par la déforestation croissante autour du lac... Le chantier lui-même a porté atteinte à la qualité de l'eau : les tranchées et dragages ont rendu l'eau plus trouble, ce qui pourrait avoir des effets sur la température de l'eau et sur la pénétration de la lumière nécessaire à la photosynthèse.

Enfin, les bassins de réutilisation de l'eau des nouvelles écluses, certes beaucoup plus économes en eau, pourraient, d'après certains scientifiques, engendrer une salinisation progressive du lac.

Déforestation et « reforestation »

D'après MiAmbiente (Ministère de l'Environnement), la forêt panaméenne recouvre 3 millions d'hectares, soit 43 % de la superficie du pays (49 % en 1992). Les provinces de Panamá, Bocas del Toro, Darién et la comarca Guna Yala concentrent plus de 60 % des zones forestières. Même si elle a diminué ces dernières années, la déforestation reste un problème majeur. Elle met en péril faune et flore, et provoque une détérioration des sols et ressources hydriques. La liste des ennemis de la forêt est longue : trafic de bois précieux, urbanisation, agriculture intensive, mines... Le problème s'aggrave avec la migration des paysans et éleveurs en direction de zones forestières inexploitées. En arrivant, ces derniers brûlent les sous-bois, défrichent et cultivent la terre, puis l'abandonnent lorsqu'elle est épuisée pour migrer vers des zones boisées aux sols encore fertiles. La région d'Azuero et les basses terres du Chiriqui ont été les plus touchées ces dernières décennies. Actuellement, c'est dans le Darién et la province de Panamá que la déforestation est la plus importante.

Pour contrer ce phénomène, la loi n° 24 de 1992 garantit des avantages fiscaux aux investisseurs nationaux et étrangers prêts à miser sur la « reforestation ». On assiste depuis une trentaine d'années à un essor impressionnant des plantations d'arbres à croissance rapide (teck, pins, acacias ou eucalyptus), parfois dans des zones que l'on déboise justement pour replanter ensuite... L'intérêt est donc davantage commercial et financier qu'environnemental. Ces espèces exotiques (non natives), s'accommodent rarement avec les écosystèmes locaux. Il en est de même avec le développement rapide des monocultures tel que celui de la palme africaine, dans le Chiriqui principalement, dont les huiles sont exportées vers l'Europe pour produire des agro-carburants.

Les pollutions

Dans les cordillères, ce sont surtout les projets de mines, cuivre et or surtout, qui sont pointés du doigt, avec le déplacement forcé des populations locales (le plus souvent des communautés indigènes), et de fortes menaces de pollution des sols et rivières. Outre la déforestation, les résidus toxiques comme le mercure, utilisé pour séparer l'or d'autres matériaux, contaminent les cours d'eau et affectent la santé des populations riveraines. Ces mines génèrent par ailleurs l'utilisation de grandes quantités d'eau (extraire 1 gramme d'or requiert 1 060 litres d'eau !). En ville, avec l'explosion des projets immobiliers et l'accroissement de la population urbaine, ce sont les gaz d'échappement des trop nombreuses voitures qui deviennent préoccupants. Associé au bruit des alarmes et klaxons et à la pollution visuelle des enseignes publicitaires géantes, les habitants de Panamá City ont intérêt à prendre leur mal en patience. La ligne de métro 1 inaugurée en 2014 a toutefois apporté une petite bouffée d'oxygène. Les deux autres, à venir, devraient solutionner en partie le problème des embouteillages. Quant aux 40 millions de tonnes d'eau usées déversées chaque année dans la baie de la capitale, elles font l'objet de toutes les attentions du gouvernement. A l'étude depuis 1959, le projet d'assainissement de la baie a débuté fin 2006 et comme pour la Seine à Paris, on nous a promis que l'on pourrait bientôt se baigner !

Les barrages hydroélectriques

Entre les fleuves, les lacs et les eaux souterraines, le pays est loin de manquer d'eau. Pourtant ce thème est l'un des plus sensibles. L'augmentation des ressources hydroélectriques (60 % de l'énergie produite au Panamá) est nécessaire pour faire face à l'augmentation de la demande d'énergie, mais l'aménagement de barrages implique souvent le déplacement de villages entiers et la submersion de terres cultivées, voire sacrées pour les communautés indiennes.

Les déchets

Les trottoirs propres du Casco Viejo forment un contraste saisissant avec les zones moins touristiques du pays, où les emballages plastiques négligemment jetés dans la nature, ne sont jamais ramassés. Les systèmes d'évacuation des égouts varient selon les villes mais en général, une forte pluie suffit à nous rappeler qu'ils ne sont pas très performants. Le gouvernement a visiblement des difficultés à mettre en place une politique nationale de récupération, tri et valorisation des déchets cohérente et performante en ville. A la campagne, c'est encore pire, l'isolement de certaines zones rurales ou des îles rend la collecte problématique. Il est plus simple de brûler ses ordures que d'espérer un éventuel ramassage, ce qui n'est pas sans impact non plus sur la qualité de l'air.

PARCS NATIONAUX

Près de 35 % de la superficie totale du Panamá est déclaré zone protégée. A la quinzaine de parcs nationaux s'ajoutent diverses zones protégées : réserve forestière, refuge de vie sauvage, réserve hydrologique, forêt communale, etc. Chaque visiteur est censé signaler sa présence et s'acquitter du droit d'entrée auprès de MiAmbiente. Bien qu'il y ait une représentation dans chacune des zones protégées, vous n'aurez souvent à franchir ni barrière ni poste de contrôle. Le budget alloué à MiAmbiente n'est malheureusement pas suffisant pour la permanence des gardes-forestiers et l'entretien des 2,5 millions d'hectares protégés.

- **Les droits d'entrée pour les étrangers :** de 5 US$ à 10 US$ pour les parcs nationaux et de 10 US$ à 20 US$ pour les parcs maritimes.

Mangrove.

Une reconnaissance internationale des richesses panaméennes

L'UNESCO encourage à travers le monde l'identification, la protection et la préservation du patrimoine naturel et culturel considéré comme ayant une valeur exceptionnelle pour l'humanité. Au Panamá, trois parcs nationaux sont inscrits sur la liste des biens naturels : Coiba (2005), les réserves de la cordillère de Talamanca au sein du parc La Amistad (1983) et le parc national du Darién (1981).

Quatre sites enrichissent l'illustre liste des biens culturels : les fortifications de Portobelo, celles de San Lorenzo (1980), le site archéologique de Panamá Viejo (1997) et le Casco Viejo de Ciudad de Panamá (1997, étendu en 2003).

Les parcs les plus accessibles

De la capitale, il vous faudra entre 15 minutes et 2 heures pour vous retrouver au cœur des parcs du bassin du canal.

- **Parc naturel Metropolitano** (232 ha). A cœur de Panamá City, à 10 minutes du centre-ville. Vous aurez le choix entre six sentiers balisés qui vous feront perdre vos repères.
- **Parque Nacional Camino de Cruces** (4 590 ha). Parallèle au canal et encadré par les parcs Soberanía au nord et Metropolitano au sud, son nom fait référence au chemin emprunté par les Espagnols il y a plus de 400 ans. Les saïmiris (singes-écureuils), agoutis et coatis vous y attendent !
- **Parque Nacional Soberanía** (20 000 ha). A cheval sur les provinces de Panamá et de Colón. Ce parc n'est qu'à 30 minutes de la capitale et protège le bassin du canal. Les nombreux chênes, cuipos et ceibas de cette forêt humide sont le refuge idéal de la faune. Plus d'une centaine de mammifères (agoutis, jaguars, pécaris, etc.) ont été recensés aux côtés de 535 oiseaux, 79 reptiles, 565 amphibiens (crapauds, salamandres, etc.) et 36 espèces de poissons d'eau douce. Plusieurs sentiers sont balisés et accessibles à tous, mais il est préférable de prendre un guide pour suivre le Camino de Cruces.
- **Parque Nacional Chagres** (130 000 ha). A cheval sur deux provinces, ce vaste parc est accessible depuis Colón ou la capitale (35 minutes). Le río Chagres qui le traverse produit 40 % de l'eau nécessaire au fonctionnement du canal et fournit en eau potable les deux plus grandes agglomérations du pays. Au-delà des espèces endémiques hébergées dans cette forêt tropicale exubérante, des cascades et des vues panoramiques (Cerro Azul ou Cerro Jefe), ne manquez pas la visite des communautés emberá-waounaan installées sur les rives du fleuve.
- **Parque Nacional Altos de Campana** (4 925 ha). A 60 km de la capitale, les sentiers du premier parc national panaméen sont accessibles depuis la station des gardes-forestiers. Vues panoramiques sur le bassin du canal et les mangroves de la baie de Chame. Spectaculaires falaises d'origine volcanique. 267 oiseaux ont été recensés dont 48 migrateurs, 62 amphibiens et 86 reptiles. Parmi les mammifères les plus communs : paresseux, ratons laveurs, coatis, opossums…
- **Parque Nacional Omar Torrijos** (25 275 ha). C'est dans ce parc de la province de Coclé, sur les flancs du Cerro Marta (1 046 m), que l'avion du général Torrijos s'est écrasé en 1981, non loin du Cerro Peña Blanca (1 314 m). Plusieurs espèces en voie d'extinction s'y promènent tels le jaguar, le puma ou le tapir. Un refuge et plusieurs sentiers sont ouverts aux visiteurs.

Un peu plus loin…

Les parcs ci-dessous sont incontournables. Situés dans les différentes provinces du pays, ils sont tout autant accessibles que ceux de la zone du bassin du canal. Outre cette sélection, vous trouverez tout au long du guide quantité d'autres sites naturels à découvrir.

- **Parque Nacional Portobelo** (35 929 ha). Ce parc de la province de Colón est surtout réputé pour les fortifications de la baie de Portobelo, patrimoine mondial de l'UNESCO. Mais les mangroves et coraux qui hébergent quantité d'oiseaux et de crustacés sont tout aussi impressionnants.
- **Parque Nacional Volcán Barú** (14 322 ha). Dans la province de Chiriquí, facilement accessible depuis Volcán ou Boquete, le parc est très visité pour le volcan Barú, point culminant du pays (3 475 m). S'y trouver au lever du soleil, avec peut-être la chance de voir les deux océans, est un moment inoubliable. De plus, les cinq espèces de félins vivant au Panamá y sont

présentes, ainsi que de nombreuses espèces de chauves-souris et d'oiseaux, dont le quetzal.

Parque Internacional La Amistad (PILA). A cheval sur les provinces de Bocas del Toro et de Chiriquí, ce parc de 207 000 ha s'étend au-delà de la frontière costaricaine. Les principaux sommets du pays, d'origine volcanique, y sont concentrés : Cerro Fábrega (3 325 m), Itamut (3 279 m) et Echandi (3 162 m). La biodiversité y est incroyable, avec de nombreuses espèces endémiques. Les communautés indigènes du secteur d'El Silencio ont entrepris de développer l'accueil de touristes.

Parque Nacional Santa Fé. Situé dans une zone montagneuse et humide, ce parc de 72 636 ha, constitué à 95 % d'arbres à feuillage persistant, se trouve proche du village de Santa Fé, point de départ idéal pour les excursions.

Parque Nacional Sarigua. 4 729 ha protégés depuis 1986. Accessible depuis la route de Chitré, cette région côtière aride est souvent assimilée à un désert. Les découvertes archéologiques permettent de penser qu'il s'agit là de la plus ancienne enclave habitée du Panamá (11 000 ans). De nombreux groupes de pélicans et 162 espèces d'oiseaux migrateurs la survolent.

Les parcs les moins accessibles

Quelques trésors ne sont pas si faciles à découvrir... C'est aussi ce qui fait le charme du pays !

Parque Nacional Cerro Hoya (32 557 ha). Situé au fin fond de la péninsule d'Azuero, à cheval entre Veraguas et Los Santos, son accès nécessite les services d'un guide. Remarquable réserve hydrologique, le parc abrite la plus riche végétation de la côte pacifique.

Parque Nacional Darién. 579 000 ha protégés depuis 1980, qui longent 90 % de la frontière et relient ainsi le parc national colombien de Los Katíos. Déclaré patrimoine mondial de l'humanité et réserve de la biosphère par l'UNESCO, c'est l'un des plus grands parcs nationaux d'Amérique centrale. Plus de 56 espèces menacées ou en voie de disparition, de nombreuses espèces endémiques, ainsi que 450 espèces d'oiseaux y ont été recensées.

Les réserves marines

Les parcs nationaux maritimes mentionnés ci-dessous ne sont pas les seuls endroits du pays à être des paradis de la plongée. Iguana, Taboga, Cañas, autant de noms évocateurs que vous retrouverez en parcourant le guide. Deux nouvelles zones marines protégées ont été créées en septembre 2015 par Juan Carlos Varela, le président du Panama. Il s'agit de la cordillère de Coiba, au large du Pacifique, et de Banco Volcano, dans les Caraïbes. Ces zones de monts sous-marins totalisent 31 435 kilomètres carrés et, avec elles, la proportion de zones marines protégées du pays passe de 3,7 à 13,5 %. Désormais, le Panama répond à l'objectif des Nations Unies de déclarer au moins 10 % de ses eaux territoriales, comme aires protégées.

Parque Nacional Marino Isla Bastimentos. 13 226 ha (1 630 ha de terre insulaire) protégés depuis 1988 dans la province de Bocas del Toro. Spectaculaires : ses récifs de coraux et ses mangroves.

Parque Nacional Coiba. 430 821 ha (3/4 maritimes) protégés depuis 1991. Rattaché à la province de Veraguas, c'est un trésor biologique unique au monde ! Prison de 1919 à 2004, l'île de Coiba est inscrite au patrimoine mondial de l'humanité depuis 2005. L'accès le plus simple est depuis Santa Catalina, où se trouvent plusieurs clubs de plongée.

Parque Nacional Marino Golfo de Chiriquí. 14 740 ha protégés depuis 1994. Dans la province de Chiriquí, un archipel de 25 îles idéales pour la pêche, la plongée et... le *farniente*.

Le couloir biologique méso-américain (CBM)

Financé par la Banque mondiale et le Fonds pour l'environnement mondial, ce couloir a pour objectif la création et la protection d'une réserve naturelle immense qui s'étend des Etats du sud du Mexique jusqu'à la province de Darién. Cette initiative lancée en 1993, a de grandes ambitions : la conservation des ressources naturelles des pays concernés, ainsi que la mise en place de projets de développement durable au sein des communautés rurales les plus défavorisées. Pour le moment, ce sont toutes les ressources biogénétiques de ce couloir qui ont été répertoriées, permettant ainsi d'établir la liste des ressources susceptibles d'être exploitées un jour industriellement (en laboratoires pharmaceutiques, pour l'agroalimentaire, etc.). Car derrière son rôle de gardien environnemental, le CBM est accusé par de nombreuses ONG de tout mettre en œuvre pour faciliter la privatisation des ressources, par le biais du brevetage notamment, et ainsi d'« incorporer dans une logique de marché – banques génétiques, exploitation des plantes exotiques, plantations, tourisme, etc. – les usages de la forêt ». Au Panamá, ce programme met l'accent sur le versant occidental, déclaré zone prioritaire sur toute la longueur de la côte Atlantique.

FAUNE ET FLORE

Le Panamá est un paradis pour les biologistes ! La grande diversité climatique et géographique d'un pays tropical situé entre deux masses continentales et deux océans, explique la richesse exceptionnelle de la faune et de la flore. 11 000 plantes, 976 espèces d'oiseaux et 250 mammifères ont été recensés. La variété des coraux est tout aussi évocatrice : 58 espèces différentes du côté Atlantique et 18 du côté Pacifique. Parmi les 1 307 espèces de poissons de mer, 140 ont un intérêt commercial. Quant aux 56 espèces de poissons d'eau douce, 25 % sont endémiques. Il est évident que la mise en place de programmes de sensibilisation et de gestion des pressions des activités humaines (liées à la pêche, au tourisme...) sur les ressources naturelles doit être une priorité pour préserver cette diversité. A nous aussi, touristes, d'y contribuer !

La faune

Un monde animal peuplé et varié, dont seules certaines espèces sont visibles facilement.

- **Agouti (*ñeque*).** Un gros rongeur forestier semblable à un cobaye, mais avec des membres plus allongés. L'agouti, aux oreilles courtes et à la petite queue, a un pelage plutôt brun et son poids peut atteindre les 4 kg. Vous l'entendrez fouiner dans les bosquets à la recherche de graines, feuilles et fruits.
- **Aigle harpie (*águila arpía*).** Ce rapace considéré comme l'un des plus puissants au monde peut peser jusqu'à 9 kg, pour une envergure pouvant atteindre les 2,10 m ! Auparavant concentré entre le sud du Brésil et le sud du Mexique, l'aigle est en voie d'extinction. Il n'existerait plus qu'au Brésil, en Equateur, au Nicaragua, au Pérou, au Venezuela, en Colombie et dans la province de Darién au Panamá, dont il est l'emblème national depuis 2002.
- **Coati (*gato solo*).** Cet élégant mammifère à la fourrure marron mesure environ 60 cm. Sa longue queue ponctuée d'anneaux plus foncés se tient dressée. Carnivore vorace aux dents pointues, le coati aime s'aventurer au-delà des lisières des forêts à la recherche de nourriture.
- ***Culebra*.** C'est le nom communément utilisé pour désigner toutes sortes de reptiles, de la vipère à la couleuvre en passant par le boa. *Cuidado* ! Sur les 127 espèces présentes au Panamá, seules 21 sont venimeuses.
- **Dauphin (*delfín*).** Il a colonisé toutes les mers et océans de la planète, vous le rencontrerez certainement.
- **Baleine (*ballena jorobada*).** Vous les verrez entre juillet et octobre côté Pacifique, de l'archipel de Las Perlas au golfe de Chiriquí.
- **Etoile de mer (*estrella de mar*).** De trois à cinq bras, une large palette de couleurs, il en existe des milliers d'espèces. Toutes ne sont pas inoffensives, en particulier l'ancathaster pourpre, qui se nourrit de corail et peut détruire un récif en un temps record... Dans tous les cas, laissez-les évoluer dans leur milieu naturel et ne les sortez pas de l'eau.
- **Fourmi (*hormiga*).** Elles sont faciles à repérer. Les fourmis se déplacent en colonies, construisant routes et ponts pour faciliter leurs déplacements. On peut passer de longs moments à les observer, mais attention, certaines piquent et peuvent provoquer de grosses fièvres.
- **Grenouilles (*ranas*).** De 2 à 6 cm, elles sont nombreuses et variées : turquoises et noires (*dendrobate auratus*), noires avec des points circulaires jaunes (*dendrobate arboreus*), etc. Méfiez-vous des amphibiens, leur peau sécrète des toxines qui peuvent, selon les circonstances, affecter l'être humain. Mais tendez l'oreille, leurs bruits nocturnes, faisant penser à un jeu vidéo, pourront vous surprendre.
- **Iguanes (*iguanas*).** De couleur verte au marron foncé, l'iguane a tendance à disparaître. Chassé pour sa chair, il devient plus difficile à observer dans certaines régions. De plus petite taille et plus vivaces, les lézards sont très nombreux. Avec un peu de chance, vous surprendrez le lézard « Jésus-Christ » (basilic vert ou brun), qui court sur l'eau à une vitesse pouvant atteindre les 12 km/h !
- **Oiseaux (*aves*).** Du charognard noir qui rôde près des poubelles (*gallenazo*) au colibri qui bat des ailes 80 fois par seconde, du pélican (*pelicano*) qui joue dans les vagues au quetzal qui ne montre que rarement sa longue queue, il existe près d'un millier d'espèces d'oiseaux au Panamá. Quant aux oiseaux migrateurs, ils font le bonheur des *birdwatchers*.
- **Papillon (*mariposa*).** Amusez-vous la nuit à tendre un drap blanc sur une source de lumière et vous serez impressionné par la quantité de papillons nocturnes. Quant au *Morpho peleides limpida*, aux ailes bleu électrique bordées de noir, il est facilement visible près des cours d'eau.

© NICOLAS LHULLIER

Parque Nacional Chagres – Paresseux.

© NICOLAS LHULLIER

Grenouille rouge de l'île Bastimentos.

© TZOOKA – ISTOCKPHOTO

Toucan à Carène.

© DZIUREK – ISTOCKPHOTO

Iguane vert du Panama.

Quetzal, montagnes du Chiriquí.

▶ **Singes (*monos*).** Capucins à tête blanche, singes hurleurs ou araignées, ils se déplacent rapidement, soyez prêts ! Quant au paresseux à deux ou trois doigts, une fois localisé, vous aurez tout le temps de l'observer. Flegmatique, il vit accroché aux branches des arbres, dort environ 20 heures par jour, suspendu la tête en bas, et ne descend que pour déféquer. Curieux, son cou, qui comporte 9 vertèbres cervicales, lui permet d'effectuer des rotations de la tête de près de 270 degrés. Si vous avez de la patience…

▶ **Tortue (*tortuga*).** Elles s'approchent des côtes pour pondre leurs œufs sur les plages. Vous serez tenté de les observer. Elles sont en voie d'extinction, respectez-les : rendez-vous sur les lieux avec un guide local, n'utilisez ni flash ni lampe (sauf infrarouge), portez des vêtements sombres, ne jetez rien. Ne les suivez pas, laissez-les évoluer.

La flore

Pays de mers, de montagnes, de plaines, le Panamá présente une incroyable diversité de milieux naturels, modelés au gré des altitudes et des influences maritimes. La façade Atlantique possède une végétation dense et verdoyante car bien arrosée. Le versant Pacifique, moins humide, présente à la fois des zones semi-arides et des forêts tropicales sèches et humides. On trouve également de nombreuses zones de mangroves. Pour les populations amérindiennes, les arbres et les plantes sont non seulement porteurs de fruits mais constituent aussi la base de leur médecine traditionnelle. Pour le visiteur, c'est l'occasion de goûter de nouvelles saveurs et de découvrir la richesse de la flore panaméenne : des flamboyants aux arbres fruitiers (bananier, manguier, papayer, etc.), en passant par la canne à sucre et les orchidées.

▶ **Arbre à pain** (*árbol del pan*). Ces arbres de taille moyenne, aux longues feuilles (30 à 60 cm) ciselées d'un vert profond, sont surtout présents sur les îles peuplées de Guna Yala. Leurs fruits ronds-ovales granuleux sont comestibles, cuits ou séchés.

▶ **Bougainvillée.** C'est une plante grimpante dont les nuances des feuilles peuvent aller du blanc pur au violet, en passant par le rose ou le jaune. Si vous cherchez la fleur, il s'agit du petit point jaune au milieu des couleurs.

▶ **Ceiba.** De la famille des bombacacées, il peut dépasser les 40 m. Impressionnant, son tronc est palmé à la base. C'est l'arbre sacré des Mayas.

▶ **Flamboyant.** Cet arbre tire son nom de la couleur de ses fleurs qui éclosent toutes au même moment. Un orange vif qui masque alors complètement les feuilles pour laisser éclore un bouquet… flamboyant.

▶ **Heliconia.** Imaginez un bouquet de feuilles hautes d'où sort une grande tige, surmontée d'un épi jaune ou rouge qui constitue un réservoir d'eau idéal pour les oiseaux, insectes et reptiles. Ce genre comprend plus de cent espèces, concentrées principalement dans les zones semi-ombragées chaudes et humides.

▶ **Mangrove (*manglar*).** La mangrove a un rôle écologique considérable : frein de l'érosion côtière, filtre, refuge et garde-manger pour crustacés et mammifères. Cet écosystème en voie d'extinction est désormais protégé.

▶ **Noni.** Cet arbuste, qui pousse dans tout le pays, est facilement reconnaissable à son fruit qui a la forme d'un ovale déformé, et dont la peau est parsemée de petits points marron. Sa couleur évolue du vert au jaune translucide selon le degré de maturité. Quand il est mûr, il tombe de l'arbuste et dégage alors une odeur terrible. Riche en fibres, fer, vitamine C, calcium et zinc, il est consommé sous forme de jus (disponible chez nous dans les rayons des magasins bio).

▶ **Orchidées (*orchideas*).** Blanche et délicate, la fleur emblématique du Panamá est une orchidée (*la Flor del Espíritu Santo*). On trouve les orchidées à l'état sauvage, mais elles sont aussi cultivées dans des fermes spécialisées, à El Valle, Santa Fé ou Cerro Punta.

HISTOIRE

« Si le monde devait élire sa capitale, il me semble que l'isthme de Panamá serait choisi pour cet auguste destin. » Simón Bolívar (1824)

Une terre de passage et de peuplement

D'après l'anthropologue panaméenne Reina Torres de Arrauz, l'isthme de Panamá a toujours été une terre de passage, ou un pont entre les cultures du nord et du sud du continent, ainsi que des Caraïbes.

On estime la présence de l'homme dans l'isthme à quelques dizaines de milliers d'années et les premiers établissements durables à 11 000 ans. En témoignent des tombes, statues, *metates* (tables en pierre sur pied pour piler le maïs), bijoux en or, pierres précieuses ainsi que de nombreuses céramiques découvertes sur plusieurs sites à travers le pays.

Ces premières sociétés étaient organisées en chefferies et présentaient des croyances et modes de vie proches de la civilisation Chibcha d'Amérique du Sud, moins développée que celle des Aztèques et des Incas. La vie s'organisait autour de la pêche, la chasse et la cueillette, avant que ne se développe, il y a 3 500 ans, la culture du maïs.

Le développement de l'agriculture a favorisé la sédentarisation des peuples et la création d'organisations politiques et militaires de type théocratique, avec un chef (cacique), des notables, des religieux et le peuple. Certaines civilisations, comme les Coclé, se sont éteintes avant l'arrivée des conquistadores, mais on estime entre 600 000 et 1 million le nombre de personnes vivant dans l'isthme à l'arrivée des Espagnols. Les chroniques du début du XVIe siècle parlent d'une langue cueva comprise par différents groupes humains sur un vaste territoire partant de la région de Chame jusqu'au Darién. Les Cueva auraient complètement disparu une quarantaine d'années seulement après l'arrivée des conquistadores. Au-delà du travail forcé et des combats, ce sont surtout les maladies apportées d'Europe, contre lesquelles les autochtones n'étaient pas immunisés, qui auraient fait le plus de ravages.

La Grande Colombie

Il n'a pour l'instant pas été démontré que les Guna soient les descendants des Cueva que rencontrèrent les conquistadores, ni que les Ngäbe Bugle, soient originaires des provinces centrales et de la péninsule d'Azuero. Les Emberá et Wounaan quant à eux seraient arrivés dans le Darién au XVIIIe siècle depuis l'Amérique du Sud...

Les premières expéditions espagnoles

La première expédition à aborder les côtes luxuriantes du Darién est celle de Rodrigo de Bastidas, en 1501. Les Espagnols qui longent la côte nord de l'Amérique du Sud puis celle du Darién, en se croyant déjà en Asie, sont en quête d'un passage vers les Indes. Les marins ne trouvent pas ce mythique détroit mais rencontrent des « Indiens » ... et de l'or !
Un an plus tard, Christophe Colomb se lance dans son quatrième et dernier voyage vers le Nouveau Monde. Lui aussi cherche un détroit. L'expédition entreprend la reconnaissance du littoral d'Amérique centrale depuis le cap Gracias a Dios (au Honduras actuel) jusque dans le Darién. Chaque brèche côtière peut se révéler un passage vers l'ouest. Colomb explore notamment la baie de Caraboro (rebaptisée Almirante), la lagune de Chiriquí et les côtes de Veraguas...
Le voyage se poursuit jusqu'à une localité indigène où s'échoue la flotte après une violente tempête. Colomb, émerveillé par les lieux, baptise l'endroit Porto Bello (joli port en italien qui, hispanisé, deviendra Portobelo). L'expédition s'y repose un temps avant de retourner dans la région aurifère du Veraguas, pour tenter de fonder une colonie : Belén. C'est un échec, les conquistadores, avides d'or et de femmes, sont chassés par les indigènes et l'expédition échouera finalement en Jamaïque.

Conquête et colonisation de l'isthme

Dans son plan de conquête et de colonisation, le roi d'Espagne décide en 1508 de diviser en deux les terres du Nouveau Monde, dont la partie continentale est appelée alors « Terre ferme » (toute terre dont on ne peut faire le tour en caravelle, par opposition aux îles des Caraïbes). Les territoires à l'est du golfe d'Urabá constituent la Nouvelle Andalousie. A l'ouest du golfe c'est la Castille d'Or gouvernée par Diego de Nicuesa. En 1510, celui-ci tente de s'implanter dans une baie accueillante qu'il baptise « Nombre de Dios », mais très vite les conquistadores doivent abandonner les lieux, chassés par les fléchettes empoisonnées. Ils partent plus à l'est et fondent Santa María la Antigua del Darién. La localité, aujourd'hui en territoire colombien, est considérée comme la première cité coloniale de l'Amérique continentale.
Dans cette petite bourgade, loin de l'Europe et de Saint-Domingue, capitale coloniale du Nouveau Monde, les luttes politiques font rage. Après la disparition de Diego de Nicuesa, Vasco Nuñez de Balboa devient de fait gouverneur de la région. Cet aventurier est un administrateur ferme et respecté. Charismatique et diplomate, il explore l'isthme à la recherche d'or et d'esclaves et finit par se lier d'amitié avec certains caciques indigènes, comme Careta et Comagre.
Un jour, le fils de ce dernier, Panquiaco, se dispute avec Balboa. Irrité par l'avarice des conquistadores, il aurait déclaré que « si les hommes blancs aiment autant l'or qu'ils sont prêts à quitter les leurs pour envahir des terres lointaines, ils n'ont qu'à se rendre dans le royaume où les gens sont si riches que les vases et ustensiles dont ils se servent pour boire et manger sont en or... Ce territoire est situé au sud, au-delà des cordillères, sur les côtes d'une autre mer, une mer très vaste... ». Il n'en faut pas plus pour décider Balboa à monter une expédition à la recherche de ce pays de l'or.

Architecture du Casco Viejo, Ciudad de Panama.

La découverte de la mer du Sud

Parti de Santa María del Darién le 1er septembre 1513, Balboa, à la tête d'une expédition de 190 conquistadores, de quelques éclaireurs et d'un millier de porteurs indigènes, s'enfonce dans la forêt inhospitalière du Darién en direction du sud. Le 25 septembre, après trois semaines de marche éprouvante et d'affrontements avec les tribus locales, les aventuriers aperçoivent du haut d'une colline l'embouchure d'une vaste étendue d'eau : la fameuse mer dont parlait Panquiaco, enfin pour l'instant la baie de San Miguel. La baie est baptisée ainsi le 29 septembre, du nom du saint du jour, Michel. Ce 29 septembre, Balboa prend possession, au nom de la couronne espagnole, « *des mers, terres, côtes et îles du sud, des royaumes et des provinces qui y sont attachés* ». La mer du Sud sera rebaptisée « Pacifique » par Magellan en 1520, en raison du temps calme dont bénéficia le navigateur dans sa traversée océanique entre la Terre de Feu et les Philippines.

La découverte de la mer du Sud est certainement le chapitre le plus important de l'histoire de la conquête, après la grande « découverte » de Christophe Colomb en 1492. Cette nouvelle étape est malheureusement annonciatrice de grandes catastrophes pour les peuples des Andes. Un certain Francisco Pizarro fait d'ailleurs partie de l'expédition…

Par la suite, les conquistadores apprennent que les îles qu'ils aperçoivent au large regorgent de perles. Une expédition s'y rend et rafle tout ce qu'elle peut. L'archipel est baptisé Las Perlas. L'expédition de Balboa rentre finalement à Santa María la Antigua del Darién en janvier 1514, chargée d'or et de perles mais surtout de cette formidable découverte géographique.

En juin 1514, Pedro Arias de Ávila (Pedrarias Dávila) est nommé gouverneur à la place de Balboa. Ce sexagénaire est connu pour sa cruauté. Contrairement aux instructions de la couronne qui prône une conversion au catholicisme en douceur (autant que cela pouvait l'être à l'époque), des milliers d'Indiens sont massacrés ou contraints à l'esclavage. Pedrarias ne supporte pas non plus Balboa, irrité par le prestige de l'aventurier en Espagne comme dans les colonies. Au retour d'une expédition en mer du Sud, il fait arrêter le « découvreur du Pacifique ». Pedrarias l'accuse de vouloir créer un gouvernement parallèle et d'essayer de le destituer. Balboa sera décapité le 22 janvier 1519 à Aclá, une ville fondée en 1515 sur la côte caraïbe (aujourd'hui enfouie sous la végétation). On raconte que Balboa a payé de sa tête l'orgueil d'avoir préféré Anayansi, la fille d'un cacique indigène, à la propre fille de Pedrarias avec qui il devait se marier…

Une colonisation dans la douleur

La colonisation se heurte à de fortes résistances amérindienne et noire. Les plaines littorales et les îles au large de Panamá sont colonisées dans la douleur : les Indiens sont tués ou soumis au travail forcé dans les mines, tandis que les maladies importées d'Europe (grippe, variole, rougeole…) déciment les populations. Des caciques indigènes comme Natá, Penonomé, Escoría ou Paris organisent la résistance. La plus héroïque est sans doute celle d'Urracá qui se lie avec les tribus traditionnellement ennemies pour résister pendant près de dix ans. La main-d'œuvre indigène diminuant à grande vitesse alors que l'activité commerciale bat son plein depuis la découverte de l'Empire inca, les Espagnols décident d'importer en masse des esclaves capturés en Afrique de l'Ouest. Panamá et Portobelo deviennent des centres de distribution importants. Quelques esclaves parviennent à s'échapper et s'organisent en communautés, dans des *palenques*, des villages fortifiés et camouflés dans la jungle du Darién ou du côté de Nombre de Dios. Ces fugitifs appelés cimarrones (marrons en Français) s'allient parfois avec les tribus amérindiennes pour attaquer les convois de leurs anciens maîtres sur le Camino Real. Ils s'arrangent également avec les pirates et corsaires en les guidant dans la forêt pour prendre par surprise les forts espagnols. Le trafic vers l'Espagne en est tellement perturbé que les autorités coloniales sont parfois obligées d'abandonner les mines et de négocier avec les chefs marrons. Les plus redoutés se dénomment Bayano et Filipillo…

Fondation de la ville de Panamá et les chemins transisthmiques

Le 15 août 1519, Pedrarias s'empare d'un petit village de pêcheurs de la mer du Sud, appelé par les indigènes Panamá, qui signifie « abondance de poisson ». Nuestra Señora de la Asunción de Panamá se substitue alors à Santa María la Antigua del Darién comme capitale de la province de Castille d'Or. La ville devient un important centre ecclésiastique et commercial et le point de départ d'expéditions vers le nord et le sud du continent. Francisco Pizarro prend la direction des expéditions dans le Pacifique et s'embarque vers le sud en 1524 puis en 1526. Il découvre le Pérou en 1528 et bientôt les richesses de l'Empire inca. Panamá voit alors débarquer des tonnes d'or, d'argent, de pierres précieuses d'Amérique du Sud, sans compter les perles récoltées dans l'archipel voisin. Ces trésors qui doivent rejoindre Saint-Domingue puis l'Espagne transitent à travers la jungle par une ancienne piste indienne qui mène à Nombre de Dios (et plus tard Portobelo), côté Atlantique.

CHRONOLOGIE

Période précolombienne

9 000 ans avant J.-C. > Premiers peuplements dans l'isthme.

1500 ans avant J.-C. > Début de l'agriculture sur brûlis.

Les premières expéditions espagnoles à la recherche d'un détroit vers les Indes

1501 > Bastidas explore les côtes du Darién.

1502 > Christophe Colomb explore les régions de Bocas, Veraguas et Portobelo. Fondation éphémère de Nuestra Señora la Antigua de Belén.

La conquête de l'Isthme et la découverte de la mer du Sud

1510 > Diego de Nicuesa fonde Nombre de Dios puis Santa María la Antigua del Darién.

1513 > Découverte de la mer du Sud (Pacifique) par Vasco Nuñez de Balboa.

1514 > Arrivée dans l'isthme du nouveau gouverneur Pedro Arias de Avila.

1519 > Fondation de la ville de Panamá la Vieja et premiers transits à travers l'isthme par le camino real jusqu'à Nombre de Dios.

1519-24 > Explorations des côtes du Pacifique depuis Panamá.

1524-35 > Expéditions vers le Pérou et premiers pillages de l'Empire inca.

1519-fin XVIe siècle > Accroissement continu du transit inter-océanique via l'isthme entre Panamá et Nombre de Dios puis Portobelo. Développement de la piraterie dans la région.

1596 > Destruction de Nombre de Dios par Francis Drake.

XVIIe-milieu XVIIIe siècle > Foires commerciales de Portobelo et attaques des corsaires.

1671 > Destruction de la ville de Panamá (« Panamá la Vieja ») par Henri Morgan.

1673 > Fondation de « Panamá la Nueva ».

1739 > Destruction de Portobelo par Edouard Vernon. Fin des foires.

Indépendance de l'Espagne et rattachement à la Grande Colombie

1821 > Indépendance de l'isthme le 28 novembre. Rejoint la Grande Colombie de Bolívar, puis la Nouvelle-Grenade en tant que « département de l'Isthme ».

1840 > Mouvement séparatiste mené par Tomás Herrera.

Grands travaux et indépendance du Panamá

1850-1855 > Construction de la première voie ferrée transcontinentale.

1880-1889 / 1894-1898 > Tentative française de construction du canal.

1999-1902 > Guerre des Mille Jours dans toute la Colombie.

1903 > Indépendance du Panamá de la Colombie. Traité de Hay-Bunau-Varilla.

1904-1914 > Reprise de la construction du canal par les Etats-Unis.

Instabilité politique et poussées nationalistes jusqu'en 1968

1914-1940 > Emergence des revendications nationalistes concernant le canal et la Zone du canal et poussée de l'anti-américanisme.

1940-45 > Période prospère et grands travaux par l'armée américaine.

1950-60 > Instabilité politique. Les Etats-Unis font quelques concessions concernant le canal.

1964 > Rupture des relations diplomatiques avec les Etats-Unis suite à la répression dans le sang d'une manifestation étudiante dans la Zone du canal.

Régime autoritaire du général Omar Torrijos

1968-1981 > Coup d'Etat contre Arnulfo Arias et mise en place d'un régime militaire progressiste dirigé par Omar Torrijos.

1977 > Signature des traités Torrijos-Carter pour la rétrocession progressive au Panamá du territoire de la Zone du canal.

1981 > Mort d'Omar Torrijos dans un accident d'avion suspect.

Dictature du général Noriega

1984-1989 > Régime militaire avec des présidents fantoches. Institutionnalisation des trafics et du blanchiment d'argent. Tentatives de déstabilisation du régime par les Etats-Unis.

1989 > Opération « Juste Cause ». Les bombardements provoquent des dégâts humains et financiers considérables. Arrestation du dictateur condamné aux Etats-Unis à 40 ans de prison pour trafic de drogue.

Retour à la démocratie

1990-1998 > Retour à la démocratie et mise en place de politiques économiques néolibérales.

Election des présidents Endara et Balladares dans la transparence. Retour de l'investissement étranger et du tourisme.

1999 > Election de Mireya Moscoso, première femme présidente de la République.
Transfert du canal et de la région interocéanique au Panamá le 31 décembre 1999.

2004 > Victoire du PRD (*Partido Revolucionario Democrático* – parti révolutionnaire démocratique) aux élections générales. Martín Torrijos élu président de la République.

2006 > Référendum relatif aux travaux d'agrandissement du canal.

2007 > Début du chantier d'agrandissement du canal.

2009 > Elections du président Martinelli en mai.

Avril 2010 > Manuel Noriega est extradé en France et condamné en juillet à 7 ans de prison pour blanchiment d'argent.

Juillet 2010 > importantes manifestations contre la « Loi Chorizo », violentes répressions faisant plusieurs morts à Changuinola.

2011 > Conflit ouvert entre le président Martinelli et son vice-président Juan Carlos Varela, tous deux s'accusant de corruption. Varela est destitué de son fauteuil de ministre des Affaires étrangères.

Décembre 2011 > Noriega est extradé et incarcéré au Panamá.

Avril 2012 > Nouveau scandale de corruption impliquant le gouvernement. Valter Lavitola, un entrepreneur italien mêlé aux affaires judiciaires de Silvio Berlusconi, révèle qu'il a versé de nombreux pots-de-vin pour favoriser les entreprises italiennes dans des appels d'offres.

2012 et 2013 > Plusieurs grèves importantes paralysent les travaux d'agrandissement du canal. Différends financiers avec le groupe international en charge des travaux.

Mai 2014 > Juan Carlos Varela est élu président de la République.

Avril 2016 > Le scandale des *Panama Papers*, la plus grosse affaire d'évasion fiscale révélée par la presse, éclate au grand jour.

Mai 2016 > La Panama ferme ses frontières aux migrants cubains qui arrivent massivement de la Colombie.

Juin 2016 > Inauguration des nouvelles écluses, Cocoli côté Pacifique et Agua Clara côté Atlantique, après neuf ans de travaux. La capacité de transtit double et le Panama espère bien tripler ses recettes en accentuant le commerce avec l'Asie.

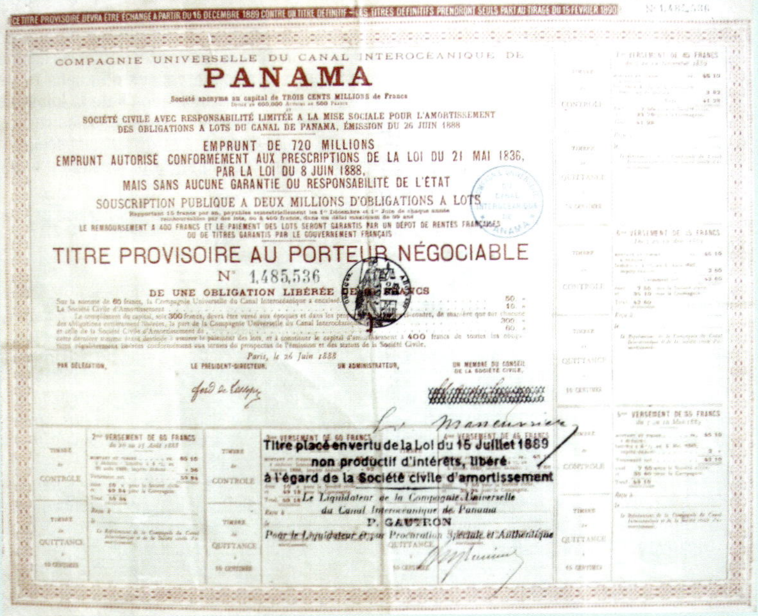
CE TITRE PROVISOIRE DEVRA ÊTRE ÉCHANGÉ À PARTIR DU 16 DÉCEMBRE 1889 CONTRE UN TITRE DÉFINITIF – LES TITRES DÉFINITIFS PRENDRONT SEULS PART AU TIRAGE DU 15 FÉVRIER 1890

COMPAGNIE UNIVERSELLE DU CANAL INTEROCÉANIQUE DE

PANAMA

Société anonyme au capital de TROIS CENTS MILLIONS de Francs

SOCIÉTÉ CIVILE AVEC RESPONSABILITÉ LIMITÉE À LA MISE SOCIALE POUR L'AMORTISSEMENT DES OBLIGATIONS À LOTS DU CANAL DE PANAMA, ÉMISSION DU 26 JUIN 1888

EMPRUNT DE 720 MILLIONS
EMPRUNT AUTORISÉ CONFORMÉMENT AUX PRESCRIPTIONS DE LA LOI DU 21 MAI 1836, PAR LA LOI DU 8 JUIN 1888,
MAIS SANS AUCUNE GARANTIE OU RESPONSABILITÉ DE L'ÉTAT

SOUSCRIPTION PUBLIQUE À DEUX MILLIONS D'OBLIGATIONS À LOTS

TITRE PROVISOIRE AU PORTEUR NÉGOCIABLE

N° 1,485,536

DE UNE OBLIGATION LIBÉRÉE

Paris, le 26 Juin 1888

Titre placé en vertu de la Loi du 15 Juillet 1889
non productif d'intérêts, libéré
à l'égard de la Société civile d'amortissement

Le Liquidateur de la Compagnie Universelle du Canal Interocéanique de Panama
P. GAUTRON

Titre au porteur de la Compagnie du Canal de Panamá.

Ce *Camino Real* (chemin royal) est pavé de lourdes pierres pour éviter que la végétation ne le fasse disparaître. Le transport est effectué à dos d'esclaves amenés d'Afrique ou de mules. Le *Camino Real* est relayé quelques années plus tard par un second chemin, le *Camino de Cruces*, qui relie Panamá à Cruces, petite bourgade au bord du Río Chagres à une trentaine de kilomètres de Panamá (à côté de l'actuel Gamboa. Cruces sera englouti lors de la création du lac Gatún entre 1906 et 1913). De Cruces, les marchandises sont embarquées sur des barques ou petites caravelles qui descendent le Chagres jusqu'à l'Atlantique, pour rejoindre ensuite Nombre de Dios en longeant la côte. Mais les choses se compliquent à la fin du XVIe siècle avec l'arrivée de pirates et flibustiers dans la mer des Caraïbes...

Des richesses qui attirent pirates et flibustiers

L'un des premiers à lier son nom aux pillages des colonies américaines est l'Anglais Francis Drake, qui s'empare de Nombre de Dios en 1572. Portobelo devient la nouvelle place forte de Castille d'Or à partir de 1597. Dans une baie plus étroite que celle de Nombre de Dios et à l'abri de solides fortifications, le comptoir organise d'immenses foires. On y échange marchandises d'Europe et esclaves d'Afrique, contre or, argent et perles du continent conquis.
Cette concentration de richesses ne laisse pas indifférentes les grandes puissances navales. L'Angleterre, la France ou la Hollande remettent à d'intrépides navigateurs (souvent d'anciens pirates) des « lettres de marque » ou « de course » les autorisant à attaquer les navires et comptoirs d'une nation ennemie. Portobelo et le fort de San Lorenzo sont attaqués à de nombreuses reprises au cours du XVIIe siècle. Parmi les corsaires les plus craints dans l'isthme, on peut citer les Anglais Joseph Bradley et Edouard Vernon, mais surtout Sir Henri Morgan. Le Gallois fait le coup du siècle en 1671 : après avoir détruit San Lorenzo et remonté le Camino de Cruces, il prend par surprise la ville de Panamá (la Vieja), cité prospère de 8 000 habitants, qu'il abandonne après l'avoir pillée et mise à feu et à sang. Panamá sera reconstruite deux ans plus tard sur une péninsule 8 km plus à l'ouest (actuel Casco Antiguo).
Après l'ultime destruction de Portobelo en 1739 par Vernon, la couronne espagnole finit par imposer la route du cap Horn pour rallier ses colonies occidentales d'Amérique du Sud. Portobelo, privé de foires, se vide de sa population, tandis que Panamá tombe en décadence. Au début du XIXe siècle, un projet de construction d'un canal inter-océanique proposé par l'explorateur scientifique Alexandre de Humboldt aurait pu relancer l'activité, mais l'heure est désormais à l'émancipation des colonies américaines et il faudra attendre les années 1850 pour que l'isthme sorte du marasme économique.

L'indépendance et le rattachement à la Grande Colombie

Au début du XIXe siècle, quelques années après l'indépendance des Etats-Unis (1783) de la Grande Bretagne, et la Révolution française, germe l'idée dans les milieux bourgeois créoles latino-américains (les descendants des colons espagnols, parfois métissés d'Indiens et de Noirs), d'une « émancipation » de la lointaine Espagne. Profitant des Guerres napoléoniennes sur le Vieux Continent et de l'affaiblissement militaire de l'Espagne, le processus d'indé-

Le canal, une idée ancienne

L'idée d'un canal navigable pour relier les deux océans a germé très tôt dans la tête des ingénieurs du monde entier. En 1529, Alvaro de Saavedra suggère de faire communiquer les fleuves Chagres et Grande pour aménager un canal de 3 m de profondeur. Les travaux sont jugés trop importants et le projet est abandonné. En 1534, Charles Quint ordonne une étude topographique, mais les moyens technologiques sont encore insuffisants pour concrétiser le percement de l'isthme. En 1556, une nouvelle étude au Nicaragua commandée par Philippe II aboutit au même constat d'impuissance. Devant cet échec, le souverain qui craint aussi que des puissances étrangères n'utilisent un futur canal pour rejoindre les colonies espagnoles déclare : « *Dieu a marqué sa volonté de voir les deux océans séparés par un isthme continu [...]. Il est interdit sous peine de mort de s'occuper de l'ouverture de toutes nouvelles routes entre les deux océans.* » Au début du XIXe siècle, le naturaliste allemand Alexandre de Humboldt propose neuf tracés (via l'isthme de Tehuantepec au Mexique, le río San Juan au Nicaragua ou encore à travers la jungle épaisse du Darién...). D'autres projets seront proposés par des Américains, des Anglais, des Hollandais... mais ce sont les Français qui, les premiers, se lancent dans l'aventure.

pendance commence en 1810 et gagne rapidement l'ensemble de l'Amérique latine. Les guerres d'indépendances durent une dizaine d'années. L'isthme de Panama, peu peuplé, reste longtemps fidèle à la Couronne, tandis qu'un peu plus au sud, l'armée du Vénézuélien Simón Bolívar (1783-1830), *El Libertador* (Le Libérateur), parvint en 1819 à chasser les troupes espagnoles d'une vaste région regroupant la Colombie, le Venezuela et l'Equateur actuels. Ce territoire libéré du joug espagnol prend le nom de République de Colombie puis de *Gran Colombia* (Grande Colombie). Deux ans plus tard, le 10 novembre 1821, « *el Primer Grito de Independancia* » (le Premier Cri d'Indépendance) retentit à la Villa de Los Santos. Ce mouvement de révolte d'un groupe de paysans emmenés par le colonel Segundo Villareal, dans la péninsule d'Azuero marque le début du mouvement d'émancipation dans plusieurs localités : Natá, Penonomé, Ocú et Parita. Il se conclut le 28 novembre 1821 à Ciudad de Panama, par la proclamation solennelle de l'indépendance vis-à-vis de l'Espagne, par une junte réunissant civils, militaires et ecclésiastiques. Les troupes espagnoles se retirent sans combat.

Les provinces de l'isthme (Panamá et Veraguas) rejoignent la Grande Colombie, incorporées dans le département de Cundinamarca, regroupant le territoire des actuels Colombie et Panamá. Mais la Grande Colombie vole en éclat rapidement, le Venezuela et l'Equateur s'en détachent en 1829 et 1830. Seules les provinces de l'isthme restent unies à la désormais République de Nouvelle-Grenade. Mais à Panamá des mouvements sécessionnistes commencent à se faire entendre contre les autorités de Bogotá, la lointaine capitale. Le plus important est celui du général Tomás Herrera en 1840 qui proclame l'indépendance de l'Isthme. Cette séparation de la Colombie ne durera finalement que onze mois... Entre 1855 et 1886, le Panamá prend le statut d'Etat fédéral (au sein des Etats-Unis de Colombie) et gagne en autonomie. C'est justement à cette période que les transits d'un océan à l'autre reprennent.

La construction d'une ligne de chemin de fer transisthmique

La découverte en 1848 de filons d'or en Californie relance en quelques mois l'activité de la petite province colombienne. Les chercheurs d'or, en provenance de l'est des Etats-Unis et d'Europe, préfèrent éviter de se rendre au Far West par les dangereuses plaines nord-américaines où vivent de redoutées tribus indiennes. L'isthme, partie la plus étroite du continent, devient la route principale des aventuriers.

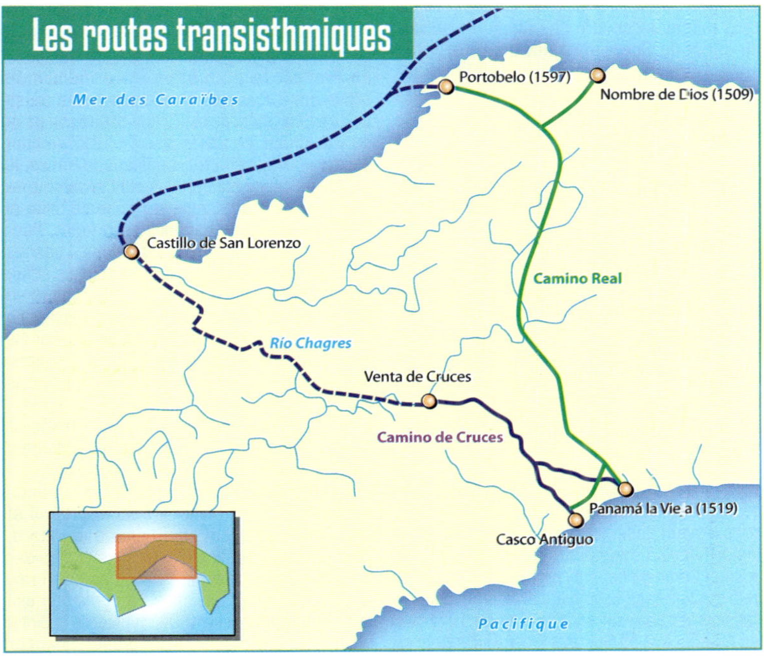

Après un long voyage en bateau jusqu'à l'embouchure du Río Chagres, côté Atlantique, il faut compter une semaine à pied et en pirogue pour rejoindre la ville de Panamá, côté Pacifique. Le Camino de Cruces reprend alors du service. La traversée du pays par le fleuve et la forêt est éprouvante et dangereuse. C'est alors qu'une compagnie maritime américaine, la Panamá Railroad Company, entreprend à partir de 1850 la construction d'une ligne de chemin de fer reliant Panamá à « Aspinwal Colón ». Les travaux attirent une main-d'œuvre venue du monde entier avec une majorité de Jamaïcains et de Chinois. Les premiers trains circulent en 1855 et il ne faut plus que 4 heures pour passer d'un océan à l'autre. Mais pour parvenir à ce succès technique et commercial, ce seront plus de 12 000 ouvriers qui laisseront la vie sur les traverses, en raison du paludisme, du choléra et des rudes conditions de travail (on comptera des centaines de suicides parmi les ouvriers chinois).

Le « Canal français » : enthousiasme, erreurs, drames et scandale

La mise en fonctionnement de la voie ferrée permet à l'isthme de sortir de sa léthargie. Mais les ingénieurs d'Amérique et d'Europe se lancent un nouveau défi : relier les deux océans sans même descendre de bateau. Le succès du canal de Suez, inauguré en 1869, avait attiré l'attention des milieux savants sur les possibilités d'autres canaux inter-océaniques à travers le monde. Les projets foisonnent aux Etats-Unis et en Europe. En 1877, d'illustres ingénieurs, Armand Reclus (frère d'Elysée, le fameux géographe) et Lucien Napoléon Bonaparte Wyse (petit-neveu de Napoléon) entreprennent une exploration minutieuse du Darién. Le projet Wyse-Reclus est présenté en 1879 au Congrès international d'études du canal inter-océanique de Paris présidé par Ferdinand de Lesseps. Le « Vainqueur de Suez », doté d'un formidable talent oratoire, parvient à convaincre le Congrès que le canal doit être creusé au Panamá, et non au Nicaragua comme le souhaitent les Américains. Pour financer ce nouveau chantier pharaonique, la Compagnie universelle du canal inter-océanique est créée en 1880. Le prestige du « Grand Français » permet d'obtenir la confiance de milliers de souscripteurs privés parmi lesquels de petites gens n'ayant jamais joué en bourse.

Malgré l'avis d'ingénieurs de renom comme Joseph Godin de Lépinay préconisant un canal doté d'écluses (ce visionnaire avait pratiquement dessiné le canal qui sera achevé en 1914 par les Américains) ou Gustave Eiffel (qui vota pour le projet nicaraguayen), Lesseps se lance dans la construction d'un canal « à niveau », comme à Suez. Les travaux débutent réellement en 1881 et sont censés durer huit ans.

Mais le climat et les sols ne sont pas les mêmes sous les tropiques que dans le désert égyptien. La percée de la cordillère avance difficilement dans la roche volcanique et l'enthousiasme du début se transforme vite en amertume. Ingénieurs et ouvriers, venus des Antilles et d'Europe, supportent mal la chaleur et l'humidité, tandis que les pluies torrentielles d'avril à décembre provoquent des glissements de terrain dévastateurs. Mais ce sont surtout les moustiques, en particulier l'anophèle et le stegomya, qui causent les plus gros dégâts en véhiculant des maladies très mal connues à l'époque : le paludisme et la fièvre jaune. On ignorait ainsi le rôle de l'insecte dans la transmission du mal, à tel point que dans les hôpitaux, les pieds des lits étaient placés dans des coupelles d'eau afin d'empêcher les fourmis ou tarentules de monter jusqu'aux malades ! Ce qui se transforme en de véritables élevages à moustiques, tout comme les bassines et les citernes où l'on conserve l'eau de pluie, ou la moindre flaque... Le bilan humain est très lourd : 22 000 morts, soit plus de la moitié des ouvriers et ingénieurs présents sur le chantier ! Mais plus que les fièvres, ce sont les difficultés financières de la compagnie qui vont mettre fin au chantier. Les licenciements massifs provoquent d'importantes émeutes à Colón et dans les villages ouvriers. Le matériel laissé dans la jungle rouille à grande vitesse...

En France, la corruption et le mensonge provoquent l'un des plus graves scandales politico-financiers de la IIIe République ; on parle du « scandale de Panama ». En 1887, le coût des travaux a englouti 1,4 milliard de francs, le double de ce qui était prévu pour l'ensemble du chantier, alors que seule la moitié de celui-ci a été réalisée. Les banques se retirent. Pour poursuivre les travaux malgré tout, Lesseps accepte enfin l'idée d'un canal à écluses et fait appel au déjà célèbre Gustave Eiffel (alors en plein chantier pour sa tour qui sera inaugurée en 1889). Pour le reste, il demande l'aide de barons de la finance et propose une nouvelle souscription publique. Pour mettre en place un emprunt sous forme de « bons à lots » (à la fois obligations et billets de loteries), l'accord du Parlement est nécessaire. Il est curieusement très facilement accepté par les députés, et 85 000 souscripteurs pleins d'espoir se lancent alors dans l'aventure... Mais l'emprunt est trop tardif et les travaux prennent énormément de retard. La compagnie est finalement mise en liquidation judiciaire en février 1889. Les souscripteurs sont ruinés... Ils ont surtout été bernés !

Le scandale éclate en 1892 : plusieurs millions de francs ont été détournés pour financer

une vaste entreprise de corruption. Des pots-de-vin ont été versés à des journalistes, des industriels, des ministres et une centaine de parlementaires, contre mensonges ou silences sur l'avancement réel du lointain chantier et la santé financière de la compagnie. Clemenceau lui-même est éclaboussé et se retire plusieurs années de la politique (il reviendra sur le devant de la scène au moment de l'affaire Dreyfus). Pendant de longs mois la presse se déchaîne contre les « chéquards » et les « panamistes », mais les procès seront cléments ; la plupart des politiques bénéficiant d'un non-lieu. Seul Baïhaut, le ministre des Travaux publics, est condamné à cinq ans de prison. Plusieurs ingénieurs et cadres de la compagnie sont également condamnés. Ferdinand de Lesseps, âgé de 88 ans et très affaibli psychologiquement, bénéficie de la prescription, mais son fils Charles impliqué dans l'escroquerie n'a pas cette chance. L'affaire de Panamá salira à jamais l'image du canal en France, l'ouvrage restant associé encore aujourd'hui à l'un des plus gros scandales de corruption de son histoire.
En 1894, Philippe Bunau-Varilla, un jeune polytechnicien et ingénieur des Ponts et Chaussées, prend la direction de la Compagnie nouvelle du canal. La société obtient de nouveaux financements, mais les problèmes financiers et sanitaires ne sont pas résolus. L'objectif de Bunau-Varilla est désormais de céder les droits, bâtiments et matériel de la compagnie au plus offrant, allant jusqu'à proposer la vente du canal au tsar de Russie !

La guerre des Mille Jours (1899-1902)

Après l'échec du canal français, l'isthme se trouve dans une situation économique critique dont ne se préoccupe guère plus l'Etat colombien, en proie aux rivalités entre conservateurs et libéraux. La guerre civile éclate en octobre 1899 dans toute la Colombie. Les combats sont particulièrement violents dans l'isthme. Les conservateurs défendent les intérêts des grands propriétaires terriens, tandis que les libéraux se sentent plus proches de la bourgeoisie commerçante et des petits paysans dont la plupart sont des indigènes. Les Etats-Unis, qui souhaitent reprendre le chantier du canal, composent avec les deux factions pour provoquer la sécession de l'isthme.
Les Etats-Unis, convaincus de la nécessité d'engager la construction d'une voie navigable en Amérique centrale, hésitent à nouveau entre le Panamá et le Nicaragua. Il semble plus simple de continuer les travaux engagés par les Français mais les négociations avec la Compagnie nouvelle du Canal et surtout avec l'Etat colombien sont délicates. Le Nicaragua, plus large, demande un canal beaucoup plus long, mais ne nécessite en revanche aucune négociation, en raison d'une concession accordée aux Etats-Unis par un traité de 1849. De plus, le pays est plus proche que la province colombienne.
En 1902, la Chambre des représentants vote pour le projet du Nicaragua et le Sénat est sur le point de faire de même. Or, la compagnie nouvelle, quasi ruinée, cherche par tous les moyens à céder sa concession Wyse et son patrimoine. Philippe Bunau-Varilla se transforme en lobbyiste redoutable faisant preuve d'une certaine malice. A l'époque, un timbre-poste du Nicaragua représentait l'image d'un volcan couronné de fumée. Le 8 mai 1902, l'éruption de la montagne Pelée en Martinique détruit entièrement la ville de Saint-Pierre, faisant plus de 30 000 morts. Un mois plus tard et trois jours avant le vote au Sénat, l'ingénieur envoie à chacun des sénateurs une lettre exposant ses arguments et le fameux timbre assorti de la légende « timbre-poste de la République de Nicaragua, un témoin officiel de l'activité volcanique de l'isthme de Nicaragua ». Le revirement du Congrès et le choix final du Panamá pourraient bien être dus à cette idée un peu « fumeuse » !

3 novembre 1903 : naissance sous tutelle de la République de Panamá

Avec la guerre contre l'Espagne en 1898 et la prise de Cuba et des Philippines, les Etats-Unis de Théodore Roosevelt sont convaincus plus que jamais de l'importance stratégique d'un raccourci à travers le continent pour faire circuler les navires de guerre et contrôler les océans. En janvier 1903, le gouverneur de l'isthme signe un traité avec les Etats-Unis pour la reprise des travaux du canal (traité Herrán-Hay) mais en août le Congrès colombien refuse de le ratifier dénonçant une atteinte à la souveraineté nationale.
Les Panaméens craignent alors que la voie d'eau ne soit réalisée au Nicaragua. L'occasion est trop belle. En 1903, une junte associant conservateurs et libéraux lance un mouvement séparatiste sous la protection officieuse des Etats-Unis, en échange de la signature d'un nouveau traité pour le canal. Les troupes colombiennes venues pour stopper la rébellion sont neutralisées à Colón, sans réel combat et sans que n'aient à intervenir les navires de guerre américains mouillant au large des côtes. L'indépendance du Panamá est proclamée le 4 novembre (la fête nationale sera instituée le 3). Trois jours après, les Etats-Unis reconnaissent le nouvel Etat. La Colombie ne le fera qu'en 1921.

Une souveraineté territoriale limitée

L'indépendance aura été largement orchestrée par le Colombien Manuel Amador Guerrero et le Français Bunau-Varilla. En échange d'une aide financière pour les sécessionnistes, l'opportuniste ingénieur français obtient d'être nommé ministre plénipotentiaire du Panamá à Washington (sorte d'ambassadeur pour la nouvelle République). En vertu de ce titre, il conclut le 18 novembre 1903, soit deux semaines après l'indépendance, un traité avec le secrétaire d'Etat américain John Hay.
Le traité Hay-Bunau-Varilla, surnommé le « traité qu'aucun Panaméen n'a signé », est considéré par le peuple panaméen comme une véritable trahison. Il offre en effet aux Etats-Unis une concession perpétuelle pour la construction et l'exploitation du futur canal et leur concède, également à perpétuité, la souveraineté absolue sur une bande de terre de 10 milles terrestres (16 km) autour de la voie d'eau : la « Zone du canal ». Officiellement, cet Etat dans l'Etat de 1 500 km² est créé pour garantir l'entretien et la protection du canal.
Au fil des années y seront installées plusieurs bases militaires US. Elles servent pour d'éventuelles interventions dans la région, à l'entraînement au combat de jungle et à la surveillance continentale via les écoutes. La Constitution panaméenne de 1904 reconnaît même aux Etats-Unis la possibilité d'intervenir militairement « en cas de troubles » dans les affaires intérieures de la jeune république. Les *yankees* versent en contrepartie à l'Etat panaméen une indemnité de 10 millions de dollars (plus une rente annuelle de 250 000 US$ à partir de 1912), sommes dérisoires comparées aux profits générés par la voie d'eau. Dans l'enclave américaine, on construit logements, administrations, postes, églises, écoles, hôpitaux… La législation de la Louisiane est instituée dans la zone. Enfin, le dollar devient la monnaie nationale panaméenne. Ainsi, dès son indépendance de la Colombie, la République de Panamá se retrouve avec une enclave en plein milieu de son territoire. Elle est également sous la surveillance étroite de son « protecteur ».

La reprise du chantier du canal par les Etats-Unis

Les Etats-Unis rachètent les droits et propriétés (hôpitaux, voie de chemin de fer…) de la compagnie française pour 40 millions de dollars. Les ingénieurs optent cette fois pour la construction d'un canal à écluses. Commencé en 1904, le chantier va employer 75 000 personnes, la majorité d'origine afro-antillaise : Barbade, Trinidad, Sainte Lucie, Martinique, Grenade, Curaçao, Guadeloupe, Saint-Vincent. On trouve aussi des Européens (Italiens et Espagnols surtout) mais finalement peu de Panaméens. 5 000 Américains occupent les postes de direction et d'études.

Avant de commencer les travaux d'excavation, la priorité des Américains est d'assainir la région pour ne pas reproduire le drame de l'entreprise française. Le médecin colonel William Crawford Gorgas s'emploie à faire admettre à une majorité de sceptiques la nécessité d'éliminer les moustiques. Gorgas avait auparavant travaillé à Cuba avec le Cubain Juan Carlos Finlay qui identifia le moustique responsable du virus de la fièvre jaune et préconisa la démoustication comme méthode de lutte contre la maladie.
Au Panamá, les travaux du canal commencent donc par la pose de moustiquaires, la chasse aux eaux stagnantes et la fumigation dans les zones marécageuses… La chasse aux moustiques sert aussi contre le paludisme. Mais l'anophèle qui véhicule le paludisme vit surtout dans les zones boisées, impossibles à assainir complètement. Gorgas insiste donc pour que les travailleurs prennent à titre préventif et curatif de la quinine, que l'on mélange à de la limonade (avec du gin on obtient le fameux gin tonic !).
Les efforts de Gorgas sont récompensés par l'éradication de la fièvre jaune et du paludisme. Le chantier fera tout de même plus de 5 000 victimes en dix ans, ce qui porte à plus de 27 000 le nombre de morts pour l'ensemble des travaux depuis 1881. Le canal est terminé en 1914. Cette prouesse technologique est considérée à l'époque comme la huitième merveille du monde, en raison de ses réalisations spectaculaires : la percée Gaillard avec des millions de tonnes excavées dans la cordillère, les ouvrages d'art (ses écluses sont toujours en activité) et l'imposant barrage Gatún qui donna naissance au plus grand lac artificiel du monde à l'époque (après avoir englouti des centaines de villages et nécessité le déplacement de 50 000 personnes). Le 15 août 1914, alors que l'Europe se jette dans la guerre, le vapeur *Ancón* effectue la première traversée officielle du canal de Panamá.

Instabilité politique et poussées nationalistes

L'opposition traditionnelle entre conservateurs et libéraux disparaît à partir de la présidence de Belisario Porras élu en 1912. Les populations immigrées des Antilles, d'Asie et d'Europe vont donner naissance à un mouvement ouvrier qui se scindera ensuite en parti socialiste et parti communiste. L'Action communale, parti à tendance fasciste, prend le pouvoir peu après la grande crise de 1929, puis de nouveau au début de la Seconde Guerre mondiale avec à sa tête Arnulfo Arias.
Le régime discriminatoire mis en place dans la Zone du canal (fontaines et toilettes séparées entre les blancs et les noirs, conditions salariales selon la couleur de peau…) offense les Panaméens et nourrit les sentiments nationalistes. On supporte de moins en moins la présence

militaire étrangère, ainsi que le comportement des sociétés américaines comme la puissante United Fruit Company qui détient les meilleures terres et méprise les droits des ouvriers agricoles dans les bananeraies.

Dans les années 1930 et 1940, les Panaméens obtiennent une révision des clauses du traité Hay-Bunau-Varilla (augmentation des redevances du canal, limitation des droits d'interventions militaires...).

Le pays connaît une certaine prospérité durant la Seconde Guerre mondiale, avec l'arrivée massive de soldats dépensant sans compter et la réalisation de grands travaux fournissant des emplois (bases militaires, aéroports, routes panaméricaine et transisthmique). En 1942, 130 sites en dehors de la Zone du canal sont concédés à l'armée US. Dans les années 1950 et 1960, les manifestations anti-américaines reprennent. De longues grèves ont également lieu dans les bananeraies en 1960-61. Ces années seront particulièrement instables avec pas moins de dix présidents entre 1945 et 1960, dont deux seulement termineront leurs mandats.

Le 9 janvier 1964, une manifestation d'étudiants dégénère. Dans une école de la Zone du canal, des étudiants américains refusent que soit hissé le drapeau panaméen, et violent ainsi un accord trouvé l'année précédente entre les Etats-Unis et le Panamá qui prévoyait que les deux drapeaux soient hissés sur tous les sites civils de la zone. Les étudiants panaméens qui manifestent leur mécontentement et réclament la souveraineté dans la zone sont appuyés en quelques heures par des centaines de personnes. Le mouvement de protestation est sévèrement réprimé par l'armée américaine faisant 22 morts et des centaines de blessés. Le 9 janvier est depuis un jour de deuil national : *el día de los Mártires*. Les réactions internationales sont hostiles à l'encontre des Etats-Unis. Roberto Chiari, le président du Panamá, rompt les relations diplomatiques pendant plusieurs mois, jusqu'à ce que les Etats-Unis acceptent d'entamer des négociations concernant la souveraineté panaméenne dans la Zone. Ces événements sont considérés comme une étape majeure dans le processus qui mènera quelques années plus tard à la rétrocession du canal.

1968-1981, la « révolution nationaliste et populaire » du général Torrijos

En mai 1968, le populiste Arnulfo Arias est élu pour la troisième fois président de la République. Quelques mois plus tard, il est renversé par un coup d'Etat monté par de jeunes officiers de la garde nationale. Le but de la junte est de changer les rapports de forces dans le pays, en confisquant le pouvoir à l'oligarchie traditionnelle pour le donner au peuple. Cette politique progressiste qui prend de l'ampleur dans toute l'Amérique latine au début des années 1970 passe par la redistribution des richesses et l'égalité des droits. Parmi les officiers putschistes, Omar Torrijos s'impose rapidement à la tête de l'Etat. Une nouvelle constitution, plus représentative, est adoptée en 1972. Les communautés rurales et indigènes, jusque-là volontairement oubliées, vont pouvoir faire entendre leurs voix dans les *corregimientos* (sorte d'arrondissement).

Le général Torrijos dirige d'une main de fer le pays de 1969 à 1981 sous couvert de présidents fantoches. De profondes réformes sociales dans l'éducation et la santé permettent de réduire de moitié l'analphabétisme et la mortalité infantile en dix ans. Sur le plan économique, une réforme agraire conduit à l'expropriation des grandes propriétés foncières qui sont redistribuées aux petits paysans regroupés en coopératives. Il y a aussi des nationalisations, de grands travaux d'équipement routier et la création du Centre bancaire international. Au niveau de la politique étrangère, le Panamá s'inscrit parmi les pays dits « non-alignés ». Il a des relations privilégiées avec les pays de la mouvance anticolonialiste et anti-américaine (Cuba, le Chili de Salvador Allende...) et soutient à la fin des années 1970 les mouvements guérilleros du Nicaragua et du Salvador. En 1973, profitant d'une réunion de l'ONU à Panamá, Torrijos expose devant le monde entier les revendications de son peuple concernant le canal. Les négociations sur la question d'une restitution du canal, initiées en 1964, vont s'accélérer en 1977 avec l'élection de Jimmy Carter à la présidence américaine, pour aboutir à la signature du traité Torrijos-Carter le 7 septembre 1977. Le texte accueilli triomphalement au Panamá et dans toute l'Amérique latine prévoit la « rétrocession » progressive du canal et de la zone d'ici l'an 2000. Dès 1979, le pays récupère plus de 60 % du territoire de la Zone du canal (bases militaires, ports et la ligne ferroviaire). Les Etats-Unis, toujours premiers utilisateurs du canal, se sont néanmoins arrogé un droit d'intervention militaire après 2 000 (le traité de « neutralité ») pour garantir le fonctionnement normal du canal « en cas de troubles intérieurs au Panamá ». Une notion bien floue dont se servira Georges Bush pour justifier l'opération « Juste Cause » de decembre 1989.

Une des conséquences immédiates des traités est que le Panamá renoue avec les principes démocratiques. A la fin des années 1970, les libertés publiques sont mieux respectées et les exilés politiques reviennent au pays. On autorise les partis qui jusqu'à présent étaient interdits. Torrijos crée le Parti révolutionnaire démocratique (PRD), un parti de tendance social-démocrate. Mais le 31 juillet 1981, Torrijos meurt dans un accident d'avion au-dessus des montagnes de Coclé, accident dont les causes restent encore un mystère...

Le bilan économique et politique des années 1970 est controversé : on reproche à Torrijos la disparition d'opposants politiques et une explosion de la dette nationale. On lui reconnaît en revanche d'avoir modernisé le pays, favorisé le développement d'une classe moyenne, aidé à la représentation des communautés indigènes, et surtout d'avoir obtenu la rétrocession du canal.

Les années noires et « blanches » de la dictature de Noriega

Une période floue suit la mort de Torrijos. Généraux et présidents fantoches se succèdent jusqu'aux élections de mai 1984. Avec 1 713 voix d'avance seulement, Nicolas Barletta, l'ancien collaborateur de Torrijos et président de la Banque mondiale pour l'Amérique latine, remporte les élections. L'opposition parle de fraude mais les Etats-Unis soutiennent l'économiste formé à Chicago.

Mais moins d'un an après son élection, le président Barletta est « démissionné » par Manuel Noriega, commandant en chef de la garde nationale. Le président vient en effet de demander l'ouverture d'une commission d'enquête qui pourrait impliquer directement Noriega. Il s'agit de l'assassinat du médecin et journaliste Hugo Spadafora, retrouvé décapité le 13 septembre 1985 près de la frontière du Costa Rica. Ce meurtre suscita une grande émotion dans l'isthme. Spadafora était un personnage charismatique et populaire, vice-ministre de la Santé sous Torrijos et ancien guérillero au Nicaragua. Il s'apprêtait à livrer des informations précieuses impliquant directement Noriega et l'agence de renseignements américaine (CIA) dans des trafics d'armes et de drogue...

Après le départ du président Barletta, le général Noriega met en place un régime dictatorial plus poussé. Aux recettes classiques de la dictature (musellement de la presse, répression d'opposants, corruption), il ajoute les trafics d'armes, de drogue et de visas, et met en place un vaste réseau de blanchiment d'argent.

Le refus du dictateur de renégocier les accords Carter-Torrijos de 1977 et les relations privilégiées qu'il entretient avec Fidel Castro finissent par irriter sérieusement le cabinet de Ronald Reagan. « Face d'ananas » (surnommé ainsi en raison de son visage grêlé) ne devient plus du tout fréquentable quand des journalistes du *New York Times*, informés par une fuite des renseignements américains, révèlent les liens entre Noriega et le cartel de Medellin du Colombien Pablo Escobar, le plus grand exportateur au monde de cocaïne. Or, c'est justement à cette époque que le crack (dérivé de la cocaïne que l'on fume) envahit les ghettos noirs de Los Angeles ou New-York... Mais le plus grave est qu'on apprend que la CIA n'était pas étrangère à ce trafic et s'en servait pour financer l'achat d'armes à destination des « contras » (contre-révolutionnaires du Nicaragua). Des tonnes de drogue seraient arrivées aux Etats-Unis dans des avions que la CIA elle-même affrétait pour son trafic d'armes... En 1986, après l'éclatement au grand jour de l'affaire Iran-Contra (Iran Gate), Noriega perd ses contacts à la CIA et le gouvernement américain veut désormais sa tête.

Au Panamá, le colonel Roberto Díaz Herrera, accuse publiquement Noriega de corruption, de fraude électorale et d'être responsable de l'explosion de l'avion du général Torrijos. Une coalition panaméenne réunissant membres de l'opposition, hommes d'affaires, l'Eglise et tous ceux qui ont de bonnes raisons de détester le général se met en place, soutenue par le gouvernement américain. Cette « croisade civique » se réunit le 10 juillet 1987 dans l'église El Carmen à Panamá. La manifestation est violemment réprimée par les « Doberman », un groupe paramilitaire au service de Noriega. Pendant deux ans, les Etats-Unis tentent de paralyser l'économie : gel des fonds de la banque nationale aux Etats-Unis, non-versement de la redevance pour l'utilisation du canal, etc. Mais Noriega continue de narguer les présidents Reagan, puis Bush élu en 1989.

La politique américaine de déstabilisation ne fonctionne pas. Elle a même des effets pervers : les rentrées d'argent légales du pays étant bloquées, il faut bien trouver des liquidités. Il n'a donc jamais été aussi facile de blanchir de l'argent à Panamá... L'armée crée même sa propre banque pour faciliter les choses !

Les élections de mai 1989 voient la victoire de Guillermo Endara, soutenu par Washington. Noriega fait annuler les élections. Les manifestations pour le retour à la démocratie se multiplient tandis qu'un nouveau *golpe* (coup d'Etat) échoue en octobre 1989. La tension atteint son paroxysme entre les forces de défense panaméenne et les soldats américains présents dans la Zone du canal. Devant le constat d'échec de la stratégie de déstabilisation menée depuis trois ans, Georges Bush décide d'employer les grands moyens.

Décembre 1989 : l'opération « Juste Cause » ou « l'Invasion »

Dans la nuit du 19 au 20 décembre 1989, juste avant les fêtes de Noël, les Etats-Unis lancent, au nom d'une « cause juste », la plus importante opération militaire depuis la guerre du Viêt-Nam. Elle mobilise 26 000 soldats et du matériel lourd et sophistiqué (tanks, bombardiers, hélicoptères...). Le prétexte est l'assassinat d'un militaire américain par des soldats panaméens deux

jours plus tôt. L'enjeu est de capturer Noriega, l'ennemi n°1 du moment, de protéger les ressortissants américains au Panamá, de restaurer la démocratie dans le pays et de sauvegarder les accords relatifs au canal… On dit aussi que cette intervention américaine avait pour but de tester sa force de frappe, un an avant l'opération « Tempête du Désert » en Irak…
Les attaques se concentrent sur Panamá et Colón. Le quartier d'El Chorillo qui abrite le QG des forces panaméennes, est bombardé. Des heurts ont lieu à San Miguelito et dans d'autres quartiers populaires. Dans le chaos urbain et la panique générale, suivent de nombreux pillages de magasins. L'opération qui dura une quinzaine de jours aurait fait 516 victimes panaméennes selon les autorités américaines. Entre 3 000 et 5 000 morts, en majorité des civils, selon les organisations de défense des droits de l'homme. Le coût de reconstruction suite à l'Invasion a été estimé à plus de 2 milliards de dollars.
Noriega disparaît quelques jours puis se réfugie dans la nonciature du Vatican. Epuisé par la torture psychologique que lui inflige jour et nuit une gigantesque sono qui crache à plein volume l'album *The Highway to Hell* (« l'autoroute de l'enfer » !) d'AC/DC, il se rend sans gloire le 3 janvier 1990.

Grandes figures historiques

- **Manuel Antonio Noriega (1934).** Ce personnage sulfureux est sans doute le Panaméen le plus célèbre. Né dans le quartier populaire de Chorillo en 1934, cet élève studieux quitte les bancs de l'université pour gravir les échelons de l'armée jusqu'au plus haut niveau. Il est envoyé au Pérou pour se former aux techniques de contre-espionnage qu'enseignent les services de renseignements américains. Après avoir empêché un coup d'Etat en décembre 1969 contre le général Torrijos, alors que celui-ci se trouvait au Mexique, il devient son bras droit et prend la direction des services secrets, le redoutable G2. C'est à cette période, en 1970, que Noriega est recruté par la CIA et qu'il touche d'importantes sommes pour ses bons services. A la mort de Torrijos en 1981, Noriega fait partie des hommes forts du pays, mais aussi des plus craints. En 1983, il prend la tête du commandement de la garde nationale et exerce toutes sortes de pressions sur les politiques, président de la République compris. En tant qu'agent de la CIA, Noriega ou « PK/BARRIER/7-7 » récolte de précieuses informations sur Cuba et les pays de mouvance communiste ou socialiste. Son salaire versé par l'Etat américain s'envole. Mais cela ne l'empêche pas de vendre aux services secrets cubains des renseignements sur les Etats-Unis et de leur offrir quelques faux visas ! L'agent double amasse également une fortune en faisant progressivement de Panamá une plaque tournante du trafic de drogue et du blanchiment d'argent. Douane, police, armée et banques sont directement impliquées. Sans scrupule, il livre des informations à l'agence antidrogue américaine (DEA) tout en accueillant Pablo Escobar quand celui-ci est inquiété en Colombie !
Mais quand on exagère, tout finit par se savoir… Capturé par l'armée américaine en janvier 1990 suite à l'opération « Juste Cause », il est condamné en 1992 à 40 ans de prison, pour trafic de drogue, crime organisé et blanchiment d'argent. Sa peine sera réduite à 30 puis 17 ans, pour bonne conduite. Après les États-Unis, Noriega extradé en avril 2010, est condamné en France à sept ans de prison pour 2,3 millions d'euros de blanchiment d'argent dans les années 1980. Après une incarcération à la prison de la Santé à Paris, il est à nouveau extradé, cette fois-ci vers son pays natal, où il est actuellement emprisonné depuis décembre 2011, au centre pénitentiaire El Renacer. L'octogénaire y purge une lourde peine pour l'assassinat de l'opposant Hugo Spadafora et la disparition d'autres personnes dans les années 1980.

- **Omar Torrijos.** Le général Omar Torrijos, originaire de Santiago (province de Veraguas) est une figure panaméenne controversée. Il a dirigé le pays de 1968 jusqu'à sa mort en 1981. Sur la scène internationale, il est surtout connu pour le traité Torrijos-Carter, qui a permis au Panama de récupérer son canal face au géant américain. Mais pour une partie de la population panaméenne, Torrijos est vu comme un dictateur. Il a en effet pris le pouvoir face au président en place Arnulfo Arias Madrid, grâce à un coup d'Etat, après avoir effacé le colonel Boris Martinez. On lui reproche aussi la disparition de Hector Galleco, le prêtre catholique qui émancipa les *campesinos* de la région de Santa Fé. Pour une autre partie de la population, Torrijos a permis de grandes avancées sociales dans les domaines de l'emploi, de l'éducation, du partage des terres. Il n'a toutefois jamais pu porter le titre de président. Le général est décédé dans un mystérieux accident d'avion que les plus sceptiques attribuent à la CIA. Cette théorie est développée dans *Confessions d'un assassin financier* de John Perkins (2004).

Années 1990 : démocratisation et néolibéralisme

Guillermo Endara est officiellement proclamé président de la République le 20 décembre 1989, jour de l'invasion. Il hérite d'un pays ruiné et rongé par l'insécurité, la corruption et les trafics en tout genre. Endara parvient à restaurer la démocratie et à sortir le pays de l'isolement économique dans lequel il était plongé depuis 1987. Mais le retour timide de la croissance se fait au prix de mesures d'austérité. La politique de rigueur recommandée par les institutions internationales, a des effets sociaux catastrophiques sur une population dont plus de 50 % vivent en dessous du seuil de pauvreté. Les Panaméens espéraient autre chose du retour à la démocratie.
Aux élections de mai 1994, le PRD, discrédité par Noriega mais désormais plus modéré, s'impose. Ernesto Pérez Balladares remporte les élections. Contrairement aux promesses électorales, la politique d'ouverture économique engagée par Endara s'accélère. Les investissements étrangers affluent (ports, routes...) et le pays connaît un développement économique indéniable. Mais la population désapprouve les réformes. Grèves générales et manifestations empêchent la réforme de la sécurité sociale et la privatisation du secteur de l'eau. L'opposition accuse en outre le président d'avoir négocié en douce avec la Maison-Blanche la mise en place au Panamá d'un centre de lutte anti-drogue, qui ne serait qu'un prétexte pour les Etats-Unis de rester dans le pays après l'an 2000, en violation du traité Torrijos-Carter de 1977. Au même moment, on découvre que celui qui veut installer un centre anti-drogue est impliqué dans un scandale de blanchiment d'argent de la drogue qui aurait financé sa campagne électorale de 1994 !
Malgré tout, le départ progressif des Américains de la Zone du canal, application de la phase finale du traité de 1977, n'est pas vraiment souhaité par la majorité des Panaméens. A la fierté de pouvoir récupérer le canal se mêle en effet l'inquiétude de voir partir les emplois liés à cette présence étrangère.
Dans ce contexte, Mireya Moscoso, la veuve du Président Arnulfo Arias (1901-1988), gagne les élections présidentielles de mai 1999 avec 44 % des voix. A 53 ans, Mireya est la première femme à diriger le pays. Dès le début de son mandat, elle a l'immense privilège d'honorer la rétrocession du canal, le 31 décembre 1999 à midi.

31 décembre 1999 à midi : El Canal 100 % Panameño

La cérémonie est solennelle, discrète. Y assistent de nombreuses personnalités : le roi d'Espagne, Colin Powell, l'ancien président Jimmy Carter... Le passage à l'an 2000 a donc une importance toute particulière au Panamá : l'Autorité du Canal de Panamá (ACP), désormais complètement panaméenne, assume la responsabilité de gérer l'une des voies d'eau les plus importantes au monde. La communauté maritime internationale était plutôt inquiète à cette idée. Après 31 ans de dictature entre 1968 et 1989 et les nombreux scandales récents de corruption, la communauté internationale pouvait légitimement craindre que le canal ne devienne un jour l'otage des intérêts politiciens. Avec le recul, les spécialistes considèrent que la gestion du canal est bien meilleure que sous l'époque américaine.

Les années 2000

Le bilan de Mireya Moscoso est contrasté. Elle a permis au pays de sortir de la liste noire du GAFI (Groupe de surveillance du blanchiment d'argent) mais on lui a beaucoup reproché son clientélisme politique. Les élections de 2004 ont vu le retour au pouvoir du PRD. Elu avec 47 % des voix devant l'ancien président Guillermo Endara, Martín Torrijos a largement bénéficié du prestige de son défunt père. Le jeune président va bénéficier d'un boom économique sans précédent durant ses quatre ans de mandats mais ne parviendra pas à réduire les inégalités sociales et l'insécurité. L'argent sale est toujours bien présent à Panamá, où les gratte-ciel grimpent, grimpent... Le principal enjeu du quinquennat était le projet d'élargissement du canal, approuvé par référendum le 22 octobre 2006 (« oui » à 78 %). Les travaux commencés en septembre 2007 se sont achevés en juin 2016.

De Martinelli à Varela

Mai 2009 voit la victoire du candidat de la droite libérale, Ricardo Martinelli (61% des voix), à la tête de « l'Alliance pour le Changement ». Cet entrepreneur multimilliardaire s'est lancé dans un vaste programme de grands travaux destiné à moderniser les infrastructures (routes, aéroports...) dans tout le pays mais surtout dans la capitale, avec le projet controversé de la Cinta Costera III (viaduc autour du Casco Viejo) et celui plus intelligent d'un métro, le premier d'Amérique centrale, dont la première ligne est inaugurée en avril 2014.

L'affaire des Panama Papers, kesako ?

Dimanche 3 avril 2016 au soir, le monde entier est secoué par l'annonce des *Panama Papers*, un système d'évasion fiscale à l'échelle internationale qui touche des milliers de personnes. Des milliardaires, des responsables politiques, des stars du ballon rond, ainsi que des célébrités du monde du cinéma sont pointés du doigt par les révélations du consortium international des journalistes d'investigation, dont font partie les équipes de *Cash Investigation* de France 2 et du journal *Le Monde*.

La fuite de données éclabousse le sulfureux cabinet panaméen Mossack Fonseca (situé sur Calle 54 Este, pour ceux qui veulent un *selfie* souvenir !). Pour échapper à l'impôt, des grandes fortunes mais aussi des criminels et des trafiquants d'armes ont eu recours à cette firme d'avocats et de financiers, créée en 1977 par Jürgen Mossack, et spécialisée dans la domiciliation de sociétés fictives dans des paradis fiscaux. Pour ses clients fortunés, l'objectif d'un tel dispositif est bien sûr de dissimuler ses avoirs au fisc, et éventuellement de blanchir de l'argent sale.

« John Doe », le responsable de la plus grande fuite de données de l'histoire du journalisme, a écrit une lettre en mai 2016 pour expliquer sa « révolution numérique ». Sa véritable identité reste toujours inconnue.

Enquêtes sur l'affaire

Au lendemain de la révélation, en France, le parquet national financier a ouvert une enquête pour « blanchiment de fraudes fiscales aggravées ». A l'été 2016, l'enquête judiciaire avait déjà donné lieu à quelques interpellations. Parallèlement, une commission d'enquête du Parlement européen sur le blanchiment de capitaux, l'évasion fiscale et la fraude fiscale (PANA) s'est à son tour penchée sur l'affaire des *Panama Papers*. Composée de 65 membres, elle s'est réunie pour la première fois le 12 juillet 2016 et aura seulement un an pour déterminer si la Commission européenne ou les Etats européens ont failli à leurs obligations pour éviter l'évasion fiscale. Un rapport sera publié à l'issue.

Le Panama menacé de figurer sur la liste noire

Au printemps 2016, à la demande du G20, le Panama a été menacé d'intégrer en juillet 2017 la nouvelle liste noire mondiale des paradis fiscaux opaques de l'Organisation de coopération et de développement économiques (OCDE). Une telle punition a de lourdes conséquences pécuniaires pour le mauvais élève. La liste noire avait été abandonnée en 2011 pour encourager la transparence plutôt que de stigmatiser les pays.

Le gouvernement français a pour sa part réinscrit rapidement le Panama sur sa propre liste noire des paradis fiscaux non coopératifs. Le pays, qui en était sorti au 1er janvier 2012, a vivement réagi à cette annonce, et Juan Carlos Varela a, dans un premier temps, menacé la France de représailles diplomatiques. Puis il a changé de stratégie et a accepté de jouer le jeu de la transparence. Il s'est même engagé à se rallier au processus d''échange automatique d'informations de l'OCDE dès 2018.

Pour preuve de sa bonne foi, le Panama a lancé avec le Venezuela une investigation pour confondre les criminels qui auraient utilisé eux aussi des sociétés *offshores* pour blanchir de l'argent. Les autorités panaméennes ont perquisitionné à plusieurs reprises Mossack Fonseca. Six bureaux visés avaient déjà fermés en juillet 2016 partout dans le monde. Ramon Fonseca, cofondateur du cabinet, avait démissionné de son poste de conseiller du président Varela avant les révélations.

Toutefois, les démissions de deux membres du comité créé pour lutter contre l'opacité des comptes panaméens, ont mis en lumière un manque de transparence. Selon eux, l'exécutif subirait des « pressions du monde des affaires ».

Les Panaméens amusés, les expatriés chahutés

A l'image du gouvernement panaméen, la plupart des habitants du pays tendent à dénoncer une cabale des grandes puissances mondiales contre l'isthme. Pour d'autres citoyens panaméens, le scandale ne fait que s'ajouter à la corruption qui a gangrené le pays ces dernières décennies, notamment sous le mandat du président Martinelli.

Certains professionnels du tourisme ont salué en revanche les éventuels effets positifs du *bad buzz* des *Panama Papers* sur la fréquentation du pays. Sur place, ce sont finalement les expatriés pour des raisons professionnelles ou les étrangers fraîchement débarqués qui ont le moins apprécié les taquineries de leurs amis de métropole. Et encore, les nombreuses caricatures qui ont circulé sur les réseaux sociaux, ont bien montré que les Panaméens, de sang ou d'adoption, gardaient leur bonne humeur et savaient rire de tout en toute circonstance.

Sur le plan social, les relations avec la société civile, les syndicats et la presse se sont sérieusement dégradées. Plusieurs manifestations contre des réformes sociales et environnementales (réforme des mines) ont dégénéré faisant plusieurs morts. En 2012, un scandale de corruption en Italie éclabousse le président Martinelli, ami intime de Silvio Berlusconi : Valter Lavitola, un entrepreneur italien mêlé aux affaires judiciaires de Berlusconi, révèle qu'il a versé de nombreux pots-de-vin aux responsables gouvernementaux panaméens pour favoriser les entreprises italiennes dans des appels d'offres... Plus positif pour le pays, le recul de la pauvreté, passée officiellement de 32 % en 2010 à 25 % en 2014. Sur le plan économique, le pays a conservé une forte croissance mais s'est lourdement endetté (la dette est passée de 11 à 17 milliards de dollars en 5 ans).

Les élections de mai 2014 sont une surprise par rapport aux sondages, Martinelli voyait déjà son dauphin José Domingo Arias, à la tête de l'Etat et sa propre femme comme vice-présidente ! Mais c'est Juan Carlos Varela, son ancien vice-président et pire ennemi politique, qui est élu avec 39 % des voix, devant Domingo Arias, du parti Cambio Democrático (32 %), et l'ancien maire de la capitale Juan Carlos Navarro, du PRD, centre gauche (28 %). Un véritable camouflet pour le président sortant. Varela avait aidé à l'élection de Martinelli en 2009 mais les rapports entre les deux hommes s'étaient rapidement dégradés. Varela qui conserva son titre de vice-président (mais pas celui de ministre des Affaires étrangères) devint l'un des pires détracteurs de Martinelli, l'accusant directement de corruption et d'autoritarisme.

Si Martinelli est un magnat de la grande distribution, Varela est également un entrepreneur de poids dans le pays, actionnaire de stations de radio et de l'entreprise familiale Varela Hermanos, le plus grand producteur d'alcool du pays. Ce conservateur (parti panameñista) qui a pris ses fonctions en juillet 2014 doit faire face à l'explosion de la dette publique engagée par son prédécesseur. Les principaux enjeux de son mandat sont la poursuite de la croissance et la réduction des inégalités sociales et de la pauvreté toujours très importantes.

Varela était sûrement l'un des présidents au monde avec la plus petite fiche Wikipedia ! L'année 2016 a doublement fait parler de lui sur la scène internationale. D'abord au sujet de l'affaire des *Panama Papers,* système d'évasion fiscale à l'échelle internationale. Il a d'abord fait mine de négocier, lorsque les sanctions ont menacé de tomber, en acceptant de jouer le jeu de la transparence. Il s'est même engagé à se rallier au processus d'échange automatique d'informations de l'Organisation de coopération et de développement économiques (OCDE) dès 2018.

Toutefois, le 5 août 2016, le prix Nobel d'économie Joseph Stiglitz et l'expert anti-corruption Mark Pieth, en démissionnant du comité créé après le scandale, ont dénoncé un certain manque de transparence. Ce comité, composé de 4 Panaméens et 3 étrangers, avait été mis en place pour régler les problèmes d'opacité du système financier panaméen. Les deux hommes ont fait état d'une « censure » dans la publication de leurs conclusions. Selon eux, l'exécutif subirait des « pressions du monde des affaires ». Le gouvernement avait en effet annoncé quelques jours plus tôt que le président seul déciderait de communiquer ou non les résultats.

Autre date importante de l'année 2016, l'achèvement des travaux d'agrandissement du canal dans la liesse générale. Retardé en raison de grèves importantes en 2012 et 2013 et de différends financiers avec le consortium d'entreprises internationales en charge de l'ouvrage, le nouveau canal a été inauguré en juin.

Après la tornade Martinelli, Varela représente le calme et les Panaméens n'y sont pas vraiment habitués... Si bien qu'ils ont surnommé leur nouveau président d'un sobriquet pas très sympathique : la *tortuga.* Contrairement à ce que l'on pourrait penser, Varela n'est pas populaire auprès d'une grande partie de l'opinion publique panaméenne. « Martinelli volait plus que Varela, mais au moins il faisait marcher l'économie et créait des emplois », soufflent à demi-mot les Panaméens les plus modestes. Au premier trimestre 2016, le taux de chômage au Panama a dépassé celui de la crise financière internationale de 2009. Conséquence du ralentissement économique, il est passé de 5,2 % en août 2015 à 5,6 % en mars 2016. Plus de 100 000 Panaméens sont au chômage. Les prochaines élections se tiendront au Panama en 2019. Le temps de faire oublier aux Panaméens les frasques de Martinelli – qui a quitté brusquement le pays.

POLITIQUE ET ÉCONOMIE

POLITIQUE

Structure étatique

La république du Panamá est née le 3 novembre 1903. C'est un Etat souverain et indépendant qui a retrouvé la démocratie en 1990 après la chute du général Noriega. Le territoire est composé de 10 provinces administratives (Bocas del Toro, Chiriquí, Coclé, Colón, Darién, Herrera, Los Santos, Veraguas, Panamá et Panamá oeste – la petite dernière), dirigées par des gouverneurs nommés par le président de la République.

Chaque province est divisée en districts administrés par un *municipio*, émanation des représentants élus des *corregimientos* (« arrondissements ») qui composent le district.

Une curiosité locale est l'existence, à côté de cette subdivision administrative classique, d'un territoire autonome (*comarca*) géré par les communautés amérindiennes gunas : Guna Yala (Terre Guna), dont la « capitale » est Porvenir. On trouve cinq autres *comarcas* (Emberá-Wounaan 1 et 2, Wargandí, Madugandi, Ngäbe-Buglé) ayant également une organisation politique propre, mais qui font partie d'une province administrative.

Institutions

La Constitution organise les pouvoirs de la façon suivante :

- **l'exécutif** est composé du président de la République, à la fois chef de l'Etat et chef du gouvernement, d'un vice-président et d'un cabinet ministériel.
- **Le Parlement** est composé d'une seule chambre, l'Assemblée législative, qui réunit 71 *legisladores* (« députés ») élus dans le cadre du district.
- **L'autorité judiciaire** est constituée de plusieurs niveaux de tribunaux, chapeautés par la Cour suprême. La justice est le point noir de la démocratie panaméenne en raison du manque d'indépendance des juges.
- **Le Panamá compte également de nombreuses institutions** ou établissements publics sur lesquels le gouvernement garde un droit de regard plus ou moins fort : l'Autorité du canal de Panamá (ACP), l'Unité administrative des biens rétrocédés (UABR), la sécurité sociale, deux universités publiques, la banque nationale (*Banco Nacional de Panamá*), la zone libre de Colón ou encore la loterie nationale...
- **Le Panamá est l'un des rares pays au monde à ne pas disposer d'armée.** Abolie en 1994, elle a été remplacée par la *fuerza pública*, sorte de police nationale qui reste impressionnante tout de même !

Playón Chico – Poste de police.

Skyline de Punta Paitilla, quartier cossu de l'ouest de Ciudad de Panamá.

Partis

Les élections présidentielles, législatives, municipales et d'arrondissement ont lieu en même temps, tous les 5 ans. Le vote, à partir de 18 ans, n'est pas obligatoire mais l'abstention est généralement faible (autour de 20 %). Le président est élu au suffrage universel direct à la majorité simple (pas de second tour) en même temps que son vice-président. La Constitution interdit au président en exercice de se représenter immédiatement à la fin de son mandat.

Il existe une dizaine de partis politiques. Les principaux partis sont le Parti panaméiste (ou Arnulfiste), conservateur, au pouvoir depuis juillet 2014, le Changement démocratique (CD, au pouvoir de 2009 à 2014, droite libérale) et le Parti révolutionnaire démocratique (PRD), un gros parti de centre gauche. Les autres gros partis, tous plus ou moins conservateurs, sont le Mouvement libéral nationaliste républicain (MOLINERA), l'Union patriotique (UP, coalition du Parti solidarité et du Parti libéral national) et le Parti populaire (PP, anciennement Parti démocratique chrétien).

Clientélisme et populisme sont les maîtres mots des campagnes électorales. Plusieurs mois avant les élections, dans tout le pays, les candidats organisent des fêtes de quartier ou de village pour charmer les foules. Les drapeaux ou tee-shirts partisans sont distribués allègrement, cela jusque dans les petites îles de San Blas ! Les candidats aiment jouer de la corde nationaliste et usent des grands classiques : construction de routes et hôpitaux, lutte contre la pauvreté, la corruption ou l'insécurité… Le Panaméen n'hésite pas à débattre et à afficher sa couleur politique, en accrochant un drapeau à sa fenêtre, ou en défilant dans un convoi officiel dont les haut-parleurs inondent la rue de discours enflammés et de salsa ou de típico !

Les élections présidentielles de mai 2014 ont vu la victoire du panaméiste Juan Carlos Varela. Les prochaines élections se tiendront donc en 2019.

Enjeux actuels

Comme son prédécesseur, Juan Carlos Varela doit faire face à d'importants mouvements de protestation, dans les secteurs de l'éducation, de la santé, des transports et de la construction, canal compris. L'école publique est vivement décriée, mais reste la seule option financièrement accessible pour une majorité d'élèves.

Varela doit faire face également à une explosion de la dette publique générée par les grands travaux de Ricardo Martinelli son prédécesseur. D'autant que sa cadence tranquille lui est régulièrement reprochée et que certains projets entrepris sous Martinelli stagnent. Il lui faudra terminer la deuxième ligne de métro, le troisième pont sur le canal et les différents chantiers lancés dans la capitale.

Enfin plusieurs communautés rurales et indigènes manifestent régulièrement contre des projets de barrages hydroélectriques et de mines sur leurs terres, et pour réclamer un meilleur accès à la santé et à l'éducation. Car la pauvreté et les inégalités sociales sont toujours criantes au Panamá, et malgré la bonne santé économique du pays, la protection reste insuffisante pour les personnes les plus démunies.

Un gros chantier est en train de se mettre en place dans le monde de la justice : le passage d'un système pénal *acusatorio* (le suspect est considéré coupable) à un système pénal *inquisitivo* (le suspect bénéficie de la présomption d'innocence). Jusqu'à présent, une simple preuve suffisait à mettre un individu en prison.

Varela devra aussi mettre les bouchées doubles pour rendre son pays plus propre. Car il sait que le tourisme peut en tirer des bénéfices, à l'instar de son voisin le Costa Rica. Même si, dans ce guide, nous préférons mettre en valeur les initiatives locales pour le traitement des déchets, il faut bien avouer que certaines plages du Panama sont sales, et les Panaméens n'ont souvent que faire de l'environnement.

ÉCONOMIE

La situation géographique du Panamá, au cœur des Amériques, entre deux océans, offre à ce petit pays de moins de 4 millions d'habitants une position toute particulière dans l'économie mondiale. Depuis toujours, l'isthme a constitué un passage obligatoire, pour la faune, la flore, les groupes humains, et aujourd'hui les navires et les avions du monde entier.
Sa vocation de terre de transit, dont les hommes ont pris conscience à partir de la découverte du Pacifique par Vasco Nuñez de Balboa en 1513, a pris une ampleur considérable avec la mise en service du canal il y a un siècle. Profitant de cette attraction exercée par la voie inter-océanique sur les marchandises et capitaux du monde entier, le pays a orienté son développement vers les activités maritimes, le commerce et les services qui représentent aujourd'hui 80 % du produit intérieur brut (PIB).
Un centre bancaire international de premier rang, de fortes incitations fiscales, une stabilité politique, le dollar comme monnaie courante depuis 1904, et une grande connectivité avec le reste du monde, ont permis d'attirer en masse les investisseurs étrangers. Plus d'une centaine de multinationales ont aujourd'hui leur siège régional dans les tours de verre de la capitale. L'Etat panaméen s'est par ailleurs lancé depuis quelques années dans une politique de grands travaux (agrandissement du canal, nouvelles routes et agrandissement de l'aéroport, plusieurs lignes de métro...) qui a porté ses fruits : un taux de croissance de 8 % en moyenne annuelle entre 2005 et 2015, une situation de quasi plein emploi (un taux de chômage assez faible de 5,6 % en 2016 contre 13 % en 2003), un taux de pauvreté passée de 38 % en 2008 à 25 % en 2013.
Plutôt épargnée par les dernières crises mondiales, l'économie du Panama est l'une des plus solides et dynamiques du continent.
Ces données encourageantes masquent toutefois une dualité géographique de l'économie, avec d'un côté Panama City et la zone du canal, qui concentrent l'essentiel de l'activité économique nationale, et de l'autre, les zones rurales, qui connaissent depuis longtemps de sérieuses difficultés, avec une filière agricole peu compétitive qui ne représente que 3 % du PIB. La bonne santé globale de l'économie panaméenne masque également une répartition très inégale des richesses. L'indice de Gini (inégalités de salaires) est parmi les plus élevés au monde (0,52) et plus de 10 % de la population vit encore dans des conditions d'extrême pauvreté, avec moins de 2 dollars par jour.

DÉCOUVERTE

Principales ressources

Une plate-forme du commerce maritime international

Le canal : la clef de voûte de l'économie. Avec une quarantaine de navires par jour, plus de 14 000 par an, le canal voyait circuler 5 % du commerce mondial et rapportait plus de 1 milliard de dollars par an à l'Etat avant les travaux d'agrandissement achevés en juin 2016. Dans les six premières années de propriété panaméenne qui ont suivi la rétrocession du 31 décembre 1999, le canal aurait rapporté l'équivalent des 85 ans de redevances versées par les Etats-Unis ! Le canal est donc aujourd'hui le véritable moteur économique du pays et aussi son meilleur ambassadeur. Les travaux d'agrandissement de la voie d'eau qui permettent à presque tous les navires d'emprunter ses écluses (la moitié des porte-conteneurs actuels ne passaient pas auparavant) devraient apporter à l'Etat plus de 3 milliards de dollars par an dès 2020, soit trois fois plus qu'aujourd'hui.

© GUALBERTOBECERRA – ISTOCKPHOTO

Ecluse de Miraflores.

Les ports. En offrant des concessions à de grands groupes asiatiques et américains, le pays s'est doté d'un système portuaire ultramoderne aux embouchures du canal. Côté Pacifique, on trouve le port de Balboa à Panamá. A Colón, côté Atlantique, on trouve trois grands ports à containers (Manzanillo, Cristobal, Colón Port Terminal).
De puissantes infrastructures (quais, grues...) associées à d'immenses entrepôts de stockage permettent de décharger des milliers de containers, de les entreposer puis de les réexpédier en lots plus petits vers des ports plus modestes des côtes sud et nord-américaines. Par ailleurs, Colón possède un port destiné aux bateaux de croisières (Colón 2000).

La Zone libre de Colón. Créée en 1948, dans la ville de Colón à proximité de l'embouchure du canal, c'est la plus grande zone franche de l'hémisphère Nord, la 2e au monde après Hong Kong. Véritable plate-forme de distribution, cet entrepôt de 400 ha accueille, sans droit de douane, les produits les plus divers (habillement, électronique, produits pharmaceutiques, parfums et cosmétiques), en provenance d'Asie, des Etats-Unis et d'Europe. Contenu et contenant arrivent séparément pour des gains de volume et de coûts. Les marchandises sont conditionnées, assemblées, emballées et groupées avant d'être renvoyées, généralement en plus petites quantités en fonction de la demande, et de nouveau sans taxe, vers les pays de la région. Plus de 2 000 entreprises du monde entier profitent ainsi d'une exemption totale de taxes à l'import et à l'export, ainsi que sur les bénéfices. Le volume total des transactions de la ZLC atteint 30 milliards de dollars par an.

Le pavillon de complaisance. Par le biais de son pavillon de libre immatriculation ou de « complaisance », le Panamá possède la première flotte de marine marchande du monde. N'importe quel navire, quel que soit son âge, son tonnage et la nationalité du propriétaire, peut demander une immatriculation panaméenne et bénéficier ainsi d'une législation sociale, fiscale et maritime particulièrement souple.
Créé en 1925 par les Etats-Unis, onze ans après la mise en service du canal, le registre panaméen est géré par l'Autorité maritime de Panamá, relayée par une soixantaine de consulats panaméens à travers le monde (à Marseille, par exemple). Procédure d'enregistrement rapide et peu coûteuse, exonérations fiscales et anonymat (chers aux armateurs peu scrupuleux) expliquent le succès du pavillon. Avec plus de 8 000 navires représentant environ 180 millions de tonnes brutes de marchandises, le registre rapporte à l'Etat 60 millions de dollars de droits d'immatriculation et à peu près autant en ressources indirectes (avocats, assurances, hypothèques navales...). En fait, les emplois créés dans le pays sont bien plus nombreux dans le secteur juridique qu'à bord des navires. Les Panaméens représentent moins de 1 % des 300 000 marins de toutes nationalités qui naviguent sous drapeau panaméen !
Suite aux trop nombreuses catastrophes maritimes impliquant des bateaux mal entretenus arborant des pavillons de complaisance, l'organisation maritime internationale tente de faire pression sur les Etats pour améliorer la sécurité. Le Panamá, dont le tiers de la flotte a plus de vingt ans, a adopté des mesures importantes de contrôle des navires mais de gros efforts restent à faire.

Un centre bancaire, financier et d'affaires de premier ordre

Le pays est doté d'une législation attractive pour la création de sociétés et offre une sécurité juridique rassurante pour les investisseurs étrangers qui bénéficient d'une égalité de traitement avec les nationaux. Le Panamá est souvent considéré comme un paradis fiscal en raison de l'application du principe de territorialité : seuls les bénéfices réalisés sur le sol panaméen sont imposés, et non ceux réalisés à l'étranger et transférés dans le pays.
Panamá est aussi une place bancaire et financière très importante. Son Centre bancaire international créé en 1970, au moment où les pétrodollars abondaient, compte une centaine de banques nationales et internationales. La 4e place bancaire mondiale s'est développée grâce à l'utilisation depuis 1904 d'une monnaie stable et rassurante, le dollar étasunien, ainsi qu'à des règles strictes de confidentialité. Des lois récentes limitant le montant des dépôts d'argent liquide et l'usage de prête-noms ont permis au CBI de sortir des listes noires et grises en matière de blanchiment d'argent. Le blanchiment s'est vraisemblablement déplacé vers le secteur de l'immobilier qui vit aujourd'hui un important mouvement spéculatif...

Les secteurs primaire et secondaire

Les secteurs primaire et secondaire sont faibles, même s'ils représentent un tiers des emplois. Le marché intérieur modeste et des salaires élevés pour la région, expliquent la faible compétitivité de l'agriculture panaméenne. Le secteur des mines est par contre en plein essor.

L'agriculture. Les paysans représentent 15 % de la population active du pays. Le climat subéquatorial et la variété du relief sont particulièrement propices à la culture d'une grande variété de produits tropicaux destinés en majorité à l'export : cacao, café, tabac, banane, canne à sucre, ananas, melon, pastèque... Les productions de manioc, riz et maïs sont surtout destinées au marché local.

La pêche. Malgré des eaux territoriales riches, la pêche reste une activité essentiellement artisanale qui emploie environ 20 000 personnes. Le secteur est confronté depuis quelques années à une surexploitation des zones de pêches. Celles-ci se raréfient avec l'installation de grands complexes touristiques à proximité des villages de pêcheurs et les indispensables contraintes environnementales qui restreignent l'activité dans certaines zones. Enfin, la hausse du prix du carburant affecte bien évidemment la rentabilité de chaque sortie en mer.

L'élevage. L'élevage de volailles, bovins et porcins, suffit à peine au marché local, grand consommateur de viandes. L'élevage bovin, qui s'est longtemps concentré dans les régions des provinces centrales et de Chiriquí, s'étend en quête de nouveaux pâturages dans le Darién, au détriment malheureusement des zones forestières.

La sylviculture. On déboise pour offrir des pâturages aux vaches ou planter du maïs, mais aussi pour revendre du bois précieux coupé dans les dernières forêts primaires. Pour empêcher ces dérives, des incitations fiscales poussent à replanter à des fins commerciales des essences comme le teck et le pin, essences non traditionnelles, très rentables financièrement mais au bilan plutôt négatif pour la conservation de la biodiversité.

Le secteur industriel concerne essentiellement l'agroalimentaire (raffineries sucrières, huileries, conserveries de poisson, brasseries), le textile et le raffinage de produits pétroliers. L'industrie minière (or, argent, manganèse et cuivre surtout) reprend du service avec la hausse des cours mondiaux de ces métaux, tandis que les cimenteries tournent à plein régime pour alimenter la frénésie immobilière du pays.

Pour l'énergie, le Panamá, qui ne produit ni gaz ni pétrole, a recours aux barrages hydroélectriques (70 % de l'énergie produite), le reste est essentiellement d'origine thermique. L'éolien se développe à grande vitesse avec la construction d'une dizaine de parcs dans le pays. *Eólico Penonomé*, dans la province de Coclé, est le plus grand d'Amérique centrale. Doté de 88 turbines pour une capacité de 220 mégawatts, il est censé satisfaire 6 à 7 % de la demande interne d'énergie et réduirait l'émission de 450 000 tonnes de CO_2 par an. L'énergie solaire et la géothermie de leur côté, sont pour l'instant encore peu développées.

Place du tourisme

Le Panama connaît enfin le succès touristique qu'il mérite et pourrait bien talonner, dans le cœur des voyageurs, son voisin le Costa Rica. Pendant longtemps, le Panamá n'a pas été considéré comme une destination touristique. Avec l'actualité de l'année 2016, l'Europe découvre enfin ce petit pays tropical dont on garde souvent des images sulfureuses : scandale du canal qui éclaboussa la France à la fin du XIXe siècle, dictature de Noriega, blanchiment d'argent, Panama Papers…

Le pays s'est longtemps cantonné au tourisme d'affaires, avec pour principal attrait la zone libre de Colón et le centre bancaire international. Les hôtels de la capitale fonctionnent encore beaucoup avec ces businessmen qui viennent passer des contrats ou assister à des congrès. Les projets touristiques d'envergure n'ont vraiment commencé qu'à la fin des années 1990, avec le réaménagement des terrains de la Zone du Canal rétrocédés par les Américains. Des groupes hôteliers, colombiens et espagnols surtout, ont ainsi converti les anciennes bases militaires en grands complexes touristiques.

Café de Boquete.

DÉCOUVERTE

Le tourisme médical

De plus en plus de tour-opérateurs se spécialisent dans l'accueil des touristes américains venant se faire soigner les dents ou opérer d'une hernie, tout en combinant un séjour sous le soleil panaméen. Cela coûte en effet beaucoup moins cher d'associer la pose d'une prothèse dentaire à une semaine de vacances dans les tropiques, que de se faire soigner chez un dentiste aux Etats-Unis ! Par ailleurs, de nombreux médecins panaméens ont fait leurs études aux Etats-Unis, ce qui rassure ces patients-voyageurs...

« Panamá, mucho más que un Canal », « Panamá, una ruta por descubrir », « Panamá se queda en ti » ... « Le Panamá, bien plus qu'un canal », « Une voie à découvrir », « Panamá reste en toi »... Quelques slogans touristiques qui ont marqué ces dernières années. Pour séduire une clientèle variée, on a mis en lumière toutes les richesses du pays : plages de rêve, biodiversité, cultures amérindiennes, canal, mais aussi casinos et centres commerciaux. Le secteur a vraiment progressé avec l'arrivée, en 2004, de la légende de la salsa, Rubén Blades, à la tête du ministère. Porté par cette icône charismatique, mais aussi par des incitations fiscales, le secteur a explosé en quelques années.

Le pays attire par exemple de plus en plus de bateaux de croisière, grâce au prestigieux passage du canal. Le pays soigne particulièrement cette clientèle fortunée qui descend dans les ports ou sur les îles pour faire ses emplettes et quelques excursions. Parmi ces passagers certains ne sont pas insensibles au charme de l'isthme et décident de rester !

Phénomène plus récent, l'arrivée en masse des *baby-boomers*. Des milliers de jeunes retraités, pour la plupart nord-américains, s'installent à la montagne et sur le littoral de la côte Pacifique. Altos de María, Valle Escondido, Cielo Paraíso, Montañas de Caldera, Rancho Los Sueños, Las Nubes... On voit fleurir dans des endroits de rêve de grands complexes avec piscine, golf, églises, médecins, le tout dans une enceinte sécurisée et une vue imprenable sur la vallée ou l'océan...

Dans les classements nord-américains des destinations les plus attractives au monde pour vivre une retraite heureuse, on trouve toujours le Panamá dans les cinq premiers, avec des villages stars comme El Valle ou Boquete.

L'attrait est certain : paysages magnifiques, climat agréable et à l'abri des catastrophes naturelles, stabilité politique, sécurité, coût de la vie faible comparé aux pays d'origine, avantages fiscaux et stabilité pour obtenir un visa, dessertes aériennes, centres commerciaux, casinos... Miami a désormais du souci à se faire !

« En Panamá unimos al mundo », « Panama The Way ». Les dernières campagnes touristiques ont mis l'accent sur la position géographique du pays. Pour son canal bien sûr mais aussi pour son accès aérien depuis 80 villes du monde. L'aéroport de Tocumen serait d'après l'Autorité panaméenne du tourisme le 6e hub aérien au monde ! L'ATP a recensé 2,6 millions de visiteurs en 2015 (+10,8 % par rapport à 2014) qui ont rapporté au pays près de 6 milliards de dollars. Le tourisme génère désormais plus de devises que le canal ou que la Zone libre de Colón, et offre près de 135 000 emplois. Le parc hôtelier connaît un vrai boom avec la construction dernièrement d'une trentaine de nouveaux hôtels de grandes chaînes internationales (les 3/4 dans la capitale) et de plus en plus de lodges respectueux de l'environnement se créent.

Le développement des infrastructures d'accueil a permis la création de milliers d'emplois dans la construction et les services aux personnes, et cela ne fait que commencer. On peut toutefois regretter certaines conséquences déjà bien visibles de ce boom touristique, avec par exemple la construction de grandes tours sur les plages du Pacifique dans les environs de la capitale. Il faut donc espérer que le Panamá saura garder la tête froide et maîtriser les travers du tourisme de masse, pour conserver toute sa beauté et son authenticité.

Cependant, au grand dam des structures du secteur, la fréquentation du pays a baissé en 2016. Le faible taux d'occupation des chambres dans la capitale pourrait entraîner la fermeture de certains grands hôtels de la capitale, qui avaient poussé comme des champignons. La fréquentation des croisières a aussi considérablement chuté. Le principal facteur serait, selon les hôteliers, un manque de communication au niveau international depuis trois ans, mais également la baisse de fréquentation des touristes américains à cause du virus Zika et bien sûr la hausse du dollar pour les voyageurs du monde entier. Comme au Costa Rica, cela devient plus cher de voyager au Panama, et les touristes se tournent vers la Colombie ou le Nicaragua.

Enjeux actuels

Le Panamá donne l'image d'un pays sachant exploiter sa position géographique pour profiter de la mondialisation des échanges. Le pays a poursuivi son ouverture au commerce mondial en signant de nouveaux accords de libre-

© JULIE OLAGNOL

Ecluses de Gatun, passage d'un bateau de croisière.

échange (ALE). Ses indices sont plus proches de ceux des pays industrialisés que des pays dits en développement. Le Singapour ou Dubai latino, comme certains le surnomment, présentait ces dernières années l'un des taux de croissance les plus élevés du continent selon la CEPAL et s'est bien sorti de la crise économique mondiale.

Le ralentissement a eu un effet bénéfique : interrompre une tendance au surinvestissement public dans de grands projets d'infrastructures, entraînant une surchauffe de l'économie. Le PIB a vu son taux de croissance diminuer depuis 2013 (6 % en 2015) mais les prévisions de croissance sont positives pour les prochaines années (6,3 % prévus pour 2016). Le grand chantier de modernisation du canal, qui s'est achevé en 2016, devrait dynamiser encore davantage l'économie nationale, qui voit déjà affluer les investisseurs du monde entier dans tous les secteurs : travaux publics, ports, tourisme… Le nouveau « plan quinquennal » d'investissements publics 2015-2019 vise à alléger la dépendance de l'économie vis-à-vis du Canal, avec l'essor de nouvelles filières : le tourisme et le secteur minier notamment. La dette publique est en lien avec la dynamique de croissance. Les déficits extérieurs devraient diminuer au fur et à mesure que les grands travaux publics se terminent. Le principal enjeu serait une meilleure répartition de ces richesses : le Panamá est l'un des pays les plus inégalitaires au monde - 20 % de la population la plus riche concentre 60 % des revenus et les 20 % les plus pauvres 3 %. Selon l'ONU, 80 familles détiennent plus de 40 % des richesses du pays, et 25 % des Panaméens vivent toujours sous le seuil de pauvreté, 10 % avec moins de 2 dollars par jour ! L'inégalité et la pauvreté apparaissent davantage dans les campagnes et touchent plus particulièrement les communautés amérindiennes, souvent isolées et avec des difficultés d'accès à l'éducation, à la santé et au crédit. Enfin concernant l'emploi, si le taux de chômage officiel tourne autour de 5,6 %, ce « plein emploi » masque une grande proportion de sous-emploi et de travail informel. Les politiques en sont bien conscients dans les discours. Sauront-ils faire le nécessaire pour transformer le Panamá en véritable « eden » comme on peut le voir dans les publicités des revues touristiques ?

La transparence financière reste aussi un défi de poids pour le Panama qui dépend fortement des investissements étrangers. Connu pour être un paradis fiscal, le pays a mis en place des réformes anti-corruption plus efficaces depuis l'arrivée au pouvoir du nouveau président, et d'anciens dirigeants politiques ont été arrêtés sous son mandat. Avec les *Panama Papers,* ces mesures ont malgré tout montré leurs limites. Après le scandale, Varela a annoncé que « le Panama appliquerait la Norme OCDE d'échange automatique de renseignements relatifs aux comptes financiers ».

POPULATION ET LANGUES

Le pays compte 4 millions d'habitants, dont la moitié vit dans la province de Panamá. Le Chiriquí, en 2e position, compte à peine 410 000 personnes. La répartition est très inégale. La province de Panamá a, par exemple, une densité 34 fois plus importante que celle de Darién ! Des contraintes d'accès, de climat et d'infrastructures font qu'une très grande partie du pays se trouve naturellement isolée.

Et pourtant, l'une des premières impressions marquantes dans ce pays c'est la densité de sa population ! Cette foule métissée qui déferle dans les rues de la capitale… Quelle est l'histoire de la communauté noire panaméenne ? A qui s'adresse le slogan « 100 % panameño » visible sur de nombreux tee-shirts ? Qui sont réellement ces petites femmes que leurs bras et chevilles encerclés de petites perles colorées, leurs cheveux courts et leur anneau d'or dans le nez métamorphosent en personnages mythiques ? Qui sont ces hommes habillés comme dans notre imaginaire amazonien et que l'on peut rencontrer aux abords du fleuve Chagres ? Qui sont ces familles entières qui travaillent dans les plantations de café des vallées du Chiriquí ? Ou, encore, qui sont les héritiers des traditions folkloriques paysannes de l'intérieur du pays ?

Les résultats et prévisions du recensement national n'avançant aucun chiffre précis, il est difficile de définir clairement la composition de la population panaméenne. Les descendants des populations autochtones présentes dans l'isthme à l'arrivée des Espagnols au début du XVIe siècle forment aujourd'hui sept groupes amérindiens distincts ; ils représentent près d'une personne sur douze. Ce sont ensuite les vagues migratoires successives, forcées ou volontaires, qui constituent la population actuelle du Panamá, une mosaïque de peuples qui s'enrichit chaque jour davantage. Ainsi, Colón regorge d'entrepreneurs juifs et arabes, plusieurs projets touristiques récents sont l'initiative d'Européens, et les nouveaux migrants, en majorité colombiens et vénézuéliens, sont de plus en plus nombreux… sans oublier la génération des baby-boomers nord-américains.

De nombreuses vagues migratoires

La première vague migratoire significative fut celle des conquistadores espagnols, accompagnés de leurs esclaves africains. Aux XVIe et XVIIe siècles, les besoins en hommes étaient nombreux pour accompagner le transit des échanges sur les routes du camino real.

C'est à la moitié du XIXe siècle, suite à l'abolition de l'esclavage, qu'une nouvelle migration reprend vers le Panamá. L'émancipation des esclaves ayant durement touché les plantations sucrières des îles des Caraïbes, la situation économique se détériore et pousse la population à trouver de nouveaux débouchés. Aussi bien colons que Noirs affranchis se trouvent ainsi attirés par la côte de Bocas, les uns pour y créer de nouvelles plantations (toujours en compagnie de leurs esclaves !), les autres pour y pêcher la tortue, etc.

Que sont les comarcas ?

Pour le gouvernement panaméen, ce terme désigne une réserve autonome indigène aux délimitations géographiques définies et dont les habitants sont, en principe, consultés sur tout changement relatif aux frontières ou à la gestion de ce territoire. Cette autonomie est exercée dans les faits sur la base de l'organisation interne propre à chacune des communautés. Cette superposition d'acteurs n'est pas sans poser problème : quel est le poids réel de ces autorités traditionnelles face aux autorités panaméennes ?

La première *comarca* a été établie par et pour les Guna en 1938 et reçut soixante ans plus tard l'appellation de Guna Yala. Sa création engendra un processus de revendications de la part des autres groupes amérindiens, qui s'organisèrent également pour que leur soit concédé un territoire.

Actuellement, il existe cinq autres *comarcas* au Panamá : Emberá-Wounaan (1983), Madugandi (1996), Ngäbe-Buglé (1997) et Wargandi (2000). Seuls les Naso Teribe et les Bri-bri n'ont pas de territoire délimité officiellement, et ils en espèrent la création. Un espoir encouragé par l'adoption, en 2007, de la déclaration des Nations unies sur les droits des peuples autochtones ; le premier instrument universel à affirmer que ces peuples ont le droit d'être autonomes et de s'administrer eux-mêmes pour tout ce qui touche à leurs affaires intérieures et locales, ainsi que de disposer des moyens de financer leurs activités autonomes.

Les provinces du Panama

En 1850, la Ruée vers l'or, qui mobilisa quantité d'Américains et d'Européens, entraîna la construction du chemin de fer panaméen. La majorité des ouvriers était originaire de Jamaïque et de Grenade, mais Allemands, Français, Irlandais ou Autrichiens vinrent également y participer, aux côtés de près de 3 000 Chinois. Ce chantier, physiquement et moralement éprouvant pour tous, se chiffra en de nombreuses pertes humaines. La communauté chinoise ne fut pas épargnée. Attachés à leurs traditions, les Chinois étaient venus avec des quantités de riz, de thé et d'opium que les Américains, à la signature des contrats de travail, avaient accepté de renouveler quotidiennement. Ainsi, les bières et autres alcools consommés en fin de semaine par les ouvriers étaient remplacés chez les Chinois par des volutes de fumée d'opium. Cette pratique finit par déranger et fut finalement remise en cause. Brutalement, les Américains cessèrent tout approvisionnement, en prétextant qu'il était temps d'appliquer les lois fédérales relatives aux drogues. L'effet fut immédiat mais on ne s'en rendit compte que trop tard. L'ensemble de la communauté chinoise fut progressivement gagné par la mélancolie, conduisant à une véritable tragédie humaine sous la forme de dépressions massives et de suicides collectifs. L'un des plus meurtriers fut celui de la localité de Matachín, en 1856 (la coïncidence veut que Matachín soit le mot-valise de *mata Chinos* ; en français, « tuer les Chinois »).

Cette page tragique de l'histoire n'encouragea pas les Français à embaucher des Asiatiques pour la construction du Canal. Ils préférèrent s'appuyer sur une force de travail recrutée au Venezuela, aux Antilles (Sainte-Lucie, Cuba, Martinique, Barbade) et en Jamaïque.

Quant aux Américains, à la reprise des travaux, ils privilégièrent les hommes de la Barbade, pour éviter de payer la taxe sur le recrutement imposé par le gouvernement jamaïcain. Suite à la faillite du canal français, cette solution fut trouvée pour permettre, en cas de nouvel échec, le financement du rapatriement des habitants de l'île. Mais, en réalité, la majorité des travailleurs recrutés à la Barbade était originaire de Jamaïque ou des autres îles antillaises : Martinique, Guadeloupe ou Trinidad. Parallèlement, on y dénombrait près de 12 000 Européens, principalement originaires d'Espagne, Italie, Grèce, France ou Arménie.

Dès la fin du chantier du canal, de nombreux Noirs furent embauchés à Bocas del Toro, sur les plantations de bananes de l'United

Quelle élégance chez les femmes gunas !

Un trait noir qui partage le visage en deux, un anneau d'or dans le nez, les cheveux courts, deux molas cousus sur la blouse, une jupe portefeuille aux motifs colorés, des bracelets de perles aux poignets et aux chevilles : la tenue traditionnelle de la femme Guna est d'une extrême élégance. D'après certains témoignages, nombreuses sont les jeunes filles qui aimeraient échapper à ce carcan vestimentaire pour s'habiller selon la mode occidentale. Toutefois, la tradition perdure au travers de certains rites initiatiques, notamment les différentes fêtes marquant les étapes clefs de la vie d'une jeune fille : la fête de l'*Ico-Inna* (fête de l'aiguille), célébrée en famille et où l'on perfore la paroi nasale de l'adolescente pour y placer l'anneau d'or, la fête de l' *Inna-Suit*, au cours de laquelle est chanté le chant des ciseaux, *dislaiga*, quand on coupe les cheveux de la jeune fille et qu'un nouveau nom lui est attribué. Enfin, lors de la fête de la puberté, *Inna-Muustiki*, qui célèbre l'apparition des premières règles. Quant à la cérémonie nuptiale, elle obéit également à un rituel qui s'étend sur plusieurs jours et qui est destiné à démontrer les capacités physiques du futur marié.

Fruit Corporation. Certains restèrent dans la zone du Canal en tant qu'employés pour les Américains et d'autres s'installèrent définitivement à Colón. La reconversion ne fut pas aisée pour tous.
Aujourd'hui, la population noire se concentre surtout le long de la côte Caraïbes, mais aussi dans la capitale. Quant à la communauté asiatique, elle augmenta particulièrement entre les années 1970 et 1980. Elle est aujourd'hui spécialisée dans de nombreux petits commerces (restauration, laveries, épiceries mais aussi casino et hôtels…) Ne soyez pas surpris si vous entendez un Panaméen appeler le serveur asiatique du restaurant « *hey Chino !* ». L'utilisation de *chino* ou *china*, pour s'adresser à tout membre de la communauté asiatique, a été vulgarisée.

© JULIE OLAGNOL

Embera Quera – Communauté embera du río Gatún.

Les communautés amérindiennes

Malgré la désastreuse et dramatique diminution des populations amérindiennes consécutive à la conquête espagnole, malgré de nombreux déplacements forcés et une discrimination sporadique, pas moins de sept groupes amérindiens sont encore présents sur le territoire : les Guaymí (Ngäbe-Buglé), les Guna, les Chocoe (Emberá et Wounaan), les Teribe (ou Naso) et les Bri-bri.

Tous peuvent s'enorgueillir d'une langue propre, de traditions authentiques et d'une résistance exemplaire. Autant de richesses pour lesquelles il a fallu se battre contre les autorités panaméennes ; une lutte qui reste d'actualité pour conserver une place juste et équitable, tant au niveau du territoire que de l'identité nationale.

Les chiffres fournis ne permettent malheureusement pas d'indiquer avec exactitude le nombre d'indigènes vivant dans le pays, d'autant qu'ils ne prennent en compte que ceux vivant au sein des *comarcas*. La plus importante semble être celle des Ngäbe-Buglé, avec environ 160 000 personnes. Viennent ensuite les *comarcas* des Guna et, bien plus loin, la comarca des Emberá-Wounaan.

Les Guaymí. C'est le nom commun utilisé pour englober les communautés Ngäbe et Buglé (ou Bokotá). Ces deux ethnies étant fortement liées, on a souvent tendance à les regrouper en une seule. Toutefois, si leurs membres partagent les mêmes rites, se vêtissent de la même façon et sont soumis au même cacique, des différences persistent quant à leurs langues, croyances et références spirituelles.

Les Ngäbe. C'est le groupe ethnique le plus nombreux (environ 260 000 individus), au taux de natalité le plus élevé (supérieur à 4 %). Ils sont répartis sur trois des neuf provinces du pays, au cœur des zones montagneuses : la cordillère centrale de Chiriquí (districts de Tolé, Remedios, San Felix et San Lorenzo), Bocas del Toro (districts de Chiriquí Grande et Bocas del Toro) et Veraguas (districts de Santa Fé, Cañazas et Las Palmas).

Les Guaymí ont longtemps souffert de déplacements forcés. L'arrivée des conquistadores a bouleversé leur vie communautaire, leurs croyances et leurs rapports avec la terre. Le développement économique des provinces de Chiriquí et de Veraguas ou encore la construction de la route panaméricaine les ont conduits à se retrancher dans des zones moins accessibles. Finalement, ce sont les multiples projets de concessions minières qui représentent aujourd'hui la principale menace... et ce, au cœur même du territoire qui leur a été concédé en 1997, la *comarca* Ngäbe-Buglé.

Au-delà de la question foncière, c'est celle de leur pauvreté extrême qui est la plus préoccupante. Initialement fondées sur les échanges et le travail coopératif, ces communautés n'ont souvent pour vivre que les fruits modestes d'une agriculture de subsistance, parfois agrémentée de quelques bêtes d'élevage ou de la pêche. Même si beaucoup vont travailler dans les plantations (cacao, café, canne à sucre, bananes), cela ne suffit pas pour assurer un revenu décent à des familles souvent très nombreuses. Il n'est pas rare de rencontrer des foyers ayant plus de six enfants, alors que la mortalité infantile y est cinq fois plus importante que dans le reste du pays.

Les problèmes d'accès aux soins sont souvent liés à leur isolement géographique, ainsi qu'au faible taux d'alphabétisme (45 % chez les Ngäbe Buglé). Le tableau dressé est celui d'une communauté souvent introvertie, qui ne souhaite pas se mélanger au reste de la population par crainte de subir de nouveaux actes de barbarie. Au sein même du foyer, les femmes doivent souvent affronter, dans le silence, problèmes d'alcoolisme et de violence conjugale. Contrairement aux Buglé, les Ngäbe peuvent être polygames.

Les Buglé (ou Bokotá). Ils se concentrent dans les provinces de Veraguas et Bocas del Toro et seraient environ 25 000. Comme chez les Ngäbe, les femmes s'habillent de longues robes (*nangún*), décorées au moyen d'appliques et de motifs traditionnels, dont les rouge, bleu ou vert vif ne passent pas inaperçus. Les hommes, eux, ne portent aucun habit traditionnel, auquel ils préfèrent jean et tee-shirt. Certaines cérémonies rituelles (*balsería*), qui réunissaient autrefois la communauté entière, semblent être en train de disparaître. Egalement pratiquées par les Ngöbe, elles ont lieu à huis clos, à l'abri des regards étrangers. Néanmoins, quelques fêtes continuent à ponctuer leur vie, par exemple à la fin des semences ou des récoltes, à l'occasion de la puberté des jeunes filles... Leur organisation dépend des revenus des familles, qui souvent ne peuvent affronter de telles dépenses.

Les Guna. Le recensement de 2010 indique une population de plus de 80 000 individus. La majorité du peuple Tule ou Guna se regroupe actuellement au nord-est du pays, au sein de trois *comarcas* distinctes : Guna Yala, Madungandi et Wargandi. La première est la plus connue : Guna Yala reçoit chaque année la visite de nombreux touristes attirés par ses îles paradisiaques. La seconde se trouve dans le bassin du fleuve Bayano, dans la province de Panamá, et héberge douze communautés. La dernière et certainement la moins connue, en raison de son isolement, se nomme Wargandi. Dans la province de Darién, à proximité de la frontière colombienne, trois communautés vivent de la manière la plus ancestrale, à l'abri des regards et des influences occidentales mais soumises aux possibles incursions de la guérilla colombienne. De nombreux Guna ont choisi de vivre dans la capitale ou le reste du pays, de la restauration, de la vente de molas, ou en travaillant dans les plantations bananières...

Leur combat pour l'obtention d'un droit de consultation, et contre l'idée que les peuples autochtones sont un obstacle au développement économique et au progrès de toute nation, ne date pas d'aujourd'hui. Mais il a fortement contribué à améliorer la représentation de l'ensemble des communautés amérindiennes auprès du gouvernement panaméen. En 1945, la rédaction de la charte organique de San Blas officialise la représentation du peuple Tule auprès des autorités panaméennes en institutionnalisant le rôle du congrès général Guna. En 1953, avec l'approbation de la loi 16, les droits collectifs des Guna sur leur territoire sont reconnus légalement.

Les Chocoe. Les Chocoe rassemblent les Emberá (environ 32 000) et Wounaan (7 000), qu'il est très difficile de distinguer pour les non-initiés. Ils forment en réalité deux groupes linguistiques différents mais dont l'histoire et la culture sont similaires. La *comarca* qui les héberge depuis 1983 se divise en deux zones géographiques distinctes situées dans la province de Darién. Ces peuples autrefois nomades, vivant le long des fleuves, se sont sédentarisés récemment pour l'éducation des enfants.

Si la cohabitation entre Wounaan et Emberá n'a jamais posé de problèmes, en revanche, les relations avec les Guna sont historiquement plus tendues. Ces derniers auraient même chassé les Wounaan de leurs terres au XVIIIe siècle, à la suite de conflits d'intérêts. Il n'est donc pas envisageable que des mariages soient célébrés entre ces deux groupes, alors qu'ils sont fréquents entre Wounaan et Emberá.

Concernant l'organisation interne des Chocoe, c'était le *noko*, généralement l'homme le plus âgé du village, accompagné du *jaibaná* ou *chamán*, qui formait autrefois l'autorité supérieure de la communauté. Aujourd'hui, des principes plus démocratiques (comités, représentants) ont été introduits et tous sont consultés sur les questions d'intérêt général. Un cacique est également chargé de représenter les Chocoe au niveau national.

Bien que les Chocoe vivent principalement dans la forêt, leurs habitudes vestimentaires ont évolué. Peu à peu, le pagne a été remplacé par le short en coton et le torse autrefois nu des hommes est à présent souvent couvert d'un tee-shirt. Cependant, dans certaines communautés isolées ou accueillant des touristes, les hommes continuent à porter un simple morceau d'étoffe. Quant aux femmes, elles sont torse nu et portent à la taille une bande de tissu nouée comme un paréo, la *paruma*, aux dessins variés et aux couleurs très vives. Ces motifs sont conçus par un fabricant taïwanais qui approvisionne exclusivement les femmes emberás et wounaans ! Lors des cérémonies, leurs lourds colliers de pièces d'argent martelé tintent dès qu'elles se mettent à danser.

Les Téribe ou Naso. Ce groupe, d'environ 4 000 personnes, vit isolé sur les rives des ríos Teribe et San San dans la province de Bocas del Toro. Sa particularité tient à la nature de son gouvernement, les Teribe étant représentés par un roi ! Choisi autrefois en fonction de ses aptitudes guerrières, le roi doit aujourd'hui être issu de la lignée des Santana. Cette famille a déjà enfanté treize monarques. Reynaldo Alexis Santana, au pouvoir depuis 2011, a la charge de représenter son peuple, notamment dans les rapports avec les autorités panaméennes. Cela fait déjà près de trente ans que les Teribe réclament que leur soit assigné un territoire officiel !

Les Bri-bri. Présente le long de la frontière, sur les rives des ríos Yorkin et Sixaola, l'essentiel de leur communauté se trouve au Costa Rica où ils seraient environ 10 000. Du côté panaméen, on en recense à peine un millier. Ce petit nombre est peut-être la raison pour laquelle on les connaît si peu et pourquoi on les assimile souvent au groupe des Guaymí. Aucun territoire propre ne leur est assigné par le gouvernement panaméen.

Sept communautés, une même menace. Malgré leurs revendications, les sept groupes amérindiens sont très peu consultés par le gouvernement sur l'avenir de leurs sous-sols et voient leurs terres fréquemment menacées par les concessions minières accordées aux multinationales étrangères. Les retombées de ces exploitations ne contribuent en rien au développement de ces communautés et sont le plus souvent source d'importantes pollutions des sols et rivières.

MODE DE VIE

VIE SOCIALE

Identité

L'identité du peuple panaméen s'est forgée dans les métissages et les apports successifs des vagues migratoires. Il s'agit d'un peuple à plus de 70 % métis, où dans une même famille on peut avoir un enfant blanc, un noir aux yeux clairs, un autre aux traits indiens ou chinois... Pour cela et malgré un certain conservatisme de la société et une culture machiste, le Panaméen est d'un naturel tolérant et accueillant. C'est un peuple hétéroclite aux nombreuses disparités de conditions et de revenus, qui reste fier et fidèle à ses traditions. En témoignent les nombreuses manifestations folkloriques, où costumes traditionnels et danses sont à l'honneur. La *pollera* est considérée comme le vêtement national, son équivalent masculin étant le *montuno*. Le peuple panaméen est très attaché à ces symboles patriotiques, dont font également partie le drapeau, l'écusson et l'hymne national, mais aussi l'aigle harpie et la fleur de « l'Esprit saint » (orchidée). Les Panaméens partagent une grande jovialité et insouciance. On prend la vie au jour le jour, sans trop se préoccuper de l'avenir. Quand on dit *ahora* (qui signifie littéralement « maintenant » en espagnol) ici cela veut dire « dans un moment », un moment qui peut s'éterniser plusieurs semaines... Les notions de temps sont très différentes de celles que l'on peut avoir en Europe. Quand on vous fixe un rendez-vous plusieurs jours à l'avance, il est vivement conseillé de demander confirmation le jour même. Même dans la capitale, le stress ne se ressent pas, à part peut-être dans le métro et les bouchons, où l'on peut voir un brin d'agressivité au volant, mais en dehors les gens sont très tranquilles. Le Panaméens sont régulièrement classés parmi les gens les plus heureux au monde. Un bonheur fait de simplicité et d'insouciance. On aime les plaisirs simples à partager en famille : un virée à la plage pour un pique-nique, assister à un match de baseball, ou participer aux fêtes folkloriques.

Éducation

L'enseignement est dispensé en espagnol, mais parfois aussi dans une des langues amérindiennes depuis la mise en place de programmes d'alphabétisation bilingue dans les communautés. L'espagnol est la langue maternelle de la grande majorité des Panaméens et la langue officielle de la République. Viennent ensuite les langues et patois (wounaan, guna, guari-guari...) propres aux différentes populations autochtones, dont certains de leurs membres, très souvent les anciens ou les femmes, ne parlent ni ne comprennent l'espagnol. Le problème actuel n'est pas la diffusion de l'espagnol mais la sauvegarde et la transmission des langues autochtones. Une réalité difficile à intégrer quand on sait que ces communautés sont le plus souvent isolées et que les enseignants sont rarement des autochtones. Quant aux livres scolaires, ils sont rédigés en espagnol. L'école est obligatoire jusqu'à 12 ans, l'âge moyen d'obtention

Narganá – Pause déjeuner à la maison.

Transport scolaire à Bastimentos.

du premier certificat délivré par l'Education nationale. Si, depuis les années 1970, les écoles primaires sont implantées jusque dans les régions les plus isolées, ce n'est malheureusement pas le cas des collèges et lycées qui se concentrent autour des zones urbaines. Les décrochages scolaires sont donc habituels. Les élèves sont parfois obligés de parcourir plusieurs kilomètres à pied pour assister aux cours, sous réserve que la situation financière de la famille le leur permette. Les trajets quotidiens entre l'école et le domicile familial représentent une dépense souvent sous-estimée. A partir du collège, l'enseignement est payant : frais d'inscription, matériel scolaire et uniforme. Les trois années qui constituent le premier cycle sont validées par un nouveau certificat. L'obtention de l'équivalent de notre baccalauréat nécessite deux années d'études supplémentaires, en général de 16 à 18 ans. Fondée en 1935, l'Université nationale du Panamá compte près de 70 000 étudiants. Les facultés sont implantées dans l'agglomération la plus importante de chacune des provinces du pays. Le découpage des formations est semestriel : une première session de mi-février à fin juillet, une autre de début août à mi-décembre. Une cérémonie de remise des diplômes à l'américaine ponctue chaque semestre. Il est fréquent que les élèves n'étudient que six mois dans l'année et travaillent le reste du temps pour financer leur cursus. Les cours du soir sont populaires pour cette même raison. Enfin, une université d'été fonctionne tous les ans de la mi-janvier à la mi-mars. Il est courant que les familles les plus aisées envoient leurs enfants étudier dans l'une des 15 universités privées panaméennes, ou aux Etats-Unis.

Protection sociale

Les dépenses publiques tournent autour de 24 % du PIB (en 2011) : 5,6 % pour l'éducation, 8,8 % pour les dépenses de santé, 3,8 % pour le travail et la sécurité sociale et 3 % pour le logement. Ces dépenses sociales sont faibles comparées à l'Europe mais meilleures que dans la plupart des Etats latino-américains. Avec l'une des économies les plus dynamiques du continent, le Panama vit dans une situation de quasi plein emploi (5,6 % de chômage en 2016), mais une bonne partie des emplois restent dans le secteur informel, sans aucune protection sociale.

Concernant la santé, la qualité des soins est très variable. Les grandes villes sont bien équipées avec des cliniques et hôpitaux modernes, mais les centres de soins ruraux sont souvent dépourvus d'équipements corrects et de médicaments. La situation devrait s'améliorer avec la construction en cours de cinq grands hôpitaux à travers le pays. Les campagnes de prévention pour un mode de vie plus sain sont fréquentes et nécessaires. Le niveau croissant de surpoids (60 % de la population) et d'obésité (25 % de la population) devient préoccupant. Les maladies cardiaques provoquent 17,1 des décès et le diabète 5,7 %.

Au niveau des retraites, l'âge minimum est fixé à 55 ans pour les femmes et 60 ans pour les hommes. Les Panaméens sont plutôt bien lotis par rapport aux autres retraités latino-américains avec une multitude d'avantages financiers (dont peuvent aussi bénéficier les étrangers qui viennent prendre leur retraite au Panama !), par exemple : -20 % sur les consultations médicales et les médicaments ; -25 % sur les factures d'électricité, d'eau, de téléphone ; -25 % dans les transports en avion, -30 % dans les bus ; -50 % sur le tarif des entrées des divertissements (cinéma, concerts…) ; -50 % dans les hôtels du lundi au jeudi (-30 % du vendredi au dimanche), etc. Les commerçants et professionnels risquent de lourdes amendes s'ils ne respectent pas ces mesures sociales. Autre mesure, le programme « 100 a los 70 ». C'est une pension de 100 US$ versée aux personnes de 70 ans et plus. En contrepartie, les bénéficiaires doivent effectuer des contrôles de santé réguliers.

La fiesta de los Quince Años

Comme dans toute l'Amérique latine, l'âge de quinze ans est considéré comme le plus important moment de la vie d'une femme (avec le mariage). La célébration en grande pompe de cet anniversaire traduit le passage de l'enfance à l'âge adulte. Une grande fête, réunissant famille et amis, est alors organisée pour l'heureuse princesse d'un jour. Les familles économisent souvent des mois ou des années, pour offrir la plus belle robe et le plus beau banquet qui soit. Rendez-vous à la rubrique « sociales » (*people*) des quotidiens qui publient les photos des *quinceañeras*.

Médecine traditionnelle

Sukia chez les Guaymí, *jaibaná* chez les Chocoe, *curandero* chez les Guna… le rôle du guérisseur est considérable au sein de ces communautés. La médecine traditionnelle est encore très pratiquée, mais elle n'est plus toujours considérée comme l'unique moyen de délivrer le patient de son mal. Le guérisseur établit un diagnostic et conseille parfois qu'un médecin prenne le relais. Or, toutes les communautés amérindiennes n'ont pas de centre de santé ou de clinique à proximité et il est parfois nécessaire de parcourir plusieurs kilomètres à pied, en pirogue ou à cheval. Les plantes médicinales sont soigneusement choisies et cueillies par les guérisseurs, qui doivent s'enfoncer dans la forêt à leur recherche. Ils les utilisent ensuite en soins internes ou externes, sous forme de bains, gargarismes, cataplasmes ou tisanes. Quant au chamane, c'est aussi un sage qui possède le don de communiquer avec les esprits. L'apprentissage est long et semé d'épreuves…

MŒURS ET FAITS DE SOCIÉTÉ

Droits de l'homme

Le Panama est une démocratie depuis 1990. La liberté d'expression, de la presse et des droits de l'homme sont à peu près respectés, enfin plus que dans de nombreux pays d'Amérique latine. La Defensoría del Pueblo est une institution indépendante chargée de protéger les personnes des abus commis par l'Etat, l'équivalent avec quelques différences du médiateur de la République en France. Le Défenseur du Peuple présente des rapports annuels ou spéciaux quand il le juge nécessaire mais il n'a pas de pouvoir coercitif ou juridictionnel.

Homosexualité

Jusqu'en 2008, se déclarer homosexuel était un délit en raison d'un vieux décret de 1949, avec des peines allant de 3 mois à un an de prison. L'homosexualité est aujourd'hui tolérée au Panamá, grâce à la lutte de l'Asociación Hombres y Mujeres Nuevas de Panamá (AHMNP). Panamá fut l'un des derniers pays latino-américains à dépénaliser l'homosexualité. La grande influence de l'Eglise, la structure machiste héritée de la colonie, et le qu'en dira-t-on dans un pays où tout le monde se connaît expliquent la réticence de la société à considérer la communauté LGBTI comme ayant les mêmes droits que les hétérosexuels. Beaucoup de personnes homosexuelles mènent une double vie, certains sont même mariés pour cacher à leur famille leur sexualité… Avec le développement du tourisme, la société s'est considérablement ouverte, surtout dans la capitale. On trouve quelques discothèques, saunas et bars ouvertement gays. Durant les célébrations du carnaval, tout est permis et les travestis se montrent librement et cela ne choque plus personne même dans les petits villages !
Dans les communautés gunas, la différence de genre est au contraire très bien acceptée. La société matriarcale guna impose que l'époux aille vivre dans la famille de sa femme, ce qui pose souvent un problème économique à la famille d'origine de l'époux. Beaucoup de familles élèvent donc le jeune garçon comme une jeune fille pour qu'il reste dans la famille, ce phénomène est courant et complètement accepté. Les *omegit*, « hommes-femmes » en guna, s'habillent comme des femmes et font le labeur de ces dernières, notamment le tissage de *mola* où elles excellent.

Place de la femme

Les femmes sont exigeantes et fières, bien qu'elles évoluent dans une société encore très machiste. De nombreux efforts ont été faits à la fin des années 1990 pour améliorer la condition de la femme et promouvoir sa participation dans la société, mais aussi dans la vie politique. L'élection de Mireya Moscoso à la présidence de la République en 1999 a donné de nombreux espoirs mais il reste encore beaucoup de travail. Les femmes panaméennes, plus instruites, représentent la majorité des diplômés universitaires, mais continuent à percevoir un salaire inférieur à celui des hommes pour un travail égal. Le harcèlement sexuel au travail et au quotidien, la violence au sein du couple, et autres formes de discrimination sont malheureusement à déplorer. Les communautés amérindiennes sont souvent victimes d'un certain mépris qui touche bien évidemment aussi les femmes. La situation est d'autant plus difficile pour la population des zones rurales et à faible revenu. L'accès à l'éducation y est plus restreint, ce qui pénalise surtout les jeunes filles. Ces dernières voient également leur horizon s'obscurcir à l'annonce d'une grossesse souhaitée ou non (chaque année, 20 % des naissances sont attribuées à des mineures). Les familles monoparentales sont d'ailleurs nombreuses et il n'est pas rare qu'une jeune femme de 20 ans ait déjà plusieurs enfants de différents maris. Cela n'est toutefois pas un frein pour qu'elle refasse sa vie.

Rites initiatiques

Pour les communautés amérindiennes, les fêtes les plus importantes sont liées aux différentes phases du cycle de vie de la femme. Chez les Guna par exemple, plusieurs cérémonies marquent les passages successifs d'une classe d'âge à une autre. La perforation nasale, quelques mois après la naissance, et le rite de la puberté sont deux événements donnant lieu à de grandes fêtes. Arrosées de *chicha fuerte* (boisson alcoolisée à base de maïs fermenté), elles réunissent la communauté entière.
C'est au cours de la fête de la puberté que les Ngäbe-Bugle déclarent la jeune fille prête pour le mariage. Autrefois, les hommes devaient aussi suivre un parcours initiatique, au cours duquel on leur transmettait les clés essentielles pour affronter la vie (art de la chasse et de la guerre, agilité, etc.). Les Emberá et Wounaan accordent également une grande importance aux rites d'initiation féminine.

RELIGION

L'éventail des religions représentées au Panamá tend à s'élargir de plus en plus. On estime actuellement que près de 85 % de la population est de confession catholique, les 15 % restant pratiquent le protestantisme, l'islam ou le judaïsme... Certaines sources non officielles insistent sur le fait que la religion catholique est en train de perdre du terrain. Un quart des chrétiens seulement affirment croire pour des motifs purement spirituels ou par conviction. Pour les trois quarts restant, il s'agit d'une croyance issue de la tradition familiale. Il est par ailleurs fréquent de changer de religion, en passant en général du catholicisme à l'évangélisme, plutôt que le contraire. La constitution panaméenne reconnaît la religion catholique comme celle de la majorité et non comme la religion officielle de l'Etat. La liberté de culte est totalement respectée dans le pays, même si des cours de catéchisme, non obligatoires, sont dispensés dans les écoles publiques.
En revanche, les pèlerinages, nombreux au Panamá, connaissent toujours le même succès et attirent les foules. Comme dans la majorité des pays latins, il est fréquent de voir les pèlerins parcourir des kilomètres et des kilomètres à pied, et même à genoux, pour rejoindre le lieu de culte en fête. Les processions du Christ noir de Portobelo ou de l'Eglise d'Antón sont particulièrement spectaculaires. Plusieurs chaînes de télévision retransmettent des émissions à caractère exclusivement religieux, et les programmes de radio débattant de la question du bien et du mal ont un succès fou. Le Panama, accueillera en 2019 le prochain rassemblement des Journées mondiales de la jeunesse (JMJ).
Parallèlement, on assiste à une sérieuse percée de diverses représentations évangélistes : adventistes (*la Iglesia del Séptimo Día*), mormons (*Iglesia de Jesús Cristo de los Santos de los Últimos Días*), pentecôtistes ou encore témoins de Jéhovah... La majorité de ces églises envoient leurs missionnaires depuis les autres pays d'Amérique centrale, excepté les mormons qui viennent directement des Etats-Unis. Tous se tournent en premier lieu vers les communautés isolées ou dans le besoin. Il n'est pas rare de voir, dans un petit village de 300 habitants, trois églises (ou même plus) de confessions différentes ! Les musulmans sont des natifs descendant des premiers esclaves ou des familles de commerçants d'origine libanaise, indienne, syrienne ou palestinienne. Ils se concentrent principalement dans les provinces de Panamá ou de Colón. Certains parlent de 10 000 membres, ce chiffre étant également celui de la communauté juive. Cette dernière est surtout regroupée dans la capitale, en particulier dans le quartier de Punta Paitilla et Bellavista où abondent synagogues et écoles religieuses. Quant au bouddhisme, il est pratiqué par la plupart des immigrants chinois. En ce qui concerne les communautés amérindiennes, il serait plus exact de parler de spiritualité, de croyances, de mythes ou encore d'animisme. Malgré la tentative espagnole de convertir les populations autochtones, ces dernières continuent à pratiquer cérémonies et rites relatifs à leurs propres dieux, qui prennent parfois la forme d'esprits ou d'êtres supérieurs. Pour les Guaymí, par exemple, tout ce qui est inexplicable est le fruit de l'action d'un esprit bénéfique ou maléfique. Quant aux Bokotá, ils se réfèrent à un dieu, Shube, mais aussi à des démons...

ARTS ET CULTURE

ARCHITECTURE

L'arrivée à Panamá City devrait vous impressionner avec ses tours de verre gigantesques, dont certaines ont des formes innovantes : la tour F&F par exemple en forme de vis, ou la tour Trump Ocean en forme de voile de bateau. Ces immeubles de 60 étages contrastent avec les ruines coloniales de Panama la Vieja, la Vieille Panama détruite par le corsaire anglais Henry Morgan en 1671, les forteresses de Portobelo ou de San Lorenzo, ou les demeures du Casco Antiguo, le quartier historique aux magnifiques maisons colorées de style colonial, français ou caribéen, d'un autre temps. La majorité de ces édifices sont restaurés ou en cours de restauration, dans le respect des critères définis par l'UNESCO.

Sur la côte caribéenne, on construit sa maison en bois, souvent sur pilotis, et on la peint de couleurs vives. Dans le Darién, les communautés emberas et wounaan privilégient également la vie en hauteur, en raison du risque de crue des fleuves. Les murs sont souvent absents pour laisser passer la brise, on dort au frais sous un toit de *penca* (palme). Chez les Guna, les murs des maisons sont en *caña brava* (bambou)... Autant d'habitations que de modes de vie... Le Panamá est un véritable pays de contrastes qui se reflètent dans ses architectures.

ARTISANAT

Toute la richesse ethnique du Panamá se reflète dans la variété de son artisanat. Jusqu'à ce que le pays s'ouvre au tourisme, l'artisanat avait un caractère bien plus fonctionnel que décoratif. Aujourd'hui, de nombreuses familles d'artisans se lancent dans la création artistique, en exerçant un art qu'elles maîtrisent totalement et qui constitue souvent leur unique source de revenus. Afin de protéger cette richesse artisanale et plus généralement sa production et sa commercialisation, le ministère panaméen du Commerce et de l'Industrie a renforcé en 2001 la loi sur la protection de l'identité culturelle et les savoirs traditionnels des peuples autochtones. Cette loi s'applique non seulement aux produits mentionnés ci-dessous mais aussi aux nombreux autres articles que vous découvrirez lors de votre voyage : les calebasses décorées, les *chaquiras* des Ngäbe Buglé (colliers de plusieurs rangs obtenus par enfilage de petites perles de couleur suivant des dessins abstraits), les wini des Guna (ces rangs de perles aux couleurs vives qui entourent leurs avant-bras et mollets) ou les céramiques aux motifs précolombiens des artisans de la péninsule d'Azuero...

La mola

Dans le domaine de la production artisanale, la *mola* des Indiens de San Blas est pour beaucoup la référence. Cette pièce de tissu rectangulaire qui forme l'avant et l'arrière de la blouse des femmes gunas est confectionnée selon la technique dite de l'appliqué-inversé. Plusieurs couches de textile sont superposées. Les découpes faites sur le tissu de dessus laissent apercevoir la couleur de l'étoffe

Que rapporter de son voyage ?

Colliers en *tagua*, chapeaux panaméens de La Pintada ou de Ocú, cruches aux motifs précolombiens de La Arena, *molas* de toutes tailles, sculptures en *cocobolo* ou bracelets en *caña flecha* emberas, paniers wounaans en fibres de palme... Vous aurez le choix, entre les acheter directement sur les lieux de production (dans les communautés amérindiennes par exemple), sur les marchés (comme celui d'El Valle) ou dans les boutiques d'artisanat. Les tarifs sont fonction de la qualité et du travail passé sur les œuvres. Vous pouvez aussi acheter des tissus *flashy* (importés d'Asie) dont se servent comme jupes les belles Wounaan, Emberá et Guna. On trouve ces étoffes au mètre dans des boutiques spécialisées de l'Avenida Central à Panamá. Une reproduction miniature d'un *diablo rojo* coloré, en bois et carton, peut constituer également un beau souvenir ! Enfin, du café du Chiriqui ou du rhum ambré feront aussi de bons cadeaux...

de dessous et ainsi de suite. Le résultat final est un véritable tableau, dont la profondeur des matières contribue au relief. Si les motifs représentés trouvaient autrefois leur origine dans l'imaginaire ou dans les rites socioculturels des Guna, ils intègrent aujourd'hui de nombreux éléments de la culture occidentale. Certaines *molas* représentent ainsi le père Noël, l'arche de Noé ou encore des cloches et des gants de boxe, etc. Ce produit phare de l'artisanat panaméen détient la première place au classement des ventes, aussi bien sur le territoire qu'à l'exportation. La demande ne cesse d'augmenter. Les Guna eux-mêmes se sont organisés en coopératives. L'arrivée des touristes a vivement encouragé le développement de sites Internet consacrés à la vente en ligne, et nombreux sont les étrangers qui passent directement de grosses commandes à des familles gunas, pour revendre ensuite le tout dans leurs pays respectifs. Le procédé n'est pas forcément « équitable », mais il est difficile de résister à ces magnifiques parures dont la finesse et les couleurs sont tellement séduisantes.

La vannerie

Paniers, assiettes, masques, etc., la vannerie des Chocoe est époustouflante. Les prix, parfois élevés, sont justifiés par l'extrême finesse de certains ouvrages. Nous vous recommandons de ne pas acheter vos articles de vannerie n'importe où, leur qualité étant parfois médiocre. Rendez-vous donc dans les communautés. Vous en profiterez pour découvrir leur culture. Fabriqués de façon totalement artisanale et tissés avec des fibres végétales, certains paniers nécessitent plusieurs mois de travail. Les feuilles des palmiers *chunga* et *nawala* sont d'abord cueillies, puis transformées en fibres au terme d'un long processus. Selon la palette souhaitée, les Chocoe préparent une teinture naturelle à base de *roucou* (pour le rouge), de *jagua* (pour le noir), d'une variété de *yucca* (pour le jaune) ou d'écorces de noix de coco (pour le marron). Les couleurs obtenues servent ensuite à teindre les fibres, lesquelles sont tressées d'une manière savante pour produire des dessins qui se mêleront à la couleur naturelle de la *chunga*. Ces motifs géométriques, issus de l'imagination de l'artiste, rappellent les peintures corporelles encore arborées de nos jours.
Ne manquez pas non plus les *chácaras* des Ngäbe Buglé. Ces besaces extensibles en fibre naturelle sont communément utilisées pour transporter des marchandises. Confectionnées à partir de diverses fibres provenant de la *pita*, une variété de palme, elles sont également colorées avec des teintures tirées des racines et des lianes.

La *tagua*

La noix de *tagua* provient d'un palmier poussant dans les forêts tropicales humides d'Amérique du Sud, mais aussi du Panamá. A l'origine prisé par les Indiens pour son lait sucré, le fruit de ce palmier, qui se durcit pour former la *tagua*, connut une grande popularité jusque dans les années 1930. A sa découverte par les Européens, au cours du XIXe siècle, la noix de *tagua* fut exploitée en raison de sa grande ressemblance avec l'ivoire animal, plus particulièrement pour la confection de boutons et d'objets d'ornement. L'armée américaine en équipa même les uniformes de ses soldats. Puis, l'apparition du plastique signa son arrêt de mort. Tombée dans l'oubli, la *tagua* ressuscite aujourd'hui grâce au talent des Indiens qui la travaillent. Ils sont de plus en plus nombreux à sculpter ces noix blanches à carapace marron, qu'ils peignent parfois de couleurs vives. Au Panamá, ce sont surtout les Emberá et les Wounaan qui excellent dans cet art, donnant naissance à une multitude de petits animaux et miniatures décoratifs (toucans, singes, colibris...).

Le *cocobolo*

C'est un arbre de taille moyenne, jusqu'à 15 m de haut, qui pousse du Mexique au Panamá. Robuste, son bois est utilisé pour la fabrication de sculptures d'une extrême finesse, représentant souvent des animaux et pouvant atteindre des prix considérables. Ses couleurs sont de toute beauté, une gamme qui s'étend du rouge vif au marron foncé. Sa texture fine dégage naturellement une huile qui lui donne un aspect brillant et lustré. Utilisé à l'origine pour la fabrication de bâtons de cérémonie, le *cocobolo*, considéré comme un bois précieux, est très prisé.

Le Panama hat

Eh non, ce fameux chapeau n'est pas panaméen mais... équatorien ! Le malentendu daterait de l'époque de la construction du canal, alors que de nombreux ouvriers équatoriens le portaient pour se protéger du soleil. Son port s'est généralisé chez les ingénieurs étrangers et il devint si populaire qu'on a fini par penser que ce chapeau robuste, souple et léger était originaire du coin. Les vrais panamas sont toujours fabriqués en Equateur. Bien que moins connus, les chapeaux traditionnels du Panamá méritent tout autant votre attention. Le *sombrero pinta'o* est vissé sur la tête de tous les habitants de l'*Interior*, cette région qui comprend les provinces centrales et la péninsule d'Azuero.

CINÉMA

Depuis 2011 a lieu tous les ans au mois d'avril le Festival de cinéma international de Panamá (IFF Panamá – www.iffpanama.org). Durant une semaine, des films et documentaires du monde entier sont projetés, avec des conférences et débats, et la venue de grands réalisateurs et acteurs. Qui aurait pu imaginer cela il y a encore une dizaine d'années ? A l'époque, il était difficile de voir autre chose qu'une grosse production d'Hollywood, et la catégorie « Pelicula extranjera » (film étranger) concernait tous les films étrangers… A l'exception des films produits aux Etats-Unis ! Seules de petites salles comme celle de l'Université nationale permettaient de voir des films latinos, européens ou asiatiques, d'un autre genre.

Il n'y avait pas non plus de production nationale de films ou documentaires, à part quelques exceptions comme le documentaire en anglais *The Panama Deception* (1992), dénonçant l'opération Juste Cause des Etats-Unis pour attraper Noriega (que l'on peut visionner sur Internet), ou la fiction réaliste *Burwa dii Ebo* (2008) sur la vie d'adolescents gunas quittant Guna Yala pour la capitale, film qui a reçu plusieurs prix internationaux. Le pays a commencé à accueillir des tournages comme *Le Tailleur de Panama, James Bond Quantum Of Solace* ou *Paradise Lost* sur le vie du narco-trafiquant Pablo Escobar.

Parallèlement aux multiplex des *malls*, vous pouvez voir aujourd'hui des films indépendants ou d'art et d'essais dans quelques lieux culturels de la capitale, une bonne nouvelle pour ceux qui ne sont pas que de passage au Panama. Pour les puristes, il y a même aussi le Hayah, festival de courts-métrages de Panama en septembre.

En 2013-2014 on tournait *Manos de Piedra*, un film sur la vie de Roberto Durán, la légende panaméenne de la boxe, avec Robert de Niro, Édgar Ramírez, Ellen Barkin et Ruben Blades (qui, au-delà de ses talents musicaux, est un grand acteur). Le film est sorti en 2016 et a été présenté hors compétition au Festival de Cannes.

Par ailleurs, Soderbergh (le réalisateur de *Sexe, mensonges et vidéo*) a annoncé à la presse vouloir adapter au cinéma le scandale des *Panama Papers*. Aucune date de sortie n'était avancée courant 2016 mais Soderbergh s'est déjà rapproché du producteur de *Spotlight*, Michael Sugar. L'adaptation du roman d'investigation *Secrecy World* sur les *Panama Papers* connaîtra-t-il le même succès que *Spotlight*, Oscar du meilleur film 2016 ?

LITTÉRATURE

Trois grandes périodes se détachent dans l'histoire de la littérature panaméenne :

La seconde moitié du XIXe siècle a été marquée par les premiers essais de Don Justo Arosemena. En s'interrogeant sur la place de Panamá au sein de la Grande Colombie, l'auteur entrevoyait déjà l'indépendance de 1903. Cet événement donna naissance à un courant romantique au fort contenu politique et patriotique, également représenté par les poètes Amelia Denis de Icaza ou Tomás Martín Feuillet.

Surtout réputé pour son œuvre patriotique, Ricardo Miró (1883-1940) est l'un des écrivains les plus marquants de la période républicaine. Il fut notamment l'auteur du poème *Patria* (*Patrie*), repris dans toutes les écoles du pays. María Olimpia de Obaldía (1891-1985) connut également une grande popularité pour ses poèmes consacrés à la maternité et à la famille, ce qui lui valut le titre de María Olimpia de… Panamá.

Dans les années 1930, Rogelio Sinán, membre de « l'Académie panaméenne de la langue », rompt avec les formes conventionnelles de la production panaméenne pour introduire la littérature avant-gardiste : *Onda, Plenilunio, la isla mágica*… que représentera également la poétesse Stella Sierra (1917-1997) dont la renommée dépasse les frontières.

Parmi les romanciers du XXe siècle, il faut également citer Joaquín Beleño (1922-1988), ancien ouvrier du canal, dont l'œuvre reflète la réalité socio-économique du pays (*Luna verde*, 1959 ; *Flor de banana*, 1965).

La littérature contemporaine est variée, mêlant poèmes (Héctor Miguel Collado : *El genio de la tormenta*, 1983 ; *Toque de Diana*, 2001), romans (Enrique Jaramillo Levy : *Para más señas*, 2005 ; *El Vendedor de Libros*, 2002) et contes (Ramón Fonseca Mora : *La Danza de las Mariposas*, 1994 ; *La Isla de las iguanas*, 1995). Equivalent de notre Goncourt, le Premio Ricardo Miró récompense chaque année les meilleurs auteurs nationaux. Ce prestigieux prix littéraire est un indicateur précieux pour les hispanophones à la recherche de lectures.

René de Obaldía. Né le 22 octobre 1918 à Hong-Kong, d'un père panaméen alors consul du Panamá et d'une mère d'origine picarde, René de Obaldía est surtout connu en France, où il grandit. Le 24 juin 1999, il devient le premier « Panaméen » à être élu à l'Académie française, dont il est en 2016 le doyen. Auteur de poèmes, de pièces de théâtre et de romans, les huit tomes de son œuvre pleine d'humour et de fantaisie sont publiés aux éditions Grasset. Obaldía nous raconte son contact tardif avec le pays de ses origines dans *Exobiographie*, en 1993 ; son unique livre à nous révéler quelques tranches de vie panaméennes. Pour ne citer que quelques autres titres : *Les Richesses naturelles* (1952), *Le Centenaire* (1959), *La Baby-Sitter* (1971). Et si l'on vous dit : « Le geai gélatineux geignait dans le jasmin... ».

- **Rubén Darío Carles (1896-1981).** Préoccupé par le manque de livres dans l'enseignement public, il écrivit de nombreux ouvrages didactiques. *Quiero aprender* (*Je veux apprendre*), l'un de ses premiers livres, fut utilisé par tous les écoliers panaméens dès 1935. Passionné par l'histoire de son pays, il l'étudia sous ses aspects les plus divers, aussi bien politiques que culturels, et laissa derrière lui de nombreux livres passionnants : *A través del Istmo, Darién Majestuoso, San Blas, Historia del Canal*, etc.

Rubén Darío Carles (1896-1981)

Préoccupé par le manque de livres dans l'enseignement public, il écrivit de nombreux ouvrages didactiques. *Quiero aprender* (*Je veux apprendre*), l'un de ses premiers livres, fut utilisé par tous les écoliers panaméens dès 1935. Passionné par l'histoire de son pays, il l'étudia sous ses aspects les plus divers, aussi bien politiques que culturels, et laissa derrière lui de nombreux livres passionnants : *A través del Istmo, Darién Majestuoso, San Blas, Historia del Canal*, etc.

MÉDIAS

Presse

On achète son journal, entre 15 et 35 cents, dans la rue ou chez le *chino* (épicerie).

- ***La Prensa*** est un quotidien relativement indépendant et critique avec des suppléments intéressants.
- ***El Panamá América* et *La Estrella de Panamá*** sont plus conservateurs.
- ***La Crítica* et *El Siglo, Mi Diario* et *Día a Día*** sont les journaux les plus lus et les mieux fournis en rubriques « chiens écrasés » et en photos d'hémoglobine (à éviter pour ne pas devenir parano).

Tous ces journaux sont consultables sur Internet. Il suffit de taper leurs noms suivis de « Panamá » dans un moteur de recherche.

Presse d'information et de promotion touristique

Gratuite, disponible en espagnol et en anglais, elle est diffusée dans certains hôtels, dans les offices du tourisme et en ligne :

- ***Focus Panamá*** : magazine semestriel au format pratique proposant des informations générales et une carte du pays.
- ***The Visitor / El Visitante*** : journal hebdomadaire recensant les événements culturels ou festifs de la semaine.

Radio

La radio diffuse informations nationales et internationales, débats politiques et culturels, ainsi que tout l'éventail musical du pays : típico, salsa, bachata, merengue, reggaetón... entrecoupé de pubs et de jingles dévastateurs (même les émissions religieuses proposent parfois du reggaetón, avec des paroles plus pieuses !). A San Blas et dans le Darién, on peut capter certaines radios colombiennes.

Télévision

Vu la qualité des programmes des chaînes nationales, la plupart des hôtels proposent des chaînes câblées.

Sites Internet

On trouve quelques sites et blogs en français consacrés exclusivement au Panamá. Mais les adresses citées ci-dessous sont pour la plupart bilingues espagnol/anglais.

ACP.GOB.PA
www.acp.gob.pa
Le site de l'Autorité du Canal, pour tout savoir sur l'actualité de la voie inter-océanique.

ALMANAQUE AZUL
www.almanaqueazul.org
Une petite sandale bleue comme logo et un esprit écolo et rebelle. Ce site panaméen promeut le tourisme durable au Panamá, avec beaucoup d'infos pratiques.
Un bon guide en espagnol (Almanaque Azul) devait être réactualisé en 2016, bien pour compléter celui que vous avez entre les mains, en particulier pour les activités spécifiques comme le surf.

■ ANCON
www.ancon.org
Le site de l'une des ONG les plus reconnues et actives en matière de protection de l'environnement.

■ AUPANAMA.COM
www.aupanama.com
Un site d'informations complet pour tout savoir sur l'installation ou l'investissement au Panama : démarches administratives, opportunités immobilières, placement et gestion de patrimoine, etc.

■ BURICA.WORDPRESS
www.burica.wordpress.com
Une autre information est possible… Burica Press zoome sur tous les thèmes relatifs à l'environnement, dressant un panorama complet des enjeux au Panamá.

■ COMARCA GUNA YALA
www.gunayala.org.pa
Le site officiel du Congrès général guna, une source d'informations précieuse pour mieux comprendre les rouages de cette communauté si organisée.

■ ENAZUERO
www.enazuero.com
Les hispanophones et amateurs de « chat » se régaleront sur ce site « 100 % panameño » !

■ FACEBOOK CULTURA TOP PANAMÁ
Musique, littérature, théâtre, ciné, danse… pour tout savoir sur la programmation culturelle, artistique et touristique du pays.

■ PANAMA TIPICO
www.panamatipico.com
Amusants reportages photos et forums sur les manifestations folkloriques du pays.

■ PRENSA
www.prensa.com
Pour suivre l'actualité à distance, le quotidien *La Prensa* en ligne.

■ RUBEN BLADES
www.rubenblades.com
Le site officiel de la légende panaméenne de la salsa.

■ SAGA PANAMA
www.sagapanama.fr
Le meilleur blog en français consacré au Panamá, réalisé par Michel Lecumberry, un Basque sympathique, artiste et guide réputé. Des articles thématiques sur les Indiens, le canal ou Portobelo, avec beaucoup de précisions, d'humour et de magnifiques photos.

■ STRI.ORG
www.stri.org
L'institut Smithsonian de recherche tropicale est implanté au Panamá depuis plus de 80 ans. Le site web fournit des éléments précis sur la biodiversité locale et les recherches scientifiques menées à Barro Colorado, Bocas del Toro, etc.

■ SUPER Q PANAMA
www.superqpanama.net
L'une des radios les plus populaires, pour écouter les derniers tubes de reggaetón et en télécharger certains gratuitement.

■ VISIT PANAMA
www.visitpanama.com
Le site officiel de l'Autorité du tourisme panaméen.

■ VIVRE-AU-PANAMA.COM
www.vivre-au-panama.com
De nombreux articles de presse traduits en français et des conseils pour s'installer au Panama. Une source d'information inépuisable.

MUSIQUE

La musique est omniprésente. Dès leur plus jeune âge, les enfants apprennent à jouer d'un instrument et participent aux orchestres de leurs écoles. Que ce soit dans les transports en commun, dans la rue ou dans les magasins, il y a toujours un air de musique qui flotte. Ces musiques aux rythmes variés invitent à la danse : merengue et salsa bien sûr, mais aussi típico, reggaetón ou musique congo vous envoûteront.

La décima panameña, ou dizain panaméen

De la simple *gritadera* (où, généralement, deux hommes, face à face, se défient joyeusement en criant d'une voix aiguë et sonore « JAU ! JAU ! AUUUJUIIITAAA ! » – un véritable spectacle spontané auquel vous aurez l'occasion d'assister au cours des fêtes bien arrosées), à la *cantadera* (une improvisation codée, chantée sous forme de vers de dix lignes), le chant a toujours fait partie des mœurs de l' « Intérieur ». Autrefois, à la fin d'une journée de labeur, les paysans se réunissaient pour partager un moment ensemble, boire un verre ou deux et entamer une *cantadera*, accompagnée à la guitare (*mejorana*) ou à l'accordéon… Cette pratique est toujours aussi populaire.

Le típico

Il s'inscrit dans cette tradition et englobe aussi bien la musique que le chant. La *mejorana*, le violon ou le *tamborito* (dont il existe différentes variétés selon le son recherché) étaient autrefois les principaux instruments.

RUBÉN BLADES : DE LA CHANSON MILITANTE À LA POLITIQUE

Ses chansons sont des hymnes, repris en chœur dans les bus bondés de Mexico, les coupe-gorges de Spanish Harlem, et par les sonos hurlantes de l'*avenida Central* de Ciudad de Panamá. Car l'ambassadeur incontesté de la musique latine est panaméen. Un enfant de San Felipe, Casco Viejo. Fils d'une Cubaine et d'un natif de Colombie, tous deux musiciens amateurs, Rubén Blades le prodige sait lire à 4 ans. Il le doit à sa grand-mère, militante féministe et éducatrice dévouée, qui lui transmettra ses idées progressistes et son profond humanisme.

L'adolescence est pour lui le temps de perfectionner ses talents musicaux et d'affiner ses idées politiques au regard des événements tragiques qui secouent l'Amérique latine des années 1960. De ces événements, il retiendra l'amer épisode de janvier 1964 où les Etats-Unis, refusant de hisser le drapeau panaméen dans la Zone du canal, provoqueront une vague de protestation qui se soldera par une vingtaine de victimes.

Le milieu des années 1960, c'est aussi le temps de l'université pour Rubén. Des études de droit à la faculté de Panamá suivies avec beaucoup d'assiduité. Et, en parallèle, un début de carrière musicale sur les scènes de la capitale, une activité qui lui vaudra les railleries de ses professeurs pour qui la vocation institutionnelle d'avocat semble totalement incompatible avec celle de chanteur. Une théorie que Rubén s'emploiera à contredire.

C'est grâce à l'un de ses frères qui travaille dans une compagnie aérienne que le jeune étudiant-chanteur achète son premier billet Panamá-New York, pour la modique somme de 20 US$. Il atterrit là-bas en 1969 et, de fil en aiguille, de contact en contact, il réussit à enregistrer son premier album, accompagné par l'orchestre d'un certain Pete Rodriguez. Pourtant, sur cette scène new-yorkaise où les musiques latines souffrent d'uniformisation et de ghettoïsation, il lui semble peu aisé d'imposer son style « militant » : une salsa « à texte » imprégnée de la réalité sociale des cités latino-américaines. Rubén Blades n'a alors que 20 ans et ses études supérieures mises en suspens le rappellent au pays.

De retour au Panamá, où la situation politique se gâte, il se félicite de l'exil de ses parents à Miami, en 1973. Etre avocat dans un pays sans droit, en l'occurrence Panamá sous la dictature, ce n'est pas exactement l'idéal que défend Rubén, déjà militant de la lutte pour les libertés individuelles et contre les injustices sociales. Alors, son diplôme en poche, il s'envole pour rejoindre sa famille à Miami. Puis il se décide rapidement à tenter à nouveau l'aventure new-yorkaise. Nous sommes en 1974.

La Mecque de la musique latino à « Nueva-York » se nomme Fania. C'est LE label, l'écurie de toutes les vedettes de la scène salsa nord-américaine. Rubén y fait ses débuts en tant que… postier. Il côtoie alors de nombreux musiciens, dont l'inimitable Ray Barretto qui lui offre une place de chanteur remplaçant sur l'un de ses albums. Mais la rencontre qui lancera définitivement la carrière de Rubén Blades et qui aboutira à l'une des collaborations musicales les plus fructueuses de ces cinquante dernières années est celle qui l'associera au maestro Willy Colón, producteur et tromboniste exceptionnel, cheville ouvrière de la moitié des tubes latinos des années 1970. De leurs six albums concoctés en commun chez Fania, le chef-d'œuvre reste sans conteste *Siembra*. Un brûlot vendu à plus d'un million d'exemplaires à travers les Amériques. Une musique inédite qui mêle l'énergie sensuelle des rythmes afro-cubains à cette poésie des ghettos, baignée de la réalité socio-politique et passée à la moulinette d'une ironie grinçante. Pour preuve, la chanson *Pedro Navaja*, chronique urbaine truculente et dramatique, inspirée d'un fait divers, a résonné jusqu'en France et été réinterprétée par Bernard Lavilliers sous le titre *Pierrot-la-lame*.

On aurait pu penser que Rubén Blades s'en tiendrait là : qu'il réchaufferait régulièrement la même recette pour s'assurer une retraite paisible. C'est mal connaître le personnage. Et cette nécessité permanente de se remettre en question, d'expérimenter, de progresser et de faire progresser l'humanité selon ses humbles moyens…

Le début des années 1980 marque un tournant dans la carrière de Rubén. Fin de l'épisode Fania avec Willy Colón. Des débuts au cinéma, dans le film *The Last Fight*. Une carrière de comédien qu'il mènera parallèlement à ses activités musicales. Le chanteur panaméen a totalisé, jusqu'à aujourd'hui, une trentaine de rôles sur le grand écran. Il partira même vivre en Californie pour se rapprocher du milieu cinématographique. Ses activités musicales seront désormais marquées par une volonté explicite et constante d'universalité, tant dans la musique que dans les textes.

L'ancien « salsero » s'aventure alors dans de nouvelles combinaisons musicales qui aboutiront à la formation d'un groupe, les Seis del Solar. Et encore un succès retentissant : l'album *Buscando America*, sorti en 1985.

Jusque dans son dernier album en date, *Mundo*, sorti en 2002, l'artiste affirme sa foi dans le mélange des influences, le métissage musical, l'échange mutuel pour développer une alternative à l'uniformisation des musiques latines. Son combat se matérialise également par un soutien constant à la scène panaméenne et latino-américaine, à travers la promotion de ses jeunes artistes.

Pendant ce temps-là, au pays, la dictature de Noriega a été écrasée et la démocratie rétablie. Rubén Blades, observateur attentif de la scène politique et grand défenseur du processus démocratique, se découvre une nouvelle vocation, dans la continuité de cette carrière musicale toute empreinte de militantisme et de prises de position bruyantes. Les élections présidentielles de 1994 sont pour lui l'occasion de faire son entrée sur la scène politique.

L'homme aux multiples facettes, chanteur, comédien, politicien, a créé son propre parti : *Movimiento Papa Egoro*, totalement indépendant de toute idéologie partisane ou groupe d'intérêt. L'homme est détenteur d'un diplôme de droit international obtenu à l'université de Harvard et se veut au plus près des réalités sociales de son pays natal. Son combat politique est nourri de discours sur les injustices sociales et la défense des minorités. Malgré les railleries de ses concurrents et le peu de sérieux qui lui est accordé par les médias, le candidat Blades est crédité de 17 % des voix, ce qui le met au troisième rang des résultats du premier tour. Un demi-succès qui ne lui enlèvera pas la vocation du service public puisqu'il revient sous les feux des projecteurs électoraux en 2003, en soutien au candidat Martín Torrijos. Il « met en musique » la campagne du PRD (*Partido Revolucionario Democrático*), qui se solde par un succès et l'élection de Torrijos en 2004. Rubén Blades, 56 ans, est nommé alors ministre du Tourisme. Un aboutissement, une consécration pour cet artiste hors du commun, pur produit des rues de Panamá, devenu le véritable mégaphone du « Pueblo Latino ».

Après cinq années au service de la nation, le « Poète de la salsa » reprend sa carrière artistique pour le plus grand bonheur de ses fans. Il remporte un Grammy Latino pour ses albums *Son de Panamá* (2015) et *Tangos* (2014), également primé aux Etats-Unis.

Il s'est finalement relancé en politique et a promis, en 2015, qu'il se présenterait en tant que candidat indépendant aux élections de 2019, avec une proposition « inédite ».

Par Jérémie Kerouanton, journaliste, DJ et musicien – www.groovalizacion.com

L'accordéon ne les a rejoints que récemment mais il est aujourd'hui complètement intégré à cette musique. Très populaire, l'accordéoniste Osvaldo Ayala en est l'un des meilleurs représentants.
Quelques puristes du folklore traditionnel ont vu d'un mauvais œil l'introduction des rythmes de cumbia dans l'univers típico. Samy et Sandra Sandoval, dont le succès est énorme, représentent à merveille cette symbiose de rythmes anciens et d'influences nouvelles.

Salsa

Cette musique festive est omniprésente et les groupes locaux sont nombreux. Le représentant panaméen le plus célèbre est Rubén Blades. Un autre nom vous dira peut-être quelque chose : Azuquita et son tube *La salsa c'est pas compliqué*. Originaire de Colón, il est considéré comme celui qui a popularisé la salsa en France. Il fit ses premiers concerts à La Chapelle des Lombards à Paris en 1979 et enregistra avec les plus grands de la mythique maison de disques Fania Records. Il assura même la première partie de Bob Marley en 1981 au Bourget devant 76 000 personnes !

Le reggaetón

Son origine remonterait aux années 1980 dans les ghettos côté de Colón, avec la naissance du « reggaespañol », un nouveau genre musical, inspiré du reggae anglophone, aux influences afro-antillaises, jamaïcaines et latines. L'un des pionniers, El General, a pris sa retraite en 2004 après une carrière prodigieuse (17 disques de platine, 32 d'or et un Grammy Latino). Mais pas de panique, ses successeurs sont nombreux… et pas seulement au Panamá, également à Porto Rico ou en République dominicaine. Trois pays qui se revendiquent chacun d'être le berceau du reggaetón ! Le Panamá clame fièrement la paternité et aujourd'hui, c'est l'explosion sur les ondes. Du « *reggae romántico* » au « dancehall » plus rythmé, les chansons alimentent quantité de polémiques : les paroles sont souvent considérées comme vulgaires et irrespectueuses envers la femme, l'un des thèmes privilégiés avec la rue, l'amour, l'injustice, la drogue…
La popularité du reggaetón ne cesse de croître et le talent des *reggaetoneros* panaméens dépasse largement les frontières. Vous vous souvenez sans doute du tube *Papi Chulo* de Lorna, mais saviez-vous qu'elle est panameenne, tout comme le DJ qui l'accompagne, Rodney Clark « Chombo » ? El Roockie, Eddy Lover, Comando Tiburón, Aldo Ranks, La Factoria (deux filles ! Demphra et Joycee), Nigga… autant de noms qui ne vous parlent peut-être pas encore mais que vous découvrirez rapidement lors de votre séjour.

Reggae roots et dub

Quelques groupes déversent leurs *good vibes* au Panama : Pureza Natural, Raíces y Cultura, I-Nesta, Llevate a Marte…

Rock

Les influences tropicales sont présentes même dans le rock. Le groupe phare se nomme Los Rabanes. Des rythmes salsa et reggae influencent leur musique aux textes festifs truffés d'argot. Leur album *Kamikaze* a été récompensé par un Grammy Latino en 2007. Leurs cousins, Os Almirantes, font aussi parler d'eux au-delà des frontières. Dans un style plus personnel et déjanté, le groupe Señor Loop s'impose tranquillement.

Danilo Pérez, créateur du Panama Jazz Festival

Musicien hors pair, Danilo Pérez est né en 1966 à Panamá. Son père, chanteur de mambo, lui a rapidement glissé une paire de bongos dans les mains. Son destin était tracé… De par son héritage et sa formation, Danilo Pérez est aujourd'hui considéré comme l'un des plus fameux musiciens latino-américains de sa génération. Musiques traditionnelles et contemporaines ont largement influencé son art, à la double culture, qu'il a partagé tout au long de sa carrière avec Paquito d'Rivera, Dizzy Gillespie, Tito Puente… Il joue désormais avec sa propre formation, Danilo Pérez Trio, et enseigne au Berklee College of Music où il a lui-même étudié. Mais il a plus d'une corde à son arc, et a notamment créé le Panamá Jazz Festival, dont tous les bénéfices sont reversés à la fondation qui porte son nom et qui a pour objectif principal de favoriser l'accès à la formation musicale à tous par le biais de bourses d'études…

Pour en savoir plus : www.panamajazzfestival.com ou www.daniloperez com

Jazz

Chaque année, durant une semaine, la capitale se met au rythme du jazz. Au programme : concerts, ateliers, rencontres avec des musiciens de divers horizons... Et il y en a pour tous les goûts et toutes les bourses. Alors si vous avez la chance d'être là en janvier, ne manquez pas le Panamá Jazz Festival. Mis en place depuis quelques années à l'initiative de Danilo Pérez, il connaît un succès croissant et a déjà accueilli quelques pointures : les formations Tia Fuller Quartet et Caribbean Jazz Project, ou encore Catherine Russell...

Et ce n'est pas fini, Marseille a hébergé une artiste panaméenne hors pair, Yomira John, artiste qui, après avoir baroudé de nombreuses années dans différentes formations des Etats-Unis à la France, s'est finalement réinstallée dans son pays où elle a sorti un album au nom évocateur, *Ida y Vuelta* (« aller et retour »).

PEINTURE ET ARTS GRAPHIQUES

Parmi les artistes réputés, Guillermo Trujillo, Mario Calvit, Juan Carlos Marcos, Julio Zachrisson ou encore Manuel Chong Neto font partie de la génération qui a permis à l'art panaméen d'acquérir une dimension plus internationale dans la deuxième moitié du XXe siècle. Ces « pionniers » sont exposés au MAC. Le musée d'Art contemporain situé dans la capitale organise chaque année, outre la visite de sa collection permanente et d'expositions temporaires, une biennale de l'art (septembre et octobre).

Actuellement, ce sont des peintres contemporains comme David Solís qui se distinguent. A la renommée également internationale, Isabel de Obaldía, celle que Guillermo Trujillo considère comme sa fille, nous conquit avec ses sculptures sur verre infusées de couleurs surprenantes.

Né en 1954 à La Villa de Los Santos et parti trop vite en 2008, Raúl Vásquez Sáez est l'un des plus grands peintres panaméens reconnus internationalement. Autodidacte, poète à ses heures, il s'est formé au long de ses différents voyages en Europe, au Mexique et en Amérique du Sud. Sa touche figurative rompait avec la réalité quotidienne pour proposer de jolis voyages introspectifs colorés.

Enfin, de la peinture à la vidéo, Brooke Alfaro nous entraîne dans un univers urbain et engagé à travers des courts-métrages dénonçant surtout la misère et la pauvreté de ses compatriotes du Casco Viejo... Un petit tour dans les galeries d'art de la capitale vous permettra également de vous familiariser avec les artistes panaméens. Avec un peu de chance, vous pourrez admirer les merveilleuses toiles du Kuna Oswaldo De León Kantule, dont les œuvres mêlent imaginaire, cosmologie et traditions du peuple tule.

Autre visite incontournable, celle du Théâtre national pour les peintures murales de Roberto Lewis, ancien directeur de l'Ecole nationale de peinture.

TRADITIONS

Voici les tenues vestimentaires traditionnelles du pays :

- **La *pollera*.** Elle était autrefois portée au quotidien. Les femmes en avaient plusieurs et en réservaient une pour les grands jours. Aujourd'hui, on ne la porte plus que pour les fêtes et cet honneur n'est pas à la portée de tout un chacun. Ce magnifique ensemble, composé en général d'une blouse et d'une longue jupe froncée, a une grande valeur aussi bien du point de vue esthétique que financier. Selon la finesse de ses broderies et ornements, une pollera peut

Art ambulant sur les diablos rojos

Sans qu'il soit nécessaire de vous déplacer, l'art viendra à vous car il est partout ! Son support, ce sont ces vieux bus scolaires nord-américains dont les carrosseries sont couvertes de fresques aux couleurs vives ! Leurs propriétaires s'y expriment à coups de bombes de peinture, et les dessins, qui reflètent l'imaginaire de leurs auteurs, ne manquent parfois pas d'humour. A l'arrière, sur la porte, se trouve souvent le portrait d'un chanteur, d'un acteur, d'un animal ou de Jésus. A l'intérieur, outre les peintures, il y a aussi le velours rouge, les miroirs et les breloques qui pendouillent... Une espèce condamnée à disparaître dans la capitale...

Art textile mola, Isla Playón Chico.

être estimée à plusieurs milliers de dollars. Il est fréquent que les jeunes filles ou femmes la louent juste pour l'occasion. La confection d'une pollera demande la participation de nombreuses couturières minutieuses. Selon les régions, les jupons, les tissus et la composition diffèrent.
L'ensemble est ensuite agrémenté de *tembleques* qui complètent la coiffure de l'empollerada (la demoiselle qui porte la *pollera*). Ce sont de véritables bouquets fixés au moyen de broches et composés autrefois de fleurs naturelles. Divers petits détails ont ensuite été introduits : écailles de poisson, perles ou paillettes. Sur certains, des petits rubans de soie colorée sont ajoutés, on les appelle alors *pimpollo de seda* (bouton de soie). Douze *tembleques* sont nécessaires pour orner la coiffure d'une adulte, dix pour celle d'une petite fille. Influencée par la richesse de la nature et des eaux panaméennes, chaque petite broche est différente. Papillon, dindon, colombe, fleur ou insecte, le *tembleque* doit ensuite être posé avec précision, sans oublier de couvrir les oreilles. Les *cadenas* sont aussi importantes que la coiffure. Il s'agit de chaînes en or, véritable ou imité, dont le nombre varie selon la pollera et l'occasion ; pour une pollera de gala, il doit être supérieur à sept ! Puis vient la touche finale : le pompon placé sur l'encolure de la blouse, les boucles d'oreilles et les bracelets. Ne manquez pas le défilé des *mil polleras*, qui a lieu tous les ans à Las Tablas (province Los Santos), superbe vitrine du folklore panaméen.

Le *montuno*. Comme pour les *polleras*, il existe plusieurs variantes de *montuno* selon la région et l'usage. Comparé à celui de la femme, l'ensemble porté par l'homme est d'une grande simplicité. Habituellement, il se compose d'une chemise blanche à manches longues et à col mao, et d'un pantalon court. Les grands jours, la chemise est ornée de broderies de couleur, principalement jaune, rouge et bleu ; le pantalon est noir. Avec l'évolution des tendances, les chemises sont plus travaillées et des franges sont parfois ajoutées. Sandales en cuir et *sombrero* complètent la tenue.

Identité culturelle et connaissances traditionnelles

Dans une loi du 26 juin 2000, l'Etat panaméen a institué un régime spécial concernant la « propriété intellectuelle sur les droits collectifs des peuples indigènes, pour la protection et la défense de leur identité culturelle et de leurs connaissances traditionnelles ». L'objectif est de préserver les richesses, en particulier artistiques et culturelles, des différentes communautés amérindiennes du pays.

FESTIVITÉS

On ne le répétera jamais assez, les Panaméens aiment la fête et tous les prétextes sont bons : cérémonie religieuse, festivos *(jours fériés), représentation folklorique ! Le mois de novembre, particulièrement chargé, a été rebaptisé le mois des* fiestas patrias *(fêtes patriotiques) : pas moins de trois célébrations successives en l'honneur de l'histoire tumultueuse du pays ! Certaines dates varient sensiblement d'une année sur l'autre, en particulier pour le carnaval (février ou mars) et la semaine sainte (mars ou avril). Un calendrier des fêtes à travers le pays se trouve dans l'hebdomadaire gratuit* El Visitante/The Visitor.

Janvier

FERIA DE LAS FLORES Y DEL CAFÉ

BOQUETE

www.feriadeboquete.com

Dix jours de fête à Boquete à la mi-janvier, pour célébrer les fleurs et le café. Au bord du Río Caldera, elle attire des dizaines de milliers de Panaméens, souhaitant admirer de beaux massifs et goûter aux meilleurs cafés du pays. Vente d'artisanat, musique à plein volume et spectacles folkloriques sont au rendez-vous.

FERIA DE SAN SEBASTIÁN

OCÚ

Le saint patron du village d'Ocú est célébré pendant 5 jours autour du 20 janvier. On organise à l'occasion une grande féria agricole, qui mêle danses folkloriques, concerts et gastronomie de la province d'Herrera.

MIL POLLERAS

LAS TABLAS

Le défilé des mille *polleras* se déroule à Las Tablas désormais en janvier, au cœur de la péninsule d'Azuero, région où le folklore et les traditions sont les plus vives. Le savoir-faire pour la confection de cette robe est célébré avec des défilés de chars allégoriques, de la gastronomie et de la musique typique.

PANAMA JAZZ FESTIVAL

Ciudad del Saber (Clayton) et Casco Antiguo

CIUDAD DE PANAMÁ

www.panamajazzfestival.com

Vers la mi-janvier.

Le festival de jazz le plus important du pays. Créé en 2003 par le pianiste Danilo Pérez, il dure une semaine et réunit étudiants des écoles de musique et artistes de renommées internationales. Le festival finance les programmes éducatifs de la Fondation Danilo Pérez qui offre aux enfants des foyers défavorisés, la possibilité de s'intégrer dans la société grâce à la musique.

Février

CARNAVAL

LAS TABLAS

L'événement le plus attendu au Panamá. Il dure quatre jours et a lieu dans tout le pays. Le plus célèbre est celui de Las Tablas, dans la péninsule d'Azuero, où s'opposent la *Calle Arriba* et la *Calle Abajo* pour l'élection de la plus belle reine. Les carnavals de Pedasí, d'Aguadulce ou de Penonomé sont également très courus. Celui de la capitale n'est pas mal non plus, mais ceux des petites villes sont plus authentiques.

CARNAVALITO

LA PINTADA

Vous redemandez des défilés de chars allégoriques et de l'ambiance ? Le « Petit Carnaval » a lieu une semaine après le carnaval, dans le village de La Pintada.

FERIA DE SANTA FÉ, VERAGUAS

SANTA FÉ

Fin janvier début février, une grande foire agricole qui montre aussi les richesses éco touristiques des environs de ce charmant village de moyenne montagne. Expos de bovins, chevaux et autres animaux mais aussi de plantes et d'artisanat.

Mars

FERIA INTERNACIONAL DE DAVID

DAVID

www.feriadedavid.com

La feria internacional San José de David, courant mars durant 11 jours, accueille 300 000 visiteurs sur ses stands agricoles et industriels dans une ambiance très festive. Danses folkloriques, bals, artisanat...

FESTIVAL DE DIABLOS Y CONGOS

PORTOBELO

Tous les deux ans (2017, 2019, etc.), courant mars, une glorification de l'influence africaine dans le folklore panaméen. Des danses théâtrales, héritées des esclaves noirs qui se moquaient de leurs maîtres espagnols, des masques colorés impressionnants et une ambiance survoltée, au rythme des tambours et des chants ! En alternance, les années impaires a lieu le festival de la Pollera Conga, tout aussi festif.

■ FESTIVAL INTERNACIONAL DE ARTES ESCÉNICAS (FAE)
CIUDAD DE PANAMÁ
Le Festival international des Arts scéniques a lieu fin mars-début avril dans différents théâtres de la ville, cafés culturels et places du Casco Antiguo. Danse, théâtre, artistes de rue, ateliers...

■ MACROFEST
CIUDAD DE PANAMÁ
www.macrofest.com
Un festival consacré à la mode, à l'art et à la création. Ateliers, conférences performances, concerts... Durant 5 jours à la mi-mars, dans le Casco Viejo.

■ SEMANA SANTA
La semaine sainte qui précède Pâques est célébrée avec la plus grande ferveur dans tout le pays, avec de nombreuses cérémonies religieuses dans chaque village.

Carnaval : les particularités du Panama

Le carnaval est une véritable institution au Panama. Quarante jours avant la semaine sainte, il est célébré partout dans le pays, durant quatre à cinq jours, avec des spécificités régionales. C'est à Panama city et surtout à Las Tablas dans la province de Los Santos que le carnaval est le plus attractif pour les touristes.
Le carnaval débute toujours le vendredi soir. Traditionnellement, le samedi est la journée dite « internationale » avec des défilés en costumes traditionnels au son de la rumba, de la salsa, du merengue et du tipico. Au Panama, les femmes revêtent leur plus belle *pollera* à cette occasion ; le vêtement local est d'ailleurs mis à l'honneur durant la journée de dimanche. Le lundi est le « jour du costume », tandis que l'élection de la reine s'effectue le Mardi Gras. Le dernier jour du carnaval, l'enterrement symbolique de la sardine marque le début du carême : ce poisson symbolise en effet le jeûne.
Durant toutes les festivités, comme dans de nombreux pays d'Amérique centrale et du Sud, le public est arrosé avec de l'eau provenant directement des camions citernes. Attendez-vous donc à être rapidement trempé... ce qui n'est pas désagréable étant donné la chaleur au mois de février. Au Panama, les danses du diable présentent une couleur locale spécifique : les *diablicos sucios*. Des artisans d'Herrera fabriquent des masques en papier mâché. Ces figures ont été très utilisées lors de l'évangélisation du pays. Chaque année, la bataille du Bien et du Mal se rejoue pour les spectateurs.
Comme l'on peut s'en douter, le Carnaval est célébré au Panama depuis l'époque coloniale. Les habitants s'habillaient alors comme le roi et la reine d'Espagne et simulaient des batailles avec les indigènes et les esclaves noirs. Au début du XXe siècle, une touche plus festive a été ajoutée avec des défilés, des fanfares et des feux d'artifice.
Notez que, même si le carnaval n'est pas férié au Panama, de nombreux commerces tirent le rideau et le pays tourne au ralenti. Pensez à réserver votre hébergement suffisamment en amont : les prix grimpent considérablement. Les transports publics sont eux aussi pris d'assaut. Il est conseillé d'arriver en début d'après-midi pour admirer le défilé, afin d'éviter la foule. Petite précaution d'usage, laissez vos affaires de valeur à l'hôtel et éloignez-vous des hommes fortement alcoolisés au cours de la soirée. Vous devriez passer des moments mémorables !

- **Le carnaval le plus populaire** est de l'avis de tous celui de Las Tablas. Deux rues, *calle arriba* et *calle abajo*, s'affrontent pour l'élection de la plus belle reine. Les défi és s'enchaînent jour et nuit. Sur la péninsule d'Azuero, les carnavals de La Villa de los Santos, Chitré et Guarare sont également très beaux, mais Las Tablas reste le plus spectaculaire.
- **A Panama city**, c'est la liesse générale et les plus grandes artères deviennent piétonnes. Deux reines sont élues, dans le quartier nord et le quartier sud.
- **A Las Mendozas de Penonomé**, le phénomène de *mojadera* est accentué et l'on peut carrément parler de carnaval aquatique. Les chars avancent dans la rivière, et tous les participants se baignent à leur suite.
- **A Portobelo**, près de Colon, vous pourrez découvrir à l'occasion du carnaval les traditions congos et les danses théâtralisées héritées des esclaves noirs pour ridiculiser les Espagnols.
- **Les festivités sont également renommées** à Bocas, à Pedasi et Aguadulce. Enfin à la Pintada, un petit carnaval est célébré une semaine après tout le monde.

Avril

FERIA DE LAS ORQUIDEAS
BOQUETE
Plus de mille espèces d'orchidées dégagent leurs arômes à Boquete, pour cette fête qui a lieu tous les ans début avril, durant une semaine.

FERIA INTERNACIONAL DE AZUERO
LA VILLA DE LOS SANTOS
L'une des plus grandes foires agricoles du pays a lieu à Los Santos fin avril durant une dizaine de jours. Les éleveurs y exposent d'énormes spécimens de bovins. Concerts de *típico*, danses folkloriques et gastronomie sont bien sûr au rendez-vous !

FESTIVAL INTERNACIONAL DE CINE DE PANAMÁ
CIUDAD DE PANAMÁ
www.iffpanama.org
Ce jeune festival (première édition en 2012) propose durant une semaine courant avril une sélection intéressante de films du monde entier. Projections dans des cinémas et théâtres de la capitale, mais aussi en plein air.

Mai

DÍA DEL TRABAJO
Manifestations syndicales pour la fête du Travail le 1er Mai.

Masque du Corpus Christi festival, Los Santos, Panamá.

FESTIVAL DE LAS TORTUGAS MARINAS
ARMILA
✆ +507 6093 7802
ibedialnatural@hotmail.com
S'y prendre à l'avance pour réserver ses billets d'avion et son séjour dans la communauté d'Armila.
Tous les ans, aux alentours du 20 mai, la fondation Yauk Galu et Cabañas Ibedi al Natural organisent le festival écologique le plus important de Guna Yala dédié à la préservation des tortues marines. Le mois de mai est considéré comme le mois des Tortues dans le calendrier guna. Si les tortues les plus grandes du monde débarquent entre février et fin juin, c'est en mai que l'on peut en voir le plus, entre 40 et 80 par jour ! L'objectif du festival est la sensibilisation nationale et internationale sur l'importance de protéger ces espèces en voie de disparition, d'attirer l'attention sur l'incroyable biodiversité de la zone (la plage d'Armila étant la quatrième plus importante zone de nidification la plus importante du littoral caraïbe pour les tortues Laúd et Baúl) et de promouvoir le tourisme alternatif, écologique et culturel dans cette région encore méconnue.

VIA PLURAL
Avenida central
CIUDAD DE PANAMÁ
✆ +507 6037 7968
viaplural.com – laviaplural@gmail.com
Le Festival d'art de rue de Panama City. Durant une journée, l'artère piétonne s'anime : body-painting, caricaturistes, danseurs, musiciens, comédiens, magiciens : tous les artistes du pays se donnent en spectacle gratuitement.

Juin

CORPUS CHRISTI
LA VILLA DE LOS SANTOS
Soixante jours après Pâques, la Fête-Dieu commémore l'institution du sacrement de l'eucharistie. Elle est célébrée dans tout le pays mais surtout à Los Santos, où elle dure deux semaines. On peut y admirer de superbes masques et voir les fameuses danses des *Diablícos sucios* ou *Del Torito*, entre autres.

Juillet

FESTIVAL NACIONAL DE LA POLLERA
LAS TABLAS
La robe nationale, d'une très grande finesse, est célébrée le 22 juillet à Las Tablas, au moment des festivités de Santa Librada, la sainte-patronne du village. Les plus belles robes de différentes catégories sont élues par un jury spécial.

Août

FESTIVAL DEL MANITO
OCÚ
Ce festival de quatre jours dans le village d'Ocú, est l'occasion d'en apprendre plus sur les traditions agricoles de la région, avec des représentations évoquant la récolte du maïs ou les noces d'un couple de paysan par exemple, sans oublier les concours enjoués de danse et de musique.

Septembre

FERIA INTERNACIONAL DEL MAR
BOCAS DEL TORO
La féria internationale de la mer, à Bocas, dure quatre jours vers la mi-septembre. Beaucoup de concerts et de soirées festives, et de la sensibilisation à l'environnement marin.

FESTIVAL DE LA MEJORANA
GUARARÉ
guarare.com
La *mejorana* est une petite guitare à la sonorité particulière que vous entendrez dans les orchestres de la péninsule d'Azuero. Le festival annuel de Guararé, lui rend hommage vers la fin septembre, avec des concerts de musique folkloriques, des défilés de chars allégoriques et de jolies reines.

Octobre

DÍA DEL CRISTO NEGRO
PORTOBELO
Le 21 octobre, à Portobelo, on vient par milliers de tout le pays, pour assister aux processions en l'honneur du Christ noir. Un événement spectaculaire !

FERIA DEL TORITO GUAPO
ANTÓN
Mi-octobre, à Antón, l'une des plus belles manifestations folkloriques du pays, avec les présentations de costumes et les élections de reines, ainsi que des danses traditionnelles, dont celle fameuse du *Toro Guapo*.

Novembre

INDÉPENDANCE À L'ÉGARD DE LA COLOMBIE
Le 3 novembre, on fête la séparation du pays par rapport à la Colombie (1903) autour de moult réjouissances. C'est un jour férié.

Jeunes femmes panaméennes.

INDÉPENDANCE À L'ÉGARD DE L'ESPAGNE
Le 28 novembre, on célèbre la proclamation de l'indépendance du pays à l'égard de la Couronne d'Espagne, survenue en 1821.

PRIMER GRITO DE LA INDEPENDANCIA
LA VILLA DE LOS SANTOS
Le 10 novembre, on célèbre l'anniversaire du premier « cri » de l'indépendance à la Villa de los Santos qui a mené quelques jours plus tard à la séparation du Panamá de la couronne d'Espagne.

Décembre

DÍA DE LA MADRE
La fête des mères qui a lieu le 8 décembre, le jour de l'Immaculée Conception, revêt une grande importance au Panamá. C'est d'ailleurs un jour férié.

NAVIDAD
Noël est très célébré. C'est un jour férié.

CUISINE PANAMÉENNE

Entre terre et mer, façonnée par la mosaïque des cultures du monde entier représentées dans le pays, la cuisine panaméenne est riche de recettes originales. A ceux qui vous diront que l'on n'y trouve que du poulet et de la viande, répondez par le centollo, *le* ceviche, *les* tamales… *sans oublier tous ces fruits tropicaux à savourer sans modération.*

PRODUITS CARACTÉRISTIQUES

El maíz

Le maïs est l'un des aliments de base de la cuisine panaméenne. Qu'il soit cuit ou bouilli, en farine ou en grains, il entre dans la composition de nombreuses recettes :

- **Les *tortillas*.** Curieusement, la recette panaméenne n'a rien à voir avec celle des autres pays d'Amérique centrale, ici il s'agit de galettes épaisses bien fermes et frites, parfois garnies de viande.
- **Le *tamal*.** Cette pâte à base de maïs fourrée à la viande et parfumée de condiments est l'une des grandes spécialités du pays. Pour le cuire, on enveloppe le tamal dans la gaine d'un épi de maïs ou dans une feuille de bananier, ce qui lui donne une saveur très agréable.
- **L'épi de maïs** est également consommé bouilli, plongé en morceaux dans la soupe pour la compléter et la parfumer.
- **Sous forme de jus, goûtez le *chicheme*.** On le prépare en mélangeant maïs moulu, lait et parfois une pincée de cannelle, le tout mijoté un long moment à feu doux, jusqu'à épaississement. Un véritable délice, et une sacrée dose d'énergie, à boire froid.

El plátano

La banane plantain (utilisée comme légume) est l'une des deux variétés de bananes consommées, avec la banane dessert (*guineo*). La banane plantain est plus grosse et plus longue que la dessert. Jeune, à la peau verte, elle est utilisée pour les *patacones*, ces rondelles frites qui accompagnent ou remplacent le riz. Bien mûre, à la peau jaune marron, elle sera servie bouillie ou selon la recette des *plátanos en tentación*. Coupées dans la longueur, elles sont cuites un long moment avec de l'eau, de la cannelle et du sucre. Savoureux en accompagnement du plat principal !

Des fruits et légumes de saison

Certaines destinations tropicales sont directement associées aux fruits colorés et juteux, que nous trouvons souvent très chers et fades sur nos marchés. Et pourtant quel délice sur place ! Vous serez surpris de voir que les Panaméens ne boivent pas beaucoup de purs jus de fruits, préférant les *chichas* (mélangés avec beaucoup d'eau) ou les sodas… Dans les lieux touristiques toutefois, il est facile de trouver des vendeurs de jus de fruits, rassurez-vous ! Comme chez nous, il est important de vivre au rythme des saisons et de privilégier des produits locaux pour ne pas alourdir notre empreinte écologique. Le calendrier ci-après vous aidera à vous y retrouver :

- **Toute l'année** : ananas (les meilleurs du continent !), bananes, noix de coco, pastèques et papayes.
- **De décembre à avril** : goyaves… Jusqu'en mai : oranges, mandarines, narangilles (*naranjillas*). Les pamplemousses (*pomelo*) ? Jusqu'au mois de juin.
- **Dès janvier** : corossols ou anones (*guanabana*).
- **De février à juin** : melons.
- **En avril** : fraises, fruits de la passion (*maracuya*) ou grenadilles, noix de cajou (*marañon*).
- **De mai à septembre** : mangues.
- **Dès septembre** : avocats.

Mais ne vous étonnez pas à l'époque de Noël si les pommes, raisins, litchis, ramboutans et tamarins (importés) envahissent les étals…

La yuca

A ne pas confondre avec la plante que l'on connaît en France sous le nom de « yucca », le mot espagnol *yuca* désigne le manioc ! Ses racines sont très largement consommées au Panamá. Une fois dégagée de son écorce brune, la chair blanche est bouillie ou frite, et sert de base à plusieurs préparations. La *yuca* accompagne aussi les plats, au même titre que le riz ou les *patacones*.

El arroz

Le riz est incontournable. Il vous sera servi à tous les repas, préparé de différentes façons. Frit, il prend le nom d'*arroz frito* et se consomme alors mélangé à du poulet (*con pollo*), à des fruits de mer (*con mariscos*) ou aux deux (*mixto*). En accompagnement, il est cuisiné avec plusieurs variétés de haricots (*guandú ou poroto*), mais aussi avec le lait de coco ! *El arroz con coco* est un véritable délice que vous dégusterez surtout sur la côte Caraïbes (provinces de Bocas del Toro, Colón et Kuna Yala) et qui se marie idéalement avec les poissons ou fruits de mer.

La carne

Les viandes sont souvent préparées en sauce (*guisada*), parfois grillées (*a la parrillada*), ou fumées (*ahumada*). Les plus communes sont le veau et le bœuf. Le porc est moins populaire, généralement servi en côtelettes (*chuletas*). Si vous aimez la viande saignante, vous risquez d'être déçu. Toutefois, faites un tour du côté des restaurants argentins et colombiens qui réservent en général de très agréables surprises.

El pollo

Le mot « poulet » fera vite partie de votre vocabulaire courant. Les Panaméens en raffolent ! Donnez-leur du poisson pendant trois jours consécutifs, et ils vous enquiquineront, ne rêvant que de poulet ! *Pollo frito, ahumado, guisado*... Poulet frit, fumé, en sauce... Vous n'aurez que l'embarras du choix.

Pescados y mariscos

Ils sont à la carte de presque tous les restaurants du pays. Et pourtant, malgré la proximité des deux océans, les poissons et fruits de mer sont loin d'être appréciés par tous les autochtones. La *corvina* et le pagre rouge (*pargo rojo*) sont les plus consommés. Viennent ensuite poulpes (*pulpo*), crevettes (*camarones*), langoustes (*langosta*) ou crabe (*centollo*)... Vous allez vous régaler. A consommer sans modération !

Cerises de café dans la province du Chiriqui.

Et les légumes ?

Curieuse question au Panamá. Vous ne mettrez pas longtemps à découvrir que si les plats peuvent compter jusqu'à trois féculents, les légumes sont peu présents, exceptés les haricots ou les lentilles ! Et pourtant les terres de Chiriquí ou d'Azuero produisent salades, courges, etc., en abondance. C'est peut-être là l'un des aspects les plus frustrants de la gastronomie panaméenne.

Culantro ou *cilentro*

La coriandre est le condiment emblématique de la gastronomie panaméenne. Cette herbe aromatique relève de nombreux plats traditionnels, comme le *sancocho*, ainsi que les mets les plus fins de la cuisine fusion.

Quelques douceurs ?

Elles apparaissent peu sur les menus, à l'exception du riz au lait (*arroz con leche*) ou du flan. Si les desserts ne font pas vraiment partie des habitudes alimentaires locales, faites tout de même un tour dans une boulangerie pour voir si quelque chose vous tente. Les incontournables gâteaux à la crème, aux teintes fluorescentes, y occupent une place de choix ! Viennent ensuite les quatre-quarts, cakes à la carotte ou à la banane, puddings... Ces derniers, communément appelés *masmellena*, portent bien leur nom (littéralement « *más me llena* », « plus me remplirait »). Après en avoir mangé une part, partez escalader le volcan Barú !

- ***Chocao panameño.*** Bananes plantains bien mûres (coupées dans le sens de la longueur et évidées de leur cœur) cuites dans du lait de coco avec du gingembre, un peu de sel et du sucre. Très savoureux, ce dessert n'est malheureusement que très peu servi.
- ***Cocada.*** Vous trouverez ce rocher parfumé à la noix de coco dans les boulangeries.
- ***Sopa borracha.*** A partir d'un mélange épais composé d'eau, de sucre, de raisins, de cannelle et de liqueurs (rhum, moscatel, jerez), on obtient une pâte épaisse, que l'on dore au four ! Les trois alcools qui y sont incorporés valent à cette douceur le nom de « soupe ivre ».

Les fruits et leurs jus

Nombreux, ils sont surtout consommés par la population sous forme de jus de fruits, de glaces ou encore de *duros* (petit sachet de glace aromatisée dont les enfants raffolent). La palme d'or revient à la banane (*guineo*). Mais vous aurez le choix entre fruits de la passion (*maracuyá*), mangues (*mango*), papayes (*papaya*), melons (*melón*), pastèques (*sandía*), litchis (*mamón chino*), anones (*guanabana*), noix de coco (*coco*), oranges (*naranja*) ou tamarin (*tamarindo*), sans oublier l'ananas (*piña*).
Les jus de ces fruits sont souvent mélangés avec du sucre (n'hésitez pas à demander à la vendeuse d'y aller doucement). Ils sont aussi souvent à base de jus concentré et pleins de glace, mieux vaut s'assurer qu'il s'agit bien d'un *jugo natural* sous peine d'être déçu.

- **La *chicha*** reste le rafraîchissement le plus commun. Préparée avec des fruits et de l'eau, elle est servie à toute heure, dans la rue ou à table. La *chicha* se décline dans toutes les saveurs dont certaines vous surprendront, telles que la *chicha de arroz con piña* (ananas et riz moulu), *de naranja con raspadura* (orange, sucrée avec le pain de sucre de canne, la *raspadura*), *de avena* (avoine)...
Attention, ne la confondez pas avec la *chicha fuerte* des Amérindiens, obtenue à base de maïs ou de fruits mais que l'on laisse fermenter pendant plusieurs jours, voire quelques semaines, afin d'en faire un alcool fort dédié aux fêtes traditionnelles. Georges Simenon, dans *Quartier Nègre,* en décrit bien ses effets...
- ***El batido con leche,*** ou milk-shake, peut aussi être préparé avec de l'eau, *con agua*. Souvent à la mûre (*zarzamora*) ou à la fraise (*fresa*) dans la province du Chiriquí.
- **Et si vous souhaitez une saveur plus légère, un verre d'*agua de pipa*** (eau de noix de coco) vous enchantera. Quand cette boisson est servie bien fraîche, avec une paille, à même la noix de coco, n'oubliez pas d'ouvrir ensuite la noix pour en manger la chair. En y ajoutant du rhum ou du seco, on obtient le *coco loco*.
- **Le café** est souvent servi à l'américaine, c'est-à-dire noyé dans l'eau.

Pour se rafraîchir...

Rien de tel qu'une glace (*helado*) ou encore un *duro*. Les *duros* sont des sortes de glaces artisanales confectionnées avec de l'eau ou du lait concentré sucré, le plus souvent vendues par les particuliers sur le pas de leur porte. Si vous voyez un écriteau « *se vende duros* » accroché à la porte d'une maison, frappez... et demandez quel est le parfum. Il varie selon la saison, et en général c'est bon, sucré et rafraîchissant, pour une somme modique (environ 0,25 US$). L'emballage est lui aussi artisanal, gobelet ou petit sachet en plastique.

Pour s'enivrer...

Peuple festif, les Panaméens sont aussi des buveurs réputés.

- ***La cerveza.*** Avec pas moins de quatre bières locales différentes (Soberana, Atlas, Balboa, Panamá) et deux brasseries industrielles, c'est la première boisson alcoolisée consommée dans le pays. Les amateurs les reconnaissent les yeux fermés et vous aurez sûrement votre préférée. Légères, elles ne dépassent pas les 4°. *Una cerveza bien fría por favor,* et là, vous êtes heureux ! Plusieurs brasseries artisanales se sont montées ces dernières années (comme celle de La Rana Dorada dans la capitale), pour d'autres saveurs et des bières un peu moins légères.
- ***El ron* (rhum).** Le pays est grand producteur de canne à sucre, dont on boit le jus naturel. Sur le bord de la route, quelques vendeurs ambulants installent encore leur trapiche, un moulin élaboré servant à extraire le liquide de la canne. Mais une fois fermenté, le jus est encore meilleur ! Le pays possède plusieurs marques de rhum local, dont le Ron Abuelo et Carta Vieja qui sponsorisent de nombreux événements et festivals. Le *seco* est une eau de vie à base de canne à sucre, très populaire et moins chère que le rhum. La marque reine est Seco Herrerano. Dans les campagnes, le seco se boit avec du lait (*seco con leche,* on dit même parfois *seco con vaca*), dans les discothèques, on le préfère avec du Coca Cola (*ron con Coca*).
- ***El vino.*** Si vous rêvez de vin, vous trouverez votre bonheur du côté des importations chiliennes et argentines principalement. Tendances, les bars à vin se multiplient dans la capitale, en particulier dans le Casco Antiguo.

LA VERSION NUMÉRIQUE DE CE GUIDE OFFERTE

© MAMA-MIA

NQ9QVLR8PGJE

Le code ne peut être utilisé qu'une seule fois.
Il faut respecter les caractères en majuscule du code.

1. Rendez-vous sur la boutique en ligne Petit Futé : http://boutique.petitfute.com/
2. Saisissez votre code de promotion à droite dans le carré **« La version numérique de votre guide offerte »** dans l'onglet Code de promotion et cliquez sur le bouton **OK**.
3. Cliquez sur **« Continuer le paiement »** avec un montant global à 0 €.
4. Si vous avez déjà un compte : connectez-vous avec le bouton **« S'identifier »** puis choisissez une adresse de facturation et cliquez sur **« Continuer »**.
5. Si vous n'avez pas de compte : cliquez sur le bouton **« S'inscrire »**, remplissez le formulaire d'inscription puis cliquez sur **« S'inscrire »** ensuite complétez votre adresse de facturation et cliquez sur **« Continuer »**.
6. Vérifier l'adresse de facturation.
7. Ensuite, cliquez sur « Continuer » puis **« Pas d'information de paiement nécessaire »** puis **« Passer la commande »**.
8. Cliquez directement sur le lien **« Mes produits téléchargeables »** ou cliquez tout en haut sur le lien **« Mon compte »** et cliquez plus bas sur le lien **« Mes produits téléchargeables »** dans la colonne gauche **« Mon compte »**, puis sélectionnez à droite votre format sous le titre.

Offre valable jusqu'au 31/12/2016 sous réserve de l'arrêt de commercialisation de certains titres en France métropolitaine et dans le monde et sous réserve que le nombre de téléchargements soit inférieur ou égal au nombre d'exemplaires de guides papier imprimés. Formats disponibles pour smartphones, tablettes, liseuses et ordinateurs PC ou MAC.

HABITUDES ALIMENTAIRES

El desayuno

Le petit déjeuner est généralement pris très tôt (mais pas dans les hôtels, ce qui fait rager les amateurs d'avifaune). A la campagne, il constitue un véritable repas salé, souvent une viande en sauce accompagnée de tortillas ou de hojaldres (sorte de galette frite à la texture mi-crêpe mi-beignet). Il peut aussi se composer d'œufs frits (*huevos fritos*), brouillés (*revueltos*) ou d'une omelette (*torta*), délicieuse aux crevettes (torta de camarón).

Si vous rêvez de saveurs plus occidentales, sachez que les *tostadas a la francesa* sont nos pains perdus, les *tostadas de pan con mantequilla* sont des tartines de pain beurrées, et les pancakes... vous connaissez ! Le petit déjeuner servi dans les hôtels est souvent frugal et ne vous dispensera pas d'un déjeuner...

Quant au café, si vous le souhaitez avec du lait (*café con leche*), soyez averti qu'il s'agit le plus souvent d'un nuage de lait concentré. Il est fréquemment servi à la mode américaine, avec beaucoup d'eau (*americano*). Pour le boire serré, demandez un *expreso* et, pour une « noisette », tentez le *café pintado* !

El almuerzo

Habituellement, le déjeuner se compose de riz, de haricots ou de lentilles, et de viande ou poisson. Une petite salade russe (pommes de terre et œufs avec mayonnaise), de chou, ou une banane plantain viennent parfois garnir cette assiette déjà copieuse. Le dessert n'est pas une tradition.

© NICOLAS LHULLIER

Bastimentos – Bon appétit !

Vous pouvez généralement déjeuner jusqu'en milieu d'après-midi.

La cena

Pris tôt, le dîner est assez semblable au déjeuner. Méfiez-vous, dans certains villages, impossible de trouver quelque chose à se mettre sous la dent après 19h ! Certains Panaméens ont l'habitude de manger de la viande ou du poulet deux ou trois fois par jour. D'autres ne font évidemment qu'un seul repas.

Sur le pouce

C'est sûrement ce que préfèrent les Panaméens ! Car s'ils ne se refusent pas un plat copieux, ils ne résistent pas non plus devant les étals de fritures. Nombreux dans l' « intérieur », les provinces centrales et la péninsule d'Azuero, souvent en bordure de route, ces étals se multiplient à l'occasion des fêtes de village. Le choix y est vaste pour qui aime la viande frite et les beignets à base de manioc ou de maïs.

- ***Carimañola* :** beignet de forme ronde fourré de purée de manioc et de viande hachée.
- ***Torreja* ou *torrejita* :** boulettes cuisinées à partir de maïs préalablement moulu. Dégustez-les surtout à l'époque de la récolte du maïs, quand elles ont un petit goût sucré !
- ***Hojaldre* :** très communes, ce sont de grandes crêpes épaisses à base de farine de maïs, frites dans l'huile.
- ***Chicharrón* :** peau de porc séchée et frite dans un bain d'huile. Vous en avez peut-être déjà mangé en Espagne. Riche en calories.
- ***Tasajo* :** un morceau de viande de bœuf très cuit.
- ***Empanadas* :** chaussons à la viande ou au fromage, populaires dans tous les pays. Parfois sucrés, à la confiture de goyave ou à la banane.
- **En accompagnement,** vous aurez le choix entre une jolie salade colorée qui s'apparente plutôt à une bouillie de pommes de terre, d'œufs et de betteraves, ou le riz sauté. L'un comme l'autre est relativement nourrissant !
- **Dans la catégorie grignotage,** on retrouve aussi l'incontournable paquet de chips (la pomme de terre est remplacée par du manioc ou des bananes plantain)... Sinon rendez-vous sur le coup de 11h ou 16h dans le quartier des affaires de la capitale. Des camionnettes s'installent alors au pied des tours, le coffre ouvert, proposant une multitude de gâteaux et empanadas, accompagnés de *chicha*.

Au restaurant

El restaurante peut aussi bien être un *comedor*, c'est-à-dire un petit kiosque vendant un plat unique ou une *fonda*, petit restaurant familial sans prétention ; un *self-service*, une formule très appréciée des Panaméens de la ville ; ou un restaurant plus ou moins sophistiqué avec un service (plus ou moins) dans les règles. Si vous voulez une assiette généreusement garnie, un critère de sélection important par ici, lorgnez plutôt du côté de la restauration locale. Vous serez sans doute impressionné par ces montagnes de victuailles qui peuvent tenir dans un seul et même plat ! Les restaurants à la cuisine internationale ont la fâcheuse tendance à servir de bien petites quantités aux touristes affamés. A moins d'y mettre le prix bien sûr !

Les menus proposés à midi débutent à 3 US$ dans les *comedores*. Ils prennent le nom de *comida corriente*, par opposition aux plats à la carte (*orden, ordenes*). C'est la formule favorite. Dans les bureaux, il est courant de commander son repas (*comida*) à l'extérieur et de le manger sur son lieu de travail. Il est alors servi dans une boîte en polystyrène, comportant trois compartiments, un pour le riz, un pour la viande et un pour la banane cuite. Dans les restaurants de catégorie légèrement supérieure, ce même menu est également proposé accompagné d'une chicha. Sous le nom de *menú ejecutivo* (en français « menu pour cadre »), il est compris entre 2,50 US$ et 6 US$. Il s'adresse à une clientèle plus aisée, souvent les employés de bureaux, de banques...

Les chaînes de restauration rapide internationales sont également implantées au Panamá. Les tarifs y sont généralement plus élevés qu'ailleurs mais, comme partout, elles connaissent un succès phénoménal. Il y a aussi des chaînes locales spécialisées, telles que Pío Pío (du poulet sous toutes ses formes) ou La Ranchera, dont les hamburgers font une concurrence digne de ce nom à Ronald.

Les bonnes tables

La plupart de ces bonnes tables ont en général un menu aux saveurs internationales. Un doux mélange entre influences panaméennes et subtilités étrangères. Le choix des entrées est plus développé, et aux *ceviches*, soupes, salades, se mêlent les *boquitas*, sortes de *tapas* panaméennes.

Autres cuisines

Dans le paysage de ces cuisines « autres », les plus nombreux sont les restaurants chinois, une formule souvent économique aux plats aussi bien panaméens (*sancocho*) qu'asiatiques (*chow mein*, nouilles sautées, nems...). Une règle que suit la majorité des restaurants étrangers pour ne pas manquer de satisfaire les Panaméens très attachés à leurs plats traditionnels.

Ce sera surtout dans la capitale que vous pourrez goûter à d'autres cuisines du monde : latines, européennes, orientales... Quant aux restaurants végétariens, ils commencent à fleurir avec l'essor du tourisme et les problèmes de cholestérol d'une grande partie de la population habituée à manger gras et frit, et à boire des sodas depuis leur plus jeune âge...

RECETTES

Ceviche

Cette spécialité panaméenne (mais aussi péruvienne) est peut-être l'unique plat relevé du pays ! Il ne nécessite pas de nombreux ingrédients : un oignon, de l'ail, un piment rouge, des citrons, de la coriandre, une pincée de sel et du poisson ou des crevettes, selon vos préférences. Pelez oignon et ail. Hachez l'ail et coupez finement l'oignon. Coupez le piment en petits morceaux. Pressez le jus des citrons. Dans un saladier, déposez le poisson cru coupé en dés (ou des crevettes décortiquées coupées en deux dans le sens de la longueur). Versez-y tous les ingrédients mentionnés ci-dessus. Laissez mariner toute la nuit, c'est l'acidité du citron qui cuit le poisson et lui donne un aspect très blanc. Dégustez-le frais avec des petites galettes salées et une bière bien fraîche.

Sancocho

Les amateurs de soupe apprécieront cette recette aux multiples interprétations possibles. Servi habituellement avec une assiette de riz que l'on aime mélanger avec le liquide chaud, le *sancocho* est un plat nutritif et économique. C'est aussi le plat national ! Sa préparation est longue et exige de nombreux ingrédients. Certains y mettent du poulet, d'autres de la viande de bœuf. Au consommé parfumé d'un oignon, d'un poivron vert, d'une gousse d'ail et d'un peu de coriandre, on ajoute un morceau d'épi de maïs et parfois de la *yuca*. Tout aussi populaire, le *guacho*, ou *gallo pinto*, est un mélange de riz, de haricots, d'oignon et de tomate, auquel on ajoute un morceau de viande.

JEUX, LOISIRS ET SPORTS

Les Panaméens sont de fervents amateurs d'athlétisme, de boxe, de football et surtout de baseball. Le voyageur viendra, lui, profiter des innombrables activités nature à pratiquer en mer, en forêt ou en montagne : randonnée, *birdwatching*, pêche, plongée, rafting, surf…

DISCIPLINES NATIONALES

Athlétisme

Depuis que le Panamá compte des athlètes de renommée internationale tels Irving Saladino (champion du monde et champion olympique en saut en longueur) ou Bayano Kamani (400 m haies), il semble que le pays se soit pris d'affection pour cette discipline et que la relève soit assurée avec Alexander Bower (saut en hauteur) ou Alonso Edward (100 m).

Boxe

Le 18 juin 1929, « Panamá » Al Brown devient le premier champion du monde panaméen et latino-américain de l'histoire de la boxe. Mais c'est surtout Roberto Durán, alias Mano de Piedra (main de pierre), champion du monde de boxe dans quatre catégories, qui a véritablement porté la boxe panaméenne sous les projecteurs à partir de 1972 : un impressionnant palmarès de 105 victoires dont 69 par KO (« *nocauts* », comme disent les Panaméens). Devenu une légende vivante, il a suscité de nombreuses vocations parmi les jeunes du pays. Si personne n'a pour le moment réussi à l'égaler, les boxeurs panaméens continuent à se défendre sur le ring en s'imposant dans diverses catégories. Aujourd'hui, les supporters continuent d'aduler Luis « El Nica » Concepción, Alberto « Metralleta » Mosquera ou Roberto « La Araña » Vásquez… Chez les filles, Chantall « La Fiera » Martínez a été la première championne du monde de boxe féminine panaméenne (catégorie Super coq, en 2011). Quant à Celestino « Pelenchín » Caballero, ancien champion du monde des super-coqs et plumes, qui avait raccroché les gants en 2014 suite à une blessure à l'œil, il a reconnu en 2016 être impliqué dans un trafic de drogue…

Football vs baseball

Ah le foot ! Comme dans la majeure partie des pays d'Amérique latine, c'est un sport très populaire, même si, au niveau international, les résultats de l'équipe panaméenne n'étaient il y a quelques années pas très réjouissants. Pourtant, l'équipe nationale était portée par un certain « Panagol » Julio Cesár Dely Valdes. Depuis 2014, le Colombien Hernán Darío Gómez, sélectionneur, a redressé la barre. En mars 2014, le Panama a atteint sa meilleure position au classement FIFA, en intégrant pour la première fois le top 30 à la 29e place. Troisièmes de la Copa Centroamericana 2014, les Canaleros se sont aussi qualifiés pour la Gold Cup 2015. La rencontre avec le Mexique a suscité une vive polémique autour d'un pénalty imaginaire qui a engendré la démission des membres de la commission arbitrale. Hernán a à présent la dure mission de qualifier l'équipe panaméenne pour la Coupe du monde 2018 en Russie.

Playón Chico – Graine de champions !

PANAMÁ AL BROWN, L'ÉTOILE DES RINGS ET DES CABARETS

Colón est le berceau de nombreuses vedettes de la boxe. Parmi elles : Panamá Al Brown. Né en 1902, Alfonso Teofilo de son vrai nom a durci ses poings dans les ruelles mal famées de cette ville caribéenne. Il a 13 ans à la mort de son père, un ancien manœuvre de l'aventure française du canal. L'adolescent devenu chef de famille se lance dans les combats pour quelques balboas dans les cantinas des quartiers chauds. Avec son physique de fil de fer, 1,75 m pour un peu plus de 52 kg, ce poids coq est doté d'une droite redoutable. « Kid Teofilo », comme on l'appelle alors, empoche le titre de champion du Panamá en 1922. Mais le jeune homme ne compte pas en rester là.

A 20 ans Alfonso rêve d'aventures et s'embarque pour New York. Clandestin, le latino noir survit à Spanish Harlem. Il y rencontre un manager véreux qui l'exploite comme peut le faire un manager blanc d'un boxeur noir dans les années 1920. « Kid Teofilo » devient « Panamá Al Brown » et enchaîne les combats à travers les Etats-Unis, mettant KO presque tous ses adversaires en moins d'une minute. Mais la fédération américaine lui refuse pour divers prétextes de combattre pour le titre mondial, pourtant largement à sa portée. A l'époque, il n'est pas souhaitable qu'un Noir devienne champion du monde. Al Brown prend un ferry pour la France en 1926. Le Panaméen s'installe à « Paname » puis enchaîne les combats dans toute l'Europe, en Afrique du Nord et au Canada.

Le globe-trotter de la boxe est aussi doté d'une personnalité des plus fantasques. Le public le déteste et le hue (il exécute ses adversaires trop vite !), mais le milieu artistique l'adore et l'invite dans les plus grands cabarets de Paris. Alliant élégance et sens de l'humour, il simule des entraînements sur les rythmes de jazz, joue de la batterie et du saxo, ou danse avec des amies de Joséphine Baker ! Maurice Chevalier mime des combats contre lui, tandis que Jean Cocteau, amoureux, l'invite pour des nuits d'opium et de champagne…

Le poète du ring oublie de s'entraîner mais continue de mettre au tapis ses adversaires dès les premières reprises. Son secret ? Peut-être les lampées de champagne qu'il ingurgite pendant ses combats… Panamá Al Brown gagne le titre de Champion du monde des coqs le 18 juin 1929 (le premier Latino-américain à obtenir le titre). Il le conserve six ans, six années durant lesquelles son manager engrange beaucoup d'argent, faisant combattre à une cadence dangereuse le trentenaire déjà bien usé par la vie. Al Brown est en effet affaibli par la syphilis et la tuberculose et ne peut presque plus utiliser sa fameuse main droite, maintes fois fracturée.

Le Champion du monde endetté par une vie pleine d'insouciance et par sa passion pour les courses de chevaux n'a pas le choix : il doit combattre, quitte à y laisser sa peau. Alors qu'il s'apprête à fuir la boxe et les dettes, on lui propose un dernier combat (le 13e en Championnat du monde), celui de trop ! Empoisonné par son soigneur, Panamá Al Brown perd son titre le 1er juin 1935 à Valencia.

Le boxeur déchu vivote alors de spectacles dans les cirques. Cocteau l'encourage à remonter sur le ring et à reprendre son titre, pour l'honneur. Après une cure de désintoxication et de longues séances d'entraînement, le succès est au rendez-vous… mais, à bientôt 40 ans, le champion décide de rentrer dans son pays natal pour terminer sa carrière. Il n'est cependant pas accueilli avec faste par ses compatriotes, comme cela avait été le cas en 1929, au moment du sacre de l'enfant du pays, le « Kid » de Colón. Après quelques victoires, il prend sa retraite définitive en 1942 et repart vivre aux Etats-Unis. Mais la drogue le rattrape et l'ancien champion n'est plus que l'ombre de lui-même. Pour vivre, il remet les gants, mais cette fois comme « *sparing partner* » payé un dollar la reprise…

Né dans la misère à Colón, Alfonso Teofilo terminera pauvre et oublié à New York. Celui qui n'est jamais tombé KO en 171 combats s'effondre à Harlem le 11 avril 1951, vaincu par la tuberculose.

Il n'y a pas que le ballon rond dans la vie. Même si le *soccer* comporte de nombreux adeptes, il ne faut pas oublier le football américain, dont les équipes fleurissent ! On en dénombre une quinzaine dans le pays. Le basket est également très populaire, notamment à Colon et Panama, mais aussi chez les Guna... qui se défendent même s'ils ne sont pas forcément aidés par leur taille !

Le baseball est le « sport national ». Pratiqué depuis les années 1870, il est bien plus populaire que le football, surtout en province. La ligue panaméenne compte 11 équipes, dont Chiriqui, Bocas del Toro, Los Santos, Herrera et Panama Metro, les derniers vainqueurs du championnat national. De nombreux joueurs ont été recrutés par des équipes étasuniennes et certains sont devenus de véritables stars, comme Mariano Rivera, considéré comme « le meilleur lanceur de tous les temps » et qui a finalement pris sa retraite en 2013 après 19 saisons avec les New-York Yankees.

ACTIVITÉS À FAIRE SUR PLACE

Observation des oiseaux

Plus de 976 espèces d'oiseaux ont été recensées dans le pays, soit plus que dans toute l'Amérique du nord ! Plusieurs secteurs de grande richesse ornithologique sont internationalement reconnus : l'Achiote Road sur le versant atlantique, la Cienaga de las Macanas (Azuero), les environs du volcan Baru (Chiriqui), la baie de Panamá, le parc Metropolitano, ou encore le parc Soberanía et son fameux Camino del Oleoducto (Pipeline Road), qui attire les *birders* du monde entier. Et la liste est encore longue. Les ornithologues seront intéressés par les publications de l'ONG Panamá Audubon, en charge de l'observation des oiseaux et de la conservation de leur habitat. Sont disponibles en anglais ou espagnol : *Where to Find Birds in Panama* (2006), *A Guide to the Birds of Panamá* par Robert Ridgely et John Gwynne (Princeton University Press, 1992), *A Guide to the Common Birds of Panamá City* par Jorge Ventocilla, illustrations Dana Gardner. A la portée de tous, ce dernier propose une découverte des oiseaux de la capitale et de ses alentours proches. Sur le site Internet – www.audubonpanama.org – vous aurez également une belle présentation des oiseaux présents dans le pays. L'association organise des sorties qui s'adressent aussi bien aux néophytes qu'aux observateurs expérimentés.

Dame !

Santa Catalina – Surf à la Punta !

Randonnée

Sur les flancs du volcan, à travers les sentiers des parcs nationaux, dans la forêt vierge, sur le sable chaud des plages, vous trouverez une multitude d'excursions possibles, dont quelques-unes indiquées dans ce guide. Pour en savoir plus sur les sentiers du Panama, rendez-vous sur le site : www.caminandopanama.org

Pêche

La position de l'Isthme panaméen ainsi que ses nombreux fleuves qui se jettent dans les deux océans font du Panamá une référence en matière de pêche : traditionnelle, à la mouche ou sportive. Ce n'est pas pour rien que le mot « Panamá » signifie en langue indigène « abondance de poissons ». Une réalité que la pratique du *catch and release* (ou *no-kill*) protège naturellement. Elle consiste à relâcher systématiquement ses prises dans le milieu naturel où elles vivent. La carpe cubera de 15 kg, ça n'est que pour la photo, on la rejette ensuite à la mer. Les inconditionnels caresseront l'idée de prendre mérous, thons jaunes ou à dents de chien, marlins noirs ou bleus, poissons coqs, coryphènes, carangues et même quelques tarpons du côté Pacifique ! Cette espèce, qui évolue normalement dans les eaux des Caraïbes, a profité du canal pour passer de l'autre côté. La pêche, plus développée du côté Pacifique, est possible toute l'année, mais elle est plus agréable en saison sèche (de décembre à avril). Il faut également faire son choix en fonction du poisson qui vous motive ; préférez octobre et novembre pour les carpes rouges…

Plongée

Le pays étant encore peu connu, ses sites de plongée sous-marine ne sont pas encore envahis, à vous d'en profiter ! L'île de Coiba, dont le principal atout est sa grande biodiversité, est un site encore préservé mais qui attire un nombre croissant de pêcheurs et plongeurs, on y voit de sacrés monstres ! Des sorties sont organisées également vers Isla Iguana ou dans l'archipel de Las Perlas. Sur la côte Atlantique, les meilleurs sites se trouvent entre Portobelo et San Blas, ou à Bocas del Toro. La plongée avec masque et tuba (*snorkel* ou *snorkeling*) est aussi très populaire. Les bons spots sont très accessibles et vous trouverez partout quelqu'un pour vous y transporter.

Rafting, canoë, kayak

350 rivières se jettent dans le Pacifique, 150 dans l'Atlantique, le potentiel du Panamá pour les passionnés de kayak et de rafting est immense : ríos Chagres, Chiriquí Grande, Mamoní ou Chiriquí Viejo… La grande variété des cours d'eau classés de I à IV fera le bonheur des initiés mais aussi des débutants.

Surf, kite

Un défi que l'homme lance à la mer ! Des vagues parfaites, des spots puissants, des murs de 4 à 6 m, tout est possible au Panama quand il y a du *swell*. Les destinations surf sont nombreuses, de la côte Atlantique à la côte Pacifique. Parmi les plus réputées, la péninsule d'Azuero (El Toro, Destiladero, Playa Venao, Guanico, Cambutal), les plages de Panamá (de Malibú à Gorgona, Bahía Serena, Coronado, Playa Teta), de Bocas del Toro, d'Isla Grande ou encore la célèbre Santa Catalina… Le Panamá offre aussi quelques spots de planche à voile et de kitesurf, notamment à Punta Chame, non loin de la capitale ! Pour avoir un aperçu de ce qui vous attend : www.surfeapanama.com

ENFANTS DU PAYS

Oswaldo De León Kantule

Né en 1964 à Ustupu, l'une des îles de l'archipel San Blas, cet artiste occupe une place particulière dans la peinture panaméenne. Surnommé « Achu », il privilégie les thèmes relatifs à ses racines gunas, mêlant tradition, cosmologie, histoire et spiritualité. Il a participé à de nombreuses expositions individuelles et collectives sur le continent américain et en Europe.

Julio Dely Valdés

Alors que ses camarades de Colón préféraient le base-ball, Julio Dely Valdés était déjà un adepte du ballon rond. Il commence sa carrière en première division panaméenne sous les couleurs de l'Atlético Colón. Quatre saisons plus tard, il émigre dans le sud du continent au Nacional Montevideo qui l'accueille durant 4 ans, et pour qui il marquera 128 buts grâce à sa rapidité et à son jeu de tête impressionnant ! Il cumule les titres de champion et de meilleur buteur d'Uruguay entre 1990 et 1992. Un an plus tard, « Panagol » rejoint les clubs européens, dont le PSG en 1995 avec qui il remporte le championnat et la Coupe des coupes. Sa fabuleuse ascension se poursuit au sein de l'équipe de Málaga. Il devient le meilleur buteur de l'histoire du club. Au terme de la saison 2002-2003, il décide de retrouver le club uruguayen qui l'a révélé, où joue également son frère jumeau, Jorge. Dely Valdés raccrocha officiellement les crampons, à 36 ans, à l'issue du match hommage qui lui a été rendu à Panamá, au stade Rommel Fernández, le 30 mai 2004. Après avoir été entraîneur au Malaga FC, il devient sélectionneur de l'équipe nationale panaméenne de 2010 à 2013, mais ne parviendra pas (de très peu) à emmener son équipe jusqu'au Mondial 2014.

Roberto Durán

Cette légende de la boxe, née en 1951, dans un quartier pauvre de la capitale, El Chorillo, dispute son premier match professionnel en 1968. Cinq ans plus tard, il remporte son premier titre mondial, coup d'envoi de son ascension. Les fanatiques se souviendront des matchs disputés contre l'Américain Sugar Ray Leonard, autre légende de l'époque. Durant sa longue carrière, Roberto Durán sera tour à tour Champion du monde des légers entre 1972 et 1979, des welters en 1980, des super-welters en 1983-1984 et des moyens WBC en 1989. En 2002, suite à un accident de voiture, il fait officiellement ses adieux à la boxe… à 51 ans ! « Mano de Piedra » (« main de pierre ») occupe toujours une place privilégiée dans le cœur des Panaméens. Un film sur sa vie, *Hands Of Stone*, avec Édgar Ramírez et Robert De Niro, a été présenté à Cannes en 2016.

Sandra Eleta

Née à Panamá en 1942, elle est considérée comme la plus célèbre photographe panaméenne. Issue d'une grande famille, elle étudia les beaux-arts à New-York au début des années 1960, où elle se spécialise dans la photographie et le cinéma. Après avoir enseigné cet art à l'université du Costa Rica entre 1972 et 1973, elle décide de revenir à Panama et de devenir photographe indépendante. Elle travaille pour plusieurs revues latino-américaines, et réalise de nombreux reportages sur la communauté afro de la côte Caraïbe. Son œuvre la plus remarquée est un essai photographique et anthropologique sur les habitants de Portobelo, réalisé entre 1977 et 1981. Sandra réalisa aussi des courts-métrages, notamment *Serenata en B* (1985) basé sur les photos de la décoration des bus panaméens. Ses photos ont fait le tour du monde et font partie de la collection permanente du musée d'Art contemporain de Panama City. La maison de Sandra à Portobelo a été transformée en atelier dédié à l'art congo offert aux habitants de Portobelo. La maison a été convertie également en un bel hôtel (La Morada de la Bruja, Casa de Arte). Pour voir quelques photos remarquables de Sandra Eleta : www.sandraeleta.com

Sonia « Pucha » García

Dans les vagues, ou sur les couvertures des magazines de surf et de ses célèbres calendriers, la belle « Pucha » ne passe pas inaperçue. La surfeuse la plus titrée du pays, pas moins de 10 titres de championne nationale, s'est fait connaître il y a une vingtaine d'années, en participant aux compétitions masculines (il n'y avait pas encore de championnats féminins au Panama). Les sponsors n'ont pas hésité à miser sur cette surfeuse au corps divinement sculpté. Elle a ainsi pu financer ses participations à de nombreuses compétitions internationales. En 2012, à 38 ans, elle impressionne tout le monde et obtient la 3e place au Mondial Master du Nicaragua. La « Diva du surf », mère de deux enfants, est aujourd'hui une véritable icône de ce sport en Amérique latine. www.puchaspanama.com

Laffit Pincay Junior

Né en 1946 d'un père déjà très célèbre dans le monde hippique, Laffit Pincay Junior est aujourd'hui considéré comme l'un des plus grands jockeys de l'histoire. Trop petit pour être joueur de baseball, certains l'ont cru trop grand pour être cavalier. Et pourtant… 9 530 victoires lui sont attribuées de 1964 à 2003 ! Un score mythique pour lequel « El Corsario » s'est battu nuit et jour : on raconte qu'il a dû s'astreindre tout au long de sa carrière à suivre un régime alimentaire draconien de 700 calories par jour, pour maintenir son poids autour des 50 kilos requis. Réputé pour sa ténacité et son courage, ce n'est que contraint et forcé qu'il a quitté le monde professionnel de l'équitation, suite à une mauvaise blessure.

Mariano Rivera

Numéro 42 au sein de l'équipe Yankees de New York en Major League durant 19 saisons (de 1995 à 2013), ce joueur de baseball, né à Panamá en 1969, reste l'une des figures sportives emblématiques du Panamá. Originaire de Puerto Caimito, un petit village proche de Ciudad de Panama, Mariano Rivera est issu d'une famille modeste de pêcheurs. Repéré par un technicien des Yankees, il s'envole à 21 ans pour New-York. Le début du rêve américain. Sacré meilleur joueur du championnat de la Ligue américaine en 2003, Mariano Rivera a poursuivi sa carrière avec les Yankees jusqu'à sa retraite en 2013, à 43 ans. Cette légende vivante du baseball, surnommée « le meilleur lanceur de tous les temps », est resté très humble face au succès et a conservé des liens très forts avec sa famille et son pays natal.

Irving Saladino

Né à Colón en 1983, c'est le premier athlète du Panama et d'Amérique centrale à gagner une médaille d'or aux Jeux olympiques. C'était à Pékin en 2008, avec un saut en longueur à 8,34 m, alors qu'il était déjà champion du monde depuis 2007. Il ne brillera pas aux J.O. de Londres en 2012, puis, enchaînant les blessures, il décide de mettre un terme à sa carrière en 2014. Son record personnel est un saut à 8,73 m, en 2008, le 8ᵉ plus long de l'histoire.

Samy et Sandra Sandoval

Frère et sœur, passionnés par la musique depuis leur plus jeune âge, leur réussite est un véritable phénomène au Panamá ! Natifs de Herrera, ils firent leurs premiers pas dans les provinces de l'intérieur du pays. Ils sont aujourd'hui aussi bien à l'affiche des fêtes de village que des concerts de la capitale. Le physique de Sandra, ses tenues et ses chorégraphies, associés au charisme de Sammy, ne sont pas étrangers à leur commun succès. Plus de trente ans de carrière et une vingtaine d'albums. Leur musique inspirée du *típico*, aux influences nombreuses, est joyeuse et rythmée, et les paroles sont parfois peu tendres envers les hommes, comme sur *Hasta que el cuerpo aguante…*

David Solís

Cet artiste panaméen, né dans le quartier populaire de Calidonia en 1953, construit une œuvre picturale dans laquelle il confronte son héritage latino-américain à la culture européenne. En effet, David Solis est installé depuis plus de trente ans dans le Sud de la France. Formé à l'Ecole d'architecture et des beaux-arts de Panamá, puis à celle de Marseille-Luminy à la fin des années 1970, il y développe une remarquable maîtrise du dessin, de l'aquarelle, et y approfondit les techniques de la gravure. A partir des années 1980, avec de fréquents retours aux sources, au Panamá, mais aussi en Colombie et à Cuba, il se dédie à la peinture et explore, à mi-chemin entre abstraction et figuration, les genres du paysage, de la nature morte et du portrait. Panamá nourrit de toute évidence l'imaginaire de ce peintre. Il évite néanmoins de contribuer à une vision folklorique de son pays et prend de la distance avec l'archétype du paysage tropical. Ses toiles et dessins sont exposés en Europe, Amérique latine, notamment à Panamá au musée d'Art contemporain et à la galerie Habitante, ainsi qu'aux Etats-Unis.

Embera Quera – Petite fille embera.

DÉCOUVERTE

LEXIQUE

Les hispanophones s'habitueront bien vite aux quelques spécificités de la langue panaméenne, mais peut-être pas à l'accent de certaines régions reculées du pays ! Vous remarquerez très vite que la langue anglaise a influencé de nombreuses expressions. Comme en français, le « verlan » est parfois utilisé. Le lexique ci-après est plutôt du registre courant, voire familier.

Et en guna, emberá et wounaan ?

Français	Guna	Emberá	Wounaan
Bonjour	*nuégambi*	*bihabuha*	*hakpaïsi*
Au revoir	*deguimaló*	*abanúdiapeda*	*húaïm*
Oui	*eye*	*maé*	*tchatcha*
Non	*suly*	*aha*	*tchatchabam*
Merci	*nuhét*	*bihabuha*	*húaïm*
Homme blanc	*sippu*	*embera torsa*	*bokhóm*
Homme latin	*waga*	*campuniá*	*négor*
Père	*bába*	*céza*	*munhaï*
Mère	*nána*	*pápa*	*munhat*
Maison	*nega*	*dé*	*dii*
Hamac	*katchi*	*jirabá*	*Hamáa*
Pirogue	*hulú*	*hambá*	*háp*
Manger	*mascunner*	*nécodé*	*tashcom*
Riz	*orós*	*arroz*	*arroz*
Poulet	*canmir*	*terré*	*athar*
Poisson	*uá*	*betá*	*awar*
Boire	*gobé*	*baytotora*	*dobá*
Comprendre	*itogé*	*yakabasia*	*umbá*
Jour	*ivgin*	*eváu una*	*astáu*
Nuit	*mutic*	*diamassi*	*edar*
Lune	*niï*	*edeko*	*ed-daho*
Soleil	*dada*	*besea*	*edbttu*
Étoile	*niscua*	*lucero*	*kukuy*
Mer	*denmhaár*	*pusá*	*dokier*

Lexique gracieusement fourni par Michel Puech, directeur de l'agence Panama Exotic Adventures.

Dans la province de Guna Yala..

Los panameñismos

- ***Hola frén*** **:** salut mon pote.
- ***Toó tá chilling o qué ?*** Ca roule ou quoi ?
- ***bién pritti*** **:** bien mignon (ne).
- ***El man*** **:** le mec.
- ***Toy limpio*** **:** je suis fauché.
- ***Joven*** **:** « jeune » en castillan mais on l'utilise pour interpeller communément un homme ou une femme sans distinction d'âge.
- ***Gracias mi amor / mi corazón / mi cielo*** **:** merci mon amour / mon cœur /mon ciel ! Une expression couramment utilisée mais sans sous-entendus…
- ***Qué xopa ?*** Ça gaze ? (verlan de *qué pasó ?*).
- ***Qué xopa block / fren ?*** Ça roule mon pote ?
- ***Qué lo qué es , queloqué ?*** Quoi de neuf ?
- ***Chévere / bien cool :*** super.
- ***Pega duro*** **:** ça marche du tonnerre.
- ***Diez palos*** **:** 10 dollars.
- ***Mopri*** **:** cousin (verlan de *primo*)
- ***El yeye*** **:** le fils à papa.
- ***Racataca*** **:** racaille.
- ***Aguevado / pendejo / Bobo*** **:** couillon (se prononce *awuewao*).
- ***La rumba, a rumbear*** **:** la fête, faire la fête.
- ***El guarometro*** **:** l'alcootest.
- ***Dale pues*** **:** Vas-y donc, ou ok.
- ***¡ Bien yeye !*** **:** Bien branché !
- ***Chucha / chuleta*** **:** punaise.
- ***Áyala vida / máquina / porquería*** **:** mélange de surprise et mauvaise humeur.
- ***La vaina*** **:** le truc, le machin.
- ***La buya*** **:** le bazar.
- ***Una guial*** **:** une jolie fille.
- ***Oyé mami / papi*** **:** pour appeler une fille / homme.
- ***El bam bam*** **:** le derrière (le popotin).

Ciudad de Panamá.

PROVINCE
DE PANAMÁ

CIUDAD DE PANAMÁ

★★★

Les immanquables de la province de Panamá

- **La capitale** contemplée depuis les hauteurs du Cerro Ancón.
- **L'atmosphère bohème** du Casco Viejo.
- **Les bains de foule** de l'Avenida Central.
- **Les virées** en *diablos rojos*.
- **Les rythmes endiablés** de la vie nocturne.
- **L'observation d'un paresseux** dans le parc naturel métropolitain.
- **Le canal**, ses bateaux gigantesques et ses écluses.
- **L'île Taboga** et l'archipel des Perles.
- **Les communautés emberá** du Río Chagres ou du Río Gatun.
- **Les excursions dans la jungle** à 20 minutes de la capitale.

On l'appelle le « Dubaï latino », en raison de ses immeubles de plus de 50 étages qui ont poussé comme des champignons ces dernières années. Bienvenue à Panamá, City ou Ciudad, au choix… Votre découverte du pays commencera sans doute par cette capitale moderne et tropicale, vivante et cosmopolite, où la circulation est anarchique, les panneaux publicitaires géants, les bus pétaradants, le bruit des Klaxons et marteaux-piqueurs assourdissant… Une capitale déboussolante et fatigante mais qui saura vous captiver !

La Ciudad, comme l'appellent les capitalinos, est surprenante. Ambiance survoltée et nonchalance s'y mêlent allègrement. Sur le viaduc qui enjambe la baie pour relier les ruines de la « vieille » ville coloniale aux malls et aux gratte-ciel de Punta Paitilla, les 4x4 rutilants aux vitres teintées font la course avec les taxis déglingués. Dans les airs, papillons et colibris dansent entre les élégantes tours de verre comme dans l'épaisse forêt tropicale du parc naturel métropolitain ou du mont Ancón. Quant aux pélicans, ils préfèrent survoler la Cinta Costera qui longe la baie, pour rejoindre le centre colonial sur sa péninsule.

Le Casco Antiguo (ou Casco Viejo), est l'un des plus beaux quartiers historiques d'Amérique latine : un véritable joyau à l'architecture éclectique, témoignage de son histoire. Populaire et bohème, il s'embourgeoise depuis son inscription en 1997 sur la liste du patrimoine mondial de l'UNESCO. De ses remparts, la vue est remarquable : des tours du quartier d'affaires à l'élégant pont des Amériques, en passant par les îles du Causeway et les immeubles aux couleurs pastel du quartier populaire du Chorillo. Dans la brume marine, on devine les silhouettes des paquebots qui patientent avant de pénétrer dans le canal tout proche.

L'atmosphère de Santa Ana est tout aussi envoûtante. Dans l'avenida Central, piétonne à ce niveau (la Peatonal), on rencontre un échantillonnage de toutes les origines, couleurs et musiques du pays qui la rendent si attachante. Cette longue enfilade de magasins, très animée, descend vers la place 5 de Mayo où passent encore quelques « diables rouges ». Montez donc à bord de l'un de ces vieux bus « graffés » de couleurs vives (avant qu'ils ne disparaissent du paysage urbain), c'est le meilleur moyen d'apprendre le nom des grands axes de la capitale qui vous seront bientôt familiers : Vía España, Calle 50, Calle 12, Transístmica, Panamá Viejo…

© NICOLAS LHULLIER

Plaza Santa Ana, Casco Viejo.

La province de Panamá

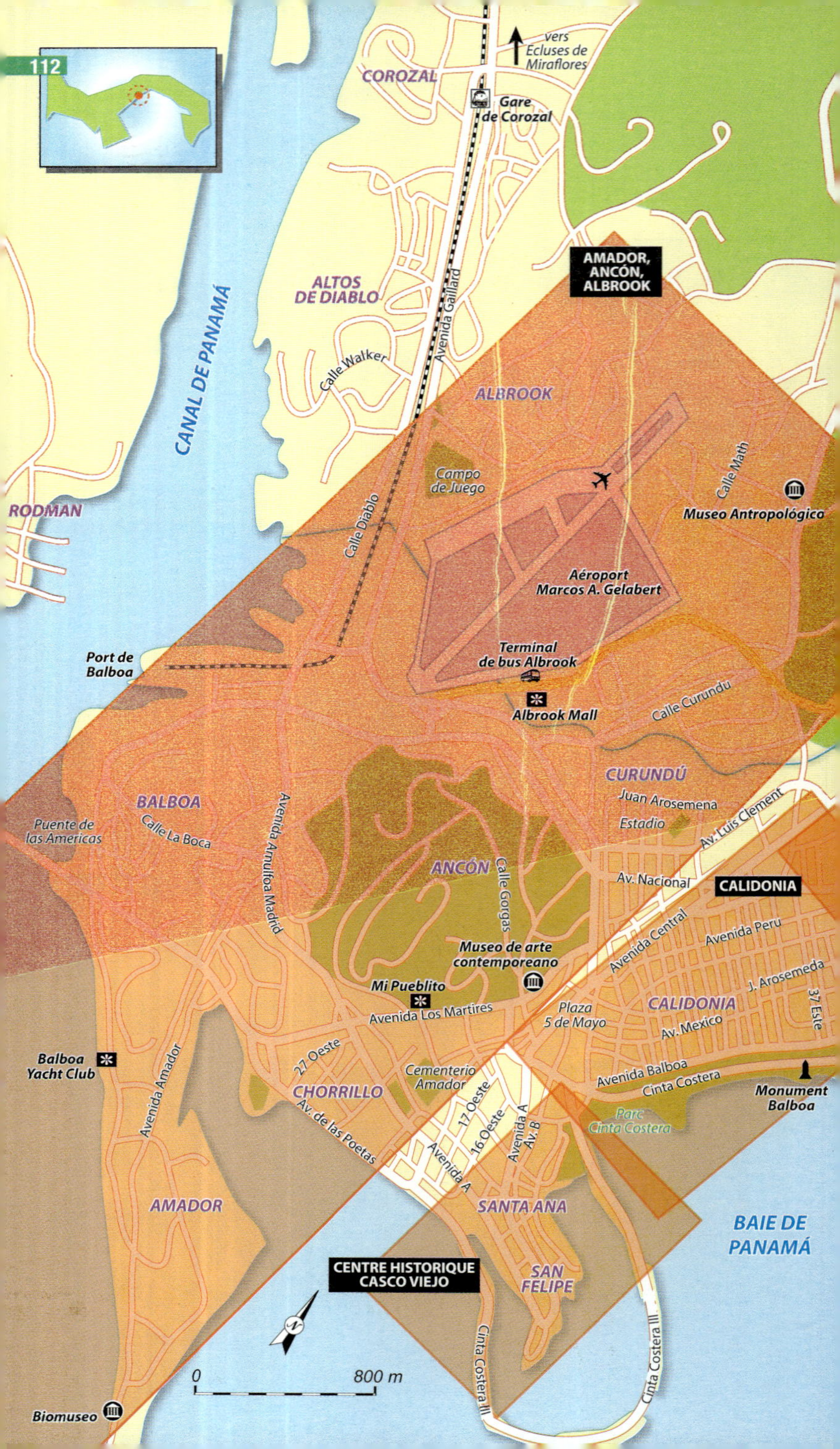
vers Ecluses de Miraflores
COROZAL
Gare de Corozal
AMADOR, ANCÓN, ALBROOK
ALTOS DE DIABLO
Avenida Gaillard
Calle Walker
CANAL DE PANAMÁ
ALBROOK
Campo de Juego
Calle Math
Museo Antropológico
RODMAN
Calle Diablo
Aéroport Marcos A. Gelabert
Port de Balboa
Terminal de bus Albrook
Albrook Mall
Calle Curundu
CURUNDÚ
Juan Arosemena
Estadio
BALBOA
Puente de las Americas
Calle La Boca
Avenida Arnulfoa Madrid
ANCÓN
Calle Gorgas
Av. Luis Clement
Av. Nacional
CALIDONIA
Avenida Central
Avenida Peru
Museo de arte contemporeano
Mi Pueblito
J. Arosemeda
37 Este
Avenida Los Martires
Plaza 5 de Mayo
CALIDONIA
Av. Mexico
Balboa Yacht Club
27 Oeste
Cementerio Amador
Avenida Balboa
Cinta Costera
Monument Balboa
Avenida Amador
CHORRILLO
Av. de las Poetas
17 Oeste
16 Oeste
Avenida A
Av. B
Parc Cinta Costera
Avenida A
AMADOR
SANTA ANA
BAIE DE PANAMÁ
CENTRE HISTORIQUE CASCO VIEJO
SAN FELIPE
Cinta Costera III
Cinta Costera III
0
800 m
Biomuseo

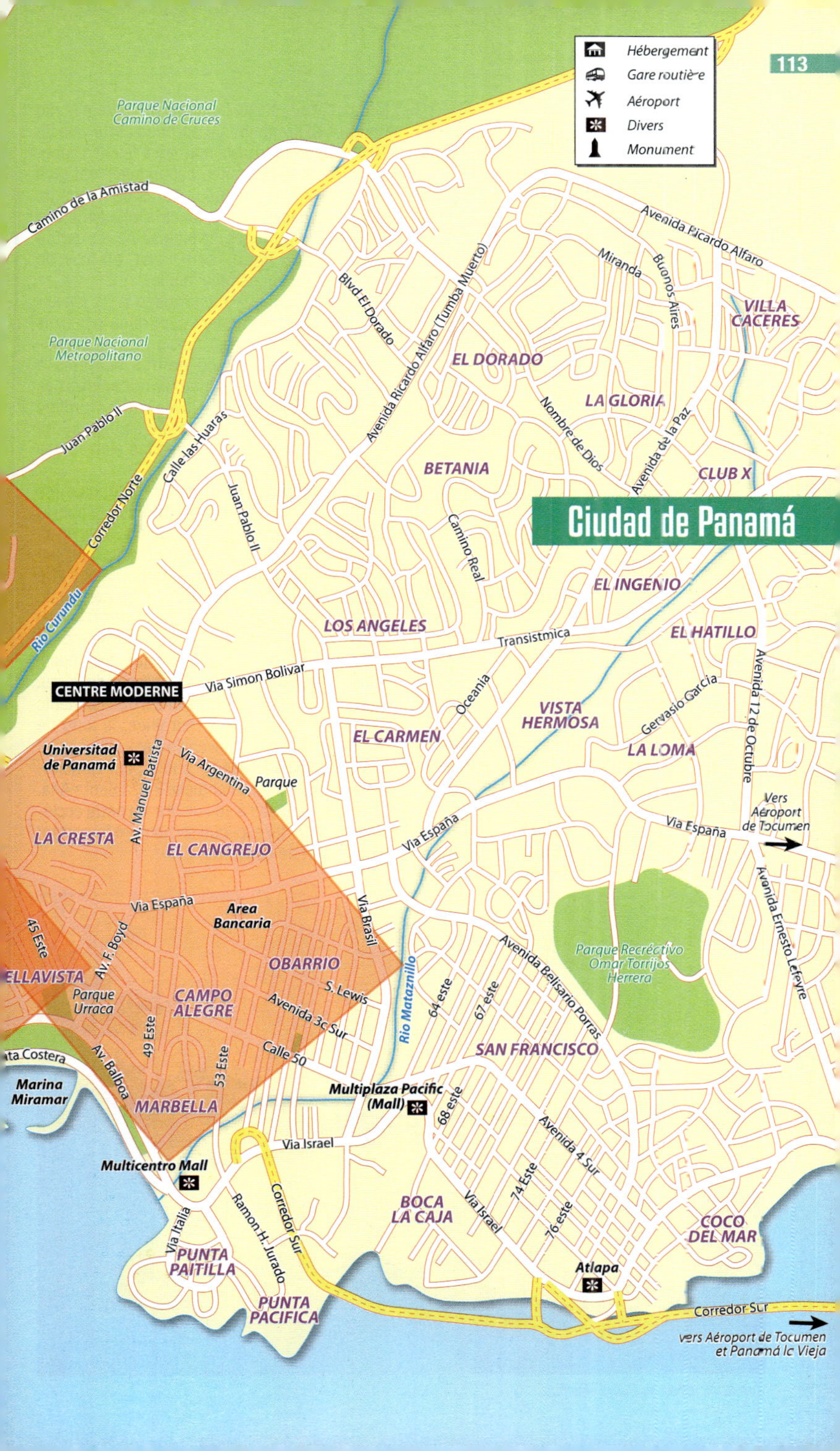

Ciudad de Panamá
Hébergement
Gare routière
Aéroport
Divers
Monument
Parque Nacional Camino de Cruces
Parque Nacional Metropolitano
Camino de la Amistad
Juan Pablo II
Corredor Norte
Rio Curundu
Calle las Huaras
Juan Pablo II
Blvd El Dorado
Avenida Ricardo Alfaro (Tumba Muerto)
Avenida Ricardo Alfaro
Miranda
Buonos Aires
VILLA CACERES
EL DORADO
LA GLORIA
Nombre de Dios
Avenida de la Paz
CLUB X
BETANIA
Camino Real
EL INGENIO
LOS ANGELES
Transistmica
EL HATILLO
CENTRE MODERNE
Via Simon Bolivar
Oceania
VISTA HERMOSA
Gervasio Garcia
Avenida 12 de Octubre
EL CARMEN
LA LOMA
Universitad de Panamá
Av. Manuel Batista
Via Argentina
Parque
Vers Aéroport de Tocumen
Via España
Via España
LA CRESTA
EL CANGREJO
Avenida Ernesto Lefevre
Via España
Area Bancaria
Via Brasil
45 Este
Av. F. Boyd
OBARRIO
Avenida Belisario Porras
Parque Recréctivo Omar Torrijos Herrera
ELLAVISTA
Parque Urraca
CAMPO ALEGRE
S. Lewis
Avenida 3c Sur
Rio Mataznillo
64 este
67 este
Calle 50
SAN FRANCISCO
ta Costera
Av. Balboa
49 Este
53 Este
Marina Miramar
MARBELLA
Multiplaza Pacific (Mall)
68 este
Via Israel
Avenida 4 Sur
Multicentro Mall
Ramon H. Jurado
Corredor Sur
BOCA LA CAJA
Via Israel
74 Este
76 este
Via Italia
PUNTA PAITILLA
COCO DEL MAR
Atlapa
PUNTA PACIFICA
Corredor Sur
vers Aéroport de Tocumen et Panamá la Vieja

La province de Panamá

La province de Panamá est la région la plus riche et la plus peuplée du pays. Elle est encadrée par Panama Oeste, une nouvelle province créée le 30 décembre 2013, et la province rurale de Coclé à l'ouest, de Darién à l'est, de Colón et de San Blas au nord et par l'océan Pacifique au sud. Ses attraits touristiques sont nombreux, à commencer par Panama City, la capitale. Dans ses alentours, outre le canal, la région possède des parcs nationaux, des îles verdoyantes, des plages de sable fin et une partie orientale moins touristique mais qui offre de belles possibilités d'aventures !

Histoire

Panamá La Vieja est la première cité espagnole fondée sur le Pacifique. Sa fondation date du 15 août 1519, six ans après la découverte de la mer du Sud par Vasco Nuñez de Balboa. En 1521, ce paisible village de pêcheurs prend le titre de Ciudad Real (« Cité royale ») et devient le centre politique, religieux et commercial de la « Terre ferme ». Les plus grandes richesses d'Amérique centrale et du Sud y sont entreposées, avant d'être transportées à dos de mule sur des chemins traversant la jungle jusqu'à l'océan Atlantique : Camino Real et Camino de Cruces. La cité prospère très vite, attisant les convoitises des pirates et flibustiers. En 1671, Henri Morgan et ses 1 200 hommes remontent le Río Chagres et prennent par surprise cette ville de 10 000 habitants qu'ils mettent à feu et à sang. L'orgueil de la Couronne espagnole n'est plus que ruines et désolation. Après ce saccage, l'Espagne décide de déplacer la ville dans une zone mieux protégée et plus saine. La petite péninsule à 8 km au sud-ouest, au pied de la colline Ancón, semble idéale.

Panamá « La Nueva » est fondée le 21 janvier 1673. Elle est au départ quadrillée par trois rues principales et sept rues annexes, constituant 38 *manzanas* ou petites sections à vocation militaire, religieuse, administrative ou résidentielle. Afin de laver l'affront infligé par les Anglais, la cathédrale et l'église de La Merced sont édifiées avec les pierres des anciens édifices religieux.

En 1675, la ville est entourée d'imposantes murailles. Il n'y a que deux entrées : la puerta de Tierra, protégée au moyen d'un pont-levis, et la puerta del Mar, dont les pontons permettent le déchargement de marchandises. Avant d'être reliées par une digue lors de la construction du canal plus de deux siècles plus tard (l'actuel Causeway), les îles Perico, Flamenco et Naos accueillent, dans leurs eaux profondes, les navires chargés d'or en provenance du Pérou. A cette époque, Panamá compte 8 000 habitants et s'étend au-delà des murailles, le long de la calle Real (l'actuelle avenida Central). Le point le plus élevé de la ville est choisi pour l'aménagement d'une place, l'actuelle Plaza Santa Ana. La ville devient peu à peu un grand centre ecclésiastique, ce qui explique un nombre important d'églises et de couvents.

Îles artificielles de Punta Pacífica.

La ville moderne depuis le parc métropolitain de Ciudad de Panamá.

Mais la décision de la Couronne d'abandonner l'isthme comme voie de transit, au milieu du XVIIIe siècle, entraîne un déclin progressif de la cité. A la même période, plusieurs incendies causent d'énormes dégâts, la plupart des maisons étant construites en bois. En 1737, le « Fuego Grande » détruit 95 % de la ville intra-muros : seuls 22 des 390 bâtiments échappent aux flammes. En 1756, le « Fuego Chico » détruit près de la moitié de la ville, ce qui pousse l'élite à déménager dans les faubourgs de Santa Ana. Les nouveaux espaces libérés par les flammes sont utilisés pour aménager des places aujourd'hui connues sous les noms de Bolívar et Herrera.

A partir du milieu du XIXe siècle, la Ruée vers l'or et la construction de la voie ferrée rejoignant Colón relancent l'activité commerciale de l'isthme. Trente ans plus tard, lors de la construction du canal, les Français apportent leur touche architecturale. Les Américains font de même à partir de 1904, et s'octroient la propriété d'une bande de 8 km de chaque côté du canal en devenir (traité Hay-Bunau-Varilla). Une bonne partie est de la ville, incluant notamment le Cerro Ancón, est désormais territoire américain. Le long du canal, le quartier d'Albrook se construit dans un style nouveau et propret : maisons hautes et blanches, vastes jardins, larges avenues...

La ville de Panamá s'étend également vers l'ouest en suivant la baie. Des quartiers chic comme Bellavista ou la Exposición apparaissent dans les années 1910-1920. La capitale s'agrandit et finit même par rejoindre l'ancienne Panamá « la Vieja » dans les années 1950. C'est le temps des larges avenues dédiées à l'automobile, et, plus tard, des grands centres commerciaux... Cet aménagement urbain pensé pour le « tout voiture – consommation » à la mode nord-américaine se fait au détriment des espaces piétonniers et des parcs. Heureusement, la forêt tropicale en périphérie de la ville a été préservée, protégée par son statut de parc naturel métropolitain.

La ville aujourd'hui

Depuis les années 1970, au moment de la création du Centre financier international, la ville pousse aussi verticalement, en particulier dans les zones Punta Paitilla, Calle 50, Avenida Balboa, Punta Pacífica, San Francisco et Costa del Este. Aujourd'hui, Panamá connaît une fièvre immobilière sans précédent : on recensait en 2016 une quinzaine de gratte-ciel en construction de plus de 200 m de hauteur ! Des immeubles de 50 à 70 étages, abritant luxueux appartements, hôtels, bureaux, casinos et pistes d'atterrissage pour hélicoptères !

Le plus haut édifice en 2016 était la « *Trump Ocean Club International Hotel & Tower* », une tour en forme de voile (ou de « D », initiale de son propriétaire Donald Trump) de 70 étages et de 293 m. Autre tour à l'architecture originale, la F&F Tower et ses 243 m, surnommée « *el Tornillo* » (« la Vis ») sur la Calle 50. Cet engouement pour la verticalité atteint les quartiers résidentiels historiques tels Bellavista, El Cangrejo, San Francisco, où les vieilles maisons sont rasées les unes après les autres. La ville commence à prendre des allures de cités asiatiques, et on la compare de plus en plus à Singapour ou à Dubaï.

La baie de Panama à marée basse.

Un projet d'îles artificielles est même en train de voir le jour du côté de Punta Pacifica.
Plus loin, en direction de Tocumen et de Chepo, de nouveaux quartiers sont sortis de terre : certains très chic comme la zone sécurisée de Costa del Este, d'autres beaucoup plus populaires, tels ces ensembles basiques de petites maisons identiques qui longent la Panaméricaine, dans les banlieues est et ouest de la capitale.
Car il faut loger cette population jeune dont 50 % a moins de 25 ans. Il faut aussi accueillir les étrangers, un peu moins jeunes : les retraités nord-américains, ou *baby-boomers*, sont de plus en plus nombreux à investir dans la capitale comme dans le reste du pays, attirés par la qualité de vie et les avantages fiscaux. On remarque également de plus en plus de Sud-Américains, en particulier Colombiens et Vénézuéliens, en quête d'emplois et de sécurité. Les Européens, Espagnols et Italiens principalement, Israéliens, Russes et Asiatiques achètent eux aussi des terres et montent des affaires. La bonne situation économique et son quasi plein emploi, mais aussi le blanchiment d'argent, expliquent cette vague d'investisseurs en provenance du monde entier que le scandale des *Panama Papers* a pointée du doigt en 2016.
Si Panamá a toujours été une ville internationale, elle n'a en revanche jamais été aussi chère… ni embouteillée ! Pour fluidifier la circulation, d'importants travaux ont été engagés ces dernières années (parfois dans un mépris total de l'environnement) : deux grands axes, sortes de périphériques au sud et au nord de la ville (Corredor Sur/Norte) et un second pont au-dessus du canal, à la sortie nord de la ville (pont du Centenaire). Un boulevard côtier, la Cinta Costera, a été aménagé avec des remblais d'une cinquantaine de mètres sur la mer. Cette promenade très agréable dispose de nouvelles artères longeant l'avenue Balboa mais aussi des parcs, terrains de sport et voies piétonnes et cyclables.
Le gouvernement Martinelli a en revanche commis un véritable massacre dans le paysage urbain en réalisant le pire projet qui soit : faire passer un viaduc autour du Casco Viejo (la Cinta Costera III) pour relier le centre moderne, le Chorillo et le Causeway. A cause de cette *rompe olas* (brise-vagues), le Casco Viejo a perdu sa belle ligne d'horizon… L'UNESCO a menacé de retirer la vieille ville de sa liste du patrimoine mondial de l'Humanité, mais heureusement, la Cinta Costera III a été construite suffisamment loin des terres.
Plus positif, la construction express d'un métro qui relie l'est et le nord-ouest de la métropole. Il est bientôt suivi par une seconde ligne (en 2016) jusqu'à l'aéroport de Tocumen et dans les années à venir par une troisième au niveau d'Arraiján. Mais pour cela, il faudra encore attendre un quatrième pont sur le canal, qui devrait remplacer le célèbre pont des Amériques devenu trop bas ! Courant 2016, priorité était donnée au chantier du pont de Colon, dit « troisième pont ». Quant aux travaux d'assainissement de la baie de Panamá, tout le monde espère que l'on pourra se baigner un jour sous les gratte-ciel mais personne n'y croit vraiment ! Jacques Chirac avait bien dit, en son temps, que les Parisiens barboteraient dans la Seine…

QUARTIERS

Panamá s'étend d'ouest en est le long de l'océan Pacifique. La ville est encadrée par le canal à l'ouest, le parc naturel métropolitain au nord, le Pacifique au sud, et s'étend bien au-delà des ruines de Panamá La Vieja et de Costa del Este en direction de l'aéroport de Tocumen.

Les principaux quartiers touristiques sont le Casco Viejo (ou Casco Antiguo), l'avenida Central (une artère partiellement piétonne avec des commerces), El Cangrejo (hôtels et restaurants économiques, quartier animé), Bellavista et Marbella (hyper-centre, restaurants et hôtels de standing, discothèques), Amador (ou Causeway, musée de la biodiversité, promenade, marina), Albrook (terminal de bus, *mall* et aéroport) et Panamá La Vieja (ruines de Panamá Viejo).

Il est assez simple de s'orienter dès que l'on a mémorisé quelques points de repère. Les principaux étant les gratte-ciel bordant la baie ainsi que le Cerro Ancón, cette colline à l'ouest qui surplombe les quartiers d'Albrook, du Chorillo, du Casco Viejo et de Calidonia.

La plupart des avenues sont parallèles au Pacifique, tandis que les rues leur sont perpendiculaires. Les noms des rues sont rarement identifiables, tout comme les numéros d'immeubles : trouver une adresse précise s'avère complexe. On se repère donc en indiquant un monument, une station-service, un grand hôtel ou un magasin qui parfois n'existe plus, ou a changé de nom !

Pour compliquer la tâche, certaines rues (*calle* : C/ en abrégé) ou avenues (*avenida* : Ave.) ont plusieurs noms d'usage ou changent de nom à partir de certaines intersections. Voici les axes les plus utilisés pour lesquels vous pourriez être un peu perturbés :

- **Ave. Central :** La Peatonal ou La Central (dans sa partie piétonne).
- **Ave. Central :** Vía España (à partir du carrefour de l'église El Carmen en direction de l'est).
- **C/50 :** Nicanor de Obarrio = Ave. 4 Sur
- **L'Ave. 6 Sur** prend successivement les noms d'Ave. Balboa, Ave. Brasil, Vía Israel et Ave. Cincuantenario.
- **Vía Brasil :** Ave. Ramón Arias (et non C/ Ricardo Arias).
- **Tumba Muerto :** Ave. Ricardo Alfaro.
- **Vía Transísmica (Boyd Roosevelt) :** Ave. Simón Bolívar.
- **Ave. Perú :** Ave. 1 Sur.
- **Ave. Cuba :** Ave. 2 Sur.
- **Ave. Justo Arosemena :** Ave. 3 Sur.
- **C/Uruguay :** C/48 Este.
- **C/Aquilino Guardia :** C/49 Este.
- **Vía Veneto :** C/49 A Oeste.
- **C/Ricardo Arias :** C/50 Este.
- **Enfin, ne pas confondre** Panamá Viejo (quartier), Panamá La Vieja (site historique) et Casco Viejo – ou Casco Antiguo – qui regroupe le quartier de San Felipe et une partie de celui de Santa Ana.

Casco Viejo ★★★★

Le Casco Viejo ou Casco Antigo est la vieille ville de Panamá, située sur une petite péninsule qui avance dans la baie. C'est l'endroit le plus touristique de la capitale, avec de nombreuses boutiques d'artisanat, restaurants et cafés avec terrasses, quelques *hostels* et chambres d'hôtes. C'est sans aucun doute le lieu le plus agréable et charmant de la ville, un incontournable. Il se compose de San Felipe, avec ses maisons coloniales rénovées, et de Santa Ana, autour de la place du même nom, plus authentique et délabré. Personne ne fait vraiment la nuance et tout le monde parle simplement du *Casco*. Le quartier est aujourd'hui complètement sécurisé, et si vous vous éloignez un peu vers une rue dangereuse (après la place Herrera par exemple), la police touristique devrait venir vous voir d'un coup de vélo. Notez que la vieille ville et un segment de l'avenue centrale restent fermés à la circulation le dimanche de 10h à 17h.

Plaza Bolivar.

Casco Viejo
vers Plaza 5 de Mayo
Calle 15 Oeste
Calle C
Calle 14 Oeste
Église Santa Ana
Avenida Central (Piétonne)
CHORILLO
Calle B
SANTA ANA
Plaza Santa Ana
Calle 13 Oeste
La Pollera
Calle Colon
Calle 12 este
Avenida B
Calle Salsipuedes
Calle 15 Este
Calle 11 este
P.A. Díaz
Avenida A
SAN FELIPE
Calle 11 este
Calle 12 Este
Avenida Eloy Alfaro
Marché aux poissons
Mano de Tigre
Casa de la Municipalidad
Avenida Central
14 Este
La Reformada
Calle Pablo Arosemena
Plaza Herrera
Obaldia
Église de la Merced
13 Este
Parc
Calle 9 Oeste
CINTA COSTERA "2"
Église San José
Calle 8 Oeste
Edifice religieux
Monument ou mu
Marché
Police touristique
Divers
Ruines du couvent de la Compagnie de Jésus
Cathédrale
Avenida B
7 oeste
Palacio municipal Musée d'histoire
Place de l'Indépendance
Musée du Canal
6 Este
Calle 5 este
Palacio de las Garzas
Hotel Central
San Felipe Neri
Hotel Colombia
CINTA COSTERA "3"
Calle 4 oeste
Calle 4 este
Casa Góngora
Av. A
Plaza Bolivar
Théâtre National
Calle 3 este
Ministerio de Relaciones exteriores
Couvent Santo Domingo Musée d'Art religieux colonial
Police
Central
Palacio Nacional
Salón Bolivar
2 Este
San Francisco de Asís
Avenida Eloy Alfaro
Calle 2 Oeste
2 oeste
Avenida
Ambassade de France
Calle 1 Oeste
Plage
Plaza de Francia
Institut Nat. de la Culture
Ancien Club Union
Las Bovedas
Paseo E. Huertas
BAIE DE PANAMÁ
BAIE DE PANAMÁ
N
0
200 m

Calidonia

Calidonia est un quartier populaire, à l'architecture un peu chaotique, avec de nombreux commerces (surtout Via España). C'est un quartier qui a peu d'intérêt touristique, même si c'est là que l'on trouve le plus d'hôtels bas et moyenne gammes. Il convient d'être prudent ici (*pickpockets*) et, la nuit, il est recommandé de se déplacer en taxi pour rejoindre ou quitter son hôtel.

Centre moderne et l'est ★★

Cette grande zone qui s'étend le long de la baie de Panamá regroupe de nombreux *barrios* (« quartiers »), résidentiels ou d'affaires, avec également plusieurs grands centres commerciaux (malls). On y voit des gratte-ciel impressionnants le long des grandes avenues dédiées à l'automobile. Les quartiers de Punta Paitilla et Punta Pacifica aux immeubles démesurés méritent le détour, mais n'espérez pas avoir accès à la mer : les gratte-ciel barrent la vue. C'est dans la ville moderne que se trouvent les hôtels des grandes chaînes internationales et quelques hostels agréables, aménagés dans des maisons familiales. C'est aussi là où l'on sort, avec les restos et cafés branchés, voire *yeyes* de la Calle Uruguay.

Amador, Albrook, Ancón et l'ouest ★★★

Cette zone regroupe les terrains de l'ancienne zone américaine, le long du canal de Panamá, la *Canal Zone*. Des quartiers résidentiels tranquilles, avec les vieilles maisons américaines, des avenues très vertes. On y trouve quelques hôtels de charme et de plus en plus d'hôtels de luxe.

- **Albrook** accueille le terminal de bus, le terminus du métro, un aéroport pour les vols intérieurs et un immense centre commercial : c'est un lieu de passage incontournable.
- **Amador.** Le Causeway – ou péninsule d'Amador – est apprécié pour ses balades au bord de l'eau, à pied, à vélo, en roller... A l'entrée du Causeway, le fascinant musée de la Biodiversité. Son architecte n'est autre que Franck Gehry auteur du musée Guggenheim de Bilbao.
- **Enfin Ancón** domine le Casco viejo. On peut grimper sur cette petite colline pour avoir une splendide vue sur la ville, différente de celle du parc métropolitain. Réfléchissez avant de loger plus à l'ouest, vous perdrez beaucoup de temps dans les embouteillages, que vous soyez en voiture ou en transports en commun...

SE DÉPLACER

L'arrivée

Avion

■ **AEROPUERTO INTERNACIONAL DE TOCUMEN (PTY)**
Avenida Domingo Díaz
✆ +507 238 2700 / +507 238 2600
www.tocumenpanama.aero
info@tocumenpanama.aero

A 24 km au nord-est de Panamá, Tocumen propose tous les services d'un aéroport international (change, location de voitures, informations touristiques...). Le terminal de l'aéroport a été agrandi en 2015. Un second terminal devrait voir le jour et accueillir le plus long vol au monde depuis les Emirats Arabes Unis, mais ce projet tournait au ralenti courant 2016. Tocumen est d'ores et déjà le 6e *hub* au monde et le principal *hub* d'Amérique latine. Notez que l aéroport reste ouvert toute la nuit.

Le nouveau musée sur la biodiversité, Amador.

▶ **Pour rejoindre Panamá City/se rendre à l'aéroport**, le taxi est le moyen le plus simple. Compter à partir de 25-30 US$ pour 1 ou 2 personnes, ou 11-12 US$ par personne pour 3 ou 4 personnes, à peine plus en tarif de nuit. Pour se rendre à l'aéroport depuis le centre-ville, les tarifs sont similaires mais plus facilement négociables.

▶ **Un arrêt de bus** est situé à environ 300 m de l'aéroport (traverser le rond-point). On peut prendre un Metrobus (bus moderne climatisé) direction Albrook - Corredor Sur. Passage toutes les 25 minutes. Compter de 40 minutes à 1 heure 30 de trajet pour rejoindre le centre de la capitale. Le tarif est de 1,25 US$. Une carte rechargeable est nécessaire pour prendre le Metrobus et il n'est actuellement pas possible de l'acheter à l'aéroport. On peut toutefois s'arranger avec des locaux qui vous feront passer avec leur carte contre de l'équivalent du tarif en monnaie. Prendre le bus n'est conseillé qu'aux personnes connaissant déjà la ville et n'étant pas trop chargées. Pour se rendre à l'aéroport en Metrobus, le plus simple est de monter au terminal d'Albrook pour avoir de la place, ou à la station 5 de Mayo. Prévoir de la marge, surtout aux heures de pointe.

■ AEROPUERTO INTERNACIONAL PANAMÁ PACÍFICO

International Business Park
Antigua Base Aérea de Howard
✆ +507 316 3500
www.panamapacifico.com
info@panamapacifico.com
Compter 15/20 US$ pour 1/2 personnes pour rejoindre le centre de Panama.
L'aéroport Panamá Pacífico dessert les plages à proximité de la capitale, pour les touristes qui souhaitent atterrir immédiatement vers leur *resort*. Le secteur sera desservi à terme par la ligne 3 du métro et pourra être rejoint par le 4e pont sur le canal, en direction de l'ouest de la capitale. Vols quotidiens depuis Medellin par la compagnie *low cost* Viva Colombia.

■ AEROPUERTO MARCOS A. GELABERT (PAC) – ALBROOK

Avenida Canfield, Albrook
✆ +507 501 9292 / +507 501 9271
Distributeur bancaire, informations touristiques, cafétéria et agences de location de voitures.
Situé dans le quartier d'Albrook, ce petit aéroport gère tous les vols intérieurs du pays, ainsi que les vols pour San José (Costa Rica) de la compagnie Air Panamá (qui a ses bureaux dans l'aéroport) et les vols (quotidiens actuellement) pour/depuis Medellin-Rio Negro et Armenia en Colombie. Assez économique par rapport aux compagnies qui partent de Tocumen.

▶ **Pour se rendre en taxi à l'aéroport**, compter environ 10 US$ depuis/vers la ville moderne pour les vols matinaux (le prix normal étant de 3 à 5 US$ depuis/vers le Casco Viejo). Depuis l'aéroport, les chauffeurs sont d'autant plus intransigeants. Une course rapide depuis/vers le terminal de bus ou de métro vous coûtera environ 5 US$.

■ AIR FRANCE – KLM

✆ 00 800 22 60 080
www.airfrance.com.pa
Depuis novembre 2013, Air France exploite une liaison régulière vers Panama City au départ de Paris-Charles de Gaulle. Vols les lundis, jeudis, vendredis, samedis et dimanches. Départ de Paris à 13h55, arrivée à Panama City à 17h40. Départ de Panama City à 21h, arrivée à Paris-Charles de Gaulle à 14h15 le lendemain.

Entrée du Casco Viejo.

Calidonia
Musée
Marché
Divers
Gare routière
Hôpital
Rue piétonne
200 m.
Vers Santa Ana et San Felipe
Banque
Place 5 de Mayo
Avenida Central
Mercado de Artisanias
Musée Afro-antillais
Avenida B
Calle 23 Este
Calle 24 Este
ARRIO CHINO
Mercado de Mariscos
Avenida Eloy Alfaro
Vers Casco Viejo
Cinta Costera
Avenida Balboa
Calle 25 Este
Calle 26 Este
Calle 27 Este
Calle 28 Este
Calle 29 Este
Calle 30 Este
Calle 31 Este
Calle 32 Este
Calle 33 Este
Bureau de l'Immigration
Musée des Sciences naturelles
Transístmica - Via Simón Bolívar
Calle Juan Antonio Guizado
Parque B. Porras
Calle 35 Este
Avenida Perú
Via España
Avenida México (4a Sur)
Avenida Ecuador
Calle 34 Este
Avenida Justo Arosemena
Calle 36 Este
Calle 37 Este
Hôpital nacional
Avenida Cuba
Hôpital Santo Thomas
Calle 38 Este
Calle 39 Este
Calle 40 Este
Calle Bolivia
Calle Chile
Calle 41 Este
Calle 42 Este
Parque
BAIE DE PANAMÁ
Monument Hommage à Balboa
Club de Yates y Pesca
BELLA VISTA

■ AIR PANAMÁ
Aeropuerto Marcos A. Gelabert, Albrook
✆ +507 316 9000
www.airpanama.com
reservaciones@airpanama.com
La seule compagnie qui assure des vols nationaux réguliers, avec une flotte récente. Vols réguliers pour San José (Costa Rica) et Medellin (Colombie). Egalement des vols charters vers une douzaine d'aéroports nationaux. Il est préférable d'acheter ses billets directement à l'aéroport ou à l'officine située avenue Balboa plutôt que par Internet.

■ AMERICAN AIRLINES
Ave. Balboa, Balboa Plaza
✆ +507 269 6022
www.aa.com

■ CONTINENTAL AIRLINES
Ave. Balboa, Edificio Galerías Balboa
✆ +507 265 0040
www.continental.com

■ COPA AIRLINES
Business Park, Torre Norte, Costa Del Este
✆ +507 217 2672
www.copaair.com
Cette compagnie panaméenne a été élue la plus ponctuelle d'Amérique latine par FlightStats en 2013, 2014 et 2015. Elle opère des vols nationaux, notamment à partir de l'aéroport international de Tocumen, vers David, dans le Chiriqui, 2 fois par jour. Mais également des vols internationaux vers l'Amérique centrale, l'Amérique du Sud, les Caraïbes les USA et le Canada (Montréal notamment).

© DANIELHO – ISTOCKPHOTO

La voie ferrée Panamá-Colón.

■ GTA PANAMÁ – GILLOU TRANSFERT AÉROPORT
✆ +507 6904 7319
gta.panama.147@gmail.com
Compter depuis Tocumen 140 US$ pour 1 à 4 personnes, 500 US$ de 5 à 10 personnes. A bord du pick-up : Wifi, AC, bouteille d'eau. Prévenir au moins 48 heures à l'avance pour les groupes de plus de 4 personnes. Des excursions à El Valle, au Canal et à Gamboa peuvent également être organisés.
GTA Panamá est un service personnalisé de transfert entre les aéroports de Tocumen ou Rio Hato et la région des plages. A bord de son confortable *pick-up* de 5 places, le sympathique Gillou vous transporte de l'aéroport de Tocumen (ou de Rio Hato) vers les hôtels des plages du Pacifique (de Punta Chame à Farallón), ou jusqu'à Copecito ou El Valle, pour le prix d'un taxi, mais en français, avec un service personnalisé et dans la bonne humeur ! Pratique, agréable et sécurisant surtout quand on arrive fatigué après plusieurs heures de vol et le décalage horaire.

■ IBERIA
Avda. Balboa y calle 43 Edificio BBVA Planta Baja
✆ +507 227 3966
www.iberia.com

▸ **Autre adresse :** Aéroport Tocumen ✆ +507 238 4163

■ VIVA COLOMBIA
Panama Pacifico
www.vivacolombia.co
Vols fréquents entre la Colombie et le Panama.
Cette compagnie *low cost* colombienne dessert depuis peu Bogota, Medellin et Cali depuis/vers Panama (aéroport Panama Pacifico).

Train

■ PANAMÁ CANAL RAILWAY COMPANY
Gare de Corozal
✆ +507 317 6070
www.panarail.com/en/
info@panarail.com
Compter 10 minutes en taxi depuis le terminal d'Albrook.
Du lundi au vendredi uniquement, pas de circulation les jours fériés. Départ de la gare de Corozal à Panama à 7h15, retour de Colón à 17h15. A l'aller comme au retour, arrivez 20-30 minutes à l'avance (réservation pas nécessaire sauf pour les groupes importants). Durée 1 heure. Tarifs : 25 US$ l'aller (15 US$ pour les moins de 12 ans).

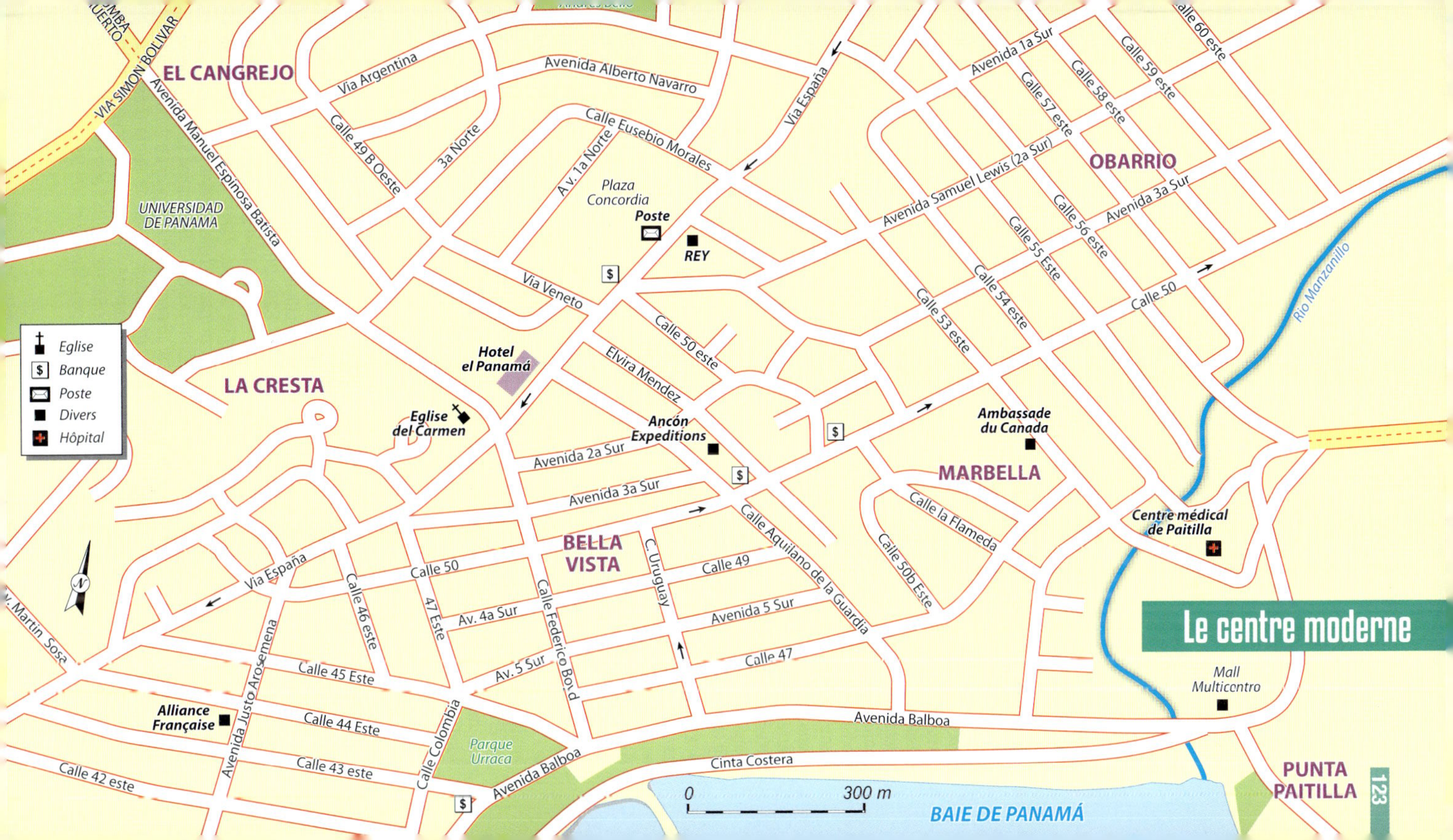

Le centre moderne
EL CANGREJO
OBARRIO
LA CRESTA
MARBELLA
BELLA VISTA
PUNTA PAITILLA
BAIE DE PANAMÁ
UNIVERSIDAD DE PANAMA
Plaza Concordia
Poste
REY
Hotel el Panamá
Eglise del Carmen
Ancón Expeditions
Ambassade du Canada
Centre médical de Paitilla
Mall Multicentro
Alliance Française
Parque Urraca
Rio Manzanillo
Via Simon Bolivar
Avenida Manuel Espinosa Batista
Via Argentina
Avenida Alberto Navarro
Calle 49 B Oeste
3a Norte
Av. 1a Norte
Calle Eusebio Morales
Via España
Via Veneto
Avenida Samuel Lewis (2a Sur)
Avenida 1a Sur
Avenida 3a Sur
Calle 60 este
Calle 59 este
Calle 58 este
Calle 57 este
Calle 56 este
Calle 55 Este
Calle 54 este
Calle 53 este
Calle 50
Calle 50 este
Elvira Mendez
Avenida 2a Sur
Avenida 3a Sur
Calle Aquilano de la Guardia
Calle la Flameda
Calle 50b Este
C. Uruguay
Calle 49
Avenida 5 Sur
Calle 47
Calle Federico Boyd
Av. 4a Sur
Av. 5 Sur
47 Este
Calle 46 este
Calle 45 Este
Calle 44 Este
Calle 43 este
Calle 42 este
Avenida Justo Arosemena
Calle Colombia
Avenida Balboa
Cinta Costera
Av. Martin Sosa
0
300 m
Eglise
Banque
Poste
Divers
Hôpital

L'unique voie ferrée du pays relie Panamá et Colón en une petite heure (57 km de rails). Depuis 1855, c'est le seul train au monde qui permet de passer de l'océan Pacifique à l'océan Atlantique. Un voyage magnifique au lever ou au coucher du soleil, surtout lorsque le ciel est dégagé !

Autre adresse : à Colon, arrivée à côté du port de Cristobal.

Bus

ALBROOK – GRAN TERMINAL NACIONAL DE TRANSPORTE DE PANAMÁ

✆ +507 303 6255

L'accès aux bus est soumis à une taxe de 10 cents. Il vous faut une carte pour passer le tourniquet (la même vous servira pour l'accès aux toilettes publiques, 25 cents). Si vous n'en avez pas, demandez à ce que quelqu'un vous fasse passer avec sa carte et donnez lui une pièce en échange.

Inauguré en 2000, le terminal d'Albrook est considéré comme le plus moderne d'Amérique centrale. Bien pratique, tous les bus (destinations locales, nationales et internationales) partent de ce terminal. Un *mall* du même nom lui est accolé si vous avez besoin de faire des emplettes ou de vous restaurer. On y accède en métro, Metrobus, ou taxi.

Liaisons nationales. Des autocars assez confortables et climatisés assurent les liaisons avec les principales villes du pays (David, Santiago, Chitré, etc.). Les minibus d'une vingtaine de places, petites tornades blanches, assurent le relais pour les villes secondaires et les plages le long de la Panaméricaine. Les *diablos rojos* assurent aussi quelques liaisons, notamment vers les provinces de Colón et du Darién. Il n'est pas nécessaire de réserver sa place mais conseillé d'arriver à l'avance en fin de semaine et les jours fériés.

Liaisons internationales. Deux compagnies effectuent quotidiennement le trajet Panamá-Costa Rica (San José, d'où l'on peut enchaîner vers d'autres villes d'Amérique centrale). Services similaires (clim, vidéos) pour un voyage qui dure environ 16 heures (les arrivées sont souvent un peu plus tardives que prévues). Réservez votre billet au moins 48 heures à l'avance et présentez votre passeport au moment de l'achat. Prévoir des vêtements chauds pour le voyage. A la frontière du Costa Rica on vous demandera certainement un billet retour ou de continuation (ou un billet d'avion), et peut-être le certificat de vaccination contre la fièvre jaune si vous étiez auparavant en Amérique du sud.

EXPRESO PANAMÁ

Terminal de Transporte de Albrook, Boleteria 12-14 ✆ +507 314 6837

www.expresopanama.com

Départ d'Albrook à 23h, arrivée à San José vers 16h, 35 US$. Départ de San José à 12h, arrivée à Albrook à 3h ou 4h du matin, 40 US$.

Bus à destination de San José (Costa Rica). Moins connu que Ticabus, donc souvent plus de places disponibles.

TICA BUS

Albrook, Boleteria 32

✆ +507 314 6385 – www.ticabus.com

Départs à 11h (bus plus confortable, 55 US$ l'aller simple) et 23h55 (40 US$). 16h de trajet environ pour San José.

Bus à destination de San José (Costa Rica), d'où l'on a des connexions avec le reste de l'Amérique centrale.

Bateau

Plusieurs compagnies relient tous les jours les îles de Taboga, Saboga, Contadora et Viveros. Jolie vue sur les bateaux qui attendent d'entrer dans le canal au début de la traversée.

BARCOS CALYPSO

La Playita de Amador

✆ +507 314 1730 / +507 390 2403

barcoscalypsoqueen@hotmail.com

Juste derrière le restaurant Mi Ranchito. Prévoir 20 min depuis le centre-ville, environ 10 US$ en taxi.

Départs de Panama vers Taboga : du lundi au jeudi à 8h30 ; vendredi à 8h30 et 15h ; samedi, dimanche et jours fériés à 8h, 10h30 et 16h. Départs de Taboga vers Panama : du lundi au jeudi à 16h30 ; vendredi à 9h30 et 16h30 ; samedi, dimanche et jours fériés 9h, 15h et 17h. Tarifs aller-retour adulte : 14 US$ et 9,50 US$ pour les enfants.

Les horaires indiqués peuvent changer selon la saison. Arrivez 1 heure à l'avance pour acheter son ticket. N'oubliez pas lunettes et crème solaire. La traversée jusqu'à Taboga dure 45 minutes.

FERRY LAS PERLAS

Quai du Trump Ocean Club Panamá

Calle Punta Colon

Punta Pacifica

✆ +507 6200 0080 / +507 831 5049

✆ +507 831 5048 – www.ferrylasperlas.com

Départ du quai du Trump Ocean Club du jeudi au lundi (pas de bateau mardi et mercredi) : se présenter dès 6h30. Destination Saboga (1 heure 40) et 15 minutes de plus pour Contadora (Punta Galeon). Retour 15h30 de Punta Galeon via Saboga, arrivée à Punta Pacifica vers 17h30. Tarifs : 57 US$ aller, 95 US$ aller-retour. Compter 2 heures pour Viveros et 109 US$.

Trans. B
Yacht Club
Trans C.
Trans D
Ave. B.
Ave. Simonds
Peatonal Central
Trans. D
Figali Convention Center
Ave. B.
Plaza Iberoamericana
Musée de la Bio-diversité
500 m.
Musée
Divers
Shopping
Calle Miller
Canal de Panamá
Baie de Panamá
Isla Naos
Las Brisas de Amador
Playita de Amador
Ferry
Isla Perico
Punta Culebra
Centre Smithsonian d'exposition marine
Marina
Isla Flamenco
Flamenco Shopping Plaza
Vers Isla Taboga

Un catamaran rapide et moderne pour 90 passagers, avec un départ en centre-ville. Des packages à la journée permettent de profiter des plages de Las Perlas, voir sur leur site Internet.

SEA LAS PERLAS
Albrook Mall
Pasillo del Delfín
✆ +507 391 1424 / +507 209 4010
www.sealasperlas.com
Départs quotidiens à 7h du Balboa Yacht club pour Contadora, 1 heure 40 de voyage. Embarquement pour retour à 14h45 à Playa Galeón, arrivée Panamá vers 17h30. 90 US$ l'aller-retour pour les adultes et 70 US$ pour les enfants. Egalement des départs à 7h30 pour San Miguel / Viveros les lundis, mercredis, vendredis, samedis et dimanches, retours à 14h. Téléphoner pour confirmation des horaires et réserver.
Un catamaran fiable. Pensez à prendre votre passeport pour embarquer.

Autre adresse : Isla Perico, Brisas de Amador

TABOGA EXPRESS
Balboa Yacht Club, Amador Causeway
✆ +507 6234 8989
www.tabogaexpress.com
info@tabogaexpress.com
Côté nord du Balboa Yacht Club Restaurant, sous les tentes blanches et rouges.
Départs tous les jours à 8h, 9h30, 11h, 15h et 16h30 de Panama. Retours de Taboga à 8h45, 10h15, 14h30, 16h et 17h. Tarif adulte aller-retour : 20 US$ et 14 US$ pour les enfants.
Ce nouveau service de ferry rapide permet d'atteindre l'île de Taboga en 30 minutes seulement. Cinq départs par jour, dont trois en matinée, pratiques pour les touristes. Les réservations en ligne devaient être mises en place.

Voiture

On trouve une trentaine d'agences dans la capitale, avec des franchises internationales (Avis, Budget, Hertz…) mais aussi des agences locales. La plupart des agences sont présentes aux aéroports de Tocumen et d'Albrook, et vers la Via Veneto, dans le Cangrejo, à proximité de nombreux hôtels. Les agences internationales sont légèrement plus chères et requièrent souvent de disposer d'une carte de crédit. Les agences locales sont plus flexibles. En règle générale l'âge minimum pour louer est de 23 ou 25 ans, et il faut présenter son passeport et son permis de conduire.

ALAMO RENT A CAR
Aeropuerto Internacional de Tocumen
✆ +507 236 5777 / +507 6229 4641
www.alamopanama.com
A partir de 36 US$ pour 24h.

Autre adresse : Calle 50, Via España, aéroports d'Albrook.

NATIONAL CAR RENTAL
Edificio P.H. Universal 50, Calle 50 (Nicanor de Obarrio) ✆ +507 265 2222
www.nationalpanama.com
reservas@nationalpanama.com
Calle 50 : Ouvert tous les jours de 7h à 21h45. Aéroport de Tocumen : 24h/24. Aéroport d'Albrook : en semaine de 9h à 18h30, le samedi de 7h à 15h. Avenida Canfield (Albrook Village) de 7h à 16h en semaine, de 7h à 15h le samedi. El Cangrejo : en semaine de 8h à 17h, 8h-16h le samedi.

Femmes guna dans l'Avenida Central, Casco Viejo.

L'un des loueurs les plus importants du pays avec des véhicules récents, dans toutes les gammes de confort et de prix. L'agence est bien présente dans la capitale, avec ses bureaux dans la Calle 50 et des officines dispersées aux points stratégiques de la ville : dans les deux aéroports et dans le quartier du Cangrejo proche de nombreux hôtels. L'agence a des succursales également à l'aéroport de David et à Farallón à 115 km de Panamá City, dans la province de Coclé, où se trouvent notamment le Royal Decameron et d'autres hôtels de plage. De nombreuses promotions et des tarifs préférentiels associant véhicule/hôtels, à découvrir sur le site web ou directement dans les bureaux de cette compagnie reconnue.

▸ **Autres adresses :** Aéroports de Tocumen et d'Albrook • Calle Eusebio A. Morales, diagonal al Aparthotel Las Vegas (El Cangrejo)

En ville

Métro

■ **MÉTRO DE PANAMÁ**
Avenida Ascanio Villalaz. 504-7200
Altos de Curundú
www.elmetrodepanama.com
atencionmetro@metrodepanama.com.pa
Le métro fonctionne de 5h à 22h du lundi au samedi et de 7h à 22h le dimanche. Le trajet coûte 35 cents. Il faut se munir d'une carte à puce rechargeable que l'on peut acheter au terminal d'Albrook (2 US$ + recharge) ou se la faire prêter par son hôtel.

▸ **La première ligne de métro** d'Amérique centrale a été inaugurée en avril 2014, après seulement 3 ans de travaux. Bien pratique pour traverser la ville, la ligne 1 de 16 km compte 14 stations aériennes ou souterraines. Elle relie Albrook (terminal de bus, mall) à San Isidro, en 23 minutes (le même trajet en voiture prend 1 à 2 heures) et accueille 200 000 passagers au quotidien.
Les stations les plus utiles pour les touristes sont « 5 de Mayo » (proche du Casco Viejo que l'on rejoint en remontant l'avenida Central, piétonne), « Iglesia del Carmen » et « Via Argentina » (Cangrejo).

▸ **Les travaux d'une 2e ligne** pour desservir l'est de la capitale – bien au-delà de l'aéroport de Tocumen – ont commencé en octobre 2015 et devraient s'achever fin 2018. Pour l'anecdote, quatre sites français d'Alstom sont intégrés au projet.

▸ **Une 3e ligne** pour l'ouest de la capitale est également en projet, mais nécessite au préalable la construction d'un nouveau pont au-dessus du canal. Affaire à suivre…

PROVINCE DE PANAMÁ

Bus

Les Metrobus remplacent les traditionnels *diablos rojos,* folkloriques, mais souvent conduits par des fous du volant ! Les Metrobus sont modernes, de couleur orange et blanc, climatisés (parfois à l'excès). Ils s'arrêtent uniquement aux arrêts de bus prévus (repérer les enseignes Metrobus). Il n'y a pas de plan de réseau, la solution la plus simple est de demander aux autres usagers ou au chauffeur quelle direction emprunter, ou consulter le site www.mibus.com.pa. Les tarifs sont de 0,25 US$ sauf pour les bus prenant l'autoroute (Corredor Sur/Norte) dont le tarif est de 1,25 US$.
On paye en montant avec le Rapid Pass, une carte que l'on aura achetée préalablement (2 US$ + recharges, de 50 cents à 50 US$) dans les différents points de vente et recharge du réseau, clairement identifiés, notamment au terminal d'Albrook. En cas de correspondance, ne pas oublier de repasser sa carte en sortant du premier bus sinon vous serez débité à nouveau dans le second (temps pour le transfert 40 minutes entre les deux bus). Pour plus d'informations : www.tarjetametrobus.com
Pas de panique si vous n'avez pas de carte, demandez aimablement à un usager s'il peut vous faire passer avec la sienne contre une pièce de 25 cents (ou 1,25 $). Le Rapid Pass est également nécessaire pour accéder au terminal de bus national d'Albrook.

La tour F&F de Panama city.

Les *diablos rojos* (« diables rouges »), ces vieux bus scolaires nord-américains recyclés, aux graffitis et messages humoristiques ou rebelles, sont de plus en plus rares dans les avenues de Panamá City mais certains sont tolérés tant que le réseau de métro et de métrobus n'est pas encore bien rodé... Monter à bord est une expérience haute en couleur ! La direction et les principaux arrêts sont peints au-dessus du pare-brise (vía España, calle 50, calle 12, Panamá Viejo, Tocumen, 5 de Mayo, etc.). Pour demander à monter dans un bus, levez la main. Dans le bus, pour demander l'arrêt, criez *Parada* et dirigez-vous vers la sortie (avec votre petite monnaie). Paiement à la descente auprès du chauffeur : 0,25 US$.

Taxi

Le moyen le plus simple et le plus rapide de se déplacer dans la capitale. On en dénombre près de 30 000. Ils sont partout (sauf quand on a besoin d'eux et qu'il pleut). De couleur jaune, ils ont un numéro d'identification. Vous serez invité à monter par un coup de Klaxon.

Tarifs. Les taxis n'ont pas de compteur mais sachez que le coût moyen pour un trajet en ville pour une personne tourne normalement autour de 2 US$ à 2,50 US$ (+0,50 US$ par personne supplémentaire et après 22h, ainsi que toute la journée les dimanches et jours fériés). En principe, car certains n'hésitent pas à demander 5 US$ ou plus aux touristes. Les chauffeurs sont généralement honnêtes, mais il est indispensable de se mettre d'accord sur le tarif au départ pour éviter de mauvaises surprises (ou d'évaluer le tarif et de le payer directement en observant sa réaction – il n'osera peut-être pas vous demander les 5 US$ si vous lui en présentez 2 pour une petite course). En cas de contestation, demandez à consulter la nouvelle carte des zones et tarifs que le chauffeur est censé avoir dans son véhicule : la ville est découpée en plusieurs secteurs. Ces tarifs officiels sont également affichés dans le hall de l'aéroport. La course depuis/vers l'aéroport de Tocumen tourne autour de 25 US$ à 30 US$.

« ¡ No voy ! « : ne soyez pas surpris si le chauffeur après vous avoir demandé votre direction vous répond qu'il ne vous prend pas... C'était très courant avant l'arrivée du métro, beaucoup moins aujourd'hui, sauf aux heures de pointes dans les bouchons (*hora pico* entre 6h et 9h, et entre 16h et 19h30).

Alternatives plus économiques, mais pas forcément pratiques pour des touristes étrangers, l'application « Easy Taxi Panama » de même que Uber sont très développées à Panama City.

Vélo

Déconseillé en dehors des voies cyclables de la Cinta Costera et du Causeway, en raison de la circulation complètement anarchique et des trous dans la chaussée ! Attention, la piste s'interrompt entre les deux.
Plusieurs loueurs ouverts l'après-midi en semaine et toute la journée le week-end au Casco Viejo et au Caseway. Location de vélos (3-5 US$/h) ou de drôles de voitures à pédales.

Moto / Scooter

■ **TUK TUK MÓVIL PANAMÁ**
Isla Perico, Causeway ✆ +507 6765 4145
www.tuktukmovil.com – info@tuktukmovil.com
Une façon originale de visiter le Casco Antiguo et le Causeway, à bord d'un joli « tuk tuk ».

À pied

Il n'y a pas de problème de sécurité à circuler à pied dans les quartiers touristiques, mais la ville n'a pas été aménagée pour les piétons – on en voit d'ailleurs très peu sur les grandes artères de la ville moderne. Méfiez-vous en traversant la rue, ici on s'arrête rarement aux passages piétons signalisés au sol. Sur les trottoirs, gare aux trous béants surtout de nuit ! La Cinta Costera, le Caseway et le Casco Viejo sont en revanche très agréables pour les piétons.

PRATIQUE

Tourisme – Culture

■ **AIR PANAMA VIAJES**
Avenida A y Calle 10
Casco Viejo ✆ +507 834 0303
Voir page 19.

■ **AUTORIDAD DE TURISMO DE PANAMÁ (ATP)**
Avenida Balboa y Aquilino De La Guardia
Edificio BICSA Financial Center, Piso 29
✆ +507 526 7000 – www.visitpanama.com
contact@visitpanama.com
Ouvert en semaine de 9h à 16h.
Pour des informations touristiques de base et des prospectus. Les hôtels auront en général plus d'infos pratiques. Excellent site internet disponible en français.
▸ **Autre adresse :** Aéroports de Tocumen et d'Albrook.

■ **NATIVA TOURS**
Edificio 795B, La Boca, Calle Principal
Balboa ✆ +507 314 1800
Voir page 17.

■ **TERRA CARIBEA PANAMA**
Apdo Postal 0843-00641
✆ +507 66 77 20 44
Voir page 20.

■ **TUCAYA PANAMA**
Edificio Malina, Local #3, Calle Ramón Arias
El Carmen ✆ +507 264 6137
Voir page 20.

■ **YALA TOURS PANAMA**
Diablo Heights, Local 42
✆ +507 232 0215
Voir page 20.

Représentations – Présence française

■ **ALLIANCE FRANÇAISE**
Calle 44 con Avenida Justo Arosemena, Edificio Casa Blanca
Bellavista
✆ +507 264 1931 / +507 6671 1964
✆ +507 223 7376 – www.afpanama.org
alliance@afpanama.org
Ouvert du lundi au jeudi de 8h à 20h, le vendredi de 8h à 13h et de 14h à 17h, le samedi de 8h à 13h.
La *Alianza Francesa de Panamá* favorise la diversité culturelle avec de nombreuses manifestations tout au long de l'année (notamment le 21 juin pour la fête de la Musique) et dispense des cours de français à plus de 500 étudiants panaméens.

■ **AMBASSADE DE BELGIQUE**
Credicorp Plaza, Calle 50 – Piso 31, Oficina 31-A
✆ +507 301 1438
panama@diplobel.fed.be
Ouvert en semaine de 8h à 12h ou sur rendez-vous.

■ **AMBASSADE DE FRANCE**
Plaza de Francia, Las Bovedas, San Felipe
✆ +507 211 6200
www.ambafrance-pa.org
contact@ambafrance-pa.org
Services consulaires hors visas : du lundi au jeudi de 8h à 11h30 et le vendredi jusqu'à 13h30. L'après-midi uniquement sur rendez-vous. Visas sur rendez-vous du lundi au vendredi de 8h30 à 12h.

■ AMBASSADE DU CANADA
Torres de las Americas, Tower A, Piso 11
✆ +507 294 2500
www.canadainternational.gc.ca/panama
panam@international.gc.ca
Ouvert du lundi au vendredi de 8h30 à 13h.

Autre adresse : World Trade Center, C/53 Este, 1er étage (adresse postale).

■ CONSULAT DE SUISSE
Calle 44 y Avenida Justo Arosemena, Edificio Casa Blanca, planta baja.
Bella Vista
✆ +507 395 9922 – www.eda.admin.ch
panama@honrep.ch

■ DIRECCIÓN DE MIGRACIÓN Y NATURALIZACIÓN
Vía Ricardo J. Alfaro
✆ +507 507 1800
www.migracion.gob.pa
Segunda entrada de Villa de las Fuentes, frente a Avon
Ouvert du lundi au vendredi de 8h à 16h.
Si vous souhaitez régulariser votre situation ou prolonger votre séjour au Panama au-delà du délai légal de 180 jours...

■ LYCÉE FRANÇAIS PAUL GAUGUIN
Edificio 810, Ingeniero Way, Panama Pacifico
✆ +507 316 2270 / +507 316 2272
www.lfpanama.com
secretariat@lfpanama.com
De l'école maternelle à la terminale.
Le lycée Paul Gauguin existe depuis 1976. Cet établissement réputé, reconnu par l'Agence pour l'Enseignement français à l'Etranger (AEFE), accueille surtout des élèves français, mais aussi des élèves panaméens et d'une trentaine de nationalités différentes.

■ PANAMA ACCUEIL
www.panamaaccueil.com
panamaaccueil@gmail.com
Café-rencontre le 2e mercredi du mois à 9h30. L'Apéro-rencontre est un événement mensuel qui a lieu entre 20h et 23h. Exemples d'activités : ateliers cuisine, randonnée, scrabble, visites, club de lecture, rendez-vous œnologique...
Une association à but non lucratif, non confessionnelle et apolitique, dont la mission est de faciliter l'installation et l'intégration des Français et des francophones au Panamá. Elle est animée par des bénévoles expatriés qui organisent des rendez-vous mensuels et d'autres événements communautaires, pour favoriser le partage d'expériences et créer des liens entre ses membres francophones. De nombreuses informations disponibles sur leur site Internet.

■ SERVICIO NACIONAL DE FRONTERAS
Corozal
✆ +507 800 2762 / +507 800 2872
✆ +507 527 1089
www.senafront.gob.pa
panamasenafront@gmail.com
Prendre contact avec la police des frontières si vous souhaitez vous rendre dans le Darién en solo.

Argent

Les banques sont évidemment nombreuses dans le quartier financier mais également dans les quartiers commerçants, les *malls* et les aéroports.

■ WESTERN UNION
Plaza Concordia, Vía España
✆ +507 269 1055
www.westernunion.com.pa
Ouvert du lundi au samedi de 8h à 19h.
D'autres agences en ville.

Moyens de communication

On trouve encore des téléphones publics et des cybercafés faisant office de centres d'appel, notamment vers Iglesia del Carmen, mais attention beaucoup ferment avant 19h ! Le cybercafé du *mall* d'Albrook est bien pratique.

■ POSTE
Plaza Concordia (au fond de la galerie commerciale), Vía España
Ouvert en semaine de 7h15 à 16h45, le samedi de 8h15 à 12h45.
Pour envoyer une carte postale en France 0,35 US$, pour une lettre 0,45 US$. Pensez à faire tamponner votre timbre au guichet avant de glisser votre courrier dans la boîte !

Sécurité dans la capitale

Panamá Ciudad, comme le reste du Panama (sauf la ville de Colon), est très sûre. Toutefois comme dans toutes les grandes villes du monde, il y a des quartiers et des rues à éviter de jour comme de nuit : Chorillo surtout, Currundú, San Miguelito. Gardez à l'esprit que le touriste qui cherche son chemin, guide à la main et appareil photo en bandoulière, est une cible facile pour les *pickpockets*, notamment dans les endroits bondés. La sécurité dans le Casco Viejo et à Panamá La Vieja s'est beaucoup améliorée depuis la mise en place d'une police du tourisme dissuasive, toutefois les abords de la place 5 de Mayo et du marché aux fruits de mer ne sont pas très engageants pour une personne seule à la tombée de la nuit.

Santé - Urgences

■ **CENTRO MEDICO PAITILLA**
Ave. Balboa y C/53
✆ +507 265 8800 / +507 265 8891
www.centromedicopaitilla.com
L'un des meilleurs hôpitaux de Panamá, avec de nombreux médecins ayant étudié à l'étranger. Les consultations sont plus chères qu'en France.

■ **CLÍNICA HOSPITAL SAN FERNANDO**
Las Sabanas
Vía España, vers le Parque Omar
✆ +507 305 6300
www.hospitalsanfernando.com
Une clinique réputée de la capitale.

■ **POLICE**
✆ 104 / +507 226 4021 / +507 270 2467

■ **POMPIERS (BOMBEROS)**
✆ 103

Adresses utiles

■ **HABLA YA PANAMA CITY – ÉCOLE D'ESPAGNOL**
Le Blue Building 2A, Calle 1ra (Otilia A. de Tejeira), El Carmen
Métro Via Argentina
✆ +507 394 8326 / 09 70 44 52 21
✆ +44 585 30 35
info@hablayapanama.com
Plusieurs formules possibles selon vos attentes et votre niveau, de quelques jours à plusieurs semaines : cours particuliers, en groupe (maximum 6 élèves par classe), espagnol basique pour voyageurs, cours pour les nouveaux résidents, cours de préparation au DELE, cours spécialisés (médical, juridique, des affaires), pour enfants, etc.
Le centre Habla Ya Panama City est accrédité par l'Institut Cervantes, l'autorité mondiale de l'enseignement en espagnol comme langue étrangère. Il propose une expérience culturelle dans la capitale au plus près de ses habitants, via des cours de qualité, dispensés dans la bonne humeur et dans des locaux modernes et climatisés. Professeurs diplômés et passionnés, cours personnalisés, hébergement en famille ou à l'hôtel, toutes les conditions sont réunies pour apprendre la langue au contact des Panaméens, de manière ludique et didactique en même temps. L'école est située dans le quartier El Carmen, à 5 minutes de deux stations de métro, et à 10 minutes de la Via Argentina pleine de bars et de restaurants. Au-delà des cours, de nombreuses activités sont proposées : visites de la ville, du canal, de la forêt tropicale, séances de yoga, dîners dans des restaurants de cuisine panaméenne typiques, cours de salsa... L'école de Panama est une bonne base pour s'initier avant d'aller explorer le pays. Les écoles Habla Ya de Boquete et de Bocas vous attendent pour le perfectionnement, à la montagne ou dans les Caraïbes...

© NICOLAS LHULLIER

Iglesia La Merced, Casco Viejo.

PROVINCE DE PANAMÁ

PANAMA PRIVATE ACCESS – CABINET D'AFFAIRES

Calle 10 Este con Ave B
Casa Garay
✆ +507 6109 4716 / +507 6215 9744
www.aupanama.com
contact@aupanama.com

Cabinet d'affaires traitant de toutes les questions liées à l'installation et l'expatriation dans le pays.

Panama Private Access est un cabinet d'affaires multidisciplinaire dont les bureaux sont situés à Panama City. Doté d'une direction francophone et d'une équipe d'experts dans tous les domaines (droit, économie, finance, etc.), ce cabinet conseille et accompagne les personnes physiques ou leurs entités dans leur installation au Panama. Il répond à toutes les questions pratiques (visas, résidence, compte bancaire, mutuelle, études, retraite, déménagement, import/export, fiscalité, etc.) mais aussi aux questions stratégiques (création d'une société anonyme ou d'une fondation, placement et gestion de patrimoine, achat ou vente d'un bien immobilier, analyse de marchés, montages juridiques, etc.). PPA propose également une assistance et une prise en charge juridique et technique de toutes les procédures administratives pour ses clients, qui se décident à s'expatrier, monter leur entreprise, acheter un bien immobilier, prendre leur retraite… Le site de la société, aupanama.com (en français), est riche en informations dans tous les domaines et aiguillera tous ceux qui souhaitent s'installer sérieusement ou investir au Panama.

VIVRE-AU-PANAMA.COM

Panama City
✆ +507 395 0689
✆ +507 6819 4133
www.vivre-au-panama.com
contact@vivreaupanama.com

Page d'informations et société de conseils et d'accompagnements pour une installation réussie au Panama.

S'installer au Panama ? Certains l'ont fait et en sont ravis, d'autres en rêvent, mais n'osent pas franchir le cap… De plus en plus de francophones sont en effet séduits par les nombreux avantages offerts par le Panama : facilités d'installation, aspects juridiques et fiscaux, douceur de vivre, sécurité, réductions pour les retraités, monnaie stable, etc. Vivre-Au-Panama.com publie des articles de presse en français (certains traduits) sur le pays, et des informations et conseils pour tous ceux qui se décident à « changer de vie ». Cette page est en quelque sorte la vitrine d'une société spécialisée dans les services de relocalisation, pour tous ceux qui souhaitent s'installer en tant qu'expatrié, retraité, entrepreneur, rentier, investisseur, seul ou en famille, etc. L'équipe francophone de Vivre-Au-Panama.com propose donc des conseils pratiques et stratégiques pour créer une société anonyme, ouvrir un compte bancaire, acheter ou vendre un bien immobilier… et assiste ses clients dans toutes les démarches juridiques, commerciales et administratives, grâce à une longue expérience en Amérique centrale et l'appui de partenaires locaux spécialisés (juristes, comptables, promoteurs…).

SE LOGER

La capitale est bien pourvue en hôtels de toute catégorie mais le Casco Viejo manque cruellement d'établissements intermédiaires (« Confort ou charme »). Il est conseillé de réserver à l'avance à certaines périodes de l'année. Avant de choisir votre hôtel, identifiez s'il se trouve au cœur de l'animation ou dans un quartier résidentiel tranquille. Attention, les tarifs indiqués ici datent de notre enquête et sont susceptibles d'évoluer rapidement.

Casco Viejo

Le Casco Viejo est idéal pour un court séjour dans la capitale, mais attention au bruit si vous aimez le calme…

Bien et pas cher

■ HOSPEDAJE CASCO VIEJO
Calle 8a con Ave. A, casa 8-31
A côté de l'Eglise San José.
✆ +507 211 2027
www.hospedajecascoviejopanama.com
hospedajecascoviejopanama@gmail.com
14 chambres privées, 35 US$ avec sdb privée et 30 US$ avec sdb partagée. Lit en dortoir de 6, 8 ou 18 lits à 14 US$. Wifi, cuisine, laverie, ventilateur.
L'*hostal* le moins cher du quartier. Services et confort basiques mais bien placé, au cœur du Casco Viejo. Le dortoir de 18 lits est le meilleur des trois car certains n'ont pas de fenêtres ! Une petite terrasse sur le toit où règne souvent une bonne ambiance, avec un mélange de nationalités y compris pas mal de voyageurs latinos. Accueil sympathique. Des fresques étaient en cours de réalisation en 2016.

■ LUNA'S CASTLE HOSTEL
Calle 9na Este 3-28
✆ +507 262 1540
www.lunascastlehostel.com
lunascastle@yahoo.com
9 dortoirs mixtes de 6 à 12 lits, en haute saison, 15 US$ par personne, 16 US$ avec AC ou vue mer. Chambres pour 1 ou 2 : 34 US$ et 51 US$ à 3. Cuisine, ordinateurs, Wifi, laverie, bar…
C'est la référence en matière d'auberge de jeunesse à Panama City, idéalement située à l'entrée du Casco Viejo. Dans une grande maison bien restaurée, à la déco funky, elle est très appréciée des backpackers désireux de faire la fête. Clientèle jeune et anglophone, tout comme le personnel. Nombreux services, salons conviviaux avec hamacs, vue sur la baie et terrasse donnant sur un immeuble « dans son jus » du Casco Viejo. Toilettes et douches communes souvent embouteillées vu le nombre de personnes. L'*hostel* est assez bruyant (évitez les chambres du bas, à côté du bar Relic).

■ MAGNOLIA INN
8-18 Calle 8 y Calle Boquete, derrière la cathédrale.
Casco Viejo ✆ +507 202 0872
www.magnoliapanama.com
magnoliapanama@gmail.com
15 US$ le lit en dortoir. Chambres et suites à 80, 90 ou 135 US$. +10% de taxe. Wifi partout, cuisine, garde-bagages, service de transfert aéroport.

Une adresse pleine de charme au cœur du Casco Viejo. Elle dispose d'une partie hôtel avec des chambres et suites de bon standing, et une partie *hostel* avec 6 dortoirs (38 lits au total), idéale pour ceux qui souhaitent le calme, le confort et la propreté d'un hôtel, sans trop se ruiner. Reggie et Cherrie ont restauré avec soin cette demeure élégante de 4 niveaux, qui date de l'indépendance du Panama (1903). S'y mêlent un style architectural français (ses fenêtres, balcons, moulures, frises...), avec des détails néoclassiques, des sols en marbre, un escalier Art Nouveau... Les chambres et suites sont bien équipées (frigo, cafetière, tv câblée), celles de bas sont les plus récentes et les moins chères, mais celles du haut ont la plus belle vue et sont très lumineuses. Les dortoirs disposent, comme les chambres privées, de matelas orthopédiques et de détails pratiques (prises électriques, lampes pour chaque lit, casiers). Choix entre clim et des lits superposés, ou une grande pièce avec 12 lits (non superposés), sans clim mais avec pas moins de 26 fenêtres ! Les hôtes des chambres privées comme des dortoirs ont accès aux mêmes espaces communs : salon, salle à manger et cuisine américaine. Il règne ici une atmosphère conviviale. L'équipe gérée depuis plusieurs années par le sympathique Joeri, un Hollandais polyglotte (il parle le français), pourra vous donner de nombreuses informations touristiques.

Confort ou charme

CASA PANAMA

Avenida Eloy Alfaro y Calle 11
✆ +507 303 0992
www.hotelcasapanama.com
reservas@hotelcasapanama.com
31 chambres, de 121 US$ à 203,50 US$ selon la vue (jardin intérieur, Casco Viejo ou mer), la présence d'un balcon et la saison. Petit-déjeuner compris. Wi-fi, isolation phonique.
L'hôtel, ouvert en septembre 2015, a été aménagé dans une maison vieille de 300 ans à l'entrée du Casco Viejo. Il mêle le rustique au contemporain, avec une touche d'inspiration thaïlandaise dans le jardin intérieur. Dans les chambres aux tons gris et chocolat, les pierres apparentes se marient au bois, au béton, au métal et au verre. L'agréable terrasse *roof-top* possède une petite piscine (surtout décorative). Elle est partagée avec le bar La Azotea, l'hôtel est de ce fait plutôt bruyant. Le restaurant Santa Rita juste à côté appartient aux mêmes propriétaires. A la réception, Ana parle français.

HOTEL CASA NURATTI

Av B calle 8
Casco Viejo ✆ +507 262 2315
www.casanuratti.com – info@casanuratti.com
Une douzaine de chambres doubles et triples, avec ou sans balcon, à partir de 65 US$. Attention pour

Panama Canal Railway.

les personnes sensibles au bruit, les chambres disposent du double vitrage mais ne sont pas isolées à 100 % de la musique du bar en terrasse.
A deux pas de la cathédrale, cet hôtel-bar-resto est situé dans une maison du XIXe siècle bien restaurée. La Casa Nuratti était dès son origine une auberge accueillant les voyageurs. Aujourd'hui, elle ravira les personnes recherchant un établissement avec de la personnalité. Déco minimaliste et contemporaine qui fait appel à la pierre, au bois et aux matériaux recyclés. Chambres confortables d'un bon rapport qualité prix pour le quartier. Service amical et Alex le gérant italien, parle parfaitement le français. Au rez-de-chaussée, un restaurant à tapas de bonne facture, et sur le toit, une terrasse avec une vue spectaculaire, le Gatto Blanco Rooftop bar, pour déguster de bons cocktails dans une ambiance jazz, *lounge* ou electro.

Luxe

■ AMERICAN TRADE HOTEL

Ave. Central, Plaza Herrera ✆ +507 211 2000
www.acehotel.com/panama
info@americantradehotel.com
50 chambres tout confort de 200 US$ à 600 US$, sans le petit déjeuner.
Un édifice unique, construit par le grand architecte panaméen Leonardo Villanueva Meyer en 1917 pour accueillir de grands magasins, une banque et des appartements de luxe aux étages. Considéré comme le premier gratte-ciel du pays, l'immeuble de 4 étages aux hauts plafonds a perdu de sa superbe au cours du XXe siècle. Il y a quelques années encore, un gang y avait son quartier général ! Superbement restauré, l'American Trade est aujourd'hui l'un des hôtels les plus chics du quartier. 50 chambres très confortables et bien équipées, une petite piscine, un restaurant haut de gamme (cher) et un club de jazz. On aime le design new-yorkais, les graffitis conservés sur certains murs, les photographies de Portobelo de Sandra Eleta. Un hôtel-restaurant élégant où de nombreux mariages sont organisés.

■ LAS CLEMENTINAS

Ave. B et C/ 11 ✆ +507 308 6550
www.lasclementinas.com
reservations@lasclementinas.com
Chambres doubles à 180 US$. Appartements pour 4 pers. à 250 US$. Petit déjeuner compris, taxes en sus.
Las Clementinas est un hôtel boutique plein de cachet au cœur du Casco Viejo. Il possède seulement 9 chambres / suites avec balcon, prisées par les familles qui disposent d'un salon et d'une cuisine dans l'esprit appart'hôtel. Les trois plus récentes, plus petites, donnent sur le jardin. Au rez-de-chaussée, un café-restaurant au charme rétro.

Calidonia

Le quartier de Calidonia autour des avenues Perú, Cuba ou Ecuador regroupe beaucoup d'hôtels bon marché mais sans aucun charme. Sachez aussi que certaines pensions, *hospedajes* ou *residenciales* peuvent se louer à l'heure… Le soir, il est préférable de se déplacer en taxi.

■ HOSTEL MAMALLENA

Casa 7-62, Calle Primera, Perejil
✆ +507 6676 6163
www.mamallena.com
mamallenapa@yahoo.com
Lit en dortoirs de 8 ou 12 lits à 13,20 US$ par personne ou 20 US$ pour un couple. Chambres privées avec salle de bains partagée à 33 US$. AC dans les chambres et dortoirs, casiers, deux cuisines, pancakes le matin, Wifi, laverie, transfert à l'aéroport, informations pratiques et agence de tourisme.
Cette auberge de jeunesse offre tous les services appréciés des voyageurs aux longs cours. Des lits superposés accueillent même les couples dans les dortoirs. Des chambres privées de style container sous forme de grande tour avec roof-top devaient prendre place à l'arrière de bâtiment. Un espace piscine était également en cours de travaux dans le jardin, où trônera un « arbre à épices » pour les clients. A l'étage, bar, billard, baby-foot. Le quartier n'est pas touristique mais il est proche de Bellavista et à mi-chemin entre le centre moderne et la vieille ville. Accueil sympathique de Michaël, un Français.

■ HOTEL COSTA INN

Avenida Perú y Calle 39, à côté du Centro Médico Bellavista
✆ +507 227 1522
www.hotelcostainn.com
costainn@cwpanama.net
100 chambres avec AC, Wifi. Chambre double à 55 US$ et 88 US$ pour 4 pers., avec petit déjeuner. Parking, transfert depuis l'aéroport gratuit, transfert vers l'aéroport payant.
Un grand hôtel qui s'inscrit dans une catégorie confort économique. Préférez les chambres des étages supérieurs. La piscine sur le toit avec vue mer est l'un de ses avantages. Le bar-restaurant propose un large choix de plats panaméens à des prix raisonnables.

Centre moderne et l'est

Dans cette zone on trouve essentiellement des hôtels modernes et haut de gamme appartenant à des chaînes internationales et quelques petits hôtels dans des maisons particulières. El Cangrejo, Marbella, Punta Paitilla ou Punta Pacifica sont des quartiers sûrs, avec de nombreux cafés et restaurants et une vie nocturne animée du côté de la Calle Uruguay.

Bien et pas cher

■ ENTRE 2 AGUAS

Calle José Isaac Fábrega (Calle F) N° 91. Diagonal a la ULACEX.
El Cangrejo, à côté de « Jap Jap » et de la Casa de Durán, repérer le grand acacia
✆ +507 397 2030 / +507 397 2031
✆ +507 6264 5392
www.hostalentre2aguas.com/fr
reservas@hostalentre2aguas.com
Chambres standards simple/double/triple avec salle de bains privée : 45/55/65 US$. Chambres supérieures double salle de bains partagée/privée : 50/65 US$. Suite Junior 70/90/100 US$ pour 2/3/4 pers. Suite familiale 135/145/155 US$ pour 5/6/7 pers. Petit déjeuner et taxes inclus. Promotions fréquentes sur le site web. Coffre-forts individuels, Wifi, appels locaux gratuits, parking.
Un établissement familial bien tenu par les charmants Mirtha (Venezuelienne) et Ramiro (Espagnol), toujours attentionnés et de bons conseils. Une cuisine d'accès libre, des salons et terrasses conviviaux pour rencontrer d'autres voyageurs, des conseils touristiques et de nombreux services (laverie, transports…) font de l'Entre 2 Eaux (en référence à la situation géographique du Panama), une excellente option pour ceux qui veulent se loger confortablement, pour un bon rapport qualité prix. L'établissement est situé dans un quartier calme et central, à proximité du métro, des cafés et restaurants de la Via Argentina. Ramiro peut vous réserver des excursions pour San Blas avec des agences de confiance. Une très bonne adresse.

© NICOLAS LHULLIER

Scène de rue à Calidonia.

■ PANAMA HOUSE BED & BREAKFAST

Calle 1ra El Carmen, n° 32
El Carmen
✆ +507 263 4366 / +507 6949 6147
www.panamahousebb.com
info@panamahousebb.com
Chambre simple avec salle de bains partagée : 35 US$, double : 45 US$, chambre double avec salle de bains privée : 55 US$, triple : 65 US$, 75 US$ pour 4 et 85 US$ pour 5 personnes. Dortoir : 15 US$. Ajouter 10% de taxe à ces tarifs. Petit déjeuner inclus. Eau chaude.

Dans une rue tranquille, une maison colorée transformée en *bed & breakfast*, sans prétention et bien tenue par la charmante Alva et son équipe. Les chambres sont de tailles et de conforts variables, mais propres et économiques. Pour les petits budgets, il y a également un dortoir. Cuisine, laverie libre-service, poste Internet et Wifi, parking et pas mal d'infos touristiques. La terrasse donnant sur un jardin est agréable au petit déjeuner ou pour improviser une petite sieste dans un hamac. Une terrasse sympa également côté rue, avec un petit restaurant proposant des plats autour de 5 US$. Une bonne adresse, située à 5 minutes du métro.

■ POSADA 1914

Calle 44, 2-112, à côté du Parque Urracá
Bella Vista
✆ +507 398 7606
www.posada1914.com
posada1914@hotmail.com
Chambres à 25 US$ la simple et de 46 à 76 US$ la double, dortoirs à partir de 18 US$ par personne. + 10%. Cuisine, AC, eau chaude, cuisine, Wifi, hamacs, laverie, service de transfert à l'aéroport. Un mur d'escalade (moitié prix pour les clients).

Une petite maison comme on en voyait des centaines dans le quartier de Bella Vista, avant que ne commence la fièvre des gratte-ciel. Le Parque Urracá est à 50 m, tout comme la baie de Panamá, et la Calle Uruguay est à 5 minutes à pied. Une situation idéale donc. L'hostel est sans doute l'un des plus agréables de la capitale. C'est propre, bien décoré, il y a tous les services que l'on peut attendre de ce genre d'endroit, avec une bonne attention du personnel. Un petit jardin devant avec une table conviviale sous une pergola : une petite pizzeria devrait y ouvrir. Réservation à l'avance conseillée même en basse saison.

■ THE PANAMA HAT HOSTEL

47 Street, Bella Vista
✆ +507 269 8745
www.thepanamahathostel.com
reservas@thepanamahathostel.com
Dortoir à 18 ou 23 US$, chambre privée à 50 ou 55 US$, familiale à 92 US$.

Une auberge haut de gamme avec un restaurant, des espaces communs conviviaux, un bain à remous dans le jardin et des chambres privées adaptées aux couples et familles, dans le quartier agréable de la calle Uruguay.

PANAMA HOTEL COLLECTION

Panama Hotel Collection est une organisation d'une douzaine d'hôtels, panaméens et indépendants, qui a pour objet de promouvoir le Panama dans toute sa diversité. Elle réunit des établissements situés dans les principales régions touristiques du pays. Ce sont des hôtels de bon standing, parfois de grand luxe, qui sont tous répertoriés pour leur qualité dans ce guide. En plus des hôtels, PHC a intégré dans son organisation la compagnie aérienne Air Panama et les loueurs de véhicules Thrifty et Hertz. PHC réalise des campagnes de promotion sur le Panama et offre des forfaits de plusieurs jours intégrant un ou plusieurs hôtels et des visites/excursions des destinations couvertes. Une bonne initiative d'entraide et de promotions réunissant des acteurs touristiques de qualité.

Renseignements sur *www.panamahotelcollection.com*

CASA GUARDIA
Playa Blanca
FARALLÓN
✆ +507 6615 4740

CUBITÁ BOUTIQUE RESORT & SPA
Avenida Roberto Ramírez de Diego (Circunvalación)
CHITRÉ
✆ +507 978 0200

EL OTRO LADO
Dans la baie de Portobelo, en face du village
PORTOBELO
✆ +507 202 0111

GRAN HOTEL BAHÍA
Calle 3a. y Ave. A
BOCAS DEL TORO ✆ +507 757 9626

HACIENDA DEL MAR
Isla San José
ISLA SAN JOSÉ
✆ +507 269 6634

HÔTEL PANAMONTE
Calle 11 de Abril
BOQUETE ✆ +507 720 1324

RIANDE AEROPUERTO HOTEL
Vía Tocumen, entrada al Corredor Sur
✆ +507 291 9000

RIANDE GRANADA
Calle Eusebio A. Morales, El Cangrejo
Métro Via Argentina ou Iglesia del Carmen
✆ +507 204 4444

Autre adresse : Hotel Riande Aeropuerto : à 3 minutes de l'aéroport international de Tocumen

VILLA CAPRICHOSA
ISLA TABOGA
✆ +507 6632 1725

VILLA TAVIDA LODGE
CHIGUIRI ARRIBA
✆ +507 838 6114

YANDUP ISLAND LODGE
YANDUP
✆ +507 202 0854

Autre adresse : Bureaux : San Felipe (Casco Viejo), Calle 4ta Oeste, P.H. San Miguel, Local 2

Confort ou charme

■ BEST WESTERN PLUS
Gaspar Hernandez y Vía Argentina,
Corregimiento El Cangrejo, Sector Bellavista
✆ +507 301 3333
www.bwpanamazenhotel.com
reservas@bwpanamazenhotel.com
90 chambres. Superior King, superior twin et junior suites : à partir de 85 US$. Restaurant, bar, piscine, business center, shuttle.
Un hôtel haut de gamme bien placé, avec très bon rapport qualité prix. Superbes vues des 14 étages de l'hôtel, notamment depuis la piscine, où la ville s'étend à 360 degrés sous vos yeux.

■ RIANDE GRANADA
Calle Eusebio A. Morales, El Cangrejo
Métro Via Argentina ou Iglesia del Carmen
✆ +507 204 4444
www.riandehoteles.com
granada@riandehoteles.com
136 chambres et suites, à partir de 80 US$, avec petit déjeuner buffet. Les prix varient selon la saison et le niveau de confort souhaité. Des forfaits sont proposés avec d'autres hôtels du pays via l'organisation « Panama Hotel Collection ». Chambres et suites tout confort, avec air conditionné, Wi-fi, TV câblée, coffre, service de transfert aéroport.
Un hôtel moderne et élégant, très bien placé, au cœur du Cangrejo. Membre majeur de l'organisation Panama Hotel Collection, le Riande Granada porte une vraie originalité. Sa décoration à la fois vintage, contemporaine et artistique, rend chaque chambre unique. Les espaces communs aérés et aux couleurs tamisées accueillent de nombreuses œuvres d'art. La partie extérieure dispose d'une piscine, éclairée le soir de beaux jeux de lumières, et d'un bar à bières avec des tables en bois et des sofas. Le Stay Lounge quant à lui dispose d'une belle carte de vins, champagnes et cocktails dans un style plus sophistiqué. Enfin, le restaurant Solo est spécialisé dans la cuisine d'auteur et la gastronomie européenne et asiatique. Ses deux chefs ont travaillé dans des établissements renommés de Barcelone et sauront vous surprendre. L'hôtel offre également un salon privé, un business center, une salle fitness et le service de massages. Un établissement tendance, d'un bon rapport qualité prix.

▶ Autre adresse : Hotel Riande Aeropuerto : à 3 minutes de l'aéroport international de Tocumen.

Luxe

CONTINENTAL HOTEL & CASINO

Vía España, Elvira Mendez Ricardo Arias
✆ +507 395 8000 / +507 366 7780
www.continentalhotel.com
reservaciones@continentalhotel.com
Chambres à partir de 99 US$ (plus taxes), 365 chambres spacieuses et luxueuses, réparties en standard (simple ou double), club Level, junior Suite et suite Présidentielle. 7 salles de réunion de 800 places. Casino et restaurant ouverts 24h/24.

Le Continental Hotel & Casino est une institution à Panama City. Ses chambres exclusives et luxueuses couvrent les nécessités des plus exigeants. Situé dans le centre névralgique de la capitale, cet hôtel offre une grande variété de services et de commodités. Au café-restaurant le Rendez-Vous, menus à la carte et petit déjeuner buffet tous les jours, plat du jour du lundi au samedi et room-service 24h/24. On recommande spécialement de prendre une boisson où dîner sur la terrasse où l'on trouve la piscine décorée avec de jolis jardins tropicaux.

HOTEL BRISTOL

C/Aquilino de la Guardia y C/51
✆ +507 264 0000 – www.thebristol.com
reservation@thebristol.com
La chambre double à partir de 355 US$.

Plus intime que les autres hôtels de la catégorie (56 chambres sur 8 étages), le Bristol bénéficie d'une excellente réputation depuis plusieurs années. Service attentionné, chambres bien décorées, restaurant gastronomique. Le Bristol est, comme le Mariott, au cœur du quartier des affaires et à proximité de nombreux restaurants et cafés.

HOTEL EL PANAMA CONVENTION CENTER & CASINO

Vía España 111, Calle Eusebio A. Morales
✆ +507 215 9182 – www.elpanama.com
reservas@elpanama.com
Chambres à partir de 104 US$. Restaurants, bars, casino, gymnase, centre de conventions, service de transfert à l'aéroport…

L'hôtel le plus emblématique de Panama City, avec son architecture singulière des années 1950. Cet établissement prestigieux, le premier hôtel de luxe de la capitale, a reçu ses premiers hôtes en 1951. Il en a vu défiler des personalités, des hommes politiques, des artistes… On ressent l'espace, tout est grand : les 350 chambres et suites, le lobbie, les restaurants, le centre de conventions. Confort et élégance dans un style tropical. L'hôtel dispose de la plus vaste piscine de la capitale, avec un bar extérieur. Autre intérêt, son emplacement : il donne directement sur la station de métro Iglesia del Carmen et le quartier autour (Via Veneto, Via España) avec de nombreux magasins et restaurants.

HOTEL LAS AMERICAS GOLDEN TOWER PANAMA

Ave. Balboa y Calle 53 Esquina Marbella
✆ +507 370 4600 / +507 214 2144
www.LasAmericasGoldenTower.com
reservas@lasamericasgoldentower.com
A partir de 129 US$ la chambre. 285 chambres réparties sur 21 étages, dont 270 chambres Deluxe de 44 m2, 14 Junior Suite de 85 m² (dont 2 chambres avec terrasse et bain bouillonnant privé), 1 Suite présidentielle de 214 m² avec terrasse et bain bouillonnant privé ! 12 chambres de l'hôtel sont accessibles au personnes à mobilité réduite. Parking sur trois niveaux, service voiturier, galerie avec boutiques. Room-service 24h/24.

Cette nouvelle perle de l'hôtellerie de luxe séduit déjà. Après son succès en Colombie, Las Americas, inauguré en 2016 dans le centre financier de Panama City, est une autre réussite. Grâce à la créativité et au savoir-faire de l'architecte uruguayen Carlos Ott, l'impressionnante tour de 30 mètres, le design épuré et le style avant-gardiste des intérieurs, font de cet établissement une valeur sûre. Attractif d'un point de vue pratique, il est bien situé pour visiter les principaux centres commerciaux (Multiplaza à 5 minutes), les banques, centres de soins, les bars et les cafés de la Calle Uruguay par exemple. Les chambres sont spacieuses et entièrement équipées pour cette catégorie. Pour une vue imprenable et un repas gourmet, rendez-vous au restaurant du 29e étage, un autre restaurant international se trouve au 5e étage, la carte est préparée par le chef doublement étoilé au Michelin Ramon Freixa, rien que ça ! Un Brunch le dimanche est ouvert à tous à partir de 11h30. Au niveau des prestations : piscine couverte chauffée, gymnase, salon de beauté, spa avec 3 cabines de massages, bains turcs et sauna, et une exclusivité à Panama, le flotarium (bassin rempli d'eau minérale chaude très concentrée en sel), comme si vous étiez dans la Mer Morte le corps est en apesanteur ! Pour les séminaires 7 salons à disposition, dont une salle plénière de 332 m² pouvant accueillir 460 places. Une bonne adresse pour les budgets confortables.

RADISSON DECAPOLIS

Ave. Balboa, à côté du Multicentro Mall
✆ +507 215 5000
www.radisson.com/panamacitypan
reservations@decapolishotel.com
Chambres en promotion à partir de 120 US$.

Cet hôtel chic et moderne connaît un grand succès. Son architecture originale, ses parois de verre et son éclairage coloré la nuit lui donnent un cachet particulier. Des chambres aérées de grand luxe, restaurant, piscine, Spa…

HOTEL LAS AMÉRICAS
GOLDEN TOWER
PANAMÁ
LVX
Preferred
HOTELS & RESORTS
votre place pour briller
OUVERTURE
JUIN
2016
CONTACT:
+507-214-2101 / reservas@lasamericasgoldentower.com
www.lasamericasgoldentower.com

RIANDE AEROPUERTO HOTEL
Vía Tocumen, entrada al Corredor Sur
✆ +507 291 9000 – www.riandehoteles.com
resort@riandehoteles.com
Chambres à partir de 110 US$ avec petit déjeuner. Room service 24h/24, air conditionné, Wifi, tv câblée, coffre…
Un hôtel moderne situé à 3 minutes de l'aéroport international de Tocumen (transfert gratuit toutes les 30 minutes). Pratique pour ceux qui arrivent tard et fatigués par un long voyage (ou pour ceux qui repartent le lendemain). Ici, vous pourrez reprendre des forces. Chambres et suites confortables et bien équipés, piscines pour enfants et adultes, bars et restaurants, gymnase, spa, *business center*, casino… Le cadre est charmant avec une déco contemporaine et soignée, et un jardin tropical bien entretenu.

Amador, Albrook, Ancón et l'ouest

L'ouest de la capitale est bien agréable, proche du terminal de bus d'Albrook et non loin du Casco Viejo. Les déplacements se feront le plus souvent en taxi.

COUNTRY INN AND SUITES
Ave. Amador
Causeway
✆ +507 300 3700
cx_panm@countryinns.com
159 chambres et suites à partir de 75 US$. Petit déjeuner inclus.
Ce grand établissement de quatre étages n'a pas grand charme mais bénéficie d'une très bonne localisation, à l'entrée du Causeway et à 10 minutes en taxi du centre-ville. Ses points forts : la vue imprenable sur le canal et le pont des Amériques, et une grande piscine, appréciable après une promenade sur le Causeway.

DOS PALMITOS BED & BREAKFAST
Calle Victor Hugo 0532B
Cerro Ancón
✆ +507 391 0994 / +507 6051 4723
www.panamabedandbreakfast.com
info@dospalmitos.com
88 US$ la chambre pour 2 pers. (1 lit double ou 2 lits simples) avec salle de bains privée, air conditionné et Wifi (78 US$ pour 1 seule pers). Compter 10 US$ de moins en basse saison. Petit déjeuner inclus et cuisine à disposition des hôtes.
Loin des gratte-ciel et du brouhaha de la capitale, ce bed & breakfast est situé dans une zone résidentielle tranquille, au pied du Cerro Ancón, cette colline verdoyante qui domine Panama City. Rosie et Jacques vous accueilleront chaleureusement dans leur demeure des années 1920, dont ils ont su conserver le style vintage de l'époque de la *Canal Zone*. Ce couple franco-mexicain qui a beaucoup voyagé, saura répondre à toutes vos attentes, tout en sachant rester discret. Dos Palmitos compte quatre chambres confortables donnant sur le jardin tropical fréquenté par de nombreuses espèces d'oiseaux. On peut les observer le matin en prenant son petit déjeuner, copieux et bien servi, notamment avec beaucoup de fruits. Une adresse à la fois calme et bien placée, à 5-10 minutes de taxi de

Citrons et sauces piquantes au marché aux poissons.

l'aéroport et du terminal d'Albrook, du canal et de la vieille ville. On peut en plus s'offrir une balade matinale d'une petite heure pour rejoindre le sommet Ancón.

■ **KAME HOUSE HOSTEL**
Calle Juan de Arco Galindo, 201B
Ancón ✆ +507 398 5194
hostelkamehouse.com
hello@hostelkamehouse.com

De 10 US$ le dortoir à 35 US$ la chambre double avec salle de bains privée selon la saison.
Une auberge de jeunesse récente installée dans une grande et belle maison sur le Cerro Ancon, entourée de verdure. Ambiance conviviale due à l'intimité du lieu (on se croit à la maison) et personnel sympathique. L'auberge est un peu excentrée mais en journée, il est possible d'aller au Casco Viejo à pied.

SE RESTAURER

Il y a finalement assez peu de bonnes tables proposant de la cuisine typiquement panaméenne dans la capitale. On trouve en revanche un grand choix de restaurants spécialisés dans les saveurs du monde entier. Sachez qu'au-delà du prix des plats affichés, il faut généralement ajouter dans les restaurants 10 % de service et 7 % de taxes. Le service à la panaméenne est souvent lent.

Casco Viejo

C'est dans ce quartier que l'on trouve aujourd'hui le plus de bonnes tables et l'addition est bien souvent salée. Ceux qui aiment la cuisine italienne seront servis, avec un restaurant italien à presque tous les coins de rue ! Pour les budgets serrés, peu d'adresses en revanche, il faudra pousser un peu pour aller au marché aux poissons sur la Cinta Costera (15 minutes de marche) pour vous régaler de ceviches et de poissons frits !

Sur le pouce

Pour un petit creux, vous n'aurez pas de mal à trouver aux abords du Casco des vendeurs d'*empanadas*, de saucisses grillées (*chorizos*), de *raspadura*, de chips de bananes ou de manioc, d'*agua de pipa* (eau de coco), de jus de canne à sucre... pour moins d'un balboa.

■ **THE FISH MARKET**
Ave. Central
✆ +507 6592 2056
A côté de Barlovento
Du mardi au samedi, de 18h à 23h30 mais horaires variables selon la saison. Environ 10 US$ avec boisson.
A ne pas confondre avec le vrai marché aux poissons de Calidonia à l'entrée du Casco, ce petit Fish Market est en fait un *food-truck* permanent lové au milieu des ruines dans un cadre très charmant. On y boit un mojito bien frais en dégustant un *fish tacos*. Ambiance bar à huîtres en plus décontractée, avec un grand comptoir et quelques tables.

L'eau au Panamá

On vous servira souvent un grand verre d'eau glacée dans les restaurants. Pas de crainte particulière à avoir, le Panamá est l'un des seuls pays d'Amérique latine où l'eau du robinet (*agua del grifo*) est potable dans la capitale et les grandes villes (pas dans les zones isolées ou sur les îles). L'eau en bouteille est souvent de l'eau « purifiée » qui n'a rien d'une eau minérale.

Pause gourmande

DODÓ

Plaza de Francia
Au bout de la Calle 1ra.
Casco Antiguo
✆ +507 398 3652 / +507 6232 1556
dodobonpancafe@gmail.com
Café-restaurant proposant des spécialités salées et sucrées originales (y compris végétariennes, véganes et sans gluten). Vins, cafés, thés, infusions, chocolats, confitures maison... Ouvert de 9h à 20h du dimanche au jeudi, de 9h à 22h les vendredi et samedi, petits déjeuners tous les jours et brunch le dimanche (de 9h à 13h, réservation conseillée). Air conditionné et Wi-fi. Chasseurs acceptés (mais sans fusil).

L'intrépide Dodó a fait un sacré voyage depuis sa France natale, pour vous recevoir dans cette vieille maison donnant sur la Place de France ! Dodó l'a décorée avec amour pour en faire un lieu *cosy* qui lui rappelle la maison dans la forêt où il a appris la pâtisserie. Rendez-lui visite, vous verrez que ce n'est pas une légende, les saveurs de Dodó réunissent le monde entier et son accueil est toujours aussi chaleureux. Ses recettes se sont diversifiées. Dodó adore la cuisine créative et saine, et propose notamment des plats végétariens et végans raffinés (*ceviche* de mangue et avocat, burger au champignon portobelo, salades, wraps, *cheesecake* de mûres...). Il prépare aussi du bon café, à déguster avec un délicieux *brownie*. Dodó apprécie aussi le vin, le champagne et les cocktails ! Le dimanche Dodó régale les lève-tard avec un *brunch* spectaculaire ! Imaginé par Marcela et Melany, ce petit café est un lieu à part, intime et poétique, idéal pour une pause gourmande au cœur du Casco Antiguo.

GRANCLEMENT

Avenida Central y Calle 3
✆ +507 223 6277 / +507 223 3921
www.granclement.com
contact@granclement.com
Ouvert de 11h30 à 20h du lundi au jeudi, jusqu'à 21h30 vendredi et samedi, de 12h30 à 20h le dimanche. Glace deux boules : 4,20 US$.

Un glacier artisanal français réputé, proposant un très grand choix de glaces et sorbets, avec des saveurs traditionnelles et exotiques. Granclement commence à développer aussi des pâtisseries. Un peu cher tout de même...

Bien et pas cher

CAFE COCA-COLA

Plaza Santa Ana ✆ +507 228 7687
Ouvert tous les jours de 7h30 à 23h. Large choix, du petit déjeuner au dîner. Poissons et viandes entre 5 US$ et 10 US$.

Le plus vieux café-restaurant de la capitale, où se rencontraient autrefois intellectuels, poètes et chanteurs de boléro. Il aurait reçu la visite d'Ernesto Che Guevara et de Pablo Neruda... Sans prétention aucune, avec une déco qui a vieilli, il est toujours aussi populaire et la plupart des clients sont des vieux habitués. On lit son journal et on refait le monde tout en dégustant son café ou son *sancocho*. Café Coca Cola a eu gain de cause dans le procès qui l'a opposé à la célèbre marque du même nom qui n'avait pas protégé sa marque au Panamá... Pause agréable pour se requinquer après la cohue de l'avenue Central et avant de pénétrer dans le Casco Viejo. Copieux sandwiches, pâtes, riz, salades... Bons jus de fruits frais et on va vous chercher les bières à l'épicerie du coin. Recommandé pour son atmosphère et ses prix doux.

CAFFE PER DUE

Av. A final ✆ +507 228 0547
Ouvert du mardi au samedi de 9h à 22h et le dimanche de 9h30 à 22h. Fermé le lundi. Autour de 6-8 US$ le plat. Wifi.

Une cuisine italienne avec des pâtes, pizzas et grosses salades (au saumon par exemple) abordables par rapport aux autres restaurants du Casco Viejo, de copieux petits déjeuners ou un bon café. Un lieu agréable et cosy avec un petit patio derrière.

FONDA LEON

Ave. A, C/ 6a oeste
Vers la place de l'Indépendance.
Ouvert tous les jours à partir de 6h30 jusqu'au soir. Repas entre 4 US$ et 7 US$.

Cette cantine locale propose des plats copieux (riz et haricots rouges, bananes plantain, poulet, poisson) et bon marché dans une salle ouverte sur la rue. Atmosphère populaire et prix imbattables au cœur du Casco.

Bonnes tables

DIABLICOS

Ave. Central 7
✆ +507 228 9495
www.panamadiablicos.com
A côté de la police touristique.
Ouvert du mercredi au dimanche de 11h45 à 23h. Spectacles à 20h30 du jeudi au samedi et à 14h30 le dimanche. Plats autour de 15 US$.

Ce restaurant touristique propose des spectacles folkloriques de la province d'Herrera avec les fameux « Diablicos sucios » plusieurs fois par semaine sans supplément : essayez de vous y rendre à cette occasion. La décoration est typique avec les masques en papier mâchés du carnaval. Côté menu, des spécialités régionales et également de la cuisine internationale. Bon accueil du patron et service sympathique.

■ EGO Y NARCISO

Calle 3a Este, Plaza Bolívar
✆ +507 262 2045 – info@egoynarciso.com
Ouvert de 12h à 15h et de 17h à minuit, le week-end à partir de 17h. Plats autour de 10-15 US$.
Un cadre épuré et contemporain, une ambiance lounge et cosy et de bonnes tapas et fruits de mer font le succès de ce restaurant installé depuis 2005 dans le Casco Viejo. Terrasse agréable et romantique sur la Plaza Bolivar.

■ GATTO BLANCO KITCHEN

Ave B y Calle 8, frente a la escuela Rep. de Mexico
Casco Viejo
✆ +507 262 2315 – www.casanuratti.com
info@casanuratti.com
Ouvert tous les jours de 10h à minuit. 5 US$ par tapas.
Un bon restaurant situé au rez-de-chaussée de l'hôtel Casa Nuratti, avec une salle climatisée à la décoration moderne. La spécialité sont les tapas (notamment celles aux fruits de mer), à partager à plusieurs et à accompagner d'une bonne bouteille de vin. Et si Alex est là, il viendra sans doute engager la conversation dans un français parfait. Pour continuer la soirée à l'air libre, le rooftop de Gatto Blanco vous attend.

■ RENÉ CAFÉ

Calle Pedro J. Sossa, Plaza Catedral
✆ +507 262 3487
reservas@renecafe.com
En semaine 10h30-15h, 18h-22h, le samedi 15h-22h. Repas de midi autour de 10 US$, le soir 25 US$ pour une formule entrée-plat-dessert.
La bonhomie des propriétaires boliviens – Lourdes en cuisine et René en salle – donne envie de s'attabler dans ce restaurant familial au coin de la cathédrale. Cuisine inventive à base de produits frais. Les recettes changent tous les 3-4 jours. Service attentionné.

Luxe

■ DONDE JOSÉ

Avenida Central y Calle A
✆ +507 262 1682
www.dondejose.com
reservas@dondejose.com
Ouvert du mardi au samedi, service à 19h et 21h30. Menu dégustation différent tous les jours autour de 60 US$. Réserver à l'avance.
Un petit restaurant prévu pour 16 personnes seulement. Ouvert en 2014 par le jeune chef panaméen José Carlos, il n'y a pas d'enseigne à l'extérieur de l'établissement, on vient « Chez José » par le bouche à oreille. Produits frais, le plus souvent bio, directement du potager à l'assiette. Une cuisine panaméenne subtile et pleine de créativité vous attend.

LAS BÓVEDAS
Plaza de Francia ✆ +507 228 8058
Ouvert de 17h à 00h du lundi au jeudi, de 17h à 1h le vendredi, de 12h à 1h le samedi, de 12h à 22h le dimanche. Compter de 20 à 30 US$ le plat et 60 US$ le repas complet avec boisson.
A l'intérieur des remparts de la vieille ville, une cuisine française et internationale élaborée, conseillée pour ses spécialités de la mer. Agréable terrasse sur la place et salles voûtées avec une partie bar. On y vient surtout pour le cadre. La cuisine est correcte mais sans plus. Concerts de jazz le vendredi soir et salsa « en vivo » le samedi soir vers 21h.

MADRIGUAL
Avenida A con Calle 5ta Oeste
✆ +507 211 1956
Ouvert du lundi au samedi de 18h30 à 22h30. Menu dégustation environ 44 US$.
Andrés Madrigal, Madrilène d'origine, chef étoilé Michelin, est un grand amateur de cuisine de la mer. Il a beaucoup voyagé, appareil photo à la main, pour connaître les meilleurs chefs aux quatre coins de la planète. Outre son restaurant, il a créé l'atelier Madrigal dans le Casco Viejo. Plus récemment, il a ouvert le club gastronomique Estudio Millesime, qui accueille les grands noms de la gastronomie internationale. A table, on se régale de poulpes à la papaye, d'osso buco à la milanaise ou d'une mousse au chocolat et son sorbet de baies rouges.

MANOLO CARACOL
Ave. Central y C/3
✆ +507 228 4640 – www.manolocaracol.net
Ouvert midi et soir. Menu dégustation de huit plats de tapas, 38 US$ sans les taxes.
Le restaurant de Manuel Madueño, alias Manolo Caracol, d'origine andalouse, est l'une des premières bonnes tables à s'être installée dans le Casco Viejo. Sa cuisine aux saveurs méditerranéennes et caribéennes, délicieuse et généreuse, a toujours une excellente réputation mais les prix sont élevés. Le menu dégustation, une succession de petits plats raffinés, varie quotidiennement selon les produits du marché. La salle est conviviale et le service excellent. On peut également manger à l'extérieur, très agréable le soir avec une bonne bouteille de vin. Réservation conseillée.

Calidonia

MERCADO Y RESTAURANTE DEL MARISCO
Cinta Costera
✆ +507 377 0379 / +507 212 3898
Ouvert tous les jours. Ceviche à partir de 2 US$, poissons frits à partir de 7-8 US$.
Un authentique marché aux poissons dont la devise est : *No le demos la espalda al mar* (« ne tournons pas le dos à la mer »). Si vous avez la possibilité de cuisiner, n'hésitez pas à acheter vos poissons, gambas ou langoustes à l'intérieur du marché couvert ou bien demandez à un cuistot de vous les faire griller. Avec l'aménagement de la Cinta Costera, de nombreux stands se sont installés autour du marché pour vendre différentes sortes de *ceviches* (*corvina*, poulpe, crevettes, mélanges…) à des prix imbattables, accompagnés de petites galettes et de bières fraîches. Egalement plusieurs restaurants pour s'attabler et déguster les produits de la mer. Le soir et les week-ends, il y a foule, grosse ambiance et musique salsa, plus sympa à faire en groupe.

Centre moderne et l'est

Bien et pas cher

CAFETERIA MANOLO'S
Vía Veneto y Ave. 1 Norte
El Cangrejo ✆ +507 269 4514
(A ne pas confondre avec le Manolo situé Vía Argentina à l'angle de l'Ave. 2a Norte, une bonne adresse traditionnelle également). Ouvert tous les jours de 6h à 1h. Compter 8 US$-12 US$ le plat principal.
En face de l'hôtel casino Veneto kitchissime, sa grande terrasse animée fait le bonheur des Panaméens et des touristes étrangers qui résident dans la ville moderne. Bonne cuisine traditionnelle (goûtez au sancocho) et plats copieux par rapport aux standards panaméens.

EL TRAPICHE
Vía Argentina ✆ +507 269 4353
www.eltrapicherestaurante.com
eltrapichepty@gmail.com
Ouvert tous les jours 7h à 22h45, vendredi et samedi jusqu'à 23h45. Plats de 6 US$ à 15 US$. Menu du jour à 7,25 US$ ou 8,25 US$.
La salle est décorée d'objets traditionnels, dont un vieux *trapiche* en bois qui sert à extraire le jus de la canne à sucre. La terrasse est couverte d'un toit traditionnel des provinces centrales. Une bonne cuisine copieuse et typique *del Interior*. Accueil chaleureux du personnel sous leurs chapeaux. Le menu du jour est une bonne option pour goûter un peu à tout.

▶ **Autre adresse :** Albrook Mall, côté Casino

JIMMY
Calle Cincuentenario
✆ +507 226 1096
Face au centre de conventions Atlapa.
Ouvert tous les jours de 11h30 à 23h. Environ 8 US$ le plat de poisson.

Ce restaurant très central accueille en terrasse ou dans la grande salle climatisée les employés du quartier. La carte est très fournie. Les plats sont simples et sains. On déguste par exemple un traditionnel filet de corvina, le poisson que l'on trouve partout au Panama, et les locaux viennent y manger du foie à l'ail qui, paraît-il, est divin.

■ NIKO'S CAFÉ

Calle Gerardo Ortega, diagonal al Rey de Vía Espana
✆ +507 223 0111
www.nikoscafe.com
Ouvert 24h/24. A partir de 5 US$.
Cette chaîne panaméenne de type cafétéria, présente aux quatre coins de la capitale, a beaucoup de succès chez les Panaméens qui apprécient son grand choix de plats et *combos* à prix doux, du petit déjeuner au dîner. Le menu du jour est toujours moins cher. Pratique si vous avez un petit creux en sortant de discothèque.

■ LA TASCA DE DURÁN

Calle Alberto Navarro, derrière Via Argentina
✆ +507 213 0110
latascadeduran@hotmail.com
Ouvert du lundi au samedi de 11h à 2h. Tapas à partir de 7,50 US$, paella 14 US$ par personne.
Le bistro de Roberto Durán. Pour les fans de boxe et ceux qui veulent rencontrer le plus célèbre boxeur latino-américain en poids léger (presque 4 décennies sur les rings et champion du monde durant 13 ans !). « Mano de Piedra » a ouvert son resto pour féter ses 60 ans en 2011. Vous ne manquerez pas la cinquantaine de tableaux de « Cholo » Durán, des photos, des films de ses grands combats, des ceintures et son short fétiche aux couleurs du drapeau national. Roberto nous a conté que la salle du restaurant ainsi décorée lui rappelle la maison de son père et que les clients sont vraiment comme à la maison Durán. Il est presque tout le temps là et signe des autographes sans problème. Et en cuisine alors ? Essentiellement espagnole : des tapas, paellas, calamars... avec des noms évocateurs... Vous reprendrez bien un crochet de gauche, non ?

Bonnes tables

■ CAFFÈ POMODORO

Plaza Down Town, Via Veneto, face à l'hôtel Tryp.
Cangrejo
✆ +507 387 4455
www.caffepomodoro.com
Ouvert tous les jours de 7h à minuit. Pas de réservation possible. Petit déjeuner autour de 6 US$. Plats autour de 12 US$.
« La tomate » en italien, l'un des restaurants traditionnels de l'incontournable Willy Diggelman, chef suisse qui maîtrise aussi bien la cuisine italienne (Pomodoro), la cuisine française et les fruits de mer (1985), la fondue (Rincón Suizo) et propose de bons vins et fromages (Wine Bar). Caffè Pomodoro, qui a emménagé un peu plus haut dans la rue, est agréable pour sa salle climatisée ou sa petite terrasse sur la rue. Large choix de pâtes et pizzas pour ceux qui ne supportent plus le riz ! Bon rapport qualité/prix.

■ GAUCHO'S STEAK HOUSE

C/Uruguay y Calle 48
✆ +507 263 4469
Ouvert tous les jours de midi à 15h et de 18h à 22h30. Pour un bon repas, comptez environ 30 US$ par personne, sans le vin.
Spécialités argentines. Viande de bœuf grillée délicieuse. Salle décorée bien qu'un peu sombre et service excellent.

■ LAS TINAJAS

C/51 n° 22 Bella Vista
✆ +507 263 7890
✆ +507 269 3840
www.tinajaspanama.com
info@tinajaspanama.com
Ouvert de 11h à 23h tous les jours. Le spectacle coûte 10 US$, avec une consommation de 15 US$ minimum par personne.
L'un des deux restaurants typiques de la capitale. Il est parfait pour les groupes de touristes, avec un grand choix de plats traditionnels panaméens, dans un décor authentique. Spectacles folkloriques organisés du mardi au samedi à 21h (dîner sur réservation).

■ RESTAURANTE BEIRUT

Calle 50 Este. A côté du Mariott
✆ +507 214 3815
Ouvert tous les jours de 12h à minuit. Plats libanais et indiens à partir de 8 US$.
Une salle climatisée et une grande terrasse très agréable, dans un cadre oriental. De bons plats libanais mais aussi indiens pour presque tous les budgets. Quelques plats végétariens. Le tout servi généreusement.

■ RIESEN

El Cangrejo Calle D #16
✆ +507 264 0473
riesenrestaurante.com
info@riesenrestaurante.com
Ouvert du mercredi au dimanche de 18h à 22h.
Fondé en 2013, le restaurant d'Hernán Correa utilise exclusivement des produits panaméens. Le restaurant est situé au rez-de-chaussée de sa maison familiale et il n'est pas rare que sa mère reçoive elle-même les clients

La vaisselle est imparfaite et les objets de décoration sont fabriqués par des artisans locaux. Au menu, par exemple, des churros de yucca en sauce *maracuja* ou bien du poulpe ou de la langue de bœuf, toujours dans une recherche de mélange de textures. Une cuisine audacieuse, dans l'esprit de la nouvelle gastronomie panaméenne.

■ SEGUNDO MUELLE

Calle Crisantemos Nº 16 esquina con calle 68
San Francisco
✆ +507 391 9234
www.segundomuelle.com
sanfrancisco@segundomuelle.com
Ouvert le lundi de 19h à 23h, du mardi au samedi de 12h à 23h, le dimanche de 12h à 17h. Compter 20 US$-25 US$ par personne le repas.
Un restaurant d'une franchise péruvienne reconnue en Amérique latine. Une cuisine fusion aux influences andines et nippones, mais aussi méditerranéennes. On vient déguster ici, des plats plus ou moins relevés avec des piments (*ají*) que l'on retrouve dans presque tous les plats péruviens. Le *ceviche* est un véritable plat au Pérou (plus élaboré que le *ceviche* panaméen servi dans un verre), mais ne vous limitez pas à cela, tentez la *corvina a lo macho* par exemple !

■ CHEZ TITI

Calle Eric Del Valle, PH Vitroloft Studio, local 1 - El Cangrejo
✆ +507 390 5018 / +507 390 9528
www.cheztitipanama.com
Le salon de thé est ouvert du lundi au samedi de 9h à 19h30. Pour se restaurer un menu différent chaque jour, compter de 16,50 à 22,50 US$. A la carte autour de 20 US$ par personne à la carte pour un bon plat, un thé et le service. A partir de 15h spécial « Tarde de té ».
Un salon de thé raffiné dans un cadre élégant, mais pas seulement. C'est un concept unique au Panama qui attire les locaux comme les visiteurs étrangers, tenu par une Suisse francophone installée dans le pays depuis plus de 10 ans et qui ne plaisante pas avec la santé et la gastronomie. C'est d'ailleurs sur la ligne d'une cuisine saine et naturelle que l'établissement se positionne. La carte de thé est étoffée, la qualité et la provenance inégalées, la vaisselle importée d'Angleterre est sublime, on remarque la robe des théières fabriquée main, que l'on peut emporter puisque le salon de thé fait également office de boutique. Ralliement du corps, de l'esprit et de l'âme, l'alimentation holistique proposée par l'établissement nous fait voyager dans les cuisines de nos grands-parents, des aliments entiers et naturels, frais et riches en saveur. Des crêpes à l'agneau en sauce de thé « masala chai » bio (thé noir sucré et mélange d'épices), une bisque de saumon, du riz au poulet titi et salade grec pour ne citer que ces plats. A la carte, recettes de vraies crêpes (salées et sucrées) et des gaufres belges, dont seule la mamie a le secret. Côté liquide, du thé bien sûr, mais aussi des jus 100% fruits frais dont le jus titi avec ananas carotte et orange, un must ! Original aussi le cocktail titi, mélange subtil de champagne et de thé. Sans oublier le sain breuvage, comme l'inénarrable vin chilien « Casa Lapostole », une référence. Une adresse recommandée dans un cadre paisible en plein cœur du Cangrejo. Une autre adresse de style sport bar devrait ouvrir prochainement à Costa del Este.

Luxe

■ THAÏ GARDEN 2112

Calle 48 Este, Bella Vista
✆ +507 209 2155 / +507 209 2156
thaigarden2112.com
Compter environ 40 US$ le repas complet.
Un établissement subtilement décoré, un cadre apaisant, avec service en tenue traditionnelle. Les plats gastronomiques sont très fins, cuisinés dans la plus pure tradition thaïe.

Amador, Albrook, Ancón et l'ouest

Les restaurants et cafés (souvent des chaînes) qui ont dû batailler pour obtenir leur place bénéficient d'un site magnifique. On vient d'abord ici pour respirer l'air marin. Beaucoup de monde en fin de semaine.

■ ALBERTO'S CAFÉ

Marina d'Isla Flamenco
✆ +507 314 1134
Ouvert tous les jours de midi à minuit. Pizzas et pâtes de 10 à 20 US$.
Pour sa cuisine italienne très correcte, mais aussi pour contempler de sa terrasse les gros bâteaux amarrés. Pas de cachet particulier, un restaurant typique des marinas.

■ MI RANCHITO

Isla Naos ✆ +507 228 4909
www.restaurantemiranchito.com
Ouvert tous les jours de 8h30h à 11h30. Réservation conseillée le week-end. Plats de 8 à 20 US$.
Un restaurant familial installé depuis des années sur le Causeway, quand on arrive au bout de la jetée. Il propose sous un rancho des spécialités de poissons et fruits de mer. Les familles panaméennes viennent s'y restaurer à toute heure ou se baigner dans la petite piscine. Service sympa, terrasse souvent pleine et animée.

SABORES DEL CHORILLO
Cinta Costera III, au niveau du stade de foot. S'y rendre en taxi depuis le Casco Viejo ou en voiture (parking gratuit).
Ouvert du lundi au dimanche, de 10h à 23h. Il arrive que les stands ferment en début de semaine s'il n'y a personne.
Cet ensemble de petits restaurants, qui est sorti de terre avec les travaux de la Cinta Costera III, se trouve entre le Casco Viejo et Amador, au niveau du quartier du Chorillo. Il est vivement déconseillé de pénétrer dans ce quartier, mais rassurez-vous, la promenade n'est fréquentée que par des sportifs qui profitent des équipements tout neufs et des familles qui sortent d'un match au nouveau stade. Cuisine locale uniquement, dans le même esprit que le marché aux poissons. Perspective différente sur la ville, aussi bien le canal que le Casco Viejo. Très animé le dimanche.

Sortir

Aujourd'hui c'est le Casco Viejo qui accueille le plus de lieux sympas pour boire un verre ou aller danser. Les locaux aussi vont y faire la fête. Vous noterez un nombre importants de *rooftop* (toit-terrasse). C'est une excellente initiative car il fait si chaud à Panama City ! Quelques lieux : l'Azotea avec sa petite piscine au-dessus de Casa Panama, Gatto Blanco et ses confortables sofas, le célèbre Tantalo toujours bondé, le spacieux Barlovento ou encore le bar de l'hôtel Hard Rock dans la ville moderne.
La Calle Uruguay est encore à la mode pour ses bars dansants et discothèques mais l'ambiance est typiquement *latino*, évitez les boites qui vous semblent un peu glauques. Pour connaître les événements culturels, le plus simple est de consulter les pages « sortir » du quotidien *La Prensa* ou le journal *El Visitante/The Visitor.*

Cafés - Bars

La plupart des cafés ou bars se situent dans le Casco Viejo autour des places, ou dans la Via Argentina, dans le quartier du Cangrejo.

Casco Viejo

Pour boire un verre en début de soirée dans San Felipe, nous vous conseillons les terrasses tranquilles de la Plaza Bolívar. De nombreux bars à la musique rock ou aux rythmes plus latins ont ouvert ces dernières années. Quelques bars dédiés au jazz également.

CASA JAGUAR
Avenida central, à côté du théâtre Amador
✆ +507 6955 8002
✆ +507 6866 8483
casajaguarpanama.com
info@casajaguar.com
Du mardi au samedi, de 17h à minuit.
Casa Jaguar GastroPub est avant tout un lieu pour danser après un bon verre de rhum. La nourriture de type tapas est plutôt bonne pour un pub, et il est possible de réserver une table sur le site pour le début de soirée. Le lieu oscille entre esprit industriel et artistique.

DANILO'S JAZZ CLUB
Plaza Herrera, American Trade Hotel
✆ +507 211 2000
www.americantradehotel.com
jazz@americantradehotel.com
Ouvert tous les jours de 9-10h à 22-23h. Entrée payante pour certains concerts.
Un véritable club de jazz, intime et chaleureux, qui porte le nom de Danilo Perez, le talentueux jazzman panaméen à l'origine du Panama Jazz Festival. Concerts fréquents, surveillez la programmation.

La fête en chivas parranderas

Les *chivas* sont à l'origine les vieux bus panaméens mais désignent aussi les *diablos rojos* réaménagés spécialement pour la fiesta ! Bariolées et ouvertes sur les côtés, les *chivas* parcourent la ville à partir de 21h avec à l'intérieur une *murga* (« fanfare ») explosive : saxo, trompette, trombone, percu... A défaut de concert *en vivo* vous aurez droit à une sono aux basses détonantes ! Les fauteuils ont un système de bar en bois pour placer les verres et bouteilles de seco ou de rhum national. On boit, on danse, on vacille .. Pour 25 à 30 US$ par personne, la soirée est arrosée sans limite. Retour vers minuit. Une expérience surprenante ! Appelez plusieurs jours à l'avance, les *chivas* ne circulant que lorsqu'un groupe suffisamment nombreux est formé. Les auberges de jeunesse se chargent souvent d'organiser des groupes.

CHIVA PARRANDERA
✆ +507 221 0399
www.chivafiesta.com

DIABLO ROSSO
Calle José De Obaldía y Calle 8a Oeste
✆ +507 209 9380
www.diablorosso.com
info@diablorosso.com
Ouvert lundi-samedi de 11h à 19h.
A la fois galerie d'art contemporain, salle d'expos, boutique de mode, ciné indépendant et café-restaurant. Un endroit chaleureux et plein de créativité, un lieu de rencontre et de débats.

GATTO BLANCO ROOFTOP BAR
Terrasse de l'hôtel Casa Nuratti
Av B calle 8
✆ +507 262 2315
www.casanuratti.com
Soirées à partir de 19h mais terrasse ouverte 24h/24, 7j/7.
Une agréable terrasse sur le toit de l'hôtel Casa Nuratti. Très agréable au coucher du soleil, avec une brise marine et un mojito ! Des soirées électro et *lounge* qui attirent beaucoup de monde. Belle vue sur la ville moderne.

MOJITOS SIN MOJITOS
Plaza Herrera, Calle 9 y Ave. A
✆ +507 6855 4080
www.mojitossinmojitos.com
mojitospanama@yahoo.com
Ouvert à partir de 18h30. Bières 2 US$, rhum 4 US$. Burgers 5 US$.
Un bar informel et chaleureux, avec un patio. Le rock est apprécié. Souvent des concerts en fin de semaine. Bon mélange de touristes et locaux. Ne buvez pas votre bière dans la rue, la police n'apprécie pas...

LA RANA DORADA
Ave. Eloy Alfaro con Calle 11 Este
El Cangrejo
✆ +507 212 2680
www.laranadorada.com
Ouvert tous les jours jusqu'à tard. Demi à partir de 2,75 US$. Wifi.
Un pub chaleureux, qui porte le nom de l'espèce de grenouille endémique la plus menacée du Panamá, ce qui est bien dommage car elle porte chance quand on la voit ! Elle aurait peut-être déjà disparu à cause d'un champignon arrivé sur les terres panaméennes... Pour vous remettre de cette triste nouvelle, offrez-vous la délicieuse bière maison, la *cerveza* Rana Dorada. Une terrasse très agréable vous attend mais elle se remplit vite ! C'est à l'intérieur que se trouve aussi la brasserie artisanale qui peut se visiter à certaines heures. Trois autres pubs pour apprécier la variété des bières artisanales, à Marbella (à côté de Madame Chang), Costa del Este (centre commercial Downtown Plaza) et au Cangrejo. Un bon plan pour commencer la soirée.

Autre adresse : Calle Arturo Motta y Via Argentina – ✆ +507 269 2989

RELIC BAR
Calle 9 Este 3-28, Luna's Castle
✆ +507 262 1540
www.relicbar.com
relicbar@gmail.com
Ouvert du lundi au samedi de 20h30 à 2-3h.
Le bar du Luna's Castle dispose d'un grand patio avec des tables et un bar climatisé pour une autre ambiance. Même clientèle anglophone, toujours du monde, boissons pas chères.

TANTALO
Av. B y Calle 8
✆ +507 262 4030
www.tantalohotel.com
Ouvert tous les soirs, entrée payante en fin de semaine à partir de 10h en général. Mojito 7 US$.
C'est l'endroit incontournable du Casco Viejo si vous supportez la foule. A la fois hôtel, restaurant et bar, Tantalo a commencé comme un lieu véritablement artistique mais est devenu assez commercial. Il n'en reste pas moins un beau lieu, agréable pour prendre un verre le soir en haut sur la terrasse.

LA VECINDAD
Avenida A, entre Calle 4 y Calle 5
✆ +507 6005 1436 / +507 6864 9488
Ouvert dès le début d'après-midi ou le soir. Concerts fréquents en fin de semaine.
Un bar à ciel ouvert au milieu de ruines d'une vieille maison. Ambiance reggae-roots ou dancehall. Bières pas cher et ambiance locale. La *vecindad* signifie le voisinage.

VILLA AGUSTINA
Avenida A y Calle 9a. Diagonal a la Plaza Herrera
Ouvert en fin de semaine, entrée gratuite ou de 5 US$ à 10 US$ selon l'événement.
Un bel espace à ciel ouvert pour boire un verre et danser sur des rythmes électroniques, hip hop ou tropicaux. Les soirées *Fiebre* du vendredi attirent du monde.

ZAZA LOUNGE
Au coin de avenida central, avec calle décima debajo de Barlovento
✆ +507 836 7722 / +507 6655 5731
www.zazalounge.com
reservas@zazalounge.com
Ouvert du lundi au samedi de 19h à minuit.
Un lieu très fin, avec une décoration baroque soignée avec miroirs et objets chinés, apprécié des Panaméens privilégiés. Possibilité d'y prendre un verre ou de dîner, et de danser en soirée.

Centre moderne et l'est

ISTMO BREW PUB
Ave. E. Morales, à côté de l'hôtel Sevilla Suites
El Cangrejo
✆ +507 6206 5205
Ouvert de 16h à 1h du lundi au mercredi, de 16h à 2h30 jeudi et vendredi, de 16h30 à 23h45 samedi et dimanche.
Un bar à bières avec de nombreux breuvages brassés de façon artisanale. On vous propose une série de petits verres pour goûter la Veraguas, la Coclé, la Colón ou la Chiriquí, et choisir celle qui finira au fond de votre gosier. Blondes, brunes, rousses ou ambrées sont servies à la pression. *¡Salud !*

Autre adresse : Via Israel, Calle 76, San Francisco

TABERNA LA MALAGUEÑA
Avenida José Fabriga, proche de via Argentina
✆ +507 64587138
tabernamalaguena@hotmail.com
Ouvert tous les jours de 12h à minuit, 18h le dimanche. Compter 2,50 US$ la bière, 3 US$ la tapa. Happy-hours de 17h à 19h.
Une taverne andalouse qui réunit tous les soirs la communauté espagnole et cela s'entend ! Grosse ambiance qui attire de plus en plus de monde (arriver tôt pour avoir une table surtout en fin de semaine). On mange sur son tabouret ou debout ses tapas accompagnées de *cañas* bien fraîches, et les rencontres se créent facilement, sur la terrasse ou à l'intérieur à la déco typique. C'est tout récent mais authentique et chaleureux, l'une de nos meilleures adresses pour boire un verre entre amis !

Clubs et discothèques

A bailar ! Dépendantes des phénomènes de mode, les discothèques peuvent être pleines à craquer où désespérément vides. Traditionnellement elles sont surtout concentrées dans la calle Uruguay et les rues adjacentes. Une zone a émergé il y a quelques années à l'entrée du Causeway, la Zona Viva ou Zona Rumba, mais il semble qu'elle soit déjà passée de mode. Vous aurez le choix entre musiques latines et tropicales (merengue, salsa, reggaetón, bachata, socca, etc.) mais aussi de plus en plus d'électro. Les Panaméens font un effort vestimentaire, alors même si les touristes sont rarement refoulés, essayez de ne pas arriver en tongues et short... Les lieux se remplissent après minuit et ferment au petit matin.

Spectacles

Casco Viejo

LA CASONA
Calle 5a Oeste, derrière le musée du Canal
✆ +507 6706 0528
Mercredi au samedi de 20h30 à 3h. Spectacles ponctuels. Entrée libre ou à prix symbolique.
Un lieu à part dans le paysage culturel de la capitale. Un espace dédié aux arts graphiques, à l'audiovisuel, aux sculptures éphémères, à la musique, à la danse ou au théâtre... Une programmation musicale éclectique (jazz, calypso, salsa, hip hop, reggae...), des expos et une atmosphère informelle et bohème unique. Egalement un bar et un restaurant végétarien.

TEATRO AMADOR
Avenida Central, à 30m du Café Coca Cola
✆ +507 212 2586 – www.teatroamador.com
Dans un immeuble construit en 1908, qui fut le premier cinéma du pays, le Teatro Amador a rouvert ses portes en 2013 après une importante rénovation. Il accueille différentes disciplines artistiques : théâtre, concerts, ciné, danse...

TEATRO NACIONAL
Diagonal a la Plaza Bolívar
✆ +507 262 3525
Fermé courant 2016 après la chute d'un balcon.
Au cœur de la vieille ville, ce théâtre construit au début du XXe siècle accueille aussi bien des troupes de théâtre ou de ballets que des orchestres.

Centre moderne et l'est

Cinéma. Les salles sont modernes et souvent intégrées aux grands centres commerciaux (Albrook Mall, Multicentro, Multiplaza...). On y passe essentiellement de grosses productions nord-américaines. L'ironie veut que dans l'esprit de nombreux Panaméens, la catégorie *Películas extranjeras* (« films étrangers ») désigne tous les films étrangers à l'exception de ceux produits aux USA ! Programmes dans *La Prensa* ou sur le site : www.cinespanama.com. Tickets autour de 4 US$. Prendre une petite laine pour ne pas vous transformer en glaçon à cause de la clim !

Théâtre. Plusieurs théâtres se situent dans la capitale. Programmes dans la presse ou sur le site : www.teatrodepanama.com

CINE UNIVERSITARIO
Dans l'université nationale
✆ +507 523 5391
Le ciné universitaire présente des productions argentines ou japonaises, vieux films italiens ou français, documentaires, etc. Entrée gratuite ou à prix modique.

TEATROS LA HUACA & ANAYANZI – ATLAPA
Vía Israel
Centro Atlapa.
✆ +507 6513 3243
www.atlapa.gob.pa
Le centre de conventions Atlapa offre deux salles de théâtre auditorium : Anayansi, la plus grande (capacité de 2 800 personnes) et La Huaca (500 places).

Amador, Albrook, Ancón et l'ouest

CINEMARK
Albrook Mall ✆ +507 314 6001
www.cinespanama.com
Cinéma passant de grosses productions américaines.

FIGALI CONVENTION CENTER
A L'entrée du Causeway ✆ +507 314 1414
A la fois centre de conventions et centre culturel. C'est ici que sont organisés les méga concerts des stars de la musique latine et internationale : Shakira, Don Omar, Marc Anthony...

À VOIR – À FAIRE

Visites guidées

CITY SIGHTSEEING PANAMA ★★
Avenida Justo Arosemena y Calle 29 este
✆ +507 392 6000 / +507 392 9999
www.city-sightseeing.com
Billet valable 24h, 48h ou 72h : à partir de 22,50 US$, 30 US$ ou 38,50 US$ par adulte, 11,50 US$ par enfant. Achat en ligne, à la station de bus ou à la réception de votre hôtel.
Une formule économique et pratique pour visiter la capitale et ses environs. Un bus rouge à étage, inspiré des fameux bus londoniens, avec informations touristiques dans 6 langues dont le français. Différentes formules sont proposées (tickets valables 24, 48 ou 72 heures), et l'on monte et descend aux stations que l'on veut, c'est le « Hop On – Hop Off »). Deux routes touristiques. La première, « Panama Canal » avec 10 stations : Multicentro, Parque Urracá, Mi Pueblito, Albrook Mall, Ciudad del Saber, Panama Canal (écluses de Miraflores), Isla Flamenco, Centre d'Exhibitions Marines (Punta Culebra), Bio Museo, Casco Antiguo. Le tour total dure 2 heures si on ne descend pas du bus. Départs toutes les heures de 9h à 16h. La deuxième route « Panama La Vieja » dure 1 heure sans descendre avec une fréquence de passage du bus toutes les 75-90 minutes de 8h à 16h15 (dernier stop). Départ de l'hôtel El Panamá puis 6 stations Hôtel RIU, Panama Viejo, puis Hôtel Sheraton, Multiplaza, Multicentro et retour à El Panamá.

OFICINA DEL CASCO ANTIGUO ★
Calle 3 y Avenida A ✆ +507 209 6300
yrodriguez@cascoantiguo.gob.pa
Bureau ouvert de 8h30 à 15h30 du lundi au vendredi.

Kalu Yala : un village alternatif bien caché

A l'instar de communautés internationales comme Auroville en Inde, Kalu Yala est un village autogéré, accessible par un petit chemin de terre, à 50 minutes de la capitale, vers San Miguel. Le village a vocation à s'étendre et à devenir une véritable ville avec pour objectif d'offrir une meilleure qualité de vie aux habitants engagés. Les 20 premières maisons ont été construites et réservées en 2016. L'un des volets importants de Kalu Yala est le programme éducatif d'apprentissage par l'expérience. Les étudiants sont formés dans des domaines aussi variés que la biologie, la santé ou les médias. Enfin, un incubateur sert de tremplin aux *start-up*, grâce à des fonds de la Silicon Valley.

KALU YALA ★
kaluyala.com – hello@kaluyala.com
Tout compris : 50 US$/pers./jour. Avec tente deluxe : 150 US$/2 pers./jour. Compter 20 US$/pers. pour le trajet depuis San Miguel et 80 US$/pers. depuis l'aéroport. Activités entre 20 et 50 US$.
Les visiteurs peuvent participer à des camps avec nuit en tente, repas organiques et *workshop* pour imaginer un monde meilleur tout en ayant une empreinte carbone négative. L'idée est bonne mais le prix nous semble peu attractif pour ce type d'initiative.

Pour tout renseignement sur le Casco Viejo. Renseignez-vous, des visites guidées gratuites sont parfois organisées.

Casco Viejo ★★★★

Le Casco Antiguo ou Casco Viejo englobe le quartier colonial de San Felipe et une partie de celui de Santa Ana et du Chorillo. La zone touristique est concentrée dans San Felipe. C'est un lieu à part, dans une capitale bouillonnante où l'on s'arrache les dernières maisons centenaires pour les raser et planter des tours, et où l'automobile et les centres commerciaux sont rois. Le Casco Viejo est un havre de calme et de douceur. Ici le piéton conserve sa place, les enfants jouent encore au foot dans la rue et les vieux se réunissent toujours sur les bancs pour causer ou taper le carton… L'atmosphère du vieux quartier semble intemporelle et empreinte de romantisme.

Développement. San Felipe, dont les premières pierres furent posées après la destruction de Panamá La Vieja, vit et évolue sans cesse, comme le reste de la ville. Le quartier colonial fut pendant très longtemps le centre économique, politique et religieux du pays, malgré les incendies fréquents aux XVIIe et XVIIIe siècles. A la fin du XIXe siècle, l'élite est bien présente et les étrangers débarquent en masse faisant grimper les prix.

Mais au cours du XXe siècle, le quartier va se paupériser petit à petit. A partir des années 1920, l'élite abandonne les luxueux immeubles particuliers pour des maisons plus grandes et modernes situées dans les quartiers résidentiels de La Exposición, Bellavista, et plus tard de El Cangrejo, San Francisco ou Paitilla. Les immeubles vacants sont rapidement fractionnés et mis en location. Ce phénomène de subdivision de l'espace va très loin et s'accompagne d'une augmentation de la population qui atteint des sommets dans les années 1970. Les immeubles ne sont plus entretenus et les autorités ne connaissent parfois même plus le nom du propriétaire… Les beaux immeubles se transforment alors en taudis surpeuplés. Le quartier devient dangereux et des gangs redoutés font leur apparition dans les années 1980 du côté de la place Herrera…

Si les autorités commencent à restaurer les églises et les plus belles demeures de San Felipe dans ces mêmes années, le changement radical intervient en 1997 quand l'UNESCO inscrit l'ensemble du quartier sur la liste du patrimoine mondial. L'Etat et les investisseurs privés commencent alors d'importants travaux de restauration, devenus indispensables pour sauver ces immeubles délabrés mais d'une valeur architecturale inestimable.

Au début des années 2000, le quartier redevient touristique et gagne progressivement en sécurité grâce à la présence d'une police du tourisme prévenante. Des cafés et restaurants chic s'implantent, souvent tenus par des Européens amoureux des vieilles pierres.

Gentrification. Aujourd'hui, le Casco Viejo rentre dans un nouveau cycle, irrésistible, celui de l'embourgeoisement, que les sociologues désignent comme un processus de « gentrification ». Ce « quartier village » au charme incomparable devient un lieu branché. Les 4x4 rutilants sont désormais nombreux autour des vieilles places, tandis que les vieux rocking-chairs quittent les trottoirs… Les investisseurs se jettent sur les dernières maisons vétustes et parfois envahies pas la végétation. Ils y aménagent des appartements chic qu'ils louent au prix fort aux étrangers ou font simplement de la spéculation pour revendre plus tard sans même avoir réalisé des travaux de restauration… Les anciens locataires, des familles nombreuses sans grandes ressources, sont relogés… mais rarement dans le quartier. Ils ont souvent droit aux petits lots bon marché des lointaines villes-dortoirs du côté de Tocumen ou Arraiján ; une toute autre ambiance et qualité de vie pour ceux qui continuent à travailler dans le centre de Panamá !

Il faut espérer que les autorités résisteront aux pressions financières pour conserver un peu de mixité sociale dans le Casco Viejo. Sans quoi, ce quartier vivant et bohème pourrait se transformer très vite en une simple ville-musée. Pour le moment, le charme continue d'opérer dans le haut de San Felipe et il reste encore des rues où l'on trouve un immeuble délabré et un restaurant à 50 dollars juste côte à côte.

Architectures. San Felipe va ravir les passionnés d'architecture : il y a peu de lieu aussi éclectique en Amérique latine ! Sur cette presqu'île rocheuse abritée par d'épaisses murailles, entre les églises et les rares maisons coloniales ayant traversé les siècles, se mêlent des demeures aux touches françaises, des maisons en bois de style caribéen, des édifices massifs néoclassique ou Art déco. Cette variété est à l'image du pays et reflète une histoire coloniale et républicaine dont la richesse découle du mélange des cultures né des migrations successives.

Il ne reste pas grand-chose de l'architecture coloniale car le quartier a été dévasté par de nombreux incendies aux XVIIe et XVIIIe siècles. L'incendie de 1737, *el fuego grande*, détruit 95 % des maisons (il n'en restera que vingt-deux). De celui de 1756, *el fuego chico*, seule la moitié de ce qui avait été reconstruit sera sauvé… Dans les espaces vides, on décide d'aménager des places.

On pourrait s'arrêter devant chaque bâtisse de ce quartier captivant, dont le cœur touristique s'appelle en fait San Felipe. Voici quelques demeures ou édifices immanquables. Pour compléter la présentation qui suit, nous invitons les passionnés comprenant l'espagnol ou l'anglais à la lecture d'un bel ouvrage intitulé Panamá : el Casco Antiguo y la dinámica de sus transformaciones (2013) de l'architecte et historien Eduardo Tejeira Davis, ainsi que le guide de l'UNESCO : Panamá La Vieja et le Casco Viejo (Alfredo Castillero, Editions UNESCO, 2004).

▶ **La découverte de San Felipe commence** après la place populaire de Santa Ana. Continuez tout droit sur l'Avenida Central en suivant les rails de l'ancien tramway. Vous noterez plusieurs édifices Art déco avant d'arriver à la demeure Arias Feraud ou Casa de la Municipalidad. Sa forme actuelle de style néoclassique date de 1934. Le bâtiment restauré en 1981 (en travaux courant 2016) est situé à l'emplacement des anciennes murailles qui entouraient la ville coloniale. Les murailles n'ayant plus grande utilité au milieu du XIXe siècle, on décida de les démolir en 1856 pour gagner de l'espace. On peut normalement contempler à l'intérieur les restes de la Puerta de Tierra, l'ancienne porte d'entrée de la vieille ville ouverte dans la muraille. L'église de La Merced, juste en face, conserve encore sa façade originale de style baroque. En face de l'église, un immeuble imposant considéré comme le premier gratte-ciel du pays ! Construit entre 1917 et 1921, cet édifice finement restauré, dont une façade donne également sur la Plaza Herrera, possède autant de noms que d'histoires : El Castillo de Greyskull (« le château de Greyskull »), la Pensión García, la Casa Grande (« la Grande Maison »), La Mansión (« la Demeure ») ou La Reformada (« la Réformée »)... « El Castillo » illustre bien le phénomène de paupérisation du quartier au cours du XXe siècle, l'immeuble passant de l'extrême richesse à l'extrême marginalité. Il abritait à l'origine des bureaux, une zone commerciale et des appartements de luxe. Des fêtes ou mariages étaient organisés ici pour la haute société jusque dans les années 1950. En 1970, le bâtiment changea de propriétaire pour devenir un hôtel. En quelques années, gagné par la vétusté, l'immeuble devint un énorme squat où la police n'osait plus rentrer, un gang de la capitale y avait son QG... L'immeuble a été restauré et accueille aujourd'hui l'American Trade Hotel.

Voiture ancienne dans une rue du Casco Viejo.

▶ **En poursuivant sur l'Avenida Central** en direction de la baie, on débouche sur la place de l'Indépendance (Plaza Independancia). L'ancien centre religieux, politique et social de la cité coloniale, le cœur de la vieille ville, autour duquel se trouvent la cathédrale (en travaux jusqu'en 2018), le palais municipal (musée d'Histoire) et l'élégant musée du Canal inter-océanique. L'hôtel central donne sur la même place. Edifié en 1874 puis dévasté par un incendie en 1878, il fut reconstruit en 1885 en se rapprochant de l'architecture du Grand Hôtel, avec des balcons individuels et des mansardes. C'était l'un des hôtels les plus luxueux des Amériques. Ingénieurs du canal et hommes d'affaires de passage appréciaient ses chambres confortables donnant sur la Plaza Mayor. Sa splendeur s'estompa peu à peu et l'hôtel ne devint plus qu'une simple pension qui finit squattée par ses clients, avant d'être définitivement fermée au début des années 2000. Ce qui était un magnifique bâtiment devait faire l'objet d'une importante restauration, pour retrouver sa fonction originelle d'hôtel de luxe, mais les travaux ont été repoussés sans cesse. Toujours sur la même place, côté est, des maisons des années 1880 joliment restaurées et un immeuble massif de 1947, la Casa Alianza.

▶ **A proximité de la place,** côté ouest, les ruines du couvent de la Compagnie de Jésus. Construit en 1741, le couvent fut le siège de

© NICOLAS LHULLIER

Iglesia La Merced, Casco Viejo.

la première université de Panamá à partir de 1749. Abandonné après l'incendie de 1781, le couvent fut restauré deux siècles plus tard, après démolition de la maison qui s'était installée dans la nef.

En remontant l'Avenida A en direction de la Plaza Herrera, on arrive à l'église San José et son fameux retable recouvert de feuilles d'or (Altar de Oro). L'avenue débouche ensuite sur la Plaza Herrera. A proximité, la Mano de Tigre (« Main de Tigre »), les restes de l'imposante muraille qui protégeait la ville jusqu'en 1856. Juste derrière, la Casa Boyacá, une maison en bois pittoresque en forme de quille de bateau. Le quartier est moins gentrifié que la pointe du Casco et on peut encore voir des mamies prendre le frais le soir dans leur *rocking-chair* sur le pas des immeubles... En reprenant l'Avenida A en direction opposée, après la place de l'Indépendance, l'église et le couvent de Santo Domingo et son célèbre Arco Chato, ainsi que le musée d'Art religieux colonial.

En prenant la C/2 Oeste, un petit parc où trône le buste de Charles Quint, puis on longe la mer pour rejoindre l'agréable place de France (Plaza de Francia). En montant l'escalier depuis la place, on débouche sur le Paseo de las Bóvedas et son panorama magnifique, de jour comme de nuit.

On rejoint ensuite la Plaza Bolivar, bien pour prendre un apéritif après cette petite balade. La place est calme et offre de belles perspectives sur l'église néo-classique San Francisco de Asis. L'église et l'ancien couvent des Jésuites sont parmi les premiers édifices construits après la destruction de Panamá La Vieja. L'ensemble brûla à deux reprises (1737 et 1776) mais fut reconstruit immédiatement. En 1918, l'architecte Vilanueva Meyer entreprit une réfection totale de l'édifice qui se vit attribuer un haut clocher polygonal. A côté de l'église, le monument Bolívar accueille le ministère des Affaires étrangères. Donnant également sur la place, l'hôtel Colombia couleur brique construit en 1937, ainsi que plusieurs maisons d'un étage datant des années 1880, et des immeubles plus hauts, construits dans les années 1930.

En remontant l'Avenida B, on remarquera la petite église de San Felipe Neri, puis on rejoint le Palacio de las Garzas (Palais présidentiel), où la garde présidentielle vous interdit désormais le passage.

La balade peut se poursuivre sur la Cinta Costera pour rejoindre le Mercado de Mariscos et ses échoppes proposant de délicieux *ceviches*... Il y a également de nombreux bars et restaurants branchés sur ce court trajet.

A partir de la construction de la voie ferrée menant à Colón en 1855, la ville voit affluer les chercheurs d'or du monde entier. De nombreux étrangers (Américains, Espagnols, Français, Chinois…) restent et ouvrent des commerces ou des hôtels. Dans les années 1880, les touches françaises sont nombreuses (balcons, mansardes) et apparaissent également des maisons en bois similaires à celles que l'on peut trouver à la Nouvelle-Orléans ou aux Antilles.
L'influence étrangère se fait de plus en plus présente après l'indépendance, en 1903, à une époque où la jeune République de Panamá entreprend un ambitieux programme de construction et de restauration de monuments publics (Théâtre national, Palais municipal et national…).
L'inspiration néoclassique est importante dans les grands édifices mais le quartier garde sa trame coloniale originelle. On trouve ensuite quelques immeubles Art déco, plus nombreux du côté de Santa Ana et dans l'Avenida Central.

■ CASA GÓNGORA ★★

Avenida Central y Calle 4
✆ +507 6671 1961
Contact : Ángel Nieto
Ouvert de 9h à 16h du lundi au vendredi.
L'exemple le plus représentatif de la demeure coloniale, avec cinq ouvertures frontales sur chaque façade et de longs balcons. Cette maison, jadis propriété d'importants notables, fut détruite en 1756 mais reconstruite sur les mêmes fondations par un riche commerçant en perles. Elle fut habitée jusqu'en 1990 avant d'être acquise par l'Etat et restaurée. Elle accueille la *Casa de la Cultura y del Artista Panameño* administrée par la fondation Olga Sinclair. Expositions d'œuvres d'artistes panaméens, concerts de jazz ou boléro, contes ou poésie…

■ CASASOLA NONCONVENTIONAL ART & DESIGN ★★

Calle 1ra, Plaza de Francia
Au-dessus de Dodo ✆ +507 228 9105
www.vimeo.com/casasola
info@casasola.cc
Ouvert de 11h à 20h du lundi au samedi (hors époque de montage). Entrée gratuite, donations bienvenues.
Dans la même maison que le café Dodó, Casasola est une petite salle d'exposition d'œuvres non conventionnelles. C'est à la fois un espace et un mouvement artistique indépendant et sans but lucratif, dédié à la recherche, à l'exposition et à l'éducation artistique pour connecter les personnes de tout âge et niveau social. Loin d'une simple galerie, l'idée est que le visiteur soit intégré dans un nouvel univers (historique, géographique, culturel) et qu'il vive une expérience avec ses sens, qu'il participe ou interagisse avec l'installation (meubles, objets, photographies, sculptures…). Bousculer la pensée conventionnelle et générer des débats en vue d'influer des changements de société,

Le célèbre boxeur Roberto Duran représenté à l'arrière d'un diablo rojo.

telle est l'objectif de ce mouvement qui réunit différents acteurs du monde artistique et d'autres disciplines. Les expos durent plusieurs mois en général. A découvrir !

CATEDRAL METROPOLITANA DE PANAMÁ

Avenida Central y Calle 7

La cathédrale, actuellement en travaux jusqu'en 2018 est fermée au public. C'est l'un des plus grands édifices religieux d'Amérique centrale (63 m sur 33 m). La première pierre fut posée en 1688 mais la cathédrale fut complètement détruite par un incendie en 1737 alors qu'elle n'était pas encore achevée. Les travaux reprirent dix ans plus tard pour se terminer complètement en 1762 (sa consécration date de 1796). La façade, encadrée par deux élégantes tours néoclassiques, est constituée des pierres de taille amenées de Panamá La Vieja, dont la palette de couleurs aux touches vert foncé passe de l'ocre au gris noir. Les clochers sont incrustés de coquilles de nacre qui brillent au soleil et permettaient aux navires de repérer la ville depuis le large. On raconte qu'une bague royale aurait été coulée dans le moule d'une des cloches et lui donnerait un son tout particulier... A sa droite, un souterrain aujourd'hui fermé reliait la cathédrale à l'océan et à plusieurs églises et couvents.

CINTA COSTERA III

L'agréable Cinta Costera qui longe l'Avenida Balboa (Calidonia) s'est prolongée en 2014 par la construction très décriée d'un viaduc contournant le Casco Viejo, la Cinta Costera III. La plupart des habitants de la capitale et l'UNESCO étaient contre le projet mais le président Martinelli a fait fi des protestations... Le gouvernement Martinelli a en effet commis un véritable massacre dans le paysage urbain en réalisant le pire projet qui soit : faire passer un viaduc autour du Casco Viejo par le sud, au-dessus de la baie, pour relier le centre moderne, le Chorillo et le Causeway. A cause de cette *rompe olas* (brise-vagues), le Casco Viejo a perdu sa belle ligne d'horizon. L'UNESCO a bien menacé de retirer la vieille ville de sa liste du patrimoine mondial de l'Humanité, mais heureusement, la Cinta Costera III a été construite suffisamment loin des terres...

En venant de Calidonia, après un arrêt obligatoire au marché aux poissons, on peut s'y balader à pied, pour une belle vue sur le Casco Viejo. A l'inverse, la vue depuis le Casco sur le viaduc, est beaucoup moins belle, sauf peut-être de nuit...

De l'autre côté du Casco, en direction de la jetée d'Amador, la promenade a été prolongée autour du nouveau stade. Elle longe le quartier peu fréquentable du Chorrillo mais pas de panique, vous ne risquez rien à vous y promener, vous ne rencontrerez que d'honnêtes sportifs ! Il reste encore une portion chaotique avant de rejoindre le musée de la Biodiversité pour que la promenade à vélo soit possible d'une traite jusqu'à l'île de Flamenco.

IGLESIA DE SAN JOSÉ

Avenida A y Calle 8

Construite entre 1671 et 1677, l'église San José est célèbre pour son retable recouvert de feuilles d'or (Altar de Oro). La légende veut qu'il aurait été sauvé du pillage de Panamá La Vieja par Henry Morgan grâce à l'ingéniosité des moines qui le dissimulèrent en le recouvrant de carbonate de plomb (céruse)... Les spécialistes affirment qu'il daterait en fait du XVIIe siècle... Ses détails baroques en font l'une des plus belles œuvres religieuses de l'époque coloniale.

IGLESIA LA MERCED

Avenida Central y Calle 10

Cette église conserve encore sa façade originale de style baroque, construite en 1680 avec les pierres de l'ancienne église du même nom de Panamá La Vieja. Deux tours massives couronnées par une coupole l'entourent.

IGLESIA SAN FELIPE NERI

Avenida B y Calle 4

La petite église de San Felipe Neri est l'une des premières églises de San Felipe, ses dates de construction et reconstruction sont inscrites sur la façade. La tour du Clocher, visible de la Plaza Bolívar, est décorée de coquilles de nacre, comme sur la cathédrale.

IGLESIA Y CONVENTO DE SANTO DOMINGO

Avenida A y Calle 3

Ouvert du mardi au vendredi de 9h à 17h, le samedi de 11h à 16h et le dimanche de 14h à 17h.

Construits en 1678, l'église et le couvent étaient des plus somptueux jusqu'à l'incendie qui ravagea l'ensemble moins d'un siècle plus tard. L'ensemble est connu sous le nom de Arco Chato, en raison de la présence d'une « arche aplatie » très large, construite en brique et mortier pour soutenir le cœur Au moment du choix du tracé d'un canal, alors que les Américains hésitaient encore entre le Panamá et le Nicaragua, l'arche, toujours debout malgré les siècles, était la preuve de la situation privilégiée du Panamá au niveau sismique. L'arche s'est finalement effondrée le 7 novembre 2003 sous les secousses... d'un marteau-piqueur ! Elle sera reconstruite à l'identique trois ans plus tard. Dans la chapelle mitoyenne se trouve le musée d'Art religieux colonial, qui expose peintures, sculptures et objets religieux de l'époque. De nombreuses pièces viennent de Panamá La Vieja.

INSTITUTO NACIONAL DE CULTURA ★

Plaza de Francia

Ouvert de 8h30 à 16h en semaine.

L'Institut national de la culture (INAC) est situé dans un bâtiment néo-classique. Au rez-de-chaussée sont exposées des œuvres d'artistes panaméens. En 2008, le bâtiment servit de lieu de tournage de *Quantum Of Solace* (James Bond), transformé pour l'occasion en un hôtel bolivien luxueux !

MUSEO DEL CANAL ★★

Place de la Cathédrale

✆ +507 211 1649

www.museodelcanal.com

info@museodelcanal.com

Ouvert de 9h à 17h du mardi au dimanche. Entrée adulte : 10 US$.

Construit en 1874-1875 par un hôtelier alsacien du nom de Georges Loew, le « Grand Hôtel » fut racheté par la Compagnie universelle du Canal inter-océanique en 1881, pour en faire le siège de son administration. Les Etats-Unis l'acquirent en 1904 quand ils rachetèrent les parts de la nouvelle compagnie du canal. En 1910, il fut cédé au gouvernement panaméen, qui le convertit en bureau central des Postes. Restauré en 1997, il accueille aujourd'hui le musée du Canal. Cet immeuble élégant de trois étages est un bel exemple du style français avec ses mansardes, balcons et arcades. Il abrite aujourd'hui le plus beau musée de la capitale, tant pour son contenu culturel que pour son architecture. L'histoire de l'isthme retracée, depuis l'époque précolombienne jusqu'à nos jours. L'accent est mis sur l'importance géostratégique de cette terre où ont transité les marchandises du monde entier, avant même la construction du canal.

On peut facilement y passer deux bonnes heures pour apprécier les cartes, illustrations et films qui expliquent les enjeux passés et actuels de la voie inter-océanique, la vie quotidienne au moment de la construction du canal, les relations passées entre les Etats-Unis et le Panamá, ou encore la pièce consacrée à l'histoire même de l'édifice. Ce musée ne fait pas double emploi avec celui des écluses de Miraflores, ils sont complémentaires.

PALACIO DE LAS GARZAS ★

Avenida Eloy Alfaro

✆ +507 527 9656

gbernal@presidencia.gob.pa

Les gardes ne laissaient plus passer les badauds autour du palais en 2016. Pour une visite de l'intérieur, du mardi au vendredi, appelez ou envoyez un courrier électronique au moins une semaine à l'avance pour réserver avec nom, prénom, numéro de passeport, date et heure de visite, numéro de téléphone mais rien ne vous garantit une autorisation. Tenue correcte exigée.

Après avoir abrité les gouverneurs espagnols pendant toute la période coloniale, le palais hébergea un temps la douane du Pacifique, avant de devenir à partir de 1872, la résidence présidentielle. L'édifice a été remodelé en 1922 par Leonardo Villanueva Meyer. Les loggias aux angles de la façade sont remarquables. Son nom, « Palais des Hérons », fait référence aux deux hérons que le président Belisario Porras reçut en cadeau dans les années 1920 et qu'il installa chez lui. La tradition perdure et de majestueux hérons gambadent toujours dans l'enceinte du palais et notamment autour d'une jolie fontaine d'inspiration andalouse. Si vous avez la chance de rentrer dans le palais, vous pourrez admirer un beau patio mauresque et de somptueux salons.

PALACIO MUNICIPAL ★

Avenida Central y Calle 7

Ouvert en semaine de 9h à 17h et le samedi de 11h à 16h. Entrée 1 US$.

Dessiné par l'architecte italien Gennaro Ruggieri, ce bâtiment de 1910 est de style néoclassique, avec sa couleur blanche et ses deux colonnes qui encadrent la porte et la grande baie. Il a remplacé le « Cabildo », l'ancienne construction à arcades et balcons où fut proclamée l'indépendance de 1903. Le conseil municipal y tient actuellement ses séances. On trouve à l'intérieur un petit musée d'histoire.

PASEO ESTEBAN HUERTAS (PASEO DE LAS BÓVEDAS) ★★

Ce chemin de ronde a été aménagé en une agréable promenade colonisée par les vendeurs d'artisanat. La vue sur le Causeway avec, en second plan, le canal et le pont des Amériques, est superbe. Un beau point de vue aussi sur les hautes silhouettes de la ville moderne et sur les immeubles pastels du Chorillo. Ses bancs à l'ombre des bougainvilliers sont très appréciés des badauds. L'éclairage nocturne confère à cet endroit une atmosphère des plus romantiques.

PLAZA BOLIVAR ★

Avenida B y Calle 4

La Place Bolívar a vu le jour après l'incendie de 1756. Elle accueille en son centre un ensemble de statues rendant hommage à Simón Bolívar, héros de l'indépendance des colonies américaines. Les statues ont été érigées à l'occasion du centenaire du Congrès panaméricain de 1826 organisé par *el Libertador* pour tenter de constituer une confédération des peuples libérés de l'Espagne et de consolider ainsi l'indépendance. Les séances se sont tenues dans une ancienne salle du couvent franciscain, connue aujourd'hui sous le nom de Salón Bolívar, où l'on peut voir la copie d'une grande huile de Bolívar (l'original est à Caracas). La place est calme et offre de belles perspectives sur l'église néo-classique San Francisco de Asis.

■ PLAZA DE FRANCIA ★★★

L'ancienne place d'Armes coloniale a été réaménagée en 1922 pour rendre hommage à la tentative vaine du percement de l'isthme par les Français. Au fond de la place, un obélisque au sommet duquel trône un fier coq gaulois qui regarde vers le canal et la France ! Sa base est entourée des bustes de personnages ayant joué un rôle majeur dans *« el esfuerzo francés »* (« l'effort français », comme les Panaméens désignent le chantier engagé par les Français) : Ferdinand de Lesseps et les ingénieurs Armand Reclus, Napoléon Bonaparte Wise, Léon Boyer et le Panaméen Pedro Sosa (quand le Panamá appartenait encore à la Colombie). Derrière eux, dans une galerie semi-circulaire dotée d'arcades, est gravée dans le marbre l'histoire du canal racontée par Octavio Méndez Pereira. Une plaque rend également hommage au médecin cubain Carlos Juan Finlay, qui identifia le moustique responsable de la transmission de la fièvre jaune et préconisa le contrôle des populations de moustiques comme lutte efficace contre la maladie. Un peu avant l'escalier se trouve l'endroit où fut fusillé en 1903 Victoriano Lorenzo, héros indigène de la guerre des Mille Jours. L'ambassade de France a le privilège d'être logée dans une jolie maison du début du XXe siècle qui donne sur cette belle place. Juste derrière, la maison de Ferdinand de Lesseps. A proximité, dans un immeuble néo-classique, on trouve l'Institut national de la culture (INAC). Au rez-de-chaussée sont exposées des œuvres d'artistes panaméens. En février 2008, le bâtiment servit de lieu de tournage de *Quantum Of Solace* (James Bond) : il avait été transformé pour l'occasion en un luxueux hôtel bolivien ! A côté, *Las Bóvedas* (« les voûtes ») du XVIIIe siècle abritent aujourd'hui une galerie d'art et le restaurant Las Bóvedas. Elles servaient autrefois de cellules de prison. Les sculptures montrent les vieux métiers, l'une d'elles représente María Ossa de Amador qui confectionna le premier drapeau panaméen.

■ PLAZA HERRERA ★★

Au milieu de la place s'élève la statue équestre du général Tomás Herrera, valeureux meneur d'un mouvement séparatiste de quelques mois en 1840. Cette statue est l'œuvre du sculpteur français Auguste Denis. La place a été créée après l'incendie de 1781. Jusqu'en 1928, elle accueillait de nombreuses corridas. Parmi les immeubles autour vous verrez ceux restaurés de l'American Trade Hotel et de l'hôtel Herrera, ainsi que plusieurs maisons de la fin du XIXe siècle.

■ PLAZA INDEPENDANCIA ★★

C'est sur cette place, appelée également Plaza Mayor ou Plaza Catedral, que furent déclarées les deux indépendances du Panamá, en 1821 et en 1903. L'ancien centre religieux, politique et social de la cité coloniale est aujourd'hui un lieu de rencontre des enfants et des anciens. Le kiosque au centre nous invite à l'observation de la vie paisible du *barrio*. La Plaza Mayor était autrefois carrée et servait pour ces représentations de théâtre, des défilés militaires, ou des corridas. Après l'incendie du couvent qui donnait autrefois dessus, elle a été agrandie en 1878 et aménagée en parc de forme rectangulaire, avec des bancs et le kiosque.

■ TEATRO NACIONAL ★★

Diagonal a la Plaza Bolívar
✆ +507 262 3525
Ouvert au public de mardi à vendredi de 8h30 à 15h30 en semaine. 1US$ l'entrée

Ce bâtiment néoclassique, fermé en 2016 suite à l'effondrement d'un balcon, a été dessiné par Ruggieri et inauguré en 1908. Derrière le théâtre se trouve le *Palacio Nacional* qui héberge le ministère du Gouvernement et de la Justice. Renseignez-vous sur les dates de réouverture.

Il accueillait de grandes représentations théâtrales et des concerts de musique classique ou autre. A l'intérieur, ne manquez pas les peintures de Roberto Lewis, les balcons suspendus et les dorures.

Calidonia

■ MUSEO AFROANTILLANO ★

Calle 24 Oeste y Ave. J. Arosemena
✆ +507 501 4130
www.samaap.org
info@samaap.org
Sortie indiquée à la station 5 de Mayo du métro.
Ouvert du mardi au samedi de 8h30 à 15h30. 1 US$.

De nombreux témoignages (photos et objets) rendent hommage aux travailleurs afro-antillais qui ont largement contribué à la construction du canal. Le petit musée est hébergé dans une église très bien restaurée de 1910.

CINTA COSTERA ★★★

Ce boulevard côtier longeant la baie représente une avancée de 26 ha sur la mer, le long de l'avenue Balboa qui en 2008 était encore au bord de l'eau. La Cinta Costera inaugurée en 2009 dispose d'une route 4-voies reliée au Corredor Sur qui a bien fluidifié la circulation, mais surtout d'espaces verts et d'une voie piétonne et cyclable longeant la baie, très appréciée des locaux.

La Cinta Costera est devenue un vrai lieu de promenade, cela manquait vraiment ! La vue sur le Casco Viejo d'un côté et sur les gratte-ciel de Paitilla de l'autre est en effet inoubliable. Il n'y a pas de guinguettes mais quelques vendeurs de sodas si vous avez soif. Vous verrez un monument dédié à Vasco Nuñez de Balboa. Ce dernier était toutefois plus proche de sa « Mer du Sud » (l'océan Pacifique qu'il a découvert en 1513), avant la construction de la Cinta Costera qui l'a englobé. Pour vous rendre compte de l'avancée sur la mer, cherchez les deux tours jumelles de l'hôtel Miramar : elles étaient autrefois juste au bord de l'océan.

La Cinta Costera s'est agrandie avec la construction très décriée en 2014 d'un viaduc autour du Casco Viejo, la Cinta Costera III, que l'on rejoindra après un arrêt obligatoire au marché aux poissons.

Centre moderne et l'est ★★

CENTRO DE CONVENCIONES ATLAPA

Vía Israel
San Francisco ✆ +507 226 7000
www.atlapa.gob.pa

Ce centre de conventions d'une capacité d'accueil de 10 500 personnes propose, outre les colloques professionnels, de nombreuses expositions sur différents thèmes (artisanat, tourisme, gastronomie, musique, livres…). Un nouveau centre de conventions ultra moderne était en construction en 2016 à l'entrée du Causeway.

PANAMA LA VIEJA ★★

Vía Cincuentenario
✆ +507 226 8915 – www.panamaviejo.org
info@patronatopanamaviejo.org

Accès en Metrobus ou en taxi car le site est à l'est de la ville en direction de l'aéroport de Tocumen.

Ouvert du mardi au dimanche de 8h30 à 16h30. Pour les ruines, le musée et la tour de la cathédrale, entrée adulte : 12 US$, enfants : 5 US$.

L'excursion à Panamá La Vieja (aussi appelé Panamá Viejo) vaut la peine pour la dimension historique car il ne reste de la première cité fondée sur la côte Pacifique que des ruines, derniers témoignages d'une histoire mouvementée qui se termina de façon tragique par la destruction de la ville en 1671 par le corsaire Henry Morgan. Le contraste avec les gratte-ciel de la « ville nouvelle » est également saisissant. Nuestra Señora de la Asunción de Panamá fut fondée le 15 août 1519 par Pedrarías Dávila, moins de six ans après la découverte de la mer du Sud par Vasco Nuñez de Balboa. Le nom Panamá viendrait soit de la présence de nombreux arbres dénommés ainsi (arbres que l'on trouve toujours sur le site), soit du terme indigène qui signifie « abondance de poissons » (ou « de papillons »). Le site n'était sans doute pas le meilleur pour s'installer, à cause des marécages, de la mangrove et du manque d'eau potable (peu d'eau en été et de l'eau boueuse le reste de l'année, on a donc dû creuser des puits). Il n'était pas idéal non plus pour assurer la protection de la ville par laquelle transiteraient quelques années plus tard l'or et l'argent de l'Amérique andine. Qu'à cela ne tienne, les colons de Santa María la Antigua de Darién durent quitter leur bourgade atlantique pour s'établir sur la côte de ce qui sera bientôt rebaptisé « Pacifique ». L'objectif est alors de faire de cette ville le port de départ des explorations de la région pour trouver la route de l'Orient et de ses îles à épices… Quelques années plus tard, Francisco Pizzaro découvrit les richesses de l'Empire inca. Panamá devint alors une ville de transit pour l'or, l'argent, les perles, les pierres précieuses à destination de Nombre de Dios (puis Portobelo à la fin du XVIe siècle) via le Camino Real (puis le Camino de Cruces), pour ensuite traverser les mers jusqu'en Espagne.

La cité prit une importance considérable dans le système colonial et devint un centre commercial, ecclésiastique et politique de premier ordre. Elle subit un tremblement de terre en 1621 et un grave incendie en 1644, mais le pire était à venir. La population était d'environ 8 000 personnes lorsque le corsaire (ou pirate pour les Panaméens) Henry Morgan, à la tête de 1 200 hommes, attaqua Panamá le 28 janvier 1671. Ils prirent la ville par surprise après avoir détruit le fort San Lorenzo, remonté le Chagres puis emprunté le Camino de Cruces. La défense mal organisée ne résista guère, mais fit exploser la poudrière avant de fuir pour que les envahisseurs ne puissent pas tout voler… Un incendie ravagea alors presque toute la ville. Seuls les huttes des faubourgs et les couvents de La Merced et de San José furent épargnés. Morgan resta un mois avant de quitter la ville qu'il mit à feu et à sang. Il emporta tous les trésors et prisonniers qu'il put. Les survivants subirent la famine et les épidémies pendant deux ans, avant que la nouvelle ville de Panamá ne soit construite 8 km plus loin, dans une zone mieux protégée et plus saine. Ce qui

restait des églises et couvents fut alors emmené pierre par pierre jusqu'à « Panamá La Nueva » ... Les ruines de Panamá La Vieja ont été rattrapées par la ville moderne dans les années 1950. Heureusement le site a été préservé et l'ensemble architectural a été déclaré monument historique par le gouvernement panaméen en 1976. Reconnaissance importante, il a été inscrit en 2003 sur la liste du patrimoine mondial de l'Unesco. Des fouilles sont entreprises depuis de nombreuses années sur le site. Outre ses vieilles pierres, on a retrouvé de nombreux témoignages précolombiens qui sont exposés au centre de visiteurs situé à environ 600 m de l'entrée principale des ruines. Il est conseillé de commencer sa visite par le petit musée.

Centro de Visitantes (museo). Plusieurs salles où sont exposées de somptueuses pièces précolombiennes (céramiques, bijoux en or, pointes de flèches, reconstitution d'un tombeau...), mais aussi des cartes historiques très claires, une maquette de la ville telle qu'elle était au temps de sa splendeur, des explications (en espagnol et en anglais) sur la conquête et la piraterie... Une librairie intéressante à la sortie.

Ruines. Vous trouverez à chaque fois des explications et un plan pour vous repérer sur chacun des sites : églises et couvents de plusieurs ordres religieux (franciscain, dominicain...), demeures royales, anciens lieux de pouvoir (Cabildo, équivalent de municipalité), l'hôpital San Juan de Dios, le pont du Roi (Puente del Rey) reliant la ville au Camino Real... L'édifice le plus emblématique et le mieux conservé est la tour de la Cathédrale, construite entre 1619 et 1626. Un escalier intérieur permet de monter au mirador, pour une vue panoramique magnifique.

Marché artisanal. Un grand choix d'artisanat à des prix corrects. Non loin du site, également une fabrique de bijoux anciens, Treasures of Panama – Reprosa (calle primera, costa del este).

PARQUE OMAR ★

Via B. Porras

Ouvert tous les jours de 4h à 20h. Piscine ouverte de 6h30 à 15h30, fermée le lundi. Bibliothèque ouverte en semaine de 9h à 18h, 17h le samedi.

Ce parc municipal de 65 ha était autrefois un golf privé. En 1973, le général Omar Torrijos l'a converti en lieu public. On peut y faire son jogging (3,5 km de piste), un tennis, piquer une tête, étudier ou faire la sieste... Très apprécié des expatriés.

Amador, Albrook, Ancón et l'ouest ★★★

CAUSEWAY – LA CALZADA DE AMADOR ★★

Le plus simple est de prendre un taxi (3-4 US$ du Casco Viejo), mais on peut aussi s'y rendre en bus depuis Albrook ou la Plaza 5 de Mayo. Sur la jetée, préférez le vélo à la marche. Sinon, compter 25 minutes depuis le musée le long de la jetée pour l'île Naos et 45 minutes jusqu'à la dernière île.

Cette longue jetée de 6 km qui unit, à l'entrée du canal, les îles de Naos, Perico et Flamenco au continent, a été réalisée avec les terres et roches excavées de la passe Gaillard (1,25 milliard de mètres cubes). La jetée est destinée à protéger l'entrée du canal des sédiments déplacés par les courants. A son origine, elle avait aussi une fonction défensive en cas d'attaque contre le canal (Isla Flamenco accueillait une base militaire américaine).

Bien avant la construction de la jetée, pendant la période coloniale, l'île de Perico accueillait dans son port en eaux profondes les navires en provenance d'Amérique du Sud. On y débarquait hommes, marchandises, or et argent que l'on emmenait ensuite vers la ville sur de petites chaloupes. Aujourd'hui, ce sont les bateaux de croisières qui s'y arrêtent car le site est magnifique…

Le Causeway est devenu un haut lieu du tourisme et du loisir pour les familles panaméennes depuis sa rétrocession au Panamá à la fin des années 1990. Les restaurants et les galeries commerciales sont nombreux et il est amusant de constater qu'ils sont beaucoup plus populaires côté Brisas de Amador que vers la marina de Flamenco où se retrouve la jet-set locale. A éviter le week-end car il y a trop de monde et de voitures (la route doit être doublée). En semaine, c'est une promenade très agréable. Une longue piste cyclable a été aménagée pour le plus grand bonheur des adeptes du roller ou de la bicyclette (on peut louer sur place). Les Panaméens adorent s'y promener et boire un verre en admirant le pont des Amériques, le canal ou les lumières de la ville. La nouvelle attraction à l'entrée du Causeway est le musée de la Biodiversité de l'architecte Franck Gehry.

CENTRE DE RECHERCHE PUNTA CULEBRA ★

Isla Naos, Causeway
✆ +507 212 8793
www.stri.org
puntaculebra@si.edu

Ouvert du mardi au vendredi de 13h à 17 h, le week-end de 10h à 18h. Entrée adulte : 5 US$, enfant : 1 US$.

Géré par l'institut Smithsonian de recherche tropicale (STRI), ce centre de recherche présente, avec aquariums et salle de projection, les différents écosystèmes marins du pays et l'impact de l'homme sur cet environnement. Les plus jeunes pourront toucher une tortue ou observer des étoiles de mer dans le bassin tactile. Possibilité de voir des tatous, iguanes et paresseux.

CERRO ANCÓN ET MI PUEBLITO ★★★

Ave. de Los Mártires
✆ +507 6545 0018

Se rendre au pied du cerro en taxi depuis Plaza 5 de Mayo (3 US$) ou longer l'avenue des Martyrs à pied (20 min) mais ne pas traverser le quartier du Chorillo qui est dangereux. Pas d'inquiétude à avoir à Mi Pueblito et pour la montée au Cerro, qui se fait en voiture ou à pied en suivant la route qui grimpe et en coupant par les escaliers.

Accès au cerro libre et gratuit. Pour une visite guidée de Pueblito, 3 US$. Ouvert de 8h à 17h tous les jours (lundi, fermeture à 16h).

La colline verdoyante qui domine Panama City est idéale pour une première approche de la ville. Elle est accessible au visiteur qui accepte de marcher une vingtaine de minutes dans la moiteur tropicale. Curieusement peu pratiquée, cette balade vaut vraiment la peine, tout d'abord pour la faune que l'on peut y croiser … Mais le clou du spectacle est la vue panoramique sur le Casco Viejo et les gratte-ciel qui se dévoile du sommet, à 199 m d'altitude. Le mieux est de partir tôt pour voir des animaux et ne pas trop souffrir de la chaleur.

▶ **Le Cerro Ancón** a toujours été un lieu public très apprécié des habitants du Casco Viejo qui venaient s'y balader et y puiser de l'eau. En 1882, y fut installé l'un des tout premiers sismographes d'Amérique et un grand hôpital destiné à accueillir les ingénieurs et ouvriers du chantier du canal en construction. En 1904, la colline passa dans la Zone du canal et son accès se faisait au compte-gouttes pour les Panaméens. Durant la Seconde Guerre mondiale, l'armée américaine y creusa un immense bunker : 200 m de longueur, 40 pièces, des galeries qui montent et descendent… « *The tunel* » servait de base anti-atomique et de centre d'espionnage pour le commandement Sud. Le Cerro est redevenu propriété panaméenne en 1979, à la suite de la signature du traité de rétrocession de la Zone du canal. Un énorme drapeau panaméen (de la taille d'un terrain de basket !) flotte depuis au sommet.

▶ **Mi Pueblito.** En bas de la colline, côté avenue des Martyrs, ce centre touristique propose une reconstitution pittoresque des différents modes de vie et habitats traditionnels du Panamá :

villages colonial de l' « Intérieur », afro-antillais du début du XXe siècle et amérindien. Vous trouverez de nombreux stands d'artisanat et un restaurant. Demandez Jessica qui vous fera la visite en français.

■ MERCADO DE ABASTOS ★★

Albrook
✆ +507 506 5736
Abasto-Panama@hotmail.com
Y aller en taxi du centre-ville.
Ouvert tous les jours à partir de 4h le matin. Y aller de préférence avant 9h.
C'est un peu le Rungis panaméen, mais en beaucoup plus exotique que notre version parisienne bien sûr. Des centaines de camions déchargent leurs marchandises. Vous pourrez y acheter et y déguster des fruits et légumes gorgés de soleil, mais également prendre de superbes clichés de l'agitation ambiante.

■ MUSEO DE ARTE CONTEMPORÁNEO (MAC) ★

Avenida de los Mártires, Calle San Blas, Ancón
✆ +507 262 3380
www.macpanama.org
Ouvert du mardi au samedi de 10h à 17h, le dimanche de 10h à 16h. Fermé le lundi. Entrée adulte : 5 US$.
Très belle collection permanente d'œuvres panaméennes et latino-américaines. Pendant l'année, le musée organise plusieurs rencontres artistiques ou expos temporaires comme la biennale des Arts visuels.

■ BIOMUSEO – MUSEO DE LA BIODIVERSIDAD ★★★

A l'entrée du Causeway
✆ +507 830 6700
www.biomuseopanama.org
consultas@biomuseopanama.org
Ouvert en semaine de 10h à 16h (fermé le lundi), samedi et dimanche de 10h à 17h. Tarifs : 22 US$ pour les adultes, 11 US$ pour les moins de 18 ans et étudiants. Avec audioguide en français.
Le Biomuseo ou musée de la Biodiversité a été dessiné par Frank Gehry, l'architecte canadien mondialement connu (musée Guggenheim de Bilbao), dont la femme est panaméenne. C'est sa première œuvre en Amérique latine. Le musée est dessiné pour raconter la création géologique de l'isthme, comment il a surgi pour unir deux continents et séparer en deux un océan, et le bouleversement qu'il provoqua sur la biodiversité planétaire. L'édifice d'acier, connu sous le nom de « *Puente de Vida* », à la silhouette irrégulière et aux couleurs vives qui rappellent le bec du toucan, est entouré d'un jardin botanique. Parmi tous les espaces d'exposition, le Panamarama est sans doute le plus impressionnant. Le spectateur est littéralement plongé au cœur des merveilles naturelles du pays grâce à 10 écrans géants tout autour de lui. La galerie du grand changement permet de retracer la traversée des espèces animales du Nord et du Sud de l'Amérique : n'hésitez pas à toucher les sculptures géantes, c'est permis ! Remarquez le compteur des humains vivants sur Terre dans la galerie de la biodiversité, où des panneaux de couleur renseignent aussi sur le degré de menace qui pèse sur les animaux de notre planète. Parfait pour les familles avec de jeunes enfants, le musée est ludique et accessible car il reprend les b.a.-ba de la biodiversité et le personnel à l'écoute de vos questions. Du café, superbe vue sur le pont des Amériques.

■ PANAMÁ CANAL RAILWAY COMPANY ★★

Gare de Corozal ✆ +507 317 6070
www.panarail.com/en/
info@panarail.com
Compter 10 minutes en taxi depuis le terminal d'Albrook.
Ce voyage spectaculaire dure une heure et se déroule dans une ambiance de luxe et de confort : moquette, sièges en cuir, hôtesses et café offert. Un petit air de « Tropical Express » ! Vous remarquerez vite les habitués : la plupart sont des commerçants de la Zone libre de Colon qui se retrouvent pour jouer aux cartes. Des plateformes panoramiques ont été prévues pour les touristes. Les paysages de la forêt le long du canal (sur une partie du trajet seulement) et du lac Gatún sont un enchantement ; on regrette alors que le train file si vite !

Histoire. La découverte de filons d'or en Californie en 1848 et la « ruée » qui s'ensuivit, sont à l'origine de la création de la voie de chemin de fer reliant Panamá et la future ville de Colón. A cette époque, la route naturelle à travers les grandes plaines nord-américaines est dangereuse à cause des farouches tribus qui y vivent. Faire le tour du continent en passant par le Cap Horn est également une aventure longue et périlleuse. En raison de son étroitesse, la traversée de l'isthme s'impose donc comme la route la plus rapide pour se rendre au Far West (celle du Nicaragua est également utilisée, via le Río San Juan et le lac Nicaragua). C'est ainsi que des milliers de chercheurs d'or en provenance de l'est des États-Unis et d'Europe débarquent au nord de l'isthme. Très vite les Panaméens s'organisent pour profiter de ce flux d'aventuriers en leur faisant remonter le Río Chagres à bord de petites embarcations. Il faut alors trois jours pour rejoindre la localité de Cruces (engloutie en 1908 sous le lac Gatún).

De là, il faudra encore trois jours de marche à travers la jungle pour rejoindre le Pacifique. Le célèbre Camino de Cruces, ce chemin pavé au XVIe siècle pour transporter les richesses des colonies espagnoles, reprend alors du service. Les intrépides, armés de pelles, pioches et revolvers, devront encore débourser quelques dollars pour transporter leur matériel à dos de mule, sans toutefois être sûrs d'arriver vivants en raison d'un climat malsain, des nuées d'insectes agressifs et des détrousseurs... Arrivés à Panamá, s'ils n'ont pas dépensé l'argent qu'il leur reste dans les bars et bordels qui fleurissent dans la capitale, les voyageurs s'entassent dans des navires direction San Francisco... les pépites sont au bout ! Dans ce contexte, William Henry Aspinwall, Henry Chauncey et John Lloyd Stephens – les deux premiers sont à la tête d'une compagnie maritime assurant le transport postal sur les lignes New York-Colón et Panamá-San Francisco –, présentent un ambitieux projet de chemin de fer à travers l'isthme. L'objectif est de faire transiter rapidement, de l'Atlantique au Pacifique, tous ces chercheurs d'or, mais aussi café, cacao, indigo, argent... Ce mode de transport moderne (on ne comptait à l'époque qu'une poignée de lignes dans le monde) bénéficie d'un vif engouement. La Panama Railroad Company est créée et en avril 1850, Stephens signe avec Diego de Paredes, gouverneur de Nouvelle Grenade, une concession pour la construction et l'exploitation de l'ouvrage. Les travaux commencent deux mois après et attirent des ouvriers du monde entier : Jamaïque, Grenade, Martinique, Italie, France, Irlande, Inde, Chine... La ville de Panamá profite de ces travaux titanesques et un terminus est fondé sur l'Atlantique en 1852 : Aspinwall, rebaptisé Colón.

Mais le travail est difficile dans la moiteur tropicale, la boue et les marécages, et les maladies (paludisme, fièvre jaune et choléra...) font des ravages : en cinq ans 12 000 ouvriers auraient perdu la vie sur le chantier. *Un mort par traverse*, exagèrent à peine certains !

Le premier train circule en janvier 1855. Les 75 km de voie sont un succès technologique : quatre heures suffisent pour passer d'un océan à l'autre, contre six jours autrefois. L'entreprise est des plus rentables : 30 000 passagers par an et des tonnes de marchandises transitent dans le train le plus cher du monde au kilomètre (le billet coûte 25 US$, payables en or). Les actions de la Panamá Railroad Company s'envolent pour être un temps les plus chères de la bourse de New York...

Mais en 1869, l'achèvement de la voie ferrée reliant l'est et l'ouest des États-Unis, marque la fin de l'âge « d'or » de la ligne panaméenne. Celle-ci retrouvera un rôle primordial lors des travaux de construction du canal, permettant aux Français puis aux Américains, propriétaires successifs de la ligne, d'acheminer rapidement hommes et matériaux d'un côté à l'autre de l'isthme, et surtout d'évacuer les tonnes de terres excavées. Le 5 novembre 1903, les responsables de la ligne joueront un rôle héroïque dans la séparation du Panamá de la Nouvelle Grenade en refusant de faire partir le train pour Panamá, empêchant les soldats colombiens d'arriver à temps pour contenir la rébellion. Avec la mise en service du canal en 1914, puis la construction de la route Panamá-Colón durant la Seconde Guerre mondiale, la voie ferrée, moins rentable, cesse temporairement de fonctionner. Avec le boom du transport par *containers* maritimes à la fin des années 1990, la société Panamá Canal Railway obtient une concession de 50 ans pour l'ouvrage qu'elle remet en service en novembre 2001. Le train transporte aujourd'hui par milliers ces grosses boites d'un côté à l'autre de l'isthme entre les ports de Cristóbal et de Balboa. La ligne transisthmique est aussi devenue une belle attraction touristique avec un train couleur rouge et or, qui offre dans le plus grand confort un voyage inoubliable le long du canal !

Autre adresse : à Colon, arrivée à côté du port de Cristobal.

PARQUE METROPOLITANO ★★★

Ancón, Ave. Juan Pablo II final
✆ +507 232 5552
www.parquemetropolitano.org
grc@parquemetropolitano.org
A 10 min de la ville, en taxi (compter 4-5 US$).

Ouvert de 6h à 16h30 tous les jours. Y aller de préférence tôt le matin pour voir plus d'animaux. Le ticket d'entrée (4 US$ pour les adultes et 2 US$ pour les enfants) finance la fondation qui entretient le parc et propose des programmes d'éducation à l'environnement. Pour apercevoir plus d'animaux, d'insectes ou de plantes et connaître l'histoire du Castillo (« château »), il est conseillé de prendre un guide à l'entrée ou sur réservation (10 US$ par pers. pour 5 visiteurs).

Une forêt tropicale en pleine jungle urbaine ! Panamá est l'une des rares capitales du continent à profiter en son sein d'une véritable forêt tropicale. On y va autant pour la faune que pour la vue impressionnante (et différente de celle du cerro Ancon). Ce parc protégé de 232 ha est le poumon vert de la ville. C'est aussi la première partie d'un couloir biologique entre le sud et le nord de l'isthme, qui garantit aux animaux la possibilité de passer des forêts du Pacifique à celles de l'Atlantique (la forêt du parc naturel métropolitain se poursuit à travers les parcs nationaux Camino de Cruces, Soberanía et l'aire protégée du Fort San Lorenzo).

Le parc a deux entrées éloignées de 700 m l'une de l'autre. Au centre des visiteurs, l'entrée principale, vous aurez un descriptif des balades à faire, une petite librairie spécialisée sur la faune et la flore du pays et des commodités. C'est de là que partent les sentiers Los Momótides (900 m, 45 minutes), Los Caobos (900 m, 1 heure) et El Roble (700 m, 30 minutes). L'autre entrée se situe au niveau de la cabane du garde, d'où partent La Cienaguita (1,1 km, 1 heure) et Mono Tití (1,1 km, 1 heure). Tous les sentiers sont balisés, accessibles à tous, communiquent et se font plus vite qu'annoncé. La boucle principale se parcourt en moins de 2 heures. On y recense 227 espèces d'oiseaux dont 46 migrateurs présents ici pendant l'hiver d'Amérique du Nord. Du mirador à 135 m d'altitude, la vue s'étend sur le canal, les forêts à perte de vue, le Cerro Ancón et les plantations de gratte-ciel. Attention les amoureux... paresseux et mono tití vous observent depuis les cimes !

PUENTE DE LAS AMÉRICAS ★★★

Le pont des Amériques, qui enjambe le canal, réunit en quelque sorte l'Amérique du Nord et l'Amérique du Sud, séparées depuis un siècle par le canal. C'est depuis le Causeway qu'on le voit le mieux. Depuis la création de la voie inter-océanique, le pays est divisé en deux et la question du transport d'une berge à l'autre s'est longtemps posée. Les gens utilisaient de petites embarcations jusqu'à l'arrivée en 1931 de deux ferries, baptisés *Amador* et *Roosevelt*. En 1942, un troisième ferry et un pont mobile sont mis en service pour faire face aux allées et venues des militaires américains durant la Seconde Guerre mondiale. Ce n'est qu'en 1955 que les autorités nord-américaines s'engagent à réaliser un pont en arc, de 118 m de haut et 1,6 km de long, qui sera finalement inauguré le 12 octobre 1962. Les bouchons interminables ont motivé la création d'un second pont au-dessus du canal, le Puente Centenario, à côté du village de Paraíso plus au nord. Un nouveau pont, plus haut que le pont des Amériques, est également en projet et permettrait le passage d'une troisième ligne de métro.

SHOPPING

Avec le développement du tourisme, les boutiques et marchés d'artisanat fleurissent à travers la ville, comme les étals des Guna sur le Paseo Esteban Huertas dans le Casco Viejo. L'artisanat présenté s'est enrichi en finesse et en diversité ces dernières années. Dotée de supermarchés ouverts 24h/24, comme le Rey de la Vía España, la capitale est également truffée de boutiques bon marché, notamment dans l'Avenida Central (piétonne) : vêtements, électronique, objets en tout genre à prix imbattables. Mais c'est surtout pour ses centres commerciaux, les fameux *malls* ou *shopping center*, que Panama City est réputée, en particulier pour les touristes latino-américains en quête des dernières marques à la mode (il existe même des guides locaux spécialisés dans le shopping !). Certains prétendent que les économies faites sur leurs achats leur remboursent le billet d'avion ! On trouve de tout dans ces grands centres commerciaux climatisés, temples de la consommation, qui accueillent, en plus des boutiques, de nombreux restaurants, des espaces de jeux pour enfants et des salles de ciné. Les *malls* sont ouverts tous les jours, généralement de 10h à 20h du lundi au jeudi, jusqu'à 21h le vendredi et samedi, et de 11h à 19-20h le dimanche et les jours fériés.

Casco Viejo

Artisanat - Déco - Maison

Les boutiques d'artisanat sont nombreuses dans le Casco Viejo, tout comme les petits stands dans la rue tenus en majorité par des Guna. Voici deux boutiques où vous trouverez certainement votre bonheur si vous cherchez de la qualité et de l'originalité.

GALERIA DE ARTE INDIGENA

Calle 1, nº 844
✆ +507 228 9557
Ouvert tous les jours de 9h à 19h.
Une boutique proposant un choix d'artisanat de qualité panaméen et latino-américain, avec des objets originaux : de magnifiques paniers et masques emberá notamment, des molas et le célèbre chapeau originaire d'Equateur. David a ouvert une autre boutique à Portobelo.

GALERIA KARAVAN

Calle 3ra, à côté de l'Arco Chato
✆ +507 228 7177
www.karavan-gallery.com
karavangallery@gmail.com
Ouvert du lundi au vendredi de 9h30 à 17h, le samedi de 10h à 17h et le dimanche de 12h à 17h.
Un bel artisanat de la côte Caraïbes, en provenance de Portobelo et de Guna Yala principalement. Un travail important est fait par la gérante de la boutique, Rosina Ynzenga, pour retrouver le savoir-faire originel, avec des groupes de femmes. Elle dirige la fondation Mua Mua qui travaille en particulier avec les jeunes femmes gunas pour retrouver les techniques ancestrales de tissage des molas, chapeaux et colliers notamment.

Centres commerciaux

EL MACHETAZO
Avenida Central, à côté de la Plaza Santa Ana
Ouvert de 8h à 20h.
« El hombre crea, el mono imita y con El Machetazo no hay quién compita » ; « Y hasta el gato compra en El Machetazo ». Deux slogans célèbres du Machetazo, l'une des grandes chaînes de supermarché, aux prix bas et où l'on trouve presque tout. Celui de l'Avenida Central est le plus populaire. Toujours beaucoup de monde aux caisses, ne soyez pas trop pressés !

Calidonia

LIBRERIA CULTURAL PANAMEÑA
Vía España n°16 face à la C/1ra, Perejil
✆ +507 223 6267 / +507 223 5628
www.libreriacultural.com
Ouvert du lundi au samedi de 9h à 17h50.
L'une des plus anciennes librairies de la capitale : plus de 60 ans au service de la culture et de l'éducation au Panamá ! Vous y trouverez votre bonheur en matière de littérature panaméenne (romans, biographies, contes, poésies) et d'ouvrages consacrés à l'histoire et l'économie du pays. Des ateliers littérature et poésie sont organisés de temps en temps.

MERCADO DE BUHONERÍAS Y ARTESANÍAS
Plaza 5 de Mayo ✆ +507 506 5739
Ouvert de 7h à 19h.
De petites échoppes proposent un bon choix d'artisanat de toutes les provinces (sandales en cuir, hamacs d'Equateur, molas...). On peut également s'y restaurer pour pas cher dans l'un des petits *comedores* (plat unique, poulet ou viande).

PTY LOCAL
Avenida Mexico entre calle 39 y 40
✆ +507 6511 6060
www.ptylocal.com
hola@ptylocal.com ptylocal@gmail.com
Ouvert du mardi au vendredi de 10h30 à 19h30, le samedi de 9h30 à 18h. Vente sur place et par Internet.
A deux pas du métro Santo Tomas et de l'Avenue Balboa, Ptylocal promeut la consommation de produits panaméens, issus du travail de petits producteurs et artisans. Nicolas, un jeune français qui a déjà vécu dans d'autres endroits de la planète, s'est lancé dans un sacré défi au Panama, où l'essentiel des produits sont importés et où l'artisanat n'est pas vraiment encouragé. Avec son « Pense global, consomme local », il propose des produits frais et de qualité au consommateur et aide directement les petits producteurs : de miel, de fromage, de fruits et légumes... Pour les expats c'est une aubaine (de la bonne charcuterie du Chiriqui, des produits fins que l'on ne trouve pas dans les grandes surfaces), et pour les touristes un bon endroit pour trouver des cadeaux originaux « made in Panama », comme des cosmétiques bio à base d'huile de coco, des confitures aux fruits exotiques, du cacao, du café ou des magnets « se habla Panamá ». Une belle initiative !

Centre moderne et l'est

Centres commerciaux

METROMALL
Ave. Domingo Díaz, vía Tocumen
Ce centre commercial récent est situé à proximité de l'aéroport de Tocumen (10 minutes) pour tuer le temps en attendant un vol. Des navettes gratuites sont proposées aux voyageurs de/pour l'aéroport, ainsi que des réductions dans les boutiques affiliées à l'opération et un service de consigne à bagages. 300 boutiques, 40 restaurants, 10 salles de cinéma...

MULTICENTRO
Ave. Balboa, Paitilla
www.multicentropanama.com.pa
Ce mall accolé à l'hôtel Radisson Decápolis se revendique d'un style plus « européen ». Nombreuses boutiques de luxe. Bien placé.

MULTIPLAZA PACIFIC
Vía Israel, Punta Pacífica
www.multiplaza.com
Un beau centre commercial de luxe avec des boutiques de couturiers et les prix qui vont avec. On y trouve une librairie et des restaurants assez variés, dont ceux du haut qui proposent une belle vue sur les tours du quartier chic.

SOHO MALL
Calle 50
✆ +507 200 7646
atencionalcliente@sohopanama.com.pa
Ouvert du lundi au samedi de de 10h à 20h et le dimanche jusqu'à 19h.
Le centre commercial le plus récent et le plus luxueux de la capitale, au cœur du quartier des affaires.

Panier gourmand

P&A DELI FRANCÉS
San Francisco Calle Las Callas 27
✆ +507 6078 1945
« Tout est bon dans le cochon » est la devise de Pascal, un charcutier français qui propose des produits bien de chez nous concoctés avec

amour. Rillettes, pâtés de campagne, chipolatas et merguez, il n'y a plus qu'à passer commande pour vos barbecues. Les produits sont également servis dans certains restaurants de la ville. Une épicerie appréciée des expatriés.

Amador, Albrook, Ancón et l'ouest

■ ALBROOK MALL

Ave. Marginal Este - www.albrookmall.com
Le plus vaste d'Amérique centrale, derrière le terminal de métro et de bus d'Albrook. Un centre commercial coloré et décoré d'animaux géants qui servent de points de repères. Essentiellement des grandes chaînes de vêtements fréquentées par les familles Panaméennes. Les *ferias de comida* accueillent plus de 50 restaurants, tous fast-food. Toilettes gratuites. Cybercafé. Parfait pour attendre un bus !

■ CENTRO ARTESANAL DE BALBOA

✆ +507 506 5738
Ouvert de 8h à 18h.
Tout l'artisanat du pays et d'ailleurs y est concentré : peintures d'Haïti, vêtements d'Equateur, chivas colombiennes ou hamacs nicaraguayens… Des objets intéressants. Attention car ce centre est très excentré, dans le quartier de Balboa, au nord de la ville, et non le long de l'Avenue Balboa, le long de la mer.

■ EL HOMBRE DE LA MANCHA

Albrook Mall, Pasillo del Hipopótamo
✆ +507 303 6231
www.hombredelamancha.com
Une librairie présente dans plusieurs centres commerciaux offrant un bon choix de livres.

▸ **Autre adresse :** Multiplaza, Metromall, aéroport de Tocumen.

SPORTS – DÉTENTE – LOISIRS

On trouve quelques salles de sport climatisées mais l'entrée est généralement avec abonnement. Vous pouvez tenter les installations de l'Université nationale. Ceux qui aiment la course à pied peuvent se rendre sur la Cinta Costera, au Parque Omar ou au Causeway. Pour trouver des partenaires de foot ou basket rendez-vous le soir sur la Cinta Costera.

■ CLUB EXCURSIONISTAS DEL ISTMO

Edifico 3
Calle Primera Perejil
Local 6, 1er étage, 5662 ✆ +507 6637 0467
Ouvert de 16h à 21h.
Le club de randonnée à connaître pour organiser une traversée du Panama, une rando dans la jungle ou le camino de cruces.

■ PISCINA DE ALBROOK

Paseo de la Iguana
Albrook ✆ +507 315 0148
Ouvert lundi et jeudi de 13h à 21h, mardi, mercredi et vendredi de 7h à 21h et le week-end de 8h à 17h. Entrée adulte : 2,50 US$.
Une piscine olympique en plein air très agréable pour faire des longueurs. Un peu excentrée malheureusement si vous ne logez pas dans le quartier (derrière l'aéroport d'Albrook).

© NICOLAS LHULLIER

Partie de dominos endiablée dans la Peatonal.

LE SUD DU CANAL DE PANAMÁ

Une traversée à l'œil !

Si vous souhaitez traverser le canal gratuitement, proposez vos services comme *hand liner* sur un bateau de plaisance soit au Balboa Yacht Club sur le Causeway de Panama City, soit au Shelter Bay Marina de Colon. Chaque bateau est tenu d'avoir à son bord, en plus d'un pilote de l'ACP (Autoridad del Canal de Panama), 4 équipiers chargés de lancer et d'attacher les bouts servant à stabiliser l'embarcation dans le passage des écluses. Les *hand liners* professionnels prennent entre 50 US$ et 100 US$ la traversée. Certains plaisanciers n'hésitent donc pas à prendre à bord des « amateurs ». Renseignez-vous dans les marinas pour trouver un bateau. La période la plus propice pour cette expérience inoubliable s'étend de fin novembre à mai, lorsque soufflent les alizés.

On ne peut évoquer le Panamá sans penser à son fameux canal. Il a fêté ses 100 ans en 2014 et, avec deux ans de retard sur la date initiale, la nouvelle voie du canal de Panama a été inaugurée en grande pompe le 26 juin 2016. Même si le Panamá est bien plus qu'un canal – pour reprendre un vieux slogan touristique – la voie d'eau inter-océanique est le fil directeur de l'histoire républicaine et de l'identité nationale. Il constitue aussi la clef de voûte de l'économie du pays.

Le canal de Panamá traverse le pays du nord (Colón, côté océan Atlantique) au sud (Panamá City, côté océan Pacifique), sur près de 80 km. Dans ce guide, la partie nord du canal est traitée dans la province de Colón, la partie sud dans la province de Panamá. Dans ce découpage artificiel, on retrouve ainsi dans la province de Panamá, les écluses de Miraflores, les écluses de San Miguel et de Cocoli et plusieurs parcs naturels vers le village de Gamboa, tandis que les écluses du lac Gatun, le nouveau centre de visiteurs d'Agua Clara et l'île de Baro Colorado sur le lac Gatún, sont logiquement traités dans la partie Colón.

Les amateurs de nature devraient apprécier en particulier la région de Gamboa et son parc de la Soberania. S'y concentrent une faune et une flore des plus riches du monde. Ces dernières années, plusieurs écolodges se sont implantés et organisent des excursions, sur le canal et le lac Gatún, dans les rivières, ou sur les sentiers de la forêt tropicale.

ESCLUSAS DE MIRAFLORES ★★★

Les écluses de Miraflores sont les plus proches de la capitale et donc les plus touristiques. En outre, elles possèdent un musée, qui permet d'en savoir plus sur le canal et le fonctionnement d'une écluse. Il est aussi possible de voir les écluses côté Atlantique (province de Colón) au nouveau Centre de visiteurs d'Agua Clara ou, pour une somme plus modique, à Gatún. Ces visites peuvent être complémentaires car les bateaux semblent plus imposants à Gatun et la vue est plus panoramique à Agua Clara (et plus dégagée car il y a un peu moins de monde).

Transports

De nombreux bateaux proposent des croisières, totales ou partielles, sur le canal de Panama, où les visiteurs passent les écluses. Les tours à la demi-journée s'arrêtent vers Gamboa tandis que les tours à la journée poursuivent jusqu'au lac Gatun.

■ **CANAL & BAY TOURS**
Départ Causeway,
Isa Naos
✆ +507 209 2009
www.canalandbaytours.com
reservas@canalandbaytours.com
Traversée complète 8 heures trente, tarifs : 195 US$/80 US$ (adulte/enfant) ; traversée partielle 4 heures 30 entre Amador et Gamboa, tarifs : 150 US$/70 US$, avec transport, petit déjeuner, déjeuner, boissons, guide. Baie de Panama et tour nocturne sur le canal.
L'agence est propriétaire de trois bateaux : « Fantasía del Mar », un bateau d'une capacité de 434 passagers, « Tuira II » 492 passagers, et de « Isla Morada », un magnifique bateau en bois centenaire qui appartint un temps à Al Capone !

Le canal de Panama

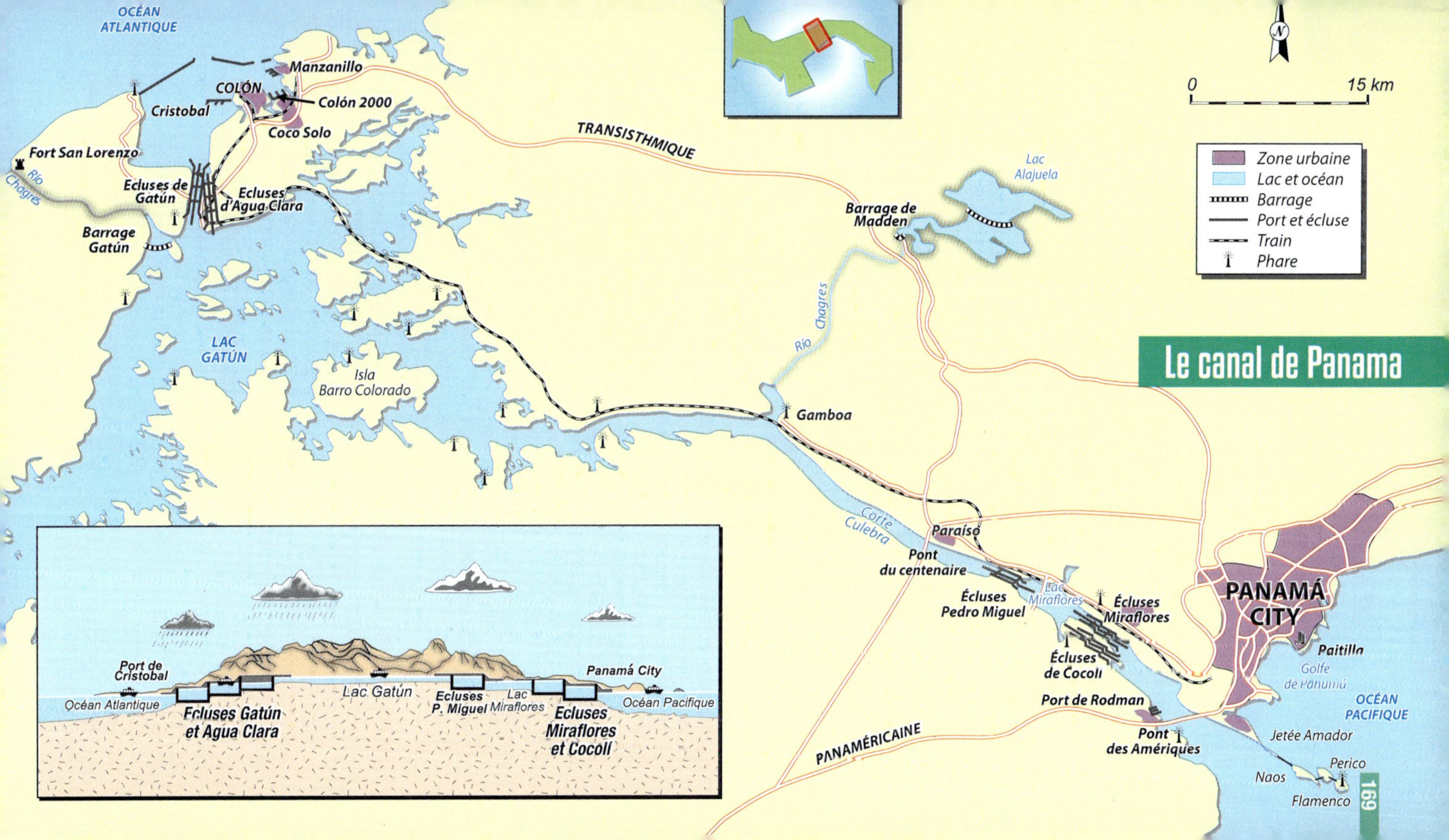

LE CANAL CAPABLE D'ACCUEILLIR DES BATEAUX GÉANTS

Un premier bateau chinois

Plus d'un siècle après son ouverture, après neuf ans de travaux et avec vingt mois de retard, le nouveau jeu d'écluses du canal inter-océanique a été inauguré en grande pompe le dimanche 26 juin 2016. Tiré au sort, le premier bateau à avoir eu le privilège de franchir les deux nouvelles écluses était un porte-conteneurs chinois baptisé Cosco Shipping Panama. Il a franchi les écluses d'Agua Clara côté Atlantique le matin et celles de Cocoli côté Pacifique l'après-midi. Le chantier a tout de même coûté 5,45 milliards de dollars, et plus 3 millions de dollars ont été dépensés pour les festivités. Lors de la cérémonie officielle, le président du Panama Juan Carlos Varela a exprimé sa fierté : « Le canal est la route qui unit le monde ». L'inauguration du canal élargi est en effet tombée à point nommé, quelques mois après le scandale mondial d'évasion fiscale des Panama Papers qui avait quelque peu entaché l'image de l'isthme. Cet agrandissement intervient également dans le contexte d'une menace de canal nicaraguayen, dont les travaux ont déjà été entérinés, et des projets de canaux inter-océaniques « secs » (transport ferroviaire des conteneurs) à travers l'Amérique centrale, le Mexique ou les Etats-Unis.

Depuis 20 ans, de nombreux navires sortent avec des dimensions supérieures aux normes « panamax » (32 m de large, 294 m de long, 12 m de tirant d'eau). Ils ne pouvaient donc pas emprunter les écluses. Les autorités panaméennes ont décidé d'agrandir le canal après un référendum en octobre 2006. Les travaux ont débuté le 4 septembre 2007.

Une capacité doublée et des nouveautés

Le programme d'agrandissement a permis la création de nouvelles écluses aux extrémités du canal, dont les chambres sont plus grandes que celles des écluses existantes : 55 m de largeur (contre 33,5 m), 427 m de longueur (contre 305 m) et 18,3 m de profondeur (contre 12,8 m). Ce redimensionnement permet l'accès à des post-panamax (plus imposants que les navires qui respectent la norme panamax) pouvant atteindre 49 m de large, 366 m de long et 15,2 m de profondeur de cale ou tirant d'eau, pour une capacité de 12 à 14 000 conteneurs (les plus gros panamax en transportent 5 000 !). Jusqu'à présent, les porte-conteneurs les plus imposants transitaient par le canal de Suez, plus large. Le canal est à présent capable d'accueillir 98 % des porte-conteneurs dans le monde. Ces écluses comportent 3 chambres (comme celles de Gatún). Leur originalité est la présence de bassins d'épargne, permettant de conserver une partie de l'eau du lac utilisée lors de chaque transit. Alimentés par gravité, les bassins permettront de réutiliser 60 % de l'eau récupérée. Les nouvelles écluses devraient au final consommer 7 % de moins que les écluses anciennes. Autre nouveauté, les portes éclusières seront coulissantes et non à battants, et les mules utilisées pour positionner les bateaux dans les chambres seront remplacées par des remorqueurs.

Tripler les recettes du Panama

Pour le président, l'agrandissement va offrir « de nouvelles opportunités pour le commerce international », notamment entre les Etats-Unis et l'Asie, car le coût de transport des marchandises sera considérablement réduit. Le marché visé est en particulier celui du transport de gaz naturel liquéfié depuis le Texas et la Louisiane jusqu'au Japon. Comme le volume de transit a été doublé avec les nouvelles écluses, le pays espère tripler ses recettes. Le canal de Panama rapporte chaque année près d'un milliard de dollars et 45% du PIB (en comptant les zones portuaires défiscalisées). Jusqu'en 1999, date de la rétrocession du canal au Panama, le pays ne bénéficiait que d'une rente annuelle dérisoire versée par les Etats-Unis.Le Panama souhaite attirer, dans les quatre prochaines années, 20 % du commerce maritime mondial, contre 5% avant les travaux d'élargissement. Ce nouvel apport pour le pays pourra – espérons-le – financer des mesures sociales pour aider la population défavorisée du Panama qui ne profite que peu de toutes ses richesses.

Les couacs du chantier

Les autorités panaméennes ont décidé d'agrandir le canal, après un référendum en octobre 2006. Les travaux ont débuté le 4 septembre 2007. Le chantier devait s'achever pour le centenaire du canal, en août 2014. Mais il a été émaillé de différentes polémiques. En premier lieu, des

Écluses de Gatún.

disputes entre l'administration du canal et le consortium chargé des travaux qui avait par exemple gelé le chantier en 2014 pour réclamer plus de budget. Mais également les grèves des ouvriers et une fissure dans une écluse. La construction du pont de Colon pour enjamber la nouvelle voie du canal a également pris deux ans de retard. Mais il y a un autre problème... de taille. Les nouvelles voies restent encore trop étroites pour les cargos les plus volumineux. Il est ainsi question d'une troisième phase de travaux. Même si rien n'est encore officiel, les travaux du centre de visiteur de Cocoli ont été stoppés net dans cette perspective car le tracé du troisième jeu d'écluses passerait à ce niveau-là.

La question environnementale

Si les médias ont insisté sur l'impact positif sur l'environnement de l'agrandissement du canal – les bateaux n'ayant plus besoin de passer par le cap Horn ou le canal de Suez -, les conséquences à proximité des lieux ne sont pas négligeables. Le lac Gatún devrait voir son niveau s'élever de 45 cm afin d'obtenir un volume d'eau suffisant pour réaliser 50 éclusages par jour, contre 40 aujourd'hui. Selon des observateurs attentifs, cette question avait été éludée lors du référendum mais l'élargissement du canal pourrait donc avoir des conséquences pour les terres (et les communautés) autour du canal dans les prochaines années.

Comment fonctionnent les vieilles écluses ?

Lors du passage des écluses, les gros navires sont assistés par de grosses locomotives électriques de halage, auxquelles ils sont reliés par de solides câbles. Ces « mules » (*mulas*) travaillent par paires et se déplacent sur des rails situés le long des écluses. Pesant 50 tonnes et pourvues de deux tractions de 290 chevaux, elles remorquent les navires et les maintiennent dans l'axe des chambres. Les plus gros bateaux effleurent de quelques centimètres les bords et il est parfois nécessaire d'utiliser 8 mules.Les chambres des écluses se remplissent et se vident en 8 minutes grâce à un système d'aqueducs et de vannes qui fonctionne par gravité. A chaque passage de navire, environ 200 millions de litres d'eau douce sont rejetés dans l'océan ! L'eau provient du lac Gatún alimenté par un bassin hydrographique de plus de 552 000 ha. Une tour de contrôle gère les ouvertures et fermetures des portes éclusières, les niveaux d'eau des chambres, la vitesse des navires, et coordonne les mules.A bord des navires, un ou plusieurs pilotes de l'ACP (Autorité du canal de Panamá) dirigent la traversée. A l'entrée et à la sortie des écluses, les gros navires sont pris en charge par de puissants remorqueurs qui les accompagnent sur quelques centaines de mètres jusqu'à des eaux plus profondes. Ils patientent alors au milieu du lac en attendant de pouvoir passer de l'autre côté.

■ **PANAMA CANAL TOURS**
Vía Porras y C/Belén,
✆ +507 226 8917 – www.pmatours.net
info@pmatours.net
Traversée partielle, 4-5 heures : 150 US$ adulte et 95 US$ enfant (135 US$ et 85 US$ en basse saison). Traversée complète, 8-9 heures : 195 US$ adulte et 105 US$ enfant (180 US$ et 95 US$ en basse saison). Consulter les horaires sur le site Internet, départs en fin de semaine à 7h30 en général. Guide, transport depuis Colon, petit déjeuner, déjeuner, boissons et snacks inclus.
Un beau voyage sur le Pacific Queen pour un transit partiel ou total du canal. La traversée partielle : départ de la marina Flamenco pour Gamboa. Traversée de la Corte Culebra, des écluses de Pedro Miguel et de Miraflores, avant de rejoindre le Pacifique. Traversée complète du Pacifique à l'Atlantique en passant par le lac Gatún. Retour de Colón en bus en fin d'après-midi. Si vous avez le budget, le bateau Discovery de la même compagnie promène les voyageurs durant une semaine du Darien à Colon en passant par Las Perlas. Les embarcations sont plus modernes que son concurrent.

Se restaurer

■ **RESTAURANTE ATLANTIC & PACIFIC CO**
✆ +507 232 3120
Ouvert de lundi à samedi, buffet de 11h30 à 16h30, dîner de 17h à 22h30 et dimanche brunch de 11h30 à 16h30. A partir de 10 US$.
Un restaurant réputé pour ses poissons et fruits de mer. Réservation conseillée, surtout pour pouvoir manger en terrasse au-dessus des écluses.

À voir – À faire

■ **CENTRO DE VISITANTES DE MIRAFLORES** ★★★
Miraflores
✆ +507 276 8325 – cvm@pancanal.com
Au terminal d'Albrook, prendre un bus indiquant « Gamboa » ou « Paraiso » et demander au chauffeur qu'il vous dépose à proximité des écluses (marcher ensuite 10 minutes). Environ 20 US$ l'aller-retour avec 30 minutes d'attente depuis le centre-ville (20 minutes), 12 US$ l'aller simple. Les bus de Citysightseeing y font également un arrêt.
Ouvert tous les jours de 9h à 17h, la billetterie ferme à 16h15. Entrée adulte : 15 US$, enfant : 10 US$.
Le centre de visiteurs offre une vue plongeante sur les écluses de Miraflores où transitent les navires de toute sorte. Allez-y plutôt en milieu d'après-midi pour être sûr de voir passer les gros navires qui sont partis le matin depuis l'entrée atlantique. Ce centre de visiteurs est le seul des trois à proposer un véritable musée (différent de celui du canal inter-océanique du Casco Viejo) pour mieux comprendre les innovations technologiques ayant permis la réalisation du canal ; le rôle du bassin hydrographique ; le fonctionnement de la voie d'eau (documentaires, maquette topographique ; mises en scène) et la place du raccourci inter-océanique dans le commerce maritime international. Le plus intéressant est bien sûr le simulateur de pilotage, pour se sentir dans les bottes du capitaine de navire effectuant une traversée ! Enfin, un film avec lunettes 3D raconte l'histoire du canal et les récents travaux d'agrandissement. Certains visiteurs ont signalé avoir vu des crocodiles dans l'eau sur le trajet du bus au canal…

ESCLUSAS DE COCOLÍ ★

Le nouveau jeu d'écluses côté Pacifique inauguré en 2016 a été baptisé Cocolí. Vous remarquerez sûrement une tour qui n'a jamais été terminée ; cela aurait pu être un autre centre de visiteurs. Mais un nouveau projet d'agrandissement des écluses est à l'ordre du jour et aurait pu rayer l'établissement de la carte aussitôt sorti de terre… Si bien que les travaux ont été interrompus.

ESCLUSAS DE PEDRO MIGUEL ★

Les écluses de Pedro Miguel, plus petites, sont situées à quelques kilomètres au nord de celles de Miraflores. On peut facilement observer les bateaux passer le niveau d'écluse, à une centaine de mètres du parking. Il n'y a pas de centre de visiteurs ni d'explications.

PARQUE NACIONAL CAMINO DE CRUCES ★

Ce parc de 4 000 hectares, créé en 1992, fait la jonction entre le parc naturel métropolitain au sud et le parc Soberanía au nord. Son nom vient du célèbre chemin qui le traverse. Utilisé autrefois par les Espagnols pour le transport de marchandises, de l'or et de l'argent en provenance d'Amérique du Sud, entre Panamá Ciudad côté Pacifique et Nombre de Dios ou Portobelo côté Caraïbe, le Camino de Cruces débouche sur le Río Chagres qui alimente le canal en eau. Il est recommandé de s'y aventurer avec un guide car le chemin est peu entretenu et vous êtes dans la jungle. Comptez entre 5 et 8 heures de marche. Vous rencontrerez une végétation exubérante habitée par les singes hurleurs, paresseux, coatis et serpents…

■ MIAMBIENTE
✆ +507 500 0908
www.miambiente.gob.pa
L'accès est indiqué sur la route qui mène au barrage de Madden.
Entrée parc national : 5 US$.
Plusieurs sentiers dans le parc plus ou moins longs (Sendero Capricornio, El Mirador, Los Guardaparques, Ruinas de Cárdenas ou la Palangana, Camarón). Renseignez-vous auprès de MiAmbiente. Ne laissez pas d'objet de valeur dans la voiture.

PARQUE MUNICIPAL SUMMIT ★

Situé dans l'ancienne Zone du Canal, Summit fut créé en 1923 par les Américains pour étudier l'adaptabilité de différentes espèces du monde entier (comme le tek) au climat et à l'environnement tropical panaméen. Au-delà de ses activités de recherche scientifique, le parc municipal de 55 hectares est devenu un centre récréatif et éducatif, où familles et scolaires se rendent pour découvrir la faune et la flore du pays. Des sentiers ont été aménagés au milieu de plus de 150 espèces d'arbres magestueux. Un intéressant musée est consacré à l'oiseau national, l'aigle harpie, que vous pourrez voir dans sa volière. Un petit zoo à l'entrée accueille environ 300 animaux dont la plupart ont été secourus du braconnage ou retrouvés blessés.

■ PARQUE MUNICIPAL SUMMIT
Carretera Gaillard, km 18
Sur la route de Gamboa
✆ +507 232 4850
parquesummit@gmail.com
Bus environ toutes les heures vers Gamboa depuis le terminal d'Albrook.
Ouvert tous les jours de 9h à 16h (billetterie jusqu'à 15h). Entrée adulte non résidents : 5 US$. Service de guide possible.

PROVINCE DE PANAMÁ

Les deux inaugurations du pont du Centenaire

■ PUENTE CENTENARIO ★★
PARAÍSO
Après le Puente de las Américas, à Panamá City, c'est le second pont qui enjambe le canal et relie l'Amérique du Nord à l'Amérique du Sud. Ce magnifique pont suspendu de 80 m de haut pour plus de 1 km de long a été baptisé Centenario « Centenaire », le 3 novembre 2003, à l'occasion des célébrations du centenaire de la République. Son inauguration par la présidente Mireya Moscoso, le 15 août 2004 (deux semaines avant la fin de son mandat), a donné lieu à une belle polémique : le pont a coûté plus cher que prévu, mais surtout les sections d'autoroute y menant ne sont pas réalisées ! On a eu pendant plusieurs mois un joli pont au milieu de nulle part. Finalement, en septembre 2005, le nouveau président, Martin Torrijos, inaugura une seconde fois l'ouvrage d'art… ainsi que ses routes d'accès !

GAMBOA ★★

Gamboa est la porte d'entrée du parc national de la Soberania, l'un des plus proches de Panama City après le parc métropolitain qui se trouve à quelques kilomètres de la capitale. Contrairement à ce dernier, la Soberania offre de véritables opportunités de randonnées dans le cadre splendide du río Chagres et du lac Gatún. Gamboa est un petit village où sont concentrés les établissements hôteliers de type *bed & breakfast*. Deux splendides établissements se trouvent au sein même du parc et proposent observation d'oiseaux et loisirs sportifs.

Transports

- **Des bus en direction de Gamboa** partent environ toutes les heures du terminal d'Albrook (40 minutes de route, 65 cents). Demandez au chauffeur de vous déposer au bureau de MiAmbiente (ouvert de 8h à 16h). Vous devrez marcher un peu ensuite pour rejoindre les sentiers.
- **Pour le Camino del Oleoducto**, en bus, il faut rejoindre Gamboa, puis demander au chauffeur de vous laisser à l'entrée du chemin menant au sentier (2,5 km). Marcher ensuite une trentaine de minutes en suivant les panneaux indicateurs. Il est plus simple de prendre un taxi (convenez du tarif aller-retour à l'avance !) ou de s'y rendre en voiture de location.

Pratique

CENTRO DE VISITANTES

Cruce Avenida Gaillard y Avenida Omar Torrijos ✆ +507 232 4192
www.miambiente.gob.pa
Ouvert de 8h à 16h. Entrée du parc : 5 US$.
La cabane de MiAmbiente se trouve à l'embranchement de la route pour Gamboa. Des points d'information, avec descriptif du site et cartes d'orientation, sont placés à l'entrée des sentiers.

Se loger

CANOPY TOWER

✆ +507 264 5720
www.canopytower.com
contactus@canopytower.com
Accès à la hauteur du Camino de Plantación. Suivre les panneaux sur la route.
Réservation plusieurs semaines à l'avance. A partir de 229 US$ par personne en haute saison, repas et tours d'observation des oiseaux inclus.
Cette tour qui s'extraie discrètement de la forêt tropicale n'est autre que la reconversion d'un radar de l'armée américaine, installé en 1965 et qui servit jusqu'en 1995 pour repérer les avions des narcotrafiquants. Le nouveau propriétaire de la tour, président d'une association d'ornithologie (Avifauna), l'a converti en paradis pour les ornithologues. Idéalement situé au sommet du Cerro Semáforo, le Canopy Tower est devenu un site incontournable pour les *birdwatchers*. Les douze chambres de cet écolodge original disposent de grandes fenêtres donnant sur la forêt. La salle à manger bénéficie d'une vue panoramique inoubliable sur la canopée. Sur le toit, c'est encore plus magique !

- **Autre adresse :** The Canopy Bed & Breakfast, dans le village de Gamboa, à 15 min de Pipeline Road.

GAMBOA RAINFOREST RESORT

✆ +507 340 5000
www.gamboaresort.com
reservations@gamboaresort.com
A partir de 175 US$ la chambre, petit déjeuner inclus. Nombreuses activités sur le site.
Un complexe hôtelier de 137 ha, sur les rives du Río Chagres, jouissant d'une vue exceptionnelle et d'installations massives mais élégantes. La décoration est raffinée et le personnel aux petits soins. Séjours à thème proposés : pêche sportive sur le lac Gatún, thalasso, randonnées... Des guides professionnels sont également à votre disposition. Six restaurants, une discothèque, un Spa et une piscine complètent les équipements.

MONKEY LODGE AND TOURS BED AND BREAKFAST

Puente Roque, ChilibreCarretera Madden,
✆ +507 216 6525
✆ +507 6781 3540
www.monkeylodgepanama.com
info@monkeylodgepanama.com
4 chambres de 110 US$ à 120 US$. Réservation 24h à l'avance. Petit déjeuner inclus. Dîner complet : 17 US$. Service de transport depuis l'aéroport de Tocumen : 55 US$ pour 1 à 4 personnes, Albrook : 35 US$, ou Panama City : 45 US$.
Un bed & breakfast très agréable tenu par Sabrina et Fabrice. Quatre *cabañas* en dur dans la nature sans télé pour plus de tranquillité ; une piscine et un coin hamacs pour se reposer après une bonne journée d'excursion. Des tours originaux sont proposés selon les envies de chacun, tous les jours, dans le canal et les parcs nationaux environnants, mais aussi dans les deux océans (San Blas, Las Perlas...). L'ambiance est familiale et la cuisine délicieuse. Pour conronner le tout, vous vivrez une expérience hors du commun avec des singes plutôt affectueux – ils possèdent leur propre espace pour des questions de sécurité.

À voir - À faire

PARQUE NACIONAL SOBERANÍA ★★

Déclaré zone protégée en 1980, le parc de Soberanía s'étend sur près de 20 000 ha, dans le prolongement du parc Camino de Cruces. Il se situe à 40 minutes en voiture de la capitale. C'est l'un des plus accessibles du pays mais aussi l'un des plus riches : 105 espèces de mammifères, 79 reptiles et surtout 525 espèces d'oiseaux qui attirent des passionnés du monde entier.
Si les gardes-forestiers sont présents, la cabane pour payer les droits d'entrée au parc national se trouve peu après l'entrée du parc municipal Summit. L'entrée des deux premiers sentiers indiqués ci-dessous se trouve en bordure de la Carretera Gaillard, après le Centro de Visitantes (il vous faudra marcher un peu). Tous deux traversent l'épaisse forêt tropicale et sont correctement balisés. Vous y rencontrerez peu d'animaux sauvages, ils se cachent plus profondément dans la forêt, mais la végétation est spectaculaire. L'entrée du Camino de Oleoducto, un sentier célèbre pour voir les oiseaux, se trouve un peu plus loin, après Gamboa.

CAMINO DE PLANTACIÓN ★★

6,5 km. Ce chemin, autrefois pavé, fut construit pour rejoindre la ferme nord-américaine Las Cascadas, qui produisait caoutchouc, cacao et bananes dans les années 1910. C'était alors la plus importante ferme de la Zone du Canal (environ 1 200 ha). Aujourd'hui, ce sentier débouche sur le Camino de Cruces (décrit dans le parc du même nom).

CAMINO DEL OLEODUCTO - PIPELINE ROAD ★★

www.pipelineroad.org
17 km, entrée 5 US$. Mondialement connu comme étant l'un des meilleurs sites d'observation d'oiseaux. Certaines agences proposent des balades à vélo tout terrain, mais ce n'est évidemment pas la meilleure idée pour être au calme et observer les oiseaux… La tour d'observation sur le chemin (payante) est gérée par le Panama Rainforest Discovery Center.

PANAMA RAINFOREST DISCOVERY CENTER ★

✆ +507 306 3133 / +507 6450 6630
www.pipelineroad.org
reservas@avifauna.org.pa
Sur le « Camino del oleoducto » ou « Pipeline road » en anglais.
Accès tous les jours de 6h à 16h, 30 US$ l'entrée jusqu'à 10h quand on voit le plus d'oiseaux, 20 US$ ensuite. Maximum 25 personnes en même temps. Promenades nocturnes de 16h à 18h sur réservation 48 heures à l'avance : 35 US$.
Sis sur la Pipeline Road, le Panama Rainforest Discovery Center propose un centre de visiteurs où les colibris ont fait leur QG, des sentiers d'observation des oiseaux et surtout une tour d'observation de 40 m de haut, pour observer la canopée. Le tout géré par la fondation Avifauna Eugene Eisenmann qui propose également des activités ponctuelles comme du yoga pour les enfants. Le prix élevé n'empêche pas le centre d'être très fréquenté.

SENDERO ESPÍRITU DEL BOSQUE

1,7 km. Un sentier circulaire interprétatif qui se trouve derrière la cabane gouvernementale.

SENDERO NATURAL EL CHARCO

0,8 km. Ce sentier longe le Río Sardinilla et débouche sur une petite cascade et un bassin d'eau claire où l'on peut se baigner et faire de bons barbecues.

Sports - Détente - Loisirs

Balades en bateau sur le canal de Panama pour voir des crocodiles et des iguanes, pêche sur le lac Gatun, et kayak sont au programme dans la région de Gamboa, en plus de la randonnée et de l'observation des oiseaux, singes et autres paresseux.
Sans oublier le téléphérique du Gamboa Rainforest Resort (50 US$), le seul à ce jour dans le pays. Il parcourt 1,2 km à une vitesse d'un mètre par seconde pour permettre aux curieux de ne pas en rater une miette !

Visites guidées

GUIDE BENY

✆ +507 6112 2082 – www.benywilson.com
veniciowilson@gmail.com
Par personne, à partir de 75 US$ pour l'observation des oiseaux et 175 US$ pour les baleines. Packages possibles. Sur réservation.
Beny Wilson est incollable sur le Panama, son histoire, sa culture, sa politique… Mais c'est surtout un grand passionné des oiseaux, qu'il vous emmènera découvrir le long des sentiers de la Soberania avec son matériel professionnel. Il vous accompagnera aussi au parc métropolitain, dans le Darien ou observer les baleines en saison sur la côte Pacifique. Beni est reconnu par les agences et les autres professionnels du pays, et apprécié pour ses connaissances et son sérieux. Tours en anglais et espagnol.

YALA TOURS PANAMA

Diablo Heights, Local 42
CIUDAD DE PANAMÁ
✆ +507 232 0215
Voir page 20.

L'EST DE LA PROVINCE

© NICOLAS LHULLIER

Paresseux.

Au nord de Ciudad de Panamá, le parc national de Chagres abrite des communautés emberás et wounaans qui vivent sur les berges du fleuve à quelques kilomètres seulement du canal. Elles pourront vous accueillir et vous montrer leur mode de vie et leurs traditions. De nombreuses possibilités s'offrent également plus à l'est de la capitale pour ceux qui ont un véhicule, comme profiter de la fraîcheur du Cerro Azul.

CERRO AZÚL – CERRO JEFE ★

Le Cerro Azul (771 m) et le Cerro Jefe (1 007 m) sont deux autres buts de promenade situés à moins d'une heure de Panamá Ciudad. Ces montagnes sont très appréciées des Panaméens en raison de leur fraîcheur et des paysages verdoyants et brumeux. Il est nécessaire d'avoir son propre véhicule. En venant du Corredor Sur, suivre la route panaméricaine jusqu'à l'intersection de la « 24 de Diciembre », tournez à gauche juste avant le supermarché XTRA, puis suivez les panneaux indicateurs.

PARQUE NACIONAL CHAGRES ★★

A cheval sur les provinces de Panamá et de Colón, le parc national Chagres protège près de 130 000 ha de forêt tropicale et abrite une biodiversité très riche, avec de nombreuses espèces endémiques. Il est traversé par le río Chagres et englobe la totalité du lac Alajuela formé par le barrage de Madden. Sa topographie est variée avec des altitudes comprises entre 60 m et 1 007 m (Cerro Jefe). Le fameux Camino Real traverse le parc dans le secteur de Boquerón. De nombreux touristes se rendent sur le rio Chagres pour visiter les communautés emberas et wounaans qui y ont développé des projets écotouristiques dont elles vivent à présent. D'autres sont installées plus au nord du côté du lac Gatun.

Transports

Pour vous rendre dans les communautés indigènes, téléphonez à l'avance pour savoir si l'on peut vous recevoir. En voiture, depuis Panamá, prenez le Corredor Norte pour rejoindre la route transisthmique en direction de Colón. A Cabima, repérez le restaurant Pío Pío. Tournez à droite après la galerie commerciale. Poursuivez jusqu'à la cimenterie Bayano. Prenez à gauche sur la piste, jusqu'à la cabane de MiAmbiente. Le fleuve n'est pas loin. Vous arriverez sur le « port » de Corotú où une pirogue vous attendra. Si vous n'avez pas de voiture, prenez un bus jusqu'à Cabima, puis un second pour le parc.

Se loger

Chaque communauté propose un hébergement sommaire au cœur du village. Les prix comprennent généralement le transport et les repas mais sont quelque peu excessifs. Il est

La jagua

L'arbre du nom de *Genipa americana* fournit aux communautés emberás et wounaans la base de leurs peintures corporelles. De son fruit, la *jagua*, est tiré un jus de couleur noire qui sert de teinture naturelle. La *jagua* (*k'ipaar* en langue wounaan et *kipar'a* en emberá) tient entre dix et douze jours à partir de son application sur le corps. Ce n'est qu'en la frottant qu'on la fait disparaître avec les cellules mortes. Certains se peignent le corps entier, jusqu'à la moitié du visage. Les motifs dessinés ont chacun leur signification et diffèrent selon l'occasion ainsi que l'âge, le sexe ou le groupe du sujet.

conseillé de dormir une nuit dans les communautés car l'échange est plus authentique une fois que les groupes de touristes et les agences sont partis en fin d'après-midi.

EMBERA DRÚA

✆ +507 6709 1233 / +507 333 2850
www.trail2.com/embera
emberachagres@yahoo.com
Communauté peu réactive par mail/tél, passer par une agence au besoin.
Contacter la communauté pour les tarifs avec repas, excursion, transport en pirogue : ils dépendent de la taille du groupe.
La communauté se trouve à 45 min de pirogue du « port », sur le lac Madden. Demander Johnson, président du comité de tourisme, pour avoir un interlocuteur qui parle anglais.

À voir – À faire

COMMUNAUTÉS EMBERÁ WOUNAAN DU RIO CHAGRES ★★

A partir des années 1950, de nombreuses familles emberás et wounaans originaires du Darién et de Colombie ont fui les zones de conflits pour s'installer en communautés sur les rives du Chagres. La création du parc national en 1985 a permis de protéger la faune et la flore qui se trouvaient de plus en plus menacées, mais a transformé la vie des Amérindiens vivant au bord du fleuve. Emberá et Wounaan ont dû abandonner leur mode de subsistance traditionnel, basé sur la pêche, la chasse et la culture sur brûlis, pour se conformer aux contraintes environnementales du parc, qui interdisent ces activités ou les limitent très fortement.
Pour continuer à vivre dans leurs villages et ne pas être obligés de migrer vers les faubourgs de Panamá, des communautés se sont organisées dès la fin des années 1990 pour recevoir les touristes et vendre de l'artisanat. Aujourd'hui, les communautés de Parará Purú, Emberá Purú, Emberá Drúa, entre autres, vivent presque exclusivement de l'accueil des touristes. Au programme : transfert en pirogue, danse de bienvenue, sentiers botaniques, baignade, repas traditionnel et vente d'artisanat... Vous craquerez sûrement, donc emportez suffisamment d'argent liquide en petites coupures.

Attention, ne vous attendez pas à être les seuls touristes. Quasiment toutes les agences proposent ce « tour » à la journée et des touristes s'y rendent aussi par leurs propres moyens après avoir réservé en direct. Sachez qu'il est toujours possible de prolonger la rencontre en restant dormir sur place (ce que font rarement les groupes). Vous aurez alors tout le temps pour échanger et découvrir la culture de ce peuple attachant. L'hébergement se fait en général dans une hutte traditionnelle, ouverte et sur pilotis. On y accède par un escalier sculpté dans un tronc. Matelas et moustiquaires sont fournis.

Si ces communautés sont habituées à recevoir des touristes, demandez toujours la permission avant de prendre des photos et ayez un comportement respectueux. Quant au côté un peu « mise en scène » des danses de bienvenue qui gênent parfois les visiteurs, il ne faut effectivement pas se leurrer : la plupart des Indiens ne vivent plus à moitié nu dans leur vie quotidienne, mais s'ils vous montrent leur mode de vie traditionnel c'est qu'ils vous font honneur de cette façon. C'est le meilleur moyen de conserver une culture qui serait probablement déjà oubliée sans cela. Enfin, vous verrez qu'ils prennent beaucoup de plaisir lors de ces occasions et qu'ils savent le faire partager !

Remontée du Río Chagrès.

L'OUEST ET LES PLAGES

A cheval sur les provinces de Panamá et de Coclé, les 73 km de côtes séparant Punta Chame de Playa Juan Hombrón (peu avant Antón) vous surprendront par la beauté de leurs paysages, même si le panorama s'est urbanisé de façon inquiétante avec le développement des grandes infrastructures hôtelières et l'arrivée d'un l'aéroport. Les plages ne sont vraiment fréquentées qu'en fin de semaine et durant les fêtes. Un contraste saisissant avec les autres jours où vous y serez souvent seuls. Il est possible de louer un ranchito ou un bohío pour se protéger du soleil et se reposer dans un hamac. On peut même y passer la nuit si l'on a son propre hamac ou sa tente.

Transports

Les bus sont nombreux à desservir les plages du Pacifique. Départ d'Albrook toutes les 20 minutes environ, de 1 heure 30 à 2 heures de route, entre 2 et 4 US$. Les arrêts se font sur le bord de la Panaméricaine, il faut ensuite marcher entre 15 et 30 minutes pour rejoindre les plages (parfois les minibus desservent les plages). Pour le retour, prévoyez un gilet car la clim des bus est souvent fatale après la chaleur de la plage.

Pratique

Des distributeurs bancaires et supermarchés sont regroupés sur la Panaméricaine au niveau du Rey de Coronado. Des panneaux indiquent où tourner pour gagner les plages. Si vous êtes en voiture, arrêtez-vous pour goûter aux *empanadas* de fromage (*queso*) de Queso Mily (peu avant Bejuco) et Queso Chela (à Capira). On y vend également de délicieux yaourts naturels à la fraise ou à l'ananas et aux noix de cajou ainsi que du *chicheme*.

- **Accès.** Malgré la loi panaméenne stipulant que les plages sont du domaine public et libres d'accès à tous, certains complexes hôteliers font désormais payer quelques dollars leur accès, sous le prétexte de fournir des douches et de ramasser les déchets.
- **Chacune des plages** est classée dans sa province : de Chame à Corona, dans la province de Panamá (Chame, Gorgona, Coronado, Malibú, Serena, Teta, El Palmar, Río Mar, Corona) et de Santa Clara à Farallón, dans celle de Coclé.

Arraiján

Le nom de cette ville viendrait d'un glissement linguistique de l'anglais vers l'espagnol. Du temps de la présence américaine, les gringos avaient pour habitude de désigner l'endroit en disant *at the right hand*. Ils se référaient alors à son emplacement géographique : « à droite » après le pont des Amériques. Plusieurs mots en usage aujourd'hui dans le vocabulaire courant panaméen auraient ce type d'origine. Camaroncito, qui désigne tout travail temporaire et occasionnel, viendrait de *come around* (« viens par ici »), l'expression utilisée par les Américains pour répondre aux Panaméens à la recherche de petits jobs.

PARQUE NACIONAL ALTOS DE CAMPANA ★★

C'est le premier parc national créé au Panamá (1966). D'une superficie de 4816 hectares, son point culminant, le Pic Campana, atteint 1030 m. En fin de semaine, les Panaméens aiment parcourir ses sentiers (La Cruz, Podocarpus, Panamá), respirer son air frais (autour de 24 °C) et admirer la vue sur les impressionnantes mangroves à l'embouchure du Río Chame. Ce fleuve prend sa source dans le parc, tout comme les Ríos Caimito, Perequeté ou Trinidad. A vos jumelles : la zone est un paradis de plus pour les amateurs d'oiseaux ! On en recense 267, dont 48 migrateurs. Le parc héberge également 62 amphibiens et 86 reptiles. Les zones les plus isolées du Cerro Campana sont le refuge de plusieurs espèces endémiques. L'entrée du parc se trouve à moins d'une demi-heure de la Panaméricaine en 4 x 4. La bifurcation se trouve à 60 km de Panama et à environ 5 km de Capira (à La Loma). En bus, demandez au chauffeur qu'il vous laisse à la bifurcation. Il vous faudra ensuite faire du stop ou marcher courageusement jusqu'à la cabane de MiAmbiente et l'entrée du parc, où il est possible de camper.

■ **MIAMBIENTE**

A l'entrée du parc ✆ +507 254 2848

Le parc est ouvert tous les jours de 8h30 à 16h30. Entrée : 5 US$. Adressez-vous aux gardes forestiers si vous souhaitez passer la nuit sur place.

© CJRFOTO – ISTOCKPHOTO

Guacamayas

PUNTA CHAME ⭐⭐

Punta Chame est une belle plage sauvage de sable blanc. Il y règne une atmosphère particulière, un sentiment d'isolement intense, particulièrement en hiver. Mais en été, les gens y viennent pour se reposer et surtout pour faire du kite surf. Punta Chame est le meilleur spot du pays, aussi bien pour les pros (Punta Chame a accueilli une étape de la Coupe du monde en 2014), que pour les débutants, car le vent soufle vers la plage. De mi-décembre à fin avril, les alizés venus des Caraïbes s'accélèrent pour donner un vent constant de 15 à 30 nœuds. Les meilleurs mois pour le kite sont janvier, février et mars. A partir de juin jusqu'en novembre, ce sont les tortues marines qui remplacent les kitesurfeurs !

Transports

A environ 1 heure 30 en voiture depuis Panamá. Bifurcation vers Punta Chame à Bejuco.

- **Depuis le terminal d'Albrook**, prendre un bus direction Chame (toutes les 20 minutes), descendre à Bejuco « Plaza Imperial ». De là partent les *chivas* pour Punta Chame (toutes les heures environ, jusqu'à 17h30, 1,25 US$).
- **Un taxi** de Bejuco à Punta Chame coûte environ 25 US$, depuis Panamá de 80 $ à 100 $.

Pratique

Un distributeur bancaire dans le village, s'il est en panne les plus proches se trouvent à Chame (BNP) ou Coronado. Méfiez-vous des raies à marée basse, en cas de pépin, il y a des centre de soins à Bejuco et Chame, et une clinique privée à Coronado (Clinique San Fernando).

Se loger

■ **HOSTAL CASA AMARILLA**
Avenida Principale
✆ +507 6032 7743 / +507 6138 6738
www.hostalcasaamarilla.com
contact@hostalcasaamarilla.com
3 cabanes dans le jardin pour 1 ou 2 personnes : 25/35 US$, ventilateur et salle de bains extérieure. 3 chambres dans la maison avec salle de bains et AC : de 75/87 US$ pour 2 personnes + 10 % de taxe. Dans le nouveau bâtiment : 65 US$ pour 2 personnes au rez-de-chaussée, 85 US$ au 1er étage + 10 % de taxe. Petit déjeuner autour de 8 US$, repas autour de 20 US$ sans le vin. Réservation conseillée le week-end. Etablissement fermé généralement de début mai à fin octobre.
Situé à 250 mètres de la mer, un *hostal* convivial tenu par des Perpignanais, Rose-Marie et son mari Gilles, un spécialiste du kitesurf. Décoration tropicale élégante et hébergement confortable pour à peu près toutes les bourses et les envies, dans des *cabañas* dans le jardin, ou dans l'une des deux maisons. Au menu du restaurant, une cuisine française, méditerranéenne et créole qui fait l'unanimité. Autres attractions, une piscine, un bar, un billard et un coin hamacs pour se reposer après une bonne journée de kite. Enfin, vous pourrez pratiquer la pêche en bateau ou depuis le rivages, sans trop vous ruiner.

■ NITRO CITY PANAMA
Punta Chame
✆ +507 202 6875 / +507 209 2165
www.nitrocityresort.com
info@nitrocitypanama.com
A partir de 179 US$ la chambre double, petit déjeuner inclus.
De la main de l'intrépide Travis Pastrana, icône des sports extrêmes, est née Nitro City Panama, un complexe thématique sports extrêmes et aquatiques. Un resort qui dispose d'un hôtel-boutique avec des suites exclusives où fusionnent une décoration moderne. L'intérieur du complexe bouillonne d'activités et d'actions : kitesurf, paddle surf, équitation, circuit de motocross MX, skateboard et BMX. L'expérience Nitro City s'adresse aux intrépides et aux familles, avec deux restaurants, une piscine avec pool-bar et une piscine pour les enfants. Visite pour la journée aussi possible.

Sports - Détente - Loisirs

On trouve trois écoles de *kite* à Punta Chame. Le *paddle* est aussi très à la mode.

■ MACHETE KITEBOARDING SCHOOL
✆ +507 6674 7772 – www.machetekites.com
itzicklalo@gmail.com
De décembre à avril. Cours pour débutants, intermédiaires et avancés. Location de matériel complet. Possibilité de camper pour ceux qui prennent des cours.
Ce club fait figure de pionnier dans ce sport de glisse inventé au milieu des années 1980 et démocratisé récemment. L'école, affiliée à l'organisation internationale de kite, jouit d'une bonne réputation.

NUEVA GORGONA

A une heure de la capitale, une belle plage de sable noir, et de nombreuses résidences secondaires. Si l'on n'est pas motorisé, il faut plus d'une heure de marche pour rejoindre ces plages situées à environ 7 km de la Panaméricaine. Playa Malibu toute proche est un bon spot de surf.

PLAYA CORONADO ★

Cette partie de la côte n'est pas pour vous si vous ne faites pas partie des clients des hôtels ou si vous n'y possédez pas une résidence secondaire. Toutefois, à voir la file de voitures à l'entrée le week-end, il semblerait que les gardes ne parviennent pas à contrôler tout le monde... Là-bas, l'herbe est bien verte et la plage de sable fin, mais le week-end, il faut savoir faire abstraction des allées et venues incessantes de quads et autres engins motorisés. Coronado est devenue l'une des premières destinations pour s'installer au Panama. La petite ville est sécuritaire et conviviale, et elle n'est qu'à une petite heure de la capitale. On y trouve de nombreuses commodités : centres commerciaux ouverts 24h/24, banques, restaurants, cafés, hôpital et cliniques... Cette communauté d'expatriés ou de retraités se retrouve dans des associations de résidents et autour d'activités comme le golf ou le yoga.

■ EXPATRIATION PANAMA
Coronado ✆ +507 6298 5345
www.expatriation-panama.com
expatriation.panama@icloud.com
Informations en français sur les processus d'installation au Panama (visas, écoles, banques, impôts...) et achat/vente de terrains, villas et appartements, dans la région de Coronado principalement.

■ PICASSO BAR & RESTAURANTE
Avenida Roberto Eisenman y Punta Prieta
✆ +507 345 3777
info@picassobarcoronado.com
Ouvert de 8h à 22h du mardi au vendredi, de 9h à minuit le samedi et de 9h à 15h le dimanche. Compter entre 15 et 20 US$ par tête pour être rassasié.
Une institution ici, un bar restaurant monté en 2011 par la créative Claire Ross, qui réunit toute la communauté étrangère de la région. Un lieu chaleureux et très animé, surtout en fin de semaine, avec des open micros et des concerts. Ambiance décontractée favorisant les échanges. Il y a aussi une bibliothèque communautaire et des réunions pour parler santé, artisanat, ou prendre des cours d'espagnol. Au menu, des snacks, pizzas, houmous, salades grecques, et un fameux *fish & ships*. Cuisine correcte mais portions peu copieuses en général.

SAN CARLOS ★

Ce village de 3 000 habitants qui déborde sur la Panaméricaine possède des plages réputées pour le surf. Quelques restaurants et épiceries dans l'avenue principale.

■ EL CEVICHITO
Sur la Panaméricaine
Ouvert tous les jours.
Une halte populaire pour déguster de bons ceviches (autour de 2-3 US$) accompagnés de galettes salées et d'une bière fraîche.

EL PALMAR ★★

La plage d'El Palmar, de sables gris et noir, est l'un des meilleurs spots de surf du pays, en particulier pour ceux qui débutent. Elle est située à 10 minutes à pied de la Panaméricaine, juste après San Carlos en venant de Panamá (entrée en face de « Carlitos »). On peut y louer des parasols, manger du poisson frais et pour dormir, il y en a pour tous les budgets.

PALMAR SURF CAMP

Calle Pelicano. Prendre à droite après le poste de contrôle-péage
✆ +507 345 4582 / +507 6615 5654
palmarsurfschool@hotmail.com
Chambre double à partir de 77 US$. Salle de bains privée avec eau chaude, AC, TV. Hostal avec des tarifs plus économiques, entre 10 US$ et 20 US$ par personne, en chambre ou dortoir. Camping sous bohio : 5 US$ par personne.
Un hôtel dédié au surf, tenu par Sergio Pinzón, surfeur émérite au caractère bien trempé qui y a aussi son école (Palmar Surf School). Environnement tranquille, surtout en semaine avec un restaurant agréable offrant une belle vue sur le spot et de bons plats de poisson-*patacones*. Chambres correctes sans plus.

PALMAR SURF SCHOOL

Palmar Surf Camp
Calle Pelicano. Prendre à droite après le poste de contrôle-péage ✆ +507 345 4582
www.palmarsurfschool.com
palmarsurfschool@hotmail.com
Attention au public tous les jours de 8h à 17h.
Cours et locations de surf, paddle et bodyboard... S'adresser à l'hôtel Palmar Surf Camp.

PANAMA SURF SCHOOL

Calle 4ta Sur
✆ +507 6673 0820
www.panamasurfschool.com
panamasurfschool@gmail.com
Cours de surf à partir de 60 US$ pour 2 heures d'initiation, 40 US$ chacun si au moins 3 personnes. Ou 4 cours (6 heures de surf au total en plus de la théorie) pour 140 US$. Réservation requise 24 heures à l'avance.
L'une des premières écoles de surf de El Palmar, montée par Flor Villarreal, une Argentine. On peut vous organiser le transport et logement.

RÍO MAR

A marée basse, ces plages sont propices à de longues balades. Le sable noir scintille au soleil et contraste avec les petits crabes orange qui se déplacent à toute allure. Un grand complexe avec tours et villas a malheureusement transformé le paysage. Dommage pour ce coin qui restait encore assez sauvage !

A proximité de la capitale, on peut facilement se rendre sur l'île de Taboga pour passer la journée ou même y dormir pour se reposer du chaos de la grande ville. Un peu plus loin (et surtout plus cher pour y accéder), l'archipel des Perles, Las Perlas, est un vrai paradis de nature, qui plaira aux amateurs de plage de sable blanc et d'eau turquoise, de pêche au gros ou de plongée. C'est là que les riches Panaméens passent leurs week-ends. Les baleines viennent quant à elles par centaines entre juillet et octobre.

ISLA TABOGA ★★

Taboga, surnommée l'île aux fleurs, est parfaite pour s'échapper une journée (ou plus) de l'agitation de la ville. Au milieu des hibiscus et des bougainvillées, la vie est douce. L'histoire de cette île est pourtant tumultueuse, à partir du moment où les conquistadores s'y installèrent, en 1515, pour le plus grand malheur des Indiens… L'île fut le point de départ de l'expédition de Francisco Pizarro vers l'Empire inca, en 1526, mais fit également l'objet de violentes attaques des pirates anglais et français au XVIIe siècle. En quête d'exotisme, le peintre Paul Gauguin arrive au Panama en mai 1887 avec son ami peintre Charles Laval. Il attend beaucoup de l'île de Taboga, où il aimerait s'installer et mener la vie douce qu'il s'imagine pour son « atelier des tropiques ». Malheureusement, ses moyens financiers ne lui permettent pas de s'offrir un terrain et il est contraint de rejoindre le chantier du canal comme terrassier. Il travaille avec acharnement pour payer sa traversée jusqu'en Martinique, un mois plus tard. Il gardera du Panama un très mauvais souvenir.
A cette époque, Taboga accueillait les ouvriers souffrant des fièvres. Durant la Seconde Guerre mondiale, l'île servit de base militaire pour l'armée américaine. Aujourd'hui, Taboga est on ne peut plus paisible, vivant du tourisme, de la pêche et un peu de la culture d'ananas. Les citadins s'y rendent le week-end pour se détendre. Si vous n'allez pas aux San Blas, à Bocas del Toro ou dans l'archipel des Perles, vous pouvez planifier facilement une journée sur l'île.

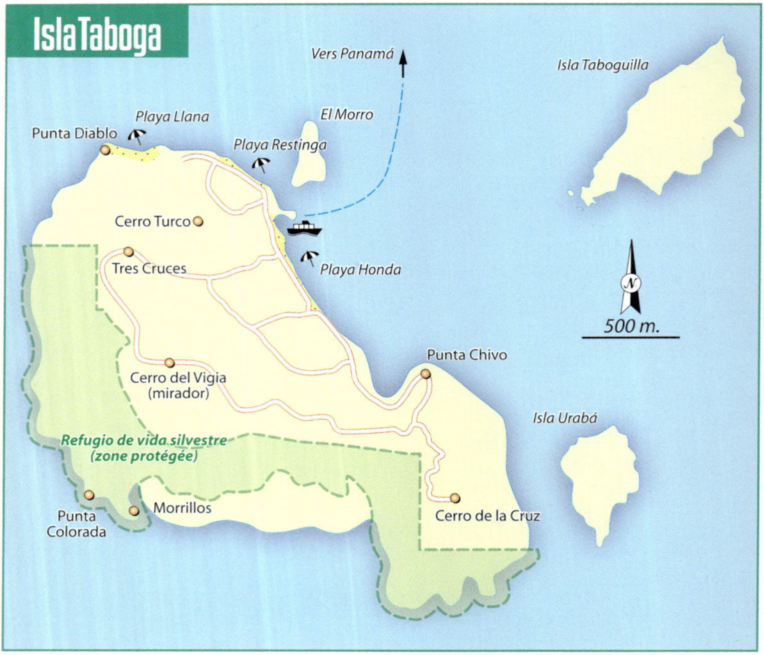

Transports

Plusieurs entreprises assurent le transport tous les jours entre Panamá et Taboga. Les bateaux partent du Causeway. Arriver 1 heure avant le départ prévu pour acheter son billet, et plus tôt encore durant les vacances scolaires et jours fériés.

■ **BARCOS CALYPSO**
La Playita de Amador
CIUDAD DE PANAMÁ
✆ +507 314 1730
Voir page 124.

Pratique

L'eau du robinet n'est pas potable. Centre de santé à 50 m de l'église. Pas de banque ni de distributeur et peu d'établissements acceptent la CB. Quelques cabines téléphoniques et réseau pour les portables.

Se loger

On peut trouver des chambres chez l'habitant à moins de 20 US$ le lit double. Il est possible de planter sa tente sur les flancs du Cerro la Cruz ou du Cerro la Vigía, mais à éviter lorsque le temps est orageux. Inutile de penser à s'installer sur les plages à cause des marées…

■ **VEREDA TROPICAL HOTEL**
✆ +507 250 2154
www.hotelveredatropical.com
hotelvereda@yahoo.com
11 chambres doubles entre 72 US$ et 99 US$, avec eau chaude, TV, AC, Internet. Taxes comprises.
Dans une maison à flanc de colline près du centre de village, avec une touche mexicaine, des chambres confortables à la décoration simple et soignée. Patio aux couleurs chaleureuses et très fleuri. Le restaurant offre des plats corrects. Depuis la terrasse, une belle vue sur le village et l'océan.

■ **VILLA CAPRICHOSA**
✆ +507 6632 1725
villacaprichosa.com
villacaprichosa@outlook.com
Prix pour la nuit. La villa entière : 1200 à 1750 US$. La suite avec piscine privée : 350 à 375 US$. Une chambre pour deux : 150 à 200 US$. Studio pour deux : 100 à 175 US$. Guest house pour quatre : 250 à 350 US$.
Une villa boutique incroyable sur l'île aux fleurs, que l'on peut louer en entier pour un évènement spécial ou bien pour deux ou quatre personnes. Diane Burn, la designer, a voulu créer une ambiance romantique et raffinée à l'italienne, mêlée au charme tropical. Terrasses, jardins, fontaines, escaliers et espaces intimistes, le tour avec vue sur la mer et la trafic des bateaux sur le canal.

Se restaurer

En plus des restaurants d'hôtels, on trouve quelques établissements bon marché parfaits pour déguster du poisson frais.

■ **ACUARIOS**
✆ +507 6488 3285
Ouvert tous les jours, du matin au soir. Entre 5 et 10 US$ selon la taille du poisson.
Un petit restaurant donnant sur la ruelle principale et Playa Onda, sur laquelle des *ranchitos* sont installés (on peut vous y descendre vos plats). Poissons et fruits de mer d'une grande fraîcheur, accompagnés de riz, frites ou patacones.

À voir – À faire

L'ambiance paisible de l'île n'est pas le moindre de ses attraits. L'absence de voitures, à l'exception des voiturettes de golf et de deux ou trois *pick-up*, contribue pour beaucoup à la sérénité de l'île. Sur Taboga vivent environ un millier de personnes… et le double de pélicans ! Ce serait le deuxième refuge de pélicans noirs et gris au monde ! Les couples viennent se reproduire de janvier à juin dans la partie ouest de l'île, zone protégée depuis 1984. On peut apercevoir également des frégates, cormorans ou hérons.
Plusieurs sentiers partent du village et les plages près du village sont agréables.

■ **CERRO DEL VIGÍA** ★
Le sentier mène à un bunker datant de la Seconde Guerre mondiale, converti en mirador du Cerro del Vigía (1 heure 30 de marche environ, emportez de l'eau). Regardez où vous posez les pieds pour ne pas écraser les petites grenouilles bleues, à peine visibles. En revanche, fermez les yeux en arrivant devant un flanc de colline converti en décharge. Au sommet, à 307 m, la vue est dégagée et l'air frais ravive !

■ **CERRO LA CRUZ** ★
Le Cerro la Cruz (169 m) permet une balade accessible, à une trentaine de minutes de marche du village et offre un beau pont de vue sur la ville de Panamá.

■ **IGLESIA DE SAN PEDRO** ★
La petite église blanche serait la seconde plus ancienne du continent. A l'origine en bois, elle fut érigée peu après la fondation du village en 1524. On y vénère les saints patrons de l'île, San Pedro et la Virgen del Carmen

Devant l'église, la petite place constitue le cœur du village, on y joue au basket, on s'y arrête pour discuter en profitant de l'air frais du soir. Plus loin, la maison en ruine où vécut Paul Gauguin en 1887.

PLAYA LA RESTINGA ★

A marée basse, la langue de sable qui part de Playa La Restinga peut vous conduire à la petite île verdoyante d'El Morro.

ARCHIPEL DE LAS PERLAS

Dans l'océan Pacifique, à 35 milles nautiques de la côte, l'archipel des Perles est constitué de plus de 90 îles et 130 îlots. Son nom provient de la présence des huîtres perlières qui servaient comme ornement ou monnaie d'échanges aux Indiens, et rendirent fous les conquistadores. Les conquistadores ont exploré cette région peu après avoir « découvert » la mer du Sud (Pacifique). Après que les hommes de Gaspar de Morales et Francisco Pizarro ont tué les Indiens autochtones, les Espagnols importèrent des esclaves d'Afrique pour chercher les perles et les envoyer en Espagne. Certains s'enfuirent dans le golfe San Miguel tout proche. L'un de ces « marrons », un certain Felipillo, devint le chef redouté d'une communauté libre du Darién qui entra en rébellion contre les anciens maîtres. Aux XVIIe et XVIIIe siècles de nombreux pirates trouvèrent refuge dans les îles au large de la riche ville de Panamá où arrivent d'Amérique du Sud les trésors dérobés aux Incas. Aujourd'hui, l'archipel est paisible, habité majoritairement par les descendants de *cimarrones* dont certains perpétuent le commerce des perles qui se font de plus en plus rares. La pêche et le tourisme sont aujourd'hui les principales activités insulaires et des locaux s'occupent des maisons des riches panaméens qui viennent y séjourner avec leur bateau.

Ces îles verdoyantes d'origine volcanique présentent des paysages variés et abritent de nombreux oiseaux et mammifères. L'archipel est également réputé pour la pêche au gros. Ses eaux bleu turquoise propices à la plongée accueillent une incroyable faune marine et des coraux, et il est assez facile de voir des tortues et des dauphins. On peut même approcher les baleines à bosse, entre juillet et octobre. Côté météo, le climat est moins pluvieux que dans le reste du pays.

ISLA CONTADORA ★★★

Contadora est l'île la plus touristique de l'archipel et également la mieux reliée au continent. Son petit aérodrome a vu défiler de nombreuses célébrités à commencer par le Shah d'Iran, en exil, qui y a séjourné quelques temps en 1980, Christian Dior y avait une maison, Julio Iglesias et Michael Bolton y viennent parfois en vacances... Mais la jetset semble avoir un peu déserté l'île depuis la fermeture de l'emblématique hôtel Contadora. Il n'y aurait qu'une trentaine d'habitants permanents sur l'île et entre 200 et 400 employés ! Contadora l'exclusive accueille de luxueuses résidences secondaires et quelques petits hôtels qui se remplissent surtout en été et en fin de semaine. Beaucoup de

© NICOLAS LHULLIER

Jeter l'ancre dans l'archipel de Las Perlas.

© NICOLAS LHULLIER

Bébé paresseux et sa mère circulant sur un câble électrique en bord de route.

visiteurs panaméens y viennent avec un *pasadia*, un forfait transport-restauration-accès aux plages et à ses commodités. Il est cependant fort agréable d'y passer quelques jours au calme. L'île calme et verdoyante, accueille pas moins de treize plages de sable blanc, toutes splendides. Ici, les adeptes du naturisme pourront enfin se dévêtir : Playa Sueca est l'unique plage du pays où c'est autorisé ! On peut également voir une très belle épave de bateau. Contadora est une excellente base pour rayonner dans l'archipel, pour pêcher, plonger ou observer les baleines en saison. Enfin, pour les assidus de télé-réalité sachez que les versions *Survivor* de plusieurs pays, ou encore *The Island* installent régulièrement leurs bases logistiques sur l'île !

Transports

- **Air Panamá** dessert Contadora quotidiennement en 20 minutes depuis Albrook. Départ du lundi au samedi de Panama vers 8h30. Départ de Contadora vers 9h15. Le vendredi, un vol également l'après-midi. Les dimanches et jours fériés seulement un vol l'après-midi. Compter dans les 120-140 US$ l'aller-retour.
- **Ferries** : Sea Las Perlas (depuis Amador) et Ferry Las Perlas (depuis l'hôtel Trump).
- **Nativa Tours** et d'autres agences de voiliers proposent de superbes croisières dans l'archipel.
- **Même si l'île** n'est pas très grande, beaucoup de touristes utilisent la voiture de golf (la plupart des hôtels les louent pour 2, 6 ou 24 heures).

■ FERRY LAS PERLAS

Quai du Trump Ocean Club Panamá
Calle Punta Colon
Punta Pacifica
CIUDAD DE PANAMÁ ✆ –507 6200 0080
Voir page 124.

■ SEA LAS PERLAS

Albrook Mall
Pasillo del Delfín
CIUDAD DE PANAMÁ ✆ +507 391 1424
Voir page 126.

Pratique

Pas de banque dans l'archipel, prévoir suffisamment d'argent liquide pour les établissements n'acceptant pas la carte bleue.

■ CONTADORA WELCOME CENTER

A côté de l'aéroport et de l'arrivée du ferry
✆ +507 250 4081 / +507 6544 8962
www.contadorapanama.com
contadoraservices1@gmail.com
Ouvert du lundi au jeudi de 8h à 15h30 et jusqu'à 18h30 en fin de semaine.
Un centre privé offrant des informations touristiques, mises en relation avec hôtels et agences, locations de vélos, quads, kayaks, Internet et du bon café… Des snacks et pizzas élaborés par le restaurant Casa Tortuga.

Se loger

L'île est très sûre mais aussi très exclusive : les campeurs ne sont pas bienvenus ! Vous aurez le choix entre des villas à louer, des établissements de type bed & breakfast ou de petits hôtels de 8 à 14 chambres. Dans tous les cas, il est nécessaire de réserver à l'avance, vous serez ainsi accueilli dès votre arrivée à l'aérodrome ou au ferry. Le majestueux hôtel Contadora symbole du luxe des années 1980, l'âme de l'île qui attirait toute la jetset panaméenne et étrangère (Sofia Loren, Elisabeth Taylor, John Wayne, la famille Kennedy...) et faisait travailler des centaines de personnes, ne fonctionne plus depuis 2009 suite à la mauvaise et obscure gestion du dernier propriétaire, il ne reste aujourd'hui que des ruines... Quant au petit ressort The Point à l'arrivée des ferry, il devrait rouvrir prochainement pour accueillir les équipes de Survivor qui viennent régulièrement tourner dans le coin mais son avenir reste encore incertain, les promoteurs touristiques semblent s'intéresser aujourd'hui davantage aux îles de Saboga ou Viveros.

GERALD'S BED & BREAKFAST

A côté de la piste atterrissage
✆ +507 250 4159
www.island-contadora.com
info@island-contadora.com
8 chambres de 1 ou 2 lits, avec AC, TV, frigo, coffre, eau chaude et Wifi. Basse/haute saison : 84/90 US$ la simple et 96/102 US$ la double avec petit déjeuner. +10% de taxe.

Un *bed & breakfast* d'un bon rapport qualité prix, avec des chambres spacieuses et un accueil sympa de Gerald, un Allemand qui vit à Contadora depuis 1990. Jolies plages à 150 mètres seulement et une petite piscine pour prendre l'apéro. Le petit déjeuner se prend au restaurant juste en dessous.

HOTEL MAR Y ORO

Playa Cacique
✆ +507 6349 0528 / +507 6924 0239
www.maryoro.com
maryoro2016@gmail.com
Chambres de 1 à 4 personnes avec lit queen ou king, vue sur le jardin ou sur l'océan : 150, 180 et 200 US$, suites avec balcon ou terrasse donnant sur l'océan 275/300 US$ (+10 % de taxe). Petit déjeuner inclus. Wifi, air conditionné, articles de toilette, parasol...

L'hôtel le plus agréable de Contadora. Le seul qui donne sur Playa Cacique, l'une des plus belles plages de l'île. Un cadre exceptionnel, et la nouvelle administration est bien décidée à le mettre en valeur. C'est désormais Jeanette, une Vénézuélienne qui parle le français, qui est aux commandes. D'importants travaux de rénovation ont été réalisés récemment. Les 14 chambres et suites sont spacieuses, lumineuses et confortables, et la décoration de l'ancien propriétaire (connu pour son côté artistique assez excentrique) est peu à peu remplacée. Le Cacique Beach Bar et le restaurant MiraOlas ont eux aussi fait peau neuve. On y mange face à l'océan les meilleurs poissons du Pacifique. Possibilité de déjeuner ou boire un cocktail directement sur la plage sous un parasol. Le personnel est accueillant et attentionné. Il vous attendra dès votre arrivée à l'aéroport ou au ferry. Service de location de quads et de réservations de tours.

PERLA REAL INN

Passeo Urraca 50, partie sud-ouest de l'île.
✆ +507 6513 9064 / +507 6982 0962
www.perlareal.com
reservations@perlareal.com
Compter 127 US$ la chambre double, 165 US$ la suite (hors promotions). Petit déjeuner, transfert depuis l'aéroport et rafraîchissement de bienvenue inclus.

Au centre de Contadora, à moins de 10 minutes à pied de deux des meilleures plages de l'île, ce petit hôtel offre un bon niveau de confort, avec six chambres doubles et deux suites sur deux niveaux. Elles disposent de l'air conditionné, de la Wifi, d'un frigo, d'un coffre et d'une kitchenette pour les suites. Petite cour sympathique où l'on prend son petit déjeuner. Le personnel est sympa et attentionné, il vous accueillera à l'aéroport et vous aiguillera vers les nombreuses excursions organisées dans l'archipel. Possibilité de louer des quads pour circuler dans l'île. On peut déjeuner ou dîner sur place en demandant à se faire livrer depuis le restaurant Perla Real Long Beach géré par Maria José la propriétaire.

Se restaurer

Bien et pas cher

En plus des restaurants des hôtels, beaucoup de restaurants locaux sur l'île et le yacht club.

■ **RESTAURANTE CLARITA**
Derrière le poste de police ✆ +507 6518 5396
Ouvert tous les jours de 7h à 20h. Repas à partir de 5 US$ et jusqu'à 30 US$.
Le restaurant le moins cher de l'île. Une cuisine locale copieuse, à base de poulet, viande, poissons ou fruits de mer, accompagnés de riz, *patacones et* salade. Une bonne option pour les petits budgets.

Bonnes tables

■ **CASA TORTUGA**
Calle Urraca, à côté du Perla Real Inn
✆ +507 250 4061
Ouvert tous les jours sauf le mardi, de 19h à 21h-22h. Menu à 30 US$, pizzas autour de 10 US$. Réservation conseillée en haute saison.
La meilleure pizzeria de l'île, sise dans une maisonnette à l'effigie d'une tortue. Accueil chaleureux de Piero l'Italien et salle à manger-terrasse très conviviale, où on partage sa table entre bons vivants. Le menu du jour (ou plutôt du soir), sélectionné par le chef, change tous les jours et dépend des produits de saison, il compte généralement 2 ou 3 options. Si cela ne vous convient pas, offrez-vous une bonne pizza, saine, à pâte fine, préparée avec les ingrédients que vous choisirez. Les clients ont pris l'habitude d'écrire leur nom sur les murs du restaurant, ne vous gênez pas !

■ **LONG BEACH BY PERLA REAL**
A côté de l'aérodrome, Gerald B&B
✆ +507 6982 0962 / +507 6513 9064
Ouvert tous les jours de 7h30 à 22h. Compter autour de 20-30 US$ par tête.
Un bar-restaurant aéré très agréable (qui a remplacé celui de l'Allemand Gérald) et ouvert toute la journée en continue, dès le petit déjeuner. Cuisine de la mer (le cuistot est Guna, ce qui est bon signe) et de bonnes viandes également. Service sympathique.

■ **PIMIENTA Y SAL**
A côté de la police
✆ +507 6615 1451
Ouvert de 10h à 22h. Compter autour de 20-30 US$ le repas.
Dans le petit centre-village à côté de l'aérodrome, un restaurant spécialisé dans les poissons et fruits de mer, avec des portions copieuses. Cadre aéré agréable.

■ **RESTAURANTE MIRAOLAS**
Playa Cacique
Hotel Mar & Oro
✆ +507 202 7426 – www.maryoro.com
reservations@maryoro.com
Ouvert de 6h30 à 22h. Compter environ 20-30 US$ par tête.
Un lieu très agréable pour manger un bon poisson sauce ananas-coco ou un ceviche face à l'océan. Le restaurant de l'hôtel Mar & Oro propose des plats de viandes, pâtes, salades, mais on y vient surtout pour les poissons, crevettes, langoustes. Frais et bien préparé.

À voir – À faire

- **Plages.** Une douzaine de plages où l'on peut se baigner sans risque. L'eau est calme et chaude. Playa Sueca est la favorite des naturistes.
- **Excursions en bateaux.** L'archipel regorge de petites îles à explorer. On peut même observer le passage annuel des baleines entre juillet et octobre mais surtout en septembre-octobre. Les hôtels ont des contacts ou organisent eux-mêmes des tours.
- **Un golf** accueille les amateurs.

La plongée et la pêche sont réputées et de nombreux records de pêche ont été battus dans ces eaux. La plupart des hôtels pourront vous mettre en relation avec des agences s'ils n'organisent pas déjà eux-mêmes les sorties.

Au cours d'une simple promenade, vous verrez de nombreuses biches. La légende veut qu'il y ait aussi des crocodiles…

Sports - Détente - Loisirs

CORAL DREAMS

A côté de l'aéroport, mitoyen du Welcome center
✆ +507 6536 1776
www.coral-dreams.com
coraldreams1@gmail.com
Bureau ouvert de 9h à 12h et de 13h à 16h. Tours classiques des îles avec sessions snorkeling et tours d'observation des baleines en saison (mi juillet mi octobre) à 10h45, retour vers 13h-13h30. Compter 50 US$ par pers. en petits groupes de 4 à 12 pers. Plongée (2 immersions) : 95 US$ pour les plongeurs titulaires de leur PADI, 120 US$ pour les débutants. Cours de 4-5 jours autour de 300 US$. Paiement par CB accepté. Réserver par email à l'avance pour la plongée. Location équipement de snorkeling 20 US$ par jour.
Un centre de plongée et d'observation des baleines vivement recommandé. Roxane et Guillermo, le sympathique couple argentin qui a monté l'agence il y a plus de 15 ans, connaissent l'archipel comme leur poche et ont une très grande expérience de la plongée (plus de 10 000 immersions pour Guillermo et 30 ans de pratique). L'agence est gérée de façon professionnelle, dans un esprit familial, où l'attention, la sécurité du client et le respect pour la vie marine priment avant tout.

PANAMA FISHING

✆ +507 6919 8025
✆ 06 69 49 97 77
panama-fishing.fr
cantocharles@gmail.com
Contactez le propriétaire pour organiser un séjour de 8 à 9 jours avec 6-7 jours de pêche.
Organisés par un Français, ces séjours sont dédiés aux passionnés de pêche au gros (en saison). Les guides sont aussi francophones. L'hébergement se fait dans une villa de style ibérique de 5 chambres, avec vue sur la mer, avec la plage en contrebas à 5 minutes. Piscine, bain à remous, grand jardin, le lodge dispose de tout le confort et les repas sont préparés avec soin. Pick-up à disposition pour vos déplacements mais possibilité de faire le tour de l'île à pied.

ISLA SABOGA ★★

L'île de Saboga, juste en face de Contadora, est accessible en ferry. Avec Viveros, c'est une option charmante et moins touristique, parfait pour passer la journée.

Las Perlas.

Le commerce des perles existe toujours dans l'archipel.

ISLA VIVEROS

Les deux compagnies de bateaux desservent l'île de Viveros certains jours. Pour ceux qui ne veulent pas y séjourner, des formules à la journée avec ou sans le déjeuner sont intéressantes.

■ LAS PERLAS RESIDENCE

✆ +507 6676 1934
www.lasperlasresidence.com
lasperlasresidence@gmail.com
Las ballenas : 490 US$ par chambre double et par nuit avec les trois repas. Casa Rosa entière : 1000 US$ par jour ou 3500 US$ par semaine (max. 8 people). AC, Wi-fi, TV. Sortie de pêche 360 US$, tour de l'île 120 US$.

Les Ballenas est une villa contemporaine toute blanche au milieu d'un jardin tropical. Elle possède quatre suites avec tout le confort, un salon, une salle à manger et des terrasses. Accès direct sur une magnifique plage de sable blanc. La Casa rosa, elle, comprend trois chambres (avec leur propre salle de bains, jacuzzi et un patio privé) ainsi qu'une cuisine ouverte, un salon, une salle à manger, une piscine et sa pool-house et de larges terrasses. Une excellente option luxe.

ISLA SAN JOSÉ ★★

35 plages de sable blanc, noir ou doré entourent San José. Une île sauvage vallonnée et recouverte d'une abondante végétation, avec des rivières et cascades d'eau pure. Une île où l'on peut voir de nombreux oiseaux et mammifères : iguanes, paresseux, cerfs, agoutis, tatous, *ñeques*, fourmiliers...

Transports

Air Panamá propose des vols tous les jours sauf le dimanche, à 8h30 depuis Albrook. 17h le vendredi et dimanche. Environ 150 US$ l'aller-retour.

Se loger

■ HACIENDA DEL MAR

Isla San José
✆ +507 269 6634
✆ +507 832 5439
www.haciendadelmar.net
info@haciendadelmar.net
Cabañas de 1 à 4 personnes, entre 187 US$/375 US$ et 350 US$/700 US$ (basse/haute saison) + 10% taxe. Tour à la journée le vendredi 250 US$ (billets d'avion compris). Ces tarifs incluent un cocktail de bienvenue, transport depuis/vers l'aéroport de l'île, petit déjeuner. Le transport depuis Panamá City sera organisé à partir de votre réservation (non inclus dans le prix). Wifi au resort, pas dans les cabanes.

Bordées par une forêt luxuriante, les 14 cabañas ont toutes vue sur l'océan. Après le *farniente* sur des plages de rêve, vous pourrez vous prélasser dans une belle piscine... D'autres activités sont proposées en plus, sur l'île et en mer : pêche au gros, safari, VTT, plongée, kayak, massage... Un des hôtels les plus exclusifs et raffinés du pays.

Le fort de San Jeronimo et le bâtiment des Douanes.

PROVINCE
DE COLÓN

PROVINCE DE COLÓN

Les immanquables de la province de Colón

- **Les nouvelles écluses d'Agua Clara**, plus gros chantier d'Amérique latine ces dernières années.
- **Un voyage à bord du train Panamá-Colón** le long du canal et du lac Gatún.
- **La vue du promontoire rocheux du fort San Lorenzo,** à l'embouchure du río Chagres.
- **La visite de Portobelo,** pour une plongée (au sens propre et figuré) dans l'histoire coloniale.
- **La rencontre du Christ noir**.
- **Les danses congos** au moment du carnaval et des fêtes de village.
- **Une rumba improvisée** et de la plongée à Isla Grande.

Située au nord de la province de Panamá et bordée par la mer des Caraïbes (côté Atlantique donc), la province de Colón abrite de magnifiques témoignages de l'histoire coloniale. Son nom (Colón signifie Colomb en espagnol) évoque les premières expéditions espagnoles en quête d'un passage vers les Indes. En parcourant les ruines de Portobelo ou du fort San Lorenzo, on songe aux attaques des pirates et corsaires du Vieux Continent, attirés par les innombrables richesses du Nouveau Monde qui transitaient à travers la jungle avant d'être envoyées en Espagne. Des noms de flibustiers célèbres comme Francis Drake ou Henri Morgan reviennent alors en mémoire.

Les fameuses foires de Portobelo sont aujourd'hui remplacées par l'une des plus grandes places d'import-export au monde : la Zone libre de Colón. Mais, paradoxalement, ce temple de la mondialisation et du consumérisme est situé dans la ville la plus pauvre du pays et il est fortement déconseillé de s'y déplacer autrement qu'en taxi (il n'y a d'ailleurs pas grand-chose à y voir)...

A l'extérieur de cette grande ville, la région regorge de sites naturels à la beauté exceptionnelle, de spots de plongée, de plages sauvages et de petits villages oubliés, où vous aurez l'occasion de découvrir la culture congo et ses danses surprenantes ! La plupart des touristes qui visitent la région louent une voiture pour découvrir à la fois le canal de Panama côté Atlantique, sur le site des nouvelles écluses à Agua Clara ou à Gatun, le fort de San Lorenzo, puis filent à Portobelo se détendre. Notez que quelques communautés emberas sont aussi installées le long du rio Gatun.

Bâtiments colorés de Colón.

Province de Colón

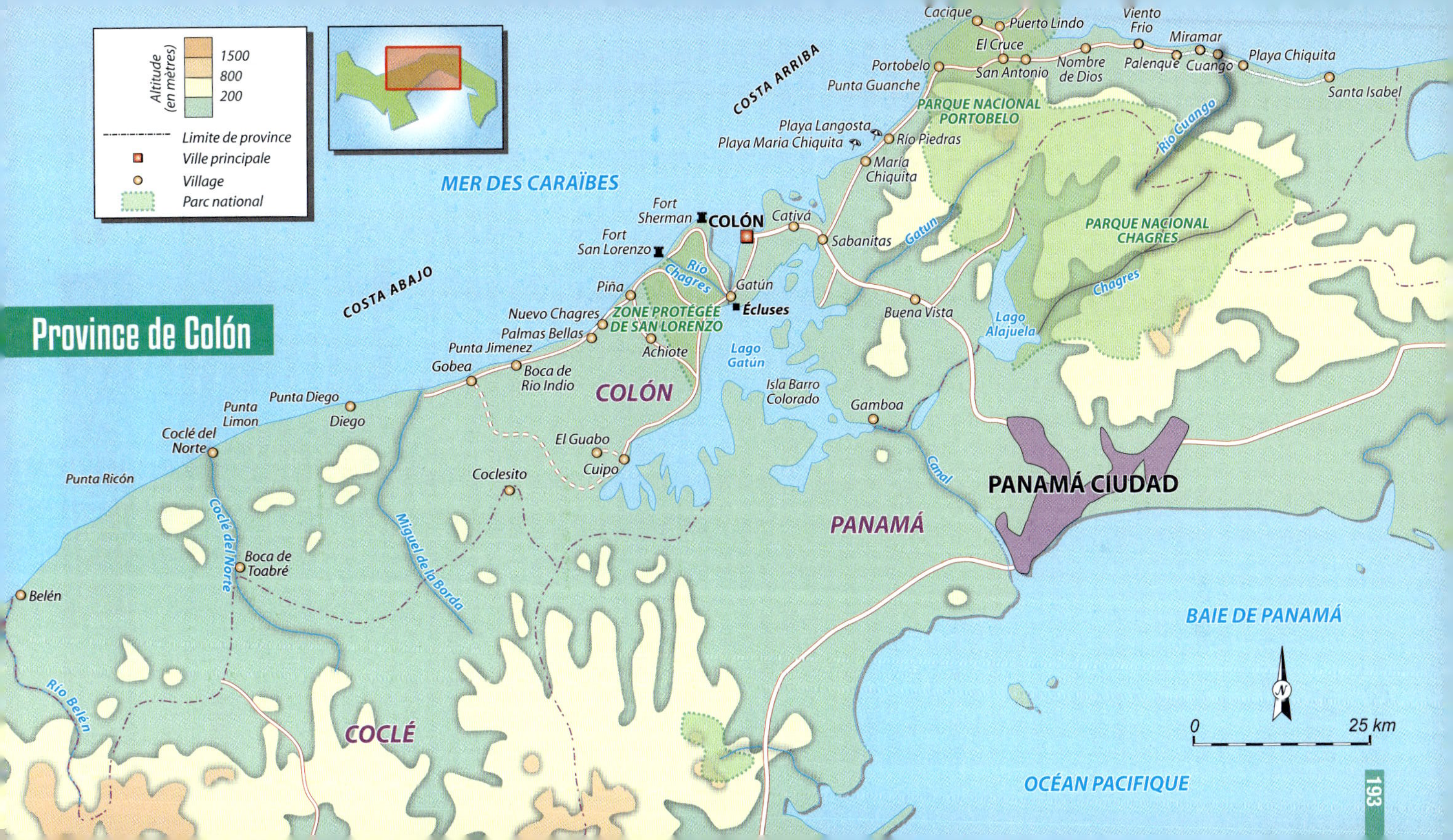

COLÓN

On vient du côté de Colón surtout pour la Zone Libre, le fort San Lorenzo ou les écluses de Gatún et Agua Clara, que l'on peut rejoindre facilement en taxi. Colón est situé à la sortie atlantique du canal, dans la baie de Limón, à 75 km au nord-ouest de Panamá. Avec presque 200 000 habitants, c'est la deuxième ville du pays. Depuis sa fondation en 1852, Colón se consacre au transit maritime et au négoce. Plusieurs grands ports aux infrastructures ultramodernes se trouvent dans les environs, ainsi qu'une enclave dédiée au libre échange de marchandises : la Zone libre de Colón (ZLC), où travaillent 35 000 personnes. Les cadres vivent dans les *condominios* protégés à l'extérieur de la ville sur la route des écluses (vous y verrez même une mosquée !) et les employés arrivent par centaines de la capitale chaque matin par le train de 7h15, talonnés par les touristes.

Colón est une ville où modernité et richesses côtoient le dénuement le plus total. Ici, le mur séparant riches et pauvres n'est pas qu'une image : on pénètre dans le monde du business, la ZLC, en présentant son passeport. A l'extérieur, les ruelles salles et les vieilles maisons en bois et coloniales délabrées témoignent de l'abandon par les pouvoirs publics d'une ville jadis prospère. Non, la capitale de la province n'est pas une ville pour touristes et les locaux viendront vous mettre en garde si vous vous risquez dans ses rues. Elle mérite cependant qu'on s'y intéresse, pour son histoire liée au chemin de fer et au canal et sa population en majorité d'origine afro-antillaise, orientale ou chinoise. En taxi, jetez un œil sur les vieilles maisons en bois ornées de balustrades et de balcons (qui s'écrouleront sans doute bientôt...), la cathédrale, la statue de Christophe Colomb. L'ancienne maison de Lesseps (qui conduisait les travaux du canal français) a été détruite plutôt que d'être transformée en musée...

Les problèmes d'insécurité toujours très importants pourraient s'améliorer progressivement grâce à la réhabilitation du Casco colonial : un projet à 500 millions d'euros annoncé depuis des années mais dont l'appel d'offre venait enfin d'être lancé courant 2016. Sur le front de mer (depuis un lieu sûr comme l'hôtel Washington), ne manquez pas la vue sur la baie et sur les énormes cargos attendant leur tour à l'entrée du canal.

Histoire

En 1502, Christophe Colomb explore l'île marécageuse de Manzanillo, située à quelques dizaines de mètres du continent. Trois cent cinquante ans plus tard, profitant du déferlement de milliers de chercheurs d'or transitant par l'isthme pour rejoindre la Californie, une compagnie américaine aménage le terminus atlantique de la première voie ferrée inter-océanique du continent. Un port, des maisons en bois, des hôtels, des commerces, un hôpital sont construits à la hâte sur l'île devenue péninsule (rattachée au continent par une jetée). Cette bourgade aux airs de Far West, un temps nommée Aspinwall du nom de l'un des fondateurs de la compagnie ferroviaire, devient vite un haut lieu du divertissement. On raconte que les rues où donnaient les bars étaient les plus faciles à paver : au fil des ans, la couche de bouteilles brisées répandue dans la boue était si épaisse qu'il n'était plus nécessaire d'y mettre du gravier !

Colón s'assoupit peu à peu dans les années 1870 depuis la mise en service en 1869 d'une voie ferrée concurrente traversant les Etats-Unis d'est et l'ouest. Mais la construction du canal français dans les années 1880 donne un second souffle à la ville. Le quartier moderne de Cristobal prend forme. Des milliers de travailleurs en provenance des Antilles (Barbade, Martinique, Guadeloupe, Trinidad...) et d'Europe (Espagnols, Français, Italiens...) s'installent, donnant une touche cosmopolite à la ville. Cette mosaïque de nationalités s'étoffe encore quand les Américains reprennent en 1904 le chantier abandonné par les Français. Après la destruction partielle de la ville par plusieurs incendies, de belles demeures à l'architecture néocoloniale sont édifiées ainsi que des restaurants, théâtres et cabarets où se produisent des artistes de renommée internationale. Les grands bazars font recette et la ville, pleine de vie, s'étend dans les années 1920-1930. Son développement s'accélère avec les grands travaux de l'armée américaine pendant la Seconde Guerre mondiale, puis par la création de la Zone Libre en 1948, devenue en quelques décennies la zone franche la plus importante au monde, après celle de Hong-Kong.

Avertissement

Depuis le début des années 1970, malgré la proximité du canal et les tonnes de marchandises qui transitent dans ses ports, la ville traverse une grave crise sociale. Les milliards qui s'échangent dans la ZLC ne sont malheureusement pas injectés à Colón, considéré comme une ville trop dangereuse pour y investir ou s'y installer. Les négociants préfèrent vivre à Panamá ou dans des quartiers sécurisés situés en périphérie.

Colón

BAHÍA DE MANZANILLO
BAHÍA DE LIMÓN
0
400 m
Paseo Washington
Calle 2
Statue en hommage à Christophe Colomb
Calle 3
Calle 4
Calle de Lesseps
Calle 5
Calle 6
Calle 7
Calle 8
Calle 9
Calle 10
Calle 11
Calle 12
Calle 13
Calle 14
Calle 15
Calle 16
Calle 17
Calle 18
Calle Limón
Parque Sucre
Calle Portobelo
Avenida Santa Isabel
Ave. Melendez
Avenida Central
Avenida Justo Arosemena
Av. Amad y Guerrero
Av. Herrera
Av. Bolivar
Avenida Balboa
Avenida Frente
Cathédrale
Police
Hôpital Guerrero
ATP
COLÓN 2000
Paseo Gorgas
Calle B
Calle C
Calle D
Calle E
ZONE LIBRE
CRISTÓBAL
Port de Cristóbal
Yacht Club Cristóbal
Gare ferroviaire
Panama Canal Railway
vers 4 Altos Sabanitas, Panamá
vers France Field
Puente Silvio Salazar
Marché
Poste
Divers
Gare routière
Hôpital
Police

Actuellement, une bonne partie de la population est sans emploi stable et une vingtaine de gangs armés s'affrontent pour la suprématie sur une poignée de rues, ce qui engendre une insécurité importante qui nuit au tourisme. Les travaux de modernisation des ports ou de construction de l'autoroute reliant Panamá, n'ont pas permis à la ville de sortir du marasme. Après la mort d'une petit garçon et d'une jeune fille par des balles perdues, le précédent président, Martinelli, avait également mis en place un programme d'échange d'armes contre de la nourriture, couronné de succès mais encore insuffisant. Aujourd'hui, l'accueil des passagers des bateaux de croisière au port de Colón 2000 offre de nouveaux emplois (personnel hôtelier, vendeurs d'artisanat, guides, chauffeurs, etc.) et la réhabilitation du centre-ville dont le potentiel touristique est intéressant pourraient améliorer les choses dans le futur.

Transports

Comment y accéder et en partir

- **En voiture, depuis la capitale, comptez 1 heure 30,** sans les embouteillages, où vous pouvez passer toute une fin d'après-midi…
- **Bus locaux** fréquents du terminal d'Albrook. Demandez s'il sont directs ou marquent les arrêts dans tous les villages. Anticipez les bouchons en fin de journée.
- **Si vous optez pour le train touristique**, à 7h15 de Panama ou 17h15 de Colon, cela vous demandera un minimum de réflexion pour le transport de l'aller ou du retour. Le mieux est d'opter pour le bus pour vous éviter de payer un deuxième billet de train (encore 25 US$ tout de même).

■ AEROPORT ENRIQUE A. JIMENEZ
A l'est de la ville en direction d'Isla Margarita.
✆ +507 475 1002
Cet aéroport a été rénové en 2013. Vols charters vers/depuis Ciudad de Panamá essentiellement. Le trajet dure 20 minutes.

■ COLÓN 2000
Calle Paseo Gorgas
✆ +507 446 3262 – info@colon2000.com.pa
Colón 2000 est le port d'où partent les bateaux de croisière. Nombreux restaurants et boutiques d'artisanat. Régulièrement depuis des années, on annonce dans la presse cette liaison maritime vers la Colombie, mais jusqu'à présent le projet n'a jamais pérennisé.

■ TERMINAL DE BUS
Ave. Del Frente y Balboa y C/ 13
Les bus « express » Panamá (Albrook) – Colón partent toutes les 30 minutes de 4h à 21h30, de 1 heure 15 à 2 heures 30 de trajet, 3,60 $. Pour sortir/rejoindre le terminal, prendre un taxi même pour 100 m, vous êtes une cible privilégiée des voleurs !

■ THRIFTY CAR RENTAL
Las Huacas, Agencia de Viajes y Operadores de Turismo.
Plaza Comercial Millenium
Local 15 ✆ +507 204 9595
Agence de location de voitures.

Se déplacer

- **Les taxis** sont fortement recommandés pour circuler en ville et dans la région de Colon (pas pratique du tout en bus). Il y a deux catégories de taxis. Les taxis touristiques « SET » (*Servicio Especial de Turismo*), blancs avec une bande jaune. Ils attendent devant le train, les grands

Panamá-Colón : première voie ferrée transcontinentale

■ PANAMÁ CANAL RAILWAY COMPANY
Gare de Corozal
CIUDAD DE PANAMÁ
✆ +507 317 6070 – www.panarail.com/en/
info@panarail.com
Compter 10 minutes en taxi depuis le terminal d'Albrook.
Du lundi au vendredi uniquement, pas de circulation les jours fériés. Départ de la gare de Corozal à Panama à 7h15, retour de Colón à 17h15. A l'aller comme au retour, arrivez 20-30 minutes à l'avance (réservation pas nécessaire sauf pour les groupes importants). Durée 1 heure. Tarifs : 25 US$ l'aller (15 US$ pour les moins de 12 ans).
L'unique voie ferrée du pays relie Panamá et Colón en une petite heure (57 km de rails). Depuis 1855, c'est le seul train au monde qui permet de passer de l'océan Pacifique à l'océan Atlantique. Un voyage magnifique au lever ou au coucher du soleil, surtout lorsque le ciel est dégagé !

- **Autre adresse :** à Colon, arrivée à côté du port de Cristobal.

L'Ecole des Amériques

Ce centre de formation militaire a vu passer sur ses bancs des milliers d'officiers latino-américains, parmi lesquels de sinistres personnages : Somoza, Pinochet, Banzer, Stroessner, Videla... Le centre fut créé en 1946 à Fort Amador dans la Zone du canal, puis déplacé en 1948 à l'autre extrémité du canal, à Fort Gulick. Les officiers US y enseignaient la lutte anti-subversive et contre-révolutionnaire, en prônant l'usage de la torture et des disparitions ; autant d'enseignements mis en pratique sans scrupule par des élèves obéissants, futurs généraux des années 1970 et 1980 en Argentine, Chili, Brésil, Paraguay, Guatemala... Le centre a été transféré aux Etats-Unis en 1984, conformément au traité de rétrocession Torrijos-Carter de 1977. Les bâtiments ont été transformés il y a quelques années en un bel hôtel de luxe.

hôtels, au port de Colón 2000, devant la ZLC... Comptez 3 à 5 US$ par personne pour une course en ville, et environ 80 US$ pour une journée d'excursion avec les écluses de Gatún / Agua Clara et le fort de San Lorenzo. Ils vous ramènent en fin de journée au train ou au bus. Les taxis ordinaires : de 1,50 US$ à 2 US$ par personne la course.

- **Il est commun de louer une voiture** à Colon pour se déplacer par ses propres moyens dans la région (écluses, fort San Lorenzo). Certains loueurs viennent vous chercher à l'arrivée du train, demandez-leur si c'est possible ou rejoignez l'agence en taxi. De nombreux touristes choisissent de poursuivre le séjour dans la province vers Isla Grande par exemple ou bien d'aller dormir dans la bourgade tranquille de Portobelo le soir (dans ce cas, prendre la route en direction de Panama City et, à Sabanitas, tournez à gauche au panneau du Christ Noir sur fond violet...). Si vous voulez garder la voiture pour la suite de votre voyage, pensez que le service de drop-off de Panama jusqu'à Colon sera payant...

Pratique

■ **OFFICE DE TOURISME (ATP)**
Colón 2000
Calle 13
✆ +507 475 2301 – colon@atp.gob.pa
Ouvert tous les jours de 9h30 à 17h30.

Orientation

L'agglomération s'étend de plus en plus en périphérie, mais les points d'intérêt pour les touristes (gare, terminal de bus, port et zone libre) sont au sud de la ville. En voiture, on pénètre facilement dans le centre-ville par l'avenida Central, appelée aussi Paseo del Centenario.

Se loger

Plusieurs hôtels modernes, confortables et sûrs sont destinés aux hommes d'affaires. Quelques hôtels chic sont situés dans les alentours, à une vingtaine de minutes du centre-ville. Pour les budgets serrés, il n'est pas conseillé, pour des raisons de sécurité, de rester dormir à Colón, même s'il existe des pensions très économiques.

Confort ou charme

■ **NEW WASHINGTON HOTEL**
Au bout de l'Ave. Bolivar ou Del Frente
C/1,
✆ +507 441 7133
newwashingtonhotel.com – nwh@eveloz.com
Chambres double à partir de 60 US$, suites entre 110 et 150 US$. AC, TV, Wifi, parking. Le petit déjeuner n'est pas inclus dans le prix. Restaurant.
Ce grand hôtel (en apparence), qui a vu défiler de nombreuses personnalités historiques, s'avère décevant par la suite car il est mal entretenu et mériterait un bon rafraîchissement. Le hall est superbe, les jardins aérés et la piscine sont reposants, mais les chambres rococo sont désuètes, et vous pourrez avoir la mauvaise surprise de ne pas pouvoir ouvrir les fenêtres... pour conserver l'air climatisé ! Il est peut-être plus sage de s'y offrir un café, pour admirer son architecture Art déco. Ses dorures, lustres et grands escaliers témoignages des splendeurs passées, et la vue sur les bateaux qui entrent et sortent du canal dans la douce brume marine (ou l'orage...).

Luxe

■ **HOTEL MELIA PANAMA CANAL**
Lac Gatún, Fort Espinar (Gulick)
✆ +507 470 1100 – www.melia.com
melia.panama.canal@melia.com
Chambre double à partir de 110 US$, petit déjeuner inclus.
Le groupe hôtelier espagnol a magnifiquement investi ce qui était jusqu'en 1984 l'Ecole des Amériques. Au bord du lac Gatún entouré d'arbres, un vaste bâtiment isolé de tout, couleur de toscane, abrite 285 chambres confortables. Grande piscine très agréable. Restaurant de cuisine internationale et locale avec des plats copieux. Piano-bar, casino, excursions organisées par l'hôtel... que l'on apprécie surtout pour le cadre.

ZLC : la plus grande zone détaxée occidentale

La Zone libre de Colón a été créée en 1948. Il s'agit d'une zone détaxée destinée à l'importation et à la réexportation de produits manufacturés (textile, électronique, parfums, etc.). Dans une enceinte de 400 ha sont réceptionnées sans droit de douanes toutes sortes de marchandises et de marques en provenance d'Asie, d'Europe ou des Etats-Unis. Contenu et contenant arrivent souvent séparément dans de grands conteneurs, pour des gains de volume et de coûts. Les marchandises sont conditionnées, assemblées, emballées et groupées avant d'être réexpédiées dans des quantités adaptées aux commandes et de nouveau sans taxe, vers les ports d'Amérique latine principalement (Colombie, Venezuela, Equateur, Brésil...).

Grâce à sa position à l'entrée du canal, la ZLC est la plus grande zone détaxée occidentale et la deuxième au monde après Hong-Kong. On croise dans ses allées des négociants panaméens, colombiens, israéliens, libanais, indiens, chinois ou français... Plus de 2 000 entreprises génèrent un volume total de transactions qui dépasse les 30 milliards de dollars par an.

■ ZONA LIBRE DE COLÓN
www.zonalibredecolon.com.pa
A l'est du centre-ville. Présentation du passeport à l'entrée. Ouvert de 8h à 17h, fermé le week-end.
Pour faire des achats, on pense évidemment à la Zone libre : des milliers de produits de toutes marques détaxés ! Si vous voulez acheter un appareil photo ou des lunettes de marque pour vos vacances au Panamá, eh bien non, vous n'êtes pas forcément le bon endroit... D'une part, de nombreuses boutiques ne vendent qu'en gros. D'autre part, les prix sont à peine plus intéressants que dans les boutiques de Panamá. Enfin, vous ne pourrez pas sortir avec vos achats qui doivent être envoyés à l'aéroport de Tocumen, où vous les récupérerez...

■ RADISSON COLON 2000
Paseo Gorgas, Calle 13
✆ +507 446 2000 – www.radisson.com
Chambres doubles à partir de 150 US$.
A proximité de la zone libre et du port de Colón 2000, cet hôtel de luxe récent de plus de 100 chambres et suites sur 6 étages offre des équipements modernes et attire essentiellement une clientèle d'hommes d'affaires et passagers des bateaux de croisière. Piscine, restaurant, salle de sport, écrans plats, wi-fi...

Se restaurer

Il est conseillé de se restaurer dans son hôtel.

■ RESTAURANT WASHINGTON
C/ 1, Hotel New Washington
✆ +507 441 7133
Ouvert de 7h à 22h. Petit déjeuner panaméen, américain ou continental et sandwiches entre 4 et 6 US$, salades à partir de 6 US$. Carte classique de viandes et poissons à partir de 8 US$ ainsi que des spécialités libanaises (falafels, houmous, fatush...).
Le restaurant du New Washington a notre préférence pour son charme un peu désuet et sa vue imprenable sur l'océan et les navires à l'embouchure du canal, même si ce n'est pas de la grande cuisine. Portions généreuses et service impeccable. Grande terrasse.

Des pilotes panaméens... dans les Alpes !

Ils ressemblent à des bateaux jouets, mais ils servent à entraîner les pilotes des grands cargos, avant qu'ils ne sautent dans le grand bain, au Panama. En France, près de Grenoble, depuis 1967, plus de 6 000 pilotes maritimes, capitaines et officiers de navires marchands du monde entier s'échauffent au centre de formation de Port Revel. Ils y conduisent des répliques miniatures de pétroliers et porte-conteneurs à l'échelle 1 : 25 sur un lac artificiel de 5 hectares. En conditions réelles, ils apprennent à manœuvrer en eaux peu profondes et à faire face aux situations d'urgence. L'école a même intégré à son parcours les nouvelles écluses qui ont ouvert en 2016 pour permettre le passage de grands navires par le canal de Panama. L'Association des pilotes du canal de Panama possède aussi son propre lac de formation, mais envoie les professionnels de haut niveau à Port Revel. Qui a également transféré des remorqueurs radiocommandés aux confrères de Panama.

Pour en savoir plus : www.fr.portrevel.com

LE NORD DU CANAL DE PANAMÁ

A proximité de Colón, on retrouve bien évidemment le canal de Panamá. Les nouvelles écluses d'Agua Clara se visitent et l'on peut admirer peu après le magnifique lac Gatun. Le fort San Lorenzo est une autre attraction de premier ordre si vous êtes dans le coin. Pour accéder à ces sites, voiture de location ou taxi touristique depuis Colón. En provenance de Panamá, par l'autoroute, pas la peine de rentrer dans Colón, prendre à gauche au niveau de « 4 Altos » et suivre les indications.

ESCLUSAS DE AGUA CLARA ★★★

Le nouveau centre de visiteurs côté Atlantique s'appelle Agua Clara. Il permet d'avoir une vue panoramique sur les nouvelles écluses et le lac. Non loin, on peut encore découvrir les anciennes écluses de Gatún, où la vue des bateaux est bien différente et là encore très impressionnante.

■ CENTRO DE VISITANTES DE AGUA CLARA ★★★

Bien indiqué, suivre les panneaux depuis la route principale.

Ouvert tous les jours de 8h à 16h (dernière entrée à 15h15). Entrée du site : 15 US$ pour les adultes et 10 US$ pour les enfants. Restaurant ouvert de 12h à 16h. A la cafétéria, 6 US$ le combo.

Le nouveau centre de visiteurs a été fonctionnel dès le début des travaux des nouvelles écluses. Cette grande plateforme panoramique à 360 degrés surplombe les nouvelles écluses, laisse apercevoir les anciennes et offre une superbe vue sur les navires qui attendent leur tour dans le lac. Egalement une cafétéria et un restaurant (vue sur le lac Gatun), une boutique souvenir, un sentier écologique et une salle de projection (film en anglais et espagnol). La perspective sur le canal est différente de celle du centre de visiteurs des écluses de Miraflores.

ESCLUSAS DE GATÚN ★★★

Les écluses de Gatún sur le canal de Panamá se trouvent au nord du lac Gatún, à 10 km au sud-ouest de Colón. La vue est peut-être plus impressionnante ici qu'aux écluses de Miraflores côté Pacifique : elles sont plus longues et le centre de visiteurs est plus proche des énormes portes. La visite de Gatun est complémentaire de celle du centre des visiteurs d'Agua Clara tout proche, qui offre un panorama en hauteur sur les nouvelles écluses inaugurées le 26 juin 2016. Pour élever les navires à 26 m au-dessus du niveau de la mer les écluses de Gatun disposent de trois bassins sas de 330 m de long chacun et 33,5 m de large. Notez que pour traverser les écluses en voiture, il faut attendre plus d'une 1/2h si un gros navire est en train de passer.

Le canal en chiffres insolites

- **Les 152 millions de mètres cubes excavés** lors du creusement du canal (la moitié dans la passe Gaillard) auraient permis la construction d'une réplique de la Grande Muraille de Chine traversant les Etats-Unis d'est en ouest ! Et si toutes ces excavations de terre et de roche étaient placées sur un train à plate-forme, la longueur du train serait égale à quatre fois le tour du monde…
- **La première traversée** est attribuée à la grue flottante Alexander La Valley, le 7 janvier 1913. Le premier transit officiel est celui du vapeur *Ancón*, le 15 août 1914.
- **La voie d'eau est ouverte 24h/24,** 365 jours par an. Le droit de grève est interdit aux 9 000 employés du canal. Son fonctionnement n'a été interrompu que 2 fois : le 20 décembre 1989, le jour de l'opération militaire américaine pour capturer le général Noriega ; et le 8 décembre 2010, après plusieurs jours de pluies diluviennes dans la région. Les portes des écluses restaient ouvertes aux deux extrémités du canal pour évacuer le trop-plein d'eau, les barrages de Gatún et d'Alajuela ayant atteint leur capacité maximale historique.
- **Un navire qui se rend du Japon à New-York** par le canal s'épargne plus de 5 600 km de voyage en évitant de longer les côtes d'Amérique du Sud et d'emprunter le redouté détroit de Magellan. De New-York à Guayaquil (Equateur) : 13 700 km en moins !
- **On compte une quinzaine d'accidents** par an dans le canal. En 1981, le pétrolier *Arco Texas* transporta 65 000 tonnes de brut à travers l'isthme… Sans accident, ouf !
- **Les tarifs des péages** augmentent sans cesse. Ils sont fonction du type de navire et sont basés sur le tonnage, ou sur la taille pour les petits navires (700 US$ pour un navire de moins de 15 m + caution de 150 US $). Le coût de péage le plus élevé a été payé par le porte-conteneur *MSC Fabienne*le 7 mai 2008 avec 317 000 dollars. Le plus faible, 36 centimes, a été réglé par Richard Halliburton, 75 kg, qui traversa le canal à la nage entre le 14 et le 28 août 1928 !

© JULIE OLAGNOL

Le centre de visiteurs d'Agua Clara.

© JULIE OLAGNOL

Vue sur les travaux des nouvelles écluses d'Agua Clara.

© JULIE OLAGNOL

Ecluses de Gatún, les lourdes portes des écluses.

Transports

Depuis Colón, les taxis touristiques peuvent vous y emmener et vous attendre le temps de la visite (compter environ 50 US$, payer au retour). Vous pouvez coupler l'excursion avec le fort San Lorenzo et/ou le nouveau centre de visiteurs d'Agua Clara mais ce sera plus cher.

Accès en voiture de location. Autrefois, les voitures pouvaient rejoindre facilement le centre de visiteurs des écluses de Gatun depuis Colon. Avec le percement des nouvelles écluses d'Agua Clara, le pont de l'Atlantique, destiné à permettre la traversée de Colon à la *costa abajo*, est en construction. Mais les travaux n'ont pas été suffisamment anticipés et le constructeur français Vinci a accusé un an et demi de retard. L'ouvrage devrait être livré en 2018 seulement ; renseignez-vous sur l'avancée des travaux lors de votre passage : il sera peut-être déjà en service. Si ce n'est pas le cas, vous devrez « faire le tour » avec votre voiture en contournant le nouveau centre de visiteurs d'Agua Clara et passer au niveau d'une porte des nouvelles écluses ou bien emprunter le bac matérialisé par le panneau « Entrée des ferries ». Ne vous posez pas trop de questions : suivez les autres voitures de tourisme. Durant 2 ans, ce bac provisoire sera le lot quotidien des habitants, bus, ambulances, camions qui devront l'utiliser pour traverser de Colon à la *costa abajo*.

Il existait des bus depuis le terminal de Colon, direction « Costa Abajo » ou « Cuipo » (toutes les 2 heures environ) qui déposaient non loin du mirador mais les retours étaient aléatoires et cette option déconseillée. Renseignez-vous sur l'évolution de la situation depuis l'ouverture d'Agua Clara.

À voir – À faire

CENTRO DE VISITANTES DE GATÚN ★★★

✆ +507 443 8878 / +507 443 8871

Les écluses sont accessibles au public tous les jours de 8h à 16h. Entrée adulte : 5 US$.

Les passages s'effectuent toutes les 24 heures. Il est conseillé de se rendre aux écluses de Gatun vers 9h-10h quand les gros bateaux de croisière et Panamax qui vont en direction du sud passent les écluses. Ils arrivent vers 15h à Miraflores (à l'inverse les bateaux partent de Panama city vers l'océan Atlantique à 6h et arrivent vers 12h côté Gatun). A Gatun, un mirador permet de voir les bateaux au plus près. Il faut patienter une trentaine de minutes pour que le bateau passe une écluse, le temps qu'elle se remplisse. Le ballet des mules, les locomotives qui centrent le bateau, est impressionnant. Quand l'eau est au niveau, la sonnette retentit et la porte de l'écluse s'ouvre, le bateau avance, la porte se referme et ainsi de suite. Le système de récupération des eaux des écluses permet de relever le niveau de l'eau de 3 fois 8 m pour qu'il atteigne celui du lac Gatun.

REPRESA DE GATÚN ★★

A moins de 2 km des écluses, sur la gauche après le pont, se trouve un beau point de vue sur le lac de Gatún et le barrage qui lui donna naissance. Sa largeur atteint 30 m en son sommet, mais presque 800 m à sa base ! Coupant le cours du río Chagres à 11 km de son embouchure, il a pendant longtemps été le plus gros barrage jamais réalisé dans le monde. 262 km² de forêt vierge et des dizaines de villages furent engloutis après évacuation de la population. La voie ferrée a même été déplacée et les sommets des collines se transformèrent en îles.

Manier la pirogue durant la sécheresse.

Fort San Lorenzo.

FUERTE SAN LORENZO ★★★

Situé sur un promontoire rocheux à 25 m au-dessus du niveau de la mer et envahi par la végétation, le fort de San Lorenzo el Real de Chagres domine l'embouchure du río Chagres. La beauté du site, son calme et la vue sur le fleuve sont remarquables. Si bien que Donald Trump y a organisé le concours de Miss Univers en 2003 (et a fait cimenter le site historique pour cela !). Rien, excepté le fort lui-même, n'évoque ici les combats de l'ère coloniale entre les soldats espagnols et les flibustiers européens. San Lorenzo est l'un des forts les plus anciens et les mieux conservés d'Amérique. Les premières fortifications furent érigées à la fin du XVIe siècle pour protéger les bateaux espagnols, à la sortie du fleuve, contre les pirates attirés par les richesses transportées jusqu'à Portobelo. Ces fortifications furent détruites au début de l'année 1671 par le capitaine Joseph Bradley pour le compte d'Henri Morgan, qui lui-même s'y reposa avant de remonter le Chagres et de mettre à sac la ville de Panamá la Vieja. Reconstruit en 1678, plus en hauteur, le fort fut à nouveau détruit en 1742, cette fois par l'amiral Vernon. Reconstruit en 1761, il joue son rôle de fort jusqu'à l'indépendance, en 1821, puis fait office de prison pendant quelques années. San Lorenzo est inclus dans la Zone du canal et reste dans l'enclave américaine jusqu'en 1999, avant d'être rétrocédé au Panamá. En 1980, il est inscrit, en même temps que Portobelo, sur la liste du patrimoine mondial de l'Unesco. Une quarantaine de canons se trouveraient sur le site, dont l'un de la couronne britannique en sortant du site sur la droite. Autour du fort, dans la forêt tropicale humide, on recense de nombreux écosystèmes et près du tiers de l'ensemble de la faune sylvestre du Panamá : jaguars, boas, crocodiles, grenouilles vénéneuses ou araignées arborées aux yeux rouges… Vous aurez peu de chance d'apercevoir tous ces animaux fort sympathiques, mais vous rencontrerez facilement iguanes, singes ou coatis. Il est conseillé pour cela de venir tôt le matin. Pour l'observation des oiseaux, le Camino de Achiote est un site mondialement connu où ont été recensées 420 espèces d'oiseaux.

Transports

Le fort se trouve à 30 km de Colón, dans une zone protégée de 9 600 ha. Sur le chemin des écluses au fort San Lorenzo, on trouve le seul vestige du canal français, mais aucun panneau ne l'indique. Quelques sentiers dans le parc et sur la droite, une petite crique accessible en 4x4. En voiture, après les écluses de Gatún, allez tout droit jusqu'à l'entrée de l'ancien fort Sherman (ex-centre d'entraînement nord-américain pour le combat en jungle !). Continuez cette route agréable en suivant les indications jusqu'à la cabane de MiAmbiente, puis encore 7,5 km pour arriver aux ruines. Pas de bus pour s'y rendre. Depuis Colón, un taxi prend généralement 70 US$ aller-retour (payer au retour). A l'arrivée, aspergez-vous de lotion anti-moustiques et évitez de marcher dans les herbes hautes à cause des serpents. Accès au site : 5 US$.

CUIPO ★

A Cuipo, petit village situé à l'ouest du lac Gatún, à une demi-heure de route des écluses de Miraflores, vit Patrick, un Français qui a choisi de s'installer là, au calme, en pleine nature. Il propose l'hébergement dans sa *Casa Francesa* et organise de multiples excursions pour découvrir l'environnement magnifique du lac Gatún.

■ LA CASA FRANCESA

Sector La Candelaria – Cuipo, Casa nº 154
✆ +507 6762 5806 – champlat@yahoo.fr
30 minutes de route après les écluses ou bus pour Cuipo.

7 chambres tout confort (air conditionné, SDB privée, toilettes individuelles). De 70 US$ à 80 US$ par chambre en haute saison, de 50 US$ à 60 US$ en basse saison. Petit déjeuner inclus. 15 $ par repas (hors boissons).

Patrick, savoyard de son état, a fait son beurre dans la pub. Après avoir découvert Miami avant son explosion, il a lancé l'un des premiers établissements de charme à Marrakech. Son flair d'hommes d'affaires aventurier l'a amené jusqu'au bord du lac Gatún. Dans un écrin de verdure et de fleurs tropicales, la Casa Francesa vous réserve un accueil paisible et chaleureux. Sur un terrain vallonné et ombragé, Patrick propose 7 chambres tout confort dont une suite. Elles sont spacieuses et impeccables. Piscine, balade à cheval, promenade sur le lac et repas sur une île sont au programme. Un véritable havre de paix au bord du lac Gatún. Dans l'assiette les produits de la cuisine franco-panaméenne viennent des jardins et *fincas* (« fermes ») des voisins, les œufs le matin sont pondus le jour même.

LAGO GATÚN

Le lac Gatún forme la majeure partie du canal de Panama (32 km) et constitue un grand réservoir d'eau pour le fonctionnement des écluses. C'est un lac artificiel, qui s'est rempli entre 1907 et 1913 après la construction du barrage Gatún sur le rio Chagrès, à 10 km de son embouchure dans la mer des Caraïbes. C'était au moment de sa construction le plus grand lac artificiel au monde, 425 km² à son niveau normal à 26 m au-dessus du niveau de la mer. Les collines se transformèrent en îles, comme celle de Barro Colorado où se trouve le Smithsonian Tropical Research Institute.

ISLA BARRO COLORADO ★★

Avant le remplissage du lac artificiel de Gatún, Barro Colorado était une colline. Les besoins du canal l'ont convertie en île refuge pour les animaux de la vallée inondée. Très rapidement, les biologistes se sont rendu compte de l'importance scientifique de ce sanctuaire tropical. Fondée en 1923, la réserve de Barro Colorado a obtenu le statut de réserve naturelle en 1979, protégeant du même coup les péninsules alentour (Gigante, Peña Blanca, Bohío, Buena Vista et Frijoles), ce qui représente une réserve totale de plus de 5 400 ha au cœur du lac Gatún. Cet écosystème préservé attire chaque année des scientifiques du monde entier qui étudient l'évolution de la faune et de la flore de la forêt tropicale humide. Sur l'île cohabitent des milliers d'insectes de toute sorte, mais aussi plus de 120 espèces de mammifères, dont plus de la moitié sont des chauves-souris. Cette merveille de la biodiversité héberge plus d'espèces animales que toute l'Europe ! On recense enfin pas moins de 1 200 plantes différentes.

■ SMITHSONIAN TROPICAL RESEARCH INSTITUTE

✆ +507 212 8951

www.stri.si.edu

stribci@si.edu

L'excursion coûte 80 US$ (étudiants 50 US$) et inclut le transport en bateau (45 minutes), une marche en forêt (3 heures), l'entrée du centre de visiteurs et le déjeuner. Réservez plusieurs semaines à l'avance car les demandes sont nombreuses. Le personnel vous indiquera à quelle heure arriver au ponton de Gamboa et comment vous y rendre depuis Panamá.

L'institut Smithsonian de recherche tropicale (STRI) en charge de la conservation de l'île depuis 1946 organise des visites guidées pour un nombre limité de personnes.

COSTA ABAJO

Au-delà du barrage de Gatún, on pénètre dans une nouvelle ambiance : des petits villages côtiers peuplés d'agriculteurs et de pêcheurs descendants de Marrons ou d'ouvriers afro-antillais du canal, les belles plages sauvages de Majagual, Punta El Medio, Anibal, Palmas Bellas... Ne se lance pas sur la Costa Abajo qui veut... Vu l'absence d'infrastructures d'accueil, cette région s'adresse au voyageur expérimenté !

Au terminal de Colón, des bus partent toutes les heures environ, direction Costa Abajo, Río Indio ou Miguel de la Borda. Après avoir traversé Piña, c'est au village de Chagres, à 48 km des écluses, que vous trouverez les derniers services (épiceries, téléphone, poste de police, mais aucune banque). La route asphaltée passe ensuite par Palmas Bellas, Río Indio, le plus grand village de la zone, pour finir à Miguel de la Borda, à deux heures de Colón. Pour se rendre dans les villages plus à l'ouest, seule la voie maritime est envisageable. L'un d'entre eux, éloigné, fait le lien entre deux provinces, Coclé et Colón, et mérite que les « aventuriers » s'y intéressent : il s'agit de Coclé del Norte, village du bout du monde...

Et la météo ?

▶ **De fin août à début novembre :** précipitez-vous ! C'est la meilleure saison, la mer est tranquille et les journées ensoleillées. Dès le mois de décembre, la pluie régulière s'installe.

▶ **A partir de janvier,** le soleil est de retour et les vagues aussi ! Le vent qui souffle du nord réveille la mer. Deux petites accalmies suivent vers le carnaval, en février, et au moment de la semaine sainte.

COCLÉ DEL NORTE ★

Ceux qui ne reculent pas devant les longues traversées et ne craignent pas les imprévus apprécieront ce périple jusqu'à un village côtier très isolé, où résident environ 500 familles, principalement de la pêche et du travail de la terre… On y vit un peu au ralenti, on s'y sent comme au milieu de nulle part. Mais si, par chance, vous vous y trouvez au moment d'une fête, cette population chaleureuse, à dominante noire, vous enchantera par ses danses, les *bailes congos*. Des tout petits aux plus anciens, le feu les habite !

Transports

▶ **Première possibilité depuis Colón :** bus direction « Costa Abajo » jusqu'à Miguel de la Borda. De là, prenez une chaloupe pour Coclé del Norte. 5 heures de voyage éprouvant, environ 20 US$ par personne si un voyage est programmé. Attention, les sorties ne sont pas régulières. Il est même fréquent qu'il n'y en ait aucune ou très peu entre les mois de novembre et février, en raison de la mauvaise humeur de la mer.

▶ **Deuxième possibilité, depuis la province de Coclé :** transport collectif en *pick-up*, de Penonomé à Coclesito (de 2 à 4 heures, 4 US$). De là, prendre une pirogue pour Coclé del Norte (minimum 3 heures, autour de 8 US$ par personne si un départ est prévu, sinon 100 US$ le *cayuco* à partager). Ce trajet est absolument magnifique mais requiert une bonne logistique.

Pratique

Dans le village : aucune banque, un téléphone public parfois en fonctionnement, de l'électricité entre 18 et 22h, plusieurs *cantinas*, et quelques épiceries basiques. Pas d'hôtel mais la population sera ravie de veiller sur votre tente si vous souhaitez installer votre campement dans le village. Il vous faudra arpenter le village pour trouver le *comedor* ouvert… N'hésitez pas à demander et à chercher, il y aura toujours quelqu'un pour vous servir, si vous savez patienter. Nous vous conseillons cependant de venir avec vos propres victuailles (achetées avant de partir, ne comptez pas sur les épiceries de Coclé del Norte) ou de pêcher.

À voir – À faire

Vous pourrez apprendre à préparer du riz coco avec les femmes du village, ou partir vous balader sur les immenses plages de l'autre côté du fleuve vers l'ouest. Ne le traversez pas à la nage, les courants sont forts et il y a des requins, demandez au propriétaire d'une pirogue de vous faire passer. La plage est belle, traversée par plusieurs *ríos*, mais peut-être un peu sale selon l'état de la mer. Pour vous aventurer dans la montagne, au milieu de la jungle, il est nécessaire de trouver un guide local sérieux pour vous accompagner et d'avoir des bottes. L'eau de certaines rivières est potable mais il est préférable d'avoir des pastilles purificatrices.

LE LONG DU RÍO GATÚN

Comme le rio Chagrès, le río Gatún se jette dans le lac du même nom. Sur les rives de cette rivière d'eau pure aux abords bien préservés, vivent deux communautés emberas : Ella Drua en amont, à 500 m environ du port (à côté du pont juste après l'école) où se trouve le point de départ et d'arrivée des pirogues, et Emberá Querá plus en aval, à proximité du lac. Les touristes sont les bienvenus dans ces deux communautés aux populations d'une grande gentillesse.

ELLA DRUA ★★

Ella Drua, « Le peuple de la colline et du rio », est situé sur les rives du Rio Gatún qui alimente le lac du même nom. Il s'agit d'une communauté embera et wounaan de 22 familles (80 personnes la majorité d'enfants) venues du Darién au milieu des années 1970 pour trouver des conditions de vie meilleures, avec accès à la santé et à l'éducation. Vous êtes invités à connaître le mode de vie de la communauté : musiques et danses traditionnelles, pêche, cuisine, connaissance des plantes médicinales, sentiers botaniques (prévoir chaussures de marche ou bottes) et bains dans les rivières et cascades des alentours, tatouages naturels à la *jagua* et artisanat (objets en cocobolo, tagua, vanneries…). Il est possible d'y passer une demi-journée mais nous vous recommandons d'y rester une nuit ou deux pour avoir le temps de créer des contacts et apprendre beaucoup plus sur cette culture très riche. Le matin en période scolaire, les enfants sont à l'école à 15 minutes mais l'après-midi ils se feront un plaisir de jouer avec vous !

Transports

Sur les bords du río Gatún, à 15 minutes à pied ou en pirogue de la route *Transístmica* reliant Panamá (1 heure) à Colón (20 minutes), entre Bella Vista et Las Sabanitas. Départ du bus au terminal d'Albrook, demandez le bus qui passe par Bella Vista « bus regular, via 35 » (compter 2 heures car le bus marque beaucoup d'arrêts), non celui qui va directement à Colón ou, autre option, descendre à Sabanitas puis prendre un bus direction Bella Vista ou un taxi pour 5 US$. Descendre au port à Escuela rio Gatún, à 10 km de Belle Vista.

Se loger

■ **ELLA DRUA**
✆ +507 6882 4715
www.elladruaembera.com
Compter environ 75 US$ par personne pour la nuit et la pension complète. Ajouter 40 US$ pour un tour. Réservation impérative quelques jours à l'avance auprès de Yaneth.
Nuit dans un *bohio* sous moustiquaire (pas d'électricité), toilettes propres, repas traditionnels à base de *plátanos*, riz, manioc, poisson, poulet… bien cuisinés. Cette communauté est beaucoup moins connue et visitée que celles du Rio Chagres (province de Panamá), pourtant l'accès est plus simple. L'association La Route des Sens (www.laroutedessens.org) a appuyé le projet de développement touristique du village depuis 2006. Elle a financé grâce à ses voyages solidaires le cadastrage des terres (menacées d'appropriation par la brasserie locale) et la reconstruction des *bohios* emportés par les inondations de décembre 2010.

EMBERA QUERA ★★★

Une douzaine de familles emberás, 60 personnes environ, sont installées sur les rives du lac Gatún, depuis quelques années, après avoir quitté la communauté de Parara Purú. Embera Quera, comme les communautés du río Chagres, est souvent visité par les touristes. L'arrivée au village après une vingtaine de minutes de pirogue motorisée au milieu de la forêt est assez magique car on débarque vers un ponton qui mène à la communauté. Comme dans tous les villages, il faut apporter son eau et des fruits.

Transports

L'embarcadère ou Puerto Río Gatún est situé à côté du pont qui enjambe le río Gatún sur la route *Transístmica* reliant Panamá (1 heure) à Colón (20 minutes), entre Bella Vista et Las Sabanitas. Bus au terminal d'Albrook, demandez le bus qui passe par Bellavista « bus regular, via 35 » (prévoir 2 heures car le bus marque des arrêts fréquents), non celui qui va directement à Colón ou, autre option, à Sabanitas, prendre un bus direction Bella Vista (ou un taxi pour 5 US$). Une pirogue vous attendra, à l'heure fixée lors de la réservation, pour vous emmener au village.

Arrivée magique au village d'Embera Quera.

Femme embera.

Se loger

■ EMBERA QUERA

Lago Gatún
✆ +507 6703 9475
✆ +507 6748 5909
www.emberaquera.net
emberaquera@yahoo.com
Sur les bords du Rio Gatún peu avant le lac, départ en pirogue du pont. Contact : Atilano Flaco ou Jobel Dofiromo. Le jeune Brian apprenait le français (deuxième numéro de téléphone).
Visites du village et excursions à la journée à 80 US$ par pers. ou 75 US$ par pers. à partir de 3. Il est préférable (et plus rentable !) d'y passer au moins une nuit. Comptez autour de 115 US$ par pers. en dortoir et 150 US$ par pers. en cabane privée avec pension complète, activités et transport en pirogue depuis Puerto Rio Gatún (3 US$ le parking si vous êtes en voiture). Réserver quelques jours à l'avance.

Les cabanes traditionnelles de ce charmant petit village à l'herbe bien verte et aux hibiscus, s'organisent autour du marché d'artisanat et de la cuisine. C'est là où les touristes mangent le poisson frit le midi et jouent avec les enfants. Vous serez guidé dans village par un habitant qui vous expliquera les plantes que la communauté utilise. Vous pouvez discuter avec le médecin du village, Miguel Flaco : il a travaillé avec de grands professeurs américains pour un traitement naturel de la stérilité. Quant aux enfants du village, ils ne peuvent pas rêver meilleure vue pour leur école, et ils ont eu bien raison de refuser une construction en dur. Si vous restez plus longtemps, excursions en pirogue pour observer la nature au fil de l'eau, pêche dans le lac, rencontre avec les singes et les crocodiles (la nuit) et autres activités traditionnelles : cuisine, peintures corporelles, artisanat... Comme dans toutes les communautés recevant des touristes, vous serez accueilli par une danse traditionnelle : celle du singe fait honneur aux singes araña que l'on voit sur le fleuve.

COSTA ARRIBA

Costa Arriba, celle qui monte vers le nord-est, est beaucoup plus touristique que celle qui descend vers le sud-ouest (Costa Abajo). Les infrastructures routières sont bonnes, au moins jusqu'à Cuango. Cette région, dont les vestiges de Portobelo nous racontent une histoire coloniale mouvementée, conserve également des traditions fortes héritées des esclaves amenés d'Afrique. A découvrir lors des fêtes religieuses, des festivals congos ou du carnaval.
En dehors de ces périodes, la population est des plus tranquilles. Ici le stress n'existe pas. On vit de pêche, d'agriculture et d'un peu de tourisme. Plusieurs structures éco-touristiques ou restaurants se sont montés ces dernières années et la plupart sont tenus par des... Français, tombés amoureux de ces terres de pirates ! On compterait déjà une trentaine de familles françaises installées dans le coin...

LAS SABANITAS

Las Sabanitas ou simplement Sabanitas se trouve à une quinzaine de kilomètres de Colón.

Rien de spécial ici, sauf que c'est là où se trouve la bifurcation pour Portobelo et toute la Costa Arriba. Vous n'aurez pas de mal à repérer le supermarché Rey. Il faut prendre à droite (en venant du sud) à l'intersection. C'est aussi là qu'il faut changer de bus pour gagner du temps et éviter le terminal de Colón (*voir rubrique Transport de Portobelo*). Vous pourrez tirer de l'argent dans le Rey et faire le plein à la station-service (pas de distributeur à Portobelo et la station-service de Puerto Lindo est souvent fermée).

Après le village, la route devient beaucoup plus agréable, longeant la côte ou sinuant dans les collines verdoyantes. Plusieurs sites méritent votre intérêt comme deux longues plages de sable noir, Playa Langosta et Playa María Chiquita, très appréciées des locaux le week-end. Quelques petits restaurants et épiceries sont installés dans ces villages aux maisons colorées.

PORTOBELO ★★★

Portobelo, chargée d'histoire, attire à elle les aventuriers de tous les ports du monde. A 50 km de Colón et à une centaine de Panamá, cette petite bourgade endormie bénéficie d'un cadre de rêve au fond d'une étroite baie entourée d'une végétation luxuriante. Elle possède parmi les plus beaux vestiges de l'histoire coloniale des Amériques. Tout comme les ruines du fort San Lorenzo, ses fortifications des XVIIe et XVIIIe siècles sont inscrites depuis 1980 sur la liste du patrimoine mondial de l'UNESCO, sous l'appellation de « Fortifications de la côte Caraïbe du Panama : Portobelo, San Lorenzo ». Dans cette ville aujourd'hui des plus paisibles, la population vit de la pêche, du commerce et d'un peu de tourisme. La baie offre en effet des spots de plongée et de jolies plages accessibles en bateau. Mais cette tranquillité est rompue tous les ans, le 21 octobre, au moment des cérémonies du Cristo Negro, à laquelle participent des milliers de pèlerins venus de tout le pays. On attribue en effet de multiples miracles à cette statue en bois représentant un Christ noir. Les autres fêtes, comme le carnaval et le festival des Diablos tous les deux ans, sont l'occasion de découvrir les traditions congos, vieilles de plus de quatre siècles, et notamment les danses théâtrales héritées des esclaves noirs révoltés qui se moquaient de leurs maîtres espagnols. Ces danses, rythmées par les tambours, durent des heures et impliquent tout le village, avec des personnages qui fuient et se cachent comme du temps des *cimarrones* (les « marrons » comme on appelait les esclaves fugitifs). Elles parodient la Cour royale en faisant intervenir la reine et son mari Jua Dio, ou leur messager parajito… Un spectacle que vous n'oublierez pas de si tôt !

PROVINCE DE COLÓN

Le Christ Noir célébré le 21 octobre

Le Cristo Negro, appelé aussi El Nazareño (de Nazareth), est une statue de bois noir que l'on peut admirer à l'intérieur de l'église San Felipe. Elle aurait été trouvée en 1658 par des pêcheurs du village, dans une caisse jetée à la mer par les marins d'un navire espagnol sur le point de faire naufrage. Il s'agissait de leur sixième tentative pour sortir de la baie. Le bateau qui devait se rendre à Carthagène en Colombie était à chaque fois repoussé par une tempête. Cette fois-ci, il réussit sa sortie… Pour les habitants c'est un signe : le Christ veut rester dans le village. On l'installe alors dans l'église.

En 1821, Portobelo est l'un des rares villages à échapper à une épidémie de choléra qui touchait tout l'isthme. On attribua ce miracle au Cristo Nazareño et on célébra l'événement un 21 octobre, puis tous les ans à la même date. D'autres versions de l'arrivée du Christ noir à Portobelo existent, et de nombreux miracles lui furent attribués par la suite… Un musée lui est dédié dans la petite église San Juan de Dios. La couleur foncée sur les traits européens du Nazareño serait apparue au fil du temps en raison de la fumée des cierges qui brûlaient toute la journée sous le retable.

La veille des cérémonies du 21 octobre et même plusieurs jours avant, on peut voir le long des routes (notamment sur les bords de la transisthmique Panamá Colón) des centaines de pèlerins vêtus de tuniques violettes, certains portant une lourde croix en pénitence, se rendant à pied à Portobelo, parfois à genoux ! Le 21 octobre, les milliers de fidèles en liesse assistent ou participent aux processions en l'honneur du Christ noir, transporté par la foule dans les rues du village. Un événement spectaculaire à ne pas manquer si vous êtes dans la région. Mais attention… on raconte que le Nazareño est le saint des voleurs ! Mais il est aussi le patron des boxeurs et des danseurs de salsa ! En 1974, le Portoricain Ismaël Rivera, sorti de la drogue depuis sa rencontre avec le Cristo Negro, lui dédie une chanson qui deviendra un tube, *El Nazareño*.

© NICOLAS LHULLIER

Un diablo rojo à Portobelo.

Histoire

Christophe Colomb et son expédition sont les premiers Européens à explorer la baie en novembre 1502, lors du quatrième et dernier voyage en Amérique de l'amiral. Emerveillé par la beauté des lieux, il baptise la localité indigène du nom de « Porto Bello », « Joli Port » en italien, qui abrégé et hispanisé deviendra Portobelo. Colomb ne reste pas et c'est Diego de Nicuesa qui tente en 1510 d'implanter une colonie, lui aussi sans grand succès en raison de l'hostilité compréhensible des Amérindiens. Jusqu'à la fin du XVIe siècle, Portobelo n'est qu'un petit village mais la cité, officiellement fondée le 20 mars 1597 et baptisée San Felipe de Portobelo en l'honneur du roi Philipe II, va devenir en quelques années l'un des ports les plus riches du continent.

Après la destruction de Nombre de Dios par Francis Drake en 1596, la Couronne espagnole fait de Portobelo son nouveau comptoir colonial. La ville voit alors arriver en masse les richesses d'Amérique centrale et du Sud transportées par le Camino Real et le Camino de Cruces, ces chemins qui traversent l'isthme depuis Panamá. Les plus grandes foires du continent sont organisées ici, au fond de la baie. On y échange or, perles, pierres précieuses, argent des colonies, contre les marchandises fabriquées en Europe, mais également des milliers d'esclaves amenés d'Afrique de l'Ouest. En 1630, un poste de douane royale est aménagé afin de percevoir des taxes sur tous ces échanges. Portobelo grouille d'aventuriers, de commerçants, de soldats et de marins. Mais cette concentration de richesses attise les convoitises. Les galions espagnols sont harcelés par les pirates et corsaires du Vieux Continent, et les solides fortifications édifiées dans la baie ne résistent pas aux attaques des flibustiers anglais, notamment William Parker en 1602 ou d'Henri Morgan en 1668. L'ultime destruction de la ville par l'amiral Edouard Vernon (dit « Old Grog ») en novembre 1739 met en lumière la vulnérabilité des échanges commerciaux via l'isthme et les Caraïbes. La Couronne espagnole impose alors le contournement du continent par le cap Horn. Portobelo, définitivement privé de foires, redevient peu à peu une petite bourgade tranquille...

Vous verrez peut-être plusieurs maisons en ruines à l'entrée du village. Le 8 décembre 2010, des pluies torrentielles, comme il n'y en a jamais eu, selon les services météo, ont entraîné des coulées de boue dévastatrices. Bilan : huit morts et de nombreux blessés. Un traumatisme encore bien perceptible, tout le monde se connaissant très bien dans ce village.

Transports

La route est bonne jusqu'à Portobelo et les villes plus éloignées de la Costa Arriba. Compter entre 1 heure 30 et 2 heures 30 de trajet depuis Panamá pour rejoindre Portobelo.

- **En bus depuis Colón :** prendre le bus affichant Portobelo ou Costa Arriba : toutes les demi-heures de 5h45 à 21h (les 3 derniers 19h15, 20h et 21h). Le samedi de 7h à 21h (20h le dimanche). Depuis Portobelo, en semaine, toutes les 20-30 minutes de 4h20 à 18h. 1,60 US$. 1 heure 30 de trajet.
- **Pas de bus direct Panamá-Portobelo** : prendre un bus pour Colón et descendre à Sabanitas (3,50 US$) au niveau du supermarché

Rey, puis remonter dans un bus en provenance de Colón direction Portobelo ou Costa Arriba (1,30 US$). Les bus arrivent souvent pleins, évitez les bagages volumineux. Si vous êtes un petit groupe, il peut être intéressant de prendre un taxi jusqu'à Portobelo (environ 20 US$).

Depuis Portobelo, bus en provenance de Colón environ toutes les une ou deux heures pour Nombre de Dios, Palenque, Miramar, Cuango. Pour Isla Grande, prendre un bus à destination de La Guaira (*voir « Isla Grande »*).

CAPTAIN JACK'S SAIL PANAMA – COLOMBIE
Hostel Captain Jack Portobelo
✆ +507 448 2009
www.sailcolombiapanama.com
Compter une centaine de dollars par pers. pour un trajet en lancha (5-7h si la mer est bonne) jusqu'à Sapzurro, non loin de la frontière colombienne, et environ 550 US$ pour les 5 jours de bateau tout compris vers Carthagène.
Les voyages en voiliers charters sont devenus très populaires pour se rendre en Colombie, vers Carthagène surtout. Un voyage qui prend généralement 5 jours, dont 3 aux îles San Blas. L'agence de Captain Jack est très populaire auprès des backpackers, qui peuvent rencontrer au bar-resto de l'hostel les capitaines avec qui ils vont passer plusieurs jours. Sur le site Internet, une liste de voiliers de confiance et une checklist du confort et des mesures minimum de sécurité à vérifier avec le capitaine du bateau. Le conseil de Captain Jack ? Ne pas larguer les amarres avec un capitaine édenté ou tout maigre : ça sent la cocaïne !

Pratique

Représentations – Présence française

MIGRACIÓN
A côté de l'office de tourisme.
✆ +507 448 2200
Ouvert du lundi au vendredi de 8h30 à 15h30.
Pour ceux qui arrivent ou souhaitent se rendre en Colombie par voie maritime. C'est en principe le capitaine du bateau qui s'occupe des démarches administratives.

Argent

Il n'y a pas de distributeur à Portobelo mais le *chino* peut vous dépanner moyennant une commission. Le distributeur le plus proche est à Las Sabanitas.

Se loger

Plusieurs clubs de plongée ont des formules d'hébergement ouvertes à tous. Ils sont situés sur la route menant à Portobelo, à quelques kilomètres. Au cœur du village, plusieurs options sont possibles pour tous les budgets.

Bien et pas cher

HOSTEL CAPTAIN JACK
Monter la rue qui part sur la droite depuis la rue principale, c'est indiqué.
✆ +507 6155 3545
captainjackpanama.com
info@hostelportobelo.com
13 US$ par nuit en dortoir, 15 US$/pers. ou 30 US$/couple en chambre privée, avec café du matin et Wifi, laverie. Dans une annexe, 5 US$ le hamac ou le matelas. L'hostel développe également des activités : zipeline, tubing, zoo, mise en relation avec des guides, kayak, pêche sportive, plongée, promenade à cheval, 4x4 pour les Sans Blas, visite d'île privée (10 US$) ou excursion au fort san Lorenzo à 25 US$.
L'auberge d'un vieux loup de mer, Captain Jack, vous attend un peu sur les hauteurs de Portobelo. C'est le sympathique Marco qui vous recevra en français dans ce repaire d'aventuriers. Belle perspective sur l'église et la baie, ambiance conviviale et décontractée. Les voyageurs y passent une nuit ou deux, le temps de trouver un bateau charter pouvant les accueillir pour les emmener à Cartagena ou Sapzurro. Les 4 dortoirs sont propres et disposent de matelas neufs. Le restaurant-bar est agréable, avec sa vue et ses longues tables conviviales où l'on peut manger de vrais plats et boire des bières fraîches. Beaucoup de capitaines de voiliers viennent s'y réfugier, et l'ambiance est là presque tous les soirs. On y parle mer et voyage, mais révisez votre anglais !

Confort ou charme

CASA CONGO
A 100 m de la douane, en front de mer.
✆ +507 202 0111 / +507 202 0880
www.fundacionbp.org
info.casacongo@gmail.com
Dans la Casa Congo, 3 chambres avec balcon. Rey Congo et Reina Congo pour 2 pers : de 90 US$ à 150 US$ (basse/haute saison). Pajarito pour 4 pers : de 80 US$ à 120 US$. Dans la Casa Rayo verde, chambres de 60 à 80 US$ (2 pers.) et de 120 à 130 US$ pour 4 pers. Le petit déjeuner est inclus.
Au sein de la maison culturelle Casa Congo, chambres confortables, simples et raffinées, dans le même esprit que El Otro Lado (mêmes propriétaires). Peintures des artistes locaux de l'atelier adjacent. Vue sur la mer pour les chambres avec balcon et celle située au 2e étage. Une très bonne adresse. Avec un peu moins de charme, mais en plus économique, les chambres de Casa Rayo Verde situé à 30 mètres offrent une option d'hébergement de plus à Portobelo.

COCO PLUM
5 km avant Portobelo
✆ +507 448 2102 / +507 448 2309
12 chambres avec salle de bains, air conditionné, TV, Wifi. Chambre simple/double/triple/quadruple 55/65/80/90 US$. +10% de taxes. Billard, équipement de snorkeling, centre de plongée.
Un hôtel agréable et calme au bord de l'eau, avec un ponton où l'on peut manger ou faire la sieste. Toute la propriété et les chambres sont décorée de coquillages, poissons sculptés, noix de coco, et peintures d'Erika, une Hongroise qui administre cet établissement depuis de longues années. Le restaurant Las Anclas propose des petits déjeuners complets et de bons plats de poissons et fruits de mer. Des cours de plongée et des excursions en bateau, à pied ou à cheval sont proposés.

LA MORADA DE LA BRUJA, CASAS DE ARTE
A 50 m de la douane.
✆ +507 6759 6987 / +507 6528 0679
www.lamoradadelabrujaportobelo.com
lamoradadeportobelo@gmail.com
Un ensemble de 5 « casas » ou maisons, qui sont en fait 2 lofts, La Bruja (80 US$/100 US$) et La Sirena (50 US$/60 US$) ; la Casa Roja pour 8 personnes avec deux niveaux (200 US$/250 US$) ; la Casa Amarilla (225 US$/250 US$) pour 10 personnes sur 2 niveaux ; et La Turquesa, une chambre avec lit double et salle de bains (75 US$/85 US$). Cuisine (sauf La Turquesa), salle de bains, AC, ventilateurs, TV, Internet, hamacs, canapés... 50% de caution pour la réservation. Service de transport, de cuisinière ou de ménage sur demande en sus.
Ces maisons appartiennent à Sandra Eleta, la grande photographe panaméenne qui vivait dans la « Casa Roja ». On y voit quelques-unes de ses magnifiques photos noir et blanc mais aussi des murs décorés de peintures congos, réalisées dans l'atelier situé juste derrière. Lumineux, chaleureux et confortable, dans l'esprit de Portobelo, on s'y sent très bien. Idéal pour une famille ou un groupe d'amis.

Luxe

EL OTRO LADO
Dans la baie de Portobelo, en face du village.
✆ +507 202 0111 – www.elotrolado.com.pa
Cinq maisons indépendantes dont une composée de 3 suites à des tarifs entre 400 et 1000 US$ pour deux selon la saison, sans les taxes. Petit déjeuner et transferts en lancha depuis Portobelo inclus. Activités proposées : plongée, pêche, exploration de la mangrove... Restaurant uniquement sur réservation.
Du très haut de gamme réservé à une clientèle exclusive, qui recherche confort et raffinement. Le luxe s'exprime dans le naturel, sans superflu, et dans le service personnalisé. Les chambres lumineuses disposent d'équipements modernes et de meubles faits dans l'atelier d'ébénisterie de l'hôtel. Quant à la décoration, de magnifiques tableaux congos de Portobelo, des photographies de Sandra Eleta, et des objets originaux. La piscine se fond dans la baie et le restaurant offre une cuisine fusion haut de gamme.

Se restaurer

Plusieurs restaurants de poissons très sympas sur la route avant d'arriver à Portobelo. En ville, quelques *fondas* (poulet-riz coco-*patacones*), le restaurant de Casa Congo et des pizzerias.

Bien et pas cher

LA CUEVA DE MORGÁN
Dans la ruelle reliant la douane à l'église.
✆ +507 6962 6060
Ouvert tous les jours sauf le lundi, de 10h à 23h. De 7 US$ à 13 US$.
Un resto-bar chaleureux tenu par deux Italiens où l'on mange des plats simples, locaux ou internationaux (burgers, pâtes, pizzas, poisson, etc.) à des prix accessibles. Une terrasse à l'étage très agréable avec vue sur les ruines et la douane. Ambiance décontractée et conviviale pour boire un verre, et discuter avec les propriétaires ou d'autres voyageurs, sur de la bonne musique.

DON QUIJOTE
La première pizzeria en quittant Portobelo sur la route d'Isla Grande
✆ +507 6697 9793
Ouvert vendredi, samedi et dimanche, jusqu'à 20h. Compter entre 10 US$ et 20 US$ par personne le repas sans le vin. Pour les clients, balades à cheval en montagne et sur la plage entre 30 US$ et 50 US$.
Franck et Warda, un couple français, a repris ce restaurant chaleureux situé à quelques kilomètres de Portobelo sur la route d'Isla Grande. En cuisine, en plus des pizzas classiques et des plats français de qualité (les Français du coin y apprécient notamment le pâté de foie et le pain à l'ail), il a développé les pizzas sur fond blanc, les poissons et les desserts (goûtez au tiramisu à la mangue !), le tout maison. Le restaurant bénéficie d'une très belle vue depuis la terrasse située à l'arrière. On voit leurs chevaux dans le pré et, si cela vous envie de faire un tour, les propriétaires se feront un plaisir de vous emmener en promenade.

PANADERIA RESTAURANTE RICO & RICO
Rue principale, un peu avant la place du village.
✆ +507 6804 6014 / +507 6874 4380
Ouvert tous les jours sauf lundi de 8h à 20h pour la boulangerie et jusqu'à 22h les bons soirs pour

le restaurant. Baguette, pâtisseries, sandwiches à 3,75 US$, salades, pâtes, lasagnes, pizzas de 6 US$ à 8 US$. Petit déjeuner à 3 US$, déjeuner à 12 US$.
Tout a commencé par une petite boulangerie-pâtisserie, qui a si bien fonctionné que l'étage a été aménagé en restaurant de cuisine italienne, bénéficiant d'une jolie vue sur la baie. Tatiana (de Portobelo) et Federico (Italien qui parle français) aiment la bonne cuisine. On y prépare du pain presque comme chez nous, des pâtisseries et des sandwiches et une quinzaine de pizzas différentes. Egalement du très bon café (machine importée d'Italie) et des jus de fruits naturels. Une adresse appréciée des locaux comme des touristes. L'une des seules options pour dîner le soir à Portobelo en basse saison.

LA PLANCHA EXPRESS

Sur la place principale
✆ +507 6391 6557
Ouvert du lundi au vendredi de 6h30 à 20h et le week-end de 9h à 16h. Petit-déjeuner à 2,50 US$ et déjeuner à 8 US$.
Ce modeste local coloré sur la place, tenue par des Colombiens, est très apprécié des voyageurs au petit budget. Il propose des plats simples et économiques, viande ou poisson, grillés à la plancha. A déguster sur le pouce, sur un tabouret à la caisse, sur un banc face à la douane ou sur la petite terrasse lorsqu'elle est installée.

Bonnes tables

EL CASTILLO

Sur la route avant d'arriver à Portobelo.
✆ +507 6738 1561 – eponango@hotmail.com
Ouvert le lundi de 10h à 18h30 et de mercredi à dimanche de 10h à 21h. Fermé le mardi. Poulpe en sauce coco ou porc caramélisé à 12 US$.
El Castillo (Le Château), bien visible depuis la route principale, est en fait une immense terrasse en bois avec une très belle vue sur la baie. Richard, le chef français d'origine viet-namienne, concocte à la fois des plats caribéens et de la cuisine thaïe que des viandes au grill ou des plats internationaux. Les clients sont des habitués de la région et il est facile de rencontrer du monde au comptoir. Egalement un dortoir et quelques chambres privées à bas prix.

EL PALENQUE

Casa de la Cultura Congo
✆ +507 202 0111
www.fundacionbp.org
Ouvert en semaine (sauf mercredi en basse saison) de 8h à 10h pour le petit déjeuner, de 12h à 16h pour le déjeuner et de 18h à 20h pour le dîner. Le week-end et jours fériés, seulement le dîner de 18h à 21h. Il arrive que l'établissement soit fermé en basse saison. Plats autour de 15 US$.
Le restaurant El Palenque est situé dans la Casa Congo, le centre de la culture congo à Portobelo. Un lieu très agréable, pour découvrir les saveurs de la gastronomie caribéenne, élaborée avec des produits frais de qualité. Les plats sont bons, copieux et bien présentés. Le cadre est particulièrement agréable avec une salle aux couleurs marines et une grande terrasse au bord de l'eau. Parfois des concerts et de la danse traditionnelle congo.

LAS ANCLAS

5 km avant Portobelo, Hotel Cocoplum
✆ +507 448 2102 / +507 448 2309
Ouvert tous les jours de 8h à 18h en basse saison, un peu plus tard en haute saison. Poissons et fruits de mer autour de 15 US$.
Si vous cherchez des idées de déco originale, c'est ici qu'il faut venir ! Coquillages, objets de récupération, noix de coco... La décoration est chargée et colorée, tout comme l'hôtel. Le resto de Coco Plum est réputé pour ses plats de poissons et fruits de mer, à la présen-tation souvent originale également. Langoustes, gambas, poulpes... accompagnés de riz coco et de *patacones*, et d'un bon jus de fruit, on se régale ! Il est aussi possible de manger au bord de l'eau (prévenir à l'avance).

À voir – À faire

FORTIFICACIONES DE PORTOBELO ★★

Les fortifications de la côte Caraïbe se trouvent autour de la baie de Portobelo, pour partie au cœur du village. Pour accéder à San Fernando, en face, il faut prendre la *lancha* à l'entrée de Portobelo. A quarante-trois kilomètres de là, se dresse aussi le fort de San Lorenzo à l'embouchure de la Chagres. Ces constructions sont typiques de l'architecture militaire de l'empire espagnol.

REAL ADUANA DE PORTOBELO ★★

Dans le centre
Ouvert tous les jours de 8h à 15h30. Entrée 5 US$.
Les douanes royales sont l'un des ouvrages civils les plus importants de la période coloniale en Amérique centrale. Construit entre 1630 et 1638, le bâtiment est en partie détruit en 1744 par William Kinghills, puis reconstruit quinze ans plus tard selon de nouveaux plans. En 1882, un trem-blement de terre fait tomber sa façade nord et sa toiture. Les travaux de restauration, réalisés grâce à la coopération espagnole, s'achevèrent en 1997. Vous remarquerez les belles arcades. Le musée situé dans la douane est consacré à l'histoire de la ville ; y sont présentés boulets de canons, vieux fusils, sabres... Demandez à voir le film que l'on ne vous projettera pas spontanément.

© GUALBERTOBECERRA – ISTOCKPHOTO

Fort de Santiago, Portobelo.

FUERTE BATERIA DE SANTIAGO ★★

Le fort à l'entrée du village en venant de Sabanitas date de 1760 (après la destruction de la ville par Vernon en 1739) est resté quasiment intact, ses canons toujours pointés sur la baie. De l'autre côté de la route, on peut prendre un petit sentier pentu pour rejoindre la Casa Fuerte de Santiago, le poste d'observation du fort encore assez bien conservé. De là, une vue magnifique s'étend sur la baie et la ville.

FUERTE BATERIA SAN JERONIMO ★★

Ce sont peut-être les vestiges les plus impressionnants de Portobelo, avec en plus une jolie vue sur la baie et le bâtiment des Douanes. Le fort a été construit entre 1663 et 1670, et remanié pour la dernière fois en 1758. On remarquera sa jolie porte voûtée et sa batterie de canons.

FUERTE SAN FERNANDO ★★

Départ de la lancha à côté du fort Santiago, environ 4 US$ par pers.

De l'autre côté de la baie, se trouvent les fortifications de San Fernando, que l'on peut rejoindre en lancha ou kayak de location. Après le départ des Espagnols à la suite de l'indépendance obtenue en 1821, l'ensemble des forts a fait l'objet de pillage de la part des habitants qui se sont servis des pierres, poutres ou ferrailles pour améliorer leurs propres maisons.

IGLESIA SAN FELIPE ★★

Cette église paroissiale héberge le Cristo Negro, à voir absolument. Elle a été maintes fois détruite et reconstruite, la dernière fois en 1814. Le clocher date de 1945.

IGLESIA SAN JUAN DE DIOS ★★

L'église a été créée peu après la fondation de la ville, en 1598. Au XVIIe siècle, les frères de Saint-Jean de Dieu y soignaient les soldats mais aussi les esclaves, pratique peu courante à l'époque. Détruite en 1744 et reconstruite au début du XIXe siècle, l'église a été restaurée en 1998. Elle abrite le musée du Cristo Negro, où sont exposés des crucifix, des tuniques du XVIIIe, cousues de fils d'or et de velours, et des photos.

PLAGES ★★

Pour rejoindre les plages situées de l'autre côté de la baie, les bateaux à moteur partent d'un ponton à côté de la douane, ou d'un autre proche du fort Santiago, à l'entrée du village. Il est possible de planter sa tente sur les plages. Dommage qu'elles ne soient pas toujours très propres.

- **Playa Huerta (« Playa primera »)** est la plage la plus proche de Portobelo. Ses eaux calmes en font un bon spot pour la baignade et le snorkeling (5 minutes en canot, aller-retour 30 US$ pour 1 ou 2 personnes, au-delà 10 US$ par personne).

Playa Francés, un peu plus loin, mêmes délices (15 minutes, aller-retour 40 US$ pour 1 ou 2 personnes, au-delà 12 US$ par persnne).

Playa Blanca. Belle plage du sable blanc beaucoup plus loin que les précédentes (30 minutes, 50 US$ aller-retour pour 1 ou 2 personnes, au-delà 15 US$ par personne).

Sports - Détente - Loisirs

Portobelo est l'un des meilleurs sites du pays pour la plongée sous-marine et le snorkeling. Les 53 espèces de corail et les nombreuses variétés de mangroves nourrissent une faune très riche. Le spot de Salmedina Reef est l'un des plus réputés, avec ses canons et ancres enfouis dans les profondeurs. Le cercueil en métal contenant le corps de Francis Drake ne serait pas loin mais n'aurait toujours pas été localisé... Plusieurs agences louent du matériel, offrent des tours et dispensent des cours. Elles ont leur base ou des relais dans certains hôtels. Période recommandée pour la plongée : d'avril à novembre, après le passage des alizés.

CANOPY

Rio Piedra
Sur la route de Portobelo, 5 minutes après Maria Chiquita.
✆ +507 6605 8171
www.panamaoutdooradventures.com
60 US$ par personne. Vous pouvez aussi rester camper sur place : 10 US$ la tente (location possible) + 5 US$ par personne.
Après une route qui grimpe fort, on atteint un site magnifique dédié à l'accrobranche ; 12 plateformes dans les arbres et 9 câbles tendus à travers la forêt luxuriante, dont une longue tyrolienne de 220 m !

SCUBA PORTOBELO

Quelques km avant Portobelo
✆ +507 261 3841
✆ +507 448 2147
www.scubapanama.com
scubapanama@scubapanama.com
Des cours de plongée pour débutants et avancés. Location et vente d'équipement. Un programme alléchant avec notamment la possibilité de plonger le même jour dans l'Atlantique et le Pacifique et de faire un tour « plongée » du Panama.

Visites guidées

PANAMORE ★★

Plaza de la Aduana, Casa 40
✆ +507 6739 1685
panamore.org
info@panamore.org
Tarifs détaillés sur le site internet. Par exemple 25 US$ pour l'Amfibia Board.
Le guide italien Francesco a créé sa propre petite agence où il propose des tours sur les plages vierges de la région, de la baignade dans les cascades, du cheval, de la pêche, de l'*anfibia* board (un nouveau sport où l'on se fait tracter par un bateau sous l'eau pour nager comme un dauphin tout en observant les fonds marins !) et des visites culturelles de Portobelo pour découvrir la culture congo, en anglais et espagnol. Il organise également des séjours camping dans la jungle, des charters pour les îles Guna Yala et des voyages de 4 jours jusqu'à Sapzurro en Colombie.

Shopping

TALLER PORTOBELO

Casa Congo, à 100 m de la douane.
✆ +507 6673 7726
www.fundacionbp.org
rdinis@fbp.org.pa
Ouvert en principe de 9h à 12h et de 14h à 17h.
La fondation Bahia de Portobelo présente dans la Casa Congo, une galerie d'art très intéressante dédiée à la culture congo. Les œuvres exposées sont élaborées par des artistes locaux talentueux (tableaux, photographies, céramiques, sculptures en cocobolo, etc.) et se vendent sous le concept de commerce équitable.

PUERTO LINDO ★★

Six kilomètres avant Isla Grande, un petit village de pêcheurs au fond d'une baie pittoresque, où l'on trouve de petits restaurants pas chers, une *tienda*, une station-service et deux marinas aux nombreux services, d'autant plus fréquentées que l'office de la migration a été déplacé pour quelques temps à Puerto Lindo à la place de Porvenir à l'entrée des San Blas. De Puerto Lindo, il est possible de rejoindre en *lancha* Isla Grande, Isla Mamey et de nombreux spots de plongées. Un club tenu par des francophones vous propose d'ailleurs de belles sorties, pour tous niveaux.

Transports

Puerto Lindo est à 6 km de la Guaira et d'Isla Grande, 6,5 km de El Cruce et 15 km de Portobelo. Prendre un bus Costa Arriba, les mêmes qui vont à la Guaira. Compter environ 45 minutes depuis Portobelo (0,90 US$). Pour rejoindre Isla Grande, vous avez le choix, l'un des rares bus qui passe (25 cents) ou taxi (environ 5 US$), puis *lancha* (3 US$), ou plus simple : *lancha* depuis Puerto Lindo (5 US$ par personne).

LA TAGUA, L'IVOIRE VÉGÉTAL, RACONTÉE PAR MICHEL LECUMBERRY

Dans le monde, quinze espèces de palmiers produisent l'ivoire végétal. En Amérique du Sud et Amérique centrale, on trouve les six espèces du Phytelephas (du grec *Phyton*, « plante », et *Elephas*, « éléphant »). Au Panamá, sur les pentes de la forêt humide, pousse *Phytelephas seemannii*. Ce palmier à tronc court d'où émergent de longues palmes en forme d'éventail est appelé ici arbre à tagua (se prononce « tagouä »). A la différence des autres palmiers, le *phytelephas* porte ses fruits près du sol. De la taille d'un petit ballon, chaque fruit est formé par cinq ou six gousses rigides et épineuses contenant chacune de quatre à dix graines de forme et de taille variables. La graine est constituée d'une coquille rigide sous laquelle une peau marron protège le germe et l'albumen (liquide visqueux et blanc). Au cours de la maturation, l'albumen s'épaissit peu à peu. Lorsqu'un fruit est mûr, il se détache du tronc et les gousses éclatent répandant les graines. Certaines, retenues par des obstacles, vont pouvoir germer et prendre racine, les autres peuvent êtres récoltées et mises à sécher, l'albumen va alors finir de durcir tout en restant très blanc et donner ainsi l'ivoire végétal (appelé en français le corozo).

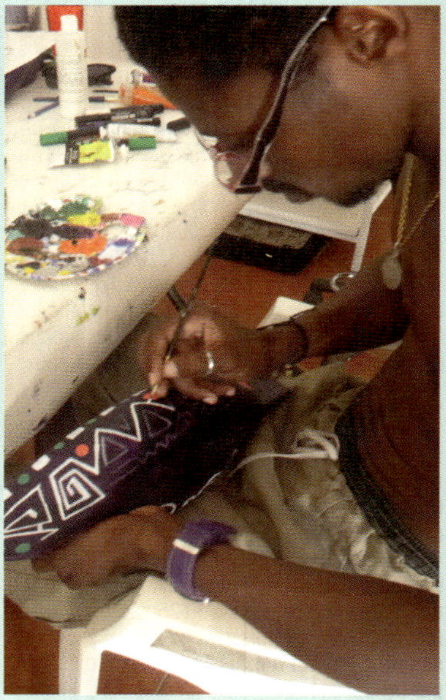

Taller de Portobelo.

En 1798, les explorateurs espagnols Ruiz et Pavón décrivent pour la première fois ce palmier que les indigènes utilisent à plusieurs fins. Notamment ils boivent l'albumen liquide et sculptent de petits objets dans l'ivoire végétal. Vers la fin du XIXe siècle, les Allemands seront les premiers à importer des taguas pour fabriquer des boutons. La construction du canal de Panamá va permettre à d'autres pays européens et aux Etats-Unis d'importer directement l'ivoire végétal. En 1910, l'Equateur et la Colombie exportaient plus de 40 000 tonnes de taguas.

Dans les années 1930, l'arrivée des matières plastiques devait quasiment réduire à zéro l'utilisation de boutons en ivoire végétal, seuls quelques grands couturiers européens font encore réaliser à la main de superbes boutons. Pour relancer l'exploitation de la tagua, des entreprises de Colombie et d'Equateur se sont tournées vers la réalisation semi-industrielle de bijoux fantaisie. Au Panamá, dans le Darién, depuis une trentaine d'années, les Wounaan et les Emberá utilisent les noix de tagua pour sculpter des animaux de la jungle, certains sont de véritables artistes qui signent leurs réalisations. On peut trouver de très belles pièces, blanches ou colorées dans les boutiques spécialisées proposant de l'artisanat de qualité.

■ TAGUA DE PORTOBELO

Derrière la douane, à l'entrée des ruines.

✆ +507 6655 5161

www.sagapanama.fr

michel.lecumberry@gmail.com

Demandez aux locaux, tout le monde connaît la maison.

Michel Lecumberry et sa compagne Coco sont deux grands voyageurs qui ont décidé de poser pied à terre à Portobelo, après trois ans passés dans l'archipel des San Blas en compagnie de leurs amis gunas. L'atelier se trouve dans une petite maison située au bord des ruines du fort San Jeronimo. Michel a appris à sculpter la tagua avec les Emberá. Coco monte les pièces d'ivoire végétal en bijoux en y ajoutant de l'ébène ou le bois cocobolo, ce qui donne des créations tout à fait originales, que l'on s'arrache dans les boutiques de Panamá City. Michel a également entrepris d'importantes recherches sur les Guna d'une part, et sur Portobelo et le fort San Lorenzo d'autre part, avant d'écrire deux ouvrages très intéressants que l'on peut trouver dans les bonnes librairies panaméennes (comme Libreria Cultural) et chez eux bien sûr. Michel tient également un blog très intéressant : www.sagapanama.fr

Pratique

Pas de distributeur bancaire. Le club de plongée Panama Reef Diver propose une bonne connexion wifi (payante pour ceux qui ne logent pas dans l'hôtel). La station-service Delta est chère mais peut dépanner (ne pas trop compter dessus quand même !). Après Panamarina, une nouvelle marina, Linton Bay Marina, a vu le jour en 2014 face à Isla Linton et accueille de nombreux voiliers. C'est le seul endroit du coin où il est possible de louer une voiture, par exemple pour aller faire des courses à Panama quand on arrive en bateau.

■ PANAMARINA

Entre Puerto Lindo et Cacique
✆ +507 6006 5449 / +507 6005 8879
www.panamarina.net
panamarina1@yahoo.com
Pour s'y rendre depuis la route El Cruce-La Guaira, tournez sur la gauche en direction de Cacique et de José del Mar, à la seule intersection avant Puerto Lindo. La marina est située à 3 km de cette intersection et à 600 m avant Cacique.
Restaurant ouvert du mardi au samedi. Petit déjeuner de 8h à 10h, déjeuner de 11h à 13h30, snack de 13h30 à 17h30 et dîner de 18h à 20h30. Plats entre 7 US$ et 15 US$. Bar de 8h à 22h.
Cette marina créée par Jean-Paul et Sylvie Orlando offre tous les services nécessaires aux marins (laverie, douches, bibliothèque, carénage, hivernage...) et des informations sur la région. Un restaurant offre une cuisine familiale variée et des plats typiques caribéens.

Se loger

Plusieurs hôtels et *guest houses* au village ou dans les environs.

■ BAMBU GUEST HOUSE

A l'entrée de Puerto Lindo
✆ +507 6353 0798 / +507 6600 4616
www.panamaguesthouse.com
Trois chambres à 60, 70 et 80 US$ (1, 2 ou 3 personnes), tarifs intéressants en basse saison. Petit déjeuner inclus à 4,5 US$ ou 6,5 US$. Air conditionné et sortie indépendante.
Sur le flanc d'une colline verdoyante, une maison confortable avec un jardin, dotée d'une jolie vue sur l'océan depuis la terrasse du bar-restaurant, où l'on prend un copieux petit déjeuner et un bon dîner. Un endroit reposant, avec les singes pas loin, on se croirait au milieu de la forêt. Les propriétaires allemands, Sandra et Bert, peuvent vous organiser des tours en bateau dans les environs, vous promener en forêt ou bien vous montrer des coins de baignade et de mangrove.

■ HOSTEL WONDERBAR

Sur la route principale, à 5 minutes à pied du centre.
✆ +507 6700 7790 / +507 6659 4569
www.hostelwunderbar.com
Chambre double à partir de 35 US$, 45 US$ ou 55 US$. Villa à 150 US$ pour un groupe de 8 ou 11 US$ dans le dortoir. Promotions pour plusieurs jours. Cuisine.
Un hôtel backpacker constitué de bâtiments en dur et d'une maison construite dans le style guna où se trouve un dortoir. Chambres à la déco sympa, hamacs en terrasse et ambiance chaleureuse. L'hostel est situé à proximité du Río Pino et à 200 m de la mer. De nombreuses activités et excursions sont proposées. Un bon endroit pour prendre contact avec des skippers pour des excursions en voilier dans l'archipel de San Blas et rejoindre la Colombie.

■ HOTEL PANAMA REEF DIVERS

Sur la plage de Puerto Lindo
✆ +507 6695 0418
www.panamareefdivers.com
Au club de plongée.
Tarifs : 50/60/70 US$ pour 1, 2 ou 3 personnes. Petit déjeuner complet à 6 US$, possibilité de demi-pension et pension complète. 2 chambres avec AC, wifi, coffre-fort, salle de bains privée avec eau chaude. Location de vélos sur place. Paiement par carte bancaire accepté.
Le centre de plongée Panama Reef Divers, de Nevin et Franck, dispose de deux chambres confortables dans leur maison au bord de l'eau. Des chambres pour deux ou trois personnes (un lit double et un lit simple) qui donnent sur une terrasse bénéficiant d'une belle vue sur la baie, avec la possibilité de piquer un somme dans un hamac. L'hôtel est bien évidemment accessible à ceux qui ne plongent pas. Panama Reef Divers organise d'ailleurs de multiples excursions autres que l'immersion sous-marine au milieu des récifs (voir rubrique consacrée au club de plongée). Nouveau : un joli petit bar, idéal pour manger sur le pouce. L'ambiance conviviale et la possibilité de parler français avec vos hôtes, vous laisseront un excellent souvenir de votre séjour à Puerto Lindo.

Se restaurer

■ DONDE HANZ

A 100 m de Panama Reef Divers
Ouvert assez tard presque tous les jours. Compter 8 US$ le plat. Egalement quelques chambres à louer (35 US$).
Petit restaurant très apprécié des locaux et des marins de passage. On y mange essentiellement du poisson frit (la sierra nous a bien plu) et du poulet, toujours acccompagné de riz coco, frites et salade. Le cadre est très simple, mais c'est bon et copieux.

Sports - Détente - Loisirs

PANAMA REEF DIVERS

Sur la plage de Puerto Lindo.
✆ +507 6695 0418
www.panamareefdivers.com
info@panamareefdivers.com
Le centre est ouvert toute l'année, même en basse saison touristique mai-juin, une excellente saison pour plonger dans les environs (fin des alizés). Paiement par carte bancaire accepté. Un joli petit bar et snacking à disposition. Connexion wi-fi (les seuls à la proposer sur Puerto Lindo).

Un centre PADI à taille humaine, tenu par Nevin et Franck, un couple francophone charmant et passionné. C'est le seul centre de plongée de Puerto Lindo, situé dans une baie magnifique, en face du premier spot qui se trouve à 5 minutes, en pleine mangrove ! D'autres sites plus profonds bien sûr vous attendent à proximité pour de belles sensations. Du Discover Scuba Diving pour découvrir la plongée en bouteilles, au Dive Master, en passant par de multiples spécialités (profonde, nuit, épave, orientation, *project aware*...), il y en a pour tous les goûts et les niveaux. Depuis deux ans une myriade de nouvelles activités sont proposées : snorkeling, location et vente d'équipement de plongée. Nevin et Franck peuvent aussi vous emmener sur de magnifiques plages des environs (Playa Blanca, Isla Mamey, Isla Grande...) ou encore explorer la terre ferme avec des randonnées en pleine jungle, à pied, en kayak ou à cheval, des excursions en bateau dans les mangroves et les îles, des excursions avec un guide francophone en transport privée jusqu'aux écluses de Gatún. Plus près, partez à la découverte des villes de Colón et Portobelo. Location de vélos au départ du centre.

PARQUE NACIONAL PORTOBELO

D'une superficie de 35 929 ha, le parc est constitué de 23 % de zones maritimes. Avec 53 espèces de corail recensées (dont la *Dendrogyra Cylindrua*, espèce unique dans les Caraïbes) et une très grande variété de mangroves, la biodiversité dans le parc est l'une des plus riches au monde.
Sur terre, on relève environ 15 000 ha de forêt primaire et différentes zones de vie : forêt tropicale humide et très humide, forêt humide pré-montagneuse et forêt pluvieuse pré-montagneuse.

GUIDE JASON

✆ +507 6954 7847
portobeloadventures@yahoo.com
Compter généralement 10 US$ par personne et par heure.

On voit que Jason s'y connaît lorsqu'il parle de son métier : ce jeune guide originaire des Etats-Unis a vécu douze ans dans la forêt d'Amérique centrale. Passionné de photo, il vous fait découvrir, en anglais et espagnol, des espèces dont nous n'aviez jamais entendu parler. Il propose également des excursions plus sportives en kayak vers le Fort San Fernando ou dans la mangrove du parc national au fond de la baie, du snorkeling sur les plus beaux récifs d'Isla del Padre et des randonnées pour voir des animaux précis. Egalement des packages sur plusieurs jours jusqu'à Isla Grande avec différentes activités.

MIAMBIENTE

Nuevo Tonosi
✆ +507 448 2165 – www.anam.gob.pa
Le bureau est indiqué sur la route de La Guaira.
Ouvert de 8h à 16h mais les gardes du parc sont normalement présents 24h/24.

ISLA GRANDE ★★

La « Grande Ile », 5 km de long pour 1 km de large, est si populaire chez les Panaméens qu'elle est tout simplement appelée « l'Ile » (*la Isla*). Située à peu de distance de la côte, elle est recouverte d'une épaisse végétation et dispose de quelques plages. Dans sa partie sud, un petit village d'environ un millier d'habitants vit traditionnellement de la pêche et de la culture de coco.

Depuis quelques années, la beauté des lieux, les eaux cristallines et la relative facilité d'accès du site a permis le développement d'un tourisme essentiellement national. En semaine, vous vous rendrez compte que bon nombre de restaurants et petits hôtels sont vides ou fermés. Mais lors d'un long week-end de pont (*los puentes*) ou au moment du carnaval, vous verrez débarquer des centaines de touristes panaméens, en famille ou en groupes d'amis, chargés de leurs glacières (*cooler*) pleines de bières et de glaçons, venant profiter de la plage et faire la fête au bord de l'eau.

Les premiers habitants de l'île furent probablement les Guna, à la recherche de langoustes ou de cocos. Les conquistadores la baptisèrent Isla Bastimento (ne pas confondre avec Bastimentos à Bocas del Toro), puis elle prit le nom d'Isla Grande. Dans les années 1880, pendant la construction du canal, les Français furent nombreux à s'y installer. Ils construisirent un phare qui entra en service en 1897 et aidera par la suite les bateaux à s'orienter à l'approche du canal (la « lumière » de Gustave Eiffel est conservée aujourd'hui dans le hall du musée du Canal, à Panamá City). L'île abrita une base militaire américaine pendant la Seconde Guerre mondiale mais redevint un lieu paisible le conflit terminé.

Les Panaméens vous parleront de la Isla avec les yeux qui brillent. On peut y faire du bon surf mais ne vous attendez pas à de grandes plages ou à des fonds époustouflants. C'est avant tout une bourgade hospitalière et décontractée. Les principales fêtes célébrées, la Saint-Jean et la Vierge Carmen (16 juillet), donnent lieu à de spectaculaires processions sur l'île et en mer.

Transports

▶ **Voiture.** La route est aujourd'hui très bonne pour se rendre à Isla Grande. A La Guaira, le village en face de l'île, vous pouvez faire garder votre voiture au niveau des embarcadères pour quelques balboas, notamment chez Doña Eme.

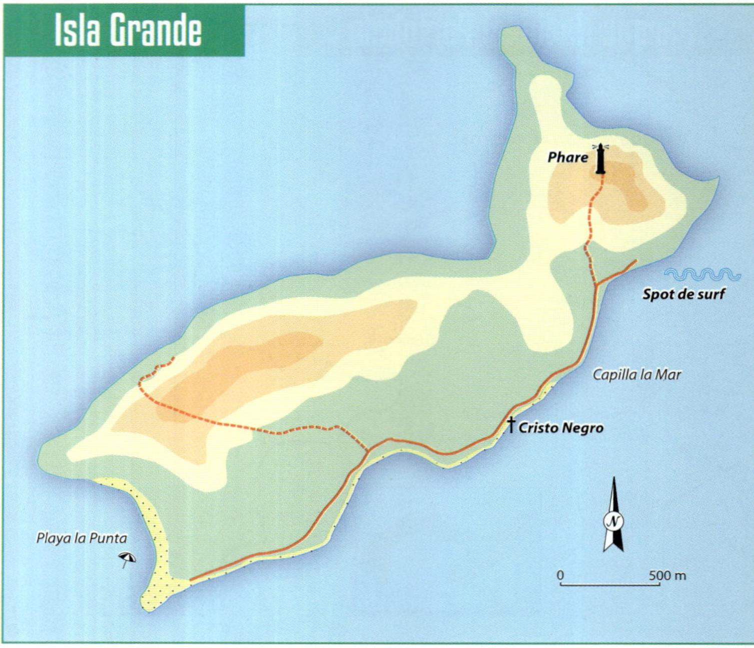

- **Bus.** De Colón ou Portobelo, prendre un bus direction La Guaira. Départs de Colón de 9h30 à 17h30 toutes les 2 heures environ. 2 heures 30 de trajet pour Colón (3 US$), 1 heure pour Portobelo (1,20 US$). Retours de La Guaira à 5h30, 6h30, 7h30, 9h et 12h30 (16h le dimanche). Comme partout, horaires assez aléatoires et tarifs sujets à modifications.
- **Barques à moteur entre La Guaira et Isla Grande.** Les *lanchas* relient l'île et le continent en 5 minutes. Tâchez d'avoir déjà une petite idée de l'hôtel où vous souhaitez passer la nuit, afin que le lanchero vous emmène au plus près. Entre 2,50 et 3,50 US$ selon l'endroit où l'on vous dépose. Les tarifs sont inscrits sur la cabane de l'embarcadère.

Pratique

Pas d'office du tourisme ni de banque (derniers distributeurs à Las Sabanitas). Des téléphones publics, pas de cybercafé. Il y a bien quelques épiceries mais l'approvisionnement est variable. Côté hygiène, ne buvez pas l'eau du robinet, même si les locaux le font, achetez de l'eau en bouteille (pour les budgets serrés, emportez avec vous de l'eau en gallon). Prévoyez aussi une lampe de poche, les coupures d'électricité sont fréquentes.

Orientation

Une ruelle longe la mer du sud-ouest au nord-est, face au continent. La petite plage, La Punta, est au bout de cette rue côté ouest. Le phare est situé à l'est, en haut d'un petit sentier. Le point de repère souvent utilisé est la Bodega Rey Jackson, à côté de l'embarcadère où arrivent les bateaux en provenance de La Guaira.

Se loger

- **Chez l'habitant.** Pendant les fêtes, quelques résidents louent des chambres (*Se alquila habitación*) autour de 40 US$ la nuit pour deux. Le confort est souvent rudimentaire. Le camping est possible. Si vous plantez la tente sur la plage (La Punta), méfiez-vous de la marée et attendez- vous à passer une nuit bruyante le week-end, en cas de fête *cervezaron* improvisée !
- **Hôtels.** Pour un séjour au moment des fêtes ou durant un week-end de haute saison, attendez-vous à ce que les prix indiqués ci-dessous augmentent sensiblement. Il existe également quelques cabañas au village de La Guaira, en face de l'île au cas où tout serait complet, ou tentez votre chance à Puerto Lindo.

CABAÑAS SUPER JACKSON

Juste à côté du principal quai d'arrivée des bateaux.
derrière la Bodega Jackson (épicerie)
✆ +507 448 2311
Six chambres de plain-pied pour 2 à 6 personnes, avec salle de bains, ventilateur ou AC, à partir de 30-40 US$.
Pas de vue sur la mer mais l'un des hôtels les moins chers de l'île, souvent complet le week-end.

HOTEL SISTER MOON

Dans l'est de l'île, 15 min à pied du centre (de nuit, prendre une lampe de poche, le sentier n'est pas éclairé)
✆ +507 6948 1990 / +507 6034 6187
www.hotelsistermoon.com
10 cabañas pour 2 à 5 personnes. De 82,50 US$ pour 2 à 148,50 US$ pour 4, petit déjeuner inclus. 27,50 US$ en dortoir.
Le cadre est magnifique et les cabanes à flanc de colline ont vue sur la mer. Elles disposent d'une terrasse avec un hamac pour se balancer inlassablement en harmonie avec la danse des vagues et des palmiers environnants, en mode caraïbes total. Un bar, un billard et, surtout, la petite piscine qui donne sur la mer, contribuent à l'agrément du séjour. Situé juste en face du meilleur spot de surf de l'île, le Sister Moon est souvent envahi les jours de grosses vagues. En basse, saison, un peu de laisser-aller...

Se restaurer

Presque tous les bars et restaurants possèdent des terrasses aérées en bord de mer très agréables. Certains n'ouvrent qu'en fin de semaine, d'autres tous les jours mais avec des horaires variables en fonction de l'affluence. La cuisine proposée est similaire presque partout : pagre, poulpe, langouste ou crabe centollo, accompagnés de riz à la coco.

BAR RESTAURANTE CONGO

Peu après Jackson côté est
Ouvert tous les jours. Petit déjeuner autour de 4 US$, plats de la mer (cambobia, burgoa...) à partir de 8 US$. Baby lobster (4 petites langoustes) pour 10 US$.
Une terrasse sur pilotis très agréable pour ce resto familial. La mama aux fourneaux prépare des calamars, poulpes, palourdes et autres fruits de mer en sauce rouge ou à l'ail. Petit bar avec musique locale, à partir de 22h la température monte !

EL NIDO DEL POSTRE

Dans l'ouest, peu avant l'hôtel Isla Grande.
✆ +507 6550 5587
www.elnidodelpostre.net
Ouvert tous les jours de 8h à 20h. Plats de 17 à 35 US$, desserts à partir de 4 US$. Menu du jour à 12 US$. Différentes options d'hébergements de 70 US$ la chambre à 150 US$ l'appartement.

Indien embera.

Le meilleur restaurant de l'île. On vous invite à déguster une cuisine raffinée, aux saveurs méditerranéennes et tropicales. Le tout est joliment présenté. A la carte, coquillages et poissons, mais aussi canard à l'orange, couscous, langoustes au cognac... et des plats végétariens. Pour le dessert ou le goûter, les pâtisseries vous feront chavirer !

À voir – À faire

FARO

L'un des premiers phares du continent. Un quart d'heure de montée sur un joli sentier (parfois boueux) qui grimpe juste avant l'entrée de l'hôtel Sister Moon (suivre au départ le câble électrique). Le phare de 26 m de haut n'a pas grand intérêt en soi et aucun effort ne semble fait pour son entretien, mais la vue depuis le mirador est magnifique et il y souffle une brise rafraîchissante !

LA PUNTA

Une seule véritable plage dans le village : La Punta. Agréable, avec son sable blanc et la vue sur les collines verdoyantes du continent, mais pas très grande (elle rétrécie de plus en plus). Déserte la semaine, beaucoup moins les week-ends estivaux. Une petite paillote conviviale propose des plats de poisson et des bières fraîches. Parfois le soir ont lieu d'indéterminables matchs de foot entre locaux au bord de l'eau. Très bon niveau de jeu, pieds nus et bousculades amicales au rendez- vous ! En face le village de la Guaira dispose également de petites plages agréables.

Un spot de surf réputé se trouve devant l'hôtel Sister Moon, tandis qu'on pourra faire du *snorkeling* devant l'hôtel Villa Ensueño notamment.

Sports – Détente – Loisirs

Excursions en *lanchas*. Plusieurs excursions possibles avec les *lancheros* (demandez à votre hôtel de vous mettre en contact), dont le tour de l'île en bateau et la visite des mangroves. Le tour de l'île qui dure de 20 à 30 minutes coûte autour de 50 US$ pour 5 personnes. Pour le « Tunel del Amor » à travers la mangrove, la « passe » dure entre 30 minutes et 1 heure : autour de 50 US$ pour 5 personnes (le prix du carburant influera forcément sur ces tarifs). Pour rejoindre des spots de *snorkeling*, tarifs variables en fonction de la distance et de la durée du tour.

NOMBRE DE DIOS

Située à une vingtaine de kilomètres de Portobelo, la petite ville de Nombre de Dios est une étape agréable sur la route de Palenque et Miramar. Le tourisme n'y est pas encore développé et les meilleures possibilités d'hébergement se trouvent plutôt dans les alentours. Environ un millier d'habitants peuple cette bourgade tranquille que longe une plage de sable gris noir. Nombre de Dios est le point de départ idéal pour Playa Damas, nommée ainsi en raison des deux plages, une de sable blanc, l'autre de sable doré, qui font penser à un jeu de dames.

Histoire

A l'époque des premières explorations du continent en 1510, Diego de Nicuesa, gouverneur désigné de Castille d'Or, arrive dans une baie qui lui semble bien accueillante comparée à Veragua, où il fut surpris par la tempête, et à Portobelo d'où il fut chassé par les indigènes. Fatigué de ses errances, le gouverneur se serait exclamé : *¡Detengamos aquí en Nombre de Dios !* (« Arrêtons-nous ici au nom de Dieu »). Le village construit à la hâte gardera ce nom de Nombre de Dios, ce qui ne le protégera guère des attaques des indigènes… Les conquistadores sont forcés d'abandonner les lieux et s'implantent plus à l'est où ils fondent Santa María la Antigua del Darién (aujourd'hui en Colombie – localité considérée comme le premier établissement espagnol durable en Terre ferme). Revenus à Nombre de Dios en 1519, les Espagnols commencent à renforcer un sentier indigène pour en faire un véritable chemin menant jusqu'à la ville de Panamá côté Pacifique : le Camino Real. Plus tard, les Espagnols subissent les attaques de Francis Drake, en 1572 puis en 1596. Le corsaire anglais y laissera d'ailleurs sa peau peu après, tué par la dysenterie. Son corps déposé dans un cercueil de métal sera plongé dans la baie de Portobelo. Il serait toujours au fond…

Transports

On peut venir en bus depuis Colón, Sabanitas ou Portobelo. Les bus continuent ensuite jusqu'à Cuango via Palenque et Miramar. Bus depuis Colón toutes les 1 ou 2 heures, de 8h à 17h45. De 4h et 15h depuis Nombre de Dios. 4 US$.

Se loger

■ CASITA RIO INDIO

11 km avant Nombre de Dios en venant de Portobelo, juste après San Antonio
✆ +507 6650 6634 / +507 6807 3193
panamacasitarioindio.wordpress.com
casitarioindio@yahoo.fr
2 chambres doubles à 25 US$ et deux cabanes plus récentes à 50 US$ avec salle de bains. Petit déjeuner 5 US$, dîner entre 12 US$ et 15 US$. Camping : 5 US$ par personne avec sa propre tente. Cuisine rudimentaire en plein air pour ceux qui veulent cuisiner.
Annick et Sébastien ont construit leur univers en pleine nature et accueillent les touristes de passage dans des maisonnettes rustiques sur pilotis. Depuis les *cabañas*, vous pourrez observer des singes (capucins, hurleurs, tamarins, araignées), paresseux, agoutis et toutes sortes d'oiseaux. Vous pourrez aussi partir pour de belles excursions : balades à cheval, sorties nocturnes à la découverte des caïmans, excursions vers les plages isolées de Río Indio, Playa Damas ou Majagual, pêche sur le lac Gatún ou en mer avec des pêcheurs locaux… Une adresse économique et conviviale que nous recommandons vivement !

PALENQUE ★

Ce village aux maisons colorées est situé peu après Viento Frío, à 32 km de « El Cruce ». Une halte pittoresque au bord d'une belle plage de sable clair. Mêmes bus que ceux qui passent à Nombre de Dios.

■ RESTAURANTE EL PUERTO

Au bord de l'eau, dans la rue principale.
✆ +507 6652 3870
Plat de poulet ou poisson autour de 5 US$.
Un petit restaurant simple, ouvert sur la plage proposant poissons et fruits de mer, accompagnés de riz coco et de *patacones*, à partir de 5 US$. Si vous devez passer la nuit à Palenque, demandez au restaurant, des habitants louent des chambres. Ne vous attendez pas à du grand confort.

MIRAMAR ★

L'étape suivante est Miramar, à 4 km. Aussi paisible et charmant que Palenque, c'est le dernier port avant San Blas, que l'on peut rejoindre sans trop se ruiner, à condition de savoir patienter. Attention, il s'agit de voyages aventureux où les conditions de sécurité sont loin d'être garanties, surtout quand la mer est agitée, notamment en décembre, janvier et février… Vous avez le choix entre des bateaux de marchandises, des bateaux de pêche, ou une navette (grosse pirogue à moteur). Tarif touriste autour de 20 US$. On trouve plusieurs petit restos où manger du poisson frais et des chambres chez l'habitant.

■ RESTAURANTE LA FELICIDAD

A côté de l'embarcadère
✆ +507 6693 5186
Comida corriente dans les 4 US$.
C'est aussi une bonne adresse pour en savoir plus sur les allers-retours Porvenir Miramar.

CUANGO ★

Au-delà de Miramar, à la fin de la route goudronnée. Un village encore plus paisible que les précédents, au bord d'une longue plage de sable dans les tons jaune-vert sombre, bordée de cocotiers. Rien de particulier à visiter, juste une ambiance bout du monde des plus reposantes.

Retour de pêche, Aguadulce.

© NICOLAS LHULLIER

PROVINCES DE COCLÉ ET VERAGUAS

PROVINCE DE COCLÉ

Les immanquables des provinces centrales

- **Le marché artisanal** coloré d'El Valle et les randonnées autour du village.
- **L'excursion** dans les hautes terres de Coclé à la rencontre de la communauté Cucua.
- **La plage infinie** de Santa Clara.
- **Le savoir-faire** des fabricants de chapeaux de La Pintada.
- **La nature exubérante** de Santa Fé, peu explorée.
- **La biodiversité marine** de Coiba, véritable paradis préservé.
- **Les vagues puissantes** de Santa Catalina.
- **Le carnaval aquatique de Penonomé** et le Carnavalito de La Pintada.

Au centre de l'isthme, à l'ouest de la capitale, Coclé bénéficie d'une situation idéale pour offrir des week-ends prolongés à la mer ou à la montagne aux Panaméens et aux expatriés. On y pratique l'agriculture extensive et l'élevage, ainsi que la production de sucre et de sel. Pour le touriste, la province est surtout réputée pour son marché artisanal d'El Valle et ses longues plages de sable blanc sur l'océan Pacifique, également très prisées des locaux, comme Santa Clara ou Farallon. Vous ne pourrez pas rater les projets immobiliers et hôteliers le long de la panaméricaine. La construction de l'aéroport international des provinces centrales, à Rio Hato, offre de nouvelles perspectives pour Coclé, car les touristes arrivent directement dans la province et peuvent être hébergés dans des hôtels aux alentours.

A l'intérieur des terres, au-delà de sa capitale Penonomé, les habitants ont su préserver leurs richesses culturelles et folkloriques. La province de Coclé est aussi la terre natale de nombreuses personnalités de la vie républicaine, dont certaines eurent une carrière politique remarquée entre 1918 et 1968 : Arnulfo Arias Madrid, Marco Aurelio Robles, Harmodio Arias Madrid, Rodolfo Chiari, ou Ramón Maximiliano Valdés.

EL COPECITO ★

Ce petit bourg se trouve sur la route d'El Valle, à une quinzaine de minutes de voiture des plages du Pacifique. Le village d'El Valle plus haut dans la montagne se trouve lui à une vingtaine de minutes (on peut le rejoindre en bus si l'on n'est pas motorisé). El Copecito en soit n'a pas vraiment d'intérêt touristique, on s'y arrête surtout pour les Cabañas Los Colibris, un bed & breakfast agréable.

CABAÑAS LOS COLIBRIS
El Copecito, km 7 via El Valle.
✆ +507 6324 5548
✆ +507 6487 5660
www.locationcabanaspanama.com
cabanas.loscolibris@yahoo.com
Cabañas avec eau chaude, air conditionné, frigo, cafetière. 80 US$ pour 2 pers., 15 US$ par pers. supplémentaire. Casita pour 4 pers. 125 US$ (2 nuits minimum). Petit-déjeuner à la demande 7,50 US$ par pers. Pour la restauration, deux barbecues, un restaurant italien pas loin et livraisons possibles. Des visites guidées et cours de photos nature sont proposés.

A mi-chemin entre mer et montagne, un bed and breakfast convivial tenu par une charmante famille française : Magali, Nicolas et leur fils Kilian. On loge dans des *cabañas* au milieu d'un jardin tropical. Les bungalows avec terrasse et hamac sont bien équipés sans être luxueux. Un rancho traditionnel pour prendre le petit déjeuner et rencontrer vos hôtes, et une piscine à l'eau salée pour vous reposer après avoir exploré les environs.

REPÉREZ LES MEILLEURES VISITES

★ INTÉRESSANT ★★ REMARQUABLE ★★★ IMMANQUABLE ★★★★ INOUBLIABLE

Provinces de Coclé et Veraguas

EL VALLE ★★★

Niché dans le cratère d'un volcan, dont la dernière éruption remonte à 13 000 ans, El Valle fait partie de ces endroits où il fait bon respirer. Vous vous en rendrez compte dès que vous quitterez la Panaméricaine, en parcourant la trentaine de kilomètres qui vous séparent de ce village de 6 200 habitants tout de même, situé à 600 m d'altitude. Au terme de cette route sinueuse, vous serez récompensé par la fraîcheur des montagnes ; ici les températures oscillent entre 20 et 28 °C toute l'année. Il serait donc dommage de n'y passer qu'une journée et de n'avoir que le temps de visiter son marché artisanal, car c'est aussi le point de départ de nombreuses randonnées dont la plus connue est la India dormida. N'oubliez donc ni vos chaussures de marche ni une petite laine pour le soir !

Transports

Comment y accéder et en partir

- **Voiture.** El Valle se trouve à environ 120 km à l'ouest de Ciudad de Panama. On y accède par la route panaméricaine. La bifurcation (*el Cruce*) pour le village se situe à 4 km après San Carlos. Compter ensuite 28 km par une route en bon état.
- **Bus.** Panamá (terminal d'Albrook) – El Valle (place du marché) : départs toutes les 30 minutes environ, de 6h à 18h, 4,25 US$; 2 heures 30 de trajet. El Valle-Panamá de 4h à 16h. En dehors de ces bus directs Panama-El Valle, des minibus fréquents (jusque vers 19h-20h) relient El Valle et San Carlos (45 minutes, 1 US$). Les minibus passent par *El Cruce* sur la Panaméricaine, d'où vous pouvez prendre n'importe quel bus à destination de Panama, El Valle ou d'autres localités. Attention le dimanche soir, les retours vers la capitale sont souvent embouteillés. Peu de place pour les bagages dans les minibus.

Se déplacer

- **Le vélo** est le moyen de transport le plus pratique pour circuler dans le village qui est très étendu. Pour les cascades et le cerro Gaital, ça grimpe ! La plupart des hôtels peuvent vous en prêter ou en louer.
- **Des bus urbains** circulent toute la journée dans le village et ses alentours. Arrêt en face du marché. Le bus indiquant « La Pintada » dessert l'hôtel Campestre ainsi que le sentier qui mène aux pétroglyphes et à la India dormida. Le bus indiquant « La Mesa » fait le tour de la ville et conduit à l'entrée du parc national Cerro Gaital.
- **La course en taxi** coûte de 2 à 5 US$ selon la distance.

Pratique

Dans le centre du village, du côté du marché, on trouve le commissariat de police, une station-service, un distributeur bancaire et la poste. Un peu plus loin, vers l'église San José, le centre de santé, une bibliothèque et deux cafés Internet. La bibliothèque et la plupart des hôtels et restaurants offrent la connexion wifi.

Tourisme - Culture

On trouve des guides locaux près du marché pour une dizaine de dollars. Le week-end, vos premiers guides seront les enfants ! Dès qu'un touriste démarre sur un sentier, il est rejoint par un enfant qui lui propose une promenade.

- **Informations** et plan du village sur www.el-valle-panama.com

■ **ATP (OFFICE DU TOURISME)**
A côté du marché ✆ +507 983 6474
Tous les jours de 9h30 à 17h30.
Renseignements sur les excursions, mise en contact avec des guides locaux ou des loueurs de vélo. Quand ils n'ont plus de carte, vous pouvez prendre une photo, mais il y a quelques erreurs.

Oranges d'El Valle, province de Coclé.

El Valle

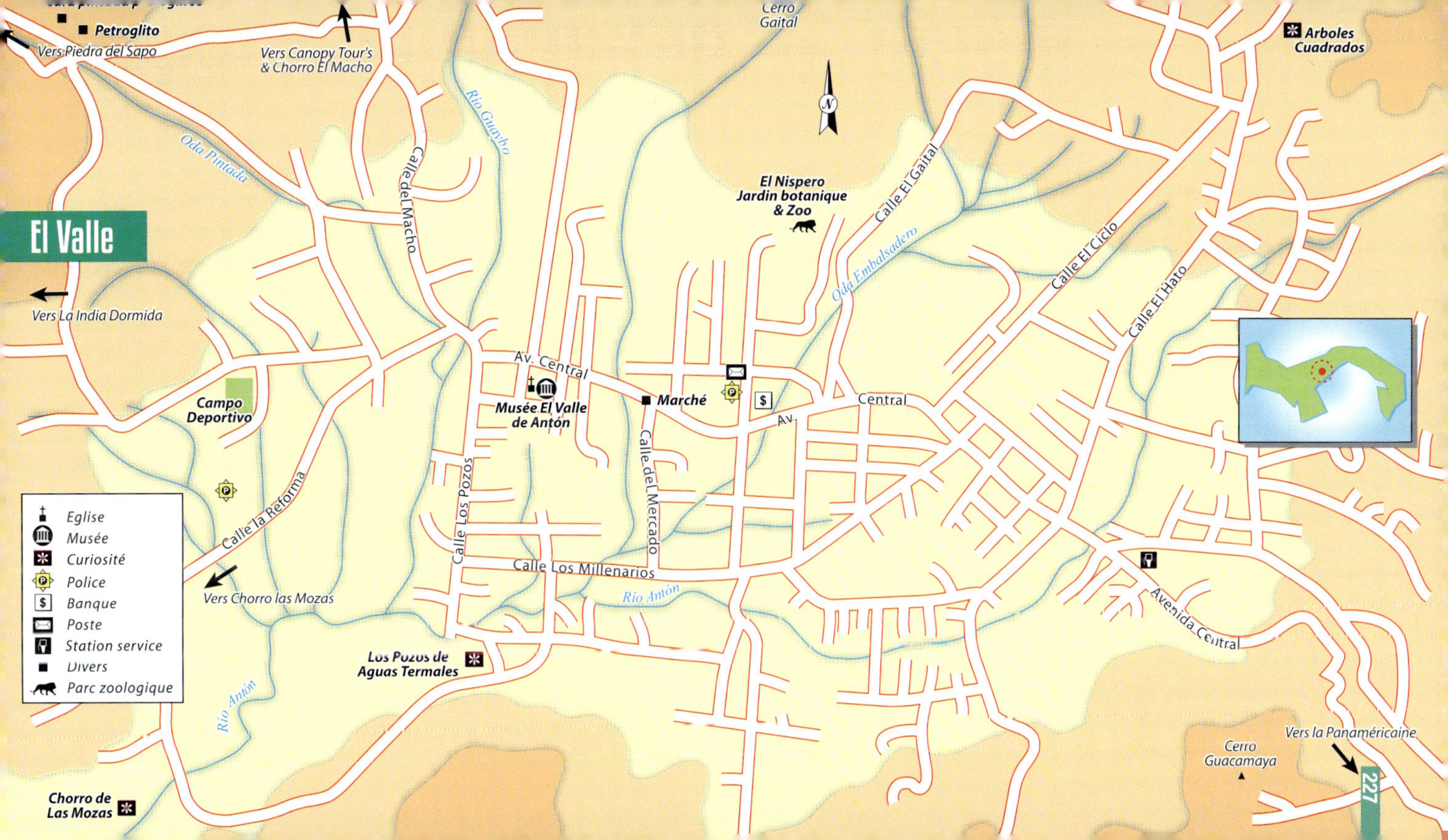

El Valle
Petroglito
Vers Piedra del Sapo
Vers Canopy Tour's & Chorro El Macho
Cerro Gaital
Arboles Cuadrados
Oda Pintada
Río Guaybo
Calle del Macho
El Nispero Jardin botanique & Zoo
Calle El Gaital
Calle El Ciclo
Calle El Hato
Oda Embalsadero
Vers La India Dormida
Campo Deportivo
Av. Central
Musée El Valle de Antón
Marché
Central
Av.
Calle Los Pozos
Calle del Mercado
Calle la Reforma
Calle Los Millenarios
Río Antón
Vers Chorro las Mozas
Los Pozos de Aguas Termales
Avenida Central
Chorro de Las Mozas
Cerro Guacamaya
Vers la Panaméricaine
Eglise
Musée
Curiosité
Police
Banque
Poste
Station service
Divers
Parc zoologique

Orientation

Une longue avenue centrale sans charme conduit au marché et à l'église, les deux points de repère. Plusieurs embranchements mènent aux hôtels et autres centres d'intérêt : il est facile de se repérer, il y a des panneaux indicateurs à chaque coin de rue.

Se loger

El Valle, de par sa proximité de la capitale, son climat et son paysage qui donnent le sentiment de dépaysement, est l'une des destinations de week-end et de jours fériés privilégiées des *capitalinos* (habitants de la capitale). La réservation est impérative en fin de semaine surtout l'été.

Bien et pas cher

■ BODHI HOSTEL & LOUNGE
Dans le centre, rue principale
à côté du Melo, avant le marché.
✆ +507 908 7120
www.bodhihostels.com
resv@bodhihostels.com
Lit en dortoir 15 US$, 3 sanitaires et 4 douches à partager. 5 chambres privées avec 2 sanitaires et 2 douches à partager : 35 US$ la chambre (55 US$ pour 4 pers). Les tarifs incluent le petit déjeuner et les taxes. Wifi, service de laverie et location de vélo.
Le Bodhi Hostel accueille une clientèle jeune et internationale, dans un esprit relax et écolo. Le bâtiment de type loft industriel propose un immense dortoir impeccable (capacité 24 personnes, lits superposés sur 3 niveaux), avec des lits doubles pour les couples. Matelas semi-orthopédiques, casiers, lampes et ventilateurs individuels, et des rideaux à chaque lit pour plus d'intimité. Un peu en retrait, cinq chambres privées pour deux, dont une peut accueillir jusqu'à quatre personnes. Deux cuisines, l'une est pour le dortoir, l'autre pour les chambres privées. Petit jardin à l'arrière avec un gros arbre qui rappelle celui du Bouddha, et des hamacs accueillants. Ambiance zen à la réception, ouverte sur la rue, avec des poufs et un bar. Au-dessus, une petite salle où sont diffusés le soir des films sur grand écran. Une bonne option très centrale et de nombreux renseignements pratiques.

■ HOTEL RESIDENCIAL EL VALLE
Avenida Central
En plein centre, juste avant le marché, face à l'hôtel Pékin.
✆ +507 983 6536
www.hotelresidencialelvalle.com
residencialelvalle@hotmail.com
Lit double à 55 US$, 1 lit double et 1 lit simple à 66 US$, 1 lit queen à 82,50 US$, familiale pour 6 à 105 US$, suite avec lit king size 110 US$. Wifi, café, eau chaude et parking. Taxe en sus.
Un hôtel aux couleurs vives tenu par des locaux, en plein centre. Des chambres confortables avec une décoration faisant appel à l'artisanat du pays. Une grande terrasse au dernier étage avec hamacs et salon. Belle vue sur les montagnes et agréable pour observer la vie du village. Accueil sympathique.

■ WINDMILL HOSTEL
Avant le marché en arrivant de Panama City.
✆ + 507 6344 1199
✆ +507 908 1754
www.windmillhostel.com
Chambres privées avec lit double à 30 US$ (15 US$ /enfant) et deux chambres familiales pour 4 pers. à 60 US$. Deux chambres pour les groupes de 6 pers. et deux dortoirs de 12 lits, à 15 US$/pers. Petit déjeuner compris, taxes en sus. Camping 10 US$/pers. Interdit aux enfants de moins de 8 ans. Piscine, wifi, parking, 3 cuisines.
On séjourne dans cette auberge pour profiter des extérieurs et des espaces communs : une piscine avec pool-house pour se détendre (l'une des seules d'El Valle), une grande pelouse autour de l'établissement, une immense salle de jeux avec billard, baby-foot, bar pour rencontrer d'autres voyageurs. En revanche, les chambres privées, aux murs patinés de couleurs vives, n'ont pour la plupart pas de fenêtre, ce qui lui donne un côté motel qui peut déplaire à certains. Les deux dortoirs sont dans un entrepôt à l'arrière. L'hostel

La India dormida

En y regardant de plus près, vous remarquerez que cette montagne dessine le profil d'une femme allongée. La légende raconte que la fille du chef indien Urracá, Flor de Aire, s'était éprise d'un conquistador espagnol, pour le plus grand malheur de Yaravi, son prétendant. Parce que son aimée ne voulait plus de lui, Yaravi s'est suicidé devant elle et en présence de tout le village. Désespérée et pour éviter de trahir son peuple, Flor de Aire est partie cacher son chagrin dans la montagne. Elle s'y est allongée, regardant les cieux, et la mort est venue figer à jamais sa silhouette sous la forme d'une montagne… C'est aussi, pour les hispanophones, le sujet d'un joli petit livre, *La India dormida* de Julio B. Sosa (Editorial Manfer, 1948).

est très bien situé, juste un peu en retrait de la route mais accessible à pied du village. La pizzeria Zapote est sous un rancho dans le jardin. Il faut parler anglais avec Robert, le gérant américain.

Confort ou charme

■ THE GOLDEN FROG INN

Urbanizacion El Hato, Las veraneras
✆ +507 983 6117 / +507 6565 8307
www.goldenfroginn.com
resv@goldenfroginn.com

5 chambres doubles standards à 77, 88 ou 99 US$ et 2 suites Deluxe à 150 US$. Suite familiale avec 2 chambres pour 4 pers : 175 US$. Lit supplémentaire 20 US$. + 10% de taxes. Promotions pour les longs séjours. Petit déjeuner inclus. Terrasse avec hamac et cuisine privée pour les suites. Cuisine commune à côté de la piscine pour les chambres standards. Restaurant ouvert au public de 8h à 22h. Hamacs, wifi, bibliothèque, cours de yoga, massages (sur réservation), location de vélos et service de transport vers le village.

A 5 minutes de voiture du centre-village, dans les hauteurs, en pleine nature, Golden Frog Inn est un petit établissement très agréable. L'air est pur et la vue sur la India Dormida et les montagnes environnantes, est splendide, que ce soit dans les brumes ou sous le soleil. Les chambres et suites sont plutôt rustiques mais ne manquent de rien et donnent sur un jardin verdoyant où se trouve une belle piscine. Au-delà du site, c'est l'accueil attentionné de Petr et Lay, couple aux origines multiculturelles, que l'on apprécie. Petr parle français. Il pourra, autour d'un bon café, vous indiquer sur une carte toutes les activités à faire et vous mettre en contact avec les guides locaux. Les soirées sont conviviales avec un happy hours où les hôtes se rencontrent autour d'un apéro gratuit (vin, bières, jus, tapas maisons…), très sympa ! Le restaurant propose un petit-déjeuner complet, et une cuisine panaméenne et internationale d'un bon rapport qualité prix. Une adresse charmante à tout point de vue !

■ CASA MARIPOSA

Ave. Central, sur la gauche en venant de Panama City, environ 200 m avant le petit pont.
✆ +507 908 7014
www.casamariposaelvalle.com
casa.mariposa@hotmail.com

2 chambres à 45/50 US$ (basse/haute saison) pour 1 personne, 50/60 US$ pour 2 (2 lits simples accolés), tarifs dégressifs à partir de 2 nuitées. Un appartement avec cuisine et 3 lits (270 US$/semaine, 750 US$/mois – 290/800 US$ en haute saison). Wifi vers la maison. Les services hôteliers (ménage, petit déjeuner) et les taxes sont en sus.

Vous serez accueilli chaleureusement par Ursula et Harry, un couple de grands voyageurs d'origine suisse, et leurs adorables paresseux, sauvés il y a quelques années. Vous aurez tout le loisir de les voir évoluer dans la maison et vous pourrez peut-être même les caresser lorsqu'ils sont réveillés. Côté hébergement, les deux grandes chambres lumineuses se trouvent dans un splendide jardin tropical traversé par un ruisseau. Vous pourrez prendre un copieux petit déjeuner sous le kiosque. Egalement un appartement tout équipé qui se loue à la semaine ou au mois, avec un agréable patio. Les propriétaires pourront vous organiser de belles randonnées hors des sentiers battus. La terrasse sur le toit, avec hamacs, offre une belle vue sur la India Dormida. La meilleure option dans le village, mieux vaut réserver.

■ **POSADA LOS ARAMOS**
Ave central (panneau), peu avant le pont.
✆ +507 6951 7790
Chambre simple ou double à 50 US$ et 60 US$, chambres pour 4 pers. entre 80 et 100 US$, avec AC et TV, certaines équipées d'une kitchenette. Parking. Pas de petit déjeuner.
Dans un jardin à la végétation envahissante, avec des paons, plusieurs chambres en bois et grosses pierres et d'agréables terrasses privatives. Tout le confort (salle de bains privée, frigo, kitchenette ou cuisine partagée) mais un peu sombres. Egalement un beau salon commun sous *rancho*, avec hamacs et décoration rustique. Calme absolu au cœur du village et bon rapport qualité/prix. A signaler : des croix et des statues religieuses partout ; il ne faut pas y être allergique si l'on veut dormir sereinement. Egalement en location, 2 maisons indépendantes pour 8 personnes. Les propriétaires sont souvent à Panama City.

Luxe

■ **LOS MANDARINOS BOUTIQUE-SPA & HOTEL**
Calle del Ciclo
✆ +507 983 6645 / +507 6808 2743
www.losmandarinos.com
info@losmandarinos.com
70 chambres réparties en 4 catégories de confort, à partir de 169 US$ pour la standard et 269 US$ pour la suite (+10% de taxes). Petit déjeuner buffet inclus. Informations touristiques et organisations de nombreuses activités.
Un lieu enchanteur, idéal pour une escapade romantique de quelques jours, pour observer les oiseaux, ou simplement pour se ressourcer au milieu des montagnes brumeuses et envoûtantes. Au pied du monument naturel El Gaital, cet ensemble de villas à l'architecture de Toscane, entouré de jardins exotiques, profite d'une vue grandiose, une invitation à partir explorer ces montagnes verdoyantes. Les chambres élégantes et spacieuses, bénéficient du plus grand confort : air conditionné, salle de bains moderne avec de l'eau bien chaude, télévision satellite, wifi, réfrigérateur, cafetière... Et si vous manquez de quelque chose, le personnel est aux petits soins. La piscine vaste et esthétique, offre un bain de luxe après une bonne rando à la India Dormida. Mais Los Mandarinos est également célèbre pour son spa. Avant de quitter El Valle, offrez-vous un circuit thermal régénérateur et curatif : sauna, bain turc, douche bio thermique séquentielle, baignoires d'hydromassage. Les activités relaxantes et revitalisantes sont réalisées par des physiothérapeutes et masseurs expérimentés. Et du côté gastronomique ? La Tasca de Triana offre une cuisine espagnole délicieuse dans une ambiance flamenca, qui réchauffe les soirées un peu fraîches. Une grande variété de vins, des tapas, paëllas, gambas ou d'autres spécialités internationales. Pour voyager encore, O'Pedros Irish Pub rappelle les tavernes chaleureuses irlandaises : boiseries, billard, grand écran pour regarder les matchs de foot en buvant une bonne Guinness... Los Mandarinos est donc une combinaison réussie de confort, d'aventure, de soins régénérateurs, et de gastronomie. Un endroit vraiment difficile à quitter.

Se restaurer

Pour les pique-niques, plusieurs *mini-supers* dans l'avenue principale, des *panaderias* (boulangeries) et surtout le marché de fruits et légumes. La plupart des hôtels de standing ont leur propre restaurant, et vous trouverez de nombreuses *fondas* pratiquant une cuisine typique et bon marché dans l'avenue principale. Buon appetito, la pizzeria préférée des locaux, n'accueille plus dans ses murs mais livre les meilleures pizzas de la ville à votre hôtel (demandez à la réception de les appeler pour vous).

Pause gourmande

■ **HEAVEN'S CAFE**
Ave. principal, au rez-de-chaussée de l'hôtel Residencial El Valle.
✆ +507 983 6536 / +507 6476 9552
heavenscafe@yahoo.com
Ouvert du lundi au jeudi de 8h à 17h, le vendredi de 8h à 19h et le week-end de 7h à 20h. Batido du jour à 1,50 US$.
La jeune et charmante Heaven vous reçoit dans son café gourmand où elle prépare de délicieux batidos aux fruits, des empanadas, crêpes, desserts et de copieux petits déjeuners. C'est aussi un lieu central dans le village où se mélangent spontanément les locaux et les touristes.

Un Refuge
Pour Les Sens

TRIANA

Bien et pas cher

■ CAMINO DEL INKA
Avenue principale, avant d'arriver au bourg depuis Panama City, sur la droite.
✆ +507 6023 2672 / +507 6369 6156
Ouvert du mardi au jeudi de 10h à 21h, vendredi et samedi de 11h à 22h et dimanche de 10h à 20h. Menu du jour à 3,5 US$ et des plats à la carte de 10 à 20 US$.
Ce restaurant péruvien tenu par le cuisinier Alfonso propose une option économique très intéressante le midi et le soir pour les petits budgets.

■ FONDA NELLA
Presqu'en face du marché ✆ +507 908 7005
Ouvert tous les jours de 6h à 15h30. Petits déjeuners entre 3 US$ et 4 US$, plats de midi autour de 4 US$.
Une salle propre et des meubles en cañas qui rendent l'atmosphère chaleureuse. Un grand choix de plats panaméens à bas prix. Service sympa et familial chez la grand-mère Nella.

■ FONDA SANTA MONICA
En face de l'église.
Autour de 8 US$ le repas.
On mange bien et pas cher (du poulet et du poisson bien présentés) dans cette adorable fonda et il y a surtout un véritable effort de décoration avec un rancho typique et fleuri. Excellent accueil.

Bonnes tables

■ BRUSCHETTA
Ave. Centrale, à côté de l'église et de l'hôtel Antón Valle.
✆ +507 983 6097 / +507 6518 4416
bruschetta2005@hotmail.com
Ouvert tous les jours de 7h à 9h30 et de 11h30 à 21h30. Entrées et salades autour de 5 US$, pâtes entre 8 et 10 US$, poissons à partir de 12 US$, desserts autour de 4 US$.
Un restaurant italien dont la réputation n'est plus à faire, même au-delà du cratère ! Une belle carte de plats internationaux et panaméens, avec des spécialités italiennes et quelques options végétariennes (tartes...). Les plats sont raffinés tout en étant copieux. Une petite salle décorée avec goût et une terrasse couverte donnant sur la rue.

■ LA CASA DE LOURDES
Après Hotel Los Mandarinos.
✆ +507 983 6450
www.lacasadelourdes.com
restaurante@lacasadelourdes.com
Ouvert du lundi au samedi de 12h à 15h et de 19h à 21h30, le dimanche en continue de 12h à 21h30. Compter à partir de 35 US$ par tête le repas. CB acceptées.
Le restaurant de l'hôtel-boutique La Casa de Lourdes est la meilleure table de la région. Cet établissement champêtre, niché dans la nature, donne envie de se prélasser au bord de la piscine ou de profiter de l'impressionnante bibliothèque depuis l'un des divans, tout en écoutant le chant des oiseaux. Délicieuse cuisine à base de poisson. Lourdes Fabrega de Ward prépare des plats exotiques subtils et bien présentés dans l'assiette. Ne manquez pas de goûter aux desserts.

■ LA TASCA DE TRIANA
Le restaurant de l'hôtel Los Mandarinos
Calle del Ciclo
✆ +507 983 6645 – www.losmandarinos.com
Ouvert de 12h30 à 20h30 du dimanche au mercredi, jusqu'à 21h30 le vendredi et samedi. Fermé le jeudi. Petit déjeuner panaméen buffet de 7h30 à 10h. Déjeuner et dîner sur réservation. Tapas à partir de 7 US$, paella mixte pour 2 pers. 27 US$, crème catalane 7 US$.
La paëlla est réputée dans ce restaurant espagnol chaleureux, situé dans le cadre magnifique de l'hôtel Los Mandarinos. La carte offre un grand choix de tapas, des plats espagnols, mais aussi italiens et français. Une belle carte de vins espagnols, chiliens et argentins.

Sortir

On se couche tôt à El Valle. Le seul endroit où vous pourrez trouver de l'ambiance est au pub irlandais de l'hôtel Mandarinos, O' Pedros Irish Pub, ouvert jusqu'à 22h.

À voir – À faire

Randonner, se baigner, faire le marché... dans la ville ou dans les environs, un bel éventail de possibilités vous est offert. Comme souvent dans les montagnes panaméennes, il est fréquent qu'une bruine chasse le soleil en début d'après-midi, surtout en hiver, alors partez tôt.

■ APROVACA – JARDIN D'ORCHIDÉES ★★
Dans la rue principale, avant le Windmill hostel
✆ +507 983 6472
www.aprovaca.com
aprovaca@hotmail.com
Ouvert tous les jours de 9h à 16h. Tarif adulte : 2 US$.
Centre consacré à la sauvegarde d'orchidées sauvages en voie d'extinction de la vallée d'Anton. Cette mission consiste à reproduire ces espèces dans le centre avant de les réintégrer à leur milieu naturel. Vous verrez près de 150 variétés d'orchidées et la fleur nationale (*Peristeria elata*). La floraison a lieu autour d'octobre.

■ **ARBÓL CUADRADO** ★

Derrière l'hôtel Campestre
Demandez votre chemin, ce n'est pas à côté de l'avenue principale.
Donation : 2 US$.
Une curiosité locale, des arbres au tronc à angles droits, enfin presque ! Seuls quelques spécimens présentent cette forme incroyable à tel point que des scientifiques ont planté le *quararibea asterolepisces* en dehors du cratère pour voir comment ils poussaient. Résultat : leur tronc pousse normalement, avec une forme circulaire.

■ **CASCADAS CHORRO LAS MOZAS** ★

A un peu plus de 3 km du centre. Tournez à gauche au pont après l'église. Continuez tout droit jusqu'à la signalisation. Comptez 40 min du village puis 10 min pour la première cascade.
Entrée : 1 US$.
La légende raconte qu'un vendredi saint, trois sœurs allèrent se baigner dans la rivière d'Antón, malgré l'interdiction de leur père. En punition de leur désobéissance, elles y restèrent pétrifiées à jamais. Les trois cascades principales représenteraient chacune des sœurs… Possibilité de se baigner et même de sauter (vérifier où les locaux sautent d'abord !).

■ **CERRO CARIGUANA** ★★

Départ de la Calle de los Millonarios. Bien se renseigner sur le parcours si vous partez sans guide.
La randonnée au Cerro Cariguana est prisée au coucher du soleil. Il faut compter environ 2-3h l'aller-retour, mieux vaut partir vers 16h et emporter une lampe de poche pour le retour vers 19h. L'endroit est venteux en été. Jolie vue sur le village.

■ **CERRO GAITAL** ★★

En bus, prendre la direction « La mesa » vers le marché, 2 US$. Au retour, vous devrez sûrement marcher un peu pour trouver un bus. A vélo, c'est après la cascade Chorro El Macho.
Accès 5 US$.
Ce mont de 1 185 m d'altitude, face à la India dormida, fait partie des zones protégées. Vous y découvrirez la faune et la flore abondante de la forêt humide tropicale, notamment une grande variété d'oiseaux et d'orchidées. Du sommet, vue sur les deux océans les jours de beau temps. La descente est raide et peut s'avérer glissante mais il y a des cordes pour se tenir. Compter 4-5h avec les trajets. A faire de préférence avec un guide.

■ **EL RINCON DE LA BIODIVERSIDAD** ★

A côté de l'hôtel Los Mandarinos, à 5 min du village.
✆ +507 6706 1271 / +507 6438 6348
Tour à 5 US$, sur réservation. Volontariat.
La señora Marguarita vous reçoit dans sa ferme biologique, spécialisée dans les fruits et les légumes. Petite piscine naturelle. Possibilité de planter sa tente pour deux heures de travail bénévole par jour. Vente.

■ **LA INDIA DORMIDA** ★★★

Guide recommandé notamment si vous marchez seul. En général, il y a d'autres touristes sur le sentier. Deux entrées : par la Piedra pintada (3 US$) et par le village (gratuit mais difficile à trouver, on monte puis on redescend par la Piedra pintada).
C'est une magnifique randonnée, incontournable à El Valle. Il existe trois sentiers différents, selon la longueur souhaitée, de la tête aux pieds de l'Indienne. Compter environ 3-4 heures pour le plus long dit des pieds ou « cerro la Cruz », et 2-3 heures pour le plus prisé, dit du bras ou « por la comunidad ». Si vous choisissez d'entrer par le sentier de la Piedra pintada, soyez vigilant à la bifurcation à gauche (mal indiquée) juste après la Piedra del sapo. Vous pouvez vous contenter d'un aller-retour au mirador ou bien longer le corps et descendre au bras ou aux pieds. Si vous partez du village, bien demander son chemin au départ puis pour rejoindre la Piedra pintada. Dans un sens comme dans l'autre, l'ascension est exigeante et la descente demande une certaine prudence. Mirador splendide sur le village et les montagnes depuis le sommet. On traverse plusieurs types de végétation. En haute saison, les villageois brûlent la montagne pour que les touristes puissent bien voir la forme de l'Indienne.

■ **JARDIN BOTANIQUE ET ZOO EL NÍSPERO** ★★

C/ Arosemena Guardia
✆ +507 983 6142
A une vingtaine de minutes à pied du village, sur la droite quand on arrive de Panama City.
Ouvert tous les jours de 7h à 17h. Entrée adulte 5 US$ (enfant 3 US$). Parking.
Perroquets, singes araignées ou capucins, faisans ou paons, vipères ou boas, tapirs… vous croiserez, tout au long d'un parcours fleuri, de nombreux animaux (en cage). Quant à la fameuse grenouille endémique Rana dorada, de plus en plus difficile à apercevoir à l'état sauvage, vous la verrez dans un centre de conservation qui vaut le détour. On raconte qu'à l'époque précolombienne les autochtones croyaient qu'une fois morte, elle se transformait en or (d'où l'appellation de « grenouille dorée »). Certains touristes sont choqués par les cages mais cela reste un moyen de voir facilement des animaux locaux.

MARIPOSARIO BUTTERFLY HAVEN

Calle la Planta, à 250 m de la rue princpale, face au Bodhi hostel.
✆ +507 6062 3131
mariposario.weebly.com
toursbutterflyhaven@gmail.com
Ouvert tous les jours sauf mardi, de 9h à 15h30 (dernière entrée). 5 US$.
La visite comprend un tour guidé (anglais/espagnol) et une vidéo pour en savoir plus sur les 15 espèces présentées (environ 120 papillons). Les deux colibris sont chargés de tuer les araignées qui mangent les papillons ! De temps en temps, il y a un guide qui parle français. Notez que les papillons sont plus actifs lorsqu'il y a du soleil. Petite boutique avec notamment des bijoux dérivés des papillons. Le site est petit mais les infrastructures sont très bien entretenues.

LA PIEDRA PINTADA

Depuis le centre-ville, on rejoint le sentier en 10 minutes de marche, à vélo ou en bus (bus jaune indiquant Pintada qui passe toutes les 30 minutes dans l'avenue Central, 0,25 US$ le ticket). Admission : 3 US$.
Ces pétroglyphes, des dessins sur la pierre, représenteraient la carte de la région et raconteraient la résistance, au XVIe siècle, des habitants de la vallée contre les Espagnols, mais on a pas de certitudes. Le sentier de la India dormida passe par les pétroglyphes au bout de 5 min. Si on continue, on voit trois cascades en saison des pluies – dont celle des amoureux –, et la Piedra del sapo (la pierre du crapaud), au bout de 45 min, sur un rocher au bord du sentier, un pétroglyphe grand comme une main. Le mirador est à 1h de l'entrée et on peut redescendre par le même chemin si on ne veut pas faire la randonnée complète.

POZOS DE AGUAS TERMALES

Calle de los Pozos, centre du village vers l'église.
Ouvert tous les jours de 8h à 16h-16h30. Adulte : 3 US$ et 1 US$ pour les enfants. Prendre maillot de bain et serviette. Possibilité d'acheter de la boue pour le corps à 2 US$.
Dans un cadre naturel luxuriant, environné de grands arbres, vous serez invité tout d'abord à vous enduire le visage de boue aux propriétés curatives reconnues, puis vous vous délasserez dans un bassin d'eau chaude naturelle à 38 °C. Recommandé en fin de journée après une marche sur la India dormida. Ne vous attendez pas à un spa, ici tout est naturel. La couleur marron de l'eau est due à la terre.

SERPENTARIO MARAVILLAS TROPICALES

Calle Sangre de Toro, sur la droite, avant le bourg
✆ +507 6569 2676
www.el-valle-panama.com/serpentario
Ouvert en théorie de 8h30 à 16h30 en semaine et jusqu'à 17h30 le week-end. Souvent fermé en basse saison... Adulte : 4 US$.
Une quinzaine d'espèces de serpents sont présentées, dont le célèbre boa constrictor. Un biologiste vous donnera des informations précieuses (en espagnol, anglais ou avec quelques mots de français).

Sports - Détente - Loisirs

CHORRO EL MACHO – CANOPY ADVENTURE

Tout droit sur le pont après l'église (fléché).
✆ +507 983 6547
✆ +507 264 5720
www.canopylodge.com
contactus@canopytower.com
Prévoyez d'y aller à vélo ou de marcher 45 min depuis le village.
Accès 5 US$ à Chorro El Macho, et 5 US$ pour se baigner au bassin en plus. Canopy tour : 65 US$ (avec l'entrée et la baignade) pour 4 tyroliennes et 20 US$ pour une tyrolienne courte. Dès 6 ans. Entrée de 8h à 17h pour la cascade et jusqu'à 15h30 pour le canopy sauf si pluie.
Vous entendrez forcément parler de cette cascade de 85 m. L'excursion peut s'avérer frustrante : il n'y a presque pas d'eau en saison sèche, il ne faut que 10 min pour y accéder et il est interdit de s'y baigner pour des raisons de sécurité. Pour se rafraichir, il faut payer le double et se contenter d'un bassin à l'entrée. Pour voltiger au-dessus de la cascade, Canopy Adventure propose aussi deux formules accrobranches sécurisées. Les amateurs de canopy resteront sur leur faim car le parcours est rapide, mais c'est l'une des rares destinations où pratiquer ce loisir au Panama.

Visites guidées

EL VALLE MOUNTAIN TOURS

Au niveau de l'hôtel Pékin
✆ +507 836 5230
✆ +507 836 5140
www.elvallemountaintours.com
La nouvelle et unique agence d'El Valle (pour le moment) propose notamment des excursions en 4x4 à des prix touristes. Intéressant pour

découvrir les endroits reculés et inaccessibles par vos propres moyens. A éviter pour les randonnés autour du village, mieux vaut rémunérer un guide local.

Shopping

El Valle est réputé pour son marché artisanal et de nombreux stands s'installent en haute saison le long de la route qui monte au village. Dans l'avenue principale plusieurs boutiques vendent un grand choix d'objets en tout genre, dont les 80 % sont de l'artisanat panaméen (plus cher qu'au marché), le reste étant importé d'Equateur, Colombie, Nicaragua, Guatemala...

MERCADO ARTESANAL ★★

Avenida Central, plein centre, face aux bus
Tous les jours mais surtout le dimanche, de 7h à 18h.
Céramiques, objets en pierre à savon, sculptures en bois, hamacs, chapeaux, statues des borrachos (à l'origine, des sculptures d'hommes ivres semblant dormir, assis, jambes et bras repliés sur eux-mêmes), bijoux... un artisanat très coloré qui vaut le déplacement en raison du large choix (marchandez !). Vous pourrez également vous approvisionner en fruits et légumes, ou encore acheter des fleurs le dimanche.

LAGUNA SAN CARLOS ★

Hors des sentiers battus, la lagune San Carlos se trouve à l'est d'El Valle. Il faut tourner sur la panaméricaine à droite à Coronado. Nombreuses possibilités de randonnées sur les hauteurs, du côté d'Altos del Maria. Autour du lac, les touristes peuvent faire un barbecue ou camper s'ils ont leur propre matériel (10 US$).

MAMALLENA ECO LODGE

✆ +507 6379 8267
✆ +507 6781 7545
✆ +507 6673 0752
mamallenaecolodge.com
ecolodge@mamallena.com
Depuis Coronado, prendre un *colectivo* pour La Laguna. Descendre à l'intersection de la nouvelle route pour El Valle, un peu avant la lagune. Tous les détails sont sur le site.
Dortoir à 13 US$, chambres privées de 40 US$ à 60 US$ selon l'emplacement (dans la maison ou dans la nature) et 75 US$ la nuit en yourte. Petit déjeuner à partir de 3,5 US$, déjeuner à partir de 5 US$, dîner à partir de 7,5 US$. Bar.
Vous apprécierez le Mamallena Ecolodge si vous aimez la vie en communauté et séjourner dans un lieu reculé pour se relaxer plutôt que d'enchaîner les activités. Beaucoup de volontaires résident à l'année à la ferme et œuvrent pour rendre le lodge auto-suffisant au maximum. Plusieurs possibilités de logement : dans la grande maison en pierres avec ses beaux espaces communs (cheminée, mobilier en bois) ou dans les cabanes sur la colline ou au bord de la rivière. Les repas, préparés avec des produits organiques, végétariens ou avec du poisson, sont pris sur place.

CHIGUIRI ARRIBA ★

Une autre route de montagne, à partir de Phénonomé, mène à Chiguiri Arriba, dans un paysage magnifique de hautes collines boisées et de petites fermes. Au niveau du Cerro La Vieja, une courte marche mène à la magnifique cascade Tavida où il est possible de se baigner. Si vous avez un 4x4 et que vous aimez les belles rencontres, rendez-vous à Vaquilla, un petit village géré par une coopérative de femmes, dans la vallée.

VILLA TAVIDA LODGE

Chiguiri Arriba
✆ +507 838 6114
✆ +507 6485 0505
villatavida.com
info@villatavida.com
Chambres pour une, deux ou quatre personnes de 125 US$ à 200 US$ avec petit déjeuner et accès à la cascade. Package journée avec cascade et déjeuner à 20 US$. Entrée simple pour la cascade à 5 US$.
Villa Tavida, dans les montagnes au nord de Coclé, propose aux visiteurs le confort du lodge et l'immersion en pleine nature. La cascade Tavida se trouve sur le site, d'où l'on peut observer aussi oiseaux et papillons. Les espaces communs ou les terrasses plus intimistes, avec vue sur la forêt, sont très agréables pour se reposer. Possibilité de prendre une formule avec les repas, un trek ou des soins détente.

SANTA CLARA ★★

Un endroit très prisé des Panaméens aisés qui s'y sont fait construire de somptueuses résidences secondaires. La plage de Santa Clara, à moins de 2 heures de la capitale, est parmi les plus jolies de cette côte : de la végétation, du sable fin sur des kilomètres et une mer calme en général. En plus il semble que Santa Clara bénéficie d'un micro climat, il y fait souvent très beau. Sur la plage quelques restaurants typiques attirent beaucoup de monde le week-end (le dimanche surtout), mais le reste de la semaine c'est le grand calme. Le village constitue une base agréable pour explorer les environs. El Valle par exemple se trouve à 45 minutes de route seulement. Et pour les Canadiens, l'aéroport de Rio Hato n'est qu'à 10 minutes.

Transports

Depuis la capitale, prendre n'importe quel bus pour Penonomé, Aguadulce, Santiago... Demandez que l'on vous arrête au croisement pour Santa Clara (3,25 US$). Ensuite 20 minutes à pied depuis la Panaméricaine ou 1,50 US$ par personne en taxi.

Pratique

Pour ceux qui séjournent plusieurs jours à santa Clara, un mall se trouve à Playa Blanca à 10 minutes de voiture, avec tous les services (distributeur, pharmacie...) et de quoi faire le plein de victuailles. Pour les dépannages il y a un « chino » à Santa Clara. Egalement un loueur de voitures Thrifty à l'entrée de Santa Clara sur la Panaméricaine.

Se loger

VILLA BOTERO BY CASA MOJITO

Calle Aviación
✆ +507 6012 7074
www.casamojitopanama.fr
casamojitopanama@gmail.com
Depuis la Panaméricaine, rester sur la rue principale, la maison se trouve côté droit. Ne pas prendre les embranchements vers la gauche. On peut venir vous chercher au niveau de la Panaméricaine si vous venez en bus. Transferts sur réservation depuis tout le pays.
Chambres pour 2 ou 3 personnes. 120/130 US$ en basse saison, 130/140 US$ en haute saison. 170/180 US$ pour 3 personnes. +10% de taxes. Tarifs long séjour sur demande. Petit déjeuner inclus. Lit Queen, Wifi, télé écran plat, air conditionné, ventilateur, coffre, frigo, cafetière... Séjours réservés aux adultes et enfants de plus de 14 ans (sauf si les 3 chambres sont réservées par la même famille). Réservation préférable directement sur le site web de l'établissement.
Un bed & breakfast tenu par Nadège et Christophe un couple de Haut-savoyards vraiment charmant, à la fois détendu, attentionné et de bons conseils, et qui sait rester discret pour ne pas envahir votre intimité. La Villa Botero est une belle maison située à 800 m de la plage, où l'on peut se rendre à pied par une rue tranquille. Architecture traditionnelle comme on en voit encore dans les villages d'Azuero, avec ses toits en vieilles tuiles et son patio-jardin à l'arrière, le principal lieu de vie. Trois chambres seulement, spacieuses, bien équipées et décorées avec goût. Elles donnent sur une terrasse qui invite au farniente, avec des transats et hamacs, et une piscine rafraîchissante. Les petits déjeuners sont copieux avec des fruits, du pain et des croissants maison... Cuisine extérieure et coin barbecue à disposition, on peut aussi vous préparer des snacks et de bons cocktails à la cubaine ! Une adresse coup de cœur sur la côte Pacifique, idéale pour se reposer quelques jours loin du brouhaha de la ville, en compagnie de gens adorables. Très bien aussi pour faire une pause sur la route de son voyage... pause qui peut s'éterniser !

Se restaurer

DELICIAS DEL MAR

Sur la plage à côté de Las Veraneras.
Compter autour de 10 US$ le plat de poisson avec patacones.
Un restaurant informel sous un grand rancho face à l'océan, offrant des plats typiques à des tarifs très raisonnables.

TORTUGAS BEACH BAR & GRILL

Playa Santa Clara, 50 m après « Las Veraneras ».
✆ +507 6678 2066
Ouvert du mercredi au dimanche à partir de 9h. Cocktails autour de 6 US$. Fruits de mer et poissons à partir de 8-10 US$.
Un bar restaurant sympa sur la plage. Au menu, plats de la mer et burgers. De bons cocktails à déguster dans une ambiance plus lounge que reggaeton, ce qui n'est pas si courant ici !

XOKO

A l'entrée de Santa Clara,
sur la Panaméricaine.
✆ +507 6525 6163 / +507 908 8090
Ouvert tous les jours de 12h à 21h, 22h en fin de semaine. Menu Ejecutivo : 8 US$, paëlla de 10 US$ à 12 US$ par personne, poissons à partir de 10 US$.
Prononcer *Choco*. Un bon restaurant de cuisine espagnole (paella, tapas, tortillas, crème catalane...) tenu par le sympathique Rolando, un chef panaméen qui a appris la cuisine à Barcelone. Excellente réputation. Parfait pour une pause sur la route panaméricaine ou au retour de la plage.

FARALLÓN ★★

Il faut désormais passer l'énorme complexe hôtelier du Decameron pour découvrir, caché, ce pittoresque village de pêcheurs aux maisons colorées. Environné de longues et belles plages, de Playa Blanca à Río Hato, Farallón a attiré quantité d'investisseurs étrangers et les projets de resorts et résidences exclusives sont encore nombreux aux abords du nouvel aéroport. Plus de 20 000 nouvelles chambres devraient être construites dans les cinq prochaines années. Qui sait ce qu'il restera de la tranquillité de ce village dans quelques années ? N'oubliez pas que la plage est libre d'accès pour tous et que l'on ne peut juridiquement pas vous refuser de poser votre serviette même devant les grands hôtels. Quelques très bonnes options d'hébergements un peu à l'écart des grands hôtels, idéales pour les « expats » souhaitant s'échapper un peu du chaos de Panama City et se relaxer au bord de plages paisibles.

Transports

Comment y accéder et en partir

Accès indiqué sur la Panaméricaine, avant ou après le tunnel qui passe sous la nouvelle et controversée piste d'aéroport (construite à peine trop étroite pour accueillir tous les charters qui avaient été promis…). Le nouvel aéroport permet d'accéder aux hôtels en quelques minutes, alors qu'il fallait plus de deux heures de route pour s'y rendre à partir de la capitale. Des bus circulent fréquemment entre le village de Farallón (situé après le Decameron) et Penonomé à 30 minutes. On trouve des taxis pour se déplacer en journée.

Se déplacer

■ NATIONAL CAR RENTAL PANAMA
Hotel Decameron ✆ +507 993 2513
reservas@nationalpanama.com
Ouvert tous les jours, de 8h à 17h du lundi au samedi et de 8h à 16h le dimanche.
Cette agence présente à Panama City et à David dispose également d'une succursale située en face du Decameron, bien pratique pour ceux qui séjournent sur les plages et souhaitent garder une certaine autonomie pour explorer la région.

Pratique

On trouve aux alentours des grands complexes, un distributeur bancaire, un loueur de voiture (National Car Rental) et un poste de police.

■ OFFICE DU TOURISME – ATP
Vía Farallón
✆ +507 993 3241 – cocle@atp.gob.pa
Sur la route qui mène au Decameron depuis la Panaméricaine. Ouvert en semaine de 9h à 18h.

Se loger

■ CASA GUARDIA
Playa Blanca
✆ +507 6615 4740
www.casaguardiapanama.com
info@casaguardiapanama.com
Chambre double à partir de 145 US$/160 US$ (basse/haute saison), master suite 195 US$/250 US$. Petit déjeuner inclus, mais pas les 10 % de taxe. Egalement la Super suite et la suite familiale. Possibilité de louer la grande maison « casa » dans son entier ou la petite maison « casita », pour 20 ou 10 personnes, de bénéficier de la pension complète ou la demi-pension. Grille de tarifs sur le site web. Wifi, air conditionné, eau chaude. A l'extérieur, un rancho avec des hamacs au bord de la piscine, table de ping-pong.
Dans un quartier résidentiel calme, à 10 minutes du petit village de Farallón, une belle villa avec jardin fleuri et piscine, avec un escalier descendant directement sur la plage. Playa Blanca est déserte à cet endroit et offre un cadre magique. L'hôtel est très confortable et le personnel chaleureux et attentionné, parfait pour un week-end relax en famille et/ou en amoureux. On est bien loin de l'anonymat et de l'agitation des grands complexes hôteliers tout en pouvant bénéficier de toutes les activités possibles dans les alentours : nautisme, golf ou promenade à cheval. L'hôtel dispose aussi d'une agence qui organise des excursions touristiques dans le reste du pays. Une curiosité locale : si vous marchez 200 m sur la route vous verrez l'un des arbres les plus impressionnants du Panama, un figuier étrangleur aux racines aériennes vraiment hallucinantes ! Profitez-en, l'arbre n'est pas encore au programme des circuits touristiques.

■ HOTEL ROYAL DECAMERON BEACH RESORT
Playa Blanca
✆ +507 993 2255
www.decameron.com
Tarif normal autour de 123 US$ par personne mais nombreuses offres en semaine hors saisons.
Tout est inclus pour le client de l'une des 840 chambres : nuitées, repas, boissons alcoolisées… Piscines, terrains de volley, courts de tennis, 10 restaurants, 11 bars, garderie pour les enfants, discothèque, agences de tours, etc. Très prisé des Panaméens hors saison, ce sont surtout les Canadiens qui s'y bousculent en été. Pour ceux qui aiment la foule et les formules tout inclus.

■ **TÓGO B&B**
✆ +507 993 3393 / +507 6804 2551
www.togopanama.com
togo@togopanama.com
A 5 minutes de National Car Rental. Peu avant Casa Guardia, demander « la antigua casa de Noriega », l'hostal est à 100 m, côté gauche.
Chambres entre 110 et 130 US$ en haute saison, entre 90 et 125 US$ en basse saison. Petit déjeuner inclus. Wifi, AC, pas de télé. Hôtel réservé aux plus de 13 ans.
A l'écart des grands hôtels, un Bed & Breakfast agréable dans une maison lumineuse entourée d'un jardin tropical. Quatre chambres spacieuses et à la déco choisie avec goût par Gordon et Antonio. Une bonne adresse pour être au calme et profiter de la plage juste à côté.

Se restaurer

■ **PIPA'S BAR RESTAURANTE**
✆ +507 6252 8430
www.pipasbeach.com
info@pipasbeach.com
Pipa's se trouve au bout de la rue qui traverse tout le village de Farallón.
Ouvert tous les jours de 10h à 18h en haute saison. De mai à octobre, ouvert du mercredi au lundi de 10h à 18h. Plat de poisson ou fruits de mer à partir de 10-12 US$. 30 US$ le bohio pour la journée.
Un bar restaurant informel au bord du Pacifique. On mange les pieds dans le sable, dans une ambiance tropicale, de délicieux plats de poissons grillés, ceviches péruviens, langoustes, gambas, crabes, etc. Concerts.

ANTÓN

C'est au moment des fêtes qu'il est intéressant de visiter Antón, quand la ville revêt ses plus belles couleurs. Chaque mois d'octobre depuis 1964, y est célébré le festival folklorique Toro Guapo. C'est l'occasion de découvrir notamment quelques danses folkloriques du coin, dont celle du fameux *toro guapo* (ou taureau brave et courageux) propre à la ville d'Antón. Accompagné d'un groupe de musiciens, l'exécutant habillé d'une sorte de carapace, en bois et canne, pourvue d'une tête de taureau et de petits miroirs, se mêle à la foule et, tout en dansant, asticote les femmes qui se trouvent sur son passage. Parmi les fêtes religieuses, celle de Santo Cristo de Esquipulas attire chaque année le plus grand nombre de fidèles. Les cérémonies aux longues processions débutent par le bain donné à la statue du Christ le 6 janvier, et se poursuivent 10 jours durant.

Transports

Toutes les 20 minutes à partir du terminal d'Albrook de 5h30 à 20h. Durée 2 heures 30.

PENONOMÉ ★

Selon la légende, la ville aurait été baptisée ainsi suite à l'assassinat par les Espagnols du cacique indien Nomé. Et *Aquí penó Nomé* (« Ici tomba Nomé ») donna Penonomé. Une légende qui s'inscrit dans le cadre de la polémique concernant la date de création de la ville. Si cette création est attribuée à Diego López Villanueva de Zapata en 1581, des vestiges archéologiques permettent de penser qu'une population s'y serait établie dès 3 000 av. J.-C. Capitale de la province de Coclé, cette ville d'environ 20 000 habitants a également été la capitale temporaire de l'isthme après la destruction de Panamá La Vieja en 1671, jusqu'à la reconstruction de la nouvelle Panamá. Aujourd'hui, c'est une citée animée, et vous y passerez certainement en allant voir les artisans de La Pintada ou au moment du carnaval en février. C'est également la porte

Un Christ à la mer

On raconte qu'un jour, alors qu'ils rentraient leurs filets, deux pêcheurs ont vu flotter sur les eaux une caisse portant l'inscription « Esquipulas, Guatemala ». Intrigués, ils ont traîné la caisse sur le sable, pensant qu'elle contenait un trésor. Mais c'est une statue du Christ crucifié grandeur nature qu'ils découvrirent. Ils coururent alors au village où la nouvelle provoqua une vive émotion. Profondément croyante, la population d'Antón se sentit honorée d'un tel miracle.

Quand le vicaire décida qu'il convenait d'installer le Christ à Penonomé, capitale de la province, tous s'y opposèrent. Mais le vicaire tenta de passer outre et envoya des hommes chercher la caisse. Cependant, au moment de la soulever, ceux-ci sentirent que la caisse leur opposait une étrange mais insurmontable résistance. Averti de ce second miracle, le vicaire s'inclina et la statue fut installée dans l'église du village. Depuis, les Antoneros, à jamais reconnaissants, célèbrent leur Christ chaque année.

d'accès à San Miguel Centro, où vivent les Cucuas, une petite communauté authentique et dynamique.

Transports

- **Bus**. Toutes les 30 minutes à partir du terminal d'Albrook de 4h45 à 22h45. 4,35 US$, durée 1 heure 15 (arrêt sur la Panaméricaine, au terminal d'Utratep où l'on peut reprendre un bus pour Chitré, Las Tablas...).
- **Du mini terminal** situé à côté du marché, liaisons avec Churuquita Grande, Chiguiri Arriba, La Pintada, El Copé...

Pratique

BANQUES

Nombreuses dans la rue principale et sur la Panaméricaine.

MIAMBIENTE

✆ +507 997 9805

Sur la Panaméricaine peu après le Centro de Salud. Ouvert en semaine de 9h à 15h30.

Pour des informations sur la visite du parc Omar Torrijos. Le personnel de MiAmbiente pourra vous orienter vers d'autres sites en dehors du parc, comme le Chorro Las Yayas, une belle cascade.

Orientation

La Panaméricaine sépare la zone urbaine de Penonomé en deux parties. L'une au sud, très résidentielle ; l'autre au nord, plus commerçante et où se trouve le centre religieux et politique de la cité, autour du parque central, avec la basilique San Juan Bautista, la mairie, la police et la *gobernación* de Coclé. Les deux artères principales sont l'*avenida* Juan Demostenes Arosemena et la *calle* Damian Carles. Toutes deux se rejoignent au parc central. Du parc, à deux cuadras au sud-ouest, on arrive dans le quartier colonial, où se trouvent de magnifiques maisons bien restaurées (dont un beau musée) et de petites places arborées. Le marché et le terminal de bus principal ne sont pas très loin de cette zone.

Se loger

Vous aurez le choix entre des pensions très basiques dans le centre-ville, des hôtels confortables mais impersonnels le long de la route panaméricaine, un petit hostal tranquille avec jardin et piscines dans un quartier résidentiel, ou des hôtels en pleine nature dans les environs.

HOSTAL VILLA ESPERANZA

Quartier Villa Esperanza, Calle 1ra Norte.

✆ +507 997 8055

hostal1villaesperanza@yahoo.com

Depuis la Panaméricaine en venant de Panamá, prendre la rue à gauche, après l'hôpital, au pont piétonnier, puis la 2e à droite. L'hôtel se trouve au bout de la rue (10 minutes à pied de la Panaméricaine).

Chambre double à partir de 65 US$. Petit déjeuner inclus. Wifi, TV, eau chaude, restaurant.

Dans un quartier calme, un hôtel familial de 9 chambres propres et confortables. Le jardin dispose d'une piscine pour adulte, d'une autre pour enfant. Accueil très sympa de Jacinto et de sa famille.

Se restaurer

Ce ne sont pas les *comedores* qui manquent, mais il vaut mieux dîner tôt (avant 18h !) si l'on veut avoir la chance de trouver un établissement ouvert dans le centre-ville. Un restaurant de charme pas très loin du musée.

MESÓN DE SANTA CRUZ & PASEO ANDALUZ

Calle Damián Carles, à 3 cuadras de la cathédrale.

✆ +507 6284 5667

lucydearauz@hotmail.com

Ouvert tous les jours de 9h à 21h. Plats de viande ou de poisson autour de 10-15 US$.

Pour se plonger dans l'époque coloniale ! El Mesón de Santa Cruz et le Paseo Andaluz sont un seul et même restaurant, avec deux grands patios qui communiquent. Tout est décoré comme sous la domination espagnole, avec des sculptures d'anges, de grands tableaux religieux, de beaux meubles en provenance du Mexique. La maison est plus que centenaire, c'était à l'origine une librairie, et on lui a donné un cachet colonial. On peut manger dans une salle fraîche à l'intérieur ou dans l'un des patios arborés. Cuisine espagnole (paella, gaspacho, tortillas...) et panaméenne à prix raisonnables. Ou juste venir boire un verre dans un des salons ou au bord d'une fontaine.

YUKAS GRILL

Via Interamericana

✆ +507 908 6030

Ouvert pour le déjeuner. Menu à 9 US$.

Un restaurant sans charme mais qui fait de la bonne cuisine à prix abordable. Menu du jour avec soupe + poulet ou poisson mais aussi club sandwich garni, sandwich sur pain baguette et de bonnes frites.

Février à Penonomé : un Carnaval qui rince !

C'est dans la rivière que les gens du coin viennent se baigner et danser pendant le carnaval. Un spectacle incroyable, une foule innombrable, de la musique et les fameux culecos, ces citernes surmontées d'une plate-forme depuis laquelle la reine du carnaval ou ses acolytes, armés d'un immense tuyau d'arrosage, aspergent la foule au rythme des « discothèques » ambulantes (*disco móvil*). Une bénédiction sous la chaleur torride des matinées estivales, acclamée par la foule (*Agua ! Agua ! Agua !*).

C'est l'occasion d'apprendre à vous déhancher sur les derniers tubes de reggaetón, qui vous poursuivront ensuite pendant tout le reste de votre voyage. Ces tubes étant diffusés avant et après le carnaval par toutes les radios locales, vous en connaîtrez les paroles par cœur, comme tous les Panaméens. Prenez note du programme : le samedi pour admirer le défilé des chars sur l'eau, le dimanche pour le défilé des *polleras*, le lundi pour les déguisements et le mardi pour le défilé des chars dans la rue.

À voir – À faire

MUSEO DE PENONOMÉ ★

Barriada San Antonio, à deux cuadras du parque central.
✆ +507 997 8490
museopenonome@gmail.com
Du mardi au samedi de 9h30 à 12h et de 13h à 16h. Le dimanche de 9h à 12h. Entrée 1 US$.
Dans une jolie maison coloniale, plusieurs salles thématiques pour apprécier des céramiques précolombiennes trouvées sur le site archéologique de Sitio Conte et d'El Caño (certaines reproduites en braille), des urnes funéraires, des sculptures religieuses, du mobilier ou des manuscrits de l'époque coloniale.

RÍO ZARATÍ ★

Egalement connu sous le nom de Balneario Las Mendozas, c'est un joli coin pour se baigner et profiter de la fraîcheur de la rivière (mais à éviter en saison des pluies, car l'eau devient alors marron et peu tentante). Très prisé par la population locale les fins de semaine et particulièrement au moment du carnaval aquatique !

Shopping

Artisanat. Le long de la Panaméricaine, quelques stands regroupés ouverts tous les jours de 8h30 à 16h30. L'artisanat traditionnel agrémenté des douceurs de la région : *manjar blanco* (crème de lait), *suspiro* (petit gâteau), *merengue* (meringue)…

Marchés publics. Les halles Victoriano Lorenzo Ave. Cincuentenario ; le marché de fruits et légumes au Terminal de bus haut en couleur, menacé de reconstruction pour être aux normes sanitaires.

LA PINTADA ★★

Ce petit village très propre et environné de montagnes est connu pour le fameux *sombrero pinta'o*, un chapeau magnifique, et son *Carnavalito* qui se déroule la semaine suivant le carnaval. Notez que les 15 et 16 octobre a lieu le festival du sombrero dans le village, et le 19 du même mois a été déclaré au niveau national « jour du sombrero pintao » !
Le nom La Pintada (« la Peinte ») viendrait du fait qu'autrefois les gens des montagnes descendaient faire leurs provisions dans une épicerie qui avait la particularité d'être la seule maison de couleur du village. On allait à la *casa pintada*, à la maison peinte, et le nom est resté !

Transports

Une belle route rectiligne et fleurie relie La Pintada. Bus très fréquents depuis/vers Penonomé, de 6h à 21h (parfois jusqu'à 19h). 20 minutes de trajet. 1 US$. Descendre à l'église ou au terrain de foot.

Se loger

LA PINTADA RIVER INN

✆ +507 6519 7848
✆ +507 983 0384
www.lapintadainn.com
lapintadainn@hotmail.com
Chambre simple à 50/60 US$, double à 60/75 US$ et familiale à 80/100 US$. Petit déjeuner inclus, TV, wifi, AC. Dîner à 12,50 US$. Pour toute la maison (20 personnes, 8 chambres et autant de SDB), il faut mettre 495 US$.
La route qui mène à ce boutique hôtel en pleine nature est bonne. Sur place, la détente est au rendez-vous au bord de la piscine. Petit déjeuner très copieux et dîner sous le bohio au coucher de soleil avec vue sur les montagnes. Nous sommes

Finca Lerida
COFFEE PLANTATION & BOUTIQUE HOTEL
A Unique Experience
Vivre une expérience unique
Hôtel - Restaurant - Café - Aventure
- Observation des oiseaux
- Détente et séjour Relax
(507)720-1111
ALTO QUIEL, BOQUETE, PANAMÁ
HOTEL BOUTIQUE FINCA LERIDA
@HOTELFINCALERIDA
INFO@FINCALERIDA.COM
Finca Lerida
COFFEE PLANTATION & BOUTIQUE HOTEL
A Unique Experience

Finca Lerida
COFFEE PLANTATION & BOUTIQUE HOTEL
A Unique Experience
Vivre une expérience unique
Hôtel - Restaurant - Café - Aventure
- Observation des oiseaux
- Détente et séjour Relax
(507)720-1111
ALTO QUIEL, BOQUETE, PANAMÁ
HOTEL BOUTIQUE FINCA LERIDA
@HOTELFINCALERIDA
INFO@FINCALERIDA.COM
Finca Lerida
COFFEE PLANTATION & BOUTIQUE HOTEL
A Unique Experience

à quelques kilomètres de la fameuse division continentale. Rivière à proximité pour se rafraîchir. Une bonne adresse pour découvrir l'artisanat de la région.

Shopping

■ ARTESANÍAS REINALDO QUIROZ

A côté du terrain de foot
et de l'antenne télécom.

Ouvert tous les jours de 8h à 13h et de 14h30 à 19h. De 10 US$ à 600 US$ selon la finesse, pour des couvre-chefs d'une excellente facture.

Chapeau ! Depuis longtemps déjà, Reinaldo Quiroz nourrit une passion pour les chapeaux panaméens. Très attaché à son métier, il tente de faire revivre les anciens modèles de quelques couvre-chefs traditionnels du pays. Il les confectionne lui-même, mais ne participe pas à la préparation et au tissage de la fibre, bien qu'il maîtrise également ce savoir-faire : la sélection et le traitement, selon un procédé naturel, des feuilles de trois plantes (*bellota, junco* et *pita*). Le *sombrero ocueño* (chapeau de la région d'Ocú) est blanc crème complètement uni ; d'autres sont décorés de quelques motifs discrets, à l'aide de teintures également naturelles. Victime de son succès, Reinaldo est invité sur de nombreux salons internationaux. Il travaille aussi avec d'autres artisans dont il présente les travaux, toujours de qualité ! Les prix augmentent depuis quelques années, car de nombreux artisans sont partis travailler dans la mine d'or dans les environs de La Pintada, alors que la demande est en constante augmentation.

■ FABRIQUE DE CIGARES JOYAS DE PANAMÁ

© +507 6660 8935 / +507 6601 2549
joyapan@yahoo.com
A l'entrée de la ville, un panneau indique
le chemin à suivre (15 minutes à pied).

Ouvert tous les jours de 8h à 17h mais venir de préférence entre 9h et midi pour avoir plus de chance de voir les ouvriers au travail et admirer leur dextérité.

La fabrique existe depuis les années 1980. Sa fondatrice, Miriam Padilla, est une Guatémaltèque passionnée par son métier, et son fils Braulio représente la relève. La fabrique compte une cinquantaine d'ouvriers lors des grosses commandes. Certains fabriquent jusqu'à 600 cigares par jour ! A partir de 1 US$ le cigare en vrac et le choix est vaste. Churchill, Extra Corona, Torpedo, Robusto, Coronita, Panatela…

SAN MIGUEL CENTRO ★★

Dans le cadre d'un projet d'écotourisme solidaire, avec l'aide de l'organisation Ecobiosfera, les Cucuas accueillent les voyageurs au sein de leur petite communauté, isolée sur les flancs de la cordillère centrale. La visite de San Miguel Centro s'adresse à tous ceux qui éprouvent un intérêt particulier pour les autres cultures. Ceux-là devront par ailleurs savoir qu'ils n'y trouveront aucun confort (souvent un simple matelas sous une tente), la communauté n'ayant pas beaucoup de revenus extérieurs, à l'exception de ceux tirés de son artisanat. Mais les visiteurs auront la grande satisfaction de participer à un véritable échange. Le but de cette collaboration entre l'organisation panaméenne et la communauté est justement de valoriser le tourisme solidaire, notamment grâce au reversement des principaux bénéfices aux Cucua. Sur place, vous recevrez un accueil chaleureux de cette population. Le groupe de femmes qui travaille au projet artisanal se fera une joie de vous enseigner son savoir-faire. Il s'agit de l'*Asociación ecológica y cultural-artesanal cucua*. Sous le toit de la maison communale, construite avec le soutien d'une ONG hollandaise, vous pourrez apprécier à loisir les différents vêtements et objets réalisés à partir de l'écorce de l'arbre cucua.

Des sombreros de caractère

La qualité d'un chapeau se reconnaît à son tissage et à la variété des motifs du *talco*. Plus le nombre de tours (*vueltas*) nécessaires à la confection du chapeau est important, plus l'ouvrage sera fin. Pour vous faire une idée, prenez un chapeau et comptez le nombre de bandes horizontales tissées cousues ensemble. Un chapeau de sept tours nécessite quatre à cinq jours de travail et coûte autour de 25 US$ (40 US$ pour neuf tours). Un chapeau de vingt tours peut atteindre les 600 US$. En observant les différents modèles, vous vous rendrez compte que certains ont des petits dessins marron foncé ou noirs de 2 cm de long : il s'agit des *talcos*. Il en existe une grande variété et, autrefois, on disait que celui qui portait un *sombrero* avec beaucoup de *talcos* était amoureux (*el enamorado*).

Aujourd'hui encore, le chapeau est porté par de nombreux Panaméens. Ils le portent différemment selon la province d'origine du propriétaire, mais surtout selon son caractère. Ainsi, si le bord arrière du chapeau est relevé, on sera autorisé à penser que l'on a affaire à une personne stable et de confiance. En revanche, si les deux bords sont relevés, il conviendra de se méfier du tempérament de celui qui le porte !

Cucua : une communauté et un arbre

Selon la région, il existe différentes façons d'appeler cet arbre : *barrigón* vers El Copé, *poncho* vers Coclé del Norte, *ñumi* vers Veraguas. A San Miguel Centro, on l'appelle l'arbre *cucua*. De son écorce est extraite une fibre que les Cucuas travaillent pour obtenir, au terme d'un long processus, une matière textile.

Le résultat final, d'une grande finesse, peut être observé au Musée anthropologique de la capitale et aux musées d'El Valle ou de Penonomé. Il s'agit d'un costume de couleur crème constitué d'une veste et d'un pantalon sur lesquels des motifs ont été peints à l'aide de teintures naturelles. La tenue est complétée par un masque surmonté de bois de cerf, confectionné selon la même technique.

Aujourd'hui encore, ces ensembles sont portés par les hommes du groupe de danse de la communauté. L'un de leurs objectifs est en effet de faire connaître et de populariser la danse des Cucuas, un travail que s'impose depuis une quinzaine d'années Juan, le « chorégraphe » du groupe. Ainsi, chaque année, la communauté participe aux différentes manifestations folkloriques du pays, comme le défilé des mille *polleras* ou la fête de Corpus Christi. En 2004, la communauté a remporté le premier prix du concours de danse du festival de La Mejorana !

Les Cucuas sont les derniers à travailler l'écorce de cet arbre, autrefois très usitée chez la majorité des indigènes de la région occidentale. Aujourd'hui, pour trouver ces arbres, il est nécessaire de pénétrer de plus en plus profondément dans la forêt. Aussi, un projet de reproduction de l'arbre cucua et de reforestation est en cours. Dans ce cadre, chacun des visiteurs est invité à planter son propre arbre et à l'étiqueter avec son nom. Un symbole fort !

Transports

Prévenir la communauté de votre venue. Ils vous diront si la route est praticable (parfois des inondations qui coupent la route). Les pick-up bus ou *chivas* partent des pompiers (*Bomberos*) vers 4h, 9h, midi, 15h, parfois après (très variable), 1 heure 30 de route, 3,50 US$. En taxi, compter environ 60 US$ depuis Penonomé. Il était question d'une nouvelle route Tambo-El Bajito de San Miguel en 2016.

Pratique

■ **CONTACTS DANS LA COMMUNAUTÉ**
✆ +507 333 2221
Contact en amont via la page Facebook de la communauté San Miguel Centro-Penonomé Hogar de La Cultura Cucua. Le réseau téléphonique est mauvais.

PARQUE NACIONAL OMAR TORRIJOS ★★

Créé en 1986, sur la cordillère centrale entre le Pacifique et l'Atlantique, c'est l'un des parcs les plus accessibles et les mieux aménagés du Panamá (à ne pas confondre avec le parc urbain du même nom de la capitale). Chacun de ses deux sommets a sa particularité : du mirador Calvario sur le Cerro Peña Blanca (1 314 m), on peut admirer les deux océans (aucun souci pour le Pacifique, mais pour l'Atlantique, c'est en réalité plus rare : la période la plus propice se situe entre janvier et mars) ; quant au Cerro Marta (1 046 m), ce sont sur ses flancs que l'avion de l'illustre général Torrijos s'est écrasé en 1981. Les possibilités d'exploration de la faune et de la flore sont nombreuses : des sentiers d'interprétation ont été aménagés, mais les plus aventuriers pourront composer un véritable circuit de randonnée de plusieurs jours. A tenter ! Vous pouvez par exemple rejoindre La Pintada en quelques jours de marche...

Transports

- **Bus pour El Copé**. Départs d'Albrook à Panamá toutes les heures de 6h à 18h. Tarif : 6 US$; 2 heures 30 de trajet. Penonomé (départ à côté de Melo au terminal du marché) – El Copé de 6h à 18h30, toutes les 20 minutes. El Copé-Penonomé de 4h45 à 17h30. 1 heure de trajet, 2 US$.
- **Une fois à El Copé, rejoindre Barrigón** : marcher 2 km, prendre un bus (30 minutes, 0,50 US$) ou un 4x4. De Barrigón aux installations de MiAmbiente, la piste est rocailleuse et en mauvais état : 4x4 plus que nécessaire, ou 1 heure 45 à pied. Si vous souhaitez bénéficier des services de « transporteurs » locaux, demandez à voir messieurs Faustino Ortega ou Joël Santana.

Pratique

- **Pour visiter le parc national,** avertir de votre venue le bureau régional de MiAmbiente à Penonomé. L'entrée est de 10 US$ par personne.
- **Des guides locaux** pour la conservation environnementale proposent des excursions dans le parc national et dans les environs. Les tours sont de thèmes et de difficultés variables, d'une demi-journée à 1, 2, 3 ou 4 jours (Río Blanco, Chorro Tifé, Las Yayas, Cerro Marta, Peña Blanca, Chorro Tigrero...).

Se loger

ALBERGUE NAVAS / EL RINCÓN DE LAS AVES

Barrigón
✆ +507 983 9130
La formule inclut la pension complète et le service de guide pour 40 US$ par personne.
Une chambre d'hôtes tenue depuis quelques années par la sympathique famille Navas. L'hébergement est simple mais chaleureux. La famille est adorable et connaît très bien le parc national. Ils ont d'ailleurs une petite maison à 3 heures de marche plus loin dans la montagne, pour ceux qui veulent rester quelques jours en pleine nature.

CABAÑA DE VISITANTES

20 US$. Eau courante, accès aux commodités, à la cuisine... Réservation si possible 15 jours avant auprès de MiAmbiente de Penonomé.
A proximité de jolies cascades, le confortable refuge peut accueillir jusqu'à 8 personnes (lits superposés). N'oubliez surtout pas votre sac de couchage, vous êtes à environ 1 100 m d'altitude et les nuits peuvent être très fraîches ; en janvier, les températures baissent jusqu'à 12 °C en raison des vents du nord. Electricité solaire.

CASA DE GUADAPARQUE

15 US$ en dortoir.
La deuxième alternative est de partager la cabane des gardes forestiers. Apporter également son sac de couchage et de quoi manger, il y a une cuisine.

NATÁ ★

Fondée le 20 mai 1522, Natá est l'une des premières villes du pays. Son vrai nom, Santiago de Natá de Los Caballeros, proviendrait des cavaliers (*caballeros*) envoyés par le roi d'Espagne pour soumettre la population locale et leur chef indien Natá. Héritage de ce passé colonial, l'église, que vous ne manquerez pas de visiter, serait la plus ancienne des Amériques côté Pacifique.

Transports

- **Bus.** Tous les bus empruntant la Panaméricaine peuvent vous laisser au croisement pour Natá. Il faut ensuite marcher 10 minutes pour arriver à l'église.

À voir - À faire

BASÍLICA SANTIAGO APÓSTOL ★

Si la porte est fermée, renseignez-vous auprès des habitants, ils vous diront où trouver le curé.
On ne connaît pas avec exactitude la date de la construction de cette église, déclarée monument historique en 1941 et restaurée en 1998. Derrière sa belle façade coloniale, elle cache notamment un admirable autel (1751) d'influence amérindienne, ainsi qu'un tableau de 1758 représentant la Sainte Trinité. Cette œuvre de l'Equatorien José Samaniego a tout d'abord été rejetée par les autorités ecclésiastiques, sous prétexte que sa représentation de la Trinité (trois visages identiques) ne correspondait pas aux canons de beauté de l'Eglise. La visite de l'église sera aussi l'occasion de s'imprégner de l'atmosphère tranquille de cette petite ville qui ne s'anime que pendant la semaine sainte et le 25 juillet, lors de la célébration de Santiago Apóstol.

SITE ARCHEOLOGIQUE EL CAÑO ★★

✆ +507 228 6231
A une dizaine de kilomètres du centre de Natá en direction de Penonomé. Aucun bus ne dessert le site. En voiture, se renseigner au préalable sur l'état de la route (risque d'inondation en hiver). En taxi (minimum 5 US$ depuis Natá), négociez l'aller-retour et l'attente.
Ouvert du mardi au dimanche de 9h à 16h. Entrée adulte 1 US$.
Véritable patrimoine historique, ce site découvert en 1924 par l'Américain Haytt Verrill apporte la preuve qu'une population indigène vivait sur ces terres il y a 1 500 ans et il reste encore beaucoup de travail pour les archéologues... Monticules de terre révélant la présence de tombeaux de grands chefs indiens et alignement de grandes pierres (funéraires ?) ramenées avec on ne sait quelle technique des montagnes distantes de plus de 20 km du site. L'intérêt suscité est grand et plusieurs équipes d'archéologues se succèdent au gré des financements. Une partie des résultats des premières fouilles de 1928 se trouve malheureusement dans deux musées de New York. Les Panaméens espèrent un jour les récupérer ! A suivre...

AGUADULCE

San Juan Bautista de Aguadulce a été fondé au milieu du XIXe siècle. Malgré le doute qui plane sur le jour exact de sa création, on lui a attribué une date officielle, celle du 19 octobre 1848, afin de pouvoir célébrer chaque année, trois jours durant, son anniversaire. Une fête immense qui fait d'Aguadulce un véritable carrefour de musiques, de jeux, de danses et de défilés... Si vous appréciez les ambiances euphoriques, vous n'y manquerez pas non plus le carnaval, ni la célébration du saint patron de la localité le 24 juin.

Cette ville d'environ 8 000 habitants dans la zone urbaine est surnommée « *tierra de la sal y del azucar* » (« terre du sel et du sucre »), denrées dont elle a longtemps été la plus grande productrice du pays. Si les raffineries de sucre continuent à fonctionner, la férocité de la concurrence étrangère a entraîné la fermeture de la plupart des salines. Aguadulce est connu aussi pour ses cultures de crevettes et autres fruits de mer qui vivent dans les fonds sableux de la baie de Parita. Plusieurs petits restaurants de fruits de mer vous attendent dans le quartier de pêcheur d'El Salao.

Transports

- **Bus.** De la capitale, départs toutes les 25 minutes de 4h15 à 21h (dernier bus au départ d'Aguadulce à 18h). 6,35 US$. Durée 3 heures. Il est aussi possible d'attraper un bus pour Panamá sur la Panaméricaine (mais ils sont souvent pleins).
- **La station des bus** au départ d'Aguadulce (pour Penonomé, Panamá...) se trouve face au parc central : le Parque 19 de octubre.
- **Taxis.** A côté de l'église. 2 US$ la course, de 4 US$ à 5 US$ jusqu'à la plage.

Pratique

Plusieurs banques avec distributeurs dans l'avenue Rodolfo Chiari, la principale artère d'Aguadulce ; également un café Internet et des pharmacies.

Orientation

Pour entrer en ville, tourner à droite en venant de Santiago, à l'arrêt de bus La Tablita, jusqu'à l'avenue Alejandro Tapia. Prendre à gauche jusqu'à arriver au Parque Rodolfo Chiari, puis prendre à droite l'avenue du même nom qui mène jusqu'au parc 19 de octubre, le parque central. C'est là que se trouvent l'église et le musée, et d'où partent la plupart des minibus pour les villes environnantes.

Se loger

HOTEL SARITA

Angle de C/ José Maria Calvo et Pablo Arosemena.

À 100m du parc Rodolfo Chiari.

✆ +507 997 6704 / +507 997 4437

fccosme@yahoo.com

Chambre simple : 20 US$, double : 30 US$, triple : 34 US$ avec ventilateur au rez-de-chaussée. 35 US$, 40 US$ et 47 US$ avec AC. Toutes les chambres ont leur propre salle de bains. Wifi, CB acceptées. Taxes en sus.

Un établissement familial, qui date de la construction du port, pour héberger les marins et commerçants de passage et tous ceux qui, traversant le pays par la panaméricaine, avaient besoin d'une pause à mi-parcours, en raison du mauvais état de la route. Nombreuses chambres de confort variable, demandez à visiter. Préférez celles du haut, un peu plus chères, mais plus lumineuses et confortables. La propriétaire, l'adorable Fatima, est passionnée par sa région. Vous pourrez

La canne à sucre, culture principale des environs d'Aguadulce.

la rencontrer dans la boutique voisine, elle vous donnera de bons plans sur Aguadulce si vous parlez espagnol ou l'anglais.

Se restaurer

Dans le centre, nombreuses cafétérias-boulangeries-pizzerias, 3 en 1. Plats typiques panaméens, pizzas, glaces… Dans le quartier del Salao, où vivent les pêcheurs, on trouve plusieurs restos de poissons et fruits de mer, très appréciés des habitants d'Aguadulce qui s'y retrouvent le week-end.

■ MAR NATHY

Vía Salado, accès fléché après les salinas.
Ouvert du mardi au dimanche de 10h à 22h. Comptez 12 US$ la livre de gambas.
Les prix varient selon la pêche mais restent toujours économiques. Grande terrasse et déco sympa. Quantité et qualité sont au rendez-vous ! Hamac pour se reposer après le repas ou plage pas très loin.

■ RESTAURANTE REINA DEL MAR

A l'entrée du village de pêcheurs del Salao
A 10 km d'Aguadulce.
Ouvert tous les jours jusqu'à tard. Plats de poissons ou de crustacés à partir de 6 US$.
Un restaurant apprécié des locaux, très simple mais où l'on mange des plats de la mer très frais et bien cuisinés. Prévoir l'anti-moustique le soir !

À voir – À faire

■ LAS SALINAS ★★

Via el Salado, coopérative Marin Campos.
✆ +507 997 3954
En taxi 6 US$ pour 1 à 4 personnes ; aller-retour ou attente sur place à négocier.
Une pincée de sel pour agrémenter votre séjour ? L'extraction de sel est l'une des activités les plus anciennes de la région. Les salines qui représentent plusieurs centaines d'hectares, se situent sur la route menant à la plage de El Salao au sud d'Aguadulce. De janvier à avril, venez voir comment sont ramassées de manière artisanale, des tonnes de sel, qui alimentent ensuite tout le pays. Il est conseillé de se rendre aux salines le matin, car les travailleurs commencent à la fraîche, avant le lever du jour, parfois dès 4h. Vous verrez des *tinas*, ces petits bassins peu profonds d'où, par évaporation naturelle de l'eau de mer, apparaissent des couches de sel, aussitôt récupérées à l'aide de râteaux et entassées sous forme de petits cônes, avant d'être mis en sac et envoyé à la coopérative. La forme traditionnelle d'évaporation naturelle par l'action du soleil et du vent existe toujours, mais on recourt de plus en plus, pour accélérer le processus, à des bâches plastiques noires posées au fond des bassins, et à l'usage de pompes pour amener l'eau de mer dans les *tinas*, à travers de longues canalisations, depuis les étangs littoraux qui se remplissent avec les marées. Avec cette nouvelle technique, on peut récolter 3 à 4 quintaux par mètre carré, deux fois plus de sel qu'avec le système traditionnel, du sel par ailleurs plus pur et propre. A la coopérative, les tas de sel sont mis en sacs de 100 livres et chargés dans des camions. Le sel brut est utilisé dans l'industrie alimentaire, les conserveries de poissons et même dans les cimenteries. N'hésitez pas à vous rendre à la coopérative Marin Campos, de préférence le matin. L'accueil est sympathique et la visite gratuite. On vous proposera peut-être même de partager une mangue verte, à déguster avec du sel bien sûr !

■ MUSEO STELLA SIERRA (MUSEO DE LA SAL Y EL AZÚCAR) ★

Parque 19 de octubre
✆ +507 997 4280
Ouvert en semaine de 9h à 15-16h. Entrée libre.
Le musée est situé dans une magnifique maison. Dessinée en 1924 par l'architecte italien Eduardo Pedreschi, elle servit de salle des fêtes pour la haute société locale, avant d'être utilisée jusqu'en 1989 comme bureau de poste, puis d'être transformée en musée en 1998. Ce musée a changé d'appellation depuis peu afin d'honorer Stella Sierra (1917-1997), une célèbre poète originaire d'Aguadulce, elle vivait dans la belle maison où se trouve aujourd'hui la Farmacia Global. Les objectifs sont là : informer sur l'histoire de la région (archéologie, personnages illustres, le mode de vie) et en valoriser le patrimoine. Tout le processus d'extraction et de production du sel et du sucre y est retracé.

■ PLAGE LA CALETA ET PORT DE PÊCHE DE EL SALAO ★

Pour s'y rendre, prendre la route en bon état qui part de la place d'Aguadulce et traverse les salines. Compter de 10 à 12 US$ l'aller-retour en taxi jusqu'à la plage. 10 minutes de route.
C'est la plage d'Aguadulce. Une étendue sauvage de sable blanc et gris et de mangroves, parfaite pour une après-midi détente. La plage donne dans la baie de Parita. Celle-ci est peu profonde et laisse place à de grandes étendues sableuses à marée basse. Des piscines ont été aménagées dans une partie rocheuse de la plage. Elles se remplissent à marée haute et sont accessibles à marée basse pour des bains salés sans risque. Méfiez-vous tout de même de la marée qui monte très vite, et prévoyez crème solaire et répulsif anti-moustique, au cas où… Le port de pêche del Salao est pittoresque et offre un joli point de vue. Si vous parlez l'espagnol, vous pouvez proposer à un pêcheur de vous emmener explorer la mangrove de la baie de Parita, contre quelques dollars.

POCRÍ ★

De l'autre côté de l'Interamericana
Compter 2 $ en taxi l'aller, depuis le centre d'Aguadulce.
Pocrí, du nom d'un cacique indigène de la région, est un village paisible et pittoresque qui a su conserver de vieilles maisons de la fin du XIXe et début du XXe siècle. Situé dans le district d'Aguadulce, juste de l'autre côté de la Panaméricaine, c'est un peu le Casco Viejo d'Aguadulce. La plupart des maisons sont en attente de restauration, mais l'ensemble dégage un charme particulier. La fête de la Virgen del Carmen est célébrée tous les ans du 8 au 16 juillet. Elle donne lieu à des processions et à des concerts de tipico. Pour l'ambiance saloon, les hommes pourront aller boire une bière à la cantina Vietnam qui fait face au Parque central !

RAFFINERIE DE SUCRE DE SANTA ROSA ★★

Ingenio de azúcar Santa Rosa
El Roble ✆ +507 987 8101
www.azunal.com – gortiz@azunal.com
A quelques kilomètres d'Aguadulce. Pour s'y rendre, prendre un bus Aguadulce-Chitre (trajets fréquents) et demander à descendre à l'entrée d'Azucar Santa Rosa. De là, prendre un taxi ou le bus des travailleurs de la raffinerie. Compter une quinzaine de minutes en voiture depuis Aguadulce (ne pas oublier vos papiers d'identité, on vous les demandera probablement à l'entrée de la raffinerie).
La visite a lieu sur réservation (24h à l'avance) du mardi au vendredi de 9h à 15h, de janvier à avril.

La culture de la canne à sucre a pendant longtemps été la principale source de revenu des habitants d'Aguadulce (avec le sel), et reste la principale activité industrielle de cette région aux vastes plaines. La raffinerie Santa Rosa a été créée en 1911 par Moisés Delvalle. C'est la première et la plus importante entreprise sucrière du pays, avec plus de 7 000 tonnes de cannes moulues par jour, et une production d'environ 15 000 quintaux de sucre, sous forme de sucre blanc raffiné (pour la consommation locale), brun non raffiné (pour l'export), ou encore de mélasse (un sirop épais constitué du résidu du raffinage, utilisé pour la production de rhum ou l'alimentation du bétail). L'activité mobilise 4 000 personnes durant la récolte de la canne (la *zafra*), auxquels s'ajoutent 500 petits producteurs apportant leurs propres récoltes à la raffinerie. La récolte s'étend de janvier à avril, à la saison sèche, juste avant floraison lorsque le taux de sucre est le plus fort dans la partie basse des tiges. Les champs de canne sont traditionnellement brûlés avant la récolte pour faire fuir les serpents et faciliter l'accès des coupeurs ou des machines. La visite guidée de la raffinerie Azucar Santa Rosa montre le processus dans son intégralité, de la récolte, jusqu'à la mise sous sachet du sucre raffiné. La visite est généralement réalisée par l'un des plus anciens employés de l'entreprise, qui pourra répondre à toutes vos questions et vous emmènera dans une réplique de la première maison construite à Santa Rosa, en 1909 par le fondateur de l'entreprise. Ce musée expose des objets du début du XXe siècle et, dans le jardin, les premiers moulins (*trapiches*).

La production de canne à sucre et de sel à Aguadulce.

PROVINCE DE VERAGUAS

L'origine du nom de Veraguas serait antérieure à l'époque des conquistadores et viendrait des mots indigènes veracuá ou viragua, signifiant « les eaux vertes ». Mais, selon certains Panaméens, Veraguas serait tout simplement la contraction de « ver-aguas » (voir-eaux), rappel de sa position géographique. Il s'agit de l'unique province qui englobe les deux côtes de Panamá : 60 km sur l'Atlantique et 350 km sur le Pacifique ! D'une part la côte Caraïbe, très peu habitée en raison de la densité de sa végétation et ses innombrables dangers qui empêchent toute pénétration (pour le moment, car il y a un projet de route). D'autre part, le Pacifique, ses vagues indomptables et ses quarante îles, dont celle de Coiba, la plus grande du pays. Dotée d'une grande richesse naturelle et aurifère, Veraguas est pourtant l'une des régions les moins développées du pays.

SANTIAGO

A mi-chemin entre Panamá et David, Santiago, capitale de la province d'environ 60 000 habitants, ville de passage, ne présente pas d'abords très engageants mais elle est des plus paisibles dès que l'on s'écarte un peu de la Panaméricaine. Envie de forêts, de fraîcheur et de sentiers sauvages ? Dirigez-vous vers Santa Fé... Soif de surf et de vagues ? Allez à Santa Catalina... Sans oublier la belle Coiba dont les départs peuvent se faire de Puerto Mutis à une petite heure de bus de Santiago.

Transports

Comment y accéder et en partir

- **Les bus Santiago-Panamá partent du terminal** situé en ville, Calle 10. Départs pour la capitale toutes les 30 minutes de 5h à 21h. 9,10 US$. 3 heures 30 à 4 heures de trajet. On trouve à l'étage une consigne à bagages (*Guarda equipajes*, 24h/24, 2 US$ par jour pour un sac à dos). Evitez de manger au terminal, les restaurants de poulet ne sont pas très propres.
- **Pour David,** 9 US$, 3 heures 30 de trajet.
- **Pour les autres destinations** (Santa Fé, Soná...), se référer aux localités correspondantes.

■ **THRIFTY**
Barriada 5 de Mayo, Via Interamericana, en face de Tambor ✆ +507 958 8928
www.thrifty.com

Se déplacer

Le tarif de la course de taxi en ville est généralement de 2 US$.

Pratique

■ **BANQUES**
De nombreux points de retrait d'argent dans l'Ave. Central et le long de la Panaméricaine, ainsi qu'à la gare routière.

■ **OFFICE DU TOURISME – ATP**
Ave. Central,
dans la galerie de Plaza Palermo.
✆ +507 998 3929
Ouvert du lundi au vendredi de 8h30 à 16h30.
Pour des informations sur la région, le parc national Coiba et les permis pour la pêche.

■ **POLICE**
Vía Interamericana,
avant d'entrer dans Santiago ✆ +507 998 1027
En parlant de police, limitez la vitesse en entrant dans Santiago, les agents veillent !

Se loger

Essayer de poursuivre votre route plutôt que de dormir à Santiago. Peu d'options petit budget correctes à proximité du terminal. La seule auberge de jeunesse de la ville, Hostal Veraguas, est excentrée. En revanche, elle peut vous mettre en relation pour du travail volontaire dans les communautés rurales ou les écoles de la région.

■ **HOTEL-RESTAURANT GRAN DAVID**
Vía Interamericana,
en face de l'hôtel Hong.
✆ +507 998 4510 / ✆ +507 998 1866
www.hotelgrandavid.com
reservas@hotelgrandavid.com
54 chambres. Chambre double à partir de 45 US$. Restaurant ouvert de 6h30 à 22h. Petit déjeuner à partir de 3 US$, repas à partir de 6 US$. Gymnase, piscine, AC, TV, Wifi.
Confortable et calme malgré la proximité de la Panaméricaine. Un plongeon dans la piscine fait un bien fou après la route.

Se restaurer

ASADO EL PARQUE'O

Parque Central

Ouvert de 14h à 22h. A partir de 4-5 US$.

Une agréable terrasse couverte donnant sur le Parque Central pour se rassasier le soir de viandes grillées et de boissons fraîches.

À voir – À faire

La petite place centrale de Santiago est très agréable le soir, quand la chaleur tombe et que les jeunes skaters se lancent dans des pirouettes spectaculaires. Pour la rejoindre à pied du terminal de bus, compter plus de 20 minutes. En sortant du terminal, prendre à droite et remonter l'Avenida Polidoro Pinzon jusqu'à tomber sur l'Avenida Central qu'il faut emprunter vers la droite jusqu'à la cathédrale et le parc municipal.

MUSEO REGIONAL DE VERAGUAS ★

Calle 2da y Ave. J. Arosemena en face du parc Arosemena ✆ +507 998 4543

Le lundi de 9h à 12h, du mardi au samedi de 9h à 16h. Gratuit.

Ce musée très simple, aménagé dans une belle maison de 1855 qui servit un temps de prison, présente des petites collections de fossiles, pétroglyphes, céramiques et orfèvrerie précolombiennes trouvées dans la province de Veraguas.

AU NORD DE SANTIAGO

SAN FRANCISCO ★

A une vingtaine de kilomètres de Santiago, sur la route de Santa Fé, San Francisco de la Montaña héberge l'une des plus célèbres églises du pays. L'église San Francisco de Asís construite en 1727, restaurée il y a quelques années, accueille un magnifique autel et neuf retables en bois sculptés. Ce joyau de l'art baroque est l'œuvre anonyme d'Européens et Indiens alors venus exploiter l'or des rivières Belém et Veraguas. Les sculptures présentent des traits indigènes montrent le syncrétisme culturel de l'époque. Après la visite de l'église, vous pourrez vous rafraîchir à la cascade El Salto à quelques centaines de mètres de l'église.

Prendre un bus « Santiago-Santa Fé » , toutes les 30 minutes de 5h à 19h. 30 minutes de trajet, 2,10 US$. En taxi compter autour de 20 US$ l'aller-retour depuis Santiago.

SANTA FÉ ★★

Cette petite ville de montagne, peuplée de *campesinos* et d'indiens Ngäbe Buglé, vit au rythme des cultures et des saisons. Seules les notes de musique qui s'échappent des quelques cantinas du coin troublent le silence... Santa Fé est située à 470 m d'altitude, ce qui suffit pour que l'atmosphère y soit totalement différente de celle de Santiago. Ici, le voyageur est entouré par les montagnes, les rivières et la verdure. De longues excursions et des rencontres avec la vie sauvage, et surtout avec la population locale rythment les journées. Un séjour rafraîchissant et revigorant !

Une solidarité ancrée dans l'histoire

Le capitaine Francisco Vásquez fonda Santa Fé en 1557, dans le but de démanteler la résistance des indigènes, de les convertir au catholicisme et de permettre le passage des convois vers les mines d'or de la région. Vous sentirez sûrement que cette bourgade a quelque chose de spécial. Une certaine solidarité unit les habitants, qui ont mis en place un tourisme respectueux de l'environnement, au bénéfice des locaux, que vous ne retrouverez pas à El Valle ou Boquete, les deux autres villes de montagne à succès.

En effet, grâce au courage du Père Hector Gallego qui est venu leur prêter main forte, les paysans se sont rebellés contre les riches Italiens qui possédaient toutes les terres dans les années 1970. Le 9 juillet 1971, le prêtre tant aimé a mystérieusement disparu, probablement assassiné et chaque année, les habitants de Santa Fé lui rendent hommage. Actuellement 1 300 personnes forment la coopérative La Esperanza. Les fiers *campesinos* œuvrent ensemble et vendent leurs marchandises dans différentes succursales. Ils achètent les produits dont ils ont besoin, comme le sel, dans leur propre supermarché. Depuis 1977, tous les aliments produits sont biologiques.

Deux fêtes sont organisées tous les ans à Santa Fé : la fête des orchidées (*Feria de las Orchídeas*) mi-août et la fête agricole (*Feria Agropecuaria de la Candelaria*) fin janvier.

Transports

Voiture. Route en bon état tout le long, des montées-descentes raides sans trop de visibilité, soyez vigilant.

Bus. Du terminal de Santiago, départs toutes les 30 minutes de 5h à 19h. De Santa Fé, départs de 4h40 à 18h20. 2,90 US$. 1 heure 30 de trajet.

Taxi. 35-40 US$ l'aller depuis Santiago.

« Cholo » ou « Toti » peuvent vous emmener pour des circuits 4x4 d'une journée ou plus. Demandez à les voir si vous êtes intéressé, tout le monde sait où ils habitent.

Pratique

Ce sont surtout les gérants des hôtels qui pourront vous indiquer les balades et vous mettre en contact avec des guides locaux. Poste, police, centre de santé, téléphones publics... mais pas encore de banque ni de station-service. Pour se connecter, il faut aller à Infoplazas.

AVENTURAS CESAMO

✆ +507 6792 0571
aventurascesamo@hotmail.com
César Miranda est un agriculteur amoureux des fleurs et notamment des orchidées. Il propose des promenades à pied ou à cheval pour découvrir de façon originale la forêt tropicale, sa faune et sa flore. Excursions à cheval de 4 à 6 heures, dans les montagnes environnantes avec possibilité de se baigner. Chevaux dociles, débutants et confirmés bienvenus.

EDGAR TORIBIO

✆ +507 6121 4286 – edgar_toribio@yahoo.es
Edgar vous emmène pour des expéditions d'un à plusieurs jours à pied dans la jungle de la cordillère, et pourra vous parler des heures durant de papillons (il a identifié plusieurs espèces endémiques et accompagnait régulièrement des scientifiques de l'institut Smithsonian). Edgar propose aussi des excursions nocturnes en forêt à la découverte notamment de grenouilles aux couleurs surprenantes.

GRAHAM

✆ +507 6965 8372
www.exploresantafepanama.com
Graham, un guide naturaliste expérimenté, est spécialisé dans l'observation des oiseaux et les treks botaniques. Il parle espagnol et anglais.

Orientation

L'hôtel Santa Fé est situé sur la gauche en arrivant à Santa Fé. Le cœur de ville, à côté de l'église, se trouve plus haut, on y accède par la route principale. L'hostal La Qhia est un peu plus haut à côté de la coopérative et du terminal de bus. Pour Anachoreo, continuer encore un peu vers le nord par un chemin. Tout est parfaitement fléché et les hôtels disposent généralement d'un plan dessiné de la localité et des sites environnants. Tout se fait à pied.

Se loger

En 2016, le 8e hôtel et bed & breakfast du village a ouvert. Pourtant, Sante Fé est loin de la fréquentation d'El Valle ou de Boquete (et c'est tant mieux !). En basse saison, ils peinent à remplir leurs chambres. Voici les trois hébergements « historiques » mais d'autres ont également bonne réputation. A Santa Fé, le téléphone est préféré aux mails.

HOSTAL LA QHIA

Vers le fond du village après la coopérative, suivre les petits panneaux.
✆ +507 954 0903 / +507 6592 5589
hostal_laqhia@yahoo.es
Lit en dortoir à 12 US$, chambres doubles de 38,50 à 58,50 US$ selon confort. Cuisine ouverte sur le jardin à disposition. Pas de petit déjeuner. Eau chaude. Pas d'air conditionné ni de télé. Wifi au salon.
Entourée d'un jardin splendide, la montagne brumeuse au loin, cette maison aérée avec une grande terrasse, allie parfaitement la pierre et le bois. C'est le lieu idéal pour se reposer après une longue randonnée. Stéphanie (Belge), Horacio (Argentin) ou Rosa (locale) fournissent aux clients plein d'infos touristiques. La Qhia est l'un des premiers hostal de la région, il propose à la fois des lits en dortoir bien tenu et des chambres privées. Ambiance chaleureuse.

HOTEL ANACHOREO

Calle Chinita ✆ +507 6911 4848
www.anachoreo.com – hotel@anachoreo.com
4 chambres à 38,50 US$ ou 49 US$ pour 1 ou 2 personnes. Une chambre peut accueillir 4 personnes. Petit déjeuner et taxes inclus. + 10US$ pour une seule nuit. Wifi, parking, bar-restaurant uniquement pour les clients.
Marnix et Sineth, un jeune couple hollando-cambodgien, a ouvert ce petit hôtel familial, connu dans toute la région pour son délicieux restaurant cambodgien (pour les clients, lorsqu'il est ouvert). Des chambres confortables, avec une vue magnifique sur la vallée du rio Bulaba. On est au calme, à 15 min à pied du village. Plein d'informations touristiques et des excursions proposées.

HOTEL RESTAURANT SANTA FÉ

Route principale, sur la gauche, 500 m avant le village ✆ +507 954 0941
info@hotelsantafepanama.com
16 chambres. Chambre avec lit double et SDB privée à 27,50 US$, 46,20 US$ avec AC, TV. Chambre pour 5 pers : 38,50 US$. Avec taxes. Bar-restaurant ouvert de 7h30 à 19h30 tous les jours sauf mardis en saison basse. Petit déjeuner panaméen à 3-4 US$. Déjeuner et dîner à partir de 6 US$.
Un très bon rapport qualité/prix avec des chambres confortables et un service attentionné. Magnifique vue sur les sommets Sapo, El Alto et El Salto. Réveil-matin par les oiseaux qui adorent l'arbre central ! Le restaurant est très correct. Les vendredis, paëllas aux fruits de mer. Organisations de tours (balades à cheval, randos, etc.).

Se restaurer

Plusieurs petits restaurants ouverts dès le petit déjeuner. Ils offrent les mêmes plaisirs gastronomiques (*pollo* ou *carne*, riz, haricots, pour des tarifs autour de 2 à 3 US$). Le mieux est peut-être de faire ses courses à la coopérative.

■ CAFÉ DORADO

A l'entrée du village, sur la droite, après l'hôtel Santa Fé.
✆ +507 6405 1114
Ouvert tous les jours de 11h à 22h, le lundi de 16h à 22h. A partir de 4,50 ou 6,50 US$. Wifi.
Ce café de meilleur standing que les autres fondas et restaurants du village, tenu par Ferdinand, a ouvert fin 2015. Il propose des plats simples (burgers, tacos, poulet frit, porc grillé) et des boissons (sodas et bières) avec une superbe vue sur le Cerro Sapo depuis la terrasse. Accueil agréable. Boutique d'artisanat juste à côté.

■ HERMANOS PIÑEDA

Vers la place principale ✆ +507 954 0777
Ouvert tous les jours de 6h à 21h. Environ 3 US$ le menu.
Cette fonda tenue par des frères actifs sur la commune n'a rien d'exceptionnel si ce n'est un joli cadre ombragé et une ouverture (relativement) tardive. Marchand de légumes dans l'enceinte du restaurant.

■ RESTAURANTE DE LA COOPERATIVA « LA ESPERANZA DE LOS CAMPESINOS »

Près de la coopérative, au sous-sol d'une maison en bois.
Ouvert tous les jours de 5h à 17h. Petit déjeuner autour de 2,50 US$, déjeuner à 2,75 US$.
Pour manger des plats typiques dans une salle donnant sur un jardin envahi par les poules. Les œufs sont frais et le poulet bien ferme.

À voir - À faire

■ FERME BIOLOGIQUE EL SALTO ★★

✆ +507 6820 2525
Une ferme familiale où tous les légumes sont récoltés à la main. Pour la visiter, appeler le propriétaire Egberto Soto ou adressez-vous à votre hôtel. L'excursion prend la journée avec le transport : 2h30 à pied aller, à cheval avec Cesar, ou en 4 x 4 (70 US$ l'aller-retour).

■ PLANTATIONS DE CAFE EL TUTE ★

Fabrique El Tute, en haut du village, après l'hôtel Qhia ✆ +595 954 0801
Réserver à l'avance via votre hôtel. Visite guidée en espagnol : 15 US$ pour 1 personne + 5 US$ par personne supplémentaire.
Si vous souhaitez en savoir plus sur la culture du café et visiter les plantations, c'est possible par l'intermédiaire de la coopérative, ou par la Fábrica de Café El Tute.

■ ROUTE DES ORCHIDÉES ★★

✆ +507 6817 1198
✆ +507 954 0884 / +507 6708 3598
Jardin privé. Pour visiter, prévenir à l'avance.
Madame Berta de Castrelló, une passionnée des orchidées, est à l'origine d'une association et de la fête qui leur est consacrée mi-août. Toutes les femmes (et les 3 hommes) qui en font partie vous guideront avec fierté parmi leurs fleurs. On a identifié plus de 350 espèces d'orchidées autour de Santa Fé !

Sports - Détente - Loisirs

Ce n'est pas pour rien que le territoire de Santa Fé a le statut de parc national (70 000 ha). Les excursions sont multiples, de la randonnée à la journée (vers Cerro Tute, Cerro Sapo, Cerro Mariposa, Alto de Piedra) à la route des Caraïbes ou à la visite de mines d'or abandonnées de Cocuyo (sur 5 jours sur la route de Piragual avant

Le Cerro Tute, « Sierra Maestra » panaméenne

Au début des années 1950, en réaction à la domination nord-américaine, un groupe de jeunes idéalistes panaméens, qui aspirait à faire tomber le gouvernement, forma le Mouvement d'action révolutionnaire (MAR). Inspirés par la révolution cubaine, ils choisirent les flancs du Cerro Tute pour établir leur quartier général, leur « Sierra Maestra » en quelque sorte. Mais la garde civile s'empressa d'envoyer ses hommes, dont le capitaine Omar Torrijos, pour disperser les rebelles. Deux opposants furent tués dans les affrontements et les autres durent déposer les armes.

Curieusement, au même moment, a circulé la rumeur d'un débarquement cubain sur les côtes panaméennes : un groupe de personnes a été arrêté et plusieurs armes destinées au Panamá ont été confisquées. L'histoire s'arrête là. Pure coïncidence ? Ou réelle tentative d'invasion ? Toujours est-il que le mystère continue à planer et que Fidel Castro n'a jamais voulu se prononcer...

le rio Guazaro), aux balades et baignades dans les rivières environnantes (río Santa María, río Buraba et cascades comme Bermejo au nord-ouest ou El Salto au sud-est).
Une précaution toutefois : munissez-vous d'une excellente lotion anti-moustiques (et chitras) et badigeonnez-vous surtout au lever du soleil et à la tombée de la nuit !
N'hésitez pas à solliciter un guide naturaliste. Ils sont du cru, très compétents et ont chacun leur spécialité. Leurs tarifs sont intéressants (beaucoup plus en tout cas que ceux de l'agence du Mountain Inn, à éviter). Vous pouvez les contacter directement ou par l'intermédiaire des hôtels.

■ DESCENTE DE RIVIÈRE EN « TUBING »

Départ du pont Bulaba, à 2 km de Santa Fé.
✆ +507 6583 5944
A 30 min à pied du village.
Contacter à l'avance William qui n'est pas en permanence sur place. Tarif 7 US$ + le transport (5 US$ en taxi).
William Abrego loue des chambres... à air (*llantas*) pour descendre la rivière Santa María. Comptez de 40 minutes à 1 heure 30 (selon le niveau de la rivière) pour une balade au fil de l'eau de 3 km. Accompagnement et gilet de sauvetage fourni. A faire plutôt en été, quand la rivière n'est pas trop forte.

■ RESPIRE HEALING ARTS

✆ +507 6965 8372
www.respirehealingarts.com
shiatsuspatherapy@gmail.com
25 US$ l'heure.
Rachel se déplace à votre hôtel pour vous donner un massage relaxant dans un cadre enchanteur.

■ LA « ROUTE » DES CARAÏBES

Les touristes qui se rendent à Santa Fé ont souvent entendu parler de la « route » des Caraïbes. Précisons les choses. Le gouvernement est en effet en train de construire une route asphaltée jusqu'à Guabal (19 km de Santa Fé). Ensuite, il s'agit d'une piste difficile surtout en saison des pluies : le 4x4 est indispensable jusqu'au Río Luis (33,5 km de Santa Fé). Il faut se faire accompagner d'un guide local ou bien se renseigner sur les conditions météo ; certains guides vous feront marcher sur cette potion avant de prendre une pirogue. La plage de Calovebora, à 51 km, n'a pour le moment aucune infrastructure touristique. Si vous tentez l'aventure, vous devez avoir suffisamment de vivres et d'eau et un hamac ou une tente pour dormir sur la plage. A terme, la route devra en effet rejoindre la côte Caraïbe et coïncider avec celle, en projet, qui longera toute la côte. Mais ce n'est pas encore pour demain... Les randonneurs les plus fous (et accompagnés) peuvent même se lancer dans la grande expédition Santa Fé-Rio Guazaro-Rio Luis-Santa Fé sur une semaine.

Visites guidées

■ VISITE D'UNE FINCA BIO ★★★

La Mula
El Pantano
✆ +507 6525 4832
mariachong@gmail.com
A 45 min à pied du village, après le tubing, via le pont piétonnier ; en bus jusqu'au pont puis 10 min de marche ; à 45 min de chiva par une autre route.
Visite guidée 5 US$ par personne. Déjeuner 3 US$. Pour dormir, 7 US$. Sur réservation de préférence. Vous pouvez aussi passer par votre hôtel pour la mise en relation. Volontariat possible.
Maria-José et Chong sont un couple assez âgé adorable qui vous fera visiter leur belle ferme située à 45 minutes de Santa Fé. Sur le site, après des informations historiques sur la vie des *campesinos* de Santa Fé, tour des orchidées, du café artisanal et des plantations de fruits et légumes. Le tour dure normalement 2 heures mais on y reste facilement toute l'après-midi si on parle espagnol, tant les histoires qu'on vous raconte sont passionnantes !

Shopping

■ LA CASITA DE ANAYANSI

Vía El Pantano, une petite cabane en caña blanca.
✆ +507 6708 3598 / +507 6045 2501
anayansivernaza@gmail.com
La boutique est indiquée depuis la rue principale. Ouvert tous les jours de 7h à 17-18h.
Anayansi, un joli prénom pour cette femme qui s'est lancée dans la confection de bijoux à base de graines ramassées dans la forêt. Colliers, boucles d'oreilles, bracelets à base de *choclito, corotu, jamoncillo, eliconia, mocuna, ojo venao, acacia*... Des sacs à mains originaux également et des objets en matériaux recyclés. Une douzaine de femmes travaillent avec elle aujourd'hui et les prix restent très raisonnables.

■ COOPERATIVES LA ESPERANZA DE LOS CAMPESINOS

Ouvertes tous les jours de 6h à 21h.
Deux magasins qui vendent de tout, y compris du café El Tute, production de la région. Egalement bien approvisionnés, plusieurs petits supermarchés sur la route principale. Vous y trouverez tout ce qu'il faut pour les pique-niques.

■ MERCADO AGRICOLA Y ARTESANAL ★

Ouvert tous les jours jusqu'à 16h.
Les délicieux fruits et légumes frais du coin côtoient l'artisanat local : *chácaras* (sacs fabriqués par les Ngäbe Buglé), chapeaux, hamacs, miel, etc.

LE GOLFE DE MONTIJO

Une bifurcation discrète sur la panaméricaine, quelques kilomètres à l'est de Santiago, nous emmène vers le sud, dans la partie occidentale de la péninsule d'Azuero bordant le golfe de Montijo. Après le village d'Atalaya, connu pour sa basilique, on pénètre dans le district de Mariato, région fort méconnue des Panaméens eux-mêmes, qui recèle pourtant des paysages côtiers magnifiques et de très belles vagues où les surfeurs sont quasiment seuls dans les rouleaux. Le « secret spot » n'en est plus vraiment un et de plus en plus de projets hôteliers voient le jour le long d'une route littorale très vallonnée. La proximité des îles de Cebaco et de Coiba et le parc national Cerro Hoya, massif montagneux où la faune et la flore sont particulièrement riches et préservées, font de cette région un véritable joyau touristique. En plus, la côte donne vers l'ouest, et offre de superbes couchers de soleil !

MONTIJO ★★

Le district de Montijo, au sud de la Panaméricaine, possède de grandes richesses naturelles dont plusieurs zones protégées. Si la réputation de l'île de Coiba n'est plus à faire, en revanche le parc national de Cerro Hoya ou bien le golfe de Montijo restent à explorer. Les infrastructures touristiques commencent à peine à se développer. Il faudra attendre encore quelques années pour que ces deux joyaux connaissent la renommée qu'ils méritent.

Transports

- **Bus** de Santiago à Puerto Mutis au bord du golfe (1 heure de trajet) via Montijo (40 minutes), toutes les 20 minutes de 6h à 22h en semaine, de 6h à 20h50 le samedi, et de 6h30 à 19h30 le dimanche. Tarifs : 1 US$ pour Montijo, 1,30 US$ pour Puerto Mutis.
- **Voiture ou 4x4** conseillé pour cette région.

À voir – À faire

HUMEDAL DEL GOLFO DE MONTIJO ★★

Cette zone humide fait partie du parc national de Coiba. Elle sert de barrière protectrice pour les récifs coralliens de Coiba. Ses 89 452 ha, dont un cinquième de mangroves (10 % du total du pays), sont protégés depuis 1994. Lieu d'alimentation et de reproduction d'oiseaux tant migrateurs que résidents comme les pélicans, hérons ou ibis, et de mammifères tels que les loutres, les paresseux à trois doigts, les lézards, les caïmans ou les tortues, c'est aussi l'une des zones de pêche les plus importantes du pays.

Le golfe de Montijo fait partie depuis 1990, tout comme San San Pond Sak (Bocas del Toro) et Punta Patiño (Darién), des zones humides d'importance internationale reconnues par la convention de Ramsar (Iran, 1971), qui sert de cadre à l'action nationale et à la coopération internationale pour la conservation et l'utilisation rationnelle des zones humides et de leurs ressources.

Au programme, pirogue sur le fleuve San Pablo, excursions à pied, en vélo ou à cheval au milieu de la végétation luxuriante, kayak, jetski, snorkeling, pêche, etc.

ATALAYA

Fondé entre 1614 et 1620, Atalaya est un village modeste situé à 5 km au sud-est de Santiago, dont la basilique constitue la principale attraction. Fierté de ses habitants, sa représentation de Jésus de Nazareth attire chaque année les pèlerins de tout le pays pour une longue procession le dimanche de Carême. Quant au saint patron du village, San Miguel Arcángel, il est célébré le 29 septembre, de façon plus festive, par l'ensemble des habitants : bals, courses de taureaux, feux d'artifice, etc.

- **Bus tous les quarts d'heure** environ depuis Santiago, de 6h à 20h.

MARIATO ★★

Au sud d'Atalaya se trouve le district de Mariato qui faisait partie autrefois de la province de Los Santos mais fut cédé à Veraguas pour des questions de communications terrestres. Llano de Catival, plus connue sous le nom de Mariato, est un gros village de 2 500 habitants, où se trouvent la plupart des services du district : Banco Nacional de Panama (distributeur), plusieurs supermarchés, station-service, institutions et un centre de santé (l'hôpital le plus proche se trouve à Santiago). La plage se trouve à 5 km du village. Elle offre de belles vagues pour le surf. On peut aussi pratiquer le paddle board et explorer le rio en kayak… L'hôtel Playa Reina est la meilleure option pour se loger et offre de nombreuses activités.

Transports

Une dizaine de bus par jour de 6h à 18h desservent Mariato et les villages suivants depuis le terminal de Santiago. Compter 1 heure 20 de route environ et 4,25 US$.

Se loger

■ HOTEL HELICONIA BED & BREAKFAST

Palmilla, 8km au sud de Mariato.
✆ +507 6676 0220
www.hotelheliconiapanama.com
89 US$ la chambre double et des promotions autour de 60 US$ en basse saison, petit déjeuner continental et taxes incluses. Service de restauration (réserver 4 heures à l'avance) : compter entre 14 et 19 US$ par repas.

Loes et Kees, couple de biologistes néerlandais, est arrivé au Panama il y a une dizaine d'années après une longue expérience africaine. Ils ont acheté un terrain de 8 hectares dédié aux bovins avec pour objectif de le reforester et que la faune et la flore reprennent le contrôle des lieux. Un beau jardin botanique existe aujourd'hui ! Le bed & breakfast situé entre Mariato et Torio, près du village de Malena, est simple, avec 4 chambres pour 1 ou 2 personnes, avec salle de bains privées, air conditionné ou ventilateurs. L'intérêt principal de loger à Heliconia est de réaliser une excursion avec leur agence Tanager Ecotours, à Coiba ou au Cerro Hoya par exemple.

■ HOTEL PLAYA REINA

Playa Reina
✆ +507 6319 9770
www.hotelplayareina.com
info@hotelplayareina.com
8 chambres avec vue sur la mer. 70/80/90 US$ pour 2, 3 et 4 personnes du dimanche au jeudi, 75/85/95 US$ les nuits de vendredi et samedi. Taxes comprises. CB Visa et Mastercard acceptées. Lit King size, air conditionné, ventilateur de plafond, Wifi, TV satellite, frigo, coffre, sèche-cheveux, accessoires de toilette, terrasse. A disposition : vélos, surfs, paddles, kayaks. Services de massage.

Inauguré en 2016, c'est l'un des hôtels les plus agréables de cette côte. Il est situé juste devant une plage sauvage, face à l'océan Pacifique et à des couchers de soleil fantastiques. Un établissement de charme, sans prétention, qui plaira aussi bien aux surfeurs, qu'aux pêcheurs, puisque des vagues parfaites sont juste devant et que les eaux sont très poissonneuses dans le golfe. Pour les autres, les activités ne manquent pas : kayak, paddle, plongée, balade à cheval ou en bicyclette, observations des oiseaux, des tortues ou des baleines en saison, ou yoga au bord d'une superbe piscine à débordement. Les chambres sont bien équipées, spacieuses et lumineuses. Elles disposent de terrasses avec de confortables fauteuils en teck pour se poser face à l'océan. Accueil chaleureux et attentionné du personnel disponible 24h/24. Le restaurant ouvert pour le petit déjeuner, le déjeuner et le dîner, est spécialisé dans les poissons et fruits de mer. Il bénéficie d'un cadre particulièrement romantique. Une très bonne adresse.

Se restaurer

Plusieurs fondas dans le village et des supermarchés pour se préparer des pique-niques. L'hôtel Playa Reina dispose d'un bon restaurant face à la mer.

■ LAS DELICIAS DE MARÍA

Petit déjeuner autour de 3 US$, entre 3 et 6 US$ le repas du jour.

Une fonda très simple où l'on mange plutôt bien, une bonne option pour le petit déjeuner (*huevos al gusto, hojaldres*...) ou le déjeuner (*pollo frito o pescado, con patacones* !).

Sports - Détente - Loisirs

■ EL RIO NEGRO PANAMA SPORT FISHING LODGE

Playa Reina
✆ +507 6206 0721
www.sportfishingpanama.com
info@panamasportsman.com
Forfait de 3 jours de pêche 4 nuits sur place. Tarifs consultables sur le site web.

Un lodge familial spécialisé dans la pêche sportive depuis 1995. Il accueille des groupes de 8 personnes maximum pour plus d'intimité. Les guides de pêche connaissent parfaitement la zone.

■ **TANAGER ECOTOURS**
Hotel Heliconia, Mariato
✆ +507 6676 0220
www.tanagertourism.com
tanagertourism@gmail.com
Tours dans la région d'Azuero en particulier dans le parc national Cerro Hoya et à Coiba, de 1 à plusieurs jours. Observation de tortues et de baleines en saisons.
Cette agence spécialisée dans le *birdwatching* organise des excursions de 2 ou 3 jours dans le parc Cerro Hoya (avoir une bonne condition physique). Egalement des excursions populaires sur l'île de Coiba, l'observation des tortues à Playa Malena et des baleines au large en saison. Les touristes séjournent généralement au B&B Heliconia avant ou après leurs tours.

TORIO ★★

Le village de Torio offre une belle vague et le plus d'options en terme d'hébergement et de restauration, et il y en a pour tous les budgets.

Se loger

■ **CABAÑAS TORIO**
A l'entrée du village, sur la route.
✆ +507 6415 5387
✆ +507 6463 6494
www.torioresort.com
rodrigocilantrofusion@gmail.com
Autour de 25 US$ le bungalow en basse saison, 40 US$ en haute saison. Restaurant autour de 8-15 US$ par tête.
Une bonne option pour les petits budgets. Dans un jardin tropical, six bungalows avec un lit double et deux lits simples, salle de bains privée, air conditionné et ventilateur. C'est simple mais propre et économique. Rodrigo Sanchez le chef d'origine salvadorienne, vous proposera en français de bons petits plats du burger à la langouste, avec des options pour végétariens, à des prix très raisonnables.

■ **CAMINO DEL SOL**
Punta Duarte
✆ +507 6810 7122
www.caminodelsol.com.pa
info@caminodelsol.com.pa
3 chambres et 3 bungalows. Compter 160 US$ la chambre, 240 US$ le bungalow (attention il sont situés à plusieurs mètres de haut, les enfants ne sont pas acceptés pour des raisons de sécurité), avec petit déjeuner et taxes. Menu du soir sur réservation autour de 35 US$ par personne. Wifi, air conditionné.
Un magnifique écolodge situé à quelques minutes de voiture de Torio, perché au-dessus de la forêt, face à l'océan. Son propriétaire Sébastien, Français tombé amoureux de la région et de ses vagues, a construit un lodge intime et proche de la nature, avec seulement quelques chambres et bungalows de grand confort, pour se reposer, avec des meubles, produits de toilettes, linges de lit et literies de très grande qualité. Une piscine à débordement superbe avec une vue spectaculaire sur le golfe de Montijo et une plage sauvage accessible en 3 minutes à pied par un sentier qui descend à travers la forêt tropicale. Le menu du soir, unique, est raffiné, avec des produits frais (souvent de la langouste !). Un réel plaisir, on est au bout du monde, on respire, on déconnecte...

Se restaurer

Plusieurs petits restaurants dans le village pour manger du bon poisson frais. Les prix sont accessibles, mais beaucoup sont fermés en basse saison.

Sortir

■ **SHAKA BAR**
Vers le centre village.
✆ +507 6070 4813
shakabar.torio@gmail.com
Bar restaurant ouvert en saison du jeudi au dimanche de 18h à 21h30. Egalement un dortoir.
Cristina originaire d'Argentine qui parle bien le français, et Martin son fils, grand surfeur, ont monté ce bar-restaurant très convivial situé au centre de Torio. La bonne humeur est bien présente, on parle voyage et surf autour d'un poisson grillé et d'une bière fraiche ou d'un bon cocktail.

PLAYA MORILLO ★★

Une quinzaine de minutes après Torio, Playa Morillo offre l'une des meilleures vagues du Panama pour les surfeurs avancés. Encore assez méconnue, elle n'était fréquentée il y a peu que par les surfeurs de Venao et de Santa Catalina. Mais l'ouverture récente d'un hostel commence à attirer des surfeurs du monde entier souhaitant tester ce *beach-break* spectaculaire. Playa Morillo attire aussi tous les ans, entre mi-juillet début novembre, les tortues marines, qui viennent enfouir dans le sable leurs œufs par centaines.

Transports

Compter 5 US$ en bus depuis Santiago, en offrant 3 US$ de plus le chauffeur accepte généralement de vous emmener jusqu'à Villa Vento Surf. Compter 25-30 US$ en taxi depuis Mariato. En voiture, un 4x4 est nécessaire pour la piste menant à l'hostel.

Se loger

■ **HOSTEL VILLA VENTO SURF MORILLO**
Playa Morillo
✆ +507 397 6002
www.villaventosurfhostels.com
hostelvillaventosurfmorrillo@gmail.com
Dortoir de 8 lits avec salle de bains : 15 US$. Chambres privées avec salle de bains : 45 US$ pour 3 pers., 60 US$ pour 4 pers. Paiement cash uniquement. Cuisine à disposition, emmener sa nourriture et boissons car il n'y a rien à vendre sur place. Pas de wifi non plus. Location de planche 10 US$ par jour. Si vous venez en voiture un 4x4 est conseillé pour le chemin d'accès.
Les Vénézuéliens des hostels Villa Vento Surf, déjà présents à Panama City et Santa Catalina, se sont installés récemment à Playa Morillo, sur la plage. Deux maisons en bois sur pilotis avec d'un côté une grande terrasse couverte avec salon, cuisine, tables et hamacs, et de l'autre les chambres privées et dortoir. Tout fonctionne à l'énergie solaire et l'eau vient d'un puits. Les hôtes sont presque tous surfeurs mais on peut venir séjourner juste pour observer les tortues en saison et explorer les alentours à pied avec des sentiers menant à de belles cascades. Informations sur place.

PARQUE NACIONAL CERRO HOYA ★★

Le parc Cerro Hoya est situé à cheval sur les provinces de Veraguas et de Los Santos, à l'extrême sud de la péninsule d'Azuero. La décision prise en 1984, de convertir cette zone en parc national a non seulement permis de mettre un frein au processus de déforestation qui la ravageait, mais aussi d'aboutir enfin à la concession de titres de propriété pour les 85 producteurs qui travaillaient sur les flancs du Cerro Hoya. Sur son territoire de 32 557 ha (dont 3 814 en zone marine) plus de 30 espèces de plantes endémiques ont été recensées. On y trouve de nombreuses orchidées et certaines parties du parc montrent une végétation tropicale luxuriante, ce qui contraste avec le reste de la péninsule. Au niveau géologique, les roches volcaniques du parc sont les plus anciennes de l'isthme panaméen et le pic Cerro Hoya est le plus haut sommet d'Azuero, avec ses 1559 m. A 40 km au sud du Cerro Hoya, se trouve le *Cañón de Azuero,* une énorme fosse sous-marine qui atteint 3 500 m de profondeur. Le parc compte cinq écosystèmes, habitat d'une faune sauvage importante avec des mammifères (jaguars, pumas, ocelots, tigrillos), plusieurs espèces de singes, amphibiens, reptiles et poissons. C'est une zone intéressante pour les *birdwatchers.* On a recensé 151 espèces d'oiseaux dont 3 espèces endémiques : Brown-backed Dove (*leptoptila battyi*) Azuero Parakeet (*pyrrhura eisenmanni*) et Veraguan Mango (*anthracothorax veraguensis*), mais aussi plusieurs espèces rares, comme le *Great Green Macaw* (*ara ambiguus*), le *Black-and-White Hawk-Eagle* (*spizaetus melanoleucus*) ou le *Orange-Collared Manakin* (*manacus aurantiacus*). La meilleure saison pour l'observation des oiseaux est de janvier à juillet.

Pratique

L'accès se fait depuis Florès au boût de la route qui longe le golfe de Montijo, ou depuis la province de Los Santos, à partir de Cobachón pour un long périple. Il n'existe aucune infrastructure dans l'enceinte du parc pour recevoir les marcheurs, il faut camper. S'aventurer dans le parc nécessite la présence d'un guide, les hôtels de Mariato, Torio, Cambutal ou Guanico pourront vous donner des contacts, sinon l'agence Tanager Ecotours basée à Mariato est une bonne option.

SONÁ

Que vous voyagiez en transport en commun ou en voiture personnelle, Soná sera une étape obligatoire sur votre route vers Santa Catalina. Située au sud de la Panaméricaine, cette ville de plus de 10 000 habitants fait partie de l'une des régions les plus dynamiques sur le plan agricole, en terme de production de lait et de riz. Malgré la grande activité qui y règne, son intérêt touristique demeure limité (pour les fans de *Prison Break*, un épisode de la série s'y déroule…). Pourtant, nous vous indiquons un hôtel, au cas où il vous arriverait d'y être bloqué après avoir raté votre correspondance de bus… Nous vous conseillons vivement d'y faire vos provisions si vous envisagez de passer quelques jours sur la côte. N'oubliez pas de tirer de l'argent (distributeur à 200 m du terminal dans la rue principale) car il n'y avait en 2016 encore aucun point de retrait à Santa Catalina et très peu d'établissements acceptaient la carte de crédit.

Transports

- **De Panamá (Albrook) à Soná :** départs à 8h20, 10h20, 12h45, 14h20, 16h20, 17h45. De Soná à Panamá : 1h, 4h30, 9h, 10h30, 13h30 et 16h. Tarif : 9,70 US$, durée 4 à 5 heures.
- **De Santiago,** bus toutes les 20 minutes de 5h40 à 21h20. 1 heure de route. 2,10 US$.
- **Entre Soná et Santa Catalina,** 3 bus par jour (*voir rubrique « Transport » de Santa Catalina*).

En taxi, comptez 45 US$. En auto-stop, cela se fait mais sachez que peu de véhicules circulent en pleine journée.

Se loger

HOTEL LA OLA
Calle C Nte, vers le terminal de bus.
✆ +507 6677 6112 / +507 6207 3128
Compter autour de 30-50 US$ la chambre double.
Un hôtel moderne, confortable et propre mais sans charme, pour rayonner dans la région et se rendre à Santa Catalina.

Shopping

OXI SURF SHOP
Dans la rue principale en face d'une cantina.
✆ +507 6662 5843
philippedemarsan@hotmail.com
Ouvert de 9h à 20h du lundi au samedi.
Un *surf shop* tenu par l'inénarrable Philippe Demarsan, photographe originaire de la côte basque qui vit depuis longtemps au Panama, après avoir roulé sa bosse sur tous les continents en quête des plus belles vagues du monde. Il est très impliqué dans le surf panaméen et organise de nombreuses compétitions nationales et internationales au Panamá. Dans sa boutique, de belles fringues de marques pour homme, femme, enfant (maillots de bains, chemises, sandales, montres, casquettes, sacs...), des accessoires et du matériel de surf. Les prix sont très raisonnables et les promotions sont fréquentes. Par ailleurs, Philippe pourra vous orienter vers les bonnes personnes pour découvrir les environs vallonnés de Soná, loin des sentiers battus.

SANTA CATALINA ★★★

De renommée internationale, les vagues de Santa Catalina mettent en extase les surfeurs les plus expérimentés. La meilleure saison se situe en principe en février et mars, mais il est tout à fait envisageable de travailler des vagues de près de 6 mètres en dehors de cette période. Plusieurs spots sont accessibles entre Santa Catalina et Punta Brava. Il est préférable d'être accompagné de quelqu'un du coin, en particulier vers Punta Brava, car le passage entre les rochers pour atteindre le pic y est difficile et dangereux quand les vagues sont grosses. Si c'est le cas, vous aurez sûrement la chance de voir Rolo, Cholito , Oli, Deivis ou d'autres grands surfeurs locaux en action. La joie de vivre est bien présente dans ce village où se mêlent locaux et étrangers amoureux de la vague, qui ont monté des établissements en général de bonne qualité pour pouvoir rester vivre ici. Mais Santa Catalina est aussi un point de départ pour aller dans le parc national Coiba, à une heure de bateau. Les amateurs de plongée sont de plus en plus nombreux à débarquer pour voir de gros poissons et les agences offrent des excursions à des prix encore raisonnables.

- **A voir,** le documentaire de Annie Canavaggio, *Rompiendo La Ola* : www.rompiendolaola.com

Transports

La route est en bon état, compter une bonne heure depuis Soná. Prudence, il y a rarement des trottoirs et l'on trouve sur la route des vaches, des chevaux, des poules, des enfants qui jouent au foot, et des hommes alcoolisés à n'importe quelle heure du jour et de la nuit, surtout en fin de semaine !

- **Bus.** Les bus partent de Soná à 5h30, 8h40, 11h20, 13h30,14h40 et 16h45 du lundi au samedi (5h30, 11h15, 13h30 et 16h30 le dimanche). 4,80 US$. De Santa Catalina à Soná : 6h15, 7h, 8h, 10h40, 13h15 et 15h30 (7h, 8h, 13h15 et 15h30 le dimanche). A Soná, bus vers Santiago et Panamá.

Les hôtels peuvent venir vous chercher au terminus sur demande (pour les plus éloignés), et certains organisent des transferts vers/depuis Santiago et Panama.

- **Bon plan** : Hello Panama Travel organise des transferts entre Boquete et Santa Catalina, compter environ 5 heures en minibus climatisé, 35 US$ en 2016.

Pratique

Les services sont limités à Santa Catalina.

- **Pas de station-service.** La plus proche est à Guarumal, à 30 minutes de Santa Catalina, ouverte un jour sur deux ! Plus de choix à Soná. En cas de panne, les pêcheurs d'Hicaco pourront vous dépanner.
- **Pas de banque** (distributeur le plus proche à Soná).

- **Deux téléphones publics** qui ne fonctionnent pas toujours à la principale intersection du village. Côté portables, +Movil a le meilleur réseau pour l'instant (oubliez Digicel).
- **Pas de café Internet** mais de plus en plus d'hôtels et restaurants offrent la connexion wifi. Les connexions sont particulièrement irrégulières et lentes, presque partout.
- **Pas de centre de santé.** Un *centro de salud* à Hicaco (15 minutes), un hôpital à Guarumal ouvert seulement le matin. Il est préférable d'aller à Soná ou Santiago pour de meilleurs soins.
- **Rappel :** il est interdit de se balader torse nu ou de boire une bière dans la rue au Panamá. Gardez une copie de votre passeport sur vous, la police fait parfois du zèle à Santa Catalina…

LAVANDERIA « DONDE TALITA »
A côté de Cabañas Rolo.
✆ +507 6774 5765
Ouvert tous les jours, pas d'horaire fixe.
Une laverie familiale où l'on peut aussi faire réparer ses vêtements pour quelques dollars.

Orientation

La route qui arrive de Soná va jusqu'à l'océan. Les bus s'arrêtent ou partent à l'intersection située devant l'hôtel Costa America et son épicerie. De là, en prenant la rue à gauche – la route qui monte –, on rejoint la plupart des hôtels et restaurants, et la Playa El Estero de l'autre côté d'un rio (environ 25 minutes à pied, route sans arbre pour se protéger du soleil). De cette route, avant d'arriver à Playa El Estero, partent plusieurs rues vers la droite rejoignant des établissements situés au bord de l'eau.

Se loger

Tous les établissements, du plus simple au plus luxueux, sont en relation avec les *lancheros* et les agences de plongée. Ils proposent des tours à des tarifs assez similaires : sorties ou cours de plongée, pêche, de surf, la location de matériel de surf ou de kayak.

Bien et pas cher

CABAÑAS ROLO
Rue principale à 30 m de la plage.
✆ +507 6494 3916
✆ +507 6598 9926
www.rolocabins.net
cabinasrolo@yahoo.com
Chambres de 2 à 4 lits à 11/12 US$ par personne, avec ventilateur et salle de bains commune. Chambres avec AC et sdb privées à partir de 55 US$ pour un lit double et un lit simple. Egalement une maison plus loin à côté du spot La Punta, avec air conditionné, eau chaude, frigo, cuisine avec plusieurs options de prix entre 20 et 70 US$ par jour selon le nombre de personnes, tarifs dégressifs selon la durée du séjour.
Un hostal familial avec des chambres de plain-pied, simples mais propres, se faisant face autour d'un petit jardin. Egalement des chambres et suites plus confortables dans des cabañas, dont une encore en projet lors de notre passage qui donnera directement sur la mer, avec une vue imprenable sur le coucher du soleil. Cuisine en libre accès, chaises et hamacs pour discuter vagues, ambiance conviviale et pas trop frime dans ce qui fut le premier hébergement de Santa Catalina, quand le village n'était alors connu que des surfeurs. Il reste par ailleurs l'un des rares établissements tenus par un Panaméen. Franco Rolo Ortega, surfeur émérite, personnalité charismatique et pleine d'humour, vous donnera toutes les infos en espagnol ou en anglais pour surfer, plonger ou pêcher. Il organise des excursions avec son agence Rolo Boat Tour et propose la location de planches et de kayaks à prix raisonnables. Un bon plan pour à peu près tous les budgets !

■ **COIBA DIVE RESORT**
Début de la Calle Estero, à 100 m
de la Calle Principal ✆ +507 6575 0122
www.coibadiveresort.com
info@scubacoiba.com
3 chambres avec lit Queen et 2 chambres familiales disposant de 4 lits individuels. Compter à partir de 49 US$ la chambres. Forfaits et promotions spéciales alliant logement et plongée.
A deux pas du centre du village et à 300 m de la plage, c'est une excellente option, en particulier pour ceux qui souhaitent plonger avec Scuba Coiba grâce à des forfaits hébergement-plongée intéressants. Coiba Dive Resort offre cinq grandes chambres confortables, avec eau chaude, air conditionné et ventilateur. Petit plus, les balcons ou terrasses privées pour chaque chambre...

■ **HÔTEL IGUANITO**
Au début de la route menant à Playa Estero, sur la gauche en montant, avant Santa Catalina Inn.
✆ +507 6549 7464 – www.hoteliguanito.com
hoteliguanito@hotmail.com
4 chambres doubles, avec lits king size ou 2 lits individuels + possibilité de rajouter un 3e lit. Tarifs basse/haute saison : 55/65 US$ pour 2 personnes, 70/80 US$ pour 3 personnes, +10% de taxes. Petit déjeuner 9 US$ par personne. Salle de bains privée avec eau chaude, air conditionné, ventilateur, matelas et oreillers orthopédiques. Wifi dans la zone commune. Des excursions originales sont organisées avec Pachamama Tours.
Bienvenue chez Chris et Juan, un couple franco-catalan qui a le sens de l'accueil, dans la bonne humeur et en français (catalan, espagnol, allemand, anglais...). Ces deux-là ont tenu la boulangerie du village pendant deux ans, ce fut un vrai succès ! Mais depuis leur arrivée à Santa Catalina, ils souhaitaient ouvrir un petit hôtel et un resto-bar à tapas. Nous avons pu goûter leur cuisine méditerranéenne et c'est vrai qu'ils ont du talent ! Si vous aimez bien manger, faire la plongée, parler voyage et refaire le monde autour d'une bonne bouteille de vin, venez-vous installer quelques jours ici, vous ne le regretterez pas ! Les chambres sont confortables et d'un bon rapport qualité-prix. Elles donnent sur une belle terrasse en bois de nazareño, avec table et fauteuils, parfait pour faire connaissance avec ses voisins. Une bonne adresse, non loin de la plage, des restaurants et des centres de plongée.

■ **LODGE COOL INSIDE**
Rue principale, pas loin
de l'ancienne station-service.
✆ +507 6538 9104
www.lodgecoolinside.net
lodgecoolinside@gmail.com
Compter autour de 20 US$ pour 2 personnes. Location de surf, kayak et vélos.
Dans un jardin arboré au centre du village, Yann a pensé aux petits budgets avec un concept original au Panama : un mixte de bohio et de tente, sur pilotis, doté d'un bon matelas à l'intérieur (lit simple ou double). C'est simple et rustique, mais propre et confortable. Une cuisine à disposition mais on peut aussi vous préparer de bons petits plats à des prix très corrects. Ambiance détendue au café restaurant devant la maison. Lors de notre passage c'était les charmants Pascaline et Bruno, de grands amis de Yann, qui géraient l'affaire. S'ils ne sont pas déjà partis plus au sud, ils vous parleront avec plaisir de leur vie d'artisans nomades et vous donneront plein de bons conseils sur les activités à faire à Santa Catalina. Yann quant à lui est incollable sur les spots de surf !

■ **SANTA CATALINA SURF POINT – MAMA INÈS**
Playa Estero ✆ +507 6912 4919
www.santacatalinasurfpoint.com
info@santacatalinasurfpoint.com
Juste avant la rivière qui mène à l'Oasis Surf Camp.
Chambre double standard 50 US$, Deluxe avec vue sur la mer 65 US$. AC, wifi, location de vélos et de surfs, organisation de tours. Artisanat à la vente. L'hôtel est à une quinzaine de minutes

à pied du centre, on peut venir vous chercher à la descente du bus si besoin.

Un hôtel familial au bord de Playa Estero. La vue sur l'océan est magnifique depuis certaines chambres et depuis le bar-restaurant Mama Inès qui surplombe Playa Estero, la plage la plus accessible pour débuter en surf. Les chambres sont montées en gamme ces dernières années et restent d'un très bon rapport qualité-prix. Enfin, le fameux restaurant Mama Inés, du nom de la grand-mère de Julia la propriétaire, est très apprécié pour sa vue, la petite brise qui y souffle, et ses délicieux plats de poissons et fruits de mer.

Confort ou charme

■ CABAÑAS LA COQUITA

Avant d'arriver à Santa Catalina, côté Playa Estero.
✆ +507 6543 0474 / +507 6141 6006
www.cabanaslacoquita.com
cabanaslacoquita@gmail.com

En formule chambre d'hôtes, compter de 32 US$ par personne si vous êtes 6, jusqu'à 75 ou 95 US$ si vous êtes deux en fonction du bungalow, petit déjeuner complet et copieux compris. Gratuit jusqu'à 5 ans, de 5 à 12 ans compter de 15 à 20 US$.

Entre mer et jungle, un spot de rêve pour se reposer face à l'océan Pacifique. La Coquita signifie « Petite Cocoteraie », et l'emplacement a été baptisé par les propriétaires originaires du pays basque. Sur un domaine d'un hectare, la Coquita est située au cœur d'une propriété de 30 hectares, deux très beaux bungalows imaginés et construits par Pierre alias Pedro qui a fait le choix avec femme et enfant de fuir la ville et se réfugier en pleine nature, c'est ce choix de vie que l'on partage avec eux. Deux bungalows, spacieux, épurés et d'une propreté irréprochable sont posés face à la mer, au milieu d'un jardin luxuriant. Le premier peut recevoir de 2 à 4 personnes et le second jusqu'à 6 personnes. La belle terrasse qui sert d'espace de vie pour se détendre et manger est très agréable. Bienvenue chez des passionnés de surf, de plongée et de sacrés aventuriers, sans oublier l'accueil de Mathilda le singe araignée qui fait partie de la famille. On vient ici pour un séjour entre nature, découverte et activités liées à la mer et à la faune. Fervent défenseur de la nature, l'équipe suit de près la reforestation avec pas moins de 30 000 arbres natifs du coin sur le domaine. Depuis notre dernier passage les propriétaires ne sont pas certains de reconduire la location court séjour mais s'orientent plutôt vers de la longue durée, à suivre…

Playa Banco.

DESEO BAMBOO ECOLODGE

Rue principale, peu avant Santa Catalina. Prendre chemin sur la gauche (bien indiqué).
© +507 6788 7891
www.deseobamboo.com
info@deseobamboo.com

Bungalow Supérieur (40 m²) : 99 US$ pour 2 pers., promotion à 69 US$ selon la saison. Lit additionnel 25 US$. Bungalow Deluxe (50 m²) avec cuisine : 109 US$ pour 2 pers., promotion à 89 US$ selon la saison. Lit additionnel 25 US$. Bungalow familial (150 m²) avec cuisine et 3 chambres : 129 US$ pour 2 pers., 30 US$ par personne supplémentaire (maxi 6 pers.). Petit déjeuner 7 US$ par pers. Restaurant de 19h à 22h (fermé le jeudi). Wifi, laverie, infos touristiques et ventes de meubles en bambou !

Un peu avant le village, dans un endroit paisible éloigné de la route, un écolodge original constitué de quatre bungalows construits entièrement à base de bambous, plus exactement de tagua, une espèce de bambou importée du Quindio, dans la région du café en Colombie. C'est là-bas que Francisco l'Italien a appris les techniques des artisans locaux, reconnus au niveau international pour leur savoir-faire. Les maisonnettes élégantes à l'architecture conique offrent tout le confort que l'on peut attendre pour se reposer, tout en gardant le côté simple et naturel que l'on vient y chercher. L'accueil d'Erika la gérante, également Italienne, est très agréable, plein de douceur et d'attention. Elle vous organisera vos sorties plongée, pêche, cheval, surf, yoga, etc.. Au bar restaurant Esquina 23, vous attendent de bons cocktails ainsi que des sushis et des spécialités italiennes fusionnées avec les saveurs du Pacifique, préparées avec amour par Francisco, chef inspiré. Une adresse conviviale et tranquille, idéale pour se mettre quelques jours au vert dans un esprit écolo.

HOTEL SANTA CATALINA

Calle Playa El Estero y Calle Kenny
© +507 6571 4387
www.hotelsantacatalinapanama.com
hotelcatalinapanama@gmail.com

Tarifs du dimanche au jeudi (taxes incluses) : 80/85/90 US$ la chambre pour 2, 3 ou 4 personnes. Junior suite : 110 US$ la double, 115 US$ la triple. Suite pour 6 personnes avec cuisine : 175 US$. Ajouter 10 US$ les nuits de vendredi et samedi, 20 US$ les jours fériés. Cartes Visa et Master acceptées. Réception 24h/24. Lits King size, air conditionné, eau chaude, frigo, sèche-cheveux, TV satellite, coffre, wifi au restaurant et service de laverie.

L'établissement haut de gamme de Santa Catalina. Construit en 2010, il a remplacé le Kenny's Surf Camp qui existait depuis 1981. Pour des raisons écologiques et esthétiques, on a fait appel à des matériaux naturels : murs à la chaux, bois locaux, tuiles traditionnelles… Les chambres et suites sont spacieuses et confortables, avec terrasse et hamac. L'hôtel est situé face à l'océan, juste devant le canal menant au célèbre spot de La Punta. On peut passer des heures à observer les dompteurs de vagues depuis la piscine à débordement, ou le restaurant. Bannaba, ouvert toute la journée, propose les petits déjeuners et une cuisine internationale très correcte, ainsi que de délicieux cocktails. L'hôtel met à disposition gratuitement kayaks, surfs (foamboard), paddles, skates et vélos. On peut aussi pratiquer le yoga sur le deck à quelques mètres de l'eau. Une excellente option pour les familles et tous ceux qui souhaitent confort et cadre paisible.

Se restaurer

On peut manger pas cher dans les *fondas* tenus par les locaux, ou dans les restaurants tenus par les Italiens, Argentins, Catalans… Ne manquez pas de goûter aux tapas de Chris et Juan à Iguanito.

Pause gourmande

■ LA MONCHERIA
A côté de Jamming.
✆ +507 6751 6824
andreino.pieroni@libero.it
Ouvert du mardi au dimanche de 15h à 22h, fermé en très basse saison. Glace 2-3 US$.
Des pâtes fraîches, des lasagnes, des *batidos* et surtout de délicieuses glaces !

■ LA VIEJA PANADERIA
Sur la droite, en arrivant dans le village, en face de la Buena Vida.
✆ +507 6900 5776
vincio59.vb@gmail.com
Ouvert de 6h30 à 23h30. Fermé le mardi. Petits déjeuners entre 3,50 et 5,50 US$, pizzas de 7 à 15 US$. Jus de fruit naturel 2 US$.
Une boulangerie bien placée, dans la rue principale à l'entrée du village, avec deux petites terrasses agréables offrant un accès wifi. Après avoir tenu quelques années un restaurant à Panama City, Maura et Vincenzo, un couple d'Italiens charmants, travailleurs et attentionnés ont décidé de changer d'environnement et de reprendre la « vieille boulangerie » de Santa Catalina. Au menu, pain bien sûr, pâtisseries, café, jus naturels, une grande variété de petit déjeuner, de sandwiches et de salades méditerranéennes, et de bonnes pizzas le soir !

Bien et pas cher

■ CHANO'S POINT
Entre Jamming et Time Out.
✆ +507 6736 1652
chanosurfboards@gmail.com
Fermé le lundi. Plats de 12 à 18 US$.
Un bar restaurant qui jouit d'une excellente réputation pour ses plats de poissons et fruits de mer. Chano, Vénézuelien, ancien surfeur de l'extrême s'est posé en famille face à la mer. Il cuisine des produits bien frais de la pêche du jour, pour des plats délicieux et copieux. Il nous surprend avec une salade de cambute succulente, préparée avec amour. C'est également le point de rendez-vous des surfeurs locaux et la cantine de notre ami Philippe de Marsan précurseur du surf au Panama et photographe de surf. Si le service est parfois un peu lent, cela vaut le coup d'attendre !

■ EL ENCUENTRO
A côté de la pizzeria Jammin.
✆ +507 6795 8191
Ceviche autour de 14 US$.
Petit restaurant très simple proposant du poisson et des fruits de mer bien préparés, mais surtout l'un des meilleurs *ceviches* du Panamá !

■ IGUANITO
Hotel Iguanito
Centre de Santa Catalina
✆ +507 6549 7464
www.hoteliguanito.com
hoteliguanito@hotmail.com
Petit déjeuner uniquement pour les clients de l'hôtel. Ouvert au public à partir de 18h30.
Le restaurant de Chris et Juan de l'hôtel Iguanito. De délicieuses tapas, des poissons et des fruits de mer bien cuisinés (*tataki* de thon avec poêlée de quinoa, gambas du Golfe sauce *maracuyá*…), de la viande aussi et de bons conseils pour choisir son vin. Ambiance très sympa créée par le couple franco-catalan.

■ JAMMIN
1re rue à droite (panneau indicateur)
sur la route menant à Playa El Estero.
✆ +507 6006 0241
www.jammincatalina.com
jammincatalina@gmail.com
Ouvert de 18h30 à 21h30, parfois plus tard, du mercredi au dimanche. Pizzas entre 7 et 15 US$.
Un cadre très convivial pour cette pizzeria, idéal pour un apéro après une sortie plongée. De bonnes pizzas au feu de bois.

© NICOLAS LHULLIER

Appel à la détente.

■ **LOS PIBES**
Camino a Playa El Estero y Calle Los Pibes
✆ +507 6599 3632
Ouvert le soir de 18h30 à 22h30. Fermé un jour par semaine (pas fixe, cela dépend de l'approvisionnement !). Plats entre 6 et 15 US$.
Restaurant tenu depuis 2002 par Pablo et Diego, deux frères argentins amoureux de la cuisine au feu de bois. Grillades, *choripan*, burgers, empanadas argentines, des frites maison, de bonnes sauces… Des vidéos de surf, pas mal d'ambiance en fin de semaine.

■ **MAMA INÉS**
Juste avant Playa Estero, Hotel Santa Catalina Surf Point. ✆ +507 6912 4919
www.santacatalinasurfpoint.com
info@santacatalinasurfpoint.com
Ouvert tous les jours du matin au soir. Compter autour de 10-15 US$ le repas. Wi-fi.
Un bar restaurant surplombant Playa Estero, pour une vue grandiose sur l'océan et une brise agréable. Au menu poissons et fruits de mer surtout, bien cuisinés et copieux. Le soir, c'est un bon endroit pour rencontrer du monde autour d'un cocktail ou d'une bière fraîche.

■ **PINGUINO CAFÉ**
Au bout de la rue principale, le rancho au bord de la plage.
✆ +507 6478 7023
lucamocci@hotmail.com
Ouvert tous les jours, midi et soir. Pâtes, poissons et fruits de mer entre 8 et 20 US$, plats panaméens typiques à partir de 5-6 US$, bière 2 US$.
Un restaurant italien très agréable tenu par les sympathiques Luca dit « *Pinguino* » (une histoire de parapluie…) et Jamilet, sa femme panaméenne. On mange tranquille sous un simple *rancho*, au bord de la plage, sur des rythmes de vieille salsa cubaine. De merveilleux couchers de soleil sur la Pacifique vous attendent, à accompagner d'une bière fraîche et de *patacones*. Pas de pizzas, mais de délicieuses pastas, notamment aux fruits de mer. Attention aux poutres pour les grands !

Sortir

Et bien non, c'est assez surprenant mais Santa Catalina n'est pas réputé pour sa vie nocturne. Pour boire un verre le soir tentez Mama Inès, Los Pibes ou Kily's Place. Il y a quand même de bonnes ambiances dans les hôtels et vous allez bien vous amuser !

■ **KILY'S PLACE**
Sur la route menant à Playa Estero, à 200 m du village ✆ +507 6912 4919
Ouvert de 17h à minuit environ (horaire de fermeture variable).
Sous un rancho ouvert, un bar resto informel proposant de bons cocktails, bières fraiches et jus de fruits, dans une ambiance décontractée, à accompagner des traditionnels ceviches et patacones, ou de nachos. Des concerts certains soirs et les musiciens ou DJ's sont les bienvenus pour animer les soirées. Pour l'été 2017 et peut-être les suivants, des ateliers artistiques et des brocantes devraient être organisés.

Sports - Détente - Loisirs

▸ **Cours et locations de surf.** Santa Catalina est la Mecque panaméenne du surf. Presque tous les propriétaires ou gérants d'établissements toutistiques sont d'excellents surfeurs ; ils proposent des cours ou de la location de planches. Compter à partir de 20 US$ l'heure de cours avec la *tabla*. La location de long board : 15-30 US$ par jour, de short board : 10-20 US$ par jour en moyenne. Les prix moins élevés en basse saison.

Plongée. Que vous soyez débutant ou confirmé, les clubs de plongée du village proposent aussi bien des sorties en mer, que des cours (certification PADI). Certains des spots sont à moins de 30 minutes de Santa Catalina et plonger en dehors des eaux du parc national de Coiba n'implique pas que l'exploration soit moins spectaculaire. Et ce sera peut-être votre chance d'être les premiers à admirer les richesses de ces coins ! Mais, bien évidemment, des sorties d'une ou plusieurs journées sont également organisées à Coiba. Vous y verrez toutes sortes de créatures : requins, raies mantas, tortues géantes… Pour le *snorkel*, le mieux est la saison estivale, mais n'hésitez pas à vous lancer en hiver quand il n'a pas trop plu les derniers jours, quand les eaux ne sont pas trop troubles. Les tarifs sont similaires entre les agences : à partir de 90 US$ la demi-journée, 115-130 US$ la journée en basse/haute saison par personne pour 2 plongées, 150 $ pour 3 plongées. Autour de 60 US$ la journée de snorkeling. Avec un panier-repas et l'équipement. Il faut ajouter 20 US$ pour l'entrée au parc national Coiba. Départ de Santa Catalina vers 8h30, retour vers 16-17h. Environ 1 heure de *lancha* pour les premières plongées à Coiba, mais attention, cela peut secouer en été !

Autres activités : à part le surf et la plongée, on peut louer un kayak et partir à la pêche. Les hôtes de vos hôtels sauront vous mettre en contact avec les bonnes personnes ou vous louer le matériel.

Sports - Loisirs

MC DIVING COIBA

Rue principale, à côté de la Vieja Panaderia.
✆ +507 6442 6922
www.mcdivingcoiba.com
info@mcdivingcoiba.com

Cours certifiés PADI et sorties plongée et snorkeling à Coiba à la journée ou sur plusieurs jours. Excursions en bateau à voile en groupe de 6 personnes maximum (réserver environ 1 semaine à l'avance).

Un centre de plongée certifié PADI tenu par Cristian (ou Cris), un Italien qui a grandi en France et parle donc parfaitement le français. Moniteur de plongée depuis 2001, il a exploré les plus beaux fonds marins du globe avant de se poser à Santa Catalina en 2010, pour travailler en free-lance pour les centres de plongée du village. Simple et d'une grande gentillesse, il est reconnu comme un excellent moniteur. Il connait très bien la faune de Coiba et est par ailleurs un spécialiste des requins. Avec sa propre entreprise, MC Diving Coiba, il offre aujourd'hui des cours et stages PADI pour tous les niveaux, et des sorties personnalisées et sécurisantes à des tarifs compétitifs. L'agence propose également des excursions en voiliers au large de Santa Catalina d'un ou plusieurs jours, avec de la plongée bien sûr, dans des coins où les autres agences ne vont pas. C'est du sur-mesure, en fonction de votre expérience et de vos envies ! On sent vraiment chez Cris et son équipe l'envie de transmettre une passion, avec une approche à la fois professionnelle et conviviale, et un esprit familial très sympa.

ROLO BOAT TOUR

Cabañas Rolo, rue principale 50 m avant la plage.
✆ +507 6494 3916 / +507 6598 9926
www.rolocabins.net
rolocabins@yahoo.com

Tour à Coiba de 8h à 16h environ : 50 US$ par pers. (groupe de 6 à 8 pers.) non compris les 20 US$ d'entrée du parc. Surf trips entre 250 et 300 US$ pour un groupe de 6 pers. Location de kayaks 15/30 US$, planches de surf 10 US$.

Excursions à Coiba (découverte de l'île à pied, plages, snorkeling…), surf trips pour les bons niveaux (à Isla Cebaco et Playa Morillo), location de kayaks et de surfs (de différents modèles et tailles).

■ **SCUBA COIBA**
Face à la plage.
Calle principal
✆ +507 6980 7122
✆ +507 6872 8097
www.scubacoiba.com
info@scubacoiba.com
Au bout de la rue principale en front de mer
Multi-Day Trips à Coiba : compter 210 US$ par jour pour le tour de 3 jours. Cela comprend 3 plongées par jour, avec un Dive Master. Ajouter l'entrée au parc de 20 US$. Possibilité de loger sur place. 130 US$ pour les baptêmes avec prêt du matériel. Formations du PADI au Dive Master, compter à partir de 350 US$ pour l'Open Water, l'Advanced et le Rescue, les prix varient en fonction des options.
C'est la première agence de plongée du village, tenue depuis 2003 par l'Autrichien Herbie Sunk. Il est toujours épaulé par un instructeur français qui vous accompagne sur les sites. L'agence est spécialisée dans les tours de plusieurs jours avec hébergement et repas. C'est à bord d'une des deux *lanchas* (dont une avec cabine à l'avant) que l'on rejoint le site de Coiba, pas plus de 10 plongeurs par embarcation. Si vous logez sur Coiba, les repas sont préparés par Myriam, le cordon bleu du club ! Pour les débutants, la journée baptême à Coiba se divise entre une plongée snorkeling pour se familiariser avec le milieu et une plongée bouteille. Pour les débrouilleurs et les experts, Scuba Coiba propose une myriade de sorties : photo, plongée de nuit, profondeur, tout dépend des instructeurs et de vos envies. Très bonne réputation.

■ **SENDERO DE LA CRESTA**
1 km à l'est du centre-village
Un sentier proche du centre qui mène au sommet d'une colline offrant une belle vue sur le golfe de Montijo. Compter environ 40 minutes de marche. Demandez conseil à votre hôtel pour l'accès et éventuellement les services d'un guide.

Détente - Bien-être

■ **YOGA – LA BUENA VIDA**
Hotel la Buena Vida, rue principale.
✆ +507 6572 0664
www.labuenavidahotel.com
labuenavidahotel@gmail.com
Cours les lundis et vendredis à 9h, mercredis et samedis à 17h. S'enregistrer au préalable à La Buena Vida, au moins 30 minutes avant chaque cours. Tarifs : 10 US$ par pers. minimum 2 pers. (25 US$ pour 4 cours). Cours de 90 minutes, privés ou en groupes pour tout niveau. Massages à partir de 35 US$. Cours de Hatha et Vinyasa, en anglais ou espagnol, pour tout niveau, dispensés par Michelle Miller, yogini respectée et propriétaire de l'Hotel La Buena Vida.

Shopping

■ **PURE PANAMA OILS**
Point de vente à la boutique à l'angle des deux rues principales.
✆ +507 6914 5265
www.purepanamaoils.com
purepanamaoils@gmail.com
Plusieurs points de vente au Panama, dont celui de « Pty Local » à Panama City, et par Internet.
Huiles vierges de coco ou de papaye pressées à froid et crèmes 100% biologiques pour la peau, les lèvres ou les cheveux, élaborées avec des produits naturels du Panamá. On appréciera particulièrement le répulsif anti-insectes efficace (au moins 2 heures) tout en étant respecteux de votre peau et de l'environnement, et la crème solaire sans aucun produit chimique. La fondation qui élabore (manuellement) et distribue ces produits est basée à Santa Catalina. Elle offre un travail digne à de nombreuses femmes Ngobe-Buglé de la région.

■ **SURF & SHAKE**
Au début de la rue menant à Playa El Estero, peu après Iguanito.

✆ +507 6451 9939
www.surfandshake.com
info@surfandshake.com
Ouvert tous les jours de 9h à 18h.
Le premier surf shop de Santa Catalina, tenu par une jeune Allemande. Vente et location de planche et de matériel de surf bien sûr mais aussi des T-shirts originaux, de l'artisanat et de délicieux jus de fruits.

ISLA GOBERNADORA ★★

Une île sauvage magnifique, avec des plages de sable noir, de la mangrove et un petit village de pêcheur sur la pointe est. Ici de belles promenades vous attendent sur des sentiers à travers la forêt jusqu'au point culminant de l'île, le Cerro Zapote (300 m environ). Pour les emplettes quelques ateliers d'artisanat tenus par les locaux.

Transports

L'île se trouve en face de Cebaco et à 30 minutes de *lancha* du continent. On y accède par Santa Catalina, Puerto Mutis ou le plus souvent par Hicaco.

PARQUE NACIONAL COIBA ★★★

Du nom de l'île principale, ce parc national représente environ 270 000 ha. D'origine volcanique, Coiba, qui s'est séparée de la terre ferme depuis environ 15 000 ans, est aussi la plus grande île du pays. Un écosystème terrestre surprenant, de nombreux cours d'eau, dont le río Negro, long de 20 km et qui possède huit affluents… Bref, à côté des 50 314 ha de Coiba, les îles voisines paraissent nettement moins importantes : Jicarón (2 002 ha), Jicarita (125 ha), Canal de Afuera (240 ha), Afuerita (27 ha), Pájaros (45 ha), Uva (257 ha), Brincanco (330 ha), Coibita (242 ha), Cébaco… De 1919 à 2004, Coiba a hébergé une prison (les derniers prisonniers sont partis dans les années 1990) ce qui a certainement freiné son développement touristique. Protégée depuis 1991 par son statut de parc national et par son intégration au couloir biologique marin qui s'étend aux îles Galápagos, Cocos, Malpelo et Gorgona, l'île continue d'abriter forêt primaire, forêt tropicale humide ainsi que de nombreuses espèces endémiques.

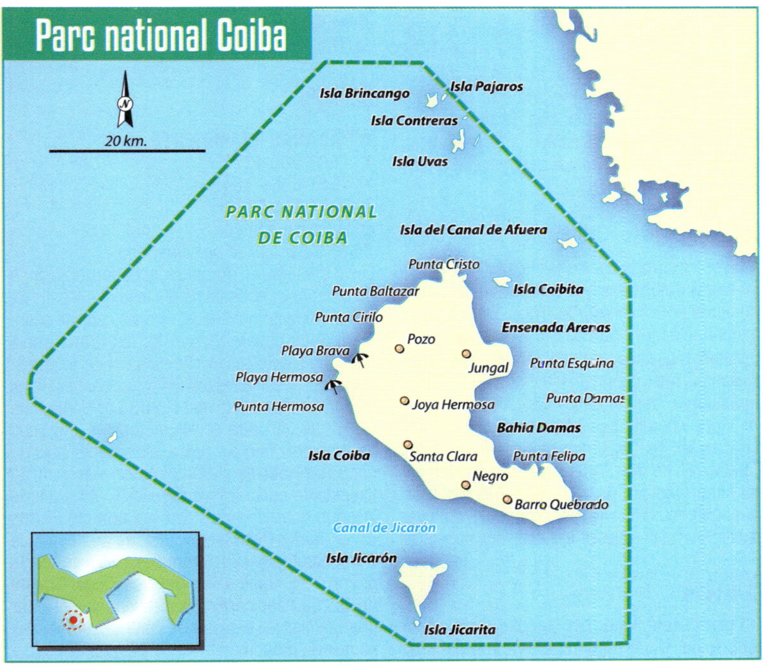

© NICOLAS LHULLIER

L'île de Coiba.

Mais on peut se demander quel est l'avenir de l'île, maintenant qu'il n'y a plus de détenus. La pression touristique est de plus en plus forte. Autre point important : l'avenir de l'île est également lié au développement de la pêche. Poursuivie à son rythme actuel, la pêche, pratiquée de façon intensive, risque de mettre en danger une grande partie de la richesse marine de Coiba et de ses environs. Une crainte partagée par tous ceux dont c'est l'unique revenu. Après vous être promené sur les sentiers tracés par MiAmbiente, après avoir plongé dans une eau cristalline, avec masque et tuba, pour admirer les multiples coraux de granito de oro, après vous être imprégné de la tranquillité et de la beauté du paysage, n'oubliez pas les gestes écologiques essentiels : rapportez l'essentiel de vos déchets sur la terre ferme...

Transports

Vous serez surpris par les tarifs, mais ne va pas qui veut à Coiba ! Essayez donc de vous réunir à plusieurs pour partager les frais. Il est difficile de donner le tarif exact de la traversée en raison des nombreuses augmentations du prix du galon d'essence, mais compter au moins 300 US$ pour 6 passagers depuis Santa Catalina.
On peut s'y rendre depuis Puerto Mutis (2 heures de *lancha*), Playa Banco (1 heure) ou Santa Catalina (1 heure). Vous trouverez facilement par l'intermédiaire de votre hôtel des transporteurs (pêcheurs ou clubs de plongée). N'oubliez pas de vous entendre sur les conditions du retour !

Pratique

▸ **Formalités.** Il est très compliqué de visiter seul Coiba. Il est recommandé de téléphoner à MiAmbiente de Santiago ou aux rangers sur l'île pour savoir si vous pouvez loger sur place (le camping est interdit et le nombre de places limité à environ 60 personnes dans les 6 maisons de MiAmbiente). Le plus simple est de se renseigner auprès des transporteurs, clubs de plongée ou de pêche de Santa Catalina, Playa Banco ou Puerto Mutis. Ils sont en contact permanent avec les rangers de l'île.
Il faudra vous acquitter de 20 US$ pour l'entrée dans le parc national. Les plaisanciers peuvent poser l'ancre ; le tarif est en fonction de la taille de l'embarcation, compter de 15 US$ à 1000 US$.

Se loger

■ **CABAÑAS MIAMBIENTE**
✆ +507 998 4271
✆ +507 6565 4848
✆ 507 333 6573
www.anam.gob.pa
20 US$ par jour et par personne.
Les 6 cabañas en dur peuvent héberger jusqu'à 36 personnes et chacune dispose d'une salle de bains. Hébergement rustique mais dans un cadre idéal. Plus besoin d'apporter les draps, mais juste les serviettes et nécessaires de toilettes. Apportez aussi votre gaz pour la cuisine si vous séjournez plus d'une nuit (15 US$ la location de la cuisine par jour) et vos victuailles, car vous ne trouverez rien sur place, excepté les noix de coco. Des bottes si vous voulez marcher, du « repelente » pour les « mosquitos », etc., comme lorsque vous campez. Pensez aux cigarettes et au rhum ! Diverses excursions au départ de Barco Quebrado : Pozo Tamales à 35 minutes, la prison à 25 minutes, Isla Canales, Coco, Granito de Oro (un îlot parmi les plus populaires pour prendre le soleil et plonger), l'une des plus belles plages du monde.

PROVINCES DE HERRERA ET LOS SANTOS

Frimousse panaméenne.

© NICOLAS LHULLIER

PROVINCE DE HERRERA

CHITRÉ

Chitré sera peut-être votre premier contact avec la péninsule. C'est une bonne base pour rayonner en voiture ou descendre vers les plages plus au sud, en plein développement. Tâchez de vous trouver dans la région au moment d'un festival, pour apprécier l'atmosphère de folie qui y règne. Très fiers de leurs traditions, les habitants vous entraîneront parmi les défilés de costumes et charrettes, les concours de tambour, violon ou mejorana, les courses de taureaux et les points de vente de rhum Seco Herrerano… le reste du temps, cette ville est tranquille, malgré son statut de chef-lieu de la province de Herrera.

Il existe différentes versions quant à l'origine du nom de cette ville fondée le 19 octobre 1848. Chitré aurait été le nom d'un cacique d'une tribu de la région, celui d'un célèbre guérisseur indigène ou encore, en langue indigène (mais laquelle ?), Chitré signifierait « lune ».

Transports

Comment y accéder et en partir

- **Gare routière** excentrée à 1 km au sud du centre-ville, sur la Circunvalación. Compter 0,30 US$ en bus, 2 US$ en taxi.

Panamá-Chitré : 20 bus par jour, toutes les 45 minutes de 6h à 23h, durée 4 heures, tarif 9,05 US$. Chitré-Panamá : idem de 4h à 18h (1 bus à 1h30). Santiago-Chitré : toutes les 30 minutes de 5h à 21h. De Chitré, bus de 4h à 18h30. Durée 1 heure 30, 3 US$. Pour Las Tablas : toutes les 10 minutes de 6h à 21h, durée 45 minutes, 1,50 US$.

Départs fréquents pour Los Santos, Ocú, Macaracas et Tonosí. Il est possible de prendre les bus pour Playa El Agallito, Playas Monagre et El Rompío, Los Santos, la Arena depuis le Parque Unión (C/ Manuel M. Correa). Tarifs : entre 0,40 US$ et 0,80 US$.

AEROPUERTO VALDERRAMA
Vía Playa El Agallito, un peu à l'extérieur de la ville.
✆ +507 996 4432
Depuis le 15 mars 2016, vols réguliers avec Air Panama. Du lundi au vendredi, départs à 7h15 et 16h45 de Panama City. Retours à 7h55 et 17h25 de Chitré. 30 minutes de vol. Le samedi, seulement le vol du matin. Le dimanche, seulement le vol du soir.

THRIFTY
Paseo Enrique Geenzier, à l'entrée de la ville en venant de la Panaméricaine
✆ +507 996 9565
www.thrifty.com
Agence de location de voitures.

Se déplacer

Compter autour de 2 US$ la course en taxi en ville.

Pratique

BANQUES
Un distributeur face au parc central, derrière l'église. Nombreuses banques avec distributeurs dans la rue principale (Paseo Enrique Geenzier) et les centres commerciaux.

Les immanquables des provinces de Herrera et Los Santos

- **Les festivités de la péninsule d'Azuero,** centre folklorique du pays.
- **Les paysages arides** du parc de Sarigua.
- **La Arena** et ses céramiques.
- **Las Tablas** et l'allégresse de son carnaval haut en couleur.
- **L'Isla Iguana** et sa sérénité.
- **Playa Venao, Playa Guánico ou Cambutal** et leurs vagues indomptables.
- **La reproduction des tortues** sur les plages d'Isla Caña et de la Marinera.
- **Les concerts** de *típico*… ou de rock des *chitreanos* Los Rabanes.

Provinces de Herrera et Los Santos

CUBITÁ TOURS

PH Cubitá la Plaza
Avenida Roberto Ramírez de Diego
(Circunvalación).
✆ +507 978 0200
www.cubitatours.com
info@cubitatours.com

Excursions individuelles ou pour 4 à 10 personnes. Tours « culture typique » pour connaître les traditions et le folklore de la région (danses, musique, artisanat, festivals locaux, visite d'une fabrique de rhum...) ; nature (excursions dans le golfe de Parita, Sarigua, Cerro Hoya, Isla Iguana, observation des baleines, tortues, bird watching, ferme, etc.) ; aventure pour explorer les endroits les plus isolés et impressionnants de la péninsule, rappel dans les cascades...

Cubitá Tours est un pilier essentiel du groupe 100 % panaméen Cubitá. L'agence est pionnière dans le tourisme culturel et durable au niveau des provinces centrales. Elle offre une grande variété d'activités culturelles (folklore et artisanat), nature et aventure et emmène les visiteurs jusqu'aux endroits les plus reculés. L'idée est de travailler en collaboration avec la population locale, pour montrer au voyageur la réalité du pays mais aussi participer au développement économique et social des familles de paysans, artisans et artistes avec lesquels elle travaille. Des excursions de qualité, uniques, originales et authentiques qui vous apprendront énormément sur le peuple panaméen, ses traditions, son mode de vie et son environnement. L'agence peut vous trouver un pied à terre chez un habitant pour les fêtes (vue imprenable de la terrasse, guide, repas et boissons, accès aux commodités). Le très sympathique Fabian parle français.

Provinces de Herrera et Los Santos, cœur folklorique du pays

Située au sud des provinces centrales, la péninsule d'Azuero est le cœur folklorique de la nation. Elle est constituée de trois provinces limitrophes, Herrera, Veraguas et Los Santos. Les habitants vous reprendront systématiquement si vous les confondez... La première, la plus petite du pays, est probablement celle par laquelle vous arriverez, prêt à vous plonger dans une ambiance différente du reste du Panamá. Dans chacune, vous découvrirez un peuple travailleur, festif et fier de ses coutumes et de ses traditions.

Nous avons choisi de vous présenter l'ensemble de la péninsule sans tenir compte du découpage administratif. (mais pour des raisons pratiques, la province de Veraguas, qui déborde largement de la péninsule, est traitée à part). Une logique qui, par ailleurs, est en totale adéquation avec l'histoire de ces régions, dont les frontières furent sans cesse modifiées jusqu'à la première moitié du XXe siècle. C'est une région où la diversité naturelle réserve au voyageur des sites véritablement magiques où s'isoler et qui offre de nombreuses manifestations folkloriques attirant une foule immense et joyeuse.

Les festivités de la péninsule

Voici quelques-uns des nombreux temps forts des festivités locales, dont les dates varient sensiblement d'une année sur l'autre.

- **Macaracas :** janvier, fête de l'Epiphanie.
- **Ocú :** mi-janvier, fête patronale San Sebastián de Ocú.
- **Las Tablas, Chitré, Pedasí, etc. :** courant février, carnaval.
- **Pesé :** vendredi saint, mise en scène de la crucifixion du Christ.
- **Los Santos :** fin avril-début mai, foire internationale d'Azuero.
- **Los Santos :** 60 jours après Pâques, Fête-Dieu ou Corpus Christi.
- **Las Tablas :** 3e semaine de juillet, fêtes patronales – 22 juillet : fête nationale de la Pollera.
- **Ocú :** 2e ou 3e semaine d'août, festival du Manito.
- **Guararé :** 3e semaine de septembre, festival de la Mejorana.
- **Chitré :** 19 octobre, anniversaire de la fondation de la ville.
- **Los Santos :** 10 novembre, anniversaire du Premier Cri de l'Indépendance, « *El grito* » (également célébré dans d'autres villes de la péninsule).
- **Consultez le site** www.panamatipico.com pour des reportages photos sur les festivités.

Chitré

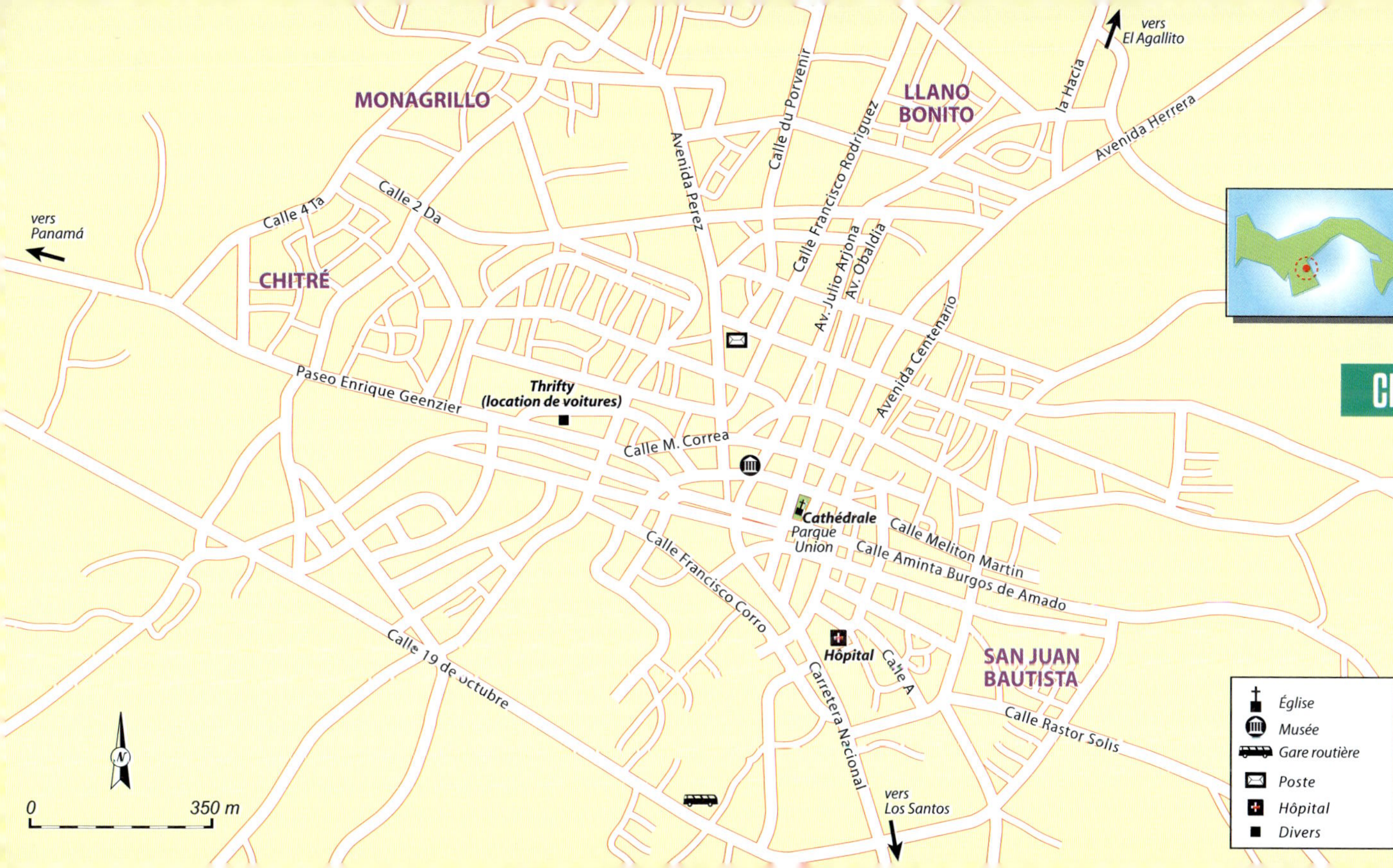

vers El Agallito
vers Panamá
vers Los Santos
MONAGRILLO
LLANO BONITO
CHITRÉ
SAN JUAN BAUTISTA
la Hacia
Avenida Herrera
Avenida Perez
Calle du Porvenir
Calle Francisco Rodriguez
Av. Julio Arjona
Av. Obaldia
Avenida Centenario
Calle 4 Ta
Calle 2 Da
Paseo Enrique Geenzier
Thrifty (location de voitures)
Calle M. Correa
Cathédrale
Parque Union
Calle Meliton Martin
Calle Aminta Burgos de Amado
Calle Francisco Corro
Hôpital
Calle A
Carretera Nacional
Calle 19 de Octubre
Calle Rastor Solis
0
350 m
N
Église
Musée
Gare routière
Poste
Hôpital
Divers

Se loger

Tous les hôtels pratiquent des prix plus élevés pendant les fêtes et tout se remplit très vite. La majorité des hébergements « bien et pas cher » sont dans le centre, Avenida Herrera. Les plus beaux hôtels sont le long de la vía Circunvalación (qui contourne le centre-ville par le sud – à prendre juste après la bifurcation qui indique Pesé quand on vient de la Panaméricaine) et sur la route principale (Paseo Enrique Geenzier) à l'entrée de Chitré, peu après *Policía Nacional de Herrera.*

CUBITÁ BOUTIQUE RESORT & SPA

Avenida Roberto Ramírez de Diego (Circunvalación) ✆ +507 978 0200
www.cubitaresort.com
reservas@cubitaresort.com
90 chambres standards, 2 Jr Suites et 4 Master Suites avec balcon ou terrasse privative, minibar, room-service 24h/24. Compter entre 90 et 250 US$ sans les taxes. Piscine, bain bouillonnant et petit déjeuner inclus. Restaurant.
Cubitá est le nom de la tribu précolombienne qui vivait dans la région avant l'arrivée des Espagnols. C'est aussi le nom original de la rivière la Villa, qui sépare les provinces de Herrera et Los Santos. Cubitá est plus qu'un hôtel, c'est une expérience pour vivre au plus profond la culture et le mode de vie de la péninsule d'Azuero, le cœur folklorique de la nation. L'architecture de ce charmant complexe reflète l'histoire, les traditions et l'identité de la région. Dans un univers colonial reconstitué par des artisans locaux, avec des techniques traditionnelles et écologiques, on trouve la place centrale, la chapelle, le kiosque, les maisons typiques. Un vrai voyage dans le temps ! Il y a même un musée exposant de belles pièces archéologiques, des *polleras*, et des costumes et masques de *Diablicos*... L'hôtel combine élégamment charme, confort et simplicité. Le personnel est professionnel et amical, et les espaces de détente nombreux : jardin soigné, piscine, salle de gym et un spa. Los Maizales est un restaurant agréable avec une salle climatisée et une terrasse offrant des plats traditionnels relevés de touches internationales créatives. Cubita propose également un grand nombre d'activités dans l'hôtel même (manifestations folkloriques, présentations d'artisanat, etc.) ainsi qu'à l'extérieur avec l'agence Cubitá Tours au professionnalisme reconnu. Le restaurant, le musée, le spa et les excursions de Cubitá Tours sont ouverts également aux personnes ne logeant pas à l'hôtel.

HOTEL BALI PANAMA

Ave. Herrera
A une demi cuadra de la cathédrale.
✆ +507 996 4620
www.hotelbalipanama.com
reservas@balipanama.com
28 chambres avec AC et eau chaude (normalement), de 32 US$ la double à 52 US$ la familiale hors fêtes. Parking gardé, Wi-fi.
Un établissement sans prétention, bien placé à une minute à pied du Parque Unión, propre et convivial avec une terrasse pour déguster une boisson fraîche ou une spécialité indonésienne tout en observant l'activité de la rue. Personnel accueillant.

Se restaurer

Beaucoup de cafétérias et restaurants bon marché dans le centre. Le poisson et les fruits de mer sont frais et pas chers. Il y a par contre peu de restaurants gastronomiques mais les hôtels Los Guayacanes, Versalles et Cubitá offrent de bonnes tables (ouvertes à tous).

RESTAURANTE Y REFRESQUERIA AIRE LIBRE

Parque Unión y Calle Melitón Martín
✆ +507 996 3639
Ouvert tous les jours de 6h30 à 22h.
Petit restaurant donnant sur la place servant une cuisine bon marché et typique.

SALSA Y CARBÓN

Calle Julio Botello y Francisco Corro, en face du stade Rico Cedeño
✆ +507 996 6022
Ouvert tous les jours de 8h à 23h. Plats entre 6 US$ et 12,50 US$ en général. Bières locales : 1 US$.
Notre adresse préférée à Chitré ! Très bon rapport qualité prix et bonne ambiance, joyeuse et informelle. Ce restaurant colombien, à l'air libre et situé en face du stade, est très souvent plein, et l'on comprend pourquoi : une grande variété de plats bien cuisinés (poisson, fruits de mer à toutes les sauces, viandes grillées...), un service rapide et souriant (rien de surprenant pour des Colombiens), des prix raisonnables et de la bonne salsa dans les oreilles !

À voir - À faire

Nous vous conseillons de passer par une agence pour rencontrer les artisans de la péninsule d'Azuero, à moins d'avoir une voiture, un bon espagnol et un peu de culot. Les ateliers ne sont pas toujours signalés et les artisans pas toujours disponibles pour les visites.

CIÉNAGA DE LAS MACANAS ★

Bureau de MiAmbiente de Chitré.
✆ +507 976 7675
Ouvert du lundi au vendredi de 8h à 16h. Sur la route principale menant à Chitré depuis la Panaméricaine, bifurquer vers Rincón de Santa María. Continuer tout droit sur près de 3 km et

prendre à droite à l'intersection suivante. Arrivé au poste de MiAmbiente, arrêtez-vous, avec un peu de chance une personne viendra vous accompagner.
Un petit sentier a été balisé à l'intérieur de la zone protégée. Un mirador permet d'apprécier l'étendue des marécages : près de 2 000 ha, dont 1 200 sont sous l'eau. Au loin, des vaches paissent, à moitié dans l'eau. C'est encore plus beau à l'approche des orages, quand le ciel s'assombrit et que les éléments se déchaînent.

MASCARAS JOSÉ GONZALES ★★★

✆ +507 996 2314
Téléphoner ou passer par l'agence Cubita tours.
Entrée : 5 US$.
La famille de José Gonzales fabrique des masques de *diablicos sucios* pour la fête du Corpus Christi à Los Santos. Vêtus d'un costume rouge et noir, ils combattent l'envahisseur espagnol au cours de danses très codifiées. Autour de la fête, des figurines sont réalisées pour se moquer des personnalités publiques. José vous expliquera en espagnol le procédé de fabrication, avec de la terre et du papier mâché. Les danseurs regardent par la bouche du diable. Il n'y a que 5 artisans spécialisés dans la région. Possibilité d'acheter des masques (environ 80 US$).

MUSEO DE HERRERA

Ave. Manuel M. Correa
✆ +507 996 0077
Ouvert du mardi au samedi de 9h20 à 16-17h. Adulte : 1 US$.
Ancien bureau des postes, cet édifice néoclassique a été transformé en musée en 1984, à l'initiative de l'historien Fabio Rodríguez Ríos. Riche en collections archéologiques et en informations ethnographiques, ce musée est d'autant plus à valoriser que les moyens financiers manquent et que les sites archéologiques du pays sont laissés à l'abandon. C'est le cas de Monagrillo, dans les environs de Chitré, dont les vestiges découverts en 1952 et 1975 attestent de la présence de groupes indigènes entre 2 400 et 1 000 ans avant J.-C. Un guide se tient à votre disposition. Une belle collection d'instruments folkloriques et d'outils agricoles évoque également, de façon très vivante, les traditions d'autrefois et la vie des habitants de la région.

REFUGIO DE VIDA SILVESTRE CENEGÓN DEL MANGLE ★

Vous serez peut-être intéressé, à la hauteur de París, par le panneau indiquant cette autre zone protégée. Ses 776 hectares hébergent de très nombreux oiseaux migrateurs, ainsi que plusieurs variétés de mangroves et des piscines naturelles à l'eau alcaline.

LA ARENA ★

Peu avant Chitré, vous ne pourrez pas manquer ce village pittoresque, célèbre pour ses céramiques aux motifs d'origine précolombienne. Avant de devenir un art décoratif, le travail de la terre glaise (céramiques, tuiles, etc.) faisait partie des activités quotidiennes des habitants. C'est en 1936 que fut créé le premier atelier artisanal. Aujourd'hui nombreux sont les vendeurs en bordure de route qui exposent leurs travaux colorés et attrayants. Les *tinajas* sont les pots qui servaient à l'origine pour conserver l'eau fraîche. Leur usage est aujourd'hui le plus souvent décoratif. Et si vous avez un petit creux, vous verrez de nombreuses *panaderías*. Le village est connu pour son pain, « el Pan de la Arena », qui vous aura peut-être déjà été servi au petit déjeuner dans votre hôtel à Chitré.

Transports

- **Les bus** peuvent se prendre au parc central de Chitré. Départs toutes les 10-15 minutes de 6h à 23h en semaine, 20h le samedi, 19h30 le dimanche. 15 minutes de route, 0,30 US$.
- **Entre 2 US$ et 3 US$ en taxi** depuis le centre de Chitré.

Pratique

OFFICE DE TOURISME (CEFATI)

Parque Industrial la Arena. Sur la route principale, à gauche en venant de Chitré
✆ +507 974 4532 – azuero@atp.gob.pa
ouvert du lundi au samedi de 8h à 16h.
Une salle d'exposition présente la culture et l'histoire de la province : habitat, fêtes, costumes, économie…

Se restaurer

PANADERIA SAN PABLO

En face de l'hôtel Cubita.
Faites un tour le matin dans la boulangerie et achetez pain et viennoiseries à déguster sur la terrasse ombragée. De janvier à avril, démonstration avec un cheval du trapiche. Vous testerez le guarapo, du jus de canne frais avec du citron et des glaçons ! Le sucre de canne et le miel sont utilisés dans les pâtisseries. Dans le cadre d'une visite organisée, vous pourrez voir les énormes fours à l'arrière et participer à la fabrication du pain.

Les célèbres rhums et eaux de vie du Panama.

Shopping

Tous les ateliers de potiers sont concentrés au même endroit et proposent des pots à la vente.

ATELIERS DES POTIERS

Voie principale

En taxi, 2 à 4 US$ depuis Chitré.

Tous les ateliers de potiers (la moitié de la population du village tout de même) sont concentrés sur la rue principale et proposent des céramiques à la vente. Un artisan peut fabriquer jusqu'à 100 pots par jour ! Vous pouvez admirer leur dextérité : il faut une force incroyable pour manier un tour à pied et façonner la terre en même temps ! Nous vous mettons au défi de tester…

PARITA ★

Parita est un petit village fondé en 1558, sur la route entre la Panaméricaine et Chitré, juste avant la Arena. Les artisans y confectionnent des tambours pour les célébrations. En vous promenant, vous aurez peut-être la chance de voir des femmes creuser les troncs d'arbres avant de tendre de la peau de chèvre sur le bois. Le centre du village est adorable. C'est l'un des seuls de la région où l'on peut encore voir des maisons coloniales, protégées par l'UNESCO, sur la place de l'église. Elles n'ont que d'immenses portes : les fenêtres donnent sur les cours intérieures. Sachez que pour la fête patronale, des corridas sont données sur cette même place !

PARQUE NACIONAL SARIGUA ★★

A 10 km de Chitré, ce parc national est une vaste étendue rougeoyante de 8 000 ha qui correspond à la zone la plus aride du pays, que l'on pourrait confondre avec un désert et qui était couvert de forêt sèche côtière et de mangroves il y a encore quelques décennies. Pour l'anecdote, le clip *Duele el corazón* d'Enrique Iglesias a été tourné au parc Sarigua. Les précipitations annuelles n'y sont que de 1 100 m et la température varie de 19 °C la nuit à près de 40 °C la journée. L'état de l'écosystème, déjà fragilisé naturellement en raison des inondations successives d'eau salée à l'époque où l'isthme émergea de l'océan, a été aggravé par la déforestation et par l'action des éleveurs pendant la deuxième moitié du XXe siècle. L'eau n'est plus retenue par la végétation et les fermiers ont été obligés de quitter leurs terres, bien souvent pour le Darien. La baie de Parita serait la première région de l'isthme colonisée par l'homme. On y a découvert des vestiges archéologiques datant d'il y a 11 000 ans, et des traces d'activités agricoles d'il y a 5 000 ans. Arriver tôt et s'équiper contre la chaleur et le soleil. Les sentiers sont assez bien entretenus et la vue depuis la tour d'observation est enchanteresse. Prenez garde aux vents qui, de janvier à mars, peuvent être violents. Un guide de MiAmbiente est parfois à votre disposition pour vous donner des informations, notamment sur les élevages de crevettes et sur la plus grande centrale solaire photovoltaïque d'Amérique centrale, inaugurée en février 2014, censée bénéficier à 2 600 familles de Parita et des villages alentour.

Transports

Le parc Sarigua n'est pas desservi par les bus. On s'y rend en voiture particulière, taxi ou moto, voire à pied depuis Parita pour les plus courageux (une heure environ). En venant de Divisa sur la route de Chitré, peu avant Parita, prendre la route à votre gauche (un panneau indiquait la bifurcation lors de notre passage, repérez un pont piétonnier), sur environ 4 km, et vous arriverez au bureau de MiAmbiente.

Pratique

■ **MIAMBIENTE**
✆ +507 996 8216 – www.anam.gob.pa
Bureau de MiAmbiente ouvert du lundi au vendredi de 8h à 16h. Entrée : 5 US$. Il est possible de camper, s'adresser aux gardes forestiers.

PESÉ

A une vingtaine de kilomètres au sud-ouest de Chitré, le village de Pesé est entouré de champs de canne à sucre. La *caña de azúcar* est la base de l'économie locale, avec trois grandes entreprises de fabrication d'alcool dont Varela Hermanos (la famille du président de la République) qui produit les fameux Seco Herrerano et Ron Abuelo. L'Hacienda San Isidro, propriétaire de la fabrique, offre des visites guidées de ses installations.

Transports

Bus toutes les 30 minutes environ depuis Chitré, 20 minutes de trajet, 1,20 US$.

À voir – À faire

■ **HACIENDA EL EDEN** ★★
Village de Las Cabras
✆ +507 6298 2297 / +507 6649 7629
www.haciendaeleden.com
Tour sur réservation, prix selon la taille du groupe incluant petit déjeuner ou déjeuner. Dîner à 8 US$. Couchage en chambre de 2 ou 4 à 20 US$/pers. AC.
Cette ferme agritouristique propose des formules à la demi-journée avec le petit déjeuner (tortillas maison) ou le déjeuner et la visite de la propriété de 44 hectares. Vous découvrirez la production laitière (vous pourrez même traire les vaches ou donner le biberon aux veaux) dans un superbe cadre, où il est possible de faire du cheval. Produits biologiques, notamment le fromage, absolument délicieux, dans une jolie maison coloniale dans le style de la région. Possibilité de rester pour la nuit. Juana, une femelle anaconda, est la mascotte de la famille Rodriguez qui administre les lieux.

■ **HACIENDA SAN ISIDRO** ★★★
✆ +507 917 0300 / +507 6550 4498
✆ +507 6670 8425
www.varelahermanos.com
reservaciones@varelahermanos.com
Ouvert de 9h à 17h du lundi au samedi. Réservation auprès de l'hacienda pour les groupes ou avec Cubita Tours (120 US$ incluant transport, buffet, dégustation et guide). Les rhums coûtent de 7 US$ à plus de 100 US$.
C'est dans cette propriété appartenant à la famille Varela (dont est issu le Président de la République actuel) qu'est produit le meilleur rhum du pays, le rhum Abuelo, mais aussi la boisson alcoolisée la plus populaire, le Seco Herrerano. Une charrette à bœufs vous attend à l'entrée de l'hacienda. Dans la distillerie, vous apprendrez les différentes étapes de la production du rhum et du *seco* : extraction à partir de la canne à sucre, fermentation, distillation. En haute saison, les ouvriers s'agitent et la visite est d'autant plus intéressante. Puis vous verrez dans la *bodega* comment le rhum est vieilli et vous découvrirez la *bodega* spéciale avec le *ron centuria*, avant le plus important… la dégustation ! Quel rhum sera votre préféré ? L'añero, à mélanger avec un soft ; le 7 ans fort mais déjà goûtu ou le 12 ans à savourer avec un glaçon ?

El Duelo del tamarindo, un duel fictif au sabre

Autrefois, les paysans et habitants des campagnes environnantes ne « descendaient » à Ocú que pour les fêtes de Santa Rosa. Ainsi, tous se retrouvaient avec bonheur ou presque... puisqu'il y a toujours des animosités entre voisins ! C'est alors que commençait la ruée sur la chicha (boisson alcoolisée à base de maïs fermenté). Et la fête démarrait vite, pour souvent se terminer en bagarre. On raconte que tout débutait gentiment, l'un asticotant l'autre, jusqu'à ce que les choses prennent une tournure bientôt tragique et que les deux parties se défient au sabre à l'ombre des tamariniers, jusqu'à la mort de l'un des protagonistes. De nos jours, un combat au sabre, heureusement fictif, est organisé à la tombée de la nuit. C'est le « duel du tamarinier ».

OCÚ

Ocú signifierait « barbe de maïs », en raison de l'abondance de cette céréale dans les environs. Ce village, situé à moins d'une heure à l'ouest de Chitré, est peu visité par les touristes, si ce n'est lors du festival du Manito (*de mano*, signifiant « poignée de main entre paysans »), qui s'y tient tous les ans fin août, durant quatre jours. C'est l'occasion d'en apprendre plus sur les coutumes passées grâce à diverses représentations : le semis de maïs, la récolte du riz, la junta de embarra (travaux communautaires), etc. A ne pas manquer, « La Boda Campesina », les noces fictives d'un couple de paysans mises en scène dans les rues du village. Un moment d'euphorie généralisée que tous les spectateurs sont invités à partager ! Egalement au programme, les concours de danse, de costumes, de chants et de musique... ainsi que le très attendu « Duelo del tamarindo ».

Transports

- **Les bus** arrivent ou partent du Parque Central. Toutes les 30 minutes. 45 minutes de trajet. 2,50 US$. De Chitré, de 6h à 19h. De Ocú, de 4h à 17h. Depuis Santiago, bus toutes les 20 minutes, de 5h à 19h en semaine, de 6h à 21h le week-end. 2 US$. Durée 40 minutes. Egalement 8 bus en provenance de Panamá de 7h à 17h.

À voir – À faire

ARTESANÍAS OCUEÑAS
Route principale, à environ 1 km du centre.
✆ +507 974 1059
A 15 minutes à pied du centre. En bus direction Los Llanos (de 5h à 16h30), ou en taxi (1,50 US$).
La confection des vêtements panaméens typiques, le *montuno* pour les hommes ou la *pollera* pour les femmes, ainsi que du chapeau, *sombrero pintado*, a été pendant longtemps l'une des activités traditionnelles du peuple ocueño. Une activité qui demande des qualités de délicatesse et de finesse, et que vous pourrez observer dans cet atelier artisanal créé en 1994 par une vingtaine de femmes.

LAS MINAS

Ce petit village de 7 000 habitants se trouve sur la route en direction de la côte ouest, très sauvage, de la péninsule d'Azuero. L'*hostal* du village organise des excursions pour ceux qui aiment le calme, la nature et les rencontres authentiques. La nuit, la proximité des montagnes peut faire descendre les températures à 19 degrés. La fête du village dont l'origine remonte à 1836, se déroule le 4 septembre.

Transports

- **Depuis Chitré**, bus toutes les heures de 6h à 18h pour Las Minas. Selon le nombre d'arrêts du bus, le trajet peut prendre 2 heures. Au retour, bus de 4h30 à 16h30.
- **Pour Panama**, bus directs depuis Las Minas à 4h30, 7h et 9h, 10 US$ ou depuis Ocu et Chitré.
- **Pour rejoindre la côte** (Mariato, Playa Toro, Playa Reina, etc.), sachez que la route goudronnée s'arrête à Chepo. Pour continuer, il faut impérativement un 4x4 (environ 40 min de piste). Oubliez cette expédition lorsqu'il y a eu beaucoup de pluie. Quelques bus en saison sèche jusqu'à Toro via Chepo.
- **Les excursions à Montuoso** se font en 4x4 (voir avec Casa Friuli si vous n'avez pas votre véhicule).

Se loger

CASA FRIULI
Sur la place principale
✆ +507 910 3529 / +507 6800 6908
www.casafriulihostalpanama.com
casafriulihostal@gmail.com

Trois chambres avec SBD partagée pour 2, 3 ou 4 pers. 13 US$ par pers. avec le petit déjeuner et 22 US$ pour un couple. Cuisine, laverie, ping-pong, billard. Cafétéria pour le petit déjeuner 7h-9h30 à 4,50 US$ (ouvert à tous), le déjeuner 12h-14h30 (clients seulement) et le dîner 18h-22h (ouvert à tous) de 5 à 8 US$. Terrasse sur la place, jardin. Carte bleue, euros, wifi, eau à disposition.

Après avoir tenu une auberge à Chitré, la dynamique Nadia, panaméenne de la région, et son mari italien de Friuli, ont ouvert en mai 2016 le seul *hostal* de Las Minas, tourné vers le tourisme rural communautaire. Les habitants du village, notamment la jeunesse, se forment au tourisme grâce à Nadia. Ils mettent la main à la pâte pour faire découvrir de façon très professionnelle la réserve Montuoso ou les fermes des environs à cheval. Les produits du petit déjeuner (pain, fromage, fruits, etc.) viennent du village et Nadia, également cuisinière, prépare de délicieuses lasagnes à la cafétéria. Les chambres sont lumineuses avec des couleurs douces et sentent bon le bois des palettes recyclées pour faire les lits. Pour 2017, trois nouvelles chambres au rez-de-chaussée devaient être construites, ainsi qu'un bain massant.

À voir – À faire

Possibilité de se baigner dans la rivière Las Trancas toute proche, de voir les orchidées du village, de randonner dans la réserve Montuoso ou de rejoindre en 4x4 la côte Pacifique pour aller surfer à Mariato et dans le golfe de Montijo (province de Veraguas). Si vous n'avez pas de véhicule, les tours sont organisés par Casa Friuli. Demandez- eur de vous conduire au point de vue à 360 degrés sur l'océan et les provinces de Herrera et Los Santos, juste avant le village de Chepo (pente très raide, à éviter seul en 4x4). A couper le souffle !

■ RESERVA MONTUOSO ★

Sur la route en direction de Mariato

✆ + 507 998 4387

En bus, descendre à «Chepo» et marcher 15 km jusqu'à l'entrée de la réserve. En 4x4, tourner à gauche avant «Chepo».

Entrée 5 US$. Lit en dortoir à 15 US$ et camping à 6 US$.

Dans cette forêt très peu fréquentée, naît le rio la Villa, à 500 m du poste de MiAmbiente (petite cascade et ponts suspendus sur le sentier). On peut voir aussi les pétroglyphes et le salto de Mariato si on veut marcher plus en partant par un autre chemin situé plus loin sur la route. Arriver tôt le matin pour être guidé par un ranger.

LA VILLA DE LOS SANTOS ★★

C'est le río la Villa, coulant entre les deux provinces, qui sépare Chitré de la Villa de Los Santos, situées à une dizaine de kilomètres l'une de l'autre. Avec ses allures de petite bourgade tranquille, la Villa de Los Santos peut être fière de devenir, à plusieurs reprises dans l'année, le théâtre de manifestations reconnues à l'échelle nationale. Nata ne voulait pas que Los Santos soit une ville, c'est pourquoi on l'a affublée d'un la Villa devant ! Depuis 1944, au mois d'avril, s'y tient la Feria de Azuero, une grande foire de caractère international représentant tous les secteurs économiques : agriculture, élevage, commerce et industrie, artisanat, sans oublier les buvettes, les stands de nourriture typique, les concerts et les concours de Miss !

▸ **La fête n'ayant pas de secret pour les Santeños,** nous vous conseillons plus particulièrement d'assister à la célébration du Corpus Christi. Les rues deviennent alors une véritable salle de spectacle en plein air ! Les acteurs des danses traditionnelles du Corpus Christi déambulent autour du Parque Central sous des masques aux motifs zoomorphiques et anthropomorphiques, destinés à éloigner les mauvais esprits et le diable. L'une des danses les plus réputées est celle des *diablicos sucios*, facilement repérable à la tenue noire et rouge rayée des danseurs. Rouge pour le feu de l'enfer, noir pour son côté obscur... A l'origine, ces couleurs étaient obtenues par des teintures naturelles, extraites respectivement du roucou (achiote) et du charbon. A force de gesticuler et de sauter dans tous les sens, les diables transpiraient, ce qui faisait couler les couleurs, et ils prenaient un aspect de plus en plus sale, d'où l'appellation de « petits diables sales ». Ces diables, de nos jours moins sales, armés de cornes de taureau pour cogner sur les mauvais esprits, poursuivent les spectateurs... Quant aux masques, ce sont tous des créations en papier mâché des artisans locaux, et les danseurs, uniquement des hommes. Une seule femme y participe, jouant le rôle de la *Mamá Grande* dans la danse du Zaracundé qui symbolise la fuite des esclaves noirs vers les montagnes.

Transports

▸ **Bus.** Les bus au départ de et pour Chitré (0,30 US$ toutes les 10 minutes de 6h à 21h) s'arrêtent sur la place centrale. Pour les autres destinations, rendez-vous au terminal de Chitré, même s'il est toujours possible de prendre un bus pour Pedasí ou Las Tablas sur la route, à 5 minutes à pied du parc.
5 bus par jour de/vers Panamá de 8h30 à 15h30. Durée 4 heures et moins de 10 US$.

Pratique

On trouve un distributeur du Banco Nacional de Panamá, une pharmacie, un café Internet et un commissariat de police autour de la place Bolivar, le cœur du village.

Se loger

■ **HOTEL LA VILLA**
Barriada Don Marcel
(panneau indicateur sur la route en venant de Chitré) ✆ +507 966 9321
www.hotellavillapanama.com
info@hotellavillapanama.com
34 chambres avec AC. Entre 35 US$ et 55 US$ la double.

Los diablicos sucios de Corpus Christi

Avec la conquête du Nouveau Monde, les Espagnols importèrent nombre de croyances et coutumes religieuses. C'est au Mexique en 1521 que les conquérants, dans le but de convertir la population locale, encouragèrent les indigènes à participer aux fêtes instituées par l'Eglise catholique. Cette pratique se généralisa par la suite à l'ensemble de l'Amérique centrale et du Sud.

De nos jours, la fête de Corpus Christi – ou la fête du saint sacrement (Fête-Dieu) – qui commémore l'institution du sacrement de l'eucharistie, continue à être célébrée avec ferveur à Los Santos, mêlant croyances catholiques et rites traditionnels, dont les danses avec les fameux *diablicos sucios*. Elle se déroule 60 jours après Pâques, soit début juin.

Un peu isolé (700 m de la route de Chitre-La Tablas) et au calme. Les chambres sont propres, mais inégales ; les moins chères sont sombres et sans grand charme. Vous apprécierez la belle piscine, bien agréable quand le soleil tape. Le bar-restaurant propose une cuisine panaméenne typique et des bières fraîches.

Se restaurer

FONDA EL CIRUELO

Carretera Nacional

Ouvert tous les jours du matin au soir. Prix modiques.

Une cafétéria de bord de route prisée des locaux et qui a vu passer quelques célébrités, comme un certain Brad Pitt, dit-on... Un passage obligé pour découvrir la cuisine typique d'Azuero.

LIBRERÍA Y REFRESQUERÍA YONELL

Parque Central, à côté du palais municipal

✆ +507 966 8430

Ouvert du lundi au samedi de 7h à 21h.

Une terrasse agréable, au cœur de la vie du village, où siroter une chicha accompagnée d'une empanada.

À voir – À faire

ECOLE DE FOLKLORE « DORA PÉREZ DE ZÁRATE » ★★

Calle José Vallarino y Avenuda Dr Sergio González Ruiz.

✆ +507 6920 2442

escuelanacionaldefolklore@gmail.com

Cette école et centre d'études du folklore se propose de sauvegarder la musique, la danse et les traditions de son peuple. Une petite salle expose d'anciens instruments aratoires et objets qui faisaient partie de la vie quotidienne des agriculteurs. En allant y faire un tour, vous aurez peut-être la chance d'assister à une répétition.

IGLESIA DE SAN ATANACIO ★

Cette élégante église coloniale, dont la construction fut achevée en 1773, a été déclarée monument national en 1938. Ses murs blancs mettent en valeur la richesse du retable de l'Immaculée Conception (1721) aux ornements or, rouge et bleu. Levez les yeux vers le plafond aux boiseries ouvragées.

MUSEO DE LA NACIONALIDAD ★

Parque Central, Calle José Vallarino.

Ouvert du mardi au samedi de 9h20 à 16h. Entrée 1 US$, enfant 0,25 US$.

Ce musée inauguré par le général Omar Torrijos a ouvert ses portes le 10 novembre 1974, jour anniversaire du « Cri de l'Indépendance ». Quartier général des libéraux pendant la guerre des Mille Jours, école publique, dépôt de sel ou maison privée, cet édifice a eu plusieurs vies avant sa reconversion ! la tradition orale veut que ce soit entre ses murs qu'ait été proclamée en 1821 l'indépendance du Panamá par rapport à l'Espagne. Les collections, dont celle consacrée à l'histoire du mouvement indépendantiste, ou bien la reconstitution d'une cuisine typique d'Azuero, gagneraient à être enrichies et accompagnées de légendes. Joli jardin à l'arriere de la maison.

GUARARÉ ★★

Situé sur la route de Las Tablas, Guararé est un joli village aux maisons colorées. Sous le porche qui court tout autour de ces accueillantes demeures traditionnelles en brique aux toits de tuiles, les Guarareños se réunissent pour converser ou se reposer. Mais chaque année au mois de septembre, à l'approche du festival de la Mejorana, une ferveur soudaine s'empare des habitants. Chacun se pare de sa plus majestueuse *pollera* ou revêt son plus beau *pintao*. Des gens accourent de tout le pays afin d'assister aux manifestations folkloriques et plus particulièrement au défilé des chars, le dernier jour du festival. Aussi importante dans un orchestre que le violon ou les tambours, la mejorana est une petite guitare à la sonorité toute particulière.

Transports

Guararé est situé sur la route entre la Villa de Los Santos (20 minutes) et Las Tablas (à 10 minutes). Les bus sont fréquents.

À voir – À faire

FABRICATION DE POLLERAS ★★★

La Enea, vía il Puerta

✆ +507 4529 0650

30 US$ la visite d'une heure environ. Tour avec l'agence Cubita également possible.

Comme 80% des habitants du village, ce couple d'artisan confectionne des *polleras*, ces jupons et ces blouses blancs brodés que les femmes portent traditionnellement pour les festivités. Il faut jusqu'à deux ans pour fabriquer les plus jolies, qui peuvent coûter jusqu'à 15 000 US$. Les commandes s'effectuent plusieurs années à l'avance.

MUSEO MANUEL F. ZÁRATE ★

Calle 21 de Enero

✆ +507 994 5644

Ouvert du mardi au samedi de 9h20 à 16h. 0,75 US$.

La Reina del Festival donne de sa personne

Le couronnement de la reine, que ce soit dans une discothèque, une fête de collège ou un festival, est une véritable institution au Panamá. Mais certaines élections nécessitent un sacrifice plus particulier de la part des participantes.

Dans le cas de la Mejorana, c'est à la fin du festival que l'on choisit la reine de l'année suivante et, si personne ne se présente, l'élection est repoussée. Etonnant dans ce pays où les jolies filles ne manquent pas. C'est que l'élue est celle qui réussit à réunir la plus grosse somme d'argent pour financer l'organisation des festivités. Et ce n'est pas si facile.

Son rôle ne se limitera pas à cet apport puisque la demoiselle choisie présidera ensuite l'ensemble du festival. Vêtue d'une *pollera* différente à chacun des temps forts qui rythment la manifestation, elle sera tour à tour auditrice des concours de tambours, violons et chants, spectatrice des courses de taureau et active participante à l'*atolladera*. *Atollar* signifiant « s'embourber », elle devra, habillée de blanc, défiler dans une arène remplie de boue...

Don Manuel F. Zárate (1899-1968), grand spécialiste du folklore, auquel il a consacré trois ouvrages, fut à l'origine du premier festival de la Mejorana en 1949. Le village de Guararé lui rend hommage dans ce musée ouvert en 1969 et que toute la population a aidé à construire. Vous y trouverez photos, masques, costumes et autres nombreux témoignages des festivals antérieurs.

LAS TABLAS ★★

Sur la route qui vous conduit vers les plages et les îles du sud de la péninsule, vous pourrez vous arrêter dans cet accueillant village, réputé pour son carnaval qui débute le vendredi précédant le mercredi des Cendres. Cette tradition remonterait au XVIIe siècle. Les anciens parlent avec nostalgie de « leur » carnaval, qui n'attirait alors que les communautés voisines de Las Tablas, pour un rassemblement où l'on tournoyait autour de la reine, au son des violons et des tambours, jusqu'à ce que la nuit tombe et que les bougies illuminent le bal.

De nos jours, cette tradition n'est plus l'apanage de Las Tablas seul ; elle s'est étendue à Penonomé, Pedasí, Los Santos, Chitré, la Chorrera... L'embarras du choix ! Et il n'est pas question de manquer le spectacle. Il est ainsi fréquent que les entreprises donnent congé à leurs employés pendant ces quatre jours de fête. Peu à peu, les orchestres ont été remplacés par des discothèques ambulantes et les traditionnels seaux d'eau dont les gens s'arrosaient gentiment sont devenus d'énormes citernes (*culecos*) du haut desquelles on arrose la foule à grands jets ! Ces mojaderas (du verbe *mojar*, « mouiller ») font partie des temps forts du carnaval, vous aurez tout intérêt à prévoir des vêtements légers et qui sèchent vite !

Et comme tout bon festival, les reines sont de la partie ! C'est vers les années 1950 que chaque rue a commencé à présenter sa propre reine, encourageant une compétition qui, à chaque carnaval, se fait de plus en plus féroce, particulièrement entre la Calle Arriba (rue haute) et la Calle Abajo (rue basse). Chaque rue se mesure à l'autre à coup d'orchestres (tunas), de reines aux costumes dignes du carnaval de Rio de Janeiro, de feux d'artifice, de pétards et de reggaetón... Quant au défilé des chars allégoriques, il donne aussi lieu à d'innombrables rivalités.

- **Le festival des Mille polleras** est un défilé en tenue traditionnelle qui se tient chaque année au mois de janvier. Une occasion supplémentaire d'admirer le travail fin et coloré des couturières locales !
- **Dans un genre moins profane, ne manquez pas la Fête de Santa Librada.** Vers la troisième semaine de juillet, la ville rend hommage à sa sainte patronne, la vierge crucifiée.

Transports

Il n'y a pas de gare routière à proprement parler. Les bus s'arrêtent à différents endroits de la ville selon leur destination. Pour Pocri, Pedasí, Santo Domingo et San José, rendez-vous avenida Belisario Porras face à Refresqueria Praga. Les bus pour Chitré stationnent environ 500 m plus loin dans la même rue, vers la station-service (ils passent dans la rue principale, à 2 cuadras du parc mais sont souvent pleins à cet endroit). Les bus pour Panamá sont en face du poste de police au terminal Coosvetras (durée 4 heures 30, 9, 70 US$), à 7 minutes du Parque central. Pour Guararé et la Enea, vous les trouverez en face de la station Delta : Paseo Carlos L. López y Avenida Rogelio Gaez. Pour Tonosí, Cañas, Guanico ou Cambutal, demandez la « estación Tonosí », c'est à environ 2 cuadras au sud du parc central.

Pratique

Plusieurs pharmacies autour de la place centrale, bien utiles pour les gueules de bois durant le carnaval ! Nombreux distributeurs le long de l'avenue Belisario Porras et autour du Parque Central.

Se loger

A moins de réserver très à l'avance ou, mieux encore, d'une année sur l'autre, vous ne trouverez pas de logement pendant le carnaval. Même les maisons des particuliers sont louées. Il est cependant toujours possible de rencontrer une âme charitable qui vous propose un bout de jardin pour camper. Mais restez vigilants avec vos affaires !

■ HOTEL RESTAURANTE PIAMONTE

Ave. Belisario Porras, à 1,5 cuadras du parc central
✆ +507 923 1903 / +507 923 1603
hotelpiamonte@hotmail.com
Chambre simple : 27 US$ ou 30 US$, double : 33 US$ ou 55 US$, triple : 45 US$ ou 55 US$. Restaurant ouvert de 7h à 23h. Cuisine panaméenne autour de 3 US$-4 US$ le plat du jour en semaine.
L'hôtel est constitué des deux immeubles qui se font face, la rue au milieu. 44 chambres avec eau chaude (certaines sans fenêtres), climatisation, TV, wifi. Propre et central, sans charme mais correct pour une nuit.

■ VILLA PELICANO

Playa Uverito
✆ +507 6870 8178
villapelicano.com
Moitié prix toute l'année pour les retraités. En basse saison, prix de base 270 US$ et de 280 US$ à 340 US$ en haute saison. Copieux petit déjeuner inclus.
Un hôtel-boutique luxueux (et donc très cher) au bord du golfe de Panama. Les quatre appartements sont équipés de tout le confort et bien décorés. Il y a une splendide piscine avec remous, éclairée le soir et un accès direct à la plage. Très bon accueil dans cette table d'hôtes où l'on parle français. Pour un séjour reposant car la maison est hors des sentiers touristiques.

Se restaurer

■ DOLCE & SALADITO

Plaza Gringa Local #6
✆ +507 923 2521
Ouvert tous les jours de 15 ou 16h à 22h.
Un restaurant qui jouit d'une bonne réputation avec des plats gourmands : gros burgers, pizzas, glaces, desserts élaborés, salades de fruits, etc. Jolie salle rustique.

Tissage de la pollera traditionnelle.

À voir – À faire

IGLESIA DE SANTA LIBRADA

L'église qui a terriblement souffert du tremblement de terre de 1802, a été par la suite reconstruite selon le schéma traditionnel des églises coloniales panaméennes. En 1950, un incendie lui a causé également de nombreux dommages... Malgré tout, son retable, recouvert de feuille d'or, continue d'impressionner fidèles et visiteurs, tout comme la procession des fêtes patronales fin juillet.

MUSEO BELISARIO PORRAS ★

Parque Central ✆ +507 994 6326
museobelisarioporras@hotmail.com
Ouvert de 8h30 à 15h du mardi au samedi, de 8h à 12h le dimanche. 0,75 US$.
Le musée rend hommage au président Belisario Porras, natif de Las Tablas. Toute sa vie y est retracée à grand renfort de photos et d'objets personnels : l'uniforme qu'il a porté à la convention de la Haye, décorations, mobilier, vêtements... Au centre de l'unique salle, on pourra voir le sarcophage dans lequel n'a pas encore été transportée sa dépouille.

SANTO DOMINGO ★★

A 5 minutes en bus ou en taxi de Las Tablas en direction de Pedasi. Le bus se prend devant la Farmacia Praga, toutes les 20 minutes en semaine de 6h à 19h, 13h le dimanche. 0,35 US$.
La visite de ce village est vivement recommandée à ceux qui souhaitent rencontrer les brodeuses de *pollera*. N'hésitez pas à demander au chauffeur de bus de vous conduire chez l'une d'elles. Vous recevrez un accueil chaleureux de ces artistes, fières à juste titre de leurs ouvrages. Et vous serez à même de mieux apprécier la finesse de leurs dentelles et broderies. Les *polleras*, qui peuvent atteindre des sommes astronomiques, sont vendues ou bien louées. Vous pouvez aussi pousser jusqu'à San José (20 minutes de trajet), également réputé pour ses couturières !

PEDASÍ ★★★

Ce village de pêcheurs est le lieu de naissance de l'ex-présidente Mireya Moscoso et on ne vous permet pas de l'oublier. Dès l'arrivée, on est accueilli par un immense panneau avec sa photo en pied et par un petit square dont la plaque vous confirme que Pedasí est bien le berceau de la première femme présidente du pays (1999-2004). Ce village propret possède quelques attraits, à commencer par ses jolies maisons traditionnelles. Point de départ idéal de nombreuses excursions, Pedasi vous réserve en outre de belles plages toutes proches, ainsi que des eaux propices à la plongée, à la pêche et au surf. Sans oublier l'incontournable Isla Iguana !

Transports

Comment y accéder et en partir

L'aéroport est à 10 minutes du centre-ville mais Air Panama n'offre plus de liaison régulière depuis mars 2016, jusqu'à nouvel ordre. Les bus s'arrêtent dans la rue principale et tournent parfois dans la petite ville pour déposer ou prendre les gens.

- **Las Tablas-Pedasi**, bus toutes les 45 minutes de 6h30 à 19h. 45 minutes de trajet. 2,40 US$. Pedasi-Las Tablas : de 6h à 17h.
- **Pedasi-Cañas** : 2 bus par jour, vers 7h et midi. 2,40 US$, durée 1 heure 15.

Dr Belisario Porras (1856-1942), enfant de las Tablas

Figure historique du Panamá, trois fois président de la République (1912-1916, 1918-1920, 1920-1924), ce natif de Las Tablas fut à la tête de la révolution libérale de l'Isthme en 1901 et s'opposa vivement à l'Acte séparatiste entre la Colombie et le Panamá. Ce fut le premier président à envisager la réforme du traité Hay-Bunau-Varilla, afin de favoriser la consultation des Panaméens sur le sujet du canal. Homme de nombreuses initiatives, Belisario Porras fut à l'origine de la construction du télégraphe, de l'organisation de l'instruction publique, de la construction du chemin de fer dans le Chiriquí, etc. Il participa activement à l'urbanisation de la capitale, en y faisant construire la Plaza de Francia et les monuments dédiés à la mémoire de Vasco Nuñez de Balboa ou à Cervantes. Il décida également de la conversion de l'île de Coiba en pénitencier. S'essayant à la littérature, il laisse plusieurs témoignages de son époque (en espagnol uniquement). Ainsi, *El Orejano* retrace la vie quotidienne et les particularités des paysans de sa province natale, tandis que ses *Memorias de la Campaña del Istmo* racontent son expérience en tant que chef des libéraux durant la Guerre des Mille Jours (1899-1902). L'ancienne demeure de Porras est aujourd'hui un musée, à la sortie de la ville.

© LAURENT BOSCHERO

Oeuvre murale au Selina.

Se déplacer

■ CENTRALE DE TAXI
✆ +507 995 2275

Pratique

La police et un distributeur BNP se trouve à l'entrée du village. Un centre de santé à 2 cuadras à l'est du parc central.

■ ATP – OFFICE DU TOURISME
A l'entrée de la ville
derrière le panneau de Mireya Moscoso.
✆ +507 995 2339
Ouvert tous les jours de 9h à 16-17h.
Pour des informations sur les excursions à faire dans les environs. Mise en contact avec les *lancheros* pour Isla Iguana.

Orientation

Pedasí béneficie d'une excellente signalisation qui vous évitera de vous perdre. La plupart des restaurants et hôtels se trouvent en bordure de la rue principale qui traverse le village.

Se loger

Bien et pas cher

Peu d'adresses pour petits budgets. Arturo Chaman Mentao Cabeza se fera un plaisir de vous inviter à installer votre hamac gratuitement, tout simplement pour partager de bons moments dans la simplicité, sur une plage, El Toro, encore sauvage (jusqu'à quand ?). Et pour vous rincer après la baignade, profitez du puits d'eau douce !

■ DIM'S HOSTAL
Rue principale après Smiley's et avant The Bakery ✆ +507 995 2303
9 chambres. Compter 65 US$ la chambre double, 90 US$ la triple. Petit déjeuner inclus. Eau chaude, AC, TV câblée, Wifi, cuisine commune, parking.
Charmant petit *hostal* à l'atmosphère très familiale tenu par l'adorable Mirna. Le cadre est agréable avec un jardin où se trouve un grand *rancho* construit autour d'un solide manguier, et des hamacs. C'est là que l'on prend le petit déjeuner. Les chambres sont simples mais propres, de différentes tailles. Des excursions peuvent être organisées aux îles Iguana et Cañas. Pêche, plongée, observation des tortues ou des baleines en saison.

■ SELINA PEDASI
A 50 m du Parque central
✆ +507 6272 5369
www.selinahostels.com
reservations@selinahostels.com
Dortoir de 4 lits à 20 US$ par personne, chambres doubles avec salle de bains partagée à 50 US$, Deluxe à 89 US$ ou 99 US$ (côté jardin).
Vous reconnaitrez le fameux van coloré, emblème du groupe Selina, devant l'*hostel*. Plus petit et intime que les établissements de Bocas, Venao ou du Casco Viejo (pas encore ouvert lors de notre enquête), Selina Pedasi offre de jolies chambres standard ou Deluxe (avec salle de bains privée) et des lits en dortoir. Le jardin à l'arrière est agréable avec ses hamacs et sa petite piscine. Le bar restaurant attire un peu de monde le soir. Déco chaleureuse et ambiance décontractée et connectée. De nombreuses activités sont bien sûr proposées : pêche, surf, kite, plongée, tour à Isla Iguana, yoga…

Confort ou charme

CASA DE CAMPO

A l'entrée de la ville dans la rue principale.
✆ +507 6780 5280
✆ +507 995 2733
www.casacampopedasi.com
contact@casacampopedasi.com
6 chambres à 99 ou 110 US$, 105 US$ la suite. Petit déjeuner américain et taxes inclus. Dîner sur réservation.
Une maison mêlant architecture traditionnelle et décoration artistique contemporaine. Chaque chambre a son propre caractère et on s'y sent presque comme à la maison. L'ensemble est spacieux et convivial. Une piscine et un grand jardin tropical pour vous relaxer. Accueil attentionné.

CASA LAJAGUA

Rue principale, à l'entrée de Pedasi en venant de Las Tablas, en face du poste de police
✆ +507 995 2912
www.casalajagua.com
casalajagua@gmail.com
De 88 à 149 US$ (10 US$ de moins en basse saison) + taxe de 10%. 22 US$ par personne supplémentaire. Petit déjeuner inclus.
A l'éntrée du village, un petit hôtel agréable tenu par Craig et April Lewis, un couple de Canadiens anglophones. Les chambres sont bien équipées, l'ensemble est raffiné. Un jardin arboré et une belle piscine où l'on peut se faire servir son cocktail.

LA ROSA DE LOS VIENTOS

A 5 min à pied de Playa El Toro, 1,5 km de Pedasí (20 minutes à pied, 2,50 US$ en taxi).
✆ +507 6530 4939 / +507 6778 0627
www.bedandbreakfastpedasi.com
info@bedandbreakfastpedasi.com
Site web en français.
3 chambres avec salle de bains et eau chaude. Capacité maximum 10 pers. 60/70/80 US$ (+5 US$ en haute saison) pour 2/3/4 pers. Taxes et petit déjeuner complet inclus. Wifi. Barbecue à disposition. Organisation de tours dans la région.
Isabelle et Robert, un couple vraiment adorable, d'origine suisse francophone et arménienne, vous accueillent dans une belle maison à l'architecture traditionnelle, à 5 minutes à pied de Playa El Toro. C'est le seul établissement de Pedasi avec vue sur l'océan. C'est aussi le seul qui n'a pas la télé et la clim (la maison est construite pour s'en passer), ce qui ne retire rien au confort, bien au contraire ! Cadre des plus reposants avec une un joli jardin tropical et des chambres lumineuses. Une bonne adresse.

Se restaurer

Beaucoup de restaurants ouvrent et ferment après une saison ou deux à Pedasi. En voici quelques-uns qui ne bougent pas, la Huerta est le plus récent.

EL CHICHEMITO

Dans la 1ère rue à droite après Casa de Campo
Ouvert du mardi au dimanche de 10h à 22h. Plats du jour autour de 3,25 US$.
Petit resto local où l'on mange des plats typiques panaméens très corrects, à base de viande ou de poisson accompagné de riz, *platano* ou *yuca*. Les portions sont généreuses et le service plutôt rapide (pour la région). Les prix sont quant à eux imbattables !

LA HUERTA

Calle del Colegio, sur la route de l'aéroport
www.manolocaracol.net
Ouvert du jeudi au dimanche, de 17h30 à 21h30. Compter entre 15 US$ et 20 US$ le repas.
Manolo Caracol, le célèbre restaurant espagnol du Casco Viejo à Panama, a ouvert un nouveau restaurant. La Huerta signifie le jardin potager en espagnol, et tous les produits que l'on cuisine ici sont locaux et bio. Cadre simple et naturel, les prix sont raisonnables et rien à redire sur la qualité et l'originalité des plats. Manolo est un vrai chef espagnol qui fait le show !

SMILEY'S

Dans la rue principale,
peu après la station-service.
✆ +507 995 2863
Ouvert de 12h à 22h, fermé le lundi. Plats entre entre 4 et 10 US$. Wifi.
Le restaurant ouvert sur l'extérieur est tenu par un couple américano-panaméen, Ermelinda et John, et la cuisine est un mélange des deux influences. Des déjeuners simples (burgers, sandwiches avec frites, sancocho, plats de la mer...), et dîner en général un peu plus élaboré (lasagne brocolis, ailes de poulets piquantes au four...). Barbecues le dimanche et concert de blues rock le mardi et vendredi. Accueil vraiment sympa, comme un smiley :)

THE BAKERY

Rue principale, en face de la mairie.
✆ +507 995 2878
Ouvert tous les jours de 7h à 20h.
Cette boulangerie vend du pain artisanal, des croissants, des jus de fruits et *batidos*, mais aussi des petits déjeuners panaméens ou américains et des plats panaméens classiques (poulet, riz, lentilles, plantain). Salle climatisée ou terrasse.

À voir – À faire

ISLA IGUANA ★★★

www.islaiguana.com – info@islaiguana.com

Accès en lancha depuis Playa El Arenal autour de 70-80 US$ pour le groupe à payer au retour (se renseigner à l'office du tourisme ou à la station-service Accel pour l'actualité des tarifs et la mise en contact avec un lanchero). Convenir d'une heure de retour avec le capitaine.

Entrée : 10 US$ par personne à payer à l'agent de MiAmbiente. Camping payant, à négocier. Aucun service de restauration sur l'île.

Un site idéal pour observer la migration des oiseaux marins qui se dirigent vers le nord en novembre et décembre, des baleines entre juillet et octobre, des tortues qui y viennent pondre entre septembre et décembre ; pour surprendre les iguanes noirs et les iguanes verts qui se cachent dans la forêt sèche, y compter les 5 000 frégates qui y vivent ; pour s'y baigner à Playa el Cirial dans une eau corallienne qui héberge 347 espèces de poissons colorés et un peu plus au large des groupes de dauphins ; pour y camper et observer le fourmillement de milliers de bernard-l'hermite ; pour s'émerveiller face au spectacle des lucioles qui animent les nuits de cette magnifique île déserte...

Environ 40 ha de corail borderaientaujourd'hui Isla Iguana. Durant la seconde Guerre mondiale, l'US Navy pratiquait des essais d'explosifs autour de l'île... L'essentiel des coraux décimés a heureusement été « récupéré » depuis quelques années. Pour accéder à ce refuge de vie sauvage, tâchez de constituer un petit groupe afin de partager les frais pour la *lancha* (jusqu'à 8 personnes) plutôt que de contracter un tour plus onéreux. Attention, à la saison sèche (janvier-avril), les vents forts rendent la traversée parfois tumultueuse. Les meilleurs sites de plongée avec masque et tuba, les sentiers balisés, les espèces protégées, tout vous sera indiqué au Centre de visiteurs de l'île. Il s'agit d'ailleurs de l'unique service sur place, aussi est-il impératif d'emporter de l'eau, des victuailles, du papier toilette, sans oublier de la crème solaire. Et au retour, emportez vos déchets.

PLAGES ★★

De septembre à novembre-décembre, vous aurez peut-être la chance d'observer les tortues marines, et entre juillet et octobre-novembre, ce sont les baleines qui viennent se reproduire... Les dauphins sont également de la partie ! la plage encore préservée d'El Toro est à environ 3 km à l'est de la ville, accessible à pied (30 minutes) ou en taxi (3 $). Il y a un bar-resto pour boire un verre après de longues promenades sur la plage. Vous pouvez aussi saluer Arturo Cabeza dit « El Mentao » ou « El Chaman de la Costa », qui vit sur la plage et peut vous offrir une nuit en hamac. Cette figure de Pedasi nettoie et tente de protéger la plage comme il peut. Il se bat pour que sa plage ne subisse pas le même sort que la Garita, juste à côté, où s'est installé un important complexe avec villas. La Garita offre une belle balade tout de même en s'éloignant vers le sud, on peut y voir des tortues en saison.

El Bajadero est un peu plus loin au nord. Pour la Arenal, d'où l'on peut prendre une chaloupe pour Isla Iguana, prendre la route qui passe devant l'office du tourisme (CEFATI). 3 km. Il y a également un petit resto de plage. On y pratique le surf et le kite.

Sports – Détente – Loisirs

PEDASI SPORTS CLUB DIVE & FISH

A gauche sur la rue principale, face à la police et la banque.

✆ +507 995 2894

www.pedasisportsclub.com

divenfishguy@yahoo.com

Ouvert tous les jours de l'année.

La première agence de pêche et de plongée de Pedasi, elle existe depuis 2001. Sorties en mer avec des spécialistes de la pêche et de la plongée, conseils, vente et location de matériel.

SHOKOGI SURF PEDASI

Playa el Arenal

✆ +507 6701 5476 – www.shokogi.com

shokogi.kite@gmail.com

Shogoki est petit club de surf monté en 2009 par Gigi Amir et Eden Graziani. Ils vous expliqueront tout sur les bons spots de la région. Cours et location-vente de matériel de surf, de kite et de paddle.

SPA PANDORA

Casa Feliz Calle Principal, Limón

✆ +507 6667 7718

pandoraspapedasi@gmail.com

Massages et soins 60 à 70 US$.

Shopping

ARTEMANIA

Parque central

Ouvert tous les jours en principe.

Une jolie maison de 1944, ouverte sur le Parque Central, offre un bon choix de bijoux originaux, des molas et de magnifiques masques à prix raisonnables. De l'artisanat panaméen et latino-américain (hamacs, sacs...) choisi avec soin par Caroline, installée depuis longtemps dans la région, captivée par les vagues de la péninsule.

PLAYA LOS DESTILADEROS ★★★

Cette grande plage située dans une baie abritée à une quinzaine de minutes en voiture de Pedasi. Elle offre un panorama superbe, avec un sable blond, des palmiers et une côte rocheuse. Quelques villas élégantes ont été construites à proximité, sans défigurer pour autant le paysage, heureusement. Il n'y a quasiment jamais personne sur la plage, vous y serez tranquille.

Transports

Depuis Pedasi, prendre la direction de Playa Venao, traverser le village de Limón, rester sur la route principale jusqu'à une bifurcation (où se trouvent quelques indications), prendre à gauche sur environ 7 km et vous atteindrez la plage.

Se loger

■ VILLA ROMANA

Camino a Puerto Escondido, Los Destiladeros.
✆ +507 848 3002 / +507 6619 7979
www.hotelpedasi.com
villapedasi@gmail.com
Chambres doubles et suites à partir de 119 US$, avec air conditionné, TV, eau chaude, coffre, frigo.
Un beau boutique-hôtel surplombant l'océan. Des chambres et suites soignées, de taille et confort différents. Deux piscines entourées de plantes tropicales, un centre de fitness, un bon restaurant italien, vous aurez tout le nécessaire pour passer un excellent séjour en bord de mer.

PLAYA VENAO ★★★

Située à une demi-heure de Pedasí, cette plage est un paradis pour les surfeurs. On les voit toujours en groupes, à l'eau ou guettant la houle à toutes les saisons. Venao (ou Venado) fait partie, avec Santa Catalina, de ces joyaux naturels qui font le bonheur des passionnés de glisse. Les vagues sont les plus belles à marée montante, des gauches et des droites. Preuve de son potentiel, de nombreux championnats internationaux y sont organisés régulièrement, ce qui semble avoir boosté les travaux pour développer les infrastructures touristiques de la plage, complètement métamorphosée en 3 ou 4 ans. Ceux qui connaissaient cette petite guinguette où l'on mangeait du poisson frit et où l'on pouvait passer la nuit dans un hamac seuls face à l'océan risquent d'être un peu surpris. D'élégants hôtels se sont installés et un groupe d'investisseurs israéliens a acheté presque tous les terrains restant pour en faire des resorts et lotissements. Le point positif est que la plage est nettoyée quotidiennement et que ceux qui recherchent le confort trouveront tout ce qu'ils souhaitent. Pour l'authenticité et l'esprit wild surf, il faut désormais pousser un peu plus loin sur la côte, vers Guanico, Cambutal ou Morillo.

Ralentissez, traversée de singes !

A 5 km de Pedasi, Posada Los Destiladeros est une superbe propriété (à usage privé et hôtelier), au cœur d'un magnifique terrain arboré, donnant directement sur Playa Los Destiladeros, une plage sauvage de sable doré. La propriété est à vendre. Le terrain de 4,1 hectares accueille au milieu d'essences tropicales (palmiers, fruitiers, teck, fleurs), pas moins de quatre maisons de bon standing donnant sur la plage, deux maisons familiales et un loft privé. A noter que les meubles et constructions ont été dessinés par l'architecte et artiste français Jean-François Provost, qui a beaucoup travaillé dans la région. La propriété compte également une piscine, 4 *decks* face à l'océan, un restaurant avec cuisine professionnelle, un spa (bain bouillonnant, sauna et appareils de *fitness*), des *show-rooms* pour collections personnelles, un garage couvert (8 voitures)... et même une salle de cinéma ! Indépendante et décorée à l'ancienne, elle peut accueillir 35 personnes (projecteur, sound-system Bose, fauteuils achetés dans un vieux cinéma américain...). La propriété est complètement équipée : 3 puits d'eau potable, 3 générateurs, câblerie souterraine, réservoirs d'eau, fosse septique, climatisation, vidéo surveillance, logement staff, etc.

Pour plus d'informations contacter M. Phillipe Athanatiades – panamabambu.net – ✆ +507 6424 6780

PANAMÁ BAMBÚ
Hotel Posada Los Destiladeros
✆ +507 6424 6780 / +507 6490 2492
www.panamabambu.net
contact@panamabambu.net
Reboisement, conseil, vente et location de terrains, villas et appartements au Panama.
Panama Bambú est l'une des plus importantes agences immobilières de la péninsule d'Azuero. Son fondateur, Philippe Athanatiades (ou Felipe comme le connaissent les locaux), est un Français visionnaire qui a quitté son pays natal il y a bien longtemps. Après avoir bourlingué en Afrique et au Brésil, cet entrepreneur multifacettes fut l'un des premiers étrangers à s'intéresser à cette région du Panama. Au début des années 1990, il a acheté un millier d'hectares de terrains dans la région de Pedasi, pour les reboiser avec plus de 250 000 arbres de teck et autres espèces tropicales, qui servent aujourd'hui à la construction de meubles et de maisons dans la région. Pour recevoir ses clients et amis venant lui rendre visite, Philippe a aménagé la Posada Los Destiladeros, un hôtel de charme donnant sur l'une des plus belles plages du coin (Playa Los Destiladeros). Cette propriété exclusive est aujourd'hui en vente. Panama Bambú propose également des dizaines de terrains et villas en bord de mer dans la région de Pedasi, ainsi que vers Tonosi, Cañas, Mariato et dans d'autres régions. Une entreprise à prendre en compte pour tout projet immobilier au Panama et en particulier dans cette région authentique qu'est la péninsule d'Azuero.

Transports

De Pedasi, prendre un bus pour Cañas, demandez au chauffeur de vous laisser à la plage ou à l'hôtel que vous aurez choisi. En taxi, compter environ 30 US$ entre Venao et Pedasi.

Pratique

Pas de distributeur bancaire, le plus proche est à Pedasi. Un petit supermarché, un cyber et une laverie.

Se loger

Bien et pas cher

■ BEACH BREAK SURF CAMP
Sur la plage
✆ +507 6245 2342
beachbreaksurfcamp.com
bbplayavenao@gmail.com
14 chambres avec AC, eau chaude, SDB privées, wifi, cuisine partagée. Petit déjeuner inclus. Package de 5 nuits : 350 US$ (dortoir) et 450 US$ par pers. en chambre privée.
Hébergement en dortoir ou chambres privées, aussi bien pour les groupes d'amis que les voyageurs solo ou les familles. Les cours de surf pour débutants et expérimentés (deux sessions par jour avec le package) se prennent sur place. Prêt de surf pour s'entraîner le reste de la journée. Le cadre est privilégié, face à l'océan pour prendre le petit déjeuner, et avec une piscine et hamacs pour se détendre.

■ ECO VENAO
Peu après l'entrée de Playa Venao.
✆ +507 832 0530
www.ecovenao.com
stay@ecovenao.com
Camping : 6 US$ par personne, dortoir de 8 : 11 US$, chambre : 30-35 US$ ou 40-50 US$ pour 2 ; 60-70 US$ pour 4 (basse et haute saison). Cuisine, Wifi. Location de maisonnettes de 40-50 US$ pour 2, à 200 US$ ou 300 US$ pour 6. Location de planches de surf, de kayaks, balades à cheval et cours de yoga sont organisés.
Un coup de cœur ! Un écolodge très accessible, ce qui ne fait rien perdre à la qualité et à la tranquillité du site. Les propriétaires possèdent une véritable philosophie écologique, avec un projet de reforestation et de conservation de la faune et flore des environs. L'équipe est amicale et toujours aux petits soins. On dort bercé par les sons de la nature, on voit de près les singes en liberté, on respire... le restaurant El Panamá sous un grand rancho offre tous les jours du petit déjeuner au dîner une cuisine locale et internationale de qualité, dont des plats végétariens, avec des ingrédients frais et naturels à des prix raisonnables. La plage est toute proche et il est possible de faire du yoga et des balades à cheval. Une réussite qui fait l'unanimité !

■ SELINA VENAO
Playa Venao ✆ +507 202 5919
www.selinahostels.com
info@selinahostels.com
Dortoirs de 6 à 12 lits entre 14 et 18 US$. Chambres privées entre 45 et 105 US$. Wi-fi, air conditionné, cours et locations de surf, etc.
Le premier hostel Selina du groupe, l'un des plus gros avec 120 lits, en dortoirs ou chambres privées. Des cabanes colorées qui se font face sur la plage de Venao, une piscine, un bar restaurant et la playa. Une ambiance jeune et branchée, orientée surf et voyage. De nombreuses activités sont proposées et de bonnes soirées avec DJ attirent du monde en fin de semaine.

■ VENAO COVE BEACH HOSTEL
✆ +507 6427 2129 / +507 6256 9227
www.playa-venao-panama.com
info@venaocove.com
12 US$ en dortoir de 8, 45 US$ ou 55 US$ en chambre pour 2/3 personnes, avec salle de bains privée.
Un *hostel* familial tenu par Leaf et Irene, un jeune couple d'Australiens. Atmosphère décontractée, couleurs chaudes, bonne ambiance, les blagues de Leaf fusent... Mais en anglais d'Australie pas évident de tout suivre ! Un beau lieu, assez sauvage, sur la plage, la mer juste en face. Une grande cuisine, un barbecue, des tables dehors, des hamacs... Les dortoirs sont corrects (prises et lampes individuelles...), les chambres également. Cours de surf, location de matériel.

Confort ou charme

■ EL SITIO
Devant la plage
✆ +507 832 1010 – www.elsitiohotel.com
elsitiopv@gmail.com
14 chambres pour 2 ou 4 personnes, de 90 à 175 US$ (+10%). AC, Wi-fi. Plats à 8-10 US$ minimum.
Un hôtel-restaurant qui a un peu métamorphosé le paysage de Playa Venao. Le resto est agréable sous un grand rancho, avec des banquettes confortables et de la musique lounge, et bien sûr la vue sur l'océan. Plats simples (hamburgers, ceviches...). Quant à l'hôtel, il a été construit autour de containers maritimes ! Les chambres sont modernes, les plus chères ont vue sur l'océan. Enfin, si les vagues vous font peur, une petite piscine vous attend !

Luxe

PLAYA VENAO HOTEL RESORT
Sur la plage, après El Sitio.
✆ +507 832 0161
www.playavenaohotelresort.com
info@playavenaohotelresort.com
Chambre standard à partir de 180 US$ avec petit déjeuner.
Un resort moderne et harmonieux, directement sur la plage, avec une belle piscine à débordement, un spa, un restaurant. Les chambres et suites sont confortables, mais chères. Certains sont plus intimes, comme les junior suites.

Se restaurer

La plupart des hôtels disposent d'un restaurant. Notre préféré est celui d'Eco Venao, on y très mange bien à des prix très raisonnables. Celui d'El Sitio est bon aussi mais les tarifs sont plus élevés.

À voir - À faire

A part le surf, tous les hôtels proposent des excursions dans les environs, des balades à cheval, des cours de yoga, de la pêche, etc.

Sports - Détente - Loisirs

SURF DOJO
Sur la plage, à côté de Ecovenao.
✆ +507 832 5795 / +507 848 3070
www.surfdojo.com – info@surfdojo.com
Ouvert tous les jours de 7h à 18h30. Centre d'entrainement de surf mais aussi locations de planches (surf, skate, paddle) et de kayaks.
Un centre d'entrainement pour surfeurs monté par Fréderic Lacoste, un Français installé depuis pas mal d'années dans la région, par ailleurs directeur de l'agence Isla Cañas Marina Adventures. Ce centre d'entrainement pas comme les autres est destiné à toute personne, dès le plus jeune âge, qui souhaite améliorer rapidement son niveau de surf grâce à des programmes et des techniques professionnelles très approfondies (rampes de skate et skates spécialement conçus pour simuler et améliorer les sensations de surf, utilisation de trampolines pour travailler les figures, analyses vidéo, etc.). Les coaches viennent de partout pour y entrainer leurs jeunes talents car ce centre de haut niveau est l'un des rares au monde à travailler avec des programmes aussi spécialisés. Mais ici on n'oublie pas les gamins du coin, qui profitent gratuitement de cours de surf le matin avant d'aller à l'école. Une belle initiative.

YOGA VENAO
Eco Venao Yoga Deck
stay@ecovenao.com
Renseignements tarifs et horaires à Eco Venao.
Cours de yoga et méditation presque tous les jours, pour tous les niveaux.

Shopping

SURF SHOP EL SITIO
A côté du restaurant.
Ouvert tous les jours.
L'un des rares *surf-shops* de la région, pour trouver équipement et *surfwear* de qualité. Location de planches.

ISLA CAÑAS ★★★

Isla Cañas se trouve à proximité du village de Cañas, juste en face. Le trajet pour l'île, en particulier à marée basse, est à lui seul une véritable épopée pour celui qui désire s'y rendre seul. Un effort largement récompensé puisque c'est sur ces plages de sable noir que les tortues viennent pondre leurs œufs entre juillet et décembre. Il arrive que plus de 10 000 tortues débarquent en une seule nuit, en général vers les mois d'octobre et novembre, mais vous pouvez en voir dès le mois d'avril. Isla Cañas serait le lieu le plus important de nidification des tortues de tout le Pacifique panaméen, en particulier pour la tortue Olivácea (ou *mulato* ou *golfina*).
Dotée d'un centre de santé, d'un téléphone public, d'une école et d'un poste MiAmbiente, Isla de Cañas compte environ 800 habitants. Les principaux points d'intérêt de l'île et de Cañas sont la pêche, l'observation des tortues, le surf (une grosse vague à Cañas réservée aux surfers confirmés) et l'exploration des mangroves en *paddle board* et kayak.

Le refuge de vie sauvage d'Isla Cañas

Près de 24 284 ha de côtes, mangroves et estuaires composent cette zone protégée depuis 1994. Sur ses 14 km de plage, cinq des sept espèces de tortues marines existantes au monde viennent chaque année déposer leurs œufs. Avec un peu de chance, vous pourrez donc observer les tortues Carey, Caguama, Vertes, Baula et Olivácea. Bien qu'il soit formellement interdit de ramasser leurs œufs, certains ne se gênent pas. C'est que ces œufs, crus ou bouillis, sont particulièrement appréciés dans les *cantinas*...

Transports

L'accès à l'île se fait en plusieurs étapes. Il faut déjà rejoindre le village de Cañas.

Bus. Plusieurs routes. De Las Tablas, il y a des bus directs pour Cañas : le premier à 7h, un autre variable et le dernier à 14h. Autre option, prendre un bus direction Tonosí (1 heure 20 de trajet, voir cette localité), puis rejoindre le village de Cañas (2 bus par jour, horaires pas très réguliers). Le plus simple est de passer par Pedasí, 2 bus par jour pour Cañas (vers 7h et midi). 2,40 US$ pour Cañas depuis Pedasi et un peu plus si le bus vous emmène jusqu'au *puerto*. S'il ne peut pas, prendre un taxi de Cañas. Comptez au total environ 1 heure 15 depuis Pedasi. Les horaires des bus étant sujets à changement, renseignez-vous surtout pour les retours !

Taxi. De Pedasí au port de Cañas, environ 30 US$.

Voiture. De Pedasí, suivre la route principale jusqu'au village de Cañas. Il faut le traverser et passer le quartier d'Ojo de Agua (panneau), la piste menant au « port » est sur la gauche (environ 20 minutes de Cañas). Soyez attentif, il faut tourner au petit abri de bus vétuste. Continuez jusqu'au bout.

Au port de Cañas (ne vous attendez pas à trouver un vrai port, il s'agit juste de l'endroit où la route s'arrête devant l'embouchure menant à Isla de Cañas). En bateau-taxi, il faut 8 minutes pour rejoindre l'île depuis le port. Prix variables selon la marée, comptez 2 dollars aller-retour. Un deuxième port se trouve à Cañas, après Playa Venao en venant de Pedasi. Un panneau de signalisation indique Isla Cañas marina, au bout de cette route il y a l'embarcadère. La traversée est plus longue donc plus coûteuse mais on peut arriver à n'importe quel moment de la marée et la rampe reste accessible. Après les dernières maisons avant le port, on peut trouver un capitaine et un bateau. La traversée coûte au minimum 20 dollars aller-retour pour 2 pers.

Se loger

Sur l'île, vous accosterez devant un rancho, l'unique petit resto du coin. Ne vous attendez pas à de la grande cuisine, l'approvisionnement n'est pas aisé (nous vous conseillons même d'emporter quelques provisions et de l'eau). Fernando Domingez, le propriétaire, fera tout pour vous aider et pourra vous proposer le gîte dans l'une de ses *cabañas*. Mais ceux qui tiennent à leur confort devront s'abstenir. Si vous avez une tente, la plage est à vous (ou presque : ne dérangez pas les tortues avec vos lampes !). Mais le plus simple est de passer par un tour-opérateur qui a ses contacts et organise le logement et les repas sur l'île. Niveau hébergement, dans le village, on peut louer des chambres et manger, il faut demander sur place, les villageois vous guiderons, car pas d'enseigne d'hôtel ou restaurant.

PACHAMAMA
Comboy, à 2 km à gauche du village de l'île par la plage.
✆ +507 6957 5918
pachamama.islacanas@gmail.com
Bien dire au chauffeur de bus «puerto Cañas» (l'autre arrêt étant «puerto de la isla». Patrice possède un parking privé et peut faire la traversée avec son bateau, point de départ entre les deux ports.
Cabanes à 25 US$ pour 1 pers, 39 US$ pour 2, 50 US$ pour 3. Hamac à 10 US$ et camping à 5 US$ avec sa propre tente. Restauration sur place. Packages tout inclus à la demande.
« Pachamama », littéralement la « terre-mère », est un hostel proche de la nature, tenu par Patrice, un Français. Les repas se prennent en commun sous le *rancho*, avant de regagner sa cabane rustique privée ou sa tente/son hamac sous le ciel étoilé. Possibilité de pratiquer du wake-board dans la mangrove, kite-surf, kayak, du surf, pêche au gros, cheval, golf, et bien sûr de voir les bébés tortues en saison. Le site est sans eau ni électricité, avec puits et réservoirs pour les sanitaires et groupe électrogène pour la lumière le soir. Ambiance Robinson garantie. Pachamama organise des tours aux tortues incluant le bateau, le repas et la charrette.

À voir – À faire

Observation des tortues. Fernando (toujours lui !) vous mettra en relation avec l'un des guides locaux. Autour de 15-20 US$ à négocier pour 1 ou 4 personnes (20-25 US$ si vous voulez vous déplacer en charrette !). Nous vous rappelons que les tortues sont une espèce menacée et en voie d'extinction. Aussi est-il impératif de respecter quelques règles essentielles pour éviter de les déranger quand elles pondent (porter des lunettes infrarouges et des vêtements noirs, rester immobile lors de la ponte, etc.). Il est plus qu'indispensable de se faire accompagner d'un guide qui saura vous fournir les informations adéquates.

Pour Casa de Piedra (une grotte) et El Indio (site archéologique avec des vestiges d'orfèvrerie précolombiennes), comptez 30 à 50 US$ pour 2 heures, à partager entre les passagers du bateau pouvant contenir jusqu'à 20 personnes.

■ EL COWBOY ★★

Comptez au minimum 25 US$ et 1 heure de trajet en barque.

Le site d'El Cowboy représente un joli but de promenade pour l'observation des oiseaux et des *lagartos* (petits crocodiles).

Sports - Détente - Loisirs

■ ISLA CAÑAS MARINA ★★

Vía el Puerto de Cañas ✆ +507 6980 0110

www.islacanasmarina.com

frederic@icmarina.net

Tours guidés sur réservation.

Une agence francophone créée par Frédéric Lacoste, un passionné de surf et de sports de nature en général. On y propose un ensemble d'activités pour découvrir la péninsule d'Azuero et en particulier Isla Cañas et ses environs : kayak, bateau ou paddle board, au milieu des mangroves, balades à cheval, observation des tortues en saison, pêche à la traîne, chasse sous-marine, ski nautique, ou encore découverte de spots de surf méconnus dans la passe de Caña (des gauches impressionnantes à marée basse !). Une agence sérieuse vivement recommandée.

TONOSÍ ★

Ses habitants se considèrent comme « *el pueblo más olvidado de la República* » (« le village le plus oublié de la République »). Tonosí semble en effet oublié de tous et surtout des politiques… le tourisme n'y est pas encore très développé pourtant la localité est le passage obligé pour les plages de Guánico, Cambutal et Horcones. Vous trouverez les principaux services autour du parc central : BNP (sans distributeur), pharmacies, *comedores*, une supérette, une station-service… C'est également de là que vont et viennent les bus. La vie est rythmée par les activités agricoles, élevage et travaux des champs. Le soir, les très nombreuses *cantinas* s'animent… Ceux qui ont le temps ou qui aiment les longs voyages en bus auront plaisir à se plonger dans cet univers. Le paysage est vallonné, mais surtout magnifiquement verdoyant en hiver.

Transports

Comment y accéder et en partir

- **Bus de/vers Las Tablas** : 9 bus par jour de 8h à 17h30 depuis Las Tablas (toutes les 1 ou 2 heures). De Tonosí vers Las Tablas, idem mais de 6h à 16h. 1 heure 20 de trajet, 3,60 US$. Les horaires sont susceptibles d'évoluer.
- **2 bus par jour vers Cañas**, vers 6h30 et fin d'après-midi (horaires variables).

Se déplacer

■ CENTRAL TAXI CAMBUTAL-TONOSI

✆ +507 995 8165

Centrale de taxis. Compter environ 12 US$ l'aller.

PLAYA GUÁNICO ★★★

Situé à 16 km de Tonosí, c'est le pays de l'iguane vert que vous croiserez certainement sur votre chemin. Retiré et pas très accessible sans voiture, ce petit coin de paradis est surprenant de tranquillité et très apprécié des surfers. Un petit restaurant vous attend en bord de plage pour manger du poisson et fruits de mer délicieux à prix modique. A part le surf, vous pouvez faire de superbes balades à cheval ou à vélo, explorer la mangrove, vous baigner dans le río Guanico, ou encore aller observer l'arrivée des tortues de juin à décembre sur la magnifique plage la Marinera…

Transports

- **Playa Guanico-Las Tablas** (Bus vert, Sr Alberto) : 1 par jour. Départ à 7h arrivée à Las Tablas vers 8h30-9h. Départ de Las Tablas à 12h, arrivée à Playa Guanico vers 15h-15h30. 5 US$.
- **Playa Guanico-Tonosi** (Bus jaune, Sr Landin) : 2 par jour. Départ vers 7h et 12h. Tonosi-Playa Guanico : 10h et 14h (entre 20 et 35 minutes de trajet, 1,50 US$).
- **Taxi** Guanico-Tonosi, compter autour de 8 US$.

Pratique

Distributeur bancaire et station-service les plus proches à Tonosi. Une petite *tienda* (épicerie) et une *fonda* (petit resto) à 100 m de El Ranchito.

Se loger

■ HOTEL GUANICO LODGE

Calle Playa Ostional

En sortant de Guanico Abajo en direction de la plage.

✆ +507 6215 9744 / +507 6201 4847

www.hotelguanico.com

Compter 99 US$ la maisonnette pour 2 personnes, avec petit déjeuner. Sur réservation. Maisonnettes pour 1 à 4 personnes avec 1 lit double et 2 lits simples. Wifi, air conditionné, ventilateur, réfrigérateur. Mêmes équipements pour la plus grande maison qui dispose de 2 chambres (6 personnes) et d'une cuisine équipée. Stationnement, bar-restaurant, piscine, informations touristiques et tours. Location de surfs.

Un lodge récent et bien aménagé à la sortie de Guanico Abajo, en direction de la plage. Les quatre maisonnettes colorées sont dispersées dans un jardin fleuri, au milieu des champs. Un lieu idéal pour séjourner en famille ou en groupe d'amis, puisque l'environnement est paisible et qu'il y a beaucoup d'espace. La nature est bien présente mais le lodge est suffisamment loin de la plage (à 3,5 km) pour que les *chitras* (ces moucherons qui piquent au lever et à la tombée du jour dans les zones de mangroves) ne viennent pas vous ennuyer dans votre hamac ! Les maisonnettes sont confortables, avec une bonne literie, une clim silencieuse, une salle de bains moderne, une terrasse... la plus grande maison peut accueillir 6 personnes et dispose d'une cuisine équipée. Egalement une piscine et un bar restaurant aéré où sont proposés des plats typiques et gourmets, avec évidemment du poisson et des fruits de mer (plats végétariens possibles). Le sympathique propriétaire français et son personnel pourront vous organiser des cours de surf et des *surf trips*, des tours de pêche ou de plongée, et des excursions à pied, à cheval ou à vélo dans les collines environnantes, et même un trek au Cerro Hoya... Une base confortable et tranquille pour explorer la région.

■ SURF CAMP EL RANCHITO
Guanico Abajo
✆ +507 6945 3263
www.panama-surfcamp.com
ombak64@hotmail.fr
Dans le village de Guánico Abajo, à 5 minutes de voiture de la plage
4 chambres pour 2, 3 ou 4 personnes, de 30 à 40 US$. Petit déjeuner : 5 US$. Cours individuel de surf : 50 US$ (2 heures). Location de planches : 15 US$ par jour. Forfait 5 jours logement + cours : 300 US$ par personne ou 500 US$ pour deux. Connexion wifi gratuite. El Ranchito est fermé de début mai au 1er décembre. Réservation conseillée.
Laurent, Lorenzo ou « Kike », partage son temps entre les cours de surf sur la côte basque, d'où il est originaire, et Guanico le reste de l'année, de décembre à début mai. Il a débarqué ici au fin fond de la péninsule d'Azuero il y a quelques années, avec sa planche, et fut en cela l'un des premiers étrangers à s'installer dans la région. Il est resté pour les vagues, mais aussi pour les gens qui l'ont très bien accueilli. Il semble de son côté qu'il soit adoré par les locaux. Il faut dire qu'il en a initié plus d'un au surf et que sa gentillesse et son respect pour la culture locale ont charmé les gens du coin. Ses *cabañas* pour 2 à 4 personnes sont simples, mais confortables. Il y a une cuisine ouverte sous un *rancho*, des hamacs, une grande piscine gonflable, un sac de boxe, et un grand jardin tropical, plein d'arbres fruitiers. La plage est à 5 minutes en voiture (mise à disposition de vélos pour ceux qui n'on pas de véhicules) et Laurent pour vous donner tous les tuyaux pour savoir quand et où surfer dans la région. Il pourra vous organiser des « surf trips », mais aussi des sorties pêche et des balades dans les environs... De belles soirées vous attendent également sous le *rancho*, autour d'une bonne bouffe et de bières fraiches. Un bon esprit règne dans ce *surf camp*, difficile d'en repartir !

■ SURFCAMP GUANICO
Playa Guanico
✆ +507 6677 2899
www.surfcampguanico.com
surfcampguanico@yahoo.com
16 US$ en dortoir de 6, de 40 à 75 US$ en chambre privée. Une chambre familiale pour 8 pers. à 100 US$.
Une maison moderne à étage donnant directement sur la plage, avec des chambres confortables pour tous les budgets. Le « surf camp » qui ressemble plus à un hôtel, est tenu par deux Suisses-Allemands. Un restaurant bar pour passer des soirées sympas après une bonne session de surf.

Se restaurer

En arrivant sur la plage, un restaurant-bar face à la mer propose bières fraîches, *patacones* et poissons frais ou coquillages ; essayez donc les *conchas al ajillo* si elles sont au menu. Pour des envies de pizzas, le restaurant de Surfcamp Guanico vous attend.

CAMBUTAL ★★★

Selon un Basque amateur d'archéologie qui se reconnaîtra, Cambutal viendrait de *cambute*, un gros escargot de mer comestible connu ailleurs au Panama sous le nom de *cambombia* (en français Strombe geant). Au pluriel, cambute donnerait « cambutal »... Cambutal est un modeste village de pêcheurs et d'agriculteurs. Rien de spécial à y faire, mais en poussant 3 ou 4 km plus loin on arrive à Los Buzos, ou Playa Cambutal, une plage magnifique où se sont installés des Italiens, des Américains, des Basques... Ou des voyageurs tombés amoureux des paysages sauvages de cette baie, proche du parc Cerro Hoya.
Un endroit au potentiel touristique important depuis que la route a été asphaltée. C'est encore les surfeurs qui ont découvert en premier ce petit coin de paradis, espérons que la baie ne suivra pas l'exemple de Playa Venao avec l'arrivée d'investisseurs plus sensibles aux billets verts qu'aux singes hurleurs ou aux

tortues marines. Comme à Isla Cañas, on peut observer ici l'arrivée de milliers de tortues entre juin et décembre, les sauts des baleines toutes proches, et des vagues parfaites. Plus loin encore, la côte abrite jalousement de belles plages sauvages et quelques-unes des plus belles vagues du Panamá. Pour ceux qui ont le goût de l'aventure, elle est quasiment désertée par les visiteurs.
La route est praticable jusqu'à la plage Horcones, elle se transforme ensuite en piste. Nous vous conseillons vivement d'être prudent, à pied ou en 4x4, les marées pourront vous surprendre.

Transports

La route est désormais très bonne (et très belle) pour rejoindre Cambutal. Dernière station-service à Tonosi.

En bus : Cambutal-Tonosi tous les jours à 7h30, 11h30 et 14h, 2 US$. Tonosi-Cambutal 10h30 et 13h30.
Direct Cambutal-Las Tablas : un seul bus à 7h30, 5 US$. Las Tablas-Cambutal : 13h (depuis la petite station « estacion de Tonosi »).
Pour tous ces trajets demandez (avec un grand sourire) au chauffeur d'aller jusqu'à Playa Cambutal (Los Buzos), voire jusqu'à votre hôtel.

CENTRAL TAXI CAMBUTAL-TONOSI

TONOSÍ
✆ +507 995 8165
Voir page 291.

Pratique

Aucun service à Cambutal. En 2016, le portable ne passait pas toujours au-delà de la pizzeria de Playa Cambutal. Pour faire le plein de balboas ou d'essence c'est à Tonosi que ça se passe.

Se loger

HOTEL KAMBUTALEKO

✆ +507 6677 0229 / +507 838 7051
www.hostalkambutaleko.com
kambutaleko@gmail.com
Panneau indicateur, depuis la rue principale monter sur 150 m jusqu'au parking.
6 chambres pour 2 ou 3 personnes, 30 à 60 US$. Café, thé et fruits de saison offerts le matin. Ventilateur, réfrigérateur dans trois des chambres.
En haut d'une colline dominant la baie de Cambutal, une maison récente avec des chambres soignées d'un bon rapport qualité-prix. La terrasse qui entoure la maison dispose de hamacs et rocking-chairs, un régal quand souffle une petite brise ! Esther et Jon, un couple basque franco-espagnol, vous accueillera chaleureusement, tout comme peut-être les singes hurleurs qui apprécient les arbres sous la maison… Plein de bons plans sur les activités à faire dans la région et mise en relation avec des pêcheurs ou guides locaux pour explorer le parc Cerro Hoya. L'emplacement privilégié de Kambutaleko offre une vue magnifique sur l'océan et sur les collines environnantes. Restaurant. Une adresse conviviale vivement recommandée.

En attendant les vagues.

■ **HÔTEL PLAYA CAMBUTAL**

A l'entrée de Playa Cambutal
✆ +507 832 0948
www.hotelplayacambutal.net
Chambre double à 110 US$ ou 150 US$ en basse ou haute saison, petit déjeuner et taxes inclus. Air conditionné, eau chaude.
Un hôtel contemporain très confortable, avec une belle piscine, un bar (jusqu'à 21h), un restaurant de cuisine panaméenne (de 12h30 à 20h30), et des chambres bien équipées. L'hôtel restaurant donne sur la plage.

■ **LUNA NEGRA**

Sur la plage ✆ +507 6719 2651
www.cambutalbeachresort.com
3 bungalows très confortables à 100 US$ pour 2 + 10 US$ par personne supplémentaire (maximum 4 personnes). 3 tentes de luxe avec matelas double, prise électrique et ventilateur 50 US$ pour deux (+10 US$ par personne supplémentaire). Sous sa propre tente avec accès douche 30 US$ pour 2 (+ 5 US$ par personne). Réservation recommandée surtout en fin de semaine. Petit déjeuner de 3 US$ à 5 US$. Dîners les jeudis, vendredis et samedis soir, compter de 7 US$ à 20 US$ environ.
Trois formules hébergement dans ce qui est l'un des premiers *hostals* de Cambutal : *cabañas* tout confort, grandes tentes équipées, ou tentes personnelles. Accueil adorable de Anita, et Aaron son fils, des Américains parlant parfaitement l'espagnol. Environnement forestier, la plage à 30 mètres. Possibilité de louer masque de snorkeling, surfs et kayaks (10 US$ par jour). Le restaurant ouvre en fin de semaine. Ambiance tamisée sous le *rancho*. Les pieds dans le sable, on se régale de plats de poissons et fruits de mer raffinés.

■ **SANSARA SURF & YOGA RESORT**

Playa Cambutal ✆ +507 6322 9358
www.sansararesort.com
reservations@sansararesort.com
Le numéro de téléphone ne sert que pour les communications Whatsapp uniquement (pas de réseau).
11 cabañas pour 1 à 4 pers. (14 ans minimum). Tarifs à partir de 139 US$ pour deux (+10% de Taxes). AC, wifi, coffre, mini-réfrigérateur, eau purifiée, produits de toilettes bio, terrasse privée avec hamac, bar-restaurant, piscine. Location de vélos, kayaks, paddles, tours de pêche, randos, location de planches et cours de surf, massages (thaïs, suédois…). Cours de yoga et retraites holistiques (dates sur le site web).
L'un de nos coups de cœur au Panama ! A quelques pas d'une plage sauvage bordée d'une végétation tropicale d'un vert intense, Sansara est l'aboutissement du rêve d'un couple de Canadiens, Janel et Mike, qui ont décidé de tout lâcher pour créer un espace dédié au surf et au yoga, sous les tropiques. Cambutal avec ses

vagues et ses bonnes ondes se prêtait parfaitement à l'aménagement d'un petit complexe écologique. Les bungalows ont été construits par des artisans locaux, avec des matériaux naturels de la région. Confortables, ils sont décorés sobrement, dans un esprit zen. « Sansara » en sanskrit signifie « le flux d'énergie », qui en yoga permet d'harmoniser le corps et l'esprit, pour atteindre le bien-être. On ressent effectivement les bonnes énergies et la sérénité du lieu. Des retraites de yoga y sont d'ailleurs organisées régulièrement. Mais il n'est pas nécessaire d'être yogi ou surfeur pour se ressourcer à Sansara. De multiples activités nature sont proposées (paddle, randonnées, kayak, balades à cheval...), sans compter les petits plaisirs comme la dégustation d'un cocktail au bord de la piscine, ou un massage relaxant. Le bar restaurant offre une cuisine saine et savoureuse. La digestion se fait dans un hamac, bercé par le bruit des vagues, et par une profonde respiration...

Se restaurer

Plusieurs petits restaurants en bord de plage y compris dans les hôtels.

■ BOOM SHIVA

Peu après Hotel Playa Cambutal
✆ +507 6220 0865
boomshivacambutal@gmail.com
Restaurant ouvert tous les jours du petit déjeuner au dîner, de 7 à 12 US$ le plat. Chambres à 100, 130 ou 150 US$ pour 2, 3 ou 4 personnes + 10%.
Non ce n'est pas un centre de yoga ou un temple spirituel, mais un restaurant-pizzeria qui propose de la vraie cuisine italienne à des prix raisonnables. Le sympathique Daniele en connait un rayon sur les choses à voir dans les environs. Une bonne source d'informations notamment pour aller voir les tortues en saison. Boom Shiva offre également trois chambres de type bungalows, modernes et décorées avec des matériaux naturels, en bord de plage en face du *beach break.*

■ DOÑA NUBIA CANTINA Y FONDA

Playa Cambutal
Ouvert tous les jours jusque vers 18h. Environ 3 US$ le plat copieux.
Petit restaurant tenu par une famille de pêcheurs, pour manger du poulet ou du poisson bien frais, pas cher, accompagné de bières fraîches et de musique *tipico*. Un lieu convivial et authentique.

À voir - À faire

■ TORTUAGRO CAMBUTAL ★★

www.es-la.facebook.com/agrotortugasc
Vous pouvez prendre contact avec cette association pour en apprendre davantage sur la vie des tortues, le rôle des bénévoles et la protection de l'environnement à Cambutal.

Pâturages à Caldera.

PROVINCE DU CHIRIQUÍ

PROVINCE DU CHIRIQUÍ

Encadrée au nord par la province de Bocas del Toro, à l'est par Veraguas et à l'ouest par le Costa Rica, cette terre fertile au climat varié est l'une des régions les plus productives du pays. Elevage, produits dérivés, fruits et légumes (fraises, bananes, agrumes, etc.), sans oublier le café… le Chiriquí est un peu « le grenier du Panamá ». Des températures qui nous rappellent la fraîcheur de nos montagnes, une nature verdoyante, des fleurs par milliers et la proximité du Costa Rica ; cette combinaison est aussi l'un des facteurs de développement du tourisme dans la région. Le tourisme vert y occupe une place privilégiée. Le parc international de la Amistad (PILA) et le parc national de Volcán Barú (le plus haut sommet du pays) sont tous deux facilement accessibles à partir de Boquete ou Cerro Punta.

La puissance des cours d'eau de la région étant internationalement connue, Chiriquí est le rendez-vous des adeptes de kayak. Sans oublier les aficionados de la mer qui se régalent en explorant le parc national maritime du golfe de Chiriquí ainsi que les nombreuses îles qui l'entourent. Farniente sur la plage, surf, pêche sportive… la côte Pacifique a également beaucoup à offrir !

Histoire

Lors du découpage du pays en provinces, le Chiriquí appartenait à Veraguas. C'est vers la moitié du XIXe siècle qu'il fut considéré comme une province à part entière, avec David pour capitale. Cette nouvelle organisation politique, économique et sociale fut l'œuvre du gouverneur libéral, José de Obaldía Orejuela. Ce n'est que plus tardivement que la province prit son essor, grâce à la construction du chemin de fer national (1914-1916) et de la Panaméricaine, achevée en 1967. Ces deux œuvres majeures contribueront rapidement au développement agricole et commercial de la région, ainsi qu'à son désenclavement.

La province héberge une partie de la comarca Ngäbe Buglé, où se concentre la plus importante des communautés amérindiennes du pays, et qui s'étend aux provinces voisines de Bocas del Toro et Veraguas.

Vous aurez certainement remarqué le drapeau du Chiriquí, rouge et vert… Pas peu fiers de leur terre, les Chiricanos sont les seuls provinciaux à avoir leur propre drapeau et hymne.

DAVID ★

Capitale de la province, David est la troisième ville du pays avec environ 140 000 habitants. Contrairement au reste du Chiriquí, dans cette ville située en dessous du niveau de la mer, la chaleur est souvent étouffante et humide. Le terminal de David est le passage obligé de tout voyageur parcourant les routes du pays en bus, mais ne vous sentez pas obligé d'y séjourner : les touristes sont souvent déçus. Si vous n'envisagez pas de passer la nuit dans la ville et que vous avez quelques heures à tuer, vous pouvez laisser les bagages en consigne au Terminal (1 US$ pour un gros sac à dos, de 6h à 20h) avant de vous plonger dans l'atmosphère du centre-ville, dont l'agitation s'amplifie à l'approche de la Feria Internacional.

Les immanquables de la province du Chiriquí

- **L'ascension du Barú** (3 475 m) au départ de Boquete ou du village de Volcán pour les plus courageux.
- **Les plantations de café** de la vallée de Boquete.
- **Les sentiers du parc de la Amistad** et la recherche du quetzal.
- **Les cours d'eau puissants** pour les adeptes du kayak.
- **Les bains naturels bouillonnants** de Caldera.
- **La richesse agricole** de la province et la Feria Internacional de David.
- **La pêche sportive** dans les environs de Boca Chica.
- **Le passage des baleines** dans le golfe de Chiriqui.

Province du Chiriquí
Altitude (en mètres)
1500
800
200
Limite d'Etat
Limite de province
Panaméricaine
Ville principale
Village
Parc national
Réserve
Site archéologique
BOCAS DEL TORO
CORDILLERA DE TALAMANCA
CORDILLERA CENTRAL
COSTA RICA
VERAGUAS
Santa Clara
Río Sereno
2986 m.
Cerro Picacho
Barrio Guadalupe
Cerro Punta
Baru
3475 m.
Parque Nacional Volcán Barú
BOQUETE
Volcán
Barriles
Alto La Mina
Potrerillos Arriba
Caldera
Macho Monte
Potrerillos Abajo
Mata Francés
San Francisco
Cuesta de Piedra
Chiriquí Viejo
CIUDAD NEILY
Valle Hornito
Fonseca
2520 m.
Guoroni
2121 m.
Dolega
Gualaca
Boca de Soloy
Paso Canoas
Santa Marta
LA CONCEPCION
Bugaba
DAVID
Progreso
Alanje
Chiriqui
Hato Chami
Finca Blanco
Palé Blanco
Majagual
Horconcitos
San Felix
Alto Guayabo
Cuvibora
PUERTO ARMUELLES
Playa Barqueta
Isla San Pedro
Isla Sevilla
Bahia de Muertos
Isla Boca Brava
Boca Chica
Las Lajas
Remedios
Tolé
Baie de Charco Azul
Parc nacional Marino Golfo de Chiriqui
Isla Venado
Playa Las Lajas
Isla La Porcada
Limones
Isla Parida
GOLFE DE CHIRIQUÍ
Islas Secas
Isla Cavada
Punta Burica
0
10 km
N

La Feria Internacional San José de David, qui se tient chaque année en mars, constitue la vitrine de la productivité agricole et industrielle du Chiriquí et du Panamá. C'est l'une des plus importantes sources de revenus de la région. Pendant onze jours, la foire accueille des centaines d'exposants nationaux et internationaux, dans une ambiance festive mêlant concours agricoles, concours de chants, bals et représentations de folklore local. La date choisie permet d'associer la féria à la fête annuelle du saint patron de la ville célébrée le 19 mars.

Transports

Comment y accéder et en partir

AEROPUERTO ENRIQUE MALEK
✆ +507 721 1072
Plusieurs liaisons quotidiennes avec Panamá City assurées par Air Panamá, autour de 120 US$ l'aller, 50 minutes de vol. Pour rejoindre l'aéroport à 5 km du centre, pas de bus, compter entre 3 et 5 US$ en taxi.

NATIONAL CAR RENTAL PANAMA
Aeropuerto Internacional Enrique Malek
✆ +507 721 0974
www.nationalpanama.com
Ouvert en semaine de 6h30 à 19h, samedi de 7h30 à 19h, dimanche de 9h à 19h.
Cette agence sérieuse et reconnue dispose d'une succursale à l'aéroport de David, bien pratique pour explorer les montagnes et plages du Chiriqui. De nombreuses promotions et tarifs préférentiels auto-hôtels.

TERMINAL TERRESTRE
Ave. Estudiante à côté de l'intersection Ave. 2 Este et Ave. Obaldía
A 10 minutes à pied du parc central. Consigne ouverte de 6h à 20h (vers les départs pour Caldera), café Internet, cafétérias.

Environ 1 bus/heure de/vers Panamá. Compter autour de 15,25 US$ de jour (de 5h45 à 20h30), 18,25 US$ de nuit (départs de David à 22h45, 23h30 et parfois 3h ; départs d'Albrook à 22h45, 00h et parfois 3h – acheter son billet à l'avance le vendredi soir et veilles de fêtes). Durée 7-8 heures pour 450 km. Il est indispensable de prendre de quoi bien se couvrir, surtout de nuit. Présenter son passeport au moment de l'achat du billet et ne pas l'oublier lors du voyage (contrôle d'identité).

Bus fréquents de/vers Changuinola, Almirante (pour Bocas), Boquete, Volcán, Cerro Punta, Caldera, Las Lajas, Paso Canoa (bus indiquant « frontera » pour rejoindre la frontière du Costa Rica en prenant un bus, de 6h à 20h-21h, 1 heure 20 de route, 2 US$). ✆ +507 6678 5070.

THRIFTY CAR RENTAL
Aeropuerto Enrique Malek
✆ +507 721 2477
www.panamathrifty.com

Se déplacer

Les taxis prennent en général 2 US$ pour une course en ville. La plupart des agences de location de voitures sont basées à l'aéroport. Elles ouvrent de 7h à 17h. Compter environ 3 à 5 US$ en taxi.

RADIO-TAXI CHIRIQUI
✆ +507 774 6272

Pratique

BANCO NACIONAL DE PANAMA
Calle B Norte, face au Parque Cervantes
Distributeurs accessibles 24h/24. Egalement des distributeurs au terminal de bus.

FARMACIA REVILLA
C/B Norte, Parque Cervantes
✆ +507 777 8513
Ouvert tous les jours de 7h à 23h (9h-21h le dimanche).

HOSPITAL CHIRIQUI
Ave. 3 y C/ Central
✆ +507 774 0128

OFFICE DU TOURISME (ATP)
Ave. Central, entre Ave 5 Este y Ave 6 Este
✆ +507 775 2839
chiriqui@atp.gob.pa
Ouvert de 9h à 16h (hors pause déjeuner) en semaine.

Se loger

Plusieurs hôtels autour du parc Cervantes et à proximité avec des chambres doubles autour de 40 US$.

BAMBÚ HOSTEL
Calle de la Virgencita
San Mateo Abajo ✆ +507 730 2961
www.bambuhostel.com
mike@bambuhostel.com
En face du Bar Polo.
Lit en dortoir 11 ou 14 US$, chambre pour deux avec salle de bains et AC entre 30 US$ et 35 US$. Wifi, cuisine, piscine, laverie. Environ 2,50 US$ en taxi depuis le terminal de bus.
Une auberge de jeunesse agréable et économique proposant tous les services que l'on peut attendre de ce type d'établissement, avec en plus un jardin, une piscine propre, d'accueillants hamacs et un koati comme mascotte ! Une adresse très appréciée des voyageurs qui peuvent y trouver des informations pratiques sur David et sa région.

David
Eglise
Musée
Divers
Marché
Gare routière
500 m
N
vers Boquete
vers Panamá
vers le Costa Rica
vers aéroport Enrique Malek
Iglésia Corazón de Jésus
Carretera Panamericana
Carretera Panamericana
Avenida Belisario Porras
Avenida Obaldía
Parque La Madre
Calle H Norte
Calle G Norte
Calle F Norte
Calle E Norte
Calle D Norte
Calle C Norte
Calle B Norte
Calle A Norte
Calle Central
Calle A Sur
Calle B Sur
Calle C Sur
Calle D Sur
Calle E Sur
Calle F Sur
Avenida Central
Terminal terrestre
Padafront
Marché municipal
Consulat du Costa Rica
SAN MATEO
Avenida 7 Oeste
Avenida 6 Oeste
Avenida 5 Oeste
Avenida 4 Oeste
Avenida 3 Oeste
Avenida 2 Oeste
Avenida 1 Oeste
Avenida Central
Avenida 1 Este
Avenida Cincuentenario
Avenida Bolívar
Avenida 3 de Noviembre
Avenida 5 Este
Ave. 7 Este
Avenida 8 Este
Parque Central (Cervantes)
Culturama
Museo de Historia y Cultura José de Obaldía
Institut David
Prison
Iglésia de la Virgen del Carmen

■ **CIUDAD DE DAVID HOTEL & BUSINESS**
Calle D. Norte, Ave. 2da. Este
✆ +507 774 3333
www.hotelciudaddedavid.com
info@hotelciudaddedavid.com
103 chambres ou suites à partir de 90 US$ + 10 % de taxe. Petit déjeuner-buffet inclus. Minibar, Internet, coffre, room service 24h, salle de fitness, sauna, massage, piscine.
Un grand hôtel moderne et élégant sur six étages. Confort, attention et sécurité sont les maîtres mots du premier hôtel de luxe de la région. La piscine n'est pas très grande, c'est le seul défaut que l'on pourrait trouver à cet établissement. Le bar-restaurant Stylo propose une cuisine contemporaine réputée.

■ **GRAN HOTEL NACIONAL**
C/ Central y Avenida Central
✆ +507 775 2222
www.hotelnacionalpanama.com
reservaciones@hotelnacionalpanama.com
117 chambres. Chambre double à partir de 95 US$. Petit déjeuner inclus.
Depuis plus de 50 ans, cet hôtel situé à trois cuadras du parque central a toujours le même succès. Chambres confortables, service attentionné, trois restaurants et une grande piscine au milieu d'un jardin tropical.

Se restaurer

■ **FOOD TRUCK LE FRANCE**
en face de l'hôtel Las Lleras
✆ +507 6730 1010
Ouvert du mardi au dimanche de 19h30 à 23h.
Un camion tenu par un Français, qui sert le soir de très bons burgers, comme c'est à la mode à Paris. Mais aussi salades, paninis, wraps, sandwiches, etc.

■ **MULTI-CAFE**
Parque Cervantes
galerie sous l'hôtel Occidental
✆ +507 775 4068
Ouvert tous les jours de 7h à 21h.
Une cafétéria très appréciée pour sa clim et ses prix doux, du petit déjeuner au dîner. Egalement une succursale à côté de l'hôtel Castilla.

Sortir

Plusieurs casinos, dont un à côté du Gran Hotel Nacional. Une discothèque et un cinéma dans le Mall Chiriquí.

À voir - À faire

La ville n'offre pas grand-chose en matière de distraction, mais quelques lieux valent tout de même une visite. La majorité d'entre eux sont concentrés dans le Barrio Bolivar, quartier historique de la ville, anciennement appelé El Peligro (le danger).

■ **LA CASONA, FERIA DE ANTIGÜEDADES** ★
Calle Central y Ave. 7 Este
Museo de Educación y Cultura
✆ +507 6676 5761
Ouvert en semaine de 9h à 12h30 et de 14h30 à 17h et le samedi matin.
Fondé à l'initiative du professeur Mario Molínar, historien passionné, ce musée privé fait également office de brocante. Au mur, une peinture de Diana Brujiati représentant l'ancien quartier de David. Quant au maître des lieux, il est aussi auteur d'un ouvrage sur le Chiriquí. Si vous avez des questions…

Café de Boquete.

Coup de cœur des retraités

Nous avons le plaisir de vous annoncer que le Chiriquí a été élu destination coup de cœur dans la catégorie « retraite prospère » ! Depuis que quelques Américains ont découvert Boquete et ses alentours, la rumeur s'est vite répandue… Ils sont désormais des milliers à s'être installés dans la région. Les projets immobiliers fleurissent et les prix du foncier flambent.

Valle Escondido… « La vallée cachée », tel est le nom de cette résidence privée construite par des Américains pour des Américains. Mais pas n'importe lesquels. Ceux qui, au terme d'une vie de dur labeur, aspirent à se retirer sous des cieux plus cléments. Dans l'enceinte de la « Valle Escondido Residential Resort Community », tout est pensé pour assurer le bonheur de ces nouveaux retraités : un terrain de golf, un centre de beauté, un centre thérapeutique, deux lieux de culte, une piscine et bien d'autres installations. Ce concept connaît un succès phénoménal et les complexes de ce type, dont les noms invitent au repos (« Cielo Paraíso »), se multiplient… Nous avons même rencontré un restaurateur de Bocas qui s'est reconverti à Boquete en… croque-mort ! Il nous a confié que sa nouvelle activité était beaucoup plus rentable…

■ CATEDRAL SAN JOSÉ DE DAVID ★

Barrio Bolivar

Cette église du XVIIIe siècle, élevée au rang de cathédrale en 1955, ne conserve d'original que sa tour clocher. Une grande artiste de David, Diana Brujiati, a réalisé d'immenses fresques sur les murs.

Ne croyez pas qu'elle ne donne que dans le religieux, puisqu'elle est aussi spécialiste des peintures érotiques !

Shopping

Ave. 3 de Noviembre. Une rangée de magasins ouverts sur la rue. Marchandises en tout genre, peu chères. Musique à fond. Ça grouille…

■ MALL CHIRIQUI

Ce centre commercial abrite les enseignes traditionnelles, et comme partout au Panamá, il est vite devenu un lieu de promenade privilégié.

LES HAUTES TERRES DU CHIRIQUÍ

BOQUETE ★★★

Boquete a fondé sa réputation sur son climat doux, sa nature et sa tranquillité, et cela fonctionne à merveille ! Son appellation de « vallée de l'éternel printemps » l'a certainement aidée à devenir le pôle touristique incontournable qu'elle est actuellement. Du *mochilero* au touriste plus aisé, chacun y trouvera son bonheur en matière d'hébergement, de restauration et d'excursions. Mais quelques touristes sont déçus à la vue de la deux fois deux-voies qui traverse Alto Boquete, et de toutes ces constructions américaines ultra modernes. Si c'est votre cas, réfugiez-vous à Cerro Punta ou Volcan pour avoir la paix.

Histoire

Fondée en 1911, Boquete est très européenne par sa population. Immigrants suisses, yougoslaves, suédois, allemands, anglais, espagnols, italiens et américains… Nombreux sont les commerçants, les éleveurs ou les chercheurs d'or qui s'établirent à Boquete au XIXe siècle, au côté des Panaméens de Caldera ou Dolega. Inauguré en 1916, le chemin de fer contribua pendant quelques décennies au prestige de la région. Mais, trop coûteux et lent, il fut abandonné à la fin des années 1940, au profit de la route David-Boquete. Vous verrez encore quelques maisons de bois avec balcon le long de l'avenue principale en direction des sentiers. Les projets touristiques, modestes ou de grande envergure, ont poussé ici comme des champignons sous le *barajeque* (la pluie fine typique de la région). La flambée du prix de l'hectare ne s'est pas faite attendre. Certains Boqueteños ont fait fortune en vendant leurs fincas de café, mais d'autres ne peuvent même plus songer à acquérir une petite parcelle pour construire leur maison. Le village est régulièrement classé parmi les plus attractifs au monde pour venir y passer une retraite heureuse…

Plusieurs festivals ont lieu tout au long de l'année : Feria de las Flores y El Café à la mi-janvier ; Boquete Jazz & Blues Festival en février ; Boquete Barú Eco Fest fin mars (course de montagne et écologie) ; Feria Orquideas en avril (fête des orchidées) ; Festival gastronomie et santé en juillet.

Transports

- **Bus.** Liaisons de/vers David toutes les 25 minutes de 4h15 à 19h45 du lundi au samedi. Le dimanche, premier bus à 5h. Départ et arrivée au parque central de Boquete (à côté de la poste). 1 heure de trajet, 1,75 US$.
- **Pour Bocas del Toro**. Depuis la création de la route évitant David, plusieurs agences proposent un service de shuttle rapide, confortable et à peine plus cher que de passer par les bus locaux. Compter entre 3h30 et 4h30 heures, et autour de 30 US$ le minibus jusqu'à Almirante, bateau inclus jusqu'à Bocas. Renseignements dans les hostels et agences.
- **Pour Santa Catalina**, là encore, un service de shuttle rapide autour de 35 US$.
- **Taxi.** Compter entre 2 et 3 US$ par personne par exemple pour aller jusqu'à l'office du tourisme ou les hôtels sur la route de Volcancito. Compter 45 US$ pour rejoindre le centre de David, un peu plus pour l'aéroport.

THRIFTY CAR RENTAL
Avenida Central peu avant le centre-ville.
✆ +507 720 2545
Ouvert du lundi au samedi de 8h à 17h.

Pratique

Vous trouverez tous les hôtels bon marché, les principaux restaurants et les services à Los Establos Plaza : agences touristiques, cafés, etc. A deux pas, les supermarchés et banques.

ATP (OFFICE DU TOURISME)
1,5 km avant Boquete ✆ +507 720 4060
Ouvert tous les jours de 9h à 17h (parfois plus tard en haute saison). Ferme pour le déjeuner.
Il est intéressant de s'y arrêter pour visiter le musée, très bien conçu, et se procurer une carte détaillée de la zone. Personnel accueillant. Vue imprenable sur la vallée.

FARMACIA ANY
Ave. Central ✆ +507 720 1296
Ouvert tous les jours de 8h à 20h45.

HABLA YA SPANISH SCHOOL BOQUETE
Plaza Los Establos 20-26, Avenida Central
✆ +507 720 1294 / 09 70 44 52 21
✆ +44 585 30 35
www.hablayapanama.com/fr
Plusieurs formules possibles selon vos attentes et votre niveau, de quelques jours à plusieurs semaines : cours particuliers, en groupe (maximum 6 élèves par classe), espagnol basique pour voyageurs, cours pour les nouveaux résidents, cours de préparation au DELE, cours spécialisés (médical, juridique, des affaires), pour enfants, etc.
Comme les deux autres écoles d'espagnol Habla Ya (à Bocas et Panama City), Habla Ya Boquete est accréditée par l'Institut Cervantes, l'autorité mondiale de l'enseignement en espagnol comme langue étrangère. Elle propose une expérience culturelle au plus près des Panaméens via des cours d'espagnol de qualité, dispensés dans la bonne humeur. Professeurs diplômés, cours personnalisés, volontariat, hébergement en famille, toutes les conditions sont réunies pour apprendre la langue au contact des habitants, de manière ludique et didactique en même temps. L'école est située en plein centre du village, dans des locaux modernes et bien équipés. Après les cours, de nombreuses activités sont proposées : canopy, rando, escalade, rafting, tour de café…

- **Autres adresses :** Bocas : Calle 9 y Ave G, Isla Colon • Panama City : le Blue Building 2A, Calle 1ra (Otilia A. de Tejeira), El Carmen.

SPANISH BY THE RIVER LANGUAGE SCHOOL
Alto Boquete, à l'entrée de Palmira.
✆ +507 720 3456 / +507 6759 5753
www.spanishbytheriver.com
Cours d'espagnol standard ou intensif à la semaine, et cours spécialisés (business, médical, métiers du tourisme, etc.). Hébergement en hostel ou chez l'habitant.
Spanish by the River est une option intéressante pour apprendre l'espagnol. Le calme et la tranquillité des installations, situées un peu avant le centre de Boquete, permettent de suivre les cours dans un atmosphère agréable et relax. Même concept que dans les écoles de Bocas, et de Puerto Viejo et Turrialba au Costa Rica, on partage son temps entre études et loisirs. Au programme : trekking, rafting, excursions à cheval, birdwatching… le centre offre plusieurs options d'hébergement, ainsi que des programmes de volontariat dans les communautés locales, une manière efficace pour pratiquer l'espagnol tout en faisant une bonne action ! Disponible également un pack « Travelling Classrooms » qui comprend 4 semaines de formation et d'excursions en petits groupes, à la découverte du Panama et du Costa Rica, histoire de joindre l'utile à l'agréable.

Orientation

Bajo Boquete est le cœur du village. Le départ de la route vers la volcan Baru se trouve vers l'église. Le sentier des quetzals, pipeline, le canopy, les cascades, sont dans la même direction (Cerro Punta). A partir de Bajo mono (après le pont sur la rivière), il faut suivre les panneaux pour tourner au bon moment. Le sentier du Pianista se trouve dans le secteur Palo Alto. Alto Boquete concentre les hôtels les plus onéreux ; mieux vaut avoir une voiture pour se déplacer.

Boquete

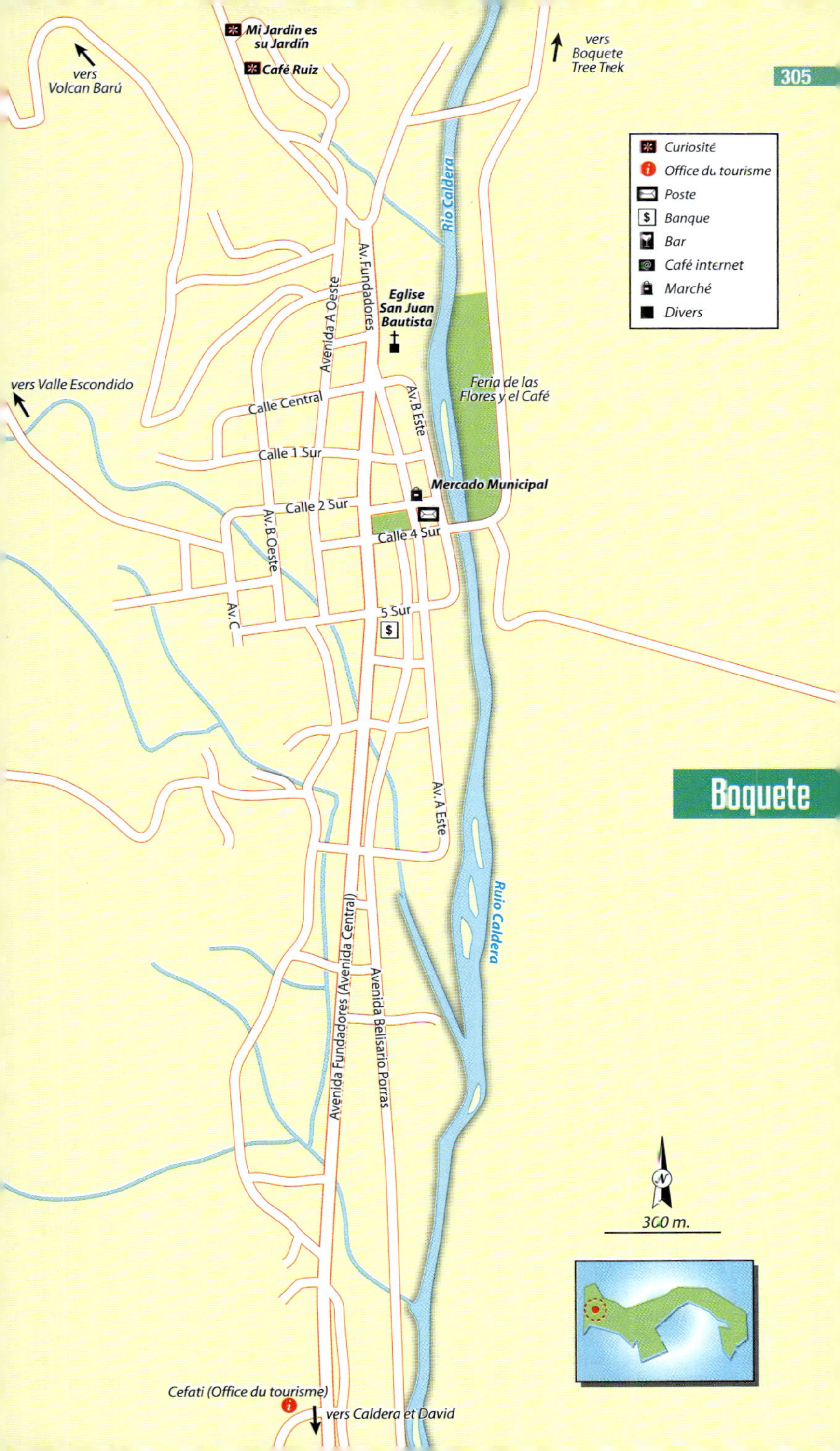
Mi Jardin es su Jardín
Café Ruiz
vers Volcan Barú
vers Boquete Tree Trek
Curiosité
Office du tourisme
Poste
Banque
Bar
Café internet
Marché
Divers
Rio Caldera
Av. Fundadores
Avenida A Oeste
Eglise San Juan Bautista
vers Valle Escondido
Feria de las Flores y el Café
Calle Central
Av. B Este
Calle 1 Sur
Mercado Municipal
Calle 2 Sur
Av. B Oeste
Calle 4 Sur
Av. C
5 Sur
Av. A Este
Ruio Caldera
Avenida Fundadores (Avenida Central)
Avenida Belisario Porras
300 m.
Cefati (Office du tourisme)
vers Caldera et David

Se loger

Boquete ne cesse de se développer, et même si les hôtels se multiplient, il est conseillé de réserver en haute saison (de décembre à avril).

Bien et pas cher

■ ARTE HOSTEL

Ave. A Este, à côté de la police nationale.
✆ +507 730 0842 / +507 6674 3537
www.weloveboquete.com
info@weloveboquete.com

3 chambres privées pour 2 pers. avec salle de bain partagée à 30 US$ et 3 petits dortoirs de 4 pers. à 14 US$/pers. Avec petit déjeuner. Cuisine, Internet, ventilateur, eau chaude.

Une maison d'artiste centrale sur deux étages, avec de jolies couleurs sur les murs. Chalo, le père du jeune propriétaire, un tailleur de pierre bien connu dans le village, a confectionné les meubles avec des palettes de bois pour l'hôtel que son fils David a repris (et embelli) fin 2015. Au rez-de-chaussée, il y a un espace information avec de bonnes pistes de balade. Le 1er étage, plus intime, est plus agréable. Petite terrasse et jardin. Accueil local et charmant. Mise en relation possible avec Chalo et Melissa Miranda pour des excursions.

■ HOSTAL REFUGIO DEL RIO

Ave B Oeste
✆ +507 720 2088 / +507 6676 5786
refugiodelrio.com

14 US$ par personne en dortoir de 6 ou de 10 personnes. Tentes pour deux à 30 US$. Cabañas et chambres privées de 31 US$ à 45 US$. Ordinateurs, Wifi, salon TV, cuisine, prêt de serviettes, laverie.

Une auberge de jeunesse calme et bien tenue, qui convient très bien aux couples et familles qui veulent faire des économies. Au bord d'une petite rivière, avec du mobilier et des équipements récents. Tout est très propre et soigné. Deux vastes dortoirs avec du parquet et des lits avec des matelas corrects. Grandes salles de bains. Les chambres privées sont d'un très bon rapport qualité/prix, et conviennent bien aux familles. La cabane en bois juste au bord de l'eau, très romantique. Petit spa dans le jardin, où il est possible de dormir en tente. Un petit café est ouvert à tous, des films sont diffusés le soir. La meilleure adresse dans cette catégorie !

■ HOSTEL MAMALLENA

Calle 4 Sur, face au Parque Central
✆ +507 720 1260 / +507 6723 2014
www.mamallenaboquete.com
mamallenaboquete@gmail.com

3 dortoirs de 8 lits, mixtes, 14 US$. Chambre double avec salle de bains 38 US$ pour 2, 55 US$ pour 3 et 65 US$ pour 4. Pancakes et café inclus.

Une auberge de jeunesse on ne peut plus centrale, spacieuse et colorée, où règne la bonne ambiance sous la houlette d'un personnel jeune et amical. Terrasse, salon TV-DVD, grande cuisine et petit jardin idéal pour faire des rencontres, si l'on accepte de parler un peu anglais ! L'eau des douches n'est pas toujours très chaude. Très bruyant le soir, lorsque les expéditions pour le volcan Baru se préparent et que la jeunesse prend l'apéro. Multiples excursions bon marché proposées.

■ PENSIÓN TOPAS

Ave. Belisario Porras
✆ +507 720 1005 – www.pensiontopas.com
schoeb@cwpanama.net

Compter de 14 à 24 US$ pour une chambre économique avec SDB partagée et de 29 à 70 US$ pour une chambre confort avec salle de bains privée. Camping possible : 10 US$ la tente et 12 US$ le camping-car. Prévenez la veille pour le petit déjeuner à 5,90 US$. Cuisine, piscine, volley. Wifi.

Le sympathique propriétaire allemand vous renseignera sur toutes les excursions à faire. Des chambres confortables pour tous les budgets, une terrasse très agréable pour rencontrer d'autres voyageurs, la seule piscine de Boquete dans cette catégorie de prix. Peintures murales qui plairont aux inconditionnels de Tintin ou de Monet. Une bonne adresse plutôt *roots*.

Confort ou charme

■ BOQUETE TREE TREK MOUNTAIN RESORT

Río Cristal, Palo Alto, à 30min en voiture de Boquete.
✆ 507 720 1635
www.boquetetreetrek.com
reservas@boquetetreetrek.com
Piste accessible à tout véhicule. On peut venir avec le bus de Boquete Tree Trek depuis Los Establos.

10 chambres et 4 cabañas pour 2 à 4 pers, de 80 à 140 US$.

En pleine montagne, Boquete Tree Trek a été dessiné en totale harmonie avec la nature environnante, pour combiner avec elle élégance et confort moderne. Les chalets en rondins, rustiques d'apparence, offrent toutes les commodités que l'on peut espérer après une bonne journée de randonnée dans les hautes terres du Chiriqui. Le bar-restaurant est chaleureux. Sofas autour d'une cheminée, restaurant donnant sur une terrasse, service souriant. Le petit déjeuner vous donnera des forces pour vous envoler dans les arbres, avec le circuit canopy ou explorer la forêt et observer les quetzals. Et pour vous réveiller le palais, Boquete Tree Trek propose une visite d'une plantation de café sur la propriété, avec un atelier dégustation de 8 cafés. Une excellente adresse pour passer quelques jours au calme dans les hauteurs de Boquete, faire du sport et se ressourcer.

■ **HOTEL ISLA VERDE**
Avenida B Oueste. Remonter la Calle 5 Sur entre la station service et Los Establos, puis 2e à gauche.
✆ +507 720 2533 / +507 6724 3714
www.islaverdepanama.com
contact@islaverdepanama.com
17 cabañas et appart-suites de différentes tailles pour 2, 4 ou 6 personnes, entre 110 et 160 US$. Compter 5 à 10 US$ pour le petit déjeuner. Réception ouverte de 6h à 22h, prévenir si arrivée tardive.
A 3 minutes à pied du centre-village, Isla Verde offre 17 *cabañas* au milieu d'un grand jardin tropical, au bord d'un ruisseau. L'atmosphère y est très zen, parfaite pour se détendre et se charger de bonnes énergies. Les maisonnettes aux couleurs vives ont une architecture originale, inspirée d'anciens design de l'Inde. Lumineuses, elles sont parfaitement équipées pour un maximum de confort. La décoration et le mobilier ont été choisis avec goût. L'excellent restaurant Colibri, un petit café, un centre de yoga et un spa vous attendent. Eva l'Allemande et son équipe veillent à ce que vous vous sentiez ici comme à la maison.

■ **LACHA COUNTRY INN**
Ave 7ma Oeste y Ruta Volcancito
✆ +507 730 8329
www.lachahotel.com – info@lachahotel.com
8 chambres. Chambres à partir de 45 US$, chambre pour 6 personnes à 20 US$ par personne. Petit déjeuner continental inclus. Cabaña pour quatre avec cuisine à 120 US$ + 10% de taxe.
Un petit hôtel familial, charmant et économique. Les chambres sont grandes, bien agencées et très propres. L'emplacement est calme mais excentré du centre-ville (vers l'office du tourisme). Petit déjeuner dans le jardin fleuri.

Luxe

■ **FINCA LERIDA COFFEE PLANTATION & BOUTIQUE HOTEL**
A 10 km du centre de Boquete
Alto Quiel
✆ +507 720 1111 / +507 720 2816
✆ +507 720 2285
www.fincalerida.com – info@fincalerida.com
4 chambres « Simple & Lovely », 11 deluxe « Honey Mountain », 6 suites « Chimney Mountain Suite » et une suite historique « Casa Centenario », chambres à partir de 309 à 1 500 US$ (+10 % de taxes). Petit déjeuner inclus. Restaurant à la carte, coffee shop et pub. Sentiers, tour de café et observation quotidienne des oiseaux avec guide local.
Situé sur une propriété qui compte plus de 100 hectares, la Finca Lérida vous souhaite la bienvenue en pleine nature. Finca Lérida est un établissement centenaire protégé du regard par le volcan Barú, un emplacement majestueux et idéal pour se réfugier en profitant du calme et de la tranquillité de l'Alto Quiel. L'établissement propose plusieurs types de chambres, toutes remarquables pour leur exquise décoration et leur confort. Des bungalows avec espace intérieur confortable et porche donnant sur les jardins (simple & lovely) ; d'autres avec hamac sur la terrasse (Honey Mountain) ; des Suites avec grande chambre, salle de bains avec bain bouillonnant, cheminée et porche donnant sur les jardins (Chimney Mountain Suites) ; et une maison avec 4 chambres (dont la principale de style loft), un salon familial avec cheminée et de grands espaces verts (Suite Casa Centenario). Les structures baignent au milieu de jardins très bien entretenus et tout le complexe reste intégré dans l'environnement naturel privilégié, entouré de sentiers et itinéraires prévus pour randonner et découvrir les deux principaux enchantements : l'observation d'une myriade d'espèces d'oiseaux d'altitude et la zone productrice de l'un des meilleurs café au monde. Les deux axes peuvent être découverts librement ou avec les services de César, un guide du cru expert et passionné. César connaît tous les secrets de la forêt qui entoure la Finca, c'est son « kindergarten » ! le restaurant propose des spécialités montagnardes comme la truite ainsi qu'une intéressante variété de plats cuisinés avec des aliments propres à la Finca Le café provient de l'exploitation des maîtres des lieux.

■ **HÔTEL PANAMONTE**
Calle 11 de Abril ✆ +507 720 1324
www.panamonte.com
reservation@panamonte.com
17 chambres et suites de 120 US$ à 310 US$ + 10%. Petit déjeuner inclus.
Un hôtel de grand charme qui a fêté ses 100 ans en 2014. Des personnalités comme Teddy Roosevelt, le Shah d'Iran dans son exil, Ingrid Bergman, Sean Connery ou encore le grand explorateur Richard Byrd s'y sont logées. Dispersées dans le jardin de la propriété, les chambres sont confortables et cosy. Un bar chaleureux avec cheminée et une cuisine raffinée élaborée par l'un des meilleurs chefs de la région, Charlie Collins.

■ MAÑANA MADERA COFFEE ESTATE & GUEST SUITES
Los Naranjos, Callejon Seco
✆ +507 6423 2930
www.mananamadera.com
theguestsuite@gmail.com
120 US$ la suite, avec petit-déjeuner complet, bouteille de vin, café.
Un lieu charmant qui invite au repos et à la tranquillité, à quelques kilomètres au nord de Boquete. Randy, le maître des lieux vous donnera toutes les indications pour y arriver, ou viendra vous chercher. Sa propriété se trouve au beau milieu des collines verdoyantes de café, dans un calme absolu, avec un climat moins humide que celui de Boquete. Les trois suites sont modernes, bien équipées et bénéficient d'une vue incroyable sur la vallée. Vue également splendide depuis le rancho en contre-bas, où l'on peut se poser dans un hamac avec une petite couverture, à regarder passer les colibris. Randy et sa femme Katia, ainsi que leur fameux Chubbs, vous offrent un accueil chaleureux, et un cadre plus que privilégié, relativement bon marché… mais très demandé : réservez plusieurs semaines à l'avance si possible. Un véritable coup de cœur pour se ressourcer !

Se restaurer

On mange mieux à Boquete que dans le reste du pays. Les hôtels de charme de la ville offrent de bonnes tables en général. Et pour les petits budgets, on trouve facilement des restaurants corrects autour de 5 US$ le repas.

Sur le pouce

■ FOOD TRUCK EMMA – JUREBO
BCP Market ou à côté de la station service Terpel ✆ +507 6320 4047
www.embutido-casero.com
alex@jurebopanama.com
Le camion stationne en principe au BCP Market de 9h à 12h, les vendredi, samedi et dimanche à côté de la station Terpel de 10-11h à 20-21h. Chorizo 3/5 US$, burgers 7 US$, bratwurst 3/5 US$, schnitzel 4/6 US$…
Frank un Allemand arrivé à Boquete il y a quelques années réalise avec sa femme de délicieuses saucisses allemandes et des jambons typiques avec de la viande de bœuf ou de porc de première qualité. Les animaux sont élevés en plein air dans la région, sans hormone et sans antibiotique. Le résultat est là, on se régale et se passe le mot. Une affaire qui « roule » et c'est tant mieux !

Pause gourmande

■ LA GHIOTTA GELATERIA
Avenida a oeste
✆ +507 730 1891
Ouvert tous les jours sauf mercredi de 11h à 20h. Petit pot 1,75 US$, moyen 2,75 US$ et grand 3,75 US$.
Un glacier artisanal italien réputé, avec des dessins d'enfants sur les murs blancs. Goûtez aux parfums les plus exotiques : *guanabana, maracuja* ou mangue. Egalement des cafés et salades de fruits.

Autre adresse : Avenida 3a Oeste, David

■ SUGAR & SPICE
Avenida Central y Calle 7
✆ +507 730 9376
www.sugarandspiceboquete.com
rmeyer113@gmail.com
Fermé le mercredi, ouvert les autres jours de 8h à 18h, le dimanche de 8h à 16h. Petit déjeuner salé ou sucré 5 US$ à 7,50 US$. Sandwiches, soupes et salades à 5,50 US$. Parking.
Une boulangerie artisanale réputée proposant une dizaine de variétés de pains, avec des techniques traditionnelles de la vieille Europe et des ingrédients de qualité. A emporter, des pâtisseries, viennoiseries, glaces. Egalement des petits déjeuners variés, des sandwiches et salades à prix raisonnables, à manger dans la salle intérieure ou sur la terrasse. File de *gringos* à l'entrée !

Bien et pas cher

■ EL VIAJERO RISTORANTE
Avenida central, à côté de la station service Delta, face à la banque ✆ +507 6558 6616
Ouvert tous les jours de 11h à minuit. Plats à partir de 7,50 US$.
Ce nouveau restaurant est tenu par Mattia Bertero, un Italien de Turin qui parle français car il a travaillé à Cannes. Sa femme est Colombienne, aussi on retrouve sur la carte, en plus des plats italiens (*pastas alla boscaiola*) et mexicains *(tacos, burritos, fajitas)*, des recettes typiques comme la *bandeja paisa*.

■ FONDA YENNI
Avenida central, après le restaurant argentin, en allant vers Café Ruiz.
✆ +507 6534 8214
Ouvert tous les jours jusqu'à 15 ou 16h. Repas avec boisson à 5 US$.
Une *fonda* avec un accueil excellent du patron en salle et une formule savoureuse et copieuse le midi. Notez les plaques d'immatriculation accrochées au mur.

■ LAS ORQUIDEAS
Ave. B. Poras, 2 cuadras au sud du parc central ✆ +507 6628 9108
Ouvert du lundi au samedi de 12h à 18h. Menu du jour avec boisson : 4 US$, avec soupe en plus : 5 US$.

Un restaurant intimiste de cuisine panaméenne, économique et de bonne réputation. Petite terrasse végétalisée sur la rue. Accueil charmant.

■ **PIZZERIA VOLCANICA**
Ave. principal, vers le square
✆ +570 720 1063
Ouvert du lundi au vendredi de 16h à 21h et le week-end de midi à 22h. Pizzas de 4,75 US$ à 17 US$.
Une petite pizzeria centrale tenue par des locaux. On choisit entre 4 formats de pizzas. Goûtez à la Volcanica, leur spécialité. Egalement des plats classiques de poisson et poulet et de délicieux *batidos*.

■ **PUNTO DE ENCUENTRO**
Calle 6 A Sur
✆ +507 720 2123
Ouvert tous les jours de 7h à midi. Pancake, tostadas francesas, omelette accompagnée de pommes de terre, salade de fruits et batido... autour de 7 US$.
Vous êtes accueilli par le grand sourire (et parfois même un câlin !) de la charmante Olga, de Boquete. Sa spécialité ? les petits déjeuners, délicieux et copieux, si bien que le restaurant ne propose que cela, jusqu'à midi. Préparez-vous à une bonne sieste digestive jusqu'au dîner ! Service très attentionné. Si ce n'est pas vous, les premiers clients de la journée seront les oiseaux, qui viennent aussi y prendre leur petit déjeuner dans le jardin.

■ **SEÑOR GIROS**
Calle 1a Sur
✆ +507 730 9049
Ouvert de 10h à 19h. Spécialités de poulet de 5 à 10 US$, houmous 5 US$.
Le kebab vous manque ? Senor Giros prépare de très bons sandwichs grecs, méditerranéens et végétariens. Sous une tonnelle entourée de plantes, des tables familiales en bois pour manger son kebab à la fraîche.

Bonnes tables

■ **MANGO**
Calle 2da Suroeste (Avenida C Oeste)
Au niveau du virage pour Valle Esccondido.
✆ +507 6379 1300
www.restaurantecolibri.com
Ouvert du mardi au vendredi de 15h à 21h, samedi de 13h à 21h et dimanche de 11h à 21h. Compter environ 20 US$ pour un bon repas.
Une bonne table de la région, Daniele est italien, Carolina est colombienne. Cuisine raffinée et créative à base de produits locaux. Plats végétariens gastronomiques. Cadre agréable à l'intérieur comme à l'extérieur.

■ **RETRO GUSTO**
Avenida central, après l'église catholique.
✆ +507 720 2933
www.ilretrogusto.com
info@ilretrogusto.com
Ouvert du mardi au samedi de 11h30 à 14h30 (saison haute uniquement nov-avril) et de 17h30 à 22h et le dimanche de 11h30 à 15h et de 17h30 à 21h30. Environ 30 US$ le repas avec verre de vin. Pas de réservation, pas de frais de service, juste les taxes
Le chef international Davide Caré et sa compagne Ziling Meng ont bien fait de prévoir un lounge pour faire patienter leurs clients. Le bouche à oreilles a tellement bien marché que quelques semaines après l'ouverture, en novembre 2015, le restaurant était plein tous les soirs. Tapas, poissons et vins du jour, en plus d'une carte gourmande et créative. Jugez plutôt : gnocchis au fromage fondu, miel et amandes grillées ou bien risotto au potiron et son jambon de parme croustillant et en dessert panna cotta au chocolat blanc et fleurs séchées. Comme le nom l'indique, toutes les générations se retrouveront dans cet établissement, aux saveurs sûres et à l'atmosphère contemporaine. On aime le concept de *mesa social*, une table où les gens viennent seuls pour faire des connaissances. Possibilité de dîner à l'extérieur sur la terrasse. Les propriétaires ont aussi ouvert une pizzeria napolitaine avec des prix économiques en juin 2016.

■ **THE FISH HOUSE**
Avenida principal, face à la boulangerie Sugar & Spice
✆ +507 6521 2120
Ouvert du lundi au samedi de 12h30 à 20h30. Plats de 6,95 US$ à 15 US$.
Domingo et Janellys ont été formés par un chef américain. Dans une jolie salle décorée avec goût et originalité sur le thème de la mer, on déguste des plats recherchés à base de poisson et de fruits de mer de saison. Par exemple : des gâteaux au crabe, de la corvina en sauce papaye et *jalapeño*, du thon parfaitement cuisiné, de la truite locale, et même des *fish & chips*.

■ **THE ROCK**
Av. 11 de Abril, Palo Alto
✆ +507 720 2516
www.therockboquete.com
reservations@therockboquete.com
Ouvert tous les jours de 12h à 21h30. Compter 30-50 $ le repas.
Une référence gastronomique à Boquete. Un peu excentré (10 minutes du centre en voiture), attaché à l'hôtel Riverside Inn, ce restaurant chic propose une cuisine fusion avec des plats locaux relevés de saveurs d'ici et d'ailleurs. Service de qualité et cadre agréable.

El Bajareque

Si le climat est agréable, ne négligez pas cette pluie fine et persistante, localement appelée *bajareque*, qui peut avoir raison de vous en une heure de balade dans les hauteurs. Il est conseillé de planifier ses excursions aux heures les plus matinales, en particulier en « hiver », le temps se couvrant en général aux alentours de 13 ou 14h.

Sortir

BARÚ RESTAURANTE & BAR

En face du parc, à côté de Mamallena.
✆ +507 730 9294
www.restaurantebaru.com
info@restaurantebaru.com
Ouvert de 7h à minuit, jusqu'à 2h en fin de semaine. Compter entre 10 US$ et 25 US$ le repas. Wifi.
Ce restaurant-bar attire essentiellement une clientèle étrangère, résidente ou de passage. A l'intérieur, un coin salon cosy avec ses sofas et sa cheminée, de solides tables en bois, on se sent bien à toute heure. La terrasse attire beaucoup de monde le matin et les soirs de matchs (foot, basket, hockey) quand sont installés les écrans géants. Musique en *live* certains soirs jusqu'à minuit. On ne peut plus central.

BOQUETE BREWING COMPANY

Av Central, Bajo Boquete, vers le club Taboo.
✆ +507 6494 4992
Ouvert tous les jours de 16h à 22h. Pinte à 3,5 US$ jusqu'à 18h.
Cette brasserie artisanale propose de bonnes bières et des sodas dans un très beau cadre, propice à l'observation des oiseaux par les grandes baies vitrées.

LA CABAÑA

Terrain de la Féria ✆ +507 720 2433
Ouvert les vendredis et samedis soir jusqu'à très tard.
Cette grande cabane de montagne, entièrement refaite dans le style rustique, rondins en pin et grande cheminée, est un lieu populaire pour se déhancher les fins de semaine. Table de jeux, soirées thématiques, retransmission des matchs de base-ball ou des combats de boxe…

TABOO

Avenida Central à côté de Boquete Brewing Company.
tabooboquete@gmail.com
Ouvert du mardi au jeudi de 18h à minuit, le vendredi et samedi de 20h à 3h. Entrée généralement gratuite.
Taboo a remplacé Zanzibar en 2015. Grosse ambiance en fin de semaine où les cocktails coulent à flot. Un bar-boîte qui attire de nombreux locaux et touristes pour danser sur les derniers tubes de musique latine et internationale. Pour les amateurs de Karaoké, c'est le jeudi.

À voir – À faire

- **Boquete produit le meilleur café du pays**, grâce aux nombreux micro-climats dans les hautes terres et à la taille humaine des plantations. Ces dernières sont en général situées entre 1 500 et 1 600 m. La réputation de certaines variétés très haut de gamme dépasse désormais les frontières, tel le Geisha dont les cours sont parmi les plus chers du monde. D'origine éthiopienne, sa culture a été relancée au Panamá ces dernières années. Une dizaine de variétés autres ont été recensées à Boquete : Berlina, San Ramón, Bourbon… le bon café s'échappe pour l'exportation, le café moyen reste ici, comme c'est souvent le cas en Amérique latine. La culture du café nécessite de la main-d'œuvre toute l'année mais les récoltes, entre octobre et janvier, génèrent une plus grande effervescence. Arrivent alors les Indiens Ngäbe Buglé, de Remedio, Tolé, San Félix, Las Lajas et même des provinces de Veraguas ou Bocas Del Toro, pour travailler dans les fincas. Ils sont souvent accompagnés de leurs enfants et certains restent après les récoltes dans l'espoir de trouver un travail permanent. Vous remarquerez que les femmes portent encore la robe longue unie traditionnelle. Nous vous proposons la visite de deux plantations, dont les exploitations et le procédé d'élaboration du café sont très distincts, de l'industriel à taille humaine, au plus artisanal.
- **Côté randonnée,** les options sont multiples pour tous les niveaux. Vous entendrez sûrement parler de la tragique disparition de deux jeunes femmes allemandes en 2015 sur le sentier du Pianista. Personne n'a jamais su ce qui leur était vraiment arrivé. Sans être alarmiste, avant de tenter toute randonnée, vous devez vous assurer d'avoir un équipement correct, prévenir votre hôtel et si possible partir en petit groupe ou avec un guide, notamment en basse saison lorsqu'il n'y a pas grand-monde sur les chemins. Nous ne vous proposons dans ce guide que quelques balades, comme le *sendero del pianista*, le *sendero de los quetzales* ou l'ascension du volcan Barú, mais sachez que les possibilités sont infinies !

CAFÉ RUIZ ★★

Casa Ruiz, au nord de Boquete, après Mi jardin en allant au centre-ville.
✆ +507 720 1000
✆ +507 730 9575
www.caferuiz-boquete.com
info@cafedeboquete.com
Boutique ouverte du lundi au samedi de 8h30 à 17h30, le dimanche et jours fériés de 9h30 à 17h30. Visite complète sur réservation à 9h et 13h (ou 13h30 à partir d'avril), 30 US$ (34,50 US$ les jours fériés). « Roasting tour » à 8h, 9 US$.

Depuis 4 générations, la famille Ruiz produit du café. Il est réputé comme l'un des meilleurs, notamment pour son geisha. Dégustation de café, capuccino, pâtisseries dans le petit café avec vue sur les montagnes. Vente de sacs souvenir et café moulu ou en grains toastés à la mode italienne, française, européenne ou latine. Deux visites au choix : tour de 3 heures pour découvrir la plantation et suivre le processus d'élaboration du café et « roasting tour » pour une introduction rapide.

FINCA LA MILAGROSA – CAFETALES DON ALFREDO ★★

Finca la Milagrosa. Bajo Boquete
✆ +507 720 1665
✆ +507 6654 5536
www.panacoffee.com
boqueteexpedition@yahoo.es
Tours à 9h et 14h. 25 US$ par pers. pour un tour de 2 à 3 heures.

La loi du marché pousse souvent les petits producteurs à s'incliner face aux grands propriétaires. Ce n'est heureusement pas le cas d'Hector Vargas, dit « Tito », qui réussit à poursuivre son activité de façon indépendante et exporte dans le monde entier. Respectueux de l'environnement, il souhaite que sa fabrique soit équipée de panneaux solaires. Le recyclage ? Il connaît. Il a fabriqué l'ensemble des machines qui servent à transformer la cerise en café ! De quoi vous épater. Il vous conduira également dans sa plantation, à la découverte de différents plants, dont le fameux geisha ! Et pour finir, une petite tasse de son café « Royal ». Bavard et plein d'humour, il vous racontera ses aventures, ses projets et sa passion. Pour rejoindre sa finca, appelez-le et il viendra vous chercher à votre hôtel ou ailleurs.

MI JARDÍN ES SU JARDÍN ★

Peu après Café Ruiz
Environ 15 minutes du centre-ville et de l'église.
Ce splendide jardin en accès libre est un incontournable de Boquete. Cascades de bougainvillées panachés, rouges, roses ou jaunes, fuchsias, iris, palmiers... Pour une promenade agréable au milieu des couples panaméens. Malgré le changement de propriétaires qui a beaucoup affecté les locaux, le parc reste ouvert au public. Café et restaurant (en théorie, fermés lors de notre passage courant 2016).

PARQUE NACIONAL VOLCÁN BARÚ ★★★

Entrée au parc : 5 US$. Certains hostels organisent un transport collectif pour 5 US$/pers. à partir de 3 pers. avec départ vers 23h15 et retour le matin par ses propres moyens (bus ou taxi). Compter 5-10 US$ pour un taxi.

Le parc national Volcán Barú, d'une superficie d'environ 14 000 ha, fait partie des zones protégées du pays depuis 1976. Sur la cordillère de Talamanca, l'isolement et l'altitude de ce volcan en font un véritable joyau bioclimatique où vivent de nombreuses espèces endémiques dont certaines orchidées, une variété de mûre sauvage, ou encore des oiseaux comme la paruline sombre.

▶ **Pour atteindre le plus haut sommet** du Panamá (3 475 m) et avoir la chance d'apercevoir d'un côté l'Atlantique et de l'autre le Pacifique (tôt le matin), deux voies sont possibles, au départ de Boquete ou de Cerro Punta/Volcán (reportez- vous à la partie correspondante).

Feria de las Flores y el Café

La première édition date de 1950. La fête était alors uniquement axée sur le café et n'avait pas lieu tous les ans. En 1970, la veille de l'ouverture de la cinquième fête, de terribles inondations dévastèrent le village (un habitant sur trois perdit sa maison) et causèrent la mort de huit personnes. Pour conjurer le mauvais sort, il fut décidé que le festival serait maintenu, tous les ans, sur les berges de cette même rivière. En 1973, les fleurs vinrent se joindre au café et, aujourd'hui, si vous visitez Boquete en dehors de la fête, vous pouvez constater que l'emplacement de cette manifestation lui reste strictement réservé ! Cette Feria, aux allures de fête foraine commerciale, est cependant un peu décevante pour celui qui s'attend à en apprendre plus sur les fleurs ou le café.

En commençant l'excursion depuis Boquete, vous devrez vous rendre à l'entrée du parc national, au poste de MiAmbiente, situé à une quinzaine de kilomètres du centre. A partir de là, il vous suffit de suivre la piste caillouteuse jusqu'au bout. Attention aux écarts de températures entre les basses terres et le sommet ; prendre des vêtements chauds et imperméables, une lampe de poche et suffisamment d'eau. Vous passerez par tous les types de climat au cours de ces 2 500 m de dénivelé. Echelonnée sur 14 km, cette excursion est physique, en particulier à cause des cailloux qui jonchent le chemin. Il faut compter 6-7 h l'aller et environ 3-4h le retour, si on ne termine pas « sur les genoux ».

Conseil : partez vers minuit pour arriver à l'aube et voir le lever de soleil. Vous arriverez en fin de matinée à Boquete pour la sieste. Il est déconseillé de tenter l'aventure seul. Mieux vaut partir en groupe ou, mieux, avec un guide.

Une alternative consiste à vous faire déposer/à laisser votre voiture à 4 km après le début du sentier au centre des rangers, afin de n'avoir « que » 10 km à marcher. Dans ce cas, vous devriez mettre environ 7h pour la randonnée complète.

SENDERO DE LOS QUETZALES ★★★

Le bus s'arrête au bord de la route au nord de Boquete à Bajo Grande (6 km, compter 1h30 à pied) ou parfois directement à l'entrée du parc, à Alto Chinquero (à 30 min). Au retour, il faut rejoindre la route et attendre un bus pour Boquete (aléatoire) ou bien prendre un taxi ou rentrer à pied.

Entrée 5 US$. Se renseigner auprès de MiAmbiente sur la possibilité de camper 5US$ ou de dormir 10 US$ au refuge d'Alto Respingo sur la fin du sentier, mais il est parfois fermé.

Ce sentier de 12 km (mais 6 heures l'aller, tout de même !) est également praticable depuis Cerro Punta qu'il rejoint. Cerro Punta étant situé à 2000 m, on grimpe dans le sens Boquete-Cerro Punta. Ce n'est pas parce que le sentier porte ce nom que vous verrez forcément un quetzal ; les guides pourront vous proposer des alternatives. Pour des questions pratiques, de nombreux marcheurs ne parcourent que la moitié du sentier (4 à 6 heures aller-retour). Rassurez-vous, cela n'empêche pas de voir de beaux oiseaux. La partie côté Cerro Punta est toutefois réputée plus intéressante notamment au niveau de la végétation.

SENDERO DEL PIANISTA ★★

Palo Alto

Ce sentier, qui ne présente pas de difficultés majeures, monte vers Bocas, sur la cordillère centrale. Il se trouve déjà dans le parc de la Amistad, idéal pour l'observation des oiseaux et la flore. Vous traverserez d'abord les pacages, puis entrerez dans la forêt primaire et secondaire pour rejoindre le sommet avec vue sur l'océan Pacifique et la mer Caraïbes. La plupart des marcheurs rebroussent chemin à ce niveau (environ 5h aller-retour) mais vous pouvez bien sûr traverser tout le parc jusqu'à la mer. Dans ce cas, comptez 4-5 jours l'aller et partez avec un guide. Vous trouverez à vous loger dans les villages indigènes sur le chemin, ce qui ajoute une dimension culturelle à cette randonnée.

SENDERO LA CULEBRA ★★

Deux options sur ce sentier. Une randonnée aller-retour difficile à la journée, ou bien un trek de 4-5 jours l'aller jusqu'à Bocas. Contrairement au sendero del Pianista, le chemin ne passe pas par des villages indigènes et il faut emporter tente, eau et nourriture. Guide indispensable car sauvage et sans signalisation.

SENDERO PIPELINE ★

Sur la gauche, en direction du trek des Quetzals

Ce sentier familial de 2h30 aller-retour est le plus facile de la région car toujours très plat. Petite cascade au bout. Le guide n'est pas nécessaire.

THE LOST WATERFALLS ★

Bajo Boquete, en direction du trek des Quetzals.

Entrée 7 US$.

Plusieurs cascades dans le même secteur, à voir selon le temps dont vous disposez et la météo. Compter 3-4 heures. A ne pas confondre avec la cascada Tatica, moins intéressante (30 min de marche, 5 US$, site de camping).

Sports - Détente - Loisirs

Les activités sont multiples à Boquete et dans les environs : balades à pied, à vélo, à cheval, ornithologie, escalade, rafting (dans les fleuves Sereno, Estí, Majagua et Chiriquí Viejo), kayak, canopy... Seuls certains sentiers présentent des difficultés, il vous est donc évidemment possible de vous passer des services d'un guide. Mais, outre une certaine sécurité, ce dernier vous apportera son enthousiasme, ses connaissances en matière de flore et de faune locales.

Sports - Loisirs

BOQUETE OUTDOOR ADVENTURE

Plaza Los Establos, Central Avenue
✆ +507 720 2284
✆ +507 6630 1453
www.boqueteoutdooradventures.com
info@boqueteoutdooradventures.com

Une agence avec une excellente réputation. En plus des tours classiques autour de Boquete, des combos intéressants comme volcan Baru et rafting ou bien des excursions au bord de la mer.

■ BOQUETE TREE TREK
Palo Alto, Rio Cristal
A 30 minutes en voiture de Boquete.
✆ +507 720 1635
www.boquetetreetrek.com
info@boquetetreetrek.com
Bureaux à Plaza Los Establos, d'où l'on peut prendre le bus pour monter à Boquete Tree Trek.
Canopy : 2 sessions par jour, départs à 8h et 13h. Durée 4 heures, 65 US$ par pers. Tour Quetzals : 4 heures, 70 US$ par pers. Tour café : 3 heures, 30 US$ par pers.
Glissez, en toute sécurité, sur la cime des arbres centenaires, sur un parcours de 3,5 km divisé en 14 plateformes et 12 lignes de câble. Evitez shorts et tongs, vous vous sentirez plus à l'aise avec un pantalon et des chaussures fermées quand vous serez de 30 à 60 m au-dessus du sol ! Des balades guidées vous sont également proposées pour observer la faune et la flore du parc national la Amistad et notamment le fameux quetzal. Enfin, une visite d'une plantation de café et une dégustation intéressante sont proposées sur la propriété.

■ FELICIANO GONZÁLEZ
✆ +507 6624 9940
✆ +507 6017 7841
felicianogonzalez255@hotmail.com
Son professionnalisme et sa gentillesse font l'unanimité ! Cet ancien instituteur natif de Boquete, également cultivateur de café, s'est lancé dans le métier de guide en 1999. Il parle espagnol, anglais, allemand, hollandais (et peut-être bientôt le français !), et dispose d'un certificat de guide, ce qui est loin d'être le cas de tous ceux qui se revendiquent guides dans la région.
Feliciano propose plusieurs excursions : visite de sa petite finca de café, bains et pétroglyphes de Caldera, Volcan Barú (10 heures de marche, départ à minuit de Boquete, avec départ de la station des rangers), sentiers El Pianista (5 heures de marche) ou des Quetzales (de 4 à 6 heures l'aller) et, pour les très bons marcheurs, la traversée du parc international la Amistad pour relier Boquete à Bocas del Toro (4 à 5 jours de marche, camping dans les communautés indigènes). Il est flexible, sera ravi de répondre à toutes vos suggestions et pourra faire évoluer le programme en fonction de la météo ou de votre état de forme. Ses prix, très honnêtes, varient en fonction de la durée du tour et du nombre de participants.

■ FRANKLIN'S HORSEBACK RIDING ★
✆ +507 6588 5054
frovetto@hotmail.com
Tour de 3h30 dont 2h30 à cheval : 35 US$.
De superbes balades à cheval dans les montagnes avec une vue à couper le souffle. Guide très professionnel, qui vous en apprendra beaucoup sur la région.

■ GUAMERU ADVENTURES
A l'auberge Arte
✆ +507 6674 3537 / +507 730 0842
guameruarte@gmail.com
Figure de Boquete, Gonzalo « Chalo » Miranda est un guide, mais aussi un sculpteur et un spécialiste des oiseaux. Amoureux de la nature, profondément respectueux de l'environnement, demandez-lui de vous emmener camper au milieu de nulle part, pour apprendre à vivre et cuisiner dans la forêt ou encore à sculpter dans une atmosphère plus spirituelle. Ou bien apprenez à travailler le bois dans son atelier à 20 min de Boquete avec des matériaux recyclés. Toutes ses activités sont personnalisées selon le temps dont vous disposez. Il connaît aussi des sentiers originaux dans tout le Chiriqui. Vous pouvez également contacter sa fille, Melissa, qui a été à bonne école.

■ PANAMA PATHFINDERS
En face de Los Establos, rue principale.
✆ +507 730 9403 / +507 6442 6321
✆ +507 6893 8217
www.panamapathfinders.com
panamapathfinders@gmail.com
Une petite agence mais une grande expérience et de nombreuses activités proposées : randos à pied ou cheval, raft, canopy, tours de café et même des soirées astronomiques pour explorer la voie lactée ! Des tours personnalisés et des tarifs raisonnables. Le guide Patricio Ortiz est plein de bons conseils et très professionnel.

■ PANAMA ROCK CLIMBING
✆ +507 6764 7918
panamarockclimbing.blogspot.fr
boqueteclimbing@yahoo.com
Sorties tous les jours, le matin. A partir de 45 US$ pour 3 heures, guide et équipement fourni. Renseignements par téléphone ou à Boquete Mountain Safari ou Explora Ya dans la rue principale.
Boquete est l'un des rares endroits du Panama où l'on peut pratiquer l'escalade. L'accès aux voies n'est autorisé qu'accompagné d'un guide certifié, comme Cesar Melendez, probablement le meilleur grimpeur du pays. Gunko est la falaise la plus populaire, une trentaine de voies de 20 mètres environ, pour tous niveaux (du 3 sup au 8b). La roche est volcanique, un solide basalte, et les voies sont plutôt bien équipées.

Détente - Bien-être

■ ISLA VERDE SPA

Hotel Isla Verde ✆ +507 6948 6664
www.boquetemassage.com
mark@boquetemassage.com
Sur réservation.
L'Australien Mark Perren-Johns, s'est forgé une excellente réputation dans le monde du massage thérapeutique et de l'acupuncture. Offrez-vous ce petit plaisir !

Shopping

▸ **Pour le pique-nique**, le supermarché Romero, non loin du Parque Central, est ouvert 24h/24. Quant au marché municipal fraîchement rénové, il vous accueillera de 6h30 à 18h.

■ BCP MARKETS

Teatro BCP ✆ +507 6918 1651
Marché du jeudi ouvert de 9h à 12h. Entrée libre. Marché du samedi, le 3e samedi du mois de 9h à 14h.
Le marché *gringo* du mardi. Juste derrière la rivière, un marché couvert où les expatriés, retraités pour la plupart, viennent exposer leurs produits artisanaux (miels, huiles essentielles, pâtisseries, colliers...) ou proposer leurs services (cours d'anglais, massages, cuisine...). Ambiance sympa. Depuis 2016, un Saturday market a vu le jour autour des saveurs de Boquete. Orienté gastronomie, il accueille une quarantaine de petits producteurs. Possibilité d'acheter les produits ou de les déguster sur place. On y trouve notamment de la charcuterie allemande, des fromages de chèvre, etc.

■ DELICITA

Via principal Boquete-David, Alto Boquete.
✆ +507 730 2580
www.delicita.com
delicita.panama@gmail.com
10 minutes avant Boquete, juste avant un pont, à côté de la petite salle de sport Curvas Bonitas, sur la droite en venant de David.
Ouvert du mardi au samedi de 10h à 17h.
De merveilleuses merguez, des rillettes, du pâté au poivre, foie gras, confit de canard... Quand on est au Panama depuis un moment, rien que d'évoquer ces douceurs, nous donnent l'eau à la bouche ! Christophe et Marie proposent même du couscous, du petit salé... les produits sont délicieux, ne vous privez surtout pas !

■ MIEL BOQUETEÑA

Casita de miel
✆ +507 720 2939 / +507 6713 0043
www.boquetebees.com
info@boquetebees.com
Prendre la route du Nord. Avant le signe Los Naranjos / Arco Iris prendre la route étroite vers la droite et vous arriverez à la Ferme.
Compter 30 US$ par personne minimum deux pers., sur réservation.
Pour découvrir la fabrication de miels délicieux. Circuit dégustation et boutique.

CALDERA ★★

Le tranquille petit village de Caldera, à une demi-heure de voiture de Boquete, est connu pour ses eaux thermales et ses pétroglyphes. Cette sortie est au programme de la majorité des agences de Boquete mais vous pouvez également vous y rendre seul, en bus ou taxi.

Transports

▸ **En voiture**, la route d'accès vers le village de Caldera est bien indiquée, entre Boquete et la route de David à Bocas.

▸ **En bus, depuis Boquete**, départ derrière le Mercado (marché couvert). 6 bus par jour de 7h à 17h30. Attention pour le retour, demandez bien à quelle heure passe le dernier bus pour Boquete ou David, en général vers 16h. 40 minutes de trajet, 1,30 US$.

Se loger

■ RIO ENCANTADO

✆ +507 6090 5456
✆ +507 6090 4951
rioencantado.com
4 chambres pour 2 : 60/80 US$ avec lit double, SDB privée, cuisine, terrasse. Cabane familiale pour 2 : 120/150 US$ et pour 4 : 150/180 US$ avec deux chambres, cuisine, salle à manger, SDB. Chambre dans les arbres : 120/150 US$. Parking, AC, eau chaude, piscine (ouverte aux non-clients de 10h à 16h pour 10 US$), petit déjeuner en extra.
Au bord de la rivière Caldera, dans une propriété de 16 hectares, cinq cabanes distantes les unes des autres et une maison dans les arbres romantiques avec possibilité d'illuminer le *rio* pour les lunes de miel. Grande piscine avec vue. Sentiers dans la réserve. Possibilité de longs séjours.

À voir - À faire

■ PIEDRA PINTADA ★

Caldera, peu avant l'embranchement pour les sources d'eau chaude
Pour s'y rendre, repérer le panneau sur le côté droit de la route principale de Caldera, à un kilomètre environ du village,

un peu avant le bar le Jardin la Fortuna. Prendre le chemin qui passe derrière le bar et marcher 350 m à travers champ jusqu'au groupe de rochers à côté de la rivière bordée d'un bosquet. La Piedra Pintada est le plus gros de ces rochers.
La Pierre Peinte est un grand rocher d'une dizaine de mètres de long sur trois de haut environ, où sont gravés des motifs d'origine précolombienne, qui n'ont à ce jour pas été expliqués. On ne sait pas qui a réalisé les pétroglyphes, de quand ils datent et ce qu'ils évoquent... le rocher est situé sur une propriété privée, dans un champ où broutent des vaches, à proximité de la rivière où l'on peut se rafraîchir.

■ SOURCES D'EAU CHAUDE DE CALDERA ★★

Caldera
A l'entrée de Caldera, dites au chauffeur de vous laisser au croisement pour « los pozos ». A partir de là, suivez le sentier sur 2,5 km ; après le pont, montez sur votre gauche et entrez dans la propriété (indiquée) plus loin, à nouveau sur votre gauche. Vous arriverez à une petite ferme, c'est ici. Compter 1h.
2 US$ pour l'entretien du site.
Des bains bouillonnants naturels d'une température avoisinant les 40 °C. Allongé dans ces eaux délicieuses (mais un peu trop chaudes au goût de certains), on entend courir une rivière en contrebas. C'est le río Caldera qui prend sa source à 2 900 m d'altitude. Les plus aventureux s'y plongeront pour se rafraîchir. Un contraste saisissant qui viendra à bout de vos courbatures dues aux randonnées de la veille. La nature est bien faite... Ne vous attendez tout de même pas à un spa, n'oubliez pas que le site est quasiment gratuit. Les filles seules éviteront de s'y rendre surtout le soir.

VOLCÁN ★★★

Volcán petite ville agricole située à 1 300 mètres d'altitude, est beaucoup moins touristique et commerciale que Boquete. Une jolie route, très sinueuse et avec de belles côtes (attention surtout par temps de pluie) relie les deux villes en moins de 1 heure 30 (sans avoir à descendre jusqu'à David). A l'origine Volcán était peuplée de descendants d'immigrants suisses, des familles Duncan et Lambert, qui ont fortement influencé l'architecture de la région, avec ses chalets aux toits pentus. Y vivent aujourd'hui une population indienne et métissée, et quelques expatriés qui apprécient la douceur de son climat. A la différence de Boquete la plupart parlent espagnol et sont bien intégrés dans la vie du village. Volcán constitue une bonne base pour explorer les hautes terres du Chiriquí, à pied, à cheval, à vélo... On y trouve une petite agence franco-panaméenne, tous les services de base (banques, marché, supermarchés, pharmacies, cybercafés...), de quoi se loger facilement, et au moins deux bons restaurants.

Transports

La route est bonne depuis David et jusqu'à Cerro Punta. Compter 1 heure en voiture depuis David, et 30 minutes jusqu'à Cerro Punta. Liaisons vers ces deux villes en minibus tous les quarts d'heure de 5 ou 6h à 18h30. 1 heure 40 de trajet jusqu'à David (3 US$), 40 minutes jusqu'à Cerro Punta (1,50 US$). Une route relie Boquete et Volcán via Potrerillos, en 1 heure 30.

Pratique

Tourisme - Culture

Un bureau de l'office du tourisme se trouve au marché couvert, récemment installé, pas très loin de la police, après le supermarché Romero. Ouvert en semaine de 8h à 16h, accueil sympa.

■ VOLCAN ECOTOURS

Rue principale de Volcán, avant le panneau « Bienvenidos a Volcán ».
✆ +507 6502 6103
www.facebook.com/volcanecotours
volcanecotours@gmail.com
Agence francophone proposant des excursions dans les hautes terres du Chiriquí.
Une toute nouvelle agence située à l'entrée du village (sur la route en venant de David). Elle devait ouvrir à l'automne 2016. Elle est gérée par Stéphane et Marla, les propriétaires de la chambre d'hôtes la Petite Maison. Volcan Ecotours offre des excursions à cheval et à vélo, du *birdwatching*, de la randonnée et du trekking, notamment le sentier Los Quetzales et l'ascension du volcan Barú, avec tout l'équipement nécessaire (tente, duvet, etc.), du kayak, de l'escalade... Location de VTT et peut-être prochainement de scooters et de quads.

Argent

■ BANQUES

Centre-ville dans la rue principale.
BANISTMO et BNP (distributeurs).

Santé - Urgences

■ FARMACIA SUPERMERCADO ROMERO

C/ Central, dans le supermarché Romero
Ouvert tous les jours 24h/24.

Se loger

Volcán dispose d'une petite offre hôtelière, dans le village et sur la route menant à Cerro Punta. On trouve des établissements d'un plus haut standing à Bambito et Cerro Punta.

MOUNT TOTUMAS CLOUD FOREST

A environ 20 km à l'ouest de Volcan
✆ +507 6963 5069
www.mounttotumas.com
mounttotumas@gmail.com
L'hôtel dispose d'un service de taxi depuis Volcan et David pour les touristes qui n'ont pas leur propre 4x4.
Chambres à partir de 67 US$ dans la ferme avec SDB partagée, de 115 US$ dans le lodge et de 175 US$ dans la cabine.
A 1800 m d'altitude, Mount Totumas est le plus haut écolodge du Panama, sis au milieu d'une impressionnante forêt humide que l'on appelle « forêt de nuages ». Plusieurs possibilités d'hébergements selon le budget. Le Bellbird Lodge est perché sur une crête avec des vues spectaculaires sur le parc national de la Amistad et la canopée. Trois chambres privées, deux suites, salle à manger-salon et restaurant gastronomique. La cabine, tout en bois, possède un design luxueux et sa propre cuisine. Elle est idéale pour les couples. Enfin, il est possible de séjourner dans l'une des trois chambres du corps de ferme, rénové en 2012. Vous apprécierez le séjour avec son poêle à bois et l'observation matinale des colibris. Plusieurs sentiers de randonnées partent à proximité du lodge.

LA PETITE MAISON LODGE & RESTAURANT

Nuevo Bambito – Paso Ancho – Via Cerro Punta
✆ +507 6502 6103
✆ +507 6502 6078
www.lapetitemaisonpanama.com
lapetitemaisonpanama@gmail.com
La Parisienne, pour 2 à 4 pers. (1 lit double, 1 lit Twin et 1 canapé lit) avec salon, cuisine et terrasse. La Petite Violette : 1 salon et 3 chambres pour accueillir jusqu'à 6-8 pers. (1 lit Queen et 2 lits double + lits additionnels possibles). La Rose : 3 chambres (2 lits doubles, 2 lits individuels + lits additionnels possibles), salon, terrasse au rez-de-chaussée, balcon à l'étage. Parfait pour 6/8 personnes. Compter 65 US$ pour deux, et 15 US$ par personne supplémentaire (hors promotions). Chambres privées autour de 50 US$ pour deux. Petit-déjeuner inclus dans tous les cas. Wifi, stationnement, TV satellite, salle de bains privées avec eau chaude, barbecue. Les animaux de compagnie sont acceptés. Restaurant ouvert le soir seulement : entrée + plat 15 US$.
Dans les hauteurs du village, juste avant le chemin qui rejoint le volcan Barú, une propriété bien agréable pour se reposer quelques jours au calme et profiter de l'air pur des montagnes. Vous aurez le choix entre trois maisonnettes charmantes ou des chambres privées dans la maison principale. Rustiques mais à la déco soignée et bien équipées, les maisonnettes sont idéales pour un couple, et peuvent accueillir facilement des familles ou des groupes. Les chambres privées sont confortables également. Vos hôtes, Stéphane et Marla, un couple franco-panaméen adorable, seront aux petits soins et de bons conseils (Marla parle aussi très bien le français). Ils pourront vous organiser des excursions dans la région via leur agence Volcan Ecotours. Autre avantage de séjourner ici, et pas des moindres, sa bonne table ! Stéphane, chef expérimenté, vous préparera de bons petits déjeuners et des mets savoureux pour le dîner avec les produits frais du marché.

Se restaurer

BURICOS

Angle ruta 43 et Calle 8a oeste
✆ +507 6203 7363
Un tout nouveau restaurant mexicano-panaméen, avec une bonne ambiance, et des plats simples et pas chers. Effort de déco avec quelques plantes. En semaine, un plat du jour en plus de la carte.

CAFÉ VOLCAN

rue principale à l'entrée du village
✆ +507 6637 4503
Ouvert en journée.
Ce petit café cosy propose une carte fournie de cafés et chocolats chauds améliorés, desserts et plats simples, tout en faisant galerie d'art. Le mobilier en bois est très chaleureux. Terrasse ensoleillée pour le goûter. Produits frais. Bon rapport qualité-prix.

CERRO BRUJO GOURMET

✆ +507 6669 9196
cerrobrujogourmet@gmail.com
En arrivant à Volcán depuis David, prendre à gauche après « American Shop » sur environ 1km (suivre les petits panneaux annonçant Cerro Brujo).
Ouvert tous les jours de 12h à 16h et de 18h à 22h. Réservation recommandée. Compter environ 25 US$ à 30 US$ pour une entrée, un plat et un dessert.
Qui imaginerait que dans ce petit restaurant très simple au bout d'une petite route, se trouve peut-être le meilleur chef cuisinier du pays ? Patricia Miranda Allen, chef empirique, s'est

faite connaître lorsqu'elle a gagné le World Cookbook Awards en 2012 au Festival du Livre culinaire de Paris organisé par la revue Gourmand, avec « Fogón de mis amores - Ñukwä Ja Tare Tikwe ». Dans ce livre traduit en langue ngäbere, elle rend hommage aux femmes ngäbes et leur offre des recettes simples pour les aider à nourrir sainement leurs familles et les initier à la recherche de nouvelles saveurs avec des produits locaux et bio. Elle leur donne d'ailleurs gratuitement des cours dans son restaurant. Patty est également venue donner quelques conférences sur la gastronomie durable au Cordon bleu de Paris... Elle organise avec son amie Laureen Washington, une chef jamaïcaine, le festival Verde Integral, tous les ans en avril (ou mai), dédié à l'environnement, la santé, le tourisme rural et la gastronomie. Au-delà de sa personnalité attachante, Patricia vous comblera avec ses plats créatifs, alliant harmonieusement les produits locaux oubliés et les saveurs du monde entier.

RESTAURANT LA PETITE MAISON

Nuevo Bambito
✆ +507 6502 6103
✆ +507 6502 6078
lapetitemaisonpanama@gmail.com
Ouvert tous les jours de 18h à 21h. Réservation conseillée. Compter 15 US$ par tête pour la formule entrée-plat. Autour de 15 US$ la bouteille de vin.

Le restaurant de la chambre d'hôtes du même nom est ouvert au public. Stéphane et Marla proposent une cuisine internationale, dans un lieu simple et chaleureux. Les plats sont élaborés avec les produits frais du marché et les herbes aromatiques du jardin. Parmi les suggestions inscrites sur l'ardoise : bœuf bourguignon, tajine d'agneaux, rougaille saucisse, filet mignon de porc au miel, crevettes à la provençale, saumon ou des spécialités thaïes bien épicées, à déguster avec une bonne bouteille de vin chilien ou argentin, à côté de la cheminée. La formule est économique, l'ambiance conviviale et la bonne humeur au rendez-vous. Ne vous privez surtout pas !

Sortir

DEEP FOREST

Maison sur la gauche en direction de Cerro Punta, peu avant de descendre sur Bambito
Ouvert tous les soirs.

Une taverne sympatique tenue par un Cubain-américain charismatique. Ambiance de pub irlandais avec des concerts de temps en temps. De la bière, des burgers et des pizzas.

À voir – À faire

ASCENSION DU VOLCAN BARÚ ★★★

Depuis Volcán, ou plus précisément de Paso Ancho, l'ascension est plus longue et fatigante que depuis Boquete. Il faut compter entre 7 et 8 heures d'ascension selon le poids du sac et le niveau du marcheur, et 15 heures pour l'aller-retour. Il est donc intéressant de camper pour couper la marche avant de redescendre mais couvrez-vous bien. Le paysage est magnifique et offre de belles perspectives sur la nature environnante. Le sentier dans la forêt est aussi réputé plus intéressant que depuis Boquete mais demande d'être entraîné. L'idéal est de faire cette excursion en compagnie d'un guide, ou d'un local qui saura vous indiquer la voie ou vous proposer d'autres alternatives de randonnées dans le coin.

FINCA CERIANA ★★

✆ +507 6438 6874
✆ +507 6679 2323
www.fincaceriana.com
tours@fincaceriana.com
Tours de 8h à 15h (de 7h à 16h30 depuis Boquete). Sur réservation. Durée 7 heures.

Beau site pour l'observation d'oiseaux, situé stratégiquement entre les hautes et les basses terres du Chiriqui. Il appartient au corridor biologique qui comprend aussi les lagunes de Volcan. Les sympathiques propriétaires vous accueilleront pour le tour en français car Luigi et Jannette ont travaillé en Suisse. Pique-niques gourmets organisés régulièrement. La vue depuis l'un des sentiers s'étend jusqu'à Punta Burica au Panama et la péninsule d'Osa au sud-est du Costa Rica !

Le quetzal

Il est réputé pour son magnifique plumage. Sa poitrine et son ventre sont rouge foncé, son dos et sa tête sont recouverts de plumes vertes. Son œil est presque noir, rond, brillant et vif.

Sa queue peut mesurer jusqu'à 64 cm : les plumes centrales sont plus longues que l'oiseau lui-même, elles se croisent à l'extrémité, formant une traîne quand il vole.

Le centre de la queue est très sombre, il est recouvert par de longues plumes duveteuses vert doré avec des reflets violets ou bleus. Le mâle se distingue de la femelle par sa taille et la longue plume rigide qui dépasse de sa crête. Quetzal signifie « oiseau » ou « plume » en aztèque. Cet oiseau donna son nom à l'une des principales divinités aztèques : Quetzalcóatl, le serpent à plumes.

FINCA JANSON ★★

✆ +507 6867 3884
www.jansoncoffeefarm.com
Réservation par le formulaire de contact du site ou par téléphone.
Finca familiale, débutée en 1940 par un Suédois, elle fabrique le café geisha (arabica) dans des conditions exceptionnelles. Possibilité de déguster et d'acheter les produits. La ferme se visite, le tour comprend l'explication du processus de transformation et de torréfaction avec des méthodes artisanales. Il est possible de coupler cette excursion avec la visite des lagunes, les plus hauts lacs du Panama, qui constituent une véritable oasis pour les oiseaux.

LAS LAGUNAS ★

A environ 5 km de Volcán.
Il est nécessaire d'avoir une voiture pour accéder aux lagunes (ou bien de marcher). Prenez la direction de Río Sereno, mais dirigez-vous vers la piste d'atterrissage de l'aéroport de Volcán. Puis suivez les indications.
Entrée libre.
Il semble qu'il s'agisse du cratère d'un ancien volcan. On raconte qu'il resterait des lagunes non découvertes, ou uniquement connues des communautés vivant dans les hauteurs. Il est déconseillé de s'y baigner, mais le paysage vous enchantera. C'est un bon point de départ pour se promener dans la forêt environnante, pour pêcher (le tilapia y a été introduit par les militaires dans les années 1980) et observer les oiseaux.

SITE ARCHÉOLOGIQUE DE BARRILES ★★

A environ 6 km du village
✆ +507 6639 5188
✆ +507 6575 1828
luislandau@gmail.com
Sur réservation.
Prenez un bus dans la rue principale, direction Caizán. Le site se trouve sur la propriété de José et Edna Landau. L'un ou l'autre vous accueillera et vous racontera avec la même passion tout l'historique de ce site ; depuis les premières découvertes en 1947 jusqu'aux fouilles. A la fin de la visite, une dégustation de fromage (queso blanco) et de pâte de goyave ou de citron vous sera offerte. Un délice ! Profitez-en pour acheter les conserves de Madame Landau. L'endroit lui-même est très agréable, en particulier le jardin. Ne manquez pas d'aller voir *el árbol del viajero*. Introduite par les Portugais, ce n'est pas une espèce native du Panamá. On raconte que l'arbre du voyageur doit son nom à ses longues feuilles qui retiennent l'eau de pluie, une eau que le voyageur pouvait ensuite recueillir pour étancher sa soif.
La civilisation Barriles est considérée comme une civilisation précolombienne qui aurait disparu à la suite d'une éruption du volcan. Il existe peu de précisions quant à son époque que les chercheurs panaméens situent entre 300 et 600 ap. J.-C. Le plus important vestige découvert sur site serait un fragment d'édifice religieux, fragment dont la particularité est d'être le produit de la fusion de trois classes de roches. L'autre face de la pierre, sa partie secrète, est la plus impressionnante. Des figures abstraites y sont dessinées, uniquement visibles quand on l'asperge d'eau. Le site comporte également des *metates*, ces lourdes pierres à la surface lisse sur lesquelles on préparait la farine de maïs. La rivière qui court dans le jardin, située à 1 353 m au-dessus du niveau de la mer, est également l'objet d'un mystère. En regardant l'eau, vous remarquerez que le courant monte, alors qu'il devrait descendre puisque la source se trouve à 1 363 m !

Shopping

ARTE CRUZ VOLCAN

Route principale, à 3 km au sud de Volcán.
✆ +507 6622 1502

Ouvert de 8h30 à 12h et de 13h30 à 17h30 du mardi au vendredi et à partir de 9h le week-end.
La réputation de José n'est plus à faire, un véritable artiste ! Rendez-vous à son atelier situé quelques kilomètres avant Volcán, pour observer ses sculptures de bois, il sera ravi de vous expliquer son travail. Quelques-unes de ses œuvres sont en vente.

BAMBITO ★★

Quelques hôtels et cabanes vous attendent sur la route Volcán-Cerro Punta, à proximité du lieu-dit Bambito. Peu fréquentés en hiver, ces hébergements isolés dans la nature vous sembleront peut-être austères sous la bruine, mais en été vous y serez très bien.

■ CASA GRANDE BAMBITO

Bambito, Via hacia Cerro Punta,
Calle El Manantial.
✆ +507 771 5126
www.casagrandebambito.com
info@casagrandebambito.com
20 suites tout confort pour 4 à 8 personnes, à partir de 140 US$. Packages avec les repas et activités possibles. Piscine. Restaurant Blue Garden ouvert de 7h à 22h, plats à la carte de 10 US$ à 17 US$.
Un bel hôtel chaleureux situé entre les montagnes, au bord de la rivière que l'on entend depuis les chambres. Nombreuses activités proposées (escalade, balades à cheval, descente de rivière en tubbing...) et un spa des plus agréables. Pour ceux qui recherchent confort et tranquillité.

■ TRUCHAS DE BAMBITO ★

A 400 m de Bambito Resort
Ouvert tous les jours de 8h à 16h. Entrée et canne à pêche : 5 US$/h, puis environ 3 US$ la livre.
Une pisciculture ouverte au public, intéressant pour qui n'en a jamais vu ou qui souhaite pêcher. Ensuite on paie les truites que l'on a sorties de l'eau !

CERRO PUNTA ★★★

A 1 970 m d'altitude, sur les flancs de la cordillère de Talamanca, le village de Cerro Punta est une bonne alternative à Boquete si vous avez une voiture. Il vous réserve ses élevages de vaches et de chevaux. Sa route principale et sinueuse traverse un paysage bucolique, changeant au fil des saisons et des récoltes. De nombreux kiosques y sont dispersés, vendant fruits et légumes, mais surtout des fraises (nature, avec crème ou en confiture). Une halte gourmande s'impose... Guadalupe, Las Nubes et Nueva Suiza, trois villages voisins, vous enchanteront tout autant que Cerro Punta. Mais attention, il n'y a ni banque ni point de retrait dans le coin, pensez-y avant de partir.

Transports

- **Bus.** Minibus « Cerro Punta » ou « Guadalupe » fréquents depuis David (2 heures 15 de route, 3 US$) et Volcán à moins de 30 minutes. Pour Guadalupe, compter 15 minutes de plus.
- **Station service** dans le centre de Cerro Punta, vers l'hôtel Cerro Punta

Se loger

■ HOTEL RESTAURANTE CERRO PUNTA

En bordure de la route principale, sur
la gauche en entrant dans Cerro Punta.
✆ +507 771 2020
10 chambres doubles à 24 US$, 30 US$ ou 37 US$ pour 1, 2 ou 3 personnes, avec salle de bains, eau chaude. Restaurant avec une cuisine inventive à partir de 5 US$, ouvert de 8h à 20h tous les jours.
Etablissement calme et correctement tenu. Vieillot mais chaleureux, et l'accueil est sympathique. Bonne cuisine.

■ LOS QUETZALES ECOLODGE & SPA

Guadalupe
✆ +507 771 2182
✆ +507 774 5555
www.losquetzales.com
stay@losquetzales.com
A 2 km environ de Cerro Punta.
Nuit en dortoir 18 US$, en chambre d'hôtel à partir de 77 US$, en suite à partir de 120 US$ et de 110 US$ à 220 US$ en chalet. Packages avec les repas et les activités à 115 US$/pers pour l'hôtel et entre 180 US$ et 250 US$ dans les cabanes, transport et entrée des parcs nationaux inclus. Repas pour 20 US$ environ. Tente : 15 US$. Accès Internet.
Deux options s'offrent à vous, la première étant de loger dans l'une des chambres et suites de cet hôtel situé au cœur de Guadalupe. Vous pouvez aussi choisir de vous isoler dans l'un des cinq chalets perdus dans la montagne, à une demi-heure de là. Réfléchissez bien... Ce complexe dispose d'un excellent restaurant (les pains maison sont particulièrement savoureux), d'une jolie salle commune avec cheminée, mais surtout d'un Spa construit sur les berges de la rivière (massages, sauna...). Quant aux chalets rustiques en bois, ils sont superbement équipés (cuisine, cheminée...) et intimes. Leurs balcons donnent sur une végétation luxuriante. Une équipe de guides est à votre disposition pour tout type d'excursions. Un must dans le coin.

À voir – À faire

FINCA DRACULA ★★★

✆ +507 771 2070
www.fincadracula.com
dracula@madurostropical.com
La finca n'est pas très bien indiquée, le seul panneau est à l'entrée du site, mais vous trouverez toujours quelqu'un pour vous orienter. Accès en taxi ou bus depuis Cerro Punta.

Ouvert du lundi au dimanche de 8h à 16h. Entrée 10 US$ et 3,5 US$ pour les enfants et étudiants. Tour guidé de 45 min, toutes les heures en anglais/espagnol et sur réservation pour les groupes.

La route qui mène à la *finca*, située à 2 000 m d'altitude, est très agréable : agriculteurs dans leurs champs, points de vente de légumes, fermes. Plus de 2 200 espèces d'orchidées différentes, microscopiques ou géantes, en serres ou en milieu naturel. La visite est passionnante, les mois de prédilection sont mars et avril. Un tour guidé avec un des spécialistes de la *finca* vous dévoile tous les mystères concernant les familles d'orchidées (Dracula est le nom de l'une d'entre elles).

PARQUE INTERNACIONAL DE LA AMISTAD (PILA) ★★★

✆ +507 775 3163
Depuis Cerro Punta rejoindre Las Nubes (6km au nord-ouest de Cerro Punta), passer le restaurant de l'association Agroecoturistica la Amistad (ouvert au petit déjeuner et déjeuner) avant d'arriver à la cabane de MiAmbiente.

Poste ouvert de 8h à 16h. Entrée parc : 5 US$. En théorie, il est possible de dormir dans le refuge pour 15 U$ par personne, ou 5 US$ par tente (non fournie).

La plus grande partie de ce parc se trouve sur le territoire de la province de Bocas del Toro (environ 200 000 ha). Dans le Chiriquí, on y accède par Guadalupe, mais aussi par Las Nubes où se trouve le poste de MiAmbiente. N'oubliez pas d'emporter votre polaire, les températures descendent à 15 C° la nuit et le climat est humide. Un sentier difficile car mal entretenu mène, en 2 heures 30, à une cascade haute de 55 m, sous laquelle les courageux se baigneront. Plusieurs points de vue (La Nevera, Pino et El Barranco) vous permettront d'observer la frontière des deux provinces et le paysage accidenté du parc, recouvert d'une dense forêt vierge. D'autres sentiers ont été ouverts, renseignez-vous auprès des rangers. L'Asociación Agroecoturística la Amistad – ASAELA est un groupe de femme qui administre le restaurant et qui pourra vous donner de bons contacts pour des guides locaux.

SENTIER DES QUETZALES ★★★

Entrée : 5 US$ si le garde est là.

Le sentier relie Cerro Punta (poste de MiAmbiente) à Boquete. Sachez que malgré son nom, on voit difficilement des quetzals et que d'autres sentiers sont plus appropriés pour cela. La première partie, de Cerro Punta jusqu'au mirador est, de l'avis de tous, la plus intéressante. Cerro Punta étant situé à 2000 m, on descend dans le sens Cerro Punta-Boquete. Comptez environ 6 heures pour l'ensemble du parcours (aller). Une fois à Boquete, il vous restera encore 6 km jusqu'au centre du village (possibilité d'attraper un bus en route). La randonnée avec un guide est recommandée.

VALLE HORNITO ★★

Au nord de Gualacá, Valle Hornito est quasiment au point le plus élevé de la route qui relie la Panaméricaine au littoral atlantique, à travers les provinces de Chiriqui et Bocas. Une route sinueuse magnifique qui monte, souvent dans la brume l'après-midi et qui passe devant l'usine hydroélectrique la Fortuna. Un peu avant le barrage, Valle Hornito est un lieu-dit qui accueille quelques maisons et deux auberges bien agréables qui proposent une foule d'activités dans les montagnes de la réserve forestière dénommée également la Fortuna.

Transports

N'importe quel bus Almirante-David pourra vous arrêter le long de la route, mais il est plus confortable d'avoir un véhicule si vous séjournez dans cette région. Par grand vent, la route peut être dangereuse. On raconte que même un camion a été un jour couché par la brise…

Se loger

EL REFUGIO LA BRISA DEL DIABLO

Reserva Forestal la Fortuna
Route Bocas-David/Boquete
✆ +507 6852 3600
✆ +507 6597 0296
elultimorefugio@yahoo.es
Repérez la maison jaune avec ses murs de pierres à gauche en venant de David, juste avant Finca la Suiza, 5 minutes avant le poste de police sur la route. En bus demandez au chauffeur de vous laisser devant la maison.

Deux chambres avec salle de bains et terrasse privée, hamac, tv, Internet : 120 US$ et 140 US$ avec petit déjeuner gourmet. Restaurant la Gula : autour de 35 US$, sur réservation.

A 1 200 m d'altitude dans un environnement exceptionnel, un véritable refuge de luxe vous attend au bord d'une belle route de montagne. Olga et Stéphane seront aux petits soins. Ce couple de Québecois plein d'humour a le sens de l'accueil. La décoration de la maison en pierres est de très bon goût, soignée et très chaleureuse. Cheminée, bar, terrasses et jardin avec vue spectaculaire sur le volcan Barú (quand elle est dégagée des brumes enchanteresses), l'océan Pacifique, la vallée de la Lune… Deux chambres seulement pour plus d'intimité. Plein d'activités nature sont proposées (balades à cheval, à pied, visite d'une finca de café bio, baignade dans les cascades et les eaux thermales, birdwatching). Après un coucher de soleil spectaculaire, l'apéro vous attend, mais surtout un savoureux dîner gastronomique. La chef Olga a plus de 20 ans d'expérience, le couple a tenu le meilleur restaurant de Bocas pendant des années (El Refugio). Une excellente adresse hors des sentiers battus sur la route Panama-Bocas !

■ LOST AND FOUND ECO HOSTEL
Ruta la Fortuna, vers le km 42
✆ +507 6432 8182
✆ +507 6920 3036
www.thelostandfoundhostel.com
lflodge@gmail.com
En bus, demandez au chauffeur de vous déposer à l'entrée du sentier qui mène au lodge (10 minutes de marche). Il y a une pancarte.
14 US$ en dortoir, 33 US$ la chambre double, salle de bains partagée.
L'un des premiers écolodge pour backpackers ! En pleine nature, de nombreuses activités sont proposées pour explorer les environs : jeux de piste, baignades dans des piscines naturelles, trekking, birdwatching, visite d'une finca de café, balades à cheval… mais aussi dans toute la région y compris les plages. Ambiance conviviale et sportive la journée ; festive le soir. Une très bonne initiative pour les petits budgets. Dîner au bar-restaurant suffisamment éloigné des chambres pour bien dormir.

À voir – À faire

■ CANGILONES – MINI CANYON ★★
Suivre les panneaux à partir du village de Gualaca, où la route bifurque de/pour Boquete.
Accès libre en voiture ou avec un tour depuis Boquete (environ 35 US$).
Après une bonne randonnée, les cangilones – une formation rocheuse cernant la rivière – offrent une pause baignade bien méritée dans une eau turquoise. Possibilité de sauter de 4 m dans le canyon. A éviter les jours de mauvais temps pour des questions de sécurité.

LE GOLFE DE CHIRIQUÍ

Situé entre la frontière du Costa Rica et l'île de Coiba, le golfe de Chiriquí est une région encore peu explorée. Le tourisme y est pour l'instant très spécialisé : ses eaux poissonneuses attirent depuis des années les pêcheurs du monde entier. Mais au-delà de la pêche au gros, le golfe est un véritable paradis pour le voyageur curieux, à la recherche de terres vierges et de nature. Loin du tourisme de masse, il pourra y pratiquer l'observation de la faune marine et terrestre, sur les dizaines d'îles désertes envahies de jungle, et dans la mangrove côtière. Comme à Coiba, la biodiversité est incroyable et les paysages magnifiques et intacts : des eaux turquoises où l'on croise dauphins, tortues marines et baleines à bosse, une côte rocheuse et des îles envahies de végétation qui laissent apparaitre quelques criques aux plages de sable blanc, le volcan Barú et les montagnes qui se dégagent des brumes au loin…

BOCA CHICA ★★★

Ce petit village de pêcheurs est le point le plus facile d'accès au golfe de Chiriqui et à l'île Boca Brava. Jusqu'à la construction de la route panaméricaine dans les années 1960, le seul accès à Boca Chica était par la mer. On pénétrait dans des canaux à travers la mangrove pour accéder à la cordillère. Ces voies navales existent toujours et sont de bonnes zones de pêche. Aujourd'hui il ne faut plus que 20 minutes depuis la Panaméricaine pour rejoindre la porte d'entrée du golfe et le point de départ de multiples excursions dans l'archipel.
Le climat est plus sec et ensoleillé que dans le reste du Chiriqui et en fait une destination de choix pour les amateurs de plages et de baignades. A une vingtaine de minutes, sur la terre-ferme, on trouve Playa Hermosa et Playa Gavilla. Mais c'est surtout en prenant la mer que l'on apprécie la richesse de la région : des centaines d'îles et îlots aux roches noires, grises, jaunes, ocre, se détachant du vert de la végétation et du bleu de l'océan. Plusieurs hôtels superbes dominent les eaux bleues du Pacifique, on y accède en bateau ou par la route.

Transports

Voiture. En venant de David prendre la petite route sur la gauche menant à Horconcitos (7 minutes de la Panaméricaine), puis continuer jusqu'à Boca Chica (25 minutes). Laisser sa voiture au petit parking de Boca Chica (2 US$ ou 3 US$ par jour) pour aller sur l'île.

Bus. Bus David-intersection pour Horconcitos (3 US$, 45 minutes) : n'importe quel bus qui emprunte la Panaméricaine. Un bus rejoint depuis l'intersection Boca Chica 4 fois par jour (3 US$). Un taxi vous prendra environ 20 US$ depuis l'intersection.

Un taxi privé vous coûtera autour de 45 US$-50 US$ depuis l'aéroport de David. La plupart des hôtels organisent le trajet.

Barque pour Boca Brava. Des lanchas-taxi relient Boca Chica et Boca Brava très fréquemment. Compter 3 US$ par personne l'aller.

Pratique

Pas de distributeur bancaire à Boca Chica ou Horconcitos ; quelques petites épiceries vraiment basiques à Boca Chica, un peu plus de choix à Horconcitos.

© DON MAMMOSER – SHUTTERSTOCK.COM

Vendeur de fruits sur la plage de Boca Chica.

Se loger

On trouve surtout des hôtels et lodges de catégorie supérieure à Boca Chica, ou de petits resorts dédiés aux adeptes de la pêche sportive.

HOTEL BOCAS DEL MAR

2 km avant Boca Chica
✆ +507 6395 8757
www.bocasdelmar.com/fr
info@bocasdelmar.com

A moins de 5 minutes de Boca Chica, 20 minutes de la route panaméricaine. Au panneau indicateur, emprunter le chemin privé sur quelques centaines de mètres.

Tarifs à partir de 139 US$ (+ 10% de taxe), petit déjeuner inclus. Air conditionné, ventilateur, matelas orthopédique, douche et baignoire, room-service, minibar, coffre, bureau, wifi, TV satellite, sèche-cheveux... Service de transfert depuis/vers Boquete ou l'aéroport de David (75 US$ pour 1 à 4 pers. + 7% de taxe).

Un coup de cœur ! Situé à flanc de colline, sur le continent au bord du Pacifique, cet hôtel présente une architecture contemporaine, où le blanc se conjugue élégamment avec les tonalités multicolores du jardin tropical, et avec les teintes bleu turquoise ou vert émeraude de l'océan. L'établissement qui appartient à un Belge très sympathique, est régulièrement présenté dans les revues touristiques consacrées au Panamá. 20 bungalows modernes portant le nom des îles du golfe et accueillant des chambres amples, lumineuses et stylisées. La capacité est prévue pour 2 à 3 personnes, 4 à 6 pour le « Duplex » et 4 pour le « bungalow familial ». Chaque bungalow dispose d'une entrée individuelle et de sa terrasse avec table et chaises. Au-delà du confort et de la décoration de bon goût, les bungalows « Deluxe » et « VIP » disposent d'un bassin d'hydro massage dans un jardin privé. Mention spéciale pour la première suite « Golfo de Chiriqui ». Sur deux niveaux, elle offre une vue inoubliable sur le Pacifique depuis sa grande terrasse. Le complexe compte deux piscines à débordement et un spa pour une relaxation totale. Le service est excellent avec un personnel discret et attentionné. Des excursions sont organisées en fonction de la saison et du climat : snorkeling, exploration de la mangrove, observation des oiseaux, dauphins et baleines, pêche, plongée, mais aussi balades à pied, à cheval ou en kayak, ou encore la visite d'une communauté ngäbe... les activités ne manquent pas ! Petit déjeuner à la carte. Le restaurant-bar ouvert midi et soir (au public sur réservation) est accessible en voiture ou en bateau depuis Boca Chica (on vous dépose à l'embarcadère privé de l'hôtel). Au menu, une cuisine internationale et du poisson bien préparé. On peut même vous servir le poisson que vous aurez tout juste pêché. Si possible, venez déguster un cocktail au moment du coucher du soleil, l'ambiance est magique !

© NICOLAS LHULLIER

Une île déserte du Golfe de Chiriqui.

SEAGULLCOVE LODGE

Accès fléché en arrivant à Boca Chica.
✆ +507 851 0036
www.seagullcovelodge.com
info@seagullcovelodge.com

165 US$ le bungalow pour 2 personnes, 180 US$ en haute saison (du 1er décembre au 15 avril) + 10 % de taxe. 2 chambres pouvant accueillir 3 ou 4 personnes. Petit déjeuner inclus. Lits Queen, matelas orthopédiques, air conditionné, ventilateur, TV satellite, coffre, serviettes de plage… Restaurant ouvert tous les jours, de 7h à 9h (pour les hôtes), de 11h30 à 14h et de 17h30 à 20h. Tiki Bar ouvert les vendredi et samedi.

Le Seagullcove (la « Crique de la Mouette ») est un très bel hôtel de charme surplombant le Pacifique. Il compte seulement cinq bungalows dispersés dans un jardin tropical à flanc de colline. Confortables et bien équipés, chaque bungalow dispose de sa terrasse et de la vue sur l'océan. Côté installations, une piscine pour se relaxer et un restaurant aéré qui bénéficient également d'une vue splendide sur le Golfe de Chiriqui. Petits déjeuners à la carte, et cuisine internationale et panaméenne pour le déjeuner et le dîner, avec évidemment des spécialités de la mer. Les tarifs sont raisonnables. En soirée, on peut descendre sur la plage et profiter d'une ambiance romantique au Tiki Bar, sur pilotis, en dégustant un cocktail au-dessus des flots. Au-delà du site spectaculaire et du cadre tranquille et convivial de l'hôtel, on apprécie l'accueil adorable et le service personnalisé de Melissa et de son équipe. N'hésitez pas à leur demander conseil sur les activités à faire autour de Boca Chica : excursions dans les îles et sur le continent, plongée, pêche, kayak, paddle, balades à cheval, massages, yoga… Une excellente adresse pour passer quelques jours au calme et se ressourcer.

Se restaurer

Les hôtels de Boca Chica ont de bons restaurants de cuisine internationale et locale, notamment ceux de Bocas del Mar et Seagullcove. Des *fondas* dans le village offrent de bons plats de poisson pour pas trop cher.

À voir – À faire

PARQUE NACIONAL MARINO GOLFO DE CHIRIQUÍ ★★★★

Tous les hôtels facilitent la visite de l'archipel et la pratique d'activités variées comme la plongée, le kayak, ou simplement le farniente. La plupart des excursions incluent les Iles Bolaños et Gamez mais d'autres proposent d'aller jusqu'à Paridas, Ladrones, Palenque ou Isla Secas.

Le Parc Marin Golfe de Chiriquí a été créé en 1994 pour protéger 14 740 hectares de prairies marines, récifs coralliens et mangroves, et tout l'écosystème qui en découle. Le parc fait partie d'un vaste couloir biologique marin où transitent baleines, orques, tortues marines et de grands poissons pélagiques comme les thons ou les requins à pointe blanche. Environ 10% du parc est composé par un groupe d'îles et îlots connu sous le nom d'Archipel de Las Paridas. Des îles vierges couvertes d'une jungle tropicale pour la plupart. La plus grande île est Isla Parida (ou Isla Grande) d'une superficie de 1 200 hectares.

C'est la seule, avec Paridita, qui soit habitée en permanence car elles disposent de sources d'eau abondantes. Quelques familles y vivent, de la pêche essentiellement. Dans les alentours, plus de 20 îles peuplent le paysage : Santa Catalina, Pulgoso, Gámez, Tintorera, Obispo, Obispone, Los Pargos, Ahogado, Icacos, Corral de Piedra, Bolaños, Berraco, Bolañitos, San José, Linarte, Saíno, Sainitos, Iglesia Mayor, Carey Macho et Carey Hembra. Depuis Boca Chica, à gauche d'Isla Boca Brava, on aperçoit Isla Linarte qui marque la frontière du parc. Alors que la côte Pacifique offre surtout de grandes plages de sable noir, les îles de l'archipel sont entourées de plages de sable blanc bordées de palmiers et d'une végétation tropicale intacte. Avec son sable fin et ses eaux tranquilles de couleur émeraude ou turquoise, les îles du golfe n'ont rien à envier à celles de San Blas ou de Bocas. Certaines îles atteignent plusieurs dizaines de mètres de hauteur et offrent des vues splendides sur l'archipel. On peut même apercevoir les montagnes du Chiriqui et son imposant volcan Barú.
On trouve dans ces îles protégées, entre forêts tropicales et mangroves, une vie sauvage très riche. On peut y voir des caïmans, des quantités d'iguanes verts, des tatous, des grenouilles de couleurs vives, et des colonies de singes hurleurs. Les îles sont également de bons endroits pour observer faucons, pélicans, toucans, ibis, colibris, etc. Les récifs de corail et les prairies sous-marines sont le refuge quant à eux de nombreuses espèces de poissons colorés qui font la joie des plongeurs. L'observation des coraux est particulièrement réputée dans les secteurs de Santa Cruz (sud-ouest de Parida) et vers Isla Gámez.
Entre les îles, on aperçoit facilement des dauphins, des tortues marines (Baula et Carey), des raies mantas et enfin les majestueuses baleines à bosse *(Megaptera novaeangliae)*, entre début juillet et fin octobre. Ces *ballenas jorobadas* (en espagnol, H*umpback Whales* en anglais) réalisent une longue migration depuis l'Antarctique, près de 10 000 km pour mettre bas et se reproduire dans les eaux chaudes du golfe de Chiriqui. Les cétacés adultes mesurent une quinzaine de mètres et pèsent jusqu'à 50 tonnes ! Ils sont surnommés les « acrobates des mers » car ils passent beaucoup de temps à la superficie de l'eau, exhibant leurs nageoires pectorales et leurs queues, et réalisent des sauts impressionnants ! Un spectacle à ne pas rater si vous êtes sur la côte à cette période.
Isla Parida dispose d'un bar restaurant où l'on peut déguster le poisson fraîchement pêché, avec des *patacones* et une bière fraîche, ou une eau de coco, mais en général les îles offrent peu de commodités pour accueillir les touristes. Ne pas oublier donc pour une journée réussie : protections solaires (chapeau, lunettes, crèmes à indice élevé), de l'eau, masque et tuba, et l'appareil photo.

PLAYA GAVILLA ★★

Bifurcation à gauche peu avant Playa Hermosa.
Encore une belle plage sauvage à une vingtaine de minutes de voiture de Boca Chica.

PLAYA HERMOSA ★★

A une quinzaine de kilomètres de la Panaméricaine, cette plage est encore très sauvage et permet des baignades sans risques. Il faut aller chercher loin la mer à marée basse. Très peu fréquentée, sauf les week-ends estivaux.

Parque Nacional Marino Golfo de Chiriqui.

Sports - Détente - Loisirs

- **Pêche sportive.** Le golfe de Chiriqui est connu dans le monde entier par la pêche sportive. Débutants ou experts, vous serez comblés ! Marlín noir ou bleu, thon jaune, wahoo, cubera, poisson coq, róbalo, pagre, corvina, merou, amberjack... Les hôtels organisent eux-mêmes les excursions en mer ou font appel à des spécialistes équipés de la dernière technologie à bord des bateaux. En principe les bateaux naviguent jusqu'à Hannibal Bank, Isla Montuosa ou Isla Ladrones. Plus proche de Boca Chica, on peut pêcher vers les îles Secas, Gámez et Bolaños.
- **Pêche traditionnelle.** Vous pouvez demander à un pêcheur du coin si vous pouvez l'accompagner à bord de son embarcation. Les hôtels organisent également des sorties dans la mangrove et autour des petites îles.
- **Snorkeling et plongée sous-marine.** Plusieurs bons endroits pour nager en sécurité au milieu des rochers et des coraux. Les 16 petites îles de Islas Secas, à 50 minutes de bateau de Boca Chica, offrent une bonne visibilité et un cadre paradisiaque.
- **Exploration de la mangrove.** Les hôtels proposent des excursions en kayak ou en *lancha* à travers des kilomètres et kilomètres de mangroves. Il est recommandé de commencer en milieu d'après-midi pour apprécier au milieu de cet environnement unique, le magnifique coucher du soleil dans le Pacifique. De nombreuses espèces d'oiseaux vous attendent, alors à vos jumelles !
- **Observation des baleines.** De juillet à début novembre, les baleines à bosse (*ballenas jorobadas*) séjournent dans le golfe, souvent avec leurs bébés auxquels elles enseignent à nager. On peut les voir sauter de près. Un spectacle rare, impressionnant et émouvant.
- **Plages.** Des dizaines de plages vous attendent, parmi elles, celles de Isla Bolaños (bon snorkeling), Isla Gámez, ou Isla Parida où l'on peut voir des caïmans et autres animaux sauvages...
- **Sur le continent,** de nombreuses balades à cheval ou à pied sont possibles, renseignez-vous auprès de votre hôtel.

OLIVIER PÊCHE PANAMA

Boca Chica
www.pechepanama.com
contact@pechepanama.com
Programmes de 6 jours de pêche ou plus organisés depuis la France via Pacvoyages.
Olivier Charpentier guide français expérimenté, propose de la pêche sportive *no-kill* (*popper*, *jig*, ou vif) dans les spots les plus sauvages de l'archipel : Isla Parida, Islas secas, Islas Ladrones... Hébergement dans la maison d'Olivier à Boca Chica ou bivouacs sur l'île lointaine de Montuosa.

ISLA BOCA BRAVA ★★★

L'une des plus grandes îles du golfe de Chiriquí, à proximité du parc marin et juste en face de Boca Chica, à 3 minutes de *lancha*. Une île sauvage et isolée, pour un séjour d'un ou plusieurs jours. Egalement un bon point de départ pour se promener dans l'archipel.

Pratique

La dernière supérette que vous aurez l'occasion de voir avant l'île se trouve à Boca Chica. Nous vous conseillons d'en profiter pour vous approvisionner (eau, etc.).

Se loger

CALA MÍA BOUTIQUE RESORT

Isla Boca Brava
✆ +507 851 0025 / +507 6972 6954
www.calamiaresort.com
calamiaresort@gmail.com
Les tarifs démarrent à environ 250 US$ + 10 % de taxe.
Onze luxueux bungalows-suites au bord de l'océan. Au-delà de la piscine et du Spa ce ne sont pas les activités qui y manquent : kayaks, planches, plongée, balades à cheval... le restaurant Punto Sur est perché sur les hauteurs et propose une cuisine méditerranéenne préparée avec les fruits et légumes du potager. Accueil en anglais mais le personnel parle espagnol.

HÔTEL BOCA BRAVA

✆ +507 851 0017
www.hotelbocabrava.com
hotelbocabrava@yahoo.com
Cabañas de 39,50 US$ à 75 US$ selon le confort (avec ou sans salle de bains privée, TV, air conditionné). Ajouter à ces tarifs 10 US$ en haute saison et 10 % de taxe (idem pour les tarifs du restaurant, pour le service). Il n'y a plus d'option d'hébergement en dortoir ou tente.
Les propriétaires possèdent 35 ha sur l'île avec deux plages privées. De multiples activités sont possibles (pêche, plongée, snorkeling, kayak, balades à pied, à cheval...). Les *cabañas* et le restaurant surplombent l'océan d'une vingtaine de mètres. Ne manquez pas de monter au mirador sur la terrasse pour une vue magnifique sur le Pacifique et ses îles. Les cabanes sont confortables, mais rustiques. Le lieu est sauvage (les singes hurleurs vous réveilleront peut-être !) et il convient d'être prudent lorsque l'on s'aventure sur les sentiers.

▶ **Le restaurant de l'hôtel sera votre unique choix,** ouvert dès 7h30 à 20h. Essentiellement du poisson, selon la pêche du jour et les périodes de reproduction mais aussi burgers, salades, soupes, langoustes... Tarifs raisonnables : compter environ 25 US$-30 US$ par jour pour les trois repas.

■ **PUNTA PIRUET**
✆ +507 392 7870
✆ +507 6402 3888
www.puntapiruet.com
booking@puntapiruet.com
Chambre Ulysse (2 personnes) 150 US$, chambre Piruet (2 personnes) et chambre Edin (2 personnes) 180 US$, suite Joseph (4 personnes) 280 US$. +10 % de taxes. Séjour minimum 2 nuits. Petit déjeuner continental complet inclus. Plusieurs forfaits logement + activités proposés. Déjeuner à la carte, dîner 40 US$ par personnes. Chambres tout confort avec eau chaude, AC, TV câblée, Wi-fi.
Une chambre d'hôtes exclusive située sur une pointe sauvage de l'île Boca Brava. Un lieu intime destiné aux personnes souhaitant profiter de la nature et du calme, dans le confort et la convivialité. Elisabeth la propriétaire française, vous offrira un accueil chaleureux et un service personnalisé. Sa maison est décorée avec goût et bénéficie d'une vue sublime sur l'océan. Les chambres sont très lumineuses et bien équipées, avec une literie et d'un mobilier de qualité, et des salles de bains spacieuses. Elles ont toutes vue sur l'océan. Autour, de grands espaces verts, une belle piscine à débordement, et le Pacifique à perte de vue... De multiples activités nature sont proposées : tours en bateau, plongée, pêche sportive, observation des baleines en saison, mais aussi équitation sur les sentiers de l'île. Elisabeth pourra vous parler pendant des heures de sa grande passion, les chevaux. Piruet est d'ailleurs le nom d'un célèbre pur-sang arabe (champion du monde de *show*) et vous remarquerez un grand haras sur la propriété. Les amateurs seront aux anges ! Autre caractéristique de Punta Piruet, sa cuisine méditerranéenne raffinée, proposée à midi et le soir. On mange ensemble sur une grande table, en profitant d'un vue inoubliable. Un endroit pour déconnecter, ou refaire le monde.

À voir - À faire

▶ **Exploration de l'île.** Il y en a pour tous les goûts, selon l'envie et la difficulté des sentiers. Des sorties peuvent être organisées vers les petites îles avoisinantes de Linarte et Saino. Plages de cailloux ou de sable noir. Et de juillet à novembre, ne manquez pas le passage des baleines, elles sont toutes proches !

Sports - Détente - Loisirs

■ **MORRO NEGRITO SURF CAMP**
✆ +507 6561 6206
www.morronegrito.travel
info@morronegrito.travel
Les forfaits surf à la semaine sont de 640 US$ par personne (transferts aller-retour depuis l'aéroport de la capitale, repas et logement compris, ainsi que les trajets en barque pour rejoindre les différents spots autour des îles). Si vous êtes déjà à Panamá, on peut vous récupérer à Tole, mais réservez à l'avance.
Au large du Chiriquí, une île privée très exclusive, réservée aux passionnés de surf. La capacité de l'hôtel composée de cabanes rustiques est volontairement limitée à 25 personnes. Un programme alléchant, 10 différents break, des vagues de 6 à 8 pieds... Que demander de plus ?

PLAYA LAS LAJAS ★★

Une belle plage longue de 14 km, bordée de cocotiers, où les tortues viennent déposer leurs œufs entre août et octobre. La marée y est importante et la plage peut se dégager sur 150 m. Si vous ne voyez pas de tortues vous verrez sans doute beaucoup de petits crabes orange qui courent à toute vitesse !
la plage est très peu fréquentée hors saison, beaucoup plus le week-end durant l'été panaméen. Si vous dépensez plus que prévu en cocktails, la banque la plus proche se trouve à San Felix, à côté de la police.

Transports

▶ **Bus et taxi.** Depuis David, prenez n'importe quel bus pour San Felix, Tole, Santiago... Durée 1 heure 15, 2,70 US$ (avec le bus à destination de San Felix). Demandez au chauffeur de vous déposer à « El Cruce » (l'intersection) de Las Lajas. Puis prenez un taxi (6 US$). Inutile de prendre un bus pour Las Lajas, il n'ira pas plus loin que le village proche, alors que la plage se trouve encore à 10 km.
De Las Lajas à David ou Panamá, revenez à El Cruce où la plupart des bus font un stop. Pour Santiago ou les villes sur la route de Panamá, vente de billets sur place à « Terminal David Panamá » à côté du centre commercial d'El Cruce mais les bus sont souvent pleins. Vous aurez plus de chance de trouver une place en vous rendant au Kiosco Enita, une petite maison au bord de la route au Cruce.

▶ **Voiture.** Prenez à droite au Cruce en venant de David (panneau bien kitsch inratable). Puis suivez les indications. Route en bon état.

Se loger

■ **FINCA BUENA VISTA**
Las Lajas
✆ +507 6814 8693
www.finca-buenavista-laslajas.com
info@finca-buenavista-laslajas.com
En taxi, 2 US$ du village de Las Lajas et 5 US$ pour la plage.
Entre 55 US$ et 70 US$ selon la saison, la chambre double avec petit déjeuner. Possibilité d'ajouter deux lits individuels dans deux des chambres. Piscine.
A 800 m du village de Las Lajas et à 10 km de la plage, perdu en pleine nature, un hôtel familial avec quatre chambres confortables (eau chaude, AC) disposant chacune de sa terrasse avec vue sur les collines environnantes. La piscine compense l'éloignement de la mer (accessible en bus ou taxi pour ceux qui ne sont pas motorisés). Berit et Uwe, le couple d'Allemands qui vous accueillera, est aux petits soins et peut vous organiser des excursions dans les mangroves ou dans des villages ngäbe. Une très bonne adresse, réservation conseillée, surtout en haute saison.

■ **HOSPEDAJE ECOLÓGICO NAHUAL**
A gauche en arrivant à la plage.
✆ +507 6620 6431
www.nahualpanama.com
info@nahualpanama.com
Lit en dortoir : 10 US$, chambres rustiques à 15, 25 ou 30 US$ pour 1, 2 ou 3 pers., 30, 40 ou 50 US$ avec salle de bains privée. Cuisine pour les hôtes. Wifi.
Une auberge presque 100% écologique, tenue par des Italiens militants. Tout est fait dans le respect et la préservation de l'environnement et les hôtes doivent respecter les règles. Logements simples, cuisine à partager. On mange végan, avec la production locale (permaculture), on évite les produits toxiques (votre répulsif Off par exemple). Des écotours à pied ou à cheval sont proposés pour découvrir les écosystèmes des environs.

■ **LAS LAJAS BEACH RESORT**
En arrivant en bord de mer, tourner à droite et suivre le chemin sur 400 m.
✆ +507 6790 1972
www.laslajasbeachresort.com
info@laslajasbeachresort.com
12 chambres avec lit Queen et 2 suites lit king size, avec AC, Wifi. 135 US$ ou 165 US$ la chambre double en basse ou haute saison (+ 10%). Suite : 220 US$. Poisson du jour 10 US$ et plats à la carte plus chers. Pour ceux qui ne logent pas à l'hôtel, la piscine et les fauteuils de plages sont accessibles en journée pour 10 US$.

© NICOLAS LHULLIER

Playa Las Lajas.

C'est l'un des rares hôtels qui donnent directement sur la plage, sans être trop *roots*. Ce petit resort de 12 chambres, aux couleurs chaleureuses, est apprécié des étrangers vivant à Boquete. Une piscine, un bar-restaurant avec vue sur la mer et du gazon bien tondu accueillant de jolis ranchos en forme de champignon.

■ NATURALMENTE

A 10 min en voiture de la plage.
✆ +507 727 0656 / +507 6211 1787
www.naturalmentepanama.com
info@naturalmentepanama.com
Au croisement de San Felix (demander l'arrêt en bus), il faut prendre un taxi pour 1 km en direction de Las Lajas.
Cabañas 50 US$ en basse saison et 65 US$ en haute saison. 15 US$ par pers. supplémentaire. Petits chalets de 3 lits à 18 US$ en basse saison et 23 US$ en haute saison. Petit déjeuner inclus avec pain fait maison, pancake, charcuterie, fromage et assiette de fruits frais.

Une excellente adresse à Las Lajas, où vous verrez de superbes couchers de soleil. Chantal et Gabriele ont pensé leur petit hôtel écologique avec tout le confort. Le restaurant italien est très bon.

Se restaurer

■ LA ESTRELLA DEL PACÍFICO

Sur la plage, sur la droite à 100 m de l'intersection.
✆ +507 6116 8857
Ouvert du mardi au dimanche (parfois fermé en basse saison) de 8h au dernier client. Plats entre 4 et 8 US$.
Demandez à voir Kenin « el Chino ». Restaurant sur la plage. Poisson frit accompagné de riz ou patacones ou poulet-riz-haricots. Egalement quatre cabañas au confort très sommaire, avec salle de bains. Possibilité de camper ou d'accrocher son hamac sous un rancho. Service de laverie.

PROVINCE DE BOCAS DEL TORO

Plongée à Bocas del Toro.

LE LITTORAL DE BOCAS DEL TORO

Les immanquables de Bocas del Toro

- **L'atmosphère afro-caribéenne** de l'archipel.
- **Les richesses marines** du parc maritime de Bastimentos.
- **Les étoiles de mer** de Playa Estrella.
- **Les spots de surf et de plongée.**
- **Les minuscules grenouilles** rouge et noir de Red Frog.
- **Les lodges écolos** en pleine nature, sur les îles isolées.
- **La rencontre** des Ngäbe à Salt Creek par exemple.
- **Les bananes !**

Le littoral de la province de Bocas del Toro est beaucoup moins touristique que les îles, et sa vocation est essentiellement agricole avec d'immenses cultures de bananes. Almirante est le village par où l'on accède pour se rendre à la ville de Bocas (voir la partie « Transport » de Bocas). Changuinola est une grosse bourgade poussiéreuse qui permet de rejoindre la frontière du Costa Rica et le parc international La Amistad. Sachez que dans cette région très authentique, des projets se montent petit à petit dans les communautés indigènes.

CHANGUINOLA

Changuinola, 32 000 habitants, est la dernière grosse ville avant la frontière du Costa Rica. C'est une zone commerciale importante entourée de vastes plantations de bananes. Tous les magasins-dépôts de la Zone libre de Colón y sont présents. Vêtements, boîtes en plastique, conserves, sandales… Le tout en pagaille, sur de grands étals qui recueillent la poussière de l'avenue principale, où passent les gros camions peints aux couleurs jaunes et bleues de la fameuse étiquette « Chiquita ». Tous les hôtels, restaurants et banques se trouvent dans cette même avenue dénommée 17 de Abril, ou plus communément Avenida central.

L'ambiance qui règne à Changuinola ne ressemble en rien à celle de Bocas. C'est un autre monde que l'on découvre en traversant les plantations de bananes délimitées en *fincas* (fermes) sur la route Changuinola-Almirante. Les uniques distractions de la ville sont les *cantinas*, billards et casinos. Changuinola est surtout le point de départ pour des excursions dans le parc international La Amistad et la dernière ville étape avant le Costa Rica.

- **La frontière**. Le Panamá est séparé du Costa Rica par un vieux pont de 1908, sous lequel coule le río Sixaola. Guabito est la petite ville où se trouve le poste-frontière côté panaméen, à 15 km de Changuinola (30 minutes, 2 US$ en bus). Quelques hôtels sans charme si vous arrivez trop tard à la frontière. Sixaola est la première ville côté costaricien. La frontière est ouverte tous les jours de 8h à 17h (de 7h à 17h au Costa Rica). Attention on change d'heure (- 1 heure au Costa Rica). Du côté costaricien, des bus partent pour San José (7 heures de route), Puerto Viejo (1 heure 30), Cahuita (2 heures). La plupart des touristes optent désormais pour le shuttle depuis Bocas, ce qui évite de se préoccuper du retour à Almirante, du trajet jusqu'à Changuinola et du passage de frontière. Le prix reste économique.

Transports

- **Pour le trajet jusqu'à Bocas**, se reporter à la rubrique correspondante.
- **Avion**. Air Panamá dessert deux fois par jour Changuinola depuis Panamá, avec une escale à Bocas.

La province de Bocas del Toro
Altitude (en mètres)
1500
800
200
Limite de province
Ville principale
Village
Parc national ou réserve
0
30 km
N
MER DES CARAÏBES
GOLFO DE LOS MOSQUITOS
COSTA RICA
COSTA RICA
BOCAS DEL TORO
CHIRIQUÍ
VERAGUAS
Las Tablas
Sixaola (COSTA-Rica)
Guabito
Finca 60
Canal de Changuinola
CHANGUINOLA
Luzón
El Silencio
Teribe
HUMEDAL DE SAN SAN POND SAK
Isla Colón
BOCAS DEL TORO
Bastimentos
Isla Bastimentos
Parque Nacional Isla Bastimentos
Bahia de Almirante
Almirante
Isla Cristobal
Salt Creek
Isla Popa
Isla Cayo Agua
Punta Valiente
Sirain
Piticinqui
Tobobé
Isla Escudo de Veraguas
PARQUE INTERNATIONAL LA AMISTAD
Cerro Fabrega 3336 m.
Itamut 3279 m.
3163 m.
CORDILLERA DE TALAMANCA
Culubre
BOSQUE PROTECTOR PALO SECO
Brazo Izquierdo
Laguna de Chiriquí
Peninsula Valiente
Chiriquí Grande
3475 m.
Parque Nacional Volcan Barú
Volcán
BOQUETE
Boca de Rio Chiriquí
Santa Catalina
Punta Cahuita
Guariviara
Guoroni
Chucara
CORDILLFRA CENTRAL
1945 m.
2520 m.
2292 m.

LA PROVINCE DE BOCAS DEL TORO

La province de Bocas del Toro, entre terre et mer, jouit d'une position riche et contrastée, entre le Costa Rica avec qui elle partage le parc international de La Amistad, les hautes terres chiricanas et surtout la mer des Caraïbes. La route qui relie les provinces de Bocas et Chiriquí est en bon état. Quant à l'aéroport de Bocas del Toro sur l'île Colón, il permet de gagner la capitale en moins d'une heure. Il n'en faut pas plus pour se retrouver dans une atmosphère caribéenne colorée, à siroter un rhum en écoutant le calypso de Lord Cobra !

Histoire

Cette région fut l'une des premières du continent à être visitée par les conquistadores. Christophe Colomb explore l'archipel en 1502, lors de son quatrième voyage « aux Indes ». La baie de Caraboro (le nom indigène sera changé pour Almirante, amiral en espagnol) et la lagune d'Aburemá (actuelle lagune de Chiriquí) étaient déjà peuplées par les « Indiens » qui circulaient en pirogue entre les îles. Mais les Espagnols n'implantent pas de colonie dans cette région dépourvue de grandes quantités d'or, qui deviendra aux XVIIe et XVIIIe siècles un repaire de pirates anglais et un refuge pour quelques Français Huguenots.

Au début du XIXe siècle de riches familles écossaises et anglaises émigrent des îles colombiennes de San Andrés et de Providence pour s'installer dans l'archipel avec leurs esclaves. Se développe alors un commerce important avec la Jamaïque, colonie britannique : on exporte d'importantes quantités de cacao, acajou et écailles des tortues Carey, nombreuses à venir pondre sur les plages. Après l'abolition de l'esclavage, les esclaves affranchis restent et s'établissent en petites communautés de pêcheurs et d'agriculteurs. Des liens se sont créés entre les esclaves noirs et les Amérindiens, et outre le métissage, une langue fait son apparition : le guari-guari, mélange d'anglais des Antilles, d'espagnol et de ngöbere.

A la fin des années 1890, la United Fruit Company s'implante dans la région. Les vastes plantations de bananes plantains vont alors attirer des milliers de travailleurs des Antilles anglophones, surtout des Jamaïcains. La ville de Bocas del Toro, où s'est implanté le siège social de la puissante compagnie américaine, devient une ville importante et accueille bientôt les consulats d'Angleterre, d'Allemagne, des Etats-Unis et de France. Trois périodiques voient le jour dont un en anglais, *The Central American Express*. Mais entre les années 1920 et 1930, une maladie ravage les plantations. La région va alors tomber dans un certain marasme économique... duquel elle n'est jamais vraiment sortie, malgré le retour de la compagnie bananière dans les années 1950.

L'île de Colón et les petites îles voisines connaissent un boom touristique impressionnant. On comprend immédiatement pourquoi en débarquant dans ces paysages de cartes postales et cette ambiance détendue. L'industrie touristique et l'afflux des investisseurs étrangers apportent beaucoup d'emplois, mais la population locale doit faire face à une hausse assez phénoménale du coût de la vie. Se posent également des questions environnementales auxquelles, nous l'espérons, les habitants, panaméens et étrangers, sauront répondre rapidement...

Lancha d'écoliers.

© DMITRIY_RND - FOTOLIA

Playa Estrella, Boca del Drago.

▸ **Bus**. Les deux terminaux se trouvent dans l'avenue 17 de Abril à environ 500 m l'un de l'autre ✆ +507 6678 5071 :
Le terminal Urracá gère les liaisons de/vers David et Panamá. Bus Panamá-Changuinola : départs à 7h et 20h, durée : 11 heures, 29 US$. Changuinola-Panamá à 7h et 19h. Bus David-Changuinola : toutes les 30 minutes de 4h30 à 19h, 4 heures 45 de trajet, 9,70 US$ (autre sens idem).
Le terminal SINCOTAVECOP gère les destinations régionales : Almirante (bus fréquents jusqu'à 21h. 40 minutes, 1,50 US$ – voir Transport/ Bocas) ; Guabito : toutes les 25 minutes de 5h30 à 20h (19h le week-end). 2 US$, 30 minutes ; El Silencio de 5h à 21h, 1,30 US$, 30 minutes.

▸ **Taxis**. Environ 2 US$ par personne la course en ville. Au moins 10 US$ en taxi pour Guabito, 25-30 US$ pour Almirante.

Pratique

Supermarchés, pharmacies, cybercafés, banques avec distributeurs se trouvent facilement dans l'Avenida 17 de abril.

■ MIAMBIENTE

✆ +507 758 6603
Accès compliqué, dans un quartier résidentiel à l'ouest du centre : le plus simple est de s'y rendre en taxi.
Ouvert en semaine de 8h à 16h. Pour des informations sur les parcs nationaux de la province.

Se loger

Si vous êtes contraint de rester à Changuinola, voici une option :

■ GOLDEN SAHARA

à gauche en sortant du terminal Urracá
C/17 de Abril,
✆ +507 758 7908
hotelgolden_sahara@hotmail.com
Chambre double à partir de 35 US$. Salle de bains avec eau chaude, AC, TV câblée, Wi-fi.
Certaines chambres n'ont pas de fenêtres mais cela reste l'option la plus « chic » de la ville ! Le personnel est aidant et ravi de renseigner les touristes.

Se restaurer

Plusieurs *comedores* et restaurants de cuisine locale aux alentours du terminal et dans la rue principale.

À voir – À faire

■ HUMEDAL SAN-SAN POND SAK ★★

✆ +507 6679 7238
www.aamvecona.com/es/index.php
Pour y accéder en transports publics, renseignez-vous et réservez auprès de l'AMMVECONA. A partir de 50 US$ le tour.
Ces 16 000 ha protégés sont situés dans le district de Changuinola et s'étendent le long du littoral, de la frontière costaricienne à l'autre extrémité, en englobant les deux canaux de Changuinola. La particularité des zones humides (humedal) est de constituer un écosystème naturel efficace contre l'érosion ou les inondations et nécessaire à l'équilibre hydrologique d'une zone. C'est également le refuge idéal de nombreuses espèces d'oiseaux et de mammifères comme le lamantin. Les mangroves, lagunes, plages et marécages sont accessibles avec un tour de l'association AAMVECONA. Programme de conservation des tortues. Hébergement simple et restauration le soir.

PARQUE INTERNACIONAL LA AMISTAD ★★★

Cette zone protégée s'étend au-delà de la frontière et également au Chiriquí. En y accédant à partir de la province de Bocas, on pourra rencontrer les communautés Naso Teribe, qui forment l'un des groupes amérindiens les moins connus du pays. Les Nasos étaient déjà présents dans la région à l'arrivée des Espagnols. Au cours des siècles, suite à de nombreux affrontements avec les communautés voisines (Bri-bris, Mosquitos...), ils se déplacèrent progressivement vers les rives du Río Teribe, où ils vivent actuellement. La proximité de l'épaisse forêt primaire humide attira aussi les militaires de 1986 à 1989. Ils venaient s'entraîner dans une école d'un genre un peu spécial, la Panajungla, où étaient organisés des séminaires et stages de survie...

Concentrés dans le secteur d'El Silencio, les Naso ont développé des projets d'écotourisme avec des tours thématiques dans la forêt. Voir les sites web de Odesen et Soposo Rain Forest.

Transports

- **Bus Changuinola-El Silencio**, puis pirogue à moteur sur le Río Teribe jusqu'au centre écologique du village de Wekso (environ 50 US$ par personne aller-retour sur un bateau de 6 personnes).

Pratique

ODESEN

Wekso, sur les rives du río Teribe.
✆ +507 6695 6419
✆ +507 6719 0431
✆ +507 6574 9874
www.odesen.bocasdeltoro.org
turismonaso_odesen@hotmail.com
Des tours thématiques dans la forêt sont organisés à la demande.

SOPOSO RAIN FOREST

Soposo, à côté de Wekso
✆ +507 6631 2222 / +507 6875 8125
www.soposo.com
info@soposo.com
130 US$ pour une nuit et deux jours par personne avec repas, activité et transports. 275 US$ pour deux nuits et trois jours.
Découverte de la communauté naso et de la forêt.

ALMIRANTE ★

La port bananier d'Almirante est le passage obligé pour se rendre à Bocas. C'est de là que partent les navettes maritimes, des bateaux à moteur (*lanchas*) d'une quinzaine de places équipés de gilets de sauvetage.

Embarcadère pour Bocas.

Transports

Bus fréquents Almirante-David ✆ +507 6678 5021 ou +507 6668 5059), beaucoup moins de/vers Panamá. Prendre un bus arrivant assez tôt pour ne pas rater la dernière navette vers Bocas (18h).

▶ **Panamá-Almirante** : départs d'Albrook à 7h, 20h et 20h30. 10 heures. 27,30 US$. Pour réserver un billet vers Panamá depuis Bocas, adressez-vous à une agence sur l'île, comme Bocas Marine Tours. Le bus, qui poursuit sa route jusqu'à Changuinola, vous laissera à l'extérieur d'Almirante, à un mini terminal situé à l'intersection de la route menant à Changuinola et de la rue principale d'Almirante. Pour rejoindre l'embarcadère, 5 minutes en taxi (1 US$ par personne).

▶ **David-Almirante** : toutes les 30 minutes de 4h30 à 19h (dans les 2 sens), moins de 4 heures de trajet avec une pause de 15 minutes après la route de montagne (magnifique mais dangereuse en cas de brouillard), 9 US$. Ces bus poursuivent leur route vers Changuinola et vous laissent à l'extérieur de la ville, à l'intersection mentionnée ci-dessus.

▶ **Changuinola-Almirante** : il n'y a pas de bus direct vers Almirante depuis le Costa Rica : transiter par Changuinola. Bus toutes les 20 minutes à partir de 6h. 40 minutes de trajet. 1,50 US$. Le bus vous laisse au terminal d'Almirante pas loin des embarcadères pour Bocas.

Se loger

■ HÔTEL 888

Rue principale d'Almirante
✆ +507 758 3318
bocasdeltoro-hotel888.blogspot.fr
25 US$ la chambre avec lit double, 30 US$ la chambre avec grand lit et petit lit et 40 US$ la chambre avec deux grands lits et un petit lit.
Pratique si vous arrivez en soirée et qu'il n'y a plus de bateau-taxi pour Bocas. Cet hôtel tenu par des Chinois est étonnamment propre et confortable. Restaurant sur place.

À voir - À faire

■ OJO DE AGUA

A 15 min en voiture d'Almirante en direction de Boquete.
Ce lac artificiel de montagne offre de belles vues sur les méandres du fleuve. Pour un rapide stop en allant à Boquete.

■ QUEBRADA BANANO

A 30 min de piste en 4x4 d'Almirante et 30 min de marche.
Contactez les Français de la Finca Vela sur Isla Pastores pour une mise en relation, 40 US$.
Si vous êtes allergique aux tours aseptisés dans les communautés indigènes, Quebrada Banano, 100% authentique et difficile d'accès, devrait vous plaire. On mange dans la famille Ngäbe très nombreuse de Maximo et on joue avec les enfants à l'école. Un projet d'accueil des touristes était à l'étude lors de notre passage. Espagnol indispensable.

LAGUNA DE CHIRIQUÍ

La zone de la laguna de Chiriquí (ne pas confondre avec le golfe de Chiriquí côté Pacifique) et au-delà à l'est devrait se développer dans les années à venir, avec la construction d'une route le long de la côte Caraïbe. Les investisseurs, en tout cas, ont déjà acheté les terres des Indiens dans cette perspective, mais heureusement, une bonne partie appartient à la Comarca Ngäbe-Buglé (droit d'accès 10 US$).
Quelques excursions sont déjà possibles autour de la Péninsule Valiente, dans la comarca Ngäbe-Buglé. En saison, lorsque la mer n'est pas trop agitée, une sortie est possible depuis les îles de l'archipel les plus proches (1h30 de lancha depuis Isla Pastores par exemple).
Au programme : plages du continent, snorkeling, pique-nique sur Isla Paterson, nuit et déjeuner dans une communauté Ngäbe à Bahia Azul, Kusapin ou Tobobé sur la péninsule ou bien pirogue sur le rio Cricamola, dans le golfe de Chiriquí. Le golfe des Moustiques, après la péninsule, réserve lui aussi bien des surprises si l'on possède son propre bateau et que l'on veut camper sur de superbes plages. De l'aventure pure, que seuls certains capitaines locaux pourront vous faire découvrir.

L'ARCHIPEL DE BOCAS DEL TORO

L'archipel de Bocas del Toro comprend neuf grandes îles et des centaines d'îlots, dont un grand périmètre est protégé par un parc national marin. Cette région fantastique du Panama permet à la fois de profiter des eaux magnifiques des Caraïbes, mais également de découvrir l'ambiance, la cuisine et l'architecture caribéennes. Selon vos envies (fête, plongée, détente) et votre budget, vous pouvez résider dans la ville de Bocas, qui offre le plus d'infrastructures sur Isla Colón, ou dans un hôtel paradisiaque sur une île isolée. Pourquoi ne pas mixer les deux ? Chaque île possède sa propre atmosphère et des activités bien différentes. Si vous aimez la mer et le soleil, vous risquez de trouver votre séjour bien court !

Les mois les plus propices se situent entre février et avril, ou en septembre et octobre : les deux « étés » de Bocas. Même si les parapluies se déploient ici en toute saison, sous la pluie ou le soleil, les températures sont toujours très agréables. Et si la pluie teinte l'horizon d'une couleur bleutée, la rêverie vous emportera…

ISLA COLÓN ★★★

Welcome to Bocas ! Ne vous vexez pas si on vous aborde de la sorte alors que vous êtes un hispanophone convaincu : ici on parle anglais depuis des générations, enfin un anglais aux accents créoles… ainsi que le guari-guari, la langue des indigènes Ngobe ! Ces derniers sont venus des terres il y a deux générations. Isla Colon est l'île la plus importante de l'archipel. C'est à Bocas Town que vous trouverez le plus d'hôtels, restaurants et agences, même si des hôtels bon marché sont aussi installés sur les autres îles, notamment Carenero et Bastimentos.

Toutes les îles de l'archipel sont accessibles en *lancha* à moteur et les liaisons sont fréquentes en journée. Les prix varient selon la distance et les trajets peuvent s'avérer onéreux pour les îles les plus éloignées. Si vous voulez être mobile, mieux vaut rester à Bocas. Pour évoluer dans un cadre de rêve, filez à Pastores ou Bastimentos.

La joie de vivre aux Caraïbes.

© NICOLAS LHULLIER

Maison typique caribéenne à Bocas.

BOCAS DEL TORO ★★★

Situé sur Isla Colón, Bocas est la « capitale » de la province. Un titre surprenant pour cette ville colorée qui ne semble vraiment s'animer qu'avec la Feria del Mar en septembre (défilés, danses...), ou à l'approche des fêtes de fin d'année et du carnaval. Dans les petites rues secondaires de la ville, on pourra se balader tranquillement au milieu de magnifiques maisons caribéennes en bois, sur pilotis, plus ou moins colorées, plus ou moins penchées. Mais finalement on reste peu en ville, il y a tellement de choses à faire autour !

Le tourisme est désormais la principale source de revenus des habitants, même si la majorité des établissements est tenue par des étrangers. On ne manquera pas de vous signaler, dès votre arrivée, les excursions qu'offre l'archipel. Il suffit de monter à bord d'une *lancha* pour se trouver dans l'une des innombrables îles environnantes ; il suffit de chausser les palmes pour admirer des fonds marins considérés comme parmi les plus beaux des Caraïbes ; il suffit enfin de monter sur sa planche pour se retrouver dans de magnifiques rouleaux...

Transports

Comment y accéder et en partir

Avion. La compagnie Air Panamá assure 2 vols par jour dans les deux sens entre Panamá et Bocas sur l'île Colon, tôt le matin et l'après-midi. 1 heure de vol, à partir de 80 US$ l'aller simple. Une taxe de 3 US$ pour l'environnement vous sera demandée à l'arrivée. Des taxis vous attendent à la sortie de l'aéroport, mais sachez que la rue principale n'est qu'à 300 m.

Navette maritime depuis Almirante. La port bananier d'Almirante est le passage obligé pour se rendre à Bocas. C'est de là que partent les navettes maritimes, des bateaux à moteur puissants (*lanchas*) d'une quinzaine de places. Les deux principales compagnies sont Bocas Marine Tours et Taxi 25 qui ont sensiblement les mêmes horaires et tarifs.

BOCAS MARINE & TOURS
Calle 3, at Av. C
✆ +507 757 9033
Toutes les 30 minutes, entre 6h et 18h. 5 US$, 30 minutes d'une jolie traversée de/vers Almirante à Bocas. Note : il n'existe plus de liaison Bocas-Changuinola via le canal de Changuinola et le port de Finca 60.

CARIBE SHUTTLE
Dans le bâtiment Taxi 25.
✆ +507 757 7048 / +506 2750 0626
www.caribeshuttle.com
info@caribeshuttle.com
Bocas-Puerto Viejo au Costa Rica : départs à 8h et 14h30, 3 heures 30 de route, 28 US$. Pour 34 US$, le bus va jusqu'à Manzanillo ou Cahuita. Retours en direction du Panama vers 7h et 14h. Bocas-San José : départ à 8h, 10 heures de route, 67 US$. Réservation en ligne.
Si vous voulez gagner du temps et ne pas vous poser trop de questions en terme d'organisation pour aller ou venir du Costa Rica, Caribe Shuttle assure des liaisons en navette maritime + minibus de/vers Puerto Viejo ou San José.

© LAURENT BOSCHERO

Un acqua lodge de luxe à Bocas del Toro.

FERRY – TRANSBORDADORES MARINOS
Port d'Almirante
✆ +507 391 0350 / +507 6490 7193
Liaison quotidienne (sauf le lundi) entre Bocas et Almirante. Mercredi, vendredi et le week-end, deux départs de Bocas vers Almirante à 10h et 15h (retours à 11h30 et 16h30). Le mardi et le jeudi, seulement un trajet vers Almirante à 15h (retour vers Bocas à 16h30). 1 US$ par passager (20-30 US$ par véhicule selon sa taille), 2 heures de trajet.
Pratique pour ceux qui ont une voiture, même si celle-ci ne vous servira à rien à Bocas...

HOLA PANAMA TRAVEL - SHUTTLE
Calle 3ra, à côté de Bocas Marine Tour
✆ +507 757 7004 / +507 720 1260
www.holapanamatravel.com
Liaisons quotidiennes Bocas-Boquete, départ à 11h de Bocas, 8h de Boquete (hostel Mamallena). 30 US$ par pers. (lancha Almirante-Bocas incluse). Compter 3 heures 30 de trajet environ.
Une agence montée par Antony, un jeune Français, avec des bureaux à Bocas et Boquete, qui propose des liaisons quotidiennes entre ces deux villes (shuttles ou transports privés) mais aussi d'autres destinations comme David, Santa Catalina, Las Lajas... Départs ponctuels, chauffeurs sérieux et véhicules récents. Des tours intéressants sont organisés également dans l'archipel et autour de Boquete. L'agence devrait changer de nom prochainement...

NATURE AIR
Isla Colon, Calle 1 / Aéroport
✆ +507 757 9390 / +507 757 9391
✆ +506 2299 6000
www.natureair.com
Bureau ouvert du lundi au samedi de 8h à 17h.
La compagnie costaricienne propose en saison des vols le matin vers 10h de/vers Bocas à San José, 1 heure de vol, à partir de 100 US$ l'aller simple. Vous arriverez à l'heure à laquelle vous êtes parti en raison du décalage horaire ! Ne confondez pas avec Air Panama qui vous conduira dans la capitale.

TAXI 25
Calle 1, at Av. Central
✆ +507 757 9071
Toutes les 30 minutes entre Bocas et Almirante, de 6h à 18h. 5 US$.

Se déplacer

- **Tarifs des taxis maritimes** entre Bocas et les îles voisines. Marina de Bocas : 2 US$; Carenero : 1 US$ pour aller juste en face et 2US$ pour la plage ; village de Bastimentos : 3 à 5 US$ selon l'heure ; Red Frog Beach : 5 US$ pour le ponton dit « *shortcut* » et 8 US$ pour la plage ; Solarte : 5 US$; San Cristobal : entre 10 US$ et 20 US$ selon le nombre de passagers. Ces prix datent de juillet 2016 et sont susceptibles d'augmenter avec la hausse constante du prix du galon de *gazolina*.
- **Tarifs des tours des bateaux-taxis.** Boca del Drago + Playa Estrella + Isla pájaro : 20-25 US$. Red Frog + Coral Bay + Bahia de los delfines : 25 US$; Cayo Zapatillas : 25-30 US$.

LOCATIONS DE VELOS
Autour de 5 US$/heure et 15 US$/jour.
Le vélo est le meilleur moyen pour découvrir l'île de façon économique et ludique. Les loueurs sur l'avenue principale et sur la route des plages pratiquent des tarifs similaires, mais les vélos ne sont pas toujours très bien entretenus.

TAXI
Pour rejoindre les plages, des taxis pick-up peuvent être partagés à plusieurs. A titre indicatif : aller-retour Boca del Drago à 40 US$, Playa Bluff à 25 US$, Big Creek à 3 US$ par personne. Renseignez-vous sur les tarifs auprès des locaux et fixez bien le prix avec le taxi avant la course.

Bocas del Toro
et Boca del Drago
Banque
Poste
Police
Pratique et divers
150 m.
Avenida Norte
Avenida G
Avenida F
Avenida E
Avenida D
Avenida C
Avenida B
Av. A
Av. Central
Avenida Sur
Calle 1
Calle 2a
Calle 3a
Calle 4a
Calle 5a
Calle 6a
Calle 7a
Calle 8a
Calle 9a
Calle 10a
Calle 11a
Hôpital
ANCON
Pompiers
Piste d'atterrissage
Aéroport
Banco Nac. de Panama
Gobernación
ANAM
Cable & Wireless
Parque S. Bolivar
Police
ATP
Bocas
Starfleet Scuba
Transparente Tours
Bocas Water Sport
Bocas Marine & Tours
Boteros Bocatoreños unidos
Spanish by the Sea
Ferry pour Almirante
BAHÍA DE ALMIRANTE
ISLA COLÓN
Bocas del Toro

Archipel de Bocas del Toro

Pratique

Pour les courses, Bocas pourrait figurer au *Guinness Book* pour le nombre de supermarchés existants par rapport au nombre d'habitants : on compterait une trentaine de *chinos* pour moins de 8 000 habitants ! Il semble que le maire et son service urbanisme n'aient que faire de l'architecture traditionnelle locale... La corruption et le blanchiment d'argent ne seraient pas étrangers à cette flambée de constructions. Bocas dispose de tous les services nécessaires, pharmacies, laveries, cafés Internet, police, hôpital, et une banque avec deux distributeurs (parfois à court d'argent).

HABLA YA SPANISH SCHOOLS BOCAS
Calle 9 y Avenida G
✆ +507 730 8344 / 09 70 44 52 21
✆ +44 585 30 35
www.hablayapanama.com/fr
Plusieurs formules possibles selon vos attentes et votre niveau, de quelques jours à plusieurs semaines : cours particuliers, en groupe (6 élèves maximum par classe), espagnol basique pour voyageurs, cours pour les nouveaux résidents, cours de préparation au DELE, cours spécialisés (médical, juridique, des affaires...), pour enfants, etc.
Habla = Parle, *Ya* = Maintenant, tout de suite ! Habla Ya est une école d'espagnol accréditée par l'Institut Cervantes, l'autorité mondiale de l'enseignement en espagnol comme langue étrangère. Elle est reconnue pour son professionnalisme et ses méthodes ludiques et efficaces, et pour ses professeurs expérimentés et passionnés dont la plupart sont Panaméens. Il y a trois centres Habla Ya : à Panama City, Boquete et Bocas. Celui de Bocas est situé dans une rue calme à 5 minutes du centre, dans une belle maison en bois typique. L'équipe emmenée par Julio et Evelyne (du Luxembourg, francophone), est sympathique et compétente. On apprend dans une ambiance relax, et après les cours, place à la détente avec plein d'activités possibles : écotourisme, plongée, yoga, fiesta... L'école encourage le logement chez l'habitant, pour une meilleure immersion dans la langue et la culture locale, mais elle peut aussi faciliter le logement dans des établissements de toutes les gammes de prix et de confort.

Autres adresses : Boquete : Los Establos Plaza 20-26, Avenida Central. • Panama City : Le Blue Building 2A, Calle 1ra (Otilia A. de Tejeira), El Carmen.

Tourisme - Culture

De nombreuses agences sont présentes sur Bocas pour vous proposer des excursions ou « tours ». Les tarifs sont similaires, le guide fera la différence, renseignez-vous autour de vous. Hola Panama Travel est une bonne option (*voir contact dans rubrique transport*).

Avertissements !

- **Ne buvez pas l'eau du robinet** et ne consommez pas de fruits lavés avec cette eau. Utilisez des pastilles purificatrices, achetez des bouteilles (il est intéressant d'acheter de gros galons si l'on reste plusieurs jours) ou de l'eau purifiée. Cette recommandation est valable pour l'ensemble de l'archipel, ainsi que pour Changuinola et Almirante.
- **Attention aux courants** (*resaca* en espagnol, *rip tides* en anglais). Ils sont forts et peuvent occasionner des noyades. Si vous êtes pris dans un courant, ne pas essayer de lutter contre : laissez-vous emporter en essayant de nager parallèlement à la plage jusqu'à ce que le courant soit moins fort (les vagues vous ramèneront vers le bord quand vous en serez sorti), et criez ou agitez les bras pour demander de l'aide, sans paniquer. Ne pas s'éloigner du bord si vous nagez seul.
- **Sur les plages** ne laissez pas vos affaires de valeur sans surveillance. Protégez-vous du soleil (portez un vieux T-shirt pour les longs schnorkels) et des chitras qui attaquent surtout à la tombée de la nuit (un pantalon léger est plus efficace que les répulsifs).

■ ANCON EXPEDITIONS

à la réception de l'hôtel Bocas Inn.
Ave. G et C/3,
✆ +507 757 9600
www.anconexpeditions.com
info@anconexpeditions.com
Ouvert en semaine de 8h à 17h, samedi de 9h à 13h. Tour à Salt Creek à 65 US$/pers., lancha comprise.
Le personnel sympathique vous expliquera le rôle d'Ancón, une ONG de protection de l'environnement très active dans tout le pays et qui se finance grâce à sa branche commerciale Ancón Expeditions. Plusieurs excursions sont proposées, sur la base de 4 personnes. Le tour le plus intéressant est la visite à la communauté indigène de Salt Creek avec snorkeling au retour, rafraîchissements et une documentation pour reconnaître les espèces marines et oiseaux.

■ ATP – OFFICE DE TOURISME

C/1, à côté du poste de police.
✆ +507 757 9642
bocasdeltoro@atp.gob.pa
Ouvert en semaine de 9h à 16h.
Jolie maison mais pas très utile pour les infos pratiques.

■ BOCASDELTORO.COM

www.bocasdeltoro.com
Un bon site consacré à Bocas et ses environs, avec plein d'adresses et de liens.

■ BOTEROS BOCATOREÑOS UNIDOS

C/3
✆ +507 757 9760
Ouvert tous les jours à partir de 8h.
Cette association regroupe une vingtaine de propriétaires locaux de *lanchas* qui organisent différents itinéraires à travers les îles pour des groupes de 6 personnes minimum. Si vous êtes intéressé, contactez-les pour savoir si d'autres personnes comme vous cherchent des partenaires. Outre les tours classiques (entre 25 US$ et 30 US$ par personne), des sorties à la carte sont possibles (par exemple, aller-retour au Costa Rica, visite de l'île Escudo de Veraguas ou de San Cristobal, etc.). Leurs avantages : fiabilité et sécurité. Les bateaux sont équipés de gilets de sauvetage et d'une bâche qui protège du soleil ou de la pluie.

■ MIAMBIENTE

C/1
✆ +507 758 6603 / +507 758 6822
Ouvert de 9h à 16h. Pour des informations sur le parc marin Bastimentos.

■ TRANSPARENTE TOURS

C/3
✆ +507 757 7326 / +507 6700 2453
www.transparentetours.bocas.com
transparentetours@hotmail.com
Ce service de taxi « à la demande » propose des trajets secs et des excursions dans les îles aux mêmes prix que ses concurrents (départs le matin) ainsi que des sorties de pêche sportive. Une agence reconnue pour son professionnalisme.

Argent

■ BANCO NACIONAL DE PANAMA

Ave. E. y Calle 4
La seule banque de l'archipel. Distributeur 24h/24.
Retirez avant d'être à sec car parfois il n'y a plus d'argent disponible !

Moyens de communication

On trouve des cabines téléphoniques vers le parc central. Quelques cafés Internet dans la rue principale notamment. Quasiment tous les hôtels proposent le wifi gratuitement (pas toujours très rapide). Un bon wifi à la cafétéria Golden Grill en face du parc.

INTERNET GALAXY
Calle 2, en face de Restaurante Chitre.
Ouvert du lundi au samedi de 10h à 20h, 1,50 US$/h (minimum 50 cents).
Ordinateurs, photocopies, scans… et accueil sympa.

POSTE
Au rez-de-chaussée de la mairie
Parque Bolivar

Santé - Urgences

FARMACIA ROSA BLANCA
Calle 3, un peu avant La Iguana.
Ouvert de 9h à 18h la semaine, 10h-16h30 le week-end.

HOPITAL
Calle 10a
✆ +507 757 9201
✆ +507 757 9814
Urgences 24h/24
Un hôpital public pour les premiers soins. Pour les cas graves mieux vaut se rendre à Panama City.

POLICE
C/1, à côté de l'office du tourisme.
✆ +507 757 9217

Se loger

Vous n'aurez que l'embarras du choix dans toutes les catégories : repérez les belles maisons retapées et colorées, ce sont souvent des hôtels. De nouveaux établissements se montent tous les mois… Bocas compte aujourd'hui de nombreux hostels, très appréciés des surfeurs de plus en plus nombreux dans l'archipel. La plupart des gens venant à Bocas recherchent des établissements bon marché dans un style bien caribéen. Si vous ne logez pas à Bocas Town mais vers les plages, il faudra utiliser le vélo pour vous déplacer. Pour ceux qui désirent une grande tranquillité, plusieurs lodges magnifiques ont été aménagés dans les îles voisines.

Locations

M&M'S RESIDENCIAS
Avenida Sur, à côté du restaurant Refugio.
✆ +507 757 9004
✆ +507 6496 0776
✆ +507 6576 8605
www.mmresidencias.bocas.com
alnaturalbocas@cwpanama.net
Cinq appartements. Studio vue mer pour 2 pers. à 120 US$/nuit et 600 US$/semaine. Appartement vue mer pour 2 à 4 pers. avec une chambre et un divan-lit à 150 US$/nuit et 750 US$/semaine. Appartement sur la rue pour 2 à 4 pers. avec une chambre et un divan-lit à 130 US$/nuit et 650 US$/semaine. Au 2e étage, appartement pour 4 à 6 pers. avec deux chambres et deux SDB ainsi qu'un divan-lit à 180 US$/nuit et 900 US$/semaine. Prix dégressifs en basse saison. The Ocean loft, location uniquement du 5 mai au 15 nov., à 200 US$/nuit et 850 US$/semaine. AC, Wi-fi.
Pour ceux qui veulent bénéficier de la tranquillité et du cadre paradisiaque des îles caribéennes tout en séjournant dans la ville de Bocas, ces lofts design et écologiques, tout en bois, sont le compromis idéal. Depuis la terrasse sur l'eau des appartements, avec vue directe sur l'océan, il est possible de plonger et même de pêcher depuis son hamac. Cuisine à disposition et tout le confort dans les chambres et le salon. Les salles d'eau sont superbement décorées avec les faïences d'un artiste local. L'architecture contemporaine et le mobilier ont été pensés avec soin par Michel et son épouse Michèle, les propriétaires des lieux. A l'étage, ils louent The Ocean loft, un appartement exceptionnel en ville, avec 3 chambres, cuisine américaine et un salon ouvert sur la mer, lorsqu'ils sont absents en basse saison.

Bien et pas cher

HOSPEDAJE HEIKE
C/3, en face du Parque Central.
✆ +507 757 9708
www.hostelheike.com
hostelheike@yahoo.com
Dortoir à 11 US$, chambres privées pour 2 ou 3 personnes : 14 US$/pers., salles de bains partagées. Cuisine, coffres personnels, Wifi.
Un backpacker à l'ancienne, dans une belle bâtisse toute en bois, avec un agréable balcon colonial donnant sur la rue centrale et le parc. Sur la terrasse panoramique semi-couverte sur le toit, on trouve des fauteuils et hamacs et des ordinateurs connectés à Internet. Cuisine ouverte sur la rue. Heike est rodé et reste très populaire (il appartient aux mêmes propriétaires que le Luna's Castle à Panamá Ciudad). Ambiance familiale et assez festive. L'hôtel devait être vendu lors de notre passage.

HOSTAL HANSI
Calle 2da Ave D
✆ +507 757 9085
hostalhansi.bocas.com
hostalhansi1@hotmail.com
15 chambres avec salle de bains privée. Chambres simples de 13 US$ à 18 US$, doubles de 28 US$ à 33 US$, triple de 33 US$ à 39 US$. Cuisine, wifi, eau chaude et balcon vue rue pour certaines, ventilateur, infos touristiques. Pas de petit déjeuner, taxes en sus. Pas de réservation possible ni de paiement par CB.

Une auberge particulièrement agréable, composée uniquement de chambres individuelles, avec accès à des espaces communs conviviaux et à une cuisine très pratique et bien agencée. Le bois omniprésent rend l'atmosphère chaleureuse. Cuisine à disposition et un frigo avec des casiers personnels. L'accueil d'Amina est charmant et attentionné. Une des meilleures adresses de Bocas dans cette gamme de prix.

■ HOTEL CASA MAX

Ave. G, Calle 5
✆ +507 757 9120 / +507 6625 1515
www.hotelcasamax.tk
casamax1@hotmail.com

Dortoir de 12 à 20 US$, chambres simples ou doubles de 25 à 60 US$ selon la saison et les options (avec ventilateur et/ou AC et TV), triple de 35 à 75 US$, chambre pour 5 pers. à 75 US$. Ajouter 10% de taxe. Bonne wifi en général.

A 2 minutes à pied de la rue principale et 5 minutes de l'aéroport, un petit hôtel de charme très bien tenu par un couple charmant, Shirley and Arie. Sur deux niveaux, dans une belle maison en bois aux couleurs chaleureuses, sont réparties une vingtaine de chambres très propres, avec salle de bains privée. Chacune dispose d'un balcon privatif et d'un hamac. Quand la brise entre c'est un vrai régal ! C'est l'un des meilleurs rapports qualité-prix de l'île. Le petit déjeuner se prend au restaurant des mêmes propriétaires « Rum Runners ».

■ HOTELITO DEL MAR

Calle Primera y Calle 2a
✆ +507 757 9861
www.hotelitodelmar.com
hotelitodelmar@gmail.com

Huit chambres privées. Pour 2 pers., 65 US$; pour 3 pers., 75 US$ et pour 4 pers. 95 US$. Tarifs dégressifs si plusieurs nuits et en basse saison. Petit-déjeuner et taxes en sus. Eau chaude, AC, coffre.

C'est surtout l'accueil excellent et la propreté qui font la différence à Hotelito del mar. Situé à une rue des embarcadères, à proximité de l'animation, cet hôtel aux couleurs de la mer propose des chambres simples mais confortables. Celles du 1er étage ont un balcon avec vue sur la rue. Salon commun à l'étage. Perroquet à l'accueil. Un bar-restaurant était à l'étude pour fin 2016.

■ SELINA BOCAS DEL TORO

Calle 1
✆ +507 202 7966
www.selinahostels.com
Info@SelinaHostels.com

Lit en dortoir de 10 ou 12 lits : 16 US$; de 6 ou 8 lits : 20 US$; de 4 lits avec balcon : 25 US$. Egalement des chambres double à 75 US$, deluxe à 95 US$ et avec salle de bains partagée à 55 US$. Cuisine partagée, wifi, AC, eau chaude, casier. Location de vélo, surf, catamaran et excursions.

Une auberge de jeunesse moderne et pratique, très appréciée d'une clientèle jeune et internationale. Les dortoirs sont spacieux avec prise et lumière dans chaque box. Les chambres deluxe possèdent un balcon avec vue sur la mer. Elles sont distribuées autour d'un patio intérieur. La grande terrasse sur l'eau avec un espace lounge possède une très jolie vue sur Isla Carenero. On peut prendre un verre au bar et y manger à toute heure en musique. On peut aussi bronzer sur les transats ou sur les fauteuils-balançoires avant de se jeter à l'eau. En fin de semaine, de grosses soirées sont organisées. Les autres soirs, il y a toujours des animations. Le Selina possède également sa propre agence pour des excursions dans toute la région et un rooftop pour pratiquer le yoga. Tout a été pensé pour que vous n'ayez plus envie de quitter l'hôtel !

Confort ou charme

On trouve un grand choix d'hôtels et de B&B dans cette catégorie. Les chambres sont en général bien équipées. C'est surtout l'accueil et la vue sur la mer qui font la différence.

■ COCOMO ON THE SEA

Ave. Norte y Calle 6
✆ +507 757 9259
www.cocomoonthesea.com
cocomoonthesea@yahoo.com

Chambre simple : 65 US$, double : 85 US$ (+10 US$ pour une 3e personne), petit déjeuner inclus, taxes en sus. Kayak et paddle à disposition. Laverie : 5 US$.

Charmant bed & breakfast de 4 chambres soignées et calmes, avec eau chaude et air conditionné. Jardin tropical et ponton donnant sur la mer. Douglas, votre hôte anglophone, pourra vous mettre en contact pour diverses excursions.

■ GRAN HOTEL BAHÍA

Calle 3a. y Ave. A
✆ +507 757 9626
www.ghbahia.com
reservas@ghbahia.com

Tarifs similaires haute et basse saisons, taxes et petit déjeuner inclus. Chambres double standard pour 1 ou 2 personnes : 77 US$. Deluxe : 93,50 US$, Deluxe plus : 115,50 US$.

18,70 US$ par personne supplémentaire. Tarifs intéressants pour les groupes. Wifi gratuite, coffre-fort, bidon d'eau potable à disposition. Un plus, le transfert gratuit vers et depuis l'aéroport.

L'hôtel le plus ancien de Bocas, sans doute celui qui a le plus de charme, avec son architecture caribéenne du début du XXe siècle, ses couleurs pastels, ses planchers grinçants, la présence du bois partout. Construit en 1905, cette belle maison abritait à l'origine les bureaux de la United Fruit Company, trois consulats et la station de Tropical Radio & Telegraph. En 1968 est né le Gran Hotel Bahía. Le charismatique « Don Tito », son fondateur, une figure de Bocas et du monde des hôtels au Panama, est toujours en charge de cet établissement familial. L'édifice a été rénové et modernisé récemment, pour offrir des chambres confortables (l'une d'elles est accessible aux personnes à mobilité réduite). Mais l'hôtel n'a rien perdu pour autant de son charme d'antan. Dans le lobby, on a conservé une pièce de musée : un grand coffre-fort installé depuis la construction de la maison, qui a résisté à l'incendie de la maison dans laquelle il se trouvait en 1904. La réception est aussi d'origine, d'où les barreaux : c'est ici que l'on payait les travailleurs de la United Fruit Company. Les 18 chambres propres et spacieuses, aux parquets lustrés sont réparties sur deux niveaux, celles à l'étage sont les plus aérées. Le vaste balcon à l'étage offre une vue magnifique sur la mer des Caraïbes. C'est là que l'on prend son petit déjeuner en observant l'activité matinale de la rue, tranquille en dégustant son café.

■ HOTEL OLAS

Calle 6ta Ave. Sur
✆ +507 757 9930 / +507 6914 4556
www.hotelolas.com
infohotelolas@gmail.com

25 chambres pour 2, 3 ou 4 pers. avec salle de bains privées et AC. Tarifs basse/haute saison : 50/80 US$ pour 2 pers. et 90/120 US$ pour 3 pers. Petit déjeuner inclus. Tours et location de vélos, surf, kayaks.

Comme toutes les habitations de Bocas, l'hôtel Olas, une jolie bâtisse bleue et jaune, est posé sur des pilotis. Les chambres sont simples mais confortables, certaines disposent d'un balcon. La terrasse de l'hôtel, sur l'eau, est très agréable pour prendre le petit déjeuner ou un verre au coucher de soleil. L'établissement se trouve au fond du village, en retrait des embarcadères de la rue principale et l'atmosphère est donc plus paisible. Accueil jeune et dynamique de Danny, le gérant. L'une des plus jolies vues du village.

■ **HOTEL CALALUNA**

Calle 5 entre Avenidas E et F
✆ +507 757 9066
www.calalunabocas.com
calalunabocas@hotmail.com

Tarifs en basse/haute saison : 50/60 US$ pour 1 personne, 60/70 US$ pour 2, 70/80 US$ avec vue sur la mer. 80/90 US$ la triple, 90/100 US$ la quadruple. +10% de taxes. Matelas orthopédique, climatisation, réfrigérateur, coffre-fort, Wifi. Petit déjeuner copieux et de qualité (pain maison ou de coco, jus de fruit naturel, bon café…) entre 5 et 7 US$.

Arrivée de Sardaigne il y a une vingtaine d'années avec un bébé de quatre mois sous le bras, Marcella et Alberto ont fait de Cala Luna leur propre paradis à Bocas del Toro, devenu depuis une véritable institution dans le village. Construit avec beaucoup de goût, l'hôtel situé dans le centre mais dans une rue tranquille, propose sept chambres pour une ou deux personnes et deux chambres pour trois ou quatre personnes. Beau parquet, le bois est à l'honneur, grands balcons, terrasses avec hamacs… Une option idéale pour les couples, familles et les groupes qui recherchent un logement de qualité à bon prix et surtout un service chaleureux très familial. On s'y sent très bien, l'atmosphère est des plus accueillantes et l'odeur à l'heure du dîner qui émane de la cuisine est enivrante… Marcella parle italien, espagnol et français. La cuisine est un délice, leur restaurant Alberto's Pizzeria est vivement recommandé.

Luxe

■ **PUNTA CARACOL ACQUA LODGE**

Sud-ouest de Isla Colon.
✆ +507 6612 1088 / +507 757 9410
✆ +507 6461 2604
www.puntacaracol.com
puntacaracol@puntacaracol.com
Départ depuis l'embarcadère « Saigon »

Sur la base de deux personnes, à partir de 350 ou 450 US$ la suite Punta Caracol (50 m² + 25 m² de terrasse) en basse ou haute saison. Suite Luna (60 m² + 25 m² de terrasse) à partir de 400 ou 500 US$. Master Suite (100 m² + 60 m² de terrasse) à partir de 450 ou 550 US$. 90 US$ par personne extra. Sont inclus le petit déjeuner et le dîner aux chandelles. Prix « last minute » possible sur le site internet de Punta Caracol.

Une sensation de bonheur survient dès le trajet en *lancha* depuis le village de Bocas del Toro jusqu'à Punta Caracol, confirmée par le calme et la tranquillité que dégage cet exclusif « acqua-lodge » écologique. Superbe refuge flottant, 9 confortables cabanes caribéennes suspendues au-dessus de l'eau et un paysage inégalable comme décor.

Depuis plus de 17 ans son concept reste novateur : énergie solaire, recyclage, respect de l'environnement à toute épreuve. Avis à ceux qui ne peuvent pas se passer de leurs gadgets, le courant électrique dans les cabanes est de 12 volts, pour charger les batteries de vos appareils électroniques rendez-vous à la réception ou au bar, et pour recharger vos batteries rendez-vous sur la terrasse de votre cabane ! Un jour à Punta Caracol est comme un jour au paradis... Plonger dans les eaux cristallines où la flore et la faune marines abondent de poissons perroquets, barracudas, raies et d'étoiles de mer, découvrir les alentours en kayaks mis à la disposition des clients, apprécier le coucher de soleil depuis le hamac de votre terrasse privée, et, enfin, savourer un poisson fraîchement cuisiné accompagné d'un bon vin chilien ou argentin dans l'excellent restaurant...

Se restaurer

Très nombreux restaurants à Bocas, malheureusement assez onéreux car le tourisme est aux mains des étrangers. On trouve de rares cantines bon marché avec de la cuisine locale (plats de poisson, riz coco, patacones et sauces épicées), mais surtout toute la gamme de spécialités internationales : italiennes, thaïlandaises, mexicaines, indiennes... Le service est lent en général, patientez avec un bon cocktail. Attention car ils sont souvent bien chargés !

Pause gourmande

■ PANADERÍA ALEMANA

Calle 2, vers le parc

Ouvert tous les jours de 6h à 22h sauf le dimanche, fermeture à 16h. Café et thé à 1 ou 2 US$. Petit déjeuner : 4 US$ pancake, continental 5 US$ et américain 6,50 US$.

Cette boulangerie allemande, installée au rez-de-chaussée d'une jolie maison en bois en plein cœur du village, est une bonne option pour prendre un véritable petit-déjeuner et acheter son pain. Les gâteaux sont chers mais délicieux (goûtez au cheesecake au fruit de la passion). Il ne manque que le sourire de la vendeuse !

Bien et pas cher

Il n'y a malheureusement pas beaucoup d'options « bien » et « pas cher » à la fois à Bocas. Les touristes ont fait grimper les prix. Vous trouverez tout de même quelques cantines locales où vous ne paierez que quelques dollars autour du parc.

■ ALBERTO'S PIZZERIA & RISTORANTE

Calle 5, entre Avenidas E et F
Restaurant de l'hôtel Calaluna
✆ +507 757 9066 – www.calalunabocas.com
calalunabocas@hotmail.com

Ouvert tous les jours sauf le jeudi, de 17h à 22h. En entrée des spécialités italiennes (bruschettas, mini-pizzas, etc). Pâtes à partir de 10 US$, pizzas à partir de 7,50 US$ (sur place ou à emporter). De bons vins argentins et chiliens autour de 15 US$ la bouteille.

Avec Marcella et Alberto, Sardes d'origine, derrière les fourneaux, cela ne rigole pas. C'est ici que vous mangerez la meilleure pizza de Bocas. Loin de la foule, au milieu du village, un restaurant agréable sous une terrasse abritée. Très sympa !

■ GOLDEN GRILL

Calle 3, face au parc
✆ +507 757 9656

Ouvert tous les jours de 7h à 23h (jusqu'à 5h le coin snack, pour les grosses faims quand la fête se termine !). Wifi.

Un fast-food ouvert sur la rue et le parc central, aux pancartes jaunes aguicheuses, pour prendre un petit déjeuner à n'importe quelle heure. Si les prix sont petits, c'est que les portions le sont aussi. Vous retournerez probablement commander. Pratique pour remplir sa bouteille d'eau potable.

■ RESTAURANTE CHITRÉ

Calle 3, entre Ave. D et C
✆ +507 6818 7638

Ouvert du petit déjeuner au dîner tous les jours de 6h30 à 19h30, sauf le dimanche (fermeture après le petit déjeuner). Petit déjeuner à 3,25 US$ et déjeuner/dîner à 4,25 US$.

Un deuxième restaurant Chitré a ouvert à Bocas. Typique d'Azuero, le petit déjeuner comprend poulet ou saucisse, œufs, tortilla ou hojaldre. Très local. Bien pour les petits budgets. Agréable petite terrasse pour observer l'activité de la rue.

▸ **Autre adresse :** Calle segunda

■ RESTAURANTE TOM

Calle primera, mercado municipal
✆ +507 6873 8646

Ouvert du lundi au vendredi de 10h à 18h. Sur commande par téléphone, livraison à 1 US$. Viande ou poisson 4 à 6 US$ avec un petit supplément pour l'accompagnement. Option végétarienne 4 US$. Crevettes ou langouste 10 US$.

Un restaurant local très propre qui s'est adapté à la clientèle étrangère avec une carte en anglais et un cadre agréable avec vue sur l'eau.

■ TACO SURF BOCAS

Calle principal
✆ +507 6951 5739
www.tacosurfbocas.com
tacosurfbocas@gmail.com

Ouvert tous les jours de 12h à 21h sauf le mercredi et le jeudi. De 3 US$ à 8 US$ le taco.
Juste en face du parc central, dans le petit jardin de Mono Loco Surf, Justine et Jeff vous offriront des plats de Basse-Californie (Mexique) où ils ont vécu : tacos, burritos ou nachos (y compris pour végétariens). Bières fraîches, limonades et cocktails avec ou sans alcool pour accompagner le tout. Bon et pas cher, ambiance décontractée, sympa pour prendre l'apéro, ou un brunch le dimanche. Jeff est un bon DJ (urban world groove) qui anime de nombreuses soirées à Bocas.

Bonnes tables

LA CASBAH

Ave. G y Calle 4
✆ +507 6477 4727
Ouvert du mardi au samedi de 18h à 22h, fermé certains soirs en très basse saison. Plats entre 8 et 15 US$.
Tenu par Chris, un chef anglais francophone, un petit restaurant sans prétention qui s'est fait une réputation de bonne table dans la région. On y mange une cuisine aux saveurs méditerranéennes ou indiennes (falafels, gaspacho, gambas, poulet tandory…) dans une ambiance calme, feutrée et chaleureuse. Egalement de bons desserts et du thé à la menthe.

EL ULTIMO REFUGIO

Avenida Sur
✆ +507 6726 9851
www.ultimorefugio.com
Ouvert de 18h à 22h du lundi au vendredi. Plats autour de 10 US$.
Considéré comme l'un des meilleurs restaurants de Bocas, le « Dernier Refuge » est un endroit chaleureux au-dessus de l'eau, proposant 7 ou 8 plats du jour savoureux, aux influences asiatiques, méditerranéennes ou caribéennes. Essayez le steak de thon au sésame avec wasabi, gingembre et soja, ou le ceviche péruvien. Cocktails bien chargés !

GUARI-GUARI

Peu après la Feria del Mar, sur l'isthme réunissant Bocas au reste de l'île, à côté d'une station-service.
✆ +507 6627 1825
✆ +507 6575 5513
Ouvert de 18h à 22h. Fermé le mercredi. Menu à 23 US$. Réservez à l'avance, il y peu de tables. Accès : 1-2 US$ en taxi depuis le centre-ville.
En face de Playa El Istmito, un petit restaurant aéré, proposant chaque soir un menu créatif avec un choix d'entrée-plat-dessert appétissant. Une cuisine d'influence méditerranéenne essentiellement (gaspacho, carpaccio, houmous…) qui a beaucoup de succès. Service très sympa de Ossi.

Cooking Up the Rainforest ? La cuisine de la jungle selon la chef Mathilde Grand

La découverte des produits de la forêt vierge est une aventure autant humaine que gustative. Mathilde Grand fondatrice du collectif de femmes indiennes Citizens of Chocolate et gérante de Finca Tranquila à Darklands, est une *boho chef*. Free lance, elle travaille entre la région de Bocas, Panamá et New-York. Sa spécialité l'exploration des saveurs de la forêt vierge ! Cette Française chef et artiste, travaille avec les communautés Ngäbe de San Cristobal et de Siliko Creek, ainsi qu'avec la communauté Naso de Weiko, le long du fleuve Teribe. Elle part à la découverte des saveurs tropicales et des textures exotiques telles que l'Azara, la Cherimoya ou le Fruit à Pain, qu'elle fusionne avec les techniques gastronomiques traditionnelles comme les glaçages, les émulsions ou les mousselines. « Le mune, la Roll Royce du cœur de palme, ne pousse pas à plus de deux mètres. La palme doit être récoltée 3 jours avant ou après la nouvelle lune. Le cœur n'a pas besoin d'être bouilli et s'utilise frais. Il est à la fois fondant et légèrement croustillant avec une saveur douce et verte. Il est excellent dans les salades de crabe ou de langouste. Nous développons un cycle harmonieux qui bénéficie à la flore et la faune de la jungle ainsi qu'à nos bonnes tables ». L'objectif de Mathilde est également de créer une situation économique stable pour les communautés au travers d'une agriculture durable et responsable. « L'effort fait au travers de l'agriculture en forêt est un schéma de durabilité économique pour les communautés indiennes. C'est une agriculture non-invasive, reconquérir aux périphéries de la forêt les pâtures pour planter des vergers. L'autre facette de cette agronomie *in situ* est le *foraging*, c'est à dire le prélèvement direct des ressources alimentaires. A Starfish Coffee, nous sommes un peu des foodies chasseurs-cueilleurs ». Mathilde Grand. www.citizensofchocolate.com

■ **OM CAFÉ**
Avenida B, Calle 3 ✆ +507 6127 0671
omcafebocas@yahoo.com
OM Café a déménagé dans l'ancien restaurant Maracuja de la même propriétaire.
Ouvert de 16h à 22h du lundi au vendredi. Fermé le week-end sauf en haute saison. Délicieux jus de fruits naturels autour de 4 US$. A partir de 15 US$ environ pour un bon dîner indien.
Restaurant indien tenu par la canadienne aux origines indiennes Sunanda Mehra, spécialisé dans les petits déjeuners et les dîners. Yaourt maison avec fruit de la passion ou sirop de mangue, céréales... Petit déjeuner indien. Une ambiance zen le matin, plus lounge en soirée. Sur pilotis, face à la mer.

■ **RESTAURANT MK**
Calle 1 y Avenida D, à côté de Tropical Suites.
✆ +507 760 8144
Ouvert de 7h à 22h du lundi au samedi. Petit-déjeuner 8 US$. Burger avec frites maison autour de 10 US$.
Sur un ponton au-dessus des flots, on déguste les meilleurs burgers de l'île, du poisson bien cuisiné ou des langoustes délicieuses, et même de l'aïoli ! Fabienne et Benoit sont passés par Bocas en voyage et ont tout de suite eu l'envie de s'y installer, en se lançant dans l'une de leurs passions qui est la cuisine. La *french touch* a rapidement séduit les expats de Bocas, les touristes de passages ainsi que les locaux curieux de nouvelles saveurs. Une association réussie de plats et produits locaux avec une touche de cuisine française raffinée. Les prix très corrects pour Bocas et un service efficace et sympa, donnent envie de revenir ici se faire plaisir.

Sortir

A l'approche des fêtes, et durant tout l'été (janvier-mi avril), les touristes panaméens comme étrangers arrivent en groupes. C'est là qu'il y a le plus d'ambiance. Pendant l'année, ça commence à bouger vers 21h jusqu'à 1 ou 2h du matin quasiment tous les jours. Les dimanches et lundis sont plus tranquilles. L'happy-hour commence en général à la tombée de la nuit. Plusieurs bars dansants au-dessus des flots très sympas. N'hésitez pas non plus à rejoindre Aqua Lounge sur l'île Carenero (1 minute de barque, 1 US$) en particulier le samedi soir, c'est là qu'il y a le plus d'ambiance.

Cafés - Bars

■ **BOCAS BREWERY**
Las Cabañas, à 15 minutes à pied du centre, en direction des plages.
✆ +507 6347 5279
www.bocasbrewery.com
bocasbrewery@gmail.com
Bar ouvert de 12h et 21h ou plus. Bières à 2, 3 ou 5 US$. Sodas à 2 US$. Visite guidée de la brasserie avec dégustation à 10 US$. Consultez le site pour les renseignements pratiques ou passez au bar.
Une brasserie artisanale avec un bar à Playa El Istmito et une nouvelle brasserie vers l'aéroport pour produire les 6 bières locales (d'autres sont importées de Panama). Les bières sont servies à la pression, à déguster bien fraîches sur la terrasse donnant sur le sable. Notre préférée ? La Shanty, une ambrée avec du gingembre. Egalement des sodas à la mangue, fruit de la passion et gingembre. Concert, matches, burgers et tapas. Lors de notre passage, les patrons cherchaient un chef pour cuisiner des mets qui se marient avec la bière. Des visites dégustation sont organisées depuis l'été 2016 dans la brasserie du centre-ville.

■ **BUENA VISTA**
Calle 3ra, Calle Principal
✆ +507 757 9035
www.buenavistabocas.com
Ouvert tous les jours de 7h30 à 21h30. Happy Hour.
Ce bar-restaurant a déménagé dans l'une des plus belles maisons caribéennes du village. La grande salle sur l'eau avec ses tables et ses banquettes est bien agréable pour siroter un cocktail à toute heure sur de la musique jazzy ou boire une bière bien fraîche en rentrant d'excursion. Les petits déjeuners salés et tous les plats (spécialités poisson et grill) sont originaux et savoureux. Cette adresse a très bonne réputation au village car elle emploie exclusivement des locaux depuis 1997.

Clubs et discothèques

■ **BARCO HUNDIDO**
C/1
Ouvert tous les jours de 20-21h à 3-4h.
Inutile de vous présenter ce bar dont on a déjà dû vous parler ! Populaire parmi les locaux comme les touristes, il connaît le même succès depuis des années. Une bonne adresse, un décor original au-dessus de l'eau. A découvrir si ce n'est pas déjà fait !

■ **LA IGUANA SURF BAR**
Un peu avant The Reef.
Rue principale
Ouvert tous les soirs sauf le mercredi.
Musique reggae, tropicale, électro et rock anglo-saxon ; soirées dansantes à thème. Une terrasse agréable sur l'eau (att ention si vous sautez les piliers sont plutôt abrasifs !).

Spectacles

CINÉ CAFÉ BOCAS

Calle 2da en face de la mairie.
✆ +507 6549 4158
Ouvert de 15h à 23h. Réserver le film sur catalogue et l'heure de sa séance. Séance à 5 US$ ou 7 US$ avec popcorn et boisson.
Lorsque l'on voyage un certain temps, on apprécie de se faire une toile, même sous les tropiques (surtout les après-midi pluvieuses !). Antony a eu l'idée d'ouvrir un café-ciné convivial, où l'on se pose sur des poufs pour voir de bons films. Le ciné dispose d'une licence et d'un catalogue de plus d'un millier de films du monde entier, d'auteurs ou plus commerciaux, de reportages… films français, panaméens… Le choix est vaste et l'initiative très chouette pour les touristes comme pour les habitants de Bocas.

À voir – À faire

Ne vous limitez pas à la plage la plus proche, El Istmito. Mieux vaut se rendre en minibus ou vélo à Big Creek, Playa Paunch ou Playa Bluff. Cette dernière accueille également des tortues qui viennent y pondre de mai à septembre. Ne laissez pas vos affaires sans surveillance (et emportez le minimum), même sur une plage apparemment déserte.

ANABOCA ★★

A l'office de tourisme de Bocas.
✆ +507 6996 0608 / +507 6553 6566
bocascarey@gmail.com
Informations et achat du billet de 12h30 à 18h30 (en saison) à l'ATP de Bocas.
Les 4,3 km de Playa Bluff, située à 7 km seulement du village de Bocas, accueillent chaque année, entre mai et septembre, environ 250 nids de tortues baûl ou canal (*Dermochelys coriacea*) et 100 nids de tortues carey (*Eretmochelys imbricata*) et de 2 autres espèces qui viennent moins régulièrement. En 2011, l'organisation internationale Sea Turtles Conservancy, en collaboration avec le Smithsonian Tropical Research Institute et Alianza Bocas, décident de créer une organisation communautaire pour encadrer l'activité touristique d'observation des tortues marines à Playa Bluff. L'association ANABOCA (Asociación Natural Bocas Carey) organise donc les sorties nocturnes guidées en petits groupes de 8 personnes maximum. Porter des vêtements sombres et s'appliquer un répulsif anti-insecte loin de la plage. Les appareils photo ne sont pas autorisés.

BOTANICAL GARDENS FINCA LOS MONOS ★★

Sur la route de Boca del Drago.
✆ +507 757 9461 / +507 6729 9943
www.bocasdeltorobotanicalgarden.com

> ### Gare aux chitras !
>
> Sur les plages de l'archipel, en particulier lorsqu'elles sont à proximité de la mangrove, ayez toujours avec vous un répulsif (ou un pantalon léger) pour vous prévenir des moustiques mais surtout de ces petits insectes appelés *chitras* ou *sandflies*. Leurs piqûres démangent énormément et peuvent s'infecter si vous vous grattez trop. Ces buveurs de sang sortent surtout en l'absence de brise, à la tombée de la nuit et en particulier autour de la pleine lune… Ils peuvent vous gâcher un joli coucher de soleil !

A 10 min en voiture de Bocas, avant la bifurcation pour Playa Bluff, sur la gauche.
Visite guidée des jardins, le lundi à 13h et le vendredi à 8h30 : 20 US$ et 10 US$ pour les 5-16 ans. En dehors de ces deux horaires, sur réservation. La visite à la demi-journée comprend en plus l'utilisation de la piscine, open bar et déjeuner tropical (4 pers. au minimum, résa. 24h en avance). Observation des oiseaux avec guide spécialisé à 6h30 ou 16h30 (4 pers. au minimum, résa. 24h en avance).
Ce très beau jardin abrite, au cœur d'une jungle luxuriante, une grande collection d'héliconias, de palmiers, de plantes ornementales, d'épices et de fruits. Une pépinière permet l'implantation chaque année de nouvelles espèces. Insectes, reptiles, oiseaux, singes et même paresseux peuplent les 25 hectares de terrain de Lin et Dave, deux passionnés de botanique.

PLASTIC BOTTLE VILLAGE ★★★

Sur la route de Boca del Drago.
✆ +507 6949 3389
www.plasticbottlevillage.com
powerbuygroup@cwpanama.net
Contactez Robert pour visiter la communauté. Donations bienvenues.
Ecologiste convaincu, le Canadien Robert Bezeau construit des habitations… en bouteilles plastiques. Partant du constat qu'un adulte consomme au minimum 14 000 bouteilles en plastique au cours de sa vie, il a décidé de les recycler à sa manière. Il les collecte, les utilise comme principal isolant, puis recouvre la structure de béton. Les logements sont plus frais, plus sains, flottants (on ne sait jamais, cela peut être utile) et même antisismiques ! Son projet est de créer au milieu de la jungle une véritable communauté et de vendre ces maisons. Le coup d'envoi a été lancé fin 2015. Lors de son arrivée à Bocas, Robert a participé activement au nettoyage des plages.

Sports - Détente - Loisirs

Surf. La meilleure période s'étend de fin novembre à début avril, avec une courte reprise en juin et juillet. Plusieurs écoles de surf ont ouvert ses dernières années et sont souvent en lien direct avec les hostels.

Plongée sous-marine. On recense une vingtaine de sites avec des fonds marins propices à la plongée. Quinze d'entre eux sont protégés par le parc national marin de Bastimentos ; ils sont accessibles aux débutants. Cinq sites supplémentaires s'adressent plutôt aux plongeurs confirmés.

Snorkeling. Un terme anglais que vous entendrez dans toutes les bouches. La plongée avec masque, tuba et palmes est l'une des premières activités de l'île. De nombreux sites de snorkeling sont réputés autour d'Isla Colón. Ils sont accessibles de Bocas mais aussi de Carenero et Bastimentos. Quelques spots : Isla de Pájaros ou Swan Cay (à 15 minutes en bateau depuis Bocas), Bocas del Drago, Red Frog Beach, Isla Carenero (la plage située après la dernière maison en bois), Dark Wood Reef, au nord de Bastimentos, Hospital Point et The Garden, près de Cayo Nancy (Solarte), Punta Juan Buoy, au nord de l'île Cristóbal, Cayos Zapatillas (les courants y empêchent parfois le snorkeling. Pour en savoir plus, voir la partie consacrée au parc maritime de Bastimentos), Cayo Crawl ou Coral Cay, au sud de Bastimentos, Star Fish Bay, pour les étoiles de mer...
Dès votre arrivée, vous serez sollicités par les nombreuses agences qui organisent des tours. Nous vous demandons instamment de ne pas toucher aux coraux ni à la faune marine. Limitez-vous à leur observation, ne sortez pas les étoiles de mer de l'eau, elles peuvent en mourir. Bocas est un trésor récemment découvert mais qu'il va aussi falloir protéger activement. Le développement du tourisme de masse risque fort, à terme, de mettre en péril coraux, faune et flore.

Sports - Loisirs

BOCAS DIVE CENTER

Avenida A, calle 4ta
✆ +507 757 9737
www.bocasdivecenter.com
info@bocasdivecenter.com
Ouvert tous les jours de 8h à 18h.Cours de plongée découverte à 70 US$.
Une agence homologuée Padi basée à Bocas. Une jolie palette de plongées de jour comme de nuit pour plonger dans les meilleurs spots de l'archipel.

BOCAS SAILING

Calle 3
✆ +507 6550 4280
bocassailing.com
bocassailing@gmail.com
Excursion quotidienne à 48 US$, départ 9h30 retour vers 16h30, sandwich et boisson fournis. Egalement des tours privés proposés à partir de 450 US$ pour 8 personnes.
Des tours en catamaran à la journée à travers l'archipel pour voir les dauphins, explorer la mangrove, pêcher, plonger au-dessus du corail dans des coins secrets. Ambiance des plus conviviales à bord. Egalement des cours de surf et de yoga, avec la grande nouveauté, du yoga sur un stand-up paddle !

BOCAS SURF SCHOOL & HOSTEL

Ave. Norte, entre Hotel Angela & Hotel Vista Mar.
✆ +507 6852 5291
www.bocassurfschool.com
info@bocassurfschool.com
Cours de surf à partir de 59 US$ la demi-journée, 89 US$ la journée, incluant la planche et le transport. Hébergement à 20 US$ par personne, 50 US$ la chambre privée.
L'école dispose d'un hostel dans une belle maison caribéenne avec 11 lits pour rester dans l'ambiance surf.

CORAL SURFING

Calle 1a
✆ +507 757 7378
www.coralsurfing.com
infopanama@coralsurfing.com
Compter 30 US$ par personne les 3 heures (Coral surfing + snorkeling sur le récif).
Le « Coral Surfing » est l'activité vedette de Bocas. La sortie dure 3 heures, elle est combinée avec du snorkeling (et éventuellement avec un supplément à du ski nautique ou du wakeboard). « Coral Surfing » signifie surfer sous l'eau, au-dessus du corail, sans effort. Le principe est simple, une sorte d'aile amovible sur laquelle on s'accroche, tirée par un bateau à moteur à l'aide d'une corde. Les sensations de glisse et de vitesse sont immédiates (bien accrocher son maillot !). L'impression de voler sous l'eau tout en observant les fonds marins avec un masque. Assez rapidement on peut se retourner, se rapprocher du fond, remonter respirer... et se prendre pour un dauphin ! Amateurs de nouvelles sensations, n'hésitez pas !

MONO LOCO SURF

Calle 2, en face du parc central.
✆ +507 760 9877
www.monolocosurfschool.com
monolocosurfschool@gmail.com

Cours particulier 80 US$ la session de 3 heures. Si groupe de 2-3 personnes 50 US$ par personne. Location de planche : 20 US$ la journée, 100 US$ pour 7 jours. Forfait surf et yoga, ou surf et cours d'espagnol, etc.
Juan David est un instructeur de surf pédagogue et plein d'humour. Basé à Bocas depuis plusieurs années, il connait tous les spots. Cours en anglais ou espagnol, surf trips, guidage, location de planches…

TROPIX SURF
C/ 3, en face du parc.
✆ +507 757 9727
Ouvert de 9h à 13h et de 15h à 19h.
Fabrication, réparation, vente et location de planches. Vente de surf wear et si vous voulez vous faire tatouer, demandez à voir le propriétaire du lieu, Juan qui a un local pas très loin.

UNDER SEA
Calle 3a
✆ +607 6668 5856
www.underseapanama.com
under.sea.pty@gmail.com
Ouvert de 8h30 à 20h30. Sorties de 10h à 17h. Tour Cayos Zapatillas : 35 US$ (+ 10 US$ d'entrée au parc). Tour Estrella et Isla Pajaro : 35 US$. Deepboard et snorkeling : 15 US$.
Under Sea propose différentes excursions pour découvrir les îles. Nos préférées ? Une journée complète avec passage dans la baie des dauphins, île aux paresseux, déjeuner à Cayo Coral puis snorkeling à Cayo Zapatillo 2 pour découvrir la vie marine et le sentier sur l'île. Possibilité de manger au restaurant ou de pique-niquer sous un rancho. La sortie à Playa Estrella inclut une visite de l'immense grotte de Isla Pajaro, du snorkeling / du deep board à Punta Manglar et une pause au bar caché. Agence sérieuse et fiable.

Détente - Bien-être

AROMA YOGA
Genesis Creativity House, Av. Sur
à côté de Hotel Las Olas.
✆ +507 6832 9840
Les horaires des cours sont affichés devant la porte selon la saison. 1 heure 15 de cours, 6 US$.
Cours de Vinyasa Yoga face à la mer avec une petite initiation aux huiles essentielles.

BOCAS YOGA
Casa Morada, Calle 4
✆ +507 6658 1355
www.bocasyoga.com
laurakay@bocasyoga.com
Cours à 9h15 et 18h15 du lundi au vendredi (le mercredi seulement 18h15) et 12h15 le samedi. Arriver 15 minutes avant. 6 US$ le cours de 1 heure 15 avec matériel. 35 US$ le cours particulier + 5 US$ par personne en plus.
Laura Kay, directrice du centre, propose des cours de Hatha yoga pour tous les niveaux (en anglais). Bonne réputation.

Shopping

Comme dans toute station balnéaire, vous trouverez ici quelques boutiques vendant du matériel de plage, des vêtements, etc. Mais vous y verrez surtout de nombreux artesanos, qui étalent sur les trottoirs de beaux colliers en graines, coquillages, tagua… Un petit marché artisanal se trouve également au bout de la rue principale ; quelques Guna y vendent molas et bijoux, tandis que d'autres proposent des marchandises importées d'Equateur ou de Colombie.

DAZEL JEWLERY
Mono Loco Surf, Calle 2, en face du parc.
Boutique ouverte toute la journée en principe.
Mayron un artiste et surfeur local réalise de beaux colliers, bracelets et boucles d'oreilles avec des pierres et métaux qu'il importe du monde entier. Des pièces uniques qui feront de beaux cadeaux.

SUPER GOURMET
A côté de l'hôtel Palmas.
✆ +507 757 9357
www.supergourmetbocas.com
Ouvert de 9h à 19h, sauf le dimanche.
Pour les nostalgiques de nos épiceries fines : vin, pain, sauce au pesto, conserves, assaisonnements, café, chocolat… mais aussi huiles essentielles, répulsif naturels, etc. Dans une superbe bâtisse.

BIG CREEK ★★

A partir de Bocas Town, en direction de Boca del drago, sur la face est de l isla Colon, on trouve une zone relativement touristique qui se développe de plus en plus. C est également à ce niveau que l'on profite des meilleures plages pour faire du surf. Le vélo est nécessaire pour s'y déplacer, à moins de prendre le taxi, car les hébergements, de type Airbnb essentiellement, sont excentrés des commerces de la ville de Bocas.
Vous passerez d'abord la zone dite de Saigon Bay, après l'aéroport, où l'on trouve notamment la brasserie au niveau de la plage d'Istmito. Vous trouverez ensuite, au niveau du tout premier complexe hôtelier de l'île, Playa Tortuga, la marina et quelques hébergements bon marché. Poursuivez encore un peu votre route et vous arriverez à Big Creek, une communauté ngöbe autour d'une lagune.

Transports

- **Le vélo est le meilleur mode** de déplacement. A pied, la distance est faisable mais pensez qu'il va faire très chaud !
- **Un nouveau bus** dépose les surfeurs à Playa Bluff depuis 2016. Vous pouvez demander à vous arrêter où vous voulez. Le chauffeur du bus pour Boca del Drago vous rendra le même service.
- **En taxi**, comptez 2 US$ pour vous rendre dans le secteur de Playa Tortuga et 3 US$ pour Big Creek.

Se restaurer

SKULLY'S

Big Creek, sur la plage.
✆ +507 6549 5691
Comptez 3 US$ la course en taxi depuis Bocas Town.
Ouvert tous les jours, du petit déjeuner au dîner. Burgers et salades autour de 10 US$.
Un restaurant de plage, face à une jolie baie. On peut siroter une bière ou un cocktail sur les balançoires, face à la mer, ou manger des plats de type brasserie au restaurant dans une ambiance détente et anglophone au bord d'une petite piscine. Ne ratez pas les barbecues du dimanche. Le Skully's, qui a ouvert au printemps 2016, est tenu par l'auto-proclamé « homme le plus sexy de la planète », un Américain jovial, avec une vraie dégaine de pirate.

Sports - Détente - Loisirs

FLYING PIRATE

Au bar le Skully's, Big Creek.
✆ +507 6689 5050 – flyingpiratesbocas.com
flyingpirates@yahoo.com
Agence de Bocas ouverte de 8h30 à 18h30. Location de quad à 120 US$ la journée et 90 US$ la demi-journée. 10 US$ en sus par passager. Tarifs dégressifs pour plusieurs jours.
Le patron américain du Skully's tient aussi le Flying pirates, une agence de randonnée en quad. Les amateurs de sports mécaniques se feront un plaisir de découvrir les chemins reculés et impénétrables de l'Isla Colon.

- **Autre adresse :** Route principale (Calle 3), Bocas Town.

PLAYA BLUFF

Le secteur de Big Creek à Playa Bluff, en plein développement mais excentré de Bocas Town, se compose de plages prisées des surfeurs en saison, avec quelques hébergements épars. Tiger tail, Paunch et Bluff sont trois plages avec de forts courants et de fortes vagues, où il vaut mieux être prudent. Bluff est réputée comme dangereuse lorsque la mer est déchaînée. Tiger Trail est un sport de surf qui se prête davantage aux surfeurs débutants.

Transports

- **En vélo, il faut compter 15 minutes** jusqu'à Tiger Tail depuis Bocas Town et 30 minutes pour Playa Bluff. Compter entre 1h et 1h30 de marche en plein soleil.
- **Un taxi vous prendra entre 3 et 5 US$** l'aller pour le Paki Point ou Playa Bluff.
- **Des bus ont été mis en place** pour conduire les surfeurs de Bocas Town à Playa Bluff. Possibilité de s'arrêter en chemin.

BUS PLAYA BLUFF

✆ +507 6503 5632
Départs du parc Boliviar à 7h, 8h10, 9h30, 11h15, 13h, 14h20, 16h, 17h45. Retours à 7h30, 8h45, 10h15, 12h, 13h45, 15h, 17h, 18h30. 3,5 US$.
Un nouveau service bienvenu pour se rendre sur les plages ! Dernier arrêt au Playa Bluff Lounge.

Se restaurer

PAKI POINT

Sur la plage de Tiger Tail.
✆ +507 6948 6562
pakipoint@gmail.com
Avant Playa Bluff, prendre un chemin de terre sur la droite pour atteindre le Paki Point. En taxi, 3-4 US$ l'aller.
Ouvert tous les jours de 10h30 à 18h30 en saison haute et de 11h à 18h en saison basse. Ceviche, grande salade, poisson du jour, pizza à 9 US$, burger de 7,50 à 9 US$ + taxes. 15 US$ la planche à la location.

© JULIE OLAGNOL

En chemin vers Playa Boca del Drago, sur la Isla Colon.

Un bar de plage lounge en face du spot de surf de Tiger Tail, à fréquenter en saison lorsqu'il fait bon prendre les vagues. La déco est zen et les matelas confortables sont idéaux pour raconter des potins entre copines en regardant les beaux surfeurs. Douches à disposition et cabines pour se changer. Location de planches de surf. Restauration fraiche et variée.

BOCA DEL DRAGO ★★★

Le secteur de Boca del Drago, situé de l'autre côté de l'île, à une quinzaine de kilomètres de Bocas, est facile d'accès en taxi maritime ou en bus. La route qui secoue un peu traverse une partie de l'île à la végétation et aux villages indigènes encore préservés. A Boca del Drago, on trouve un restaurant agréable et l'assurance d'une baignade sans risque. Ne ratez pas la plus belle plage de l'île, à 15 min de marche ou 5 min de bateau-taxi, Playa Estrella, célèbre pour ses étoiles de mer encore bien visibles aujourd'hui. Les tours organisés depuis Bocas vous proposeront sûrement un arrêt du côté de Isla pájaro, une formation rocheuse où se réfugient en masse des oiseaux.

Transports

- **En bateau-taxi,** l'aller vous coûtera environ 15-20 US$ depuis Bocas. Le bus est beaucoup moins cher.
- **A vélo**, les plus courageux pédaleront au moins une heure.

■ MINIBUS

Pour Boca del Drago ✆ +507 6492 6166

De Bocas, départ du Parque Simón Bolivar, en face de l'hôtel Heike. Courant 2016, les départs étaient à 7h, 10h, 12h, 14h, 16h, 18h. Retours à 8h, 11h, 13h, 15h, 17h, 18h. Renseignez-vous sur l'horaire précis du dernier bus retour et évitez de prendre votre ticket d'avance car vous serez obligé d'attendre la même compagnie. 30 minutes de trajet, 5 US$ aller/retour.

Se restaurer

■ RESTAURANTE YARISNORI

Sur la plage, face aux lanchas et aux minibus.
✆ +507 6615 5580 – www.yarisnori.com

Ouvert de 9h à 18h tous les jours sauf mardis en saison basse. Compter entre 8 US$ et 25 US$ le repas. Pour les patacones fourrées : 12 US$. 3 chambre doubles à 45 US$ avec ventilateur et salle de bains partagée, pers. supplémentaire à 20 US$ et chambre de 4 petits lits à 85 US$. Kayak double : 5 US$/heure.

Un restaurant de plage proposant poisson, patacones, riz coco, au bord de l'eau, après un bon bain. Malgré la chaleur étouffante, les patacones fourrées à la langouste, le nouveau plat du cuistot, nous ont laissé un souvenir impérissable. On peut aussi juste siroter un jus de fruit ou une bière fraîche les pieds dans le sable. Egalement des chambres si vous voulez rester la nuit et de la location de kayak. Accueil chaleureux des touristes étrangers encore peu nombreux dans cette zone.

© JULIE OLAGNOL

Pêcheur de langouste à Playa estrella, Boca del diablo.

À voir – À faire

ISLA PAJAROS ★★★

Les tours organisés pour le secteur de Boca del Drago passent par l'île aux oiseaux.

Sous les eaux, de beaux coraux, mais ne manquez pas d'observer le ciel. Cette roche qui sort de l'eau constitue un écosystème idéal pour la cinquantaine d'espèces d'oiseaux qu'elle héberge. Les oiseaux font une pause dans leur migration autour des grottes. Le décor rappelle les montagnes surréalistes du film Avatar.

PLAYA ESTRELLA ★★★

Compter 15 min sur un sentier de rêve depuis Boca del Drago, avec de multiples criques pour se baigner et un passage « périlleux » sur la mangrove. Un bateau taxi peut vous y déposer depuis Boca del Drago (1,5 US$) ou depuis Bocas (15 US$).

C'est de loin la plus belle plage de l'Isla Colon pour se baigner. Les étoiles de mer sont à quelques mètres du rivage : féérique ! Des panneaux vous rappellent de ne pas les toucher ou les sortir de l'eau car elles risquent de mourir. De nombreuses paillotes sur la plage servent du poisson et des langoustes fraîchement pêchées sous vos yeux. Le week-end et les vacances, il faut accepter la cohabitation avec les nombreuses familles panaméennes qui viennent elles aussi se détendre. Elles peuvent être bruyantes mais cela fait aussi partie du charme.

ISLA CARENERO ★★★

Christophe Colomb y aurait fait escale pour réparer la coque de ses navires, c'est-à-dire les « caréner » (*carenear*). Situé à quelques centaines de mètres face à Bocas, Carenero est un lieu parfait pour ceux qui veulent échapper à la foule tout en restant très proche du centre d'animation. Le village composé de petites maisons en bois se trouve côté sud-ouest de l'île. De jolies plages tranquilles pour se baigner et un bon spot de surf (janvier-avril et en juillet) sont accessibles un peu plus loin.

Transports

La traversée depuis Bocas coûte 1 US$ et 2 US$ pour les points plus éloignés. Un agréable chemin longe l'île.

Se loger

CASA ACUARIO

Côté sud de l'île

✆ +507 757 9565 – www.casaacuario.com

casaacuario@aol.com

5 suites lits Queen ou King pour 2 personnes à 80/90 US$ en basse saison, 88/100 US$ en haute saison. Petit déjeuner autour de 6 US$. Wifi, AC, eau chaude, hamacs.
Une jolie bâtisse bleue en bois sur pilotis. Chaque suite dispose d'une grande terrasse et est décorée dans un esprit caribéen chaleureux. Possibilité de plonger sous la maison dans un véritable aquarium naturel. Accueil charmant de Johana, Américaine, l'une des premières étrangères à s'être installées à Carenero. Seul défaut, le passage des *lanchas* à proximité peut être un peu bruyant.

GRAN KAHUNA BEACH HOSTEL

Sur la plage ✆ +507 757 9551
www.grankahunabocas.com
info@grankahunabocas.com
Basse/haute saison : 14/15 US$ en dortoir, 25 US$ le lit double en dortoir, chambre privée 55/60 US$ + 10 US$ par personne supplémentaire. Cuisine.
A 5 minutes du spot de Carenero, un *hostel* pour les surfeurs mais pas uniquement. 4 dortoirs et 2 chambres privées très corrects, un bar-restaurant convivial, une équipe sympa et préoccupée pour les questions environnementales (potager bio, récupération des eaux de pluie, nettoyage des plages, etc.) et un écran plasma géant juste devant : la mer des Caraïbes !

HOTEL TIERRA VERDE

A quelques mètres de la plage.
✆ +507 757 9903 / +507 6615 5911
www.hoteltierraverde.com
info@hoteltierraverde.com
7 chambres avec eau chaude, AC. A partir de 65 US$/75 US$. Suite à 150 US$. Internet, wifi. Petit déjeuner inclus.
Un *bed & breakfast* familial dans une maison de deux étages, tout en bois. Confortable, au milieu des palmiers et à quelques mètres de la plage. Privilégiez les chambres avec vue mer.

Se restaurer

BIBI'S ON THE BEACH

✆ +507 757 9137
✆ +507 6981 2749
pennytom@gmail.com
Ouvert de 9h à 21h tous les jours. Compter à partir de 12 US$ pour un plat de poisson ou de crevettes et 25 US$ pour une langouste. Happy hour de 16h à 19h.
Petit restaurant charmant au-dessus des flots offrant une vue magnifique. Cuisine très correcte et cocktails délicieux. Tenu par un couple très sympa qui gère aussi une école de surf juste à côté.

LEAF EATERS CAFE

Rue principale, après le bar-hostel.
✆ +507 6657 1354
Ouvert du mardi au samedi, de 11h à 18h.
Bien placé à l'entrée du village, ce restaurant végétarien et *vegan friendly* propose des burgers, tacos, salades et bols avec de bons ingrédients : même les carnivores apprécient. La terrasse sur l'eau entourée d'un petit jardin est très agréable pour prendre un café glacé, un smoothie, une bière ou du vin.

© NICOLAS LHULLIER

Plages désertes de Bocas.

PROVINCE DE BOCAS DEL TORO

Sortir

AQUA LOUNGE HOSTEL & BAR

Juste en face de Bocas, c'est le bâtiment vert.
www.bocasaqualounge.info
bocasaqualounge@gmail.com

Bar ouvert tous les jours à partir de 7h jusqu'à 23h ou jusqu'à 3-4h les mercredi et samedi, jours de fête. Les lundi, bear-pong avec bières à 75 cts. Les mardi, trivial pousuite. Happy-hour de 17h à 21h les mardi, jeudi, vendredi et dimanche. Entrée payante pour les soirées à 5 US$ avec conso. Hébergement : 12 US$ en dortoir avec petit déjeuner et 14 US$ par personne en chambre privée avec salles de bains partagées. Egalement 4 chambres avec salles de bains privées et AC. Wifi, laverie.

Un hostel-bar original pour ceux qui veulent faire la fête dans une ambiance internationale, jeune et détendue. L'un des endroits les plus sympas pour se lâcher au-dessus des flots (avec balançoires, plongeoir et trampoline !), sur de la musique latine assez commerciale en mode *spring break*. Grosse ambiance les mercredis et samedis soir lors des *lady's nights*. Les chambres et dortoirs sont corrects mais pas destinés aux couche-tôt. Le snack et le restaurant proposent des plats et sandwiches méditerranéens et orientaux économiques. Bon plan : venir tôt le matin pour profiter de la piscine naturelle et du petit déjeuner.

Sports - Détente - Loisirs

ESCUELA DEL MAR

Au bar Bibi's
✆ +507 757 913 / +507 6785 7984
surfescueladelmar@gmail.com

Cours de 2-3 heures pour tout niveau : 45 US$, 3 cours : 110 US$. Location de body board : 5 US$ la demi-journée, masque : 5 US$ la journée, kayak ou paddle boat : 5 US$ de l'heure, 10 US$ les 4 heures, paddle board : 15 US$ de l'heure, 34 US$ les 4 heures.

Une école de surf avec un instructeur réputé, l'Argentin Luis Bertone qui exerce depuis plus de dix ans à Carenero.

ISLA BASTIMENTOS ★★★★

De plus en plus de touristes séjournent à Bastimentos plutôt qu'à Bocas.

L'île de Bastimentos possède trois secteurs principaux. Le village de Bastimentos incarne l'ambiance relax caribéenne avec ses maisons colorées sur pilotis. Les hébergements sont bon marché et le mélange avec la population locale plus facile qu'à Bocas : le touriste ne passe pas inaperçu dans l'unique rue du village !

Le secteur de Red Frog Beach est très populaire, avec une très longue plage de sable blanc et de fameuses petites grenouilles rouges.

Enfin, dans le secteur sud-est, après la communauté indigène de Salt Creek, se sont montés des lodges écologiques de grand charme que nous vous conseillons vivement pour vous reposer dans un cadre paradisiaque. La faune et la flore sont protégées par le parc

Maison caribéenne de Bastimentos.

© NICOLAS LHUILLIER

Un soir à Bastimentos.

maritime qui recouvre une grande partie de l'île et des îlots environnants, notamment les Cayos Zapatillas, un immanquable pour les amateurs de plongée.

BASTIMENTOS ★★★

Beaucoup plus authentique que Bocas, le village de Bastimentos, ou Old Bank, est un autre monde. Ses 1 500 habitants sont surtout des descendants de Jamaïcains et des Ngäbe Bugle. On vit doucement, entre pêche et tourisme, et on discute en guari-guari... Pour regagner Bocas, faire les courses ou sortir le soir, il faut prendre la *lancha*.

Transports

- **Bateau.** Liaisons fréquentes entre Bocas sur Isla Colón et le village de Bastimentos (3 US$ par personne, 5 US$ à partir de 17h). Les locaux peuvent également vous organiser des tours, mais veillez à ne pas accepter de tarif surévalué par rapport à la prestation, renseignez-vous auparavant auprès du personnel de votre hôtel.

Pratique

Le village est une longue ruelle, vous n'aurez pas de mal à vous repérer. Les quelques hôtels, situés à l'écart, sont indiqués et les gens du cru vous renseigneront.

L'unique téléphone public se trouve à côté du poste de police. Pas de banque.

Se loger

Presque toutes les maisons de la ruelle offrent des chambres. Nous avons privilégié les hébergements tenus par les locaux qui se bougent vraiment à Old Bank, mais il y a aussi quelques adresses tenues par des étrangers.

Bien et pas cher

HOSTAL BASTIMENTOS
A 30 m de la rue principale, côté opposé à la mer.
✆ +507 757 9053
✆ +507 6795 8093
hostalbastimentos.com
En dortoir de 5 et 6 lits, 10 US$ avec ventilateur et 15 US$ avec AC. Chambres de 20 US$ à 65 US$ selon le confort. Chambre familiale à 65 US$.
Situé dans les hauteurs, à côté de la ruelle principale, un hôtel spacieux à l'architecture traditionnelle tout en boiseries. Convivial et bien tenu par le charmant Enrique Livingston et sa fille Nadia. Deux cuisines communes, hamacs, bar, belle vue sur le village en contrebas, jardin tropical et beaucoup de renseignements touristiques. Ambiance *roots*, comme partout à Old Bank. Différentes options selon le confort souhaité.

HOSTAL EL JAGUAR
A 30 m à gauche de l'embarcadaire principal, côté mer, derrière l'hôtel blanc.
✆ +507 757 9383
✆ +507 6374 4917
hostaleljaguar@yahoo.com
Chambres double salle de bains partagée à 20 US$, avec salle de bains privée à 25 US$.
Une auberge de jeunesse sur pilotis proposant des chambres doubles sans grand confort mais avec accès à une petite cuisine ouverte sur l'eau. Arnulfo alias « le Jaguar » propose des tours avec sa *lancha* et loue des kayaks. Si vous avez de la chance, vous aurez droit à un concert de Los Jaguares avec des morceaux reggae-salsa composés par Arnulfo. Un *hospedaje* bien pour *chiller* dans un hamac au-dessus de l'eau.

PROVINCE DE BOCAS DEL TORO

HOTEL CARIBBEAN VIEW

Ruelle principale, à droite
depuis l'embarcadère.
✆ +507 6761 6216 / +507 6574 2805
✆ +507 757 9442
www.hotelcaribbeanview.bocas.com
31 chambres doubles et triples, entre 40 US$ et 72 US$ sans petit déjeuner et entre 45 US$ et 92 US$, avec petit déjeuner. Avec salle de bains privée ou partagée, AC, eau chaude, wifi. Bar-restaurant ouvert de 8h à 22h tous les jours. Compter entre 10 et 12 US$. Prêt de kayak et organisation de tours.

Ce bel hôtel, sur deux niveaux, est construit au-dessus de l'eau dans le respect de l'architecture locale, tout en boiseries. Il est tenu par une famille caribéenne au grand complet qui a triplé sa capacité en chambres en 2016. L'agréable restaurant propose petit déjeuner et repas avec vue sur la mer. Le fils Luis organise des tours à des prix attractifs.

TIO TOM'S GUESTHOUSE

Au centre du village, sur l'eau.
✆ +507 757 9831
www.tiotomsguesthouse.com
4 chambres doubles, 1 triple à 38 US$ et 1 bungalow avec terrasse et hamac à 48 US$. Les chambres ont une sdb privée, moustiquaire, ventilateur et Wifi. Petit déjeuner entre 4 et 7,50 US$, dîner autour de 9 US$.

Dans une maison jaune banane sur pilotis, vous serez accueilli en anglais, espagnol ou allemand par un couple charmant, Christian l'Allemand et sa femme Damaris, originaire du village. La guesthouse offre des chambres rustiques mais propres au-dessus du lagon et une grande terrasse entourée de dizaines de plantes, où vous pourrez vous allonger avec un mojito frais dans l'un des confortables hamacs, sous un rancho ouvert à la brise. Un service de bar-restauration est proposé et le club de plongée Scuba6Diving tenu par un couple de Québecois est également installé sur place. Infos touristiques, location de kayaks et d'équipement de snorkeling. Une bonne adresse.

Luxe

ECLYPSE DE MAR ACQUA LODGE

En face du village de Bastimentos.
✆ +507 6611 4581 / +507 26430 7576
www.eclypsedemar.com
Chambre double standard : 110 US$. Bungalow pour 2/3/4 pers : 228/285/339 US$. Bungalows Lune de Miel : 299 US$. + 10% de taxes. Petit déjeuner continental inclus. Wifi 24h/24, ventilateurs de plafond (de 18h à 8h30), coffre, eau chaude. A disposition gratuitement : équipement de snorkeling, kayaks, paddle, accès à la réserve naturelle.

Un magnifique éco-lodge, tout en bois, perché au-dessus des eaux turquoises. Les 7 bungalows colorés, reliés par des pontons rustiques, ont été construits dans une architecture caribéenne typique par des ébénistes locaux. La structure sur pilotis et les toits de *penca* offrent une fraîcheur naturelle. Ici pas besoin de clim, de toute façon cela ne conviendrait pas à Malena la sympathique propriétaire argentine, très concernée par les aspects écologiques (panneaux solaires, système de basse consommation d'eau, traitement des eaux résiduelles, tri des déchets…). Les bungalows standards disposent de 2 chambres et d'une terrasse privée, avec hamacs et transats. Les 2 bungalows Lune de miel, à l'extrémité du ponton, sont encore plus intimes et luxueux. Tous bénéficient d'une vue imprenable sur les plus beaux couchers de soleil de l'archipel ! Enfin, dans chaque bungalow, des plaques de verre dans le plancher permettent d'observer la vie marine, avec un éclairage tamisé attirant les poissons la nuit tombée… Le bungalow principal accueille 2 chambres doubles plus économiques et un bar restaurant convivial. Au menu, des sandwiches et snacks le midi, et une cuisine plus raffinée le soir. Les dîners aux chandelles vous raviront avec une cuisine *bocatoreña* de qualité. Autour du lodge, de magnifiques fonds marins et une réserve naturelle où l'on peut voir facilement les fameuses grenouilles rouges ou des paresseux. Une adresse de charme, relax et très bien tenue par Malena et son personnel adorable. Vivement recommandé !

ECLYPSE DE MAR
Bastimentos Island
:: www.eclypsedemar.com ::
NGALOWS SUR L'EAU · RESTAURANT · WIFI · RESERVE NATURELLE
À 10 MINUTES DE BATEAU DE BOCAS TOWN
(+507) 6611.4581 ::

Se restaurer

RESTAURANTE ALVIN

Dans la rue principale, en contrebas sur l'eau, il faut traverser une allée.

Ouvert tous les jours de 7h à 21h. Petit déjeuner 3,50 US$. Plats de 6 US$ à 25 US$. 20 US$ pour le mixto de mariscos pour 3 pers. Chambres de 35 US$ à 45 US$ avec AC, Wifi et eau chaude.

Au-dessus des flots, un coquet restaurant caribéen avec des nappes à carreaux. Accueil adorable de la cuisinière, la Señora Kecha. Sa spécialité ? Le *mixto de mariscos*... un savoureux mélange de fruits de mer. Demandez-lui de nourrir les poissons : vous serez surpris de constater que la vie marine est vraiment riche à Old Bank.

ROOTS BAR & RESTAURANT

En contrebas de la rue principale

Ouvert tous les jours de 11h30 à 21h. Plat de viande à partir de 6 US$ et poissons à partir de 8 US$.

Fréquenté par les gens du cru comme par les étrangers, un restaurant sur l'eau auquel on accède par une passerelle en bois. Service, cuisine, musique, tout sent la décontraction caribéenne. Les plats sont copieux et bien cuisinés. Mollo sur la sauce piquante maison ou vous vous en souviendrez !

Sortir

Du reggae ? Renseignez-vous, des sound systems sont organisés de temps en temps. Traînez vers le Roots Restaurant, la musique y est bonne.

À voir - À faire

PLAYA PRIMERA OU WIZARD ★★★

Prenez le chemin qui monte depuis le bout de la rue, à l'est du village.

Le chemin vallonné traverse une épaisse végétation à travers les collines. Il est souvent humide et glissant, donc évitez les tongs qui vont lâcher... Après 45 minutes de marche, vous serez récompensé de vos efforts par une nature généreuse et sauvage ! Nonis, palmiers, cocotiers et autres arbres bordent cette plage, l'une des plus belles du pays. Dans l'eau, ne vous aventurez pas trop loin du bord, les courants sont dangereux. Attention, sans être alarmiste, la police de Bastimentos recommande de ne pas prendre d'affaires de valeur et de ne pas rentrer trop tard de la plage, des agressions se sont produites par le passé. Renseignez-vous sur l'actualité de la situation. Le chemin se poursuit jusqu'à Red Frog Beach ; compter 2 heures en tout.

Sports - Détente - Loisirs

SCUBA 6 ECO DIVING

Tio Tom's Guest House
✆ +507 6722 5245
www.scuba6ecodiving.com
info@scuba6ecodiving.com

Tous les jours, de 8h30 à 20h. Plongée découverte avec 2 immersions à partir de 100 US$ avec snack et eau.

Un petit centre de plongée offrant des sorties variées autour de Bastimentos. Cours et sorties possibles en français, pour de petits groupes uniquement (4 maximum) pour une meilleure attention. Formation PADI.

Lancha colorée à Bastimentos.

© NICOLAS LHULLIER

Bastimentos – Canopy à Red Frog Beach.

Shopping

■ **UP IN THE HILL**
Entre Bastimentos et Playa Wizard.
✆ +507 6607 8962 / +507 6570 8277
www.upinthehill.com
upinthehill.shop@gmail.com
Coffee shop et boutique ouverts tous les jours sauf dimanche. Tour de la ferme à 10h30 : 20 US$ pour 2h avec dégustation, sur réservation. Logement : 2 cabanas à 66 US$ et 75 US$ pour 2 avec cuisine, matelas orthopédiques, salle de bains avec eau chaude, hamacs.
Une petite ferme biologique « en haut de la colline », à 20 minutes à pied de Bastimentos. On est à mi-chemin de Playa Wizard, idéal donc pour une petite pause jus de fruits-brownies au *coffee shop*, où l'on peut aussi acheter des souvenirs originaux (tee-shirts écolos, artisanat, chocolat), du répulsif et des produits de beauté. Ils sont 100% naturels, à base de plantes, de fleurs et de fruits biologiques : huiles de massage, savons et shampoing, baume pour le corps, crèmes pour le visage… On peut même rester y dormir !

SECTEUR RED FROG BEACH ★★★

Cette destination est incluse dans la plupart des circuits des agences de Bocas. La grande plage de sable blanc est magnifique et dispose de quelques infrastructures touristiques pour ceux qui voudraient y déjeuner ou y dormir. Les vagues sont parfaites en saison pour les surfeurs débutants et intermédiaires. Il convient d'être prudent, il peut y avoir des courants. Les aménagements réalisés depuis 2008 par le propriétaire (une grande société américaine), a un peu gâché le côté paisible de ce lieu. Les fameuses petites grenouilles rouges (*red frogs*) ne sont plus si faciles à voir depuis que les bulldozers sont arrivés pour l'aménagement d'un important complexe qui se dit écolo : des dizaines de villas avec piscines, une marina et un projet de golf… Heureusement, le projet a été revu largement à la baisse. Autre danger pour les grenouilles, des enfants en attrapent le matin pour les présenter aux touristes, et demandent de l'argent pour la photo. N'encouragez pas ce genre de pratique, les grenouilles meurent généralement d'épuisement en fin de journée.

Transports

- **Par le sentier payant**. Comptez 10 US$ l'aller-retour depuis Bocas. L'accès au site coûte 5 US$ pour 10 min de marche pour rejoindre la plage. Mettez-vous d'accord sur l'horaire de retour avec le bateau-taxi.
- **Par la plage.** Le bateau-taxi vous demandera un peu plus, 16 US$ l'aller-retour depuis Bocas, mais vous éviterez de payer le sentier ; cela revient donc au même. N'essayez pas d'arriver par la mer pour repartir par le sentier pour payer moins cher : le vigile est très physionomiste…
- **Les marcheurs pourront** tenter la superbe balade depuis le village de Bastimentos, qui passe par Playa Wizard au bout de 45 min. Il faut 2h en tout et bien se protéger du soleil. Courant 2016, des vols de touristes nous ont été rapportés sur le chemin, et la police devait veiller au grain. Renseignez-vous sur l'évolution de la sécurité sur ce chemin.
- **Les plaisanciers** arrivent, eux, par la marina du complexe de luxe, à 15 min de la plage. Seulement en tour organisé.

Se loger

On peut venir à la journée mais aussi rester dormir au bord de la plage, il y en a pour tous les budgets.

PALMAR TENT LODGE

Sur la plage ✆ +507 6880 8640
www.palmartentlodge.com
info@palmartentlodge.com
14,85 US$ en dortoir et 66 US$ la chambre privée, avec taxes. Espaces pour planter sa tente à 10 US$ par personne. Restaurant-bar ouvert de 8h à 22h, plats entre 7 US$ et 10 US$. Yoga : 4 US$ pour les clients et 10 US$ pour les autres.
Une belle surprise à Red Frog Beach. Un lieu chaleureux, international et écolo, qui plaira à ceux qui aiment se connecter à la mère nature. Ne pas être trop craintif des insectes, accroché à la télé ou à son Facebook (pas de wifi volontairement). Yoga sur la plage, cuisine végétarienne, potager bio. L'énergie est produite par des panneaux solaires, l'eau de pluie récupérée sert pour les douches... On dort dans la forêt sous de grandes tentes style safari, avec plancher en bois, matelas confortables, ventilateurs de plafond, coffres pour garder ses affaires. Ambiance jeune et anglophone. Le bar-restaurant propose des plats simples, avec des options pour végétariens. Nombreuses excursions proposées.

Se restaurer

Deux restaurants sur la plage, celui du Palmar Tent Lodge et celui du complexe hôtelier. Lors de notre passage, il était question de l'ouverture d'un beach club fin 2016, avec des tarifs plus élevés et un jardin écologique, par les mêmes propriétaires que le resort.

PUNTA LAVA BEACH BAR & GRILL

Sur la plage côté est.
✆ +507 836 5501
Ouvert tous les jours de 7h à 22h. Sandwiches, tapas, burgers et déjeuner à 10 US$. Dîner entre 20 et 25 US$.
Dans une belle maison en bois, en bord de forêt et avec une vue magnifique sur la plage, un restaurant proposant des plats simples (burgers, tacos...) ou plus élaborés avec la pêche du jour. L'établissement appartient au grand complexe hôtelier « caché » juste derrière. Les propriétaires ont souhaité un restaurant avec des prix accessibles à tous. Barbecue et activités le samedi.

Sports – Détente – Loisirs

A part tenter de voir des grenouilles rouges et faire bronzette, de nombreuses activités sont possibles : balade à cheval, surf, kayak, yoga et même explorer la canopée.

Sur la plage de Red Frog.

BASTIMENTOS SKY ZIPLINE TOUR
Red Frog Beach, départ de Bocas, oficine de Red Frog Beach.
✆ +507 834 7200 / +507 6539 2214
www.redfrogbeach.com
Tours de canopy à 10h, 13h et 15h30. Départs du bureau Red Frog Beach à Bocas en lancha à 9h, 12h et 14h30. Réservation préalable. 55 US$ par personne. Package Sea Day avec le canopy, la lancha et le déjeuner à 70 US$. Le circuit dure entre 1 et 2 heures selon le rythme et la taille du groupe.
Un voyage dans les airs au milieu de la forêt tropicale, avec des vues imprenables sur la mer. Un site exceptionnel au cœur du Red Frog Beach Resort, du matériel excellent et un encadrement professionnel qui saura vous mettre en confiance avant de filer le long des câbles des tyroliennes, ou de se lancer sur les ponts de singes. On peut même se jeter tel Tarzan et tournoyer au-dessus du vide... Une expérience riche en adrénaline !

SECTEURS SUD ET EST DE L'ÎLE ★★★★

Sur le reste de l'île Bastimentos, plusieurs hôtels et lodges écologiques se sont montés ces dernières années dans la zone appelée Old Point. On y accède en *lancha*, en s'arrangeant au préalable avec les gérants des établissements qui viennent généralement vous chercher à Bocas. Des lieux pour être au plus près de la nature, loin de la douce agitation de Bocas. L'occasion souvent de découvrir la culture des Indiens ngäbe dans les petites communautés avoisinantes.

Se loger

AL NATURAL RESORT
Punta Vieja ✆ +507 757 9004
✆ +507 6496 0776 / +32 475 278 204
www.alnaturalresort.com
info@alnaturalresort.com
Fermé du 1er juin au 31 juillet. Deux nuits minimum. Les tarifs pour 2 personnes (sans les taxes) : en fonction de la cabane 200/240/270 US$ en basse saison et 220/270/300 US$ en haute saison. Ils incluent : réception à l'aéroport ou au bureau d'Al Natural à Bocas, transferts en bateau entre l'hôtel et Bocas, 3 repas gourmets quotidiens élaborés par le chef Vincent, vin au dîner, goûter, kayaks, équipement de snorkeling et équipement pour pêcher du ponton. Nombreuses excursions proposées (hors du forfait). Egalement une formule All in (50 US$ de plus) avec un tour par jour et les cocktails. Organisation de lune de miel.
« Bienvenue au paradis » : c'est en ces termes que l'on vous accueille sur le ponton d'Al Natural Resort, après une agréable croisière depuis Bocas. Le lodge, un ensemble de 7 cabanes toutes différentes, face aux Cayos Zapatillas, se trouve au sein d'une nature préservée, près du parc marin de Bastimentos. Il est tenu par des Belges francophones sympathiques, bons vivants et soucieux de l'environnement. Al Natural est une combinaison réussie entre les techniques traditionnelles de construction ngäbe-buglé et les nouvelles technologies comme les panneaux solaires. Les bungalows sont situés le long d'un petit chemin dans la forêt et ont tous un accès sur une petite plage retirée. Ils sont aménagés en parfaite harmonie avec la nature et le mobilier est particulièrement soigné et propice à la détente sur la grande terrasse sur pilotis (lit avec vue sur l'eau, transat pour les bains de soleil, chaise longue, hamac). Le tout semi-ouvert avec un grand rideau pour l'intimité la nuit. Eau chaude, électricité (12 volts), moustiquaire, pédiluve en entrant. L'équipe qui vous accueillera, la plupart des Indiens ngäbe originaires de l'île, sera aux petits soins. Les repas sont pris en commun sur une conviviale table d'hôtes avec vin à volonté et bar à disposition pour l'apéro et les extras. De petits singes adorables viennent chercher leurs bananes tous les soirs. Tandis qu'on aperçoit un paresseux dans les arbres depuis les combes du bohio. Parmi les activités possibles : baignade et snorkeling sur le site, kayak pour aller à Big Creek et excursion aux Zapatillas.

LA LOMA JUNGLE LODGE & CHOCOLATE FARM
Bahia Honda ✆ +507 6889 5997
✆ +507 6592 5162 – www.thejunglelodge.com
2 nuits minimum. Entre 120 US$ et 130 US$ par personne en pension complète sur la base d'une occupation double et activités comme l'utilisation de kayaks et le transport jusqu'à Red Frog Beach. Il n'y a pas Internet au lodge donc les réponses aux email peuvent prendre quelques jours.
Cette ferme biologique de cacao de 23 ha dans la forêt tropicale, appartient à Henry et Margaret, qui ont décidé de développer le tourisme durable avec la communauté ngäbe de Bahia Honda. A 5 minutes en bateau du parc national maritime, les 4 *ranchos* en matériaux naturels sont semi-ouverts sur la jungle. On y accède par un sentier pentu. Les installations sont rustiques (sans télé ni clim, salle de bains avec eau chaude, hamacs, moustiquaires) mais confortables. Vous pourrez vous relaxer dans les baignoires naturelles au milieu de la forêt ou vous balader sur des chemins à travers la mangrove ou les plantations de cacao. Les repas du soir se font en « famille » avec les hôtes et les employés du lodge, des plats cuisinés avec les produits locaux. La Loma participe à des projets sociaux concernant la quarantaine de familles ngäbe du village de Bahia Honda.

■ **LOS SECRETOS**
Sur une péninsule en face de Isla Solarte.
✆ +507 6454 1065
lossecretosguesthouse@gmail.com
100 US$ par personne par nuit en demi-pension (2 nuits minimum).
A une vingtaine de minutes de *lancha* de Bocas, une belle maison en bois construite à flanc de colline sur un terrain boisé de 3 hectares avec une vue splendide sur l'archipel. Xavier et Ghislaine sa maman vous reçoivent dans leur guesthouse, qui dispose de 5 chambres (avec balcon privé, wifi et air conditionné), d'un bar-restaurant et d'une piscine.

■ **RESIDENCIA NATURAL**
Punta Vieja
✆ +507 757 9004
www.bocasdeltoroseafront.com
info@alnaturalresort.com
Tarifs basse/haute saison. Loft de 1 chambre : 170/240 US$ la nuit, 1000/1400 US$ la semaine, 2100/3100 US$ le mois. Loft de 3 chambres : 250/330 US$ US$ la nuit, 1400/1900 US$ la semaine, 3000/4200 US$ le mois. Egalement des forfaits comprenant tous les services de Al Natural Resort comme si vous restiez dans un des bungalows. Ventilateurs de plafond, wifi, coffre, équipement de snorkeling et kayak à disposition.
Sur la plage, dans la partie paisible de l'île de Bastimentos, une belle villa de vacances au design contemporain naturel, avec trois appartements de style loft. Construite récemment avec des bois locaux, par la même équipe qui a bâti les bungalows de Al Natural Resort, elle est plus luxueuse que les lodges aux alentours. Sa configuration semi-ouverte plaira à ceux qui craignent les insectes ou redoutent les bruits de la nature, mais veulent profiter du cadre paradisiaque d'une l'île déserte. Idéale également pour rester indépendant tout en ayant la possibilité de bénéficier des services de Al Natural Resort, à 10 minutes de marche par la plage : les repas gourmets de Vincent, le club de plongée, les sorties en mer, etc. A l'étage de la villa, un appartement pour 6 personnes avec une grande terrasse, une cuisine complète, un salon, une chambre avec sa propre salle de bains et deux chambres avec une salle de bains à partager. En bas, sur pilotis, deux autres appartements pour 4 personnes, avec chambre privée, canapé-lit dans le salon, cuisine ouverte, salle de bains et une belle terrasse avec hamacs et ventilateurs de plafond. Face à la résidence, la plus grande des piscines : la mer caribéenne turquoise et ses fonds marins si riches. Un concept original vivement conseillé.

Se restaurer

■ **CABIN & RESTAURANTE CORAL CAY**
Petite île familiale au sud de l'île de Bastimentos.
✆ +507 6626 1919 / +507 6837 7228
www.coralcay.bocas.com
cayocoral@hotmail.com
Ouvert tous les jours de 9h à 16h (dîner sur réservation). Cabañas à partir de 95 US$, sans le transport (50 US$ aller-retour).
Un restaurant sur pilotis pour manger de bons poissons ou langoustes tout juste pêchés sous vos pieds. Les poissons sont aussi nourris par les clients ! C'est l'endroit où s'arrêtent les groupes qui partent faire du snorkeling dans les environs. Il est possible de dormir sur place dans des petites *cabañas* sur pilotis. C'est sommaire mais très agréable sauf quand les *chitras* sont là !

À voir – À faire

■ **CAYO CORAL** ★★★
Entre Isla Bastimentos et Isla Popa.
Réputé comme l'un des plus beaux spots de plongée de Bocas del Toro, Cayo Coral fait partie de nombreux tours organisés depuis Bocas. Le corail est mort mais les poissons abondent. Possibilité de déjeuner dans l'un des trois restaurants locaux. Le spot du « jardin » avec du corail mou est aussi apprécié pour le snorkeling, avec beaucoup de couleurs mais moins de poissons.

■ **SALT CREEK** ★★★
✆ +507 6155 0614
Accès à pied ou en kayak des lodges de Old Point. Compter 40 min en bateau.
Accès en lancha, 25 US$ l'aller-retour depuis le village de Bastimentos. 2 US$ l'accès au village puis activités de 2 à 15 US$. Possibilité d'y passer la nuit pour 22 US$/pers., 8 US$ le déjeuner et 6 US$ le dîner.
Salt Creek ou Quebrada Sal est un petit village Ngäbe Buglé qui porte le nom de « rivière salée » en raison de sa proximité avec la mer. L'accès en kayak à travers la mangrove est fantastique, avec une chance de voir des paresseux. Si vous venez en bateau, le capitaine vous conduira peut-être à Cedar Creek, avant de vous arrêter au village indien. Une fois à Salt Creek, un sentier botanique aménagé de 3 km mène à une lagune. D'autres activités sont proposées par Alia tours : tour du village, randonnée jusqu'à Pelican ou Long Beach, bat cave, plantes médicinales. On peut y manger des plats traditionnels à base de poisson, riz et bananes plantain. De nombreux autres projets d'écotourisme impliquant les communautés

devraient voir le jour dans l'archipel, mais Salt Creek est l'un des premiers et le plus abouti.

Sports – Détente – Loisirs

ZAPATILLAS' DIVE CENTER

Au lodge Al natural.
✆ +507 757 9004 / +507 6496 0776
✆ +507 6576 8605
info@alnaturalresort.com
Sur place pour les clients d'Al natural.
Service de pick-up avec les autres resorts.
Padi discover scuba diving : 150 US$/pers, 60 US$ par pers. supplémentaire. Padi open water course : 490 US$/4 jours mini. Padi advance dive course : 490 US$/pers. Padi rescue course 490 US$/pers. Réductions importantes pour les packages avec hébergement/repas (tout le détail sur le site). Pour les plongeurs déjà certifiés, 120 US$/pers les deux bouteilles. Plongées spéciales selon météo et niveau : 200 US$/pers. pour deux et 180 US$/pers. pour 3 à Tiger Rock par exemple.
Ce centre de plongée, certifié Padi dive center, propose différentes formules adaptées à tous les niveaux. L'attention particulière et le service personnalisé pour le client font partie des points forts de ce petit *dive shop*, tout comme son emplacement, vers les célèbres Cayos Zapatillas. Avec Coiba, Bocas fait d'ailleurs partie des meilleurs spots de plongée du Panama. Abner et Federico connaissent toutes les possibilités de la zone et vous feront découvrir des endroits magnifiques. Le nouveau bateau protège de la pluie pour des traversées confortables. Les débutants peuvent suivre l'introduction avec plongée à 12 m (discover scuba diving), mais également prolonger la découverte avec 3 jours d'entraînement (*open water course*), tout en séjournant sur place dans un cadre idyllique. Pour les plongeurs expérimentés, découverte des canyons et des cavernes des Zapatillas ou bien de Tiger rock, à 45 min de bateau, vers Isla Tigre, réputé comme le meilleur spot de la zone. Egalement des plongées à thème possibles, par exemple de nuit ou photo.

PARQUE NACIONAL MARINO ISLA BASTIMENTOS ★★★★

Ce parc créé en 1988 englobe près de 13 200 ha, dont 1 600 sont des terres insulaires. Les Cayos Zapatillas, deux îles situées sur une plate-forme de corail, sont les plus visités, au sud-est. Le parc est surtout réputé pour ses récifs de coraux, dont le Cayo Coral Afuera est l'un des meilleurs représentants.

À voir – À faire

BAT CAVE ET BAHÍA HONDA ★★★

Sud de l'île de Bastimentos, non loin de Solarte.

Avec un tour organisé.

Nívida, la grotte des chauves-souris (bat cave, en anglais), est accessible à partir de Bahía Honda. On y voit des stalactites et, comme son nom l'indique, des chauves-souris pendues au plafond. A certains endroits, l'eau peut arriver jusqu'au nombril. Un lieu sombre et inquiétant où les aventuriers devraient se régaler. Au cours du trajet, le bateau passe par la mangrove et permet de voir caïmans et paresseux. Une communauté indigène Ngäbe vit également dans cette baie et accueille les visiteurs pour le déjeuner.

CAYOS ZAPATILLAS ★★★★

Est de l'île de Bastimentos.

Accès à l'île vierge : 10 US$. Pour séjourner dans le parc : 15 US$ et pour camper, 10 US$. Excursions avec un tour organisé depuis Bocas et par la plupart des lodges.

Les deux petites îles Cayo Zapatilla 1 et Cayo Zapatilla 2 se visitent avant tout pour la faune marine aux alentours (arbres, corail dur, beaucoup de poissons). Après le snorkeling, les tours vous conduisent sur l'une des deux îles où vous pouvez marcher le long du sentier et vous baigner sur les plages paradisiaques et complètement vierges. L'île située à l'ouest (Zapatilla Menor) est le refuge et lieu de ponte des tortues marines vertes, Baula et Carey, que les scientifiques viennent observer.

PELICANO BEACH ★★

Plage la plus à l'est de l'île.

C'est une plage tout au bout de l'île, accessible à pied depuis Salt Creek par exemple pour les bons marcheurs avec un guide. Possibilité de se baigner, de faire du snorkeling et une grosse vague pour les surfeurs expérimentés en haute saison. Deux gros rochers où viennent les pélicans.

PLAYA LARGA ★★★

Au Nord-Est de l'île de Bastimentos

Droit d'entrée au parc de 10 US$.

A plus de 3 heures de marche du village de Bastimentos et 1 heure 30 de Red Frog Beach, cette plage, qui fait partie du parc national marin de Bastimentos, n'est accessible à pied qu'aux plus courageux. Une randonnée exigeante de 6 heures à la journée consiste à faire une boucle de Red Frog à Salt Creek en passant par Playa Larga. Des *lanchas* peuvent s'y rendre mais uniquement quand la mer est calme. Il est possible de camper sur place et bien sûr d'y faire du surf. Les tortues viennent pondre la nuit entre mai et août.

POLO BEACH ★★

Nord-Est de l'île, entre Red Frog et Playa Larga.

Cette plage, située entre Red Frog et Playa Larga, est elle aussi très peu fréquentée bien qu'accessible à pied et par beau temps par la mer. Elle porte le nom du marginal Polo qui y vit depuis 40 ans ! Il fait très bien à manger et vend des bières mais pas possible d'y dormir.

Plage de Cayos Zapatillas.

Le Cacao Tribal, la marque du collectif Citizens Of Chocolate

Le « cacao tribal » est un produit biologique en provenance des forêts de Bocas del Toro, dans la *comarca* Ngäbe-Bugle qui s'étend des montagnes du parc de l'Amistad jusqu'à la réserve marine de Bastimentos. Dans la forêt ombragée, le cacao est récolté dans la pure tradition autochtone. Après avoir collecté les calebasses, les graines sont retirées puis fermentées. Elles sont ensuite séchées au soleil pendant plusieurs jours. Une fois sèches, les graines sont grillées au feu de bois, puis broyées pour en extraire la liqueur de cacao. Ce cacao est parfait pour la cuisson, ou simplement à faire fondre dans de l'eau chaude et des épices pour un délicieux breuvage de style Ngäbe-Bugle, ou dans du lait chaud pour un riche chocolat chaud… Le collectif Citizens of Chocolates appuie les femmes indiennes dans la production du cacao durable. Elle assure ainsi l'autonomie économique de leurs familles et participe au développement durable de la communauté.

- **Plus d'informations :** www.facebook.com/CitizensOfChocolate

ISLA SAN CRISTÓBAL ★★★

A 15 minutes de bateau de Bocas, cette île est également appelée Faro de San Cristobal, en raison de son phare installé pour les bateaux qui transportent les bananes. Plusieurs communautés Ngäbe Buglé y vivent de la culture du cacao, du manioc ou du riz, ainsi que de l'élevage de quelques porcs et poulets, notamment dans le village de San Cristobal. Au nord de l'île, à Bocatorito, les mangroves et les dauphins ont de quoi séduire. Des tours pour les voir sont organisés depuis Bocas mais pas sûr que les dauphins soient ravis de se voir entourés parfois d'une dizaine de *lanchas* bruyantes…

SAN CRISTÓBAL ★★

San Cristóbal est un gros village fondé en 1958 pour accueillir les familles ngäbe Bugle travaillant dans les plantations bananières des alentours. Le village reste essentiellement indien, mais d'autres familles de métis se sont installées suite à la flambée des loyers de Bocas. On y trouve une école, un centre de santé, un terrain de foot, quelques églises… Au milieu des années 2000, une poignée de femmes du village se sont réunies, avec l'appui de l'association française de tourisme solidaire La Route des Sens, pour vendre leur artisanat dans le cadre d'une coopérative et accueillir des touristes. Un hébergement rustique a été aménagé dans une maison typique. Aujourd'hui la coopérative a pris un peu d'ampleur et des activités culturelles sont proposées aux visiteurs pour découvrir la culture ngäbe : découvertes des plantes médicinales et de la culture du cacao sur un petit sentier, travail de l'artisanat, cuisine typique ngäbe… Généralement impressionnés au début par ce village assez éloigné de la carte postale « Caraïbe », les voyageurs en reviennent toujours pleins d'émotions suite aux échanges avec la population et en particulier avec les enfants.

Transports

- **A Bocas Marine Tour**, n'importe quel *lanchero* peut vous emmener pour environ 10-20 US$ le bateau. Sinon, demandez à voir Guillermo originaire de San Cristobal qui fait des trajets collectifs avec des membres de la communauté, ou Salsa qui a accompagné le projet de développement depuis son origine. Dans tous les cas, informez un ou deux jours à l'avance Damaris, la présidente du comité du tourisme, de votre visite au ✆ +507 6832 9118. Si vous ne parlez pas espagnol, il est conseillé de vous organiser avec une agence de Bocas.
- **De nombreux tours organisés** à la journée passent par la baie des dauphins pour aller à Cayo Coral.

Se loger

■ **HOSTAL SAN CRISTOBAL**
Village de San Cristobal ✆ +507 6832 9118
Damaris
Logement sur un matelas 15 US$ pour 1 personne, 20 US$ pour un couple. Prévoir une lampe électrique. Douche avec un seau et toilettes sèches en bas de la maison. Déjeuner et dîner typiques autour de 10 US$, petit déjeuner 5 US$. Activités à 10 US$ par personne : atelier d'artisanat, danses traditionnelles, promenade sur un sentier botanique, teintures naturelles sur tee-shirt (venir avec un tee-shirt blanc).

Une belle maison construite de façon traditionnelle, en bois sur deux niveaux, avec un balcon offrant une jolie vue sur le village et la baie, parfait pour un petit apéro (quelques épiceries dans le village). C'est rustique et vous êtes au cœur du village, les coqs et les habitants se réveillent tôt sachez-le, mais c'est une bonne manière de découvrir le mode de vie local avec Damaris, loin des hôtels traditionnels de Bocas ou des lodges luxueux plus récents.

Dans les environs

■ PATIO INDIGO
Au nord de l'Isla San Cristobal.
✆ +507 6461 9890 www.patio-indigo.com
contact@patio-indigo.com
Le lodge devrait ouvrir en décembre 2016. 2 tentes safaris avec vue sur la mer pour 2 pers. avec lit Queen, à partir 80 US$ la nuit. 1 tente safari avec 3 lits 1 place avec vue sur la jungle. A partir de 20 US$ par pers. Prix demi-pension (petit déjeuner + dîner + boissons) : 30 US$ par pers. Pour accéder au lodge, compter 10 à 15 US$ par pers. depuis Bocas mais navettes gratuites au départ de l'hôtel une fois par jour.
Un nouveau lodge situé à 15 minutes d'Isla Colon, en bord de mer. Les hôtes sont logés dans des tentes safaris confortables, disposant chacune de leur salle de bains et terrasse privée. Accueil chaleureux de la part de Clément, Philippe, Romain, Raphaëlle et Camille. Ces amis d'enfance originaires de Marseille ont construit eux-mêmes leur belle maison en bois et tout le mobilier, on ressent immédiatement la bonne énergie du lieu. Le petit déjeuner se prend ici ou sur la terrasse de la tente. Le dîner est servi à la table d'hôtes pour plus de convivialité. Cuisine française et locale avec les récoltes du jardin et produits de la mer. Le restaurant devrait ouvrir le midi pour les clients de l'hôtel, et sur réservation pour les gens de l'extérieur. Enfin, des excursions seront proposées à partir du lodge, sur les îles voisines mais aussi pour découvrir la faune et la flore de San Cristobal.

BOCATORITO ★★★

Le petit village ngäbe de Bocatorito est situé sur les rives de la baie des Dauphins, à une vingtaine de minutes en bateau de Bocas. Un lodge écologique à proximité du village fait vivre 25 personnes de la communauté. Plein d'activités vous attendent comme des tours à cheval, la découverte des plantes médicinales ou de l'artisanat local, et bien entendu aller observer les dauphins dans la baie (aux heures où les autres bateaux ne viennent pas). Tout peut s'organiser depuis le lodge.

Transports

Pour y accéder, arrangez-vous avec Brian pour venir vous chercher à Bocas aux horaires qui coïncident avec les départs et arrivées en avion et en bateau à Bocas. Sinon compter environ 60 US$ pour le trajet aller-retour en bateau (pour un groupe).

Se loger

■ DOLPHIN BAY HIDEAWAY
A côté du village de Bocatorito et de la baie des dauphins.
www.dolphinbayhideaway.com
info@dolphinbayhideaway.com
Pas de signal téléphonique.
5 chambres de 150 US$ à 200 US$ par nuit. Ces tarifs incluent petit déjeuner et dîner, le transport AR vers Bocas, l'usage de kayaks et matériel de snorkel et toutes les noix de coco que vous voulez ! Déjeuner à 10 US$, activités à partir de 8 US$ (salsa) à une centaine de dollars (pour les tours à la journée). Réservation à l'avance par e-mail.
Ce lodge écologique et familial, tenu par Brian et Amy, offre un cadre idyllique dans la baie des Dauphins, en pleine nature, à proximité de la communauté de Bocatorito. Les chambres ont vue sur le jardin tropical et sur la mer. Si les perroquets vous réveillent un peu tôt le matin, vous pourrez descendre jusqu'au petit bohio sur pilotis pour admirer le lever du soleil ! Le petit déjeuner comme le dîner sont préparés avec des produits biologiques et beaucoup de créativité. Les repas se prennent « en famille » de façon conviviale. Pas de plage de sable mais une eau limpide et sans courant dans la baie. Des tours en dehors des sentiers battus sont proposés à des prix raisonnables.

Se restaurer

■ VALLE DE LAS RANAS
Non loin de Bocatorito. ✆ +507 6614 5710
Ouvert du lundi au vendredi de 10h à 21h. Tacos de poulet ou de poisson à 8,50 US$. 25 US$ le tour à cheval de 1h30 et 5 US$ la marche.
Gen, sa femme Enith et leur fille Yarabis, des locaux de l'île, tiennent un adorable restaurant sur l'eau à l'écart du village. Avec l'argent récolté, mère et fille vont étudier tous les dimanches à l'université pour adultes. Quel courage ! Les bateaux viennent s'amarrer au ponton et les clients touristes et habitués dévorent un succulent tacos avec une bière. Après le repas, possibilité de faire un tour à cheval, avec une superbe vue sur la mer depuis les montagnes. Une ambiance très authentique.

À voir – À faire

BAIE DES DAUPHINS ★★★

Entre Isla Cristobal et Isla Popa

Une excursion souvent combinée avec Coral Cay et les Zapatillas depuis Bocas. On voit le matin et au coucher de soleil surtout d'innombrables dauphins qui viennent faire leur show à l'approche des bateaux. Magique !

Dans les environs

FINCA TRANQUILA ★★

Darklands

✆ +507 6316 3150 / +507 6763 6038

www.fincatranquilabocas.com

info@fincatranquilabocas.com

Au sud-est de l'île San Cristobal et de la baie des Dauphins.

Deux tours possibles, le petit de 45 min à 30 US$ et le grand de 2h à 45 US$. Pas d'horaire précis. Sur réservation. En pleine récolte, pas de tour.

Finca Tranquila est une ferme certifiée biologique de 8 hectares dans un endroit reculé et tranquille de l'archipel de Bocas face à la lagune de Tierra Oscura (terre sombre). Dix-huit plantes poussent à la ferme, vous en apprendrez plus lors des tours organisés. Visite de la plantation de cacao et du jardin avec les plantes anti-poison sont au programme.

Egalement des chevaux, moutons et chèvres – dont le fumier est utilisé pour enrichir les sols – feront la joie des enfants. Pour l'instant, les visiteurs qui ne séjournent pas dans les lodges voisins, doivent trouver un moyen de locomotion à Bocas pour se rendre à la ferme. Prochainement, un tour-opérateur devrait proposer cette sortie.

ISLA SOLARTE ★★★

Une île presque entièrement privée, à 10 minutes en *lancha* de Bocas et 3 minutes de Bastimentos. Une petite plage cachée en contrebas de l'île est particulièrement attirante, et le snorkeling est réputé à proximité au lieu-dit Punta Hospital.

Transports

Compter 5 US$ en lancha depuis Bocas.

Se loger

BAMBUDA LODGE & HOSTEL

✆ +507 6962 4644 - bambuda.net

Dortoir : 16 US$/pers. Chambre 2 petits lits : 40 US$. Chambre grand lit avec salle de bains partagée ou privée : 44 à 59 US$. Chambre deluxe : 74 US$. Pas de cuisine pour les clients. Bar-restaurant ouvert toute la journée. Wi-fi.

En pleine jungle, au calme sur l'île de Solarte, tout en étant proche en *lancha* de Bocas, le Bambuda est l'adresse idéale pour les backpackers qui cherchent confort, cadre et excellent rapport qualité/prix. Les deux lodges écologiques, en hauteur au-dessus de la baie, offrent des dortoirs et chambres aux noms des tribus indigènes. Le ponton permet de prendre le soleil et il y a même un toboggan pour atterrir directement dans l'eau depuis l'hostel ! Il y a également une piscine avec vue sur les montagnes. Les repas bon marché et les excursions se font en groupe avec les autres clients. Les mêmes propriétaires aménagent un hostel & hotel dans un château sur les hauteurs de Boquete (Alto Lino), kitsch mais insolite, avec piscine intérieure et un cadre là encore magnifique…

ISLA POPA ★★

Au sud de Bastimentos, non loin de Cayos Zapatillas, Isla Popa est une île importante de l'archipel, la seconde en superficie après Isla Colón. Y vivent essentiellement des Indiens ngäbe et le tourisme n'y est pas encore très développé. Il y a un resort exclusif tout inclus mais c'est surtout pour un écolodge que nous conseillons Popa, ou plutôt une toute petite île privée dénommée Urracá. On y accède en une demi-heure de *lancha* depuis Bocas. Francine, la propriétaire québécoise, vous mettra en contact avec un *lanchero* de confiance pour vous y emmener. Compter autour de 80 US$ l'aller par bateau.

MONKEY ISLAND TOURS ★★

Isla Urraca ✆ +507 6668 2027

www.urracaprivateisland.com

Donation pour la fondation : 20 US$ adulte, 10 US$ enfants de moins de 12 ans, gratuit pour les moins de 6 ans.

Une nouvelle attraction proposée par Francine Roy, pour financer sa fondation de protection des singes en voie de disparition et la construction d'un centre d'interprétation, de conservation et de reproduction des primates. Lors de cette visite, on se demande si ce sont eux ou nous l'attraction, en tout cas votre passage les divertira énormément !

PARCE QUE VOUS ÊTES
UNIQUE...
... VOUS RÊVIEZ D'UN GUIDE
SUR MESURE
Mon guide sur Mesure
Créer !
Pour votre prochain voyage, créez votre guide Petit Futé sur mesure
Un guide unique pour un voyage unique !
Comment faire ?
Mon trajet
Mon contenu
Mes options
Ma couverture
Notre voyage de noces en Asie
Bangkok – Bali – Hanoi
Road Trip USA Canada
De Vancouver à Los Angeles
A VOUS DE JOUER !
my petit fute
mon guide sur mesure
WWW.MYPETITFUTE.COM
© Shutterlong - Shutterstock.com

Vous attendent des Capucins à tête blanche, intelligents et curieux, des Saïmiris (singes-écureuils ou Sapajous) très sociables et bavards, ou encore les minuscules Tamarin de Geoffroy que l'on ne trouve qu'au Panama et en Colombie. Ces singes victimes de braconnage ont été recueillis et soignés par la fondation. Ils ne peuvent plus retourner à la vie sauvage, ils ne survivraient pas. Une expérience originale pour découvrir et interagir avec nos lointains cousins, affectueux mais coquins ! Au-delà de cette visite, la petite île de mangrove entourée d'eaux turquoise, est un bon spot pour le snorkeling et on peut y déjeuner en prévenant à l'avance. Profitez-en, Francine est une bonne cuisinière !

■ URRACA PRIVATE ISLAND ECO-LODGE

Proche de Cayo Tigre ✆ +507 6668 2027
www.urracaprivateisland.com

Tarifs par bungalow, par nuit, petit déjeuner inclus : 175 US$ (+10% de taxes) pour 2 pers. dans l'un des 4 bungalows avec balcon et douche extérieure (lit queen, king ou 2 twin). 265 US$ (+10% de taxes) pour le bungalow familial pouvant accueillir jusqu'à 6 pers. avec sur 2 niveaux salle de bains, salle à manger et couchages. Séjour 2 nuits minimum. Déjeuner autour de 10-15 US$ par pers., dîner 35 US$. des forfaits avec pension complète et activités sont proposés. Matelas semi-orthopédiques, ventilateurs, pas de wifi, électricité solaire, réservoir d'eau de pluie pour se laver. Jardin à langoustes. Activités : pêche artisanale, snorkeling, balades en pirogue, farniente, exploration de la mangrove… A disposition, équipement de snorkeling, lampe frontale, jumelles.

Plus qu'un écolodge, Francine Roy vous invite à vivre une expérience inoubliable dans l'un des lodges les plus insolites d'Amérique centrale. Elle vous fera découvrir l'écosystème de sa petite île de mangrove, des récifs de coraux intacts et spectaculaires, des eaux calmes, turquoises le jour et phosphorescentes la nuit, la culture ancestrale et le mode de vie authentique de ses premiers voisins les Indiens ngäbe, ou encore le caractère de chacun des singes qu'elle a recueillis et pour lesquels elle a aménagé un refuge sur l'île voisine. Francine est une Québécoise drôle et attachante, généreuse surtout. Voyageuse en solitaire sur les mers du globe durant plus de 10 ans, elle a jeté l'ancre pour vivre sur son île déserte, loin de tout, ou plutôt, au plus proche de l'essentiel. Elle a bâti cinq cabanes en bois sur pilotis. Elle vous y attend pour vous faire oubliez vos repères, sans vous priver de confort. Déconnectez, régalez-vous de langoustes et des couchers de soleil, acceptez la quiétude et le rythme de la nature, partez en pirogue pour pêcher en apnée avec les Indiens… Vous reviendrez d'Urraca avec les yeux pétillants, c'est ce que veut Francine, vous faire partager son univers, mêlant simplicité, exotisme et aventure, en pleine nature.

ISLA PASTORES ★★★

Isla Pastores est une petite île sauvage et préservée du tourisme, au sud de la baie d'Almirante et à l'est de San Cristóbal. Son nom vient du pasteur anglais qui y aurait vécu au XIXe siècle. Sa composition géologique est différente de celle des autres îlots de Bocas et elle présente une altitude relativement élevée. Ces deux singularités font partie de son charme, tout comme les canaux de mangrove complètement vierge aux abords et la vue sur le continent tapissé de vert juste en face. Les fonds marins sont riches et propres car Isla Pastores ne possède pas de plage à proprement parler.

Se loger

FINCA VELA LODGE

Isla Pastores
✆ +507 6809 5534
www.fincavela.com
Rana verde pour 4 : 170 US$ pour 2 pers. + 40 US$ par pers. supplémentaire. Colibri : 170 US$ pour 2 pers. Pelican, sur pilotis : 170 US$ pour 2 pers. Mariposa, sous les manguiers : 170 US$ pour 2 pers. Petit déjeuner inclus. 20 US$ le repas (menu unique). Prêt de cayuco, location de jet-ski. Multiples excursions sur demande à partir de 2. Boutique. Le transfert depuis Almirante est inclus mais il coûte 70 US$ depuis Bocas del toro par trajet. Réserver par mail ou WhatsApp (pas de signal téléphonique).

Ce splendide lodge sur les hauteurs se trouve sur le versant sud d'Isla Pastores. Véritable havre de paix avec une vue inoubliable sur le continent, il convient à ceux qui veulent se détendre, tout en bénéficiant d'un accueil chaleureux de la joyeuse tribu qui administre les lieux. Le confort est au rendez-vous dans les 4 bungalows parfaitement bien équipés, à proximité du restaurant et de la piscine ou du ponton et de la mer. Toute la décoration et le mobilier ont été conçus par les propriétaires français, dont c'était le métier. Bois et acier se mêlent pour créer une atmosphère contemporaine et chaleureuse. Cette attachante famille française a réalisé son rêve de s'installer dans un cadre hors du commun. La salle de restaurant propose de multiples espaces pour prendre le petit déjeuner ou les repas. Les groupes se réuniront sur la grande table tandis que les amoureux se retrouveront pour un dîner aux chandelles sous le *rancho*. Egalement un espace lounge au bord de la piscine, des canapés, des fauteuils, des balançoires, pour toutes les envies. Aux fourneaux, on retrouve Karine avec ses recettes gourmets et Hugo, le fiston, à la pâtisserie maison. Au bar, Inès, la fille, vous renseigne sur tous les bons plans de la région et son copain prépare de savoureux cocktails. Sur place, vous n'aurez pas assez d'une journée pour faire le tour de la finca de 7 hectares et de ses plantations (café, cacao, potager et fruitiers). En plus des tours classiques (Playa Estrella, Cayo Coral, Loma partida, Isla Zapatillas, Red frog beach, Bocas del toro), Hervé vous fera traverser la baie des dauphins au coucher de soleil, goûter aux spécialités d'une famille indienne dans un restaurant sur l'eau, avant un retour sous les étoiles ou bien il vous emmènera à l'aventure sur le Péninsule Valiente. Les plus curieux choisiront de suivre Emilie qui s'investit à 100 % dans le développement des communautés Ngäbe alentour. La famille est soucieuse de mettre en valeur le travail local et de rémunérer au juste prix les professionnels dont elle s'est entourée et qui sont devenus des amis. Une expérience hors des sentiers battus avec un accueil irréprochable.

À voir – À faire

La situation d'Isla Pastores vous permet un accès beaucoup plus facile que depuis Bocas à certaines attractions comme la baie des Dauphins, la péninsule Valiente ou les communautés Ngäbe du continent, que ce soit du côté Almirante ou du côté de la lagune de Chiriquí (voir rubriques correspondantes).

CAYO ROALDAN ★★

En face de Isla Pastoras.
Excursion depuis Isla Pastores : 10 US$.
On accède à cet ilot totalement privé en *lancha*, par un joli trajet au milieu de la mangrove. Un court sentier mène au point de vue du sommet. 50 paresseux et des iguanes ont déjà été introduits sur les 0,25 km de superficie.

Sports – Détente – Loisirs

Possibilité de louer à la Finca Vela un jet-ski, une pirogue à moteur ou des *cayucos*.

CAYUCO

Une balade en *cayuco*, ces embarcations de bois qu'utilisent les indigènes, fera sans nul doute partie des moments forts d'un séjour sur Isla Pastores. Peu stables bien que très solides, elles sont très amusantes à manier dans les mangroves, où dorment paisiblement des caïmans… Fous rires garantis !

Mer des Caraïbes depuis La Miel.

PROVINCE DE SAN BLAS – GUNA YALA

PROVINCE DE SAN BLAS – GUNA YALA

Guna Yala (anciennement écrit Kuna Yala, jusqu'en 2011) qui signifie « terre guna », constitue le premier territoire autonome (comarca) amérindien des Amériques : une bande de terre de 200 km de long sur 15 km de large sur la côte caribéenne, associée à un archipel corallien d'environ 365 îles (probablement 378) dont une soixantaine sont habitées. Aller au Panama sans se rendre aux San Blas serait une grave erreur. Le rêve se réalise enfin pour le visiteur qui souhaite enrichir son voyage d'un séjour dans un paysage idyllique dont la beauté alimente nombre de fantasmes occidentaux. Au-delà de cette vision paradisiaque, c'est en se penchant sur les coutumes et traditions des Guna eux-mêmes que l'on pourra véritablement découvrir les richesses de ce peuple surprenant.

Histoire

Il existe de nombreuses histoires sur l'origine des Gunas et leur arrivée progressive sur la côte panaméenne. On se demande encore si les indigènes rencontrés par les conquistadores dans le Darién, au début du XVIe siècle, étaient les ancêtres des Gunas. Si l'on en croit la version d'une grande partie de la communauté, le peuple tule (c'est ainsi qu'il se nomme) serait originaire de la Sierra Nevada de Santa Marta, au nord de la Colombie, une région qu'il aurait progressivement quittée pour se réfugier dans les montagnes du Darién, sur les flancs du mont Tacarcuna. Selon l'anthropologue James Howe, qui s'est longuement intéressé à ce peuple, il est possible qu'une population de langue guna (ou tulekaya) ait résidé dans le Darién et le long du golfe d'Urabá (dans l'actuelle Colombie) à l'arrivée des premiers explorateurs espagnols. Leur actuelle concentration dans l'archipel des Mulatas ou de San Blas ne résulterait donc pas uniquement d'une migration spontanée vers les îles au milieu du XIXe siècle. Elle aurait été provoquée par les menaces successives émanant des conquistadors, pirates et autres groupes indigènes rivaux, dont les Chocoe.

Quelques conseils pour rendre votre séjour inoubliable

- **Comptez au moins trois jours sur place.** N'oubliez pas que vous partez pour le paradis !
- **Réservez votre hôtel** afin d'être accueilli à l'embarcadère de Garti ou à l'aéroport.
- **Ne vous attendez pas au service** ou à l'attention que vous pourriez recevoir dans un resort de luxe, les Gunas ont leur tempérament et les cabanes sont le plus souvent très rustiques, avec peu d'intimité…
- **Venez avec suffisamment d'argent en liquide,** de préférence des petites coupures. Il n'existe aucun point de retrait ni banque à San Blas.
- **Apportez de l'eau minérale** (un ou plusieurs galons). Les petites bouteilles vendues sur place sont en général très chères.
- **Emportez, de préférence, votre équipement de snorkeling.** Pas de panique : il est possible dans presque tous les hôtels de louer masques et tubas d'occasion. En revanche, pas la peine d'emporter ses bouteilles, la plongée sous-marine est interdite dans tout le territoire guna.
- **Attention ça chauffe !** N'oubliez pas lunettes, crème solaire et lotion après-soleil. Un vieux t-shirt pour les longues baignades.
- **Emportez également une lampe de poche.** A quelques exceptions près, l'électricité, s'il y en a, est limitée à quelques heures par jour.
- **Repartez avec vos déchets.** Un geste simple, mais qui permettra d'éviter que votre sac poubelle ne finisse dans les eaux de la *comarca*.
- **Un dernier conseil :** inutile d'apporter des stylos pour les distribuer aux enfants. Ils sont pour le moment assez préservés de ce type d'attention et il serait inutile de leur mettre dans la tête que touriste = cadeau.

Province de San Blas
OCÉAN ATLANTIQUE
OCÉAN PACIFIQUE
COMARCA GUNA YALA
PROVINCE DE PANAMÁ
PROVINCE DU DARIÉN
PORVENIR
San Blas
Cayos Holandeses
Nalunega
Wichubwala
Uguptupu
Golfe de San Blas
Garti Sugdup
Garti
Punta Paloma
Rio Sidra
Nusadup
Corazón de Jésús
Narganá
Ticantiqui
Isla Tigre
Diablo
Serranía de San Blas
Nusagandi
Chuluganti
El Llano
Cañita
Chepo
Lago Bayano
Isgardup
Yandup
Playon Chico
Tupile
Isla Nustupu
Ailigandi
Uaguitupu
Achutupu
Mamitupu
Ogobgandi
Ustupu
Isla Mosquito
Punta Mosquitos
Mansucum
Uti
Cañazas
Agua fria
Isla Pino
Punta Sasardi
Mulatupu
Tubuala
Serranía del Darién
Chucunaque
Punta Escocés
Punta Mero
Punta Carreto
Pito
Armila
Puerto Obaldia
La Miel
1047 m.
Cerro Bell
Altitude (en mètres)
1500
800
200
Limite de province
Chef-lieu
Village
Panaméricaine
Piste
N
0
25 km

EN ROUTE POUR LA COLOMBIE !

Plage de La Miel à la frontière colombienne.

Comme les voyageurs au long cours l'auront compris, le passage de la frontière mythique du Panama à la Colombie est épineux en raison de l'absence de route. Pas question de tenter la traversée du Darién à pied en 2016. Ce périple long, cher et dangereux (animaux sauvages, jungle épaisse, mauvaises rencontres possibles) a déjà été réalisé par des aventuriers mais les conditions n'y sont pas favorables. Des options plus sécuritaires s'offrent à vous :

- **La plus rapide et économique** : prendre l'avion depuis la capitale jusqu'à Carthagène, Medellin ou Bogota – à partir de 80 US$ pour 1 heure de vol. Voir avec Avianca, Copa, Air Panama ou Viva Colombia (ces 2 derniers offrent des allers simples).

- **La plus agréable** : opter pour la croisière en voilier jusqu'à Carthagène (2 jours au milieu des San Blas et 3 jours en pleine mer) – autour de 550 US$. De nombreuses agences et hôtels proposent ce trip intéressant pour faire d'une pierre deux coups : visiter les îles de San Blas et se rendre dans la belle Cathagène. La traversée peut être impressionnante si la mer est agitée mais c'est une superbe aventure. Renseignez-vous sur le voilier et son capitaine avant de vous embarquer avec qui que ce soit.

- **La plus divertissante** : des agences comme San Blas Trip ou San Blas Adventures organisent des transferts en *lancha* en 4 jours / 3 ou 4 nuits, avec des départs à des dates programmées, en longeant la côte à travers les îles de San Blas. Nuits sur les îles, ambiance internationale et festive en général. Groupes de 12 personnes ou plus selon la taille du bateau. Compter autour de 400 US$.

- **La plus aventureuse :** rejoindre Puerto Obaldia (poste frontière), avant de prendre une *lancha* jusqu'à la Miel (d'où part un sentier jusqu'à Sapzurro), Sapzurro ou Capurgana (et rejoindre Turbo, puis Medellin ou Carthagène). On se rend à Puerto Obaldia en avionnette avec Air Panama depuis Albrook (réserver bien à l'avance), ou en *lancha* depuis Garti, pour environ 100-120 US$. Entre 8 et 12 heures selon l'état de la mer, le nombre de passagers et la puissance du moteur. Il s'agit d'une aventure réservée aux voyageurs endurcis et qui n'ont pas trop mal aux reins ! Veillez à l'état de l'embarcation et à celui du capitaine…

- **La plus *roots*** : rencontrer le capitaine d'un navire de marchandises à Miramar ou Colón par exemple, et faire la route jusqu'à Capurgana dans des conditions sommaires mais économiques – méfiez-vous des prix trop bas et ne partez pas seul(e) !

- **La plus attendue :** le ferry entre Colón et Carthagène (ou depuis Bocas del Toro). On en parle régulièrement dans la presse, mais ce service n'a jamais fonctionné plus d'une ou deux saisons. Renseignez-vous sur la situation lors de votre voyage. Le principal avantage serait de pouvoir passer la frontière avec une voiture ou un camping-car. Pour l'instant, il faut louer un *container* sur un cargo, avoir un peu de temps devant soi et c'est coûteux (selon le gabarit du véhicule, partager le *container* à plusieurs pour réduire les frais).

- **La plus folle :** Par le Pacifique, jusqu'à Bahia Solano ou Buenaventura. Le trajet existe depuis le Darién, mais c'est l'une des principales route de la drogue (dans le sens inverse, depuis la Colombie), nous le déconseillons fortement.

Conscient de ses spécificités, le peuple guna a toujours veillé au cours des siècles à préserver son identité et ses valeurs, à assurer la transmission de sa culture et à la protéger des influences extérieures, tant des autres peuples amérindiens que des hommes blancs (les *waga*).
Le XXe siècle, qui débute avec l'indépendance du pays, va apporter de profonds changements dans les rapports entre autorités gunas et panaméennes. A partir de 1915, la jeune République doit faire sentir son autorité dans les régions isolées pour y affirmer sa souveraineté.
Pour ce faire, les autorités décident d'établir un poste de police sur l'île de Porvenir. La situation se détériore rapidement : les abus répétés des policiers, associés à ceux des investisseurs étrangers venus exploiter le caret (écaille de tortue), le caoutchouc ou encore l'ivoire végétal, ne font qu'envenimer les rapports, provoquant peu à peu un climat de tension qui atteint son paroxysme un dimanche de carnaval, le 22 février 1925. Cependant, avec l'appui dissuasif des Etats-Unis, les Gunas réussissent à éviter la riposte armée du gouvernement panaméen.
Ce soulèvement, appelé « Révolution tule », aura pour résultat la signature avec le gouvernement d'un premier accord garantissant aux Gunas la reconnaissance d'une autonomie culturelle et politique. Mais de nouveaux conflits ne tardent pas à éclater et ce n'est qu'au terme de plusieurs étapes d'un processus de négociation, initié en 1938, que le statut d'autonomie territoriale sera finalement accordé au peuple guna.

Un mode de vie insulaire et proche de la terre

Lors du recensement de 2010, la population guna représentait 80 526 personnes, dont 34 044 vivaient sur ce territoire d'une superficie de 2 340 km², réparties en 49 communautés.
Les îles proches des côtes sont en général surpeuplées, ce qui entraîne des problèmes d'assainissement et de recyclage des déchets qui sont le plus souvent brûlés ou jetés directement en mer. Au niveau de l'électricité, les plus grandes îles sont en train d'être équipées de panneaux solaires. Quant aux îles plus lointaines, elles ne sont habitées que par quelques familles dont la présence a pour but d'empêcher le vol des noix de coco.
Les noix de coco, *ogob* en langue guna, ont longtemps constitué l'une des principales sources de revenus de la communauté (70 % en 1967), et de nombreuses îles et zones côtières pratiquent toujours la monoculture. Aujourd'hui encore, la coco, dont le prix unitaire est d'environ 0,20 US$, est utilisée comme monnaie d'échange avec les marins colombiens, au même titre que la mola, pour troquer contre des produits de première nécessité, hamacs, fil à coudre, etc. Nombreux à naviguer dans les eaux de la *comarca*, ces marins offrent une solution pratique aux problèmes de ravitaillement. Car les quelques épiceries flottantes qui existent n'acceptent malheureusement ni crédit ni troc, tout comme les bateaux panaméens venant de Colón vendre leurs marchandises.
Bien qu'une partie de la population ait choisi de s'exiler en ville pour trouver du travail, les Gunas restent traditionnellement proches et respectueux de la nature. Toute leur philosophie est centrée sur la relation avec la Terre-Mère (*Napguana*). L'arbre en est l'un des éléments principaux. Il ne doit pas être coupé sans raison car c'est à travers lui que se transmet la vie. Tout comme la nuit, le soleil, la pluie, les animaux, la flore, la lune et la rivière, la terre est l'œuvre de Baba (ou Bab Dummat : le Grand-Père, le Père Créateur).
L'agriculture dans la *comarca* est très différente de celle pratiquée dans le reste du pays. Sur cette terre protégée de l'extérieur par la forêt, l'élevage n'est pas pratiqué et les parcelles sont délimitées par les cours d'eau ou les arbres fruitiers (manguiers...). Nombreux sont ceux qui se rendent encore sur la terre ferme (*el monte*) pour y cultiver *yuca*, plantains, bananes, cannes à sucre, ananas ou autres fruits, et alimenter ainsi leurs foyers dans les îles. Si la propriété existe sous différentes formes (terre familiale, terre communautaire, terre prêtée...), il est impossible à quiconque n'est pas Guna d'être propriétaire terrien dans l'enceinte de la *comarca*.

Kuna ou Guna ?

Kuna Yala ou Guna Yala ? Dans les revues touristiques, les sites Internet des agences de voyage ou des hôtels, vous verrez les deux écritures avec un « K » ou avec un « G ». Jusqu'en octobre 2011, seul le « K » était utilisé. Mais en réalité le « K » n'existe pas dans l'alphabet de ce peuple, même si le « G » se prononce presque que comme un « K ». Il en est de même pour le « C » : on n'écrit plus Carti mais Gardi, par exemple. Le monde du tourisme était assez perturbé au départ, mais ce changement officiel d'écriture a pour but de conserver la pureté de la langue et la richesse culturelle qui l'accompagne.

Le tourisme géré directement par la communauté

Contrairement à ce qui se passe dans les paradis touristiques classiques des îles Caraïbes, les Gunas se chargent eux-mêmes de gérer totalement leur patrimoine naturel et culturel selon leurs propres lois. Ainsi les étrangers n'ont aucun droit sur le contrôle des terres et des ressources naturelles de la *comarca*. Les décisions gunas prévalent sur les intérêts extérieurs, que ce soit ceux de l'Etat panaméen ou d'entreprises privées nationales et internationales. Une gestion difficile…

Comment concilier développement touristique, accueil et amélioration de l'économie, tout en préservant l'environnement et les communautés locales ?

Que penser, entre novembre et février, des paquebots de croisière dont les milliers de passagers envahissent pour quelques heures certaines îles, sans que personne ne soit vraiment préparé au choc culturel ?

Hormis ce tourisme de masse très ponctuel, les différentes formules d'hébergement proposées vous permettront de profiter d'un grand choix d'activités : découverte de la culture locale et de l'artisanat, promenades en pirogues, visites des îles de l'archipel, farniente dans un hamac, plongée avec masque et tuba au milieu des coraux, pêche traditionnelle, etc. Avis aux plongeurs, seule la plongée en apnée est autorisée dans les eaux de la *Comarca*.

▶ **De plus en plus de touristes optent pour l'option voilier.** Ces formules, généralement plus onéreuses mais plus flexibles, vous permettent de séjourner dans de meilleures conditions de confort. Attention, parfois vous n'aurez aucun contact avec la population guna, sauf si vous en faites la demande. En général, le transfert depuis la capitale, la taxe d'entrée dans la *comarca*, la taxe au port de Garti et les trajets en *lancha* aller et retour pour le bateau, amarré au large, ne sont pas inclus dans le prix. Chaque jour, il ne faut pas s'attendre à visiter plus de deux îles.

▶ **Si vous voulez dormir sur une île,** sachez que tous les hôtels proposent des prestations plus ou moins similaires. Vous n'aurez pas à vous soucier des repas. Les petit déjeuner, déjeuner et dîner sont inclus dans le prix ; la qualité et la quantité variant souvent selon le taux de remplissage de l'hôtel. Si vous n'aimez pas le poisson et le riz, prévenez le chef ou votre assiette sera vide ! Ne vous attendez pas à des resorts grand luxe, à quelques exceptions près, les hébergements sont très rustiques (saut et vasque en guise de douche, matelas souvent humides…). Les excursions et le transfert ne font pas toujours partie du forfait, renseignez-vous bien.

▶ **Des formules *backpackers*** sont proposées depuis Panama City ou Portobelo. Bon marché et pratiques, elles offrent un confort minimum au groupe et vous devez vous méfier des faux frais, comme les trajets en *lancha* pour visiter de nouvelles îles.

▶ **Sachez qu'il est également possible de camper** sur certaines îles. S'il s'agit d'une île déserte, renseignez-vous auprès du personnel de l'hôtel qui vous héberge. Mais si l'île est habitée par une ou plusieurs familles, demandez-leur la permission. Le coût sera peut-être aussi élevé que celui d'un hôtel, les commodités en moins. Dans tous les cas, pensez au ravitaillement en nourriture et en eau, au transport aller et retour, au hamac pour dormir : les conditions minimales pour que votre séjour se déroule sans crainte.

▶ **Ne croyez pas** que tous les hôtels et leurs sites se ressemblent ! Îlots artificiels, îles peuplées, îles désertes ou villages côtiers… chaque hôtel a son charme, son environnement, son cuisinier et son accueil ! Parmi les activités : baignade dans les eaux claires et chaudes, snorkeling, visite d'un village guna et d'un cimetière, farniente, etc.

Transports

2 heures 30 de 4x4 depuis la capitale par la route reliant El Llano à Garti, 2 heures de traversée maritime à partir de la province de Colón, ou 1 heure en avionnette au départ de l'aéroport d'Albrook (uniquement vols charters avec Air Panamá en 2016) : les moyens pour rejoindre cet univers sont variés et pittoresques. Embarquez et laissez-vous envoûter par ce qui semble être encore un pays merveilleusement protégé.

Le transport en 4x4 Panamá-Gartí coûte entre 50 et 60 US$ par personne l'aller-retour. Vous aurez en plus à payer l'accès à la *Comarca* (20 US$), aux embarcadères de Garti (2-3 US$) et aux îles (2 -3 US$) lors des tours proposés et bien sûr les différents trajets entre les îles en *lancha* (15 US$ du port de Garti aux premières îles touristiques). Enfin, ne vous méprenez pas si l'on vous demande 1 US$ pour une photo, c'est l'usage, conséquence d'abus répétés dans le passé de la part des touristes et photographes professionnels (cartes postales de portraits de personnes sans leur autorisation).

Les hôtels de la *comarca* ont presque tous leurs contacts dans la capitale, via des agences, des hôtels partenaires, des artisans… Il est facile de les contacter et ils prendront en charge l'organisation de votre séjour, tant au niveau de l'hébergement que du transport.

■ CATAMARAN CHAKA ZULU

✆ +507 6092 1393
jonathanblasco28@gmail.com

Compter 180 US$ par pers. et par jour pour l'hébergement en cabine de deux personnes, les repas et les excursions.
C'est en famille que Jonathan (Suisse d'origine) vous reçoit comme à la maison sur son catamaran *Chaka Zulu*. Avec Marielle (du Botswana) et leur adorable petite Chloé, il se met en quatre pour vous proposer des attractions qui vous plairont. Snorkeling à la recherche de requins vers Isla Elefante, épave d'Isla Perro avant le débarquement des touristes, coucher de soleil inoubliable sur la piscine naturelle de Isla Estrella. Le bateau (pour un groupe de 4 personnes) est confortable avec à l'avant, hamacs et solarium. L'ambiance joyeuse autour de la table après l'apéro. Pour un séjour personnalisé et détendu.

■ SAN BLAS SAILING
✆ +507 314 1800 / +507 314 1288
Fax : +507 314 073
www.sanblassailing.com
www.panamasanblas.com
panama@sanblassailing.com
Contact en français : Melody
A partir de 200 € par personne et par jour, avec une formule tout inclus à bord en cabine. Des sorties uniques et originales. Possibilité de réaliser des circuits combinés hôtel + voilier.
Grâce au voilier de San Blas Sailing accédez aux mouillages les plus paradisiaques et découvrez les villages indiens éloignés des principaux sites touristiques. Voguez au rythme du vent en séjour croisière à la découverte des 378 îles des San Blas : à bord de voiliers haut de gamme, en location privée ou à la cabine, formule tout compris. Cette équipe française très pro, sur place depuis près de 20 ans, travaille avec une quinzaine de voiliers. Une garantie de départ en cas d'imprévus... Les départs se font depuis Corazón de Jesús ou Playón Chico, et sur demande pour des départs spécifiques. Possibilité de réceptionner les clients depuis Panama City et d'organiser des excursions ailleurs qu'en mer via l'agence Nativa Tours. Les capitaines gunas de San Blas Sailing sont expérimentés et n'hésitent pas à partager et à faire découvrir leur culture, leur langue et ses secrets. Les bonnes têtes de flibustiers francophones qui vous accompagnent sont également aux petits soins et toujours prêtes à vous faire plaisir. Sourire, convivialité et service exclusif à bord. Cerise sur le gâteau, le barbecue sur la plage et ses langoustes et crabes au menu, accompagnés de cocktails et de bons vins ! San Blas Sailing offre aussi des séjours dans le Pacifique, en particulier dans l'archipel de las Perlas ou à Coiba. Une croisière de 16 jours permet même de combiner les deux océans : San Blas, la traversée du Canal et l'archipel de Las Perlas ! C'est ici que l'horloge du temps se fige, que le bonheur de la plaisance prend toute sa dimension et que les émotions exultent.

PROVINCE DE SAN BLAS – GUNA YALA

H2O CROISIÈRES

✆ +507 6122 6210
www.h2ocroisieres.com
contact@h2ocroisieres.com

Environ 200 $ par jour et par pers. tout compris, sauf le transfert : lieux de départ et d'arrivée variables, selon la saison ou la météo. 2 cabines confortables pouvant accueillir 4 pers. Wi-fi. Electricité solaire et éolienne.

« Voyager à la rencontre de la nature et des peuples », telle est la devise de Soizic et Gérard, un couple attachant qui a bourlingué sur la moitié des mers du globe. Gérard navigateur depuis plus d'un quart de siècle a construit lui-même « H20 », un beau voilier en acier de 14 m. En 1997, il s'en est allé sous les tropiques, notamment en Casamance, où il a rencontré Soizic, ancienne navigatrice en solitaire et monitrice de plongée. Ils décidèrent de continuer leur vie nomade ensemble, dans les mers chaudes de l'Afrique de l'Ouest, du Brésil et des Caraïbes, et de partager leur passion pour le voyage et les peuples du monde à bord de ce bateau au nom évocateur. Ces alchimistes du voyage océanique ont découvert l'élixir du séjour touristique parfait au milieu des 365 îles coralliennes de l'archipel des San Blas. Dans ce cadre paradisiaque, ils vous feront rencontrer les Gunas. Vous découvrirez une culture particulièrement authentique et un mode de vie simple et rustique. Séjours à la carte, de 2 jours ou plus, avec 3 heures de navigation par jour en moyenne au milieu des *cayos*. Participation aux manœuvres, visite de communautés gunas, hamac à l'ombre des cocotiers, snorkeling au milieu des coraux... On prend son temps, l'essentiel est de se faire plaisir dans la plus grande convivialité et en toute sécurité. Au-delà de cette mini-croisière, il est fort probable qu'au bout de quelques jours vous ayez créé de véritables liens d'amitié. Bon vent !

SAN BLAS TRIP

San Blas et Panama City
www.sanblastrip.com/fr
info@sanblastrip.com

Tours de 1, 2 ou 3 jours aux San Blas : tarifs des forfaits tout compris indiqués sur le site Internet (en français). Ils incluent le transport aller-retour en camionnette 4x4 entre votre hôtel à Panama City et le port de Garti, le transport en mer, la découverte des îles et de la culture Guna, le logement (pour les tours de plusieurs jours), les repas (du poisson frais en général), les taxes d'entrée à la Comarca et pour chaque île visitée. Non inclus : eau et autres boissons. Départs quotidiens vers 5h30-5h45. Ne pas oublier son passeport (à présenter au poste migratoire de Guna Yala) et de l'argent liquide (pas de distributeur à San Blas). Voyages Panama-Colombie et Colombie-Panama (4 jours/4 nuits) : groupe de 12 personnes maximum. Possibilité de réserver en ligne. Dates annoncées sur le site web ou la page Facebook/SanBlasTrip, mais des voyages spéciaux pour groupes déjà constitués sont possibles. Compter 399 US$ tout compris (capitaine guna, transport, logements, repas, taxes, équipement de snorkeling), sauf l'eau et autres boissons. Possibilité de réaliser ce voyage en 1 jour de Garti à Puerto Obaldia (poste frontière panaméen), compter environ 8 heures et 120 US$ (groupe de 6 personnes minimum requis).

Une agence francophone spécialisée dans les voyages aux San Blas et dans le transport touristique en *lancha* entre le Panama et la Colombie. Son fondateur est le sympathique Manuel, un Québécois qui vit au Panama depuis quelques années. Adopté comme un frère par les Gunas, il connait très bien leur culture et mode de vie actuel. Grâce à ses contacts privilégiés auprès des caciques de la communauté, il organise de superbes voyages dans l'archipel, avec des excursions à la découverte des îles et de la population locale. San Blas Trip propose également des voyages touristiques depuis Panama City jusqu'à Sapzurro en Colombie, et en sens inverse, de la Colombie au Panama. Des voyages de 4 jours/4 nuits, avec des escales sur au moins 8 îles paradisiaques, laissant place au farniente et à la découverte de la culture locale. Le logement se fait dans des *cabañas* typiques et la cuisine est 100 % guna (poissons, langoustes, poulpe, ou poulet avec du riz). On n'est jamais très loin de la côte, ce qui est rassurant pour ceux qui ne sont pas habitués à la haute mer. Une aventure inoubliable !

SECTEUR GARTI

Les touristes arrivent en nombre à l'un des trois « ports » (de simples embarcadères) du secteur de Garti, en particulier le week-end, en taxi ou avec leurs voitures particulières (un véhicule de forte puissance est indispensable, les pentes sont très raides !). C'est le point de départ idéal pour visiter les îles les plus touristiques du sud de la *comarca*, que ce soit en voilier (celui-ci vous attendra en mer) ou à partir d'un hôtel préalablement réservé.

Une route goudronnée qui part de la Panaméricaine remplace désormais la piste El Llano-Garti qui représentait une véritable expédition. La route a changé beaucoup de choses dans le secteur de Garti, désormais mieux approvisionné et facilement accessible. Vous serez plus tranquille en moyenne/basse saison et/ou hors week-end pour visiter le secteur de Garti.

Transports

Si vous n'avez pas un bon véhicule, le mieux est de venir en taxi (des pick-up puissants). Lors de votre réservation, c'est l'hôtel qui se charge de vous envoyer un taxi pour vous récupérer à votre hôtel à Panamá, généralement vers 5h du matin, ou vous donner un rendez-vous quelque part. Le tarif était en 2016 de 50 ou 60 US$ par personne l'aller-retour. Environ 2 heures 30 d'une route sinueuse, qui monte et qui descend, magnifique mais pas évidente pour les personnes sensibles. Vous devrez comme tout le monde payer la taxe d'entrée sur le territoire guna (20 US$/pers + 5US$/voiture) à mi-chemin. A votre arrivée à l'un des trois « ports » de Garti (nouvelle taxe de 2 US$-3 US$!), des *lanchas* attendent les visiteurs pour les emmener aux hôtels ou aux plages. La *lancha* coûte de 10 à 20 US$ pour les îles du secteur Garti. Si vous arrivez en voiture personnelle, il faudra bien sûr payer le parking et ne pas laisser d'objets de valeur dans le coffre.

GARTI SUGDUP ★★★

Garti Sugdup, ou île du Crabe (Isla Cangrejo), est la première île à partir du port de Garti. C'est la plus animée et grouillante où vous rencontrerez, outre la population locale, des Panaméens et des Colombiens de passage en saison. Leurs vieux rafiots amarrés au quai, ils viennent vendre leurs marchandises, se restaurer ou se reposer sur l'île. Parmi ses voisines Garti Yantupu et Garti Tupile, Garti Sugdup est l'une des îles les mieux équipées, dotée d'une école, d'une église, d'un centre de santé…

Si vous optez pour le voilier, nous vous conseillons de faire un saut à Garti Sugdup à l'aller ou au retour pour visiter le musée, acheter des molas et voir de plus près le mode de vie des Gunas sur leur île avant de rejoindre le large et les îlots paradisiaques.

Transports

A partir du l'un des trois ports de Garti, sur le continent, prenez une *lancha* pour votre île de destination. Si vous avez réservé une formule, une *lancha* vous attendra pour vous emmener à l'hôtel ou au voilier. Environ 10-15 US$ pour les premières îles du secteur Garti.

Se loger

■ **DORMITORIO LEONIDAS**

A côté du ponton principal de l'île.

✆ +507 6513 1915

✆ +507 6513 1995

7 chambres pour 2 à 6 personnes. Comptez 15 US$ par personne, sans repas ni excursion. Restaurant ouvert de 7h à 22h

Il ne s'agit pas d'une formule touristique, le confort y est plus que rudimentaire tout comme les commodités. Pour les voyageurs qui parlent espagnol et veulent vivre comme les Gunas sur leur île sans chichis.

HÔTEL GARDUK
Route Llano-Garti, km 13
✆ +507 6936 0334
garduk.lodge@gmail.com
Accès possible en transports en commun tous les jours.
Deux chambres avec SDB privée à 70 US$/ pers et deux chambres avec SDB partagée à 50 US$/ pers. Le prix inclut le déjeuner, le dîner et le petit déjeuner du jour suivant.
Le Garduk lodge, tenu par Yari, est situé sur la route entre Llano et Garti, en pleine nature, au milieu des montagnes. Vous serez accueilli dans des cabanes rustiques par une famille guna. Au programme, détente et observation de la faune locale : nous avons vu non loin du lodge un paresseux traverser la route goudronnée et il y a plus de 300 espèces d'oiseaux dans le coin. Cela ne doit surtout pas vous empêcher de prévoir quelques jours dans l'archipel des San Blas.

Se restaurer

Un *comedor* près du quai principal propose des plats à base de poulet, poisson ou riz, en fonction du ravitaillement. Autour de 5 US$. Ouvert de 7h à 22h.

À voir – À faire

Outre une balade dans les ruelles de l'île à la rencontre des habitants et l'achat de molas, vous pouvez aller au musée et assister le soir à une cérémonie guna au congrès. C'est gratuit et théoriquement autorisé aux étrangers. Se montrer respectueux bien entendu.

MUSEO GUNA ★★★
A côté du ponton principal.
✆ +507 6108 7366
✆ +507 6044 5601
✆ +507 6505 9812
Demander José au port et on vous conduira au musée.
Entrée : 5 US$. Ouvert tous les jours en principe de 8h à 16h. La qualité des visites guidées est très variable selon la personne qui s'en charge si José n'est pas là.
Guna Museum of Art and Culture comme aime le nommer son créateur José Delfino Davies Reyes, garant des traditions de son peuple. Passionné et très sympathique, il propose une visite commentée en espagnol ou en anglais (textes des légendes également bilingues) incontournable pour les voyageurs un minimum curieux. Les hôtels du secteur de Garti programment souvent la visite de ce petit musée passionnant consacré à la culture guna.

GARDI YANTUPU ★★

Une île-village très agréable, fleurie et avec des gens souriants qui ne vous harcèlent pas trop pour vendre de l'artisanat. Plusieurs options d'hébergement sur l' « île aux Sangliers ».

GARTI TUPILE ★★

Gartí Tupile est une petite île peuplée de 80 familles. En parcourant les ruelles étroites, on rencontre une école primaire, quelques petites épiceries avec le minimum, la traditionnelle maison du congrès et la salle des fêtes. L'île n'est pas touristique, mais est assez

Pêcheur de langoustes, un métier à risques

La figure du pêcheur de langoustes (*dulup* en langue guna) bénéficie d'une image véritablement héroïque. Aventurier, il passe des heures sous l'eau à traquer sa proie. Entreprenant, il ne travaille pas la terre comme tous les autres. Aisé, il est payé en liquide et instantanément… Dans la pratique, ces pêcheurs sont exposés à de fréquents problèmes de surdité ou de migraines, quand ce n'est pas la noyade. Ils sont, en outre, tributaires du prix fixé par les acheteurs, qui eux-mêmes vendent les langoustes à un autre intermédiaire, avant que celles-ci ne finissent dans l'assiette du consommateur. Or ce crustacé est une espèce menacée. Lors de la pêche, il n'est parfois tenu compte ni de la taille, ni du sexe, ni des périodes de reproduction (*vela*). Pourtant il est formellement interdit de pêcher, vendre ou consommer langoustes (ou crabes) entre le 1er mars et le 31 mai. Aux touristes à ne pas être trop capricieux et irresponsables en souhaitant absolument en consommer à ce moment de l'année ! L'affluence croissante des visiteurs incite parfois les populations à négliger la protection des ressources halieutiques. A nous d'en être conscients…

De l'éducation de ces plongeurs dépend l'économie et la survie de nombreuses familles, ce qu'a judicieusement compris le Congrès général guna qui tente également de responsabiliser la population sur les méthodes de pêche. Il arrive malheureusement que le poulpe soit, par exemple, pêché à la javel.

ouverte puisqu'elle a accepté qu'un étranger s'installe, Mathieu (Mateo), un Québécois marié avec Nixia, originaire de Garti. Ces derniers ont monté un petit hôtel et une agence qui organise des excursions dans tout l'archipel : San Blas Experience Panamá.

■ AQUA NEGA & SAN BLAS EXPERIENCE

Informations : Via España y Calle 44 Este, Bella Vista, PH Kitaen, Local 4 (enfrente de la gasolinera Delta de Hosanna), Panama City
✆ +507 6159 4047 / +507 6067 3195
✆ +507 6537 0416
www.sanblasexperience.com
info@sanblasexperience.com
Une cabane avec deux chambres. 60 US$ en pension complète et tours. Possibilité de dormir plus à l'écart dans l'hôtel de l'île.
Logement traditionnel rustique mais propre, avec une salle commune conviviale. Nourriture guna avec parfois des saveurs occidentales. De nombreuses excursions peuvent être organisées par Mathieu et Nixia, un couple quebéquois-guna adorable, avec beaucoup d'expérience dans le tourisme.

ISLA IGUANA ★★

Une petite île paradisiaque assez proche du port de Garti où l'on peut faire du snorkeling, dormir dans un hamac, observer les pélicans plonger sur les bancs de sardines… Plusieurs *cabañas* et un restaurant vous attendent.

■ ARIDUP LODGE

✆ +507 255 4124 / +507 6011 1526
✆ +507 6004 4721
www.islaiguanasanblas.es.tl
islaiguanasanblas@gmail.com
Contacts : Edwin Díaz, Ludis Green et Oziel Gonzales.
Nuit et pension complète 75 US$ par personne en cabane partagée. En chambre privée avec Salle de bains partagée, 95 US$. En chambre privée avec Salle de bains privée, 110 US$. Prix dégressifs à partir de deux nuits. Inclus : deux tours par jours, les tranferts en lancha et le matériel de snorkeling. 3 US$ taxe Isla Iguana.
6 cabañas individuelles dont certaines avec petit balcon et hamac, et un dortoir de 13 lits. Rustique. Le restaurant est agréable, les repas sont pris en commun et la cuisine très correcte.

SECTEUR PORVENIR

Avant la construction de la route goudronnée de la Panaméricaine à Garti, les touristes arrivaient pour la plupart à Porvenir, soit en bateau, soit en avion dans le petit aérodrome. La donne a changé et le secteur de Porvenir est beaucoup moins fréquenté à présent. D'une part, il n'y a plus de vols avec Air Panama pour Porvenir. D'autre part, en raison des relations difficiles entre le gouvernement panaméen et les Gunas, l'immigration ne se trouvait plus, en 2016, à Porvenir mais à Puerto Lindo sur le continent. La plupart des bateaux restent d'ailleurs en mer et ne regagnent la terre ferme qu'une fois par mois pour les provisions. Le secteur de Porvenir se visite donc comme les Cayos Lemon ou les Cayos Hollandeses : avec une *lancha*. Incontournables pour qui voyage dans les eaux de l'archipel, les paysages, les poissons volants et peut-être même des dauphins vous accompagneront tout au long des 30 à 45 minutes de barque qui séparent les îles de Porvenir.

PORVENIR ★★

Porvenir (ou Gaigirgordup) est la capitale administrative de Guna Yala puisqu'elle héberge sur son petit périmètre la Maison générale du Congrès guna, un poste de police, quelques épiceries et un hôtel en dur. Notez qu'il n'y avait plus que des vols privés à l'aérodrome, et que l'office des migrations avait été déplacé à Puerto Lindo courant 2016. Le centre de santé est à Wicsubwala, une autre île à 5 minutes de pirogue. L'intendance de la comarca se trouve également à proximité, mais le législateur est la plupart du temps à Panamá.

Transports

▶ **L'aérodrome de Porvenir** n'accueillait plus de vols d'Air Panama en 2016.

▸ **La plupart des tours** passent à présent par le port de Garti (voir rubrique transport de Garti), puis 30 minutes de *lancha* si vous voulez vous rendre dans le secteur de Porvenir (entre 15 US$ et 20 US$ l'aller).

▸ **En bateau.** Si vous optez pour la voie maritime, il vous faudra du temps, de la patience et de l'organisation ! le plus simple, renseignez-vous à Portobelo ou Puerto Lindo sur les embarcations qui s'offrent à vous. Sinon :

▸ **Montez à bord de la navette régulière** circulant entre Miramar (province de Colón) et Porvenir. La traversée, dont la durée tourne autour de 2 heures 30, varie selon la puissance du moteur et l'état de la mer (plus agitée en été). Quant aux horaires, ils sont très variables.

▸ **Embarquez sur un bateau de marchandises panaméen** depuis Colón. Il est également nécessaire de se renseigner sur place car la fréquence est variable, ainsi que la durée du voyage (entre 6 heures et 8 heures !). Environ deux bateaux par mois viennent faire le tour des îles pour vendre leurs marchandises, puis rentrent se ravitailler au port Coco Solo de Colón.

▸ **Plaisance.** Pas d'ancrage devant la piste mais sur les côtés environ 6 mètres de profondeur aux points géographiques suivants : 09'33 492'N – 78'57.012'W et 09'33 331'N – 78'56.861'W.

▸ **Sachez que les formalités administratives** obligatoires pour toutes les embarcations ne s'effectuaient plus à Porvenir mais à Puerto Lindo en 2016. Renseignez-vous sur d'éventuels changements avant votre arrivée.

Pratique

On trouve à côté de l'aérodrome : deux téléphones publics, le poste de migrations (qui ne fonctionnait plus en 2016) et un poste de police. Taxe à l'arrivée sur l'île de 3 US$.

Se loger

Possibilités de dormir chez l'habitant des îles dans des conditions rudimentaires ou de loger dans l'hôtel en dur de Porvenir. Egalement un restaurant.

■ HOTEL EL PORVENIR

A côté de la piste d'atterrissage
✆ +507 6059 1557
✆ +507 6718 2826
www.hotelporvenir.com
info@hotelporvenir.com
80 US$ par personne (40 US$ pour les enfants de 3 à 6 ans) et par jour, 3 repas et 2 excursions dans les îles compris. Packages possibles avec le transport de la capitale.
Construction de plain-pied non traditionnelle, en ciment. Accueil très chaleureux de la señora Oti, l'une des propriétaires qui sera à votre écoute. Chaque chambre a une salle de bains et des toilettes privées (plutôt un luxe dans ces contrées). L'électricité est coupée quand tous les clients se sont assoupis. La cuisine est bonne et généreusement servie, et le service efficace. Une demi-langouste vous sera servie le dernier soir. Si vous la voulez entière, il y aura un supplément ! C'est une pratique courante dans les hôtels de l'archipel. Ambiance reposante (hamacs à disposition, billard) et surtout, possibilité de se baigner devant l'hôtel.

Onmaged Nega : le chef guna dans son hamac

La Maison du congrès local (Casa de Congreso ou Onmaged Nega) constitue le cœur de la vie politique et administrative de chacune des 49 communautés. C'est dans ces grandes maisons communales en bois, bambou et palme, que sont prises démocratiquement toutes les décisions relatives à la culture, à la religion et au patrimoine du peuple tule. L'autorité la plus influente, le « Sahila », reconnaissable à son chapeau noir, prend place dans un hamac pour diriger le congrès en compagnie du Argargana (porte-parole) et du Sualibedi (gardien de l'ordre). Les hommes et femmes du village prennent place sur les nombreux bancs.

Ces séances quotidiennes comprenant discours, incantations, prières et chants, durent parfois la nuit entière et il n'est pas question de se défiler ! Un système d'amende, plus ou moins sévère selon les îles, permet de punir toute personne n'appliquant pas le règlement communautaire. Garants de la mémoire du peuple guna, souvent transmise oralement à travers leurs discours, trois Sahilas sont ensuite élus *ad vitam aeternam* pour représenter le peuple guna au sein de son Congrès général, dont le siège est à Porvenir.

Le Congrès général guna ainsi que le Congrès général de la culture sont les deux entités suprêmes qui régissent la vie de la *comarca*, selon leur propre loi (*ley fundamental de la Comarca Guna Yala* de 1995).

Les molas : les tissus typiques des Gunas

Les premiers témoignages relatifs à la façon de s'habiller des Gunas remontent à la fin du XVIIe siècle. Selon les voyageurs de l'époque, les femmes gunas nouaient un tissu autour de leur taille et couvraient le reste de leur corps de dessins aux motifs divers qu'elles composaient et peignaient elles-mêmes. Les anciens aiment à dire que l'origine des molas remonte à la nuit des temps. Et pourtant, ce serait en fait à la faveur de l'introduction du fil à coudre, du coton et des aiguilles que les premières molas ont été confectionnées. Un legs attribué à un groupe d'huguenots, exilé un temps dans les îles suite à la révocation de l'Édit de Nantes (1685). Au XIXe siècle, les écrits rapportent que les femmes arborent de larges tuniques brodées.

L'art des molas daterait donc de l'installation des Gunas dans les îles, encouragé par leurs rapports avec les Blancs. Pour ne pas rester torse nu, les femmes auraient remplacé leurs peintures corporelles par des dessins sur tissu, en l'occurrence des pièces de tissu savamment cousues et superposées selon la technique de l'appliqué.

Si le sujet vous intéresse, nous vous conseillons vivement la lecture du livre *Tableaux Kuna. Les molas, un art d'Amérique* (Editions Arthaud, 2002). L'auteur, Michel Perrin, vous initie non seulement à cet art mais aussi à la culture du peuple tule. A lire également, le livre de Michel Lecumberry, intitulé *San Blas. Molas et traditions kunas* (Panama, Txango) distribué dans les bonnes librairies du pays ou chez lui à Portobelo, ainsi que les articles de son excellent blog : www.sagapanama.fr

À voir – À faire

A Porvenir, possibilité de se baigner dans les trois jolies plages de l'île et de grimper au mirador. Tout comme ses voisines Wichubwala, Nalunega et Uguptupu, Porvenir est proche de nombreuses îles paradisiaques et désertes où il fera bon passer la journée, pique-niquer et observer les poissons ou coraux. Au programme des excursions proposées par les hôtels : Gagandup (isla Hierba, l'île de l'herbe) ; GorGidup (isla Pelicano, l'île du pélican) ; Wichudup (isla Icaco, l'île de l'icaque, le fruit de l'icaquier) ; Igodup (isla Aguja, l'île de l'aiguille), etc. Des noms aux sonorités exotiques, des îles coralliennes aux eaux turquoise… Et peut-être la chance de voir éclater un gros orage. Alors, le ciel se charge de lourds nuages menaçants, l'eau noircit et vous, ravi mais trempé, ne faites plus qu'un avec les éléments déchaînés.

■ **MUSEO DE LA NACION GUNA** ★★
✆ +507 314 1293 / +507 314 1298
www.gunayala.org.pa
Si le musée est fermé, demander à quelqu'un du village de vous ouvrir et peut-être de vous servir de guide. Entrée : 2 US$.
Ce musée communautaire, géré par le Congrès général de la culture, vous introduira à la vie quotidienne et aux nombreuses traditions gunas (cérémonie de la chicha, représentation de la mort…).

WICHUBWALA ★★

Plus vivante, puisqu'elle abrite une communauté entière, Wichubwala présente l'avantage de vous permettre la découverte et le partage de la vie des Gunas ; l'unique inconvénient étant qu'il est plutôt déconseillé de se baigner dans les eaux qui la bordent. C'est le cas dans la majorité des îles peuplées et parfois surpeuplées, où les abords, malgré une apparence saine, ne sont pas toujours très propres.
A Wichubwala, qui n'est qu'à 5 minutes de Porvenir, l'atmosphère est cependant agréable et détendue, et les grandes allées du village sont propices aux promenades. Vous serez surpris de constater que le règlement de la communauté est plutôt souple, autorisant la vente d'alcool à n'importe quelle heure de la journée, mais aux hommes uniquement. Une petite cantina est d'ailleurs installée près du ponton principal.

Pratique

Téléphones publics, centre de santé et quelques épiceries. Comme partout dans la *comarca*, attendez-vous à des produits basiques et à un choix limité.

UGUPTUPU ★★

Uguptupu ou isla Arena (île de Sable) est située à 3 minutes de sa voisine Wichubwala dont elle dépend. C'est en réalité une île artificielle privée, sans plage, construite par un père de famille Guna, Juan García. Convertie en hôtel, elle a la particularité d'avoir été entièrement louée, de 1974 à 1998, à une équipe de recherche en fonds marins du Smithsonian, organisme scientifique et biologique nord-américain.

NALUNEGA ★★

Abritant l'un des premiers hôtels de la *comarca* (fermé depuis 2014), l'île du pagre (isla Pargo) a longtemps fait partie du circuit touristique des bateaux de croisière. Du coup, les relations avec certains autochtones peuvent sembler un peu mercantiles : dès l'accostage du bateau, les femmes se précipitent sur l'étranger (le waga), et tentent de l'attirer vers leurs bras chargés de molas. Psst, psst…
Une autre approche de la communauté permet de dépasser cette première impression quelque peu désagréable. N'hésitez pas à déambuler dans les rues sinueuses à la recherche de la Maison du Congrès, à regarder les jeunes jouer au basket ou répéter leurs airs de flûte, à vous asseoir un petit moment près des anciens du village…

SECTEURS CAYOS LIMONES ET CAYOS HOLANDESES

Ce secteur ne présente que des avantages. Il est relativement accessible en *lancha* depuis Garti, et ces îles façon Robinson Crusoé des Cayos Limones, aux fonds marins impressionnants, sont très fréquentées par les touristes locaux et étrangers en journée. Le soir, tout redevient calme. Beaucoup de catamarans larguent les amarres aux Cayos Limones pour attendre les voyageurs qui arrivent en *lancha*. Quelques hébergements dans le coin.

Transports

Pour visiter ces îles magnifiques, si cela ne fait pas partie de votre formule bateau ou hôtel, il faut prendre (et négocier) une *lancha* qui vous attendra sur place. N'oubliez pas votre petite monnaie pour les différentes taxes d'entrée sur les îles.

ISLA TIADUP ★★

L'une des îles paradisiaques les plus au sud dans le secteur des Cayos Limones, face à Isla Elefante (Naguarchirdup). Un hôtel-restaurant récent s'y est installé. Les fonds marins sont impressionnants aux alentours. Nous y avons même vu un requin !

Transports

En *lancha*, comptez 15 US$ l'aller par personne depuis le port de Garti.

Se loger

■ **WAILIDUP**
✆ +507 6715 2335
✆ +507 6715 2335
wailiduplodge.com
wailidup@hotmail.com
Ventilateur, salles de bains privées ou partagées.
Les *cabañas* Wailidup, récentes et confortables, possèdent un restaurant-bar. Les 6 maisonnettes sont situées au bout d'un ponton sur l'eau et bénéficient d'un cadre de rêve au sud des Cayos Limones, près d'un superbe spot de *snorkelling*. Panneaux solaires. Petite piscine de pêche au restaurant.

ISLA PERRO ★★

C'est l'île la plus prisée de l'archipel pour une excursion à la journée. Mieux vaut éviter les fins de semaine pour être tranquille sur cette île paradisiaque. Possibilité de faire du *snorkeling* autour d'une épave de navire échoué il y a une cinquantaine d'année, pour le plus grand bonheur d'une multitude de poissons qui y ont élu domicile. Il aurait, dit-on, transporté de la drogue depuis la Colombie. Taxe de 3 US$ pour se poser sur la minuscule île.

Transports

Transports : 35 US$/personne depuis le port de Garti.

ISLA DIABLO (NIADUB) ★★

En face de l'Isla Perro, que l'on peut rejoindre à la nage, voici une île paradisiaque malgré son nom ! Elle est moins visitée et donc plus tranquille que sa voisine. Quelques *cabañas* très rustiques montées au début des années 2000 par le sympathique Arquimedes, un précurseur du tourisme à Guna Yala. Ambiance de bout du monde.

ISLA HIERBA ★★

A une quinzaine de minutes d'Isla Perro, une petite île qui s'ouvre au tourisme, avec un restaurant qui se voudrait gourmet (en construction lors de notre passage) et un projet de *cabañas* de luxe… Pour l'instant ce qui est sûr, c'est que la plage de sable fin est assez grande et qu'il y a du bon *snorkeling* à faire.

CHICHIME ★★

Depuis que l'accès au port de Porvenir ou de Garti est devenu plus compliqué en raison de tensions entre les propriétaires de bateaux touristiques et les Gunas, beaucoup de voiliers attendent les touristes à Chichime, au nord du secteur Cayos Limones.

ISLA ESTRELLA ★★

La piscine naturelle est une langue de sable au milieu des récifs, où les petites embarcations s'arrêtent pour prendre l'apéro au milieu de l'eau turquoise. Taxe de 2 US$.

SECTEUR RÍO SIDRA

Le secteur de río Sidra se trouve à l'embouchure de la rivière du même nom, à l'est de Garti. Une belle randonnée de 1h30 est possible jusqu'à une cascade.

NARASGANDUP (NARANJO CHICO) ★★

Ne vous inquiétez pas, malgré son nom, « île de la Souris » (isla del Ratón), vous pourrez y dormir tranquille. En arrivant, on est surpris par le nombre d'enfants qui courent dans les rues de ce village, tous souriants et accueillants… au point que leur vitalité et leurs fous rires sont forcément contagieux. On pourra visiter également l'île la plus proche qui abrite deux communautés, celles de Río Sidra (Urgandi) et de Mamardup, et qui dispose d'un centre de santé en cas de pépin.

Transports

L'accès se fait en *lancha* depuis Garti.

Se loger

■ CABAÑAS INA'S
✆ +507 6721 9885
30 US$ en dortoir. Les trois repas sont inclus mais nous vous conseillons d'apporter un complément.
Une île déserte, de simples *cabañas* avec des hamacs pour lit, et le tour est joué. C'est l'une des formules les plus économiques de la *comarca*, qui plaît beaucoup aux backpackers qui y vont en groupe depuis les auberges de jeunesse de la capitale. Ne vous attendez pas aux mêmes services que dans les autres hôtels plus chers. Ambiance très jeune et festive, pas l'idéal pour découvrir la culture locale. A côté, Robinson's qui appartient au cousin de Ina's, offre les mêmes prestations aux mêmes tarifs.

■ NARASGANDUP BIPI
Naranjo Chico (Narasgandup)
✆ +507 6686 7437 / +507 6086 7716
✆ +507 6079 4740
www.sanblaskunayala.com
Cabañas sur l'eau avec SDB privée : 110 US$/pers. Cabañas sur l'île avec SDB partagée : 85 US$/pers. Camping 60 US$/pers. à partir de 5 pers. avec leur propre tente. Pension complète, excursions et activités.
De l'autre côté de l'île, beaucoup plus tranquille, des *cabañas* rustiques, mais commodes, accueillant peu de monde à la fois, afin de privilégier la rencontre entre les hôtes et les convives. De belles sorties au programme.

© JULIE OLAGNOL

Isla Perro, l'île la plus célèbre des San Blas.

GUANIDUP ★★

L'un de ces îlots-hôtels qui vous enchantera, proclamé la plus belle île du monde par Antoine (le chanteur aux chemises à fleurs). Vous y reviendrez, conquis par son charme et son confort.

■ CABAÑAS KUANIDUP
✆ +507 6656 4673
✆ +507 6635 6737
www.kuanidup.com

199 US$ par personne et par jour pour la formule tout compris habituelle, avec transfert, repas et excursion.

11 petites *cabañas* rustiques au charme naturel. Vous ne résisterez pas à l'envie de vous assoupir dans l'un des nombreux hamacs accrochés entre les palmiers avec, comme toile de fond, la cordillère se dessinant à l'horizon. Protégé par une barrière de corail au nord, probablement l'un des plus jolis hôtels de la *comarca*.

SECTEUR CORAZÓN DE JESÚS

Le secteur Corazón de Jesús se trouve au niveau de Tupile, à l'est de Garti, à une distance encore raisonnable pour y accéder en lancha.

NARGANÁ ET CORAZÓN DE JESÚS ★★

Deux îles jumelles reliées par un pont depuis leur réconciliation : Narganá (ou Yandup) et Corazón de Jesús (ou Akuanusadup) sont deux villages où la culture occidentale a réellement pénétré. Une différence par rapport aux autres communautés qui saute aux yeux. La majorité des habitants sont bilingues (femmes, hommes et enfants) et ne portent plus de vêtements traditionnels. Car même si dans toutes les îles les hommes sont habituellement vêtus d'un pantalon large, d'un maillot de base-ball ou basket et d'une casquette à l'envers, les femmes, elles, perpétuent généralement la tradition en portant la mola et les cheveux courts. L'équilibre entre tradition et modernité est fragile. Ici, les postes de télévision ou de radio sont plus nombreux qu'ailleurs, les signes extérieurs de richesse également : le mobilier en plastique a remplacé celui en bois... les habitudes et les comportements se sont également modifiés, assouplis par une réglementation interne moins sévère que dans d'autres communautés.

Non développé en termes d'infrastructures touristiques, le secteur de Narganá présente moins d'intérêt pour le voyageur qui n'a que quelques jours pour visiter l'archipel. Mais pour celui qui dispose de cette grande richesse qu'est le temps, c'est l'occasion de découvrir une autre facette du peuple tule. Avec un zodiac ou une lancha, possibilité d'explorer l'embouchure du río Diablo jusqu'à une petite plage.

Transports

L'aéroport est sur Corazón de Jesús. Air Panamá a des vols réguliers depuis Albrook, entre 35 minutes et 1 heure selon les escales sur d'autres îles. On peut aussi venir en *lancha* depuis Garti, compter 3 ou 4 heures avec une mer calme (30-50 US$ par personne environ).

Pratique

On trouve un poste de police ouvert 24h/24, un centre de santé, des cabines téléphoniques et une Banco Nacional de Panamá mais sans distributeur.

Se loger

L'ancien député Antonio a ouvert sur une petite île en face, une offre d'hébergement constituée de plusieurs cabanes.

Les enfants de la lune

Ils sont nombreux parmi le peuple tule... ce sont les albinos (sipu). Entre 1 et 3 % des Guna naîtraient avec un albinisme partiel ou total, cette maladie génétique qui se caractérise par une absence de pigmentation de la peau (la moyenne mondiale est d'un cas pour 20 000 naissances !). Vous rencontrerez certainement ces « enfants de la lune » au détour de vos pérégrinations dans l'archipel. On raconte que la lune les aurait envoyés comme missionnaires sur terre, ce qui leur confère une autorité naturelle. Rares sont les civilisations qui ne les rejettent pas. A Guna Yala, on les vénère...

SECTEUR PLAYÓN CHICO

Playón Chico se trouve à l'est de Corazón de Jesús. Mieux vaut y accéder en avion.

PLAYÓN CHICO ★★

Playón Chico ou Ugupseni dispose d'un aéroport desservi par Air Panama. Densément peuplé, ce sera pour vous une simple escale avant votre transfert en *lancha* vers l'hôtel de l'île voisine, Yandup. Le village est vivant et agréable, la jeunesse est abondante, les regards se croisent, les « buenos dias » fusent, et les jeunes se retrouvent sur le terrain de la place du village pour improviser des matchs, la magie du football opère, la vie est effervescente. Une belle occasion de vous mêler à la population et peut-être d'acheter des *molas*.

YANDUP ★★★

Cette île, située à quelques minutes de Playón Chico, offre l'avantage d'être tout près de la côte, où de belles balades peuvent être organisées.

■ GOLEBIR ET LA CASCADE SAIBAR MAID ★★★

Deux autres possibilités d'excursion à arranger avec vos hôtes. Une aventure plus sauvage dans la végétation luxuriante de la côte, à la découverte d'un autre Guna Yala, plus vert et plus sportif. Accompagné d'un guide, vous aurez le plaisir de vous baigner dans la rivière Diwar Dumad, et de bénéficier des massages fortifiants d'une cascade (plus ou moins impressionnante selon la saison).

■ ÎLES TUPIR, DIADUP OU ARRIDUP ★★★

Au départ de l'un des deux hôtels, vous pouvez gagner les îles Tupir, Diadup ou Arridup. Ces îles désertes sont idéales pour la plongée avec masque et tuba, le farniente et le rêve. Eau turquoise, poissons colorés et coraux... Bref, si vous nous avez bien suivis, vous savez à quoi vous attendre.

■ YANDUP ISLAND LODGE

✆ +507 202 0854
www.yandupisland.com
reservas@yandupisland.com

2 types de cabañas (bungalows). Prix pour deux en occupation double sur pilotis 267 US$. En occupation double sur terre « ferme » : 246 US$.

Gratuits pour les enfants de moins de 3 ans, 35 % de réduction pour les moins de 11 ans. Toutes les cabañas disposent de salle de bains privée. Sont inclus les 3 repas, 2 excursions et le transfert depuis l'aérodrome de Playón Chico. L'arrivée sur Yandup Island annonce la couleur, une île privée entourée de récifs coralliens, une petite plage de sable blanc et d'eau cristalline, 10 charmantes cabanes traditionnelles, toit de chaume de palme et du bois pour la structure, spacieuses elles sont posées au bord de l'eau et encerclent un jardin verdoyant tapissé d'un gazon de compétition ! les cabanes sont faites de matériaux traditionnels, équipées de ventilateur et de literie très correct, 6 d'entres elles sont sur la mer et les 4 autres face à la mer, toutes disposent d'une terrasse équipée de hamacs. Paradis de la biodiversité, culture et tradition Yandup offre un environnement unique pour le repos et vivre des activités tout en profitant du paysage, plongée dans les eaux cristallines pleines de coraux, observation d'oiseaux autochtones, un tour au cœur des mangroves ou visiter la communauté guna et découvrir toutes les essences de sa culture ancestrale.
L'espace commun pour prendre les repas est fait de bois et d'un *toit* de palme, il est jouxté par un vivier à langouste. Une petite boutique propose des produits de dépannage (crème solaire, anti-moustique, piles, confiseries etc.). Un nouveau ponton de bois mène au bar flottant. Equipe dynamique et attentive. Les excursions journalières proposées sont variées, découverte de la mangrove, randonnée dans la forêt, rencontre avec la communauté de Playon Chico, visite du cimetière traditionnel, Kammu Burwi à Ukupseni (danse traditionnelle), navigation sur le fleuve etc. N'hésitez pas à lui soumettre vos désirs et l'équipe mettra tout en œuvre pour les satisfaire. Un site d'exception, caractéristique de cet archipel qui en regorge !

Autre adresse : Bureaux : San Felipe (Casco Viejo), Calle 4ta Oeste, P.H. San Miguel, Local 2.

SECTEUR ACHUTUPU

Loin des îles très fréquentées de l'ouest des San Blas, le secteur Achutupu se trouve à équidistance entre Porvenir et la Colombie. On y accède en avion. Les hôtels sont de meilleure qualité dans cette région de l'archipel.

Une personnalité guna pro-assimilation

Né probablement en 1872 à Yandup, Carlos Inaediguinye Robinson participa activement au développement de ce phénomène d'acculturation qui poussa peu à peu certains Gunas à se tourner vers ce que l'on appelle communément la civilisation. Envoyé en Colombie dès l'âge de 12 ans, il en revint vers 30 ans pour raconter aux anciens le monde des étrangers. Fervent partisan de l'éducation occidentale, il milita aux côtés de missionnaires protestantes, Miss Ana Coop et Miss Marta Purdy, contre le port de l'anneau nasal, des molas et de tout signe ostentatoire lié à la tradition du peuple tule. Encouragée ensuite par les idées du président de la République de l'époque, Belisario Porras, cette politique assimilationniste sera en partie à l'origine du déclenchement de la révolution tule de 1925.

AILIGANDI ★★

« Ile Mangrove ». Un hôpital, un terrain de basket, des restaurants, des églises, des petites boutiques, une poste, l'électricité, un aqueduc, des téléphones publics, la Maison du congrès locale. Cette communauté, qui s'autogére entièrement, appartient à ces îles qui ont très peu l'occasion d'accueillir des touristes. Aussi, ne manquez pas de demander aux autorités compétentes l'autorisation de vous y promener.

UAGUITUPU ★★

« Ile Dauphin ». A 10 minutes de l'aéroport d'Achutupu, une île privée où vous attendent les *cabañas* de Dolphin Island Uaguinega.

DOLPHIN LODGE UAGUINEGA
✆ +507 396 4805
✆ +507 6090 8990
www.dolphinlodgesanblas.com
info@dolphinlodgesanblas.com
10 cabañas pour 1, 2 ou 3 personnes, avec salle de bains et toilettes privées (luxe extrême à San Blas !). Respectivement 140 US$, 100 US$ et 85 US$ par personne, moins cher pour les enfants et tarif dégressif dès la seconde nuit. Transfert à l'aéroport d'Achutupu, 3 repas et 2 tours par jour inclus. Electricité matin et

soir. Non compris équipement de snorkeling (10 US$) et la taxe de 18 US$ (8 US$ pour les moins de 12 ans).

Des tours sont organisés dans les îles voisines ou à Ailigandi pour les achats de *molas*. Monté depuis une vingtaine d'années par la famille de Jéronimo De la Ossa, cet hôtel se veut l'une des premières offres de catégorie supérieure de l'archipel.

ACHUTUPU ★★★

Achutupu est l'île principale de la zone, où se situent un petit aérodrome, un terrain de basket où s'y retrouvent les enfants comme les adultes, et les maisons communales : Casa de la Chicha (salle des fêtes) et maison du Congrès.

Ce village traditionnel permet de rejoindre de nombreuses petites îles où vivent une famille ou deux, et où ont été construites des petites structures de grand charme.

Transports

La compagnie Air Panamá offre un vol quotidien à 6h, retour direction Panamá à 7h, 45 minutes. Compter autour de 170 US$ aller-retour.

Se loger

AKWADUP LODGE

Isla Akwadup, à 20 minutes de l'aéroport d'Achutupu.

✆ +507 832 5144 / +507 6061 3006

✆ +507 6126 0737

www.akwaduplodge.com

info@akwaduplodge.com

7 cabañas indépendantes sur pilotis pour 1 à 3 personnes. Prix par personne et par nuit : 155 US$ base simple, 102 US$ base double, 89 US$ base triple. 2 cabañas sur terre, respectivement 135 US$, 87 US$ et 75 US$. Transfert depuis l'aéroport, pension complète et 2 excursions par jour. Ne sont pas inclus, l'équipement de snorkeling (10 US$ par jour et par personne), Internet (15 US$ par chambre), la taxe de 18 US$ (8 US$ pour les moins de 12 ans).

Probablement l'un des plus confortables de tout l'archipel : salle de bains privée, électricité 24h/24, ventilateur, *cabañas* vert d'eau avec terrasse privée sur pilotis et un beau jardin gazonné. Idéal pour les romances… le lodge appartient à la même famille que le Dolphin Lodge, il est encore plus agréable. Les packages proposés incluent le transfert depuis/vers l'aéroport, les trois repas et un tour.

MAMITUPU ★★

Apprenez à prononcer le nom de cette île en guna (le u se prononce ou) sinon, votre mamie risque de se vexer ! Plus sérieusement, « île Sapote » (fruit mamey) est accessible depuis Achutupu. C'est une petite île-village traditionnelle aux allées étroites et à l'animation perpétuelle, peu visitée par les touristes si ce n'est par quelques voiliers de passage qui viennent parfois mouiller dans ses eaux. Cependant, certains membres de cette grande communauté, l'une des plus authentiques de l'archipel, se sont lancés dans l'aventure hôtelière. Et ça marche !

Transports

Pour s'y rendre, le plus simple est l'avion, 45 minutes de vols vers Achutupu ou Mamitupu. En *lancha* puissante compter 5 heures depuis Carti avec une mer calme (à éviter en été, du vent et de grosses vagues).

Se loger

KALU OBAKI LODGE

Mamitupu

✆ +507 264 6137

www.kaluobaki.com

kaluobakipanama@gmail.com

Autour de 80 US$ par personne, repas et tours inclus. Tarifs dégressifs sur plusieurs jours. Vols Panama-Achutupu environ $150 aller-retour.

Quatre cabañas pour deux personnes, huttes typiques sur le sable situées au bout de l'île-village avec vue magnifique sur le continent. La situation du lodge permet de véritables rencontres avec les habitants, en toute liberté, en plus des excursions prévues dans la formule. Possibilités de promenades en forêt, baignade sous les cascades, sorties nocturnes, couture de molas et production artisanale d'huile de coco, notamment pour la fabrication de savon. Votre hôte, le sympathique Pablo, est plein d'énergie et d'idées pour développer l'économie durable de son île. Ce personnage atypique et enthousiaste, parle aussi bien espagnol qu'anglais, il vous accueillera avec son épouse Jacinta. Tous deux vous feront partager des repas à base de la pêche du jour : poissons, crabes géants ou encore langoustes… Authentique et d'un excellent rapport qualité-prix-service.

SECTEUR PUERTO OBALDÍA

Cette zone est très proche de la Colombie. On y accède avec les bateaux qui vont jusqu'à Cartagène ou bien en avion.

PUERTO OBALDÍA ★

Il s'agit de la dernière « grande » ville avant la Colombie, ce qui peut effrayer le voyageur. Mais vous n'aurez aucune crainte à avoir. Vous y serez accueilli par une population composée en majorité de Noirs et Guna, 2 000 habitants environ (la moitié de la police des frontières !) qui cohabitent joyeusement dans une ambiance des plus détendues. C'est par ici qu'il faut passer pour rejoindre la communauté guna d'Armila, ou pour se rendre à Sapzurro ou Capurgana en Colombie.

Transports

- **Air Panamá** relie Puerto Obaldia en une heure environ depuis Albrook. Vols certains jours uniquement. Réserver bien à l'avance comme partout pour San Blas.
- **Des *lanchas*** voyagent vers Garti ou Porvenir pour environ 100-120 US$. Ne partez pas avec n'importe qui, renseignez-vous bien. Entre 8 et 12 heures selon l'état de la mer, le nombre de passagers et la puissance du moteur. Une traversée fatigante, ça secoue ! Plus sûrs et courts, les voyages vers la plage de la Miel (15 min), Sapzurro (30 min) et Capurgana (50 min). Des voyages sont organisés à des dates fixes par des agences à travers les San Blas jusqu'à Gardi, sur 4 jours avec nuits sur les îles. 45 minutes de navigation entre les îles pour plus de confort et de sécurité. Voir avec San Blas Trip par exemple.

Pratique

N'hésitez pas à vous adresser au poste de police, auprès duquel vous devrez de toute façon signaler votre présence et expliquer la raison de votre venue. Si vous venez de Colombie ou y allez, n'oubliez pas de réaliser vos formalités migratoires à la Dirección de Migración y Aduanas où l'on vous déposera le tampon d'entrée ou de sortie du territoire. On trouve également le consulat de Colombie si besoin. Un centre de santé, téléphones, Internet, épiceries, pensions, tavernes et restaurants, on trouve presque tout à Puerto Obaldia.

ARMILA ★★★

Armila est situé à une vingtaine de minutes de *lancha* de Puerto Obaldía, ou à 1 heure 30 à pied (pour les bons marcheurs). Cette communauté s'est ouvert au tourisme en 2007, initiative de Ignacio « Nacho » Crespo, un Guna qui a l'âme d'un grand voyageur depuis qu'il est parti étudier dans la froide Russie dans sa jeunesse ! la communauté d'Armila est différente du reste des San Blas, il ne s'agit pas d'une île, la plus proche, Caledonia, se trouve à 45 minutes de bateau. Ici le paysage est spectaculaire pour la montagne vierge derrière, une plage sauvage (baignade dangereuse), des sentiers écologiques allant jusqu'à un mirador à la vue inoubliable, la remontée en pirogue à la rame d'une rivière où l'on peut apercevoir crocodiles, des oiseaux colorés, des singes joueurs. La pratique de la danse traditionnelle est ici une véritable passion, et un spectacle hors du commun vous attend. Enfin la plage d'Armila est fameuse pour accueillir de février à juin, les tortues marines les plus grandes du monde. Un festival est organisé en mai pour sensibiliser la population, les touristes

Le village isolé d'Armila.

Piscine naturelle au large des San Blas.

et le reste du pays à l'importance de protéger ces espèces en voie d'extinction qui font le tour du monde avant de revenir pondre où elles ont vu le jour. Préparez-vous à solliciter vos gambettes aux mois de décembre, janvier, février, mars, juillet et août, périodes durant lesquelles la mer, violente, empêche souvent l'accès en bateau ! Pour les non sportifs, privilégiez les mois d'avril, mai, juin ou encore septembre, octobre et novembre. Dans les deux cas, vous vous en souviendrez ! L'arrivée sur le village est inoubliable, la végétation foisonnante de la colline plongeant dans les vagues. L'impression d'être au bout du monde vous envahira. Un sentiment rare et enivrant !

Transports

La compagnie Air Panama dessert 3 fois par semaine Puerto Obaldia (en principe les mardis, jeudis et dimanches) depuis l'aéroport d'Albrook. Durée du vol : 50 minutes. Réserver 3 semaines à l'avance si possible. A l'arrivée, une personne d'Ibedi Al Natural vous attendra et vous accompagnera à pied ou en *lancha* vers la communauté d'Armila.

Se loger

■ CABAÑAS IBEDI AL NATURAL

✆ +507 6127 6298 – www.ibedialnatural.net
ibedialnatural@hotmail.com

Plusieurs cabañas pour une capacité de 20 personnes au total. Compter 170 US$ par personne pour 3 jours/2 nuits (ou 300 US$ pour un couple), avec transfert depuis Puerto Obaldia, taxes, logement, repas, représentation de danse et excursions. Tarifs dégressifs pour plus de jours.

Le rêve touristique de Ignacio « Nacho » Crespo s'est concrétisé et nous vous encourageons vivement à le partager. De jolies *cabañas*, en bois et bambou au toit de palme, au milieu d'un magnifique jardin tropical. Vous aurez le choix entre remonter la rivière voisine en pirogue au milieu des mangroves, partir en excursion vers la plage de la Miel, dernière crique au sable fin avant la Colombie, ou encore admirer ce nuit l'arrivée des tortues marines les plus grandes du monde, de février à juillet, mais surtout en mai et juin. Nacho est à l'origine du grand festival en l'honneur des tortues qui a lieu tous les ans en mai. Nous vous recommandons particulièrement cette destination des plus authentiques, une offre originale mêlant découverte de la culture guna et préservation de l'environnement, un véritable coup de cœur ! Et si vous souhaitez découvrir davantage l'archipel, Nacho et sa famille organise avec San Blas Expeditions des traversées entre Capurgana (Colombie) et Garti, puis Panama Ciudad, avec au programme de belles excursions sur les îles.

LA MIEL ★★

La dernière localité avant la Colombie. Des plages superbes de sable blanc, une eau turquoise et une atmosphère tranquille. La plage de la Miel est souvent classée dans le top 10 des plus belles plages de… Colombie ! Il faut dire que la Miel fait partie des excursions favorites des touristes colombiens qui font l'aller-retour dans la journée, la ville touristique de Capurgana n'étant qu'à 20 minutes de bateau. Encore plus près, le village de Sapzurro, très mignon, relié à la Miel par un petit sentier (entre 30 et 40 minutes de marche). Vous verrez au cours de votre marche deux postes-frontières se faisant face dans la plus grande convivialité.

Pratique

On s'y rend à pied depuis Sapzurro (Colombie), en *lancha* depuis Puerto Obaldia ou Capurgana (Colombie). Une excursion en *lancha* est également organisée depuis Armila, par Ibedi Al Natural.

Forêt du Darién, à la frontière colombienne.

PROVINCE DU DARIÉN

PROVINCE DU DARIÉN

Le Tampon du Darién (Darién gap, en anglais), fantasme de tous les aventuriers, est la frontière quasiment infranchissable qui sépare le Panama de la Colombie, une terre aux trésors naturels et culturels méconnus. Ce magnifique territoire, reconnu depuis longtemps par les biologistes et ethnologues, reste le plus isolé du pays. La Panaméricaine, cette route qui veut relier l'Alaska à la Terre de Feu, s'interrompt à Yaviza pour ne reprendre que dans le Chocó colombien. Entre ces deux points s'impose le fameux Tampon du Darién, qui accueille la faune et la flore disparues ailleurs sous la pression du « développement ».

Une grande partie de cette province est recouverte par une épaisse forêt tropicale humide, de hautes et basses terres, abritant l'une des biodiversités les plus riches au monde. Le Darién est aussi constitué d'autres variétés d'habitats et écosystèmes, notamment côté Pacifique : forêt semi-sèche de basses terres, mangroves, plages de sable, côtes rocheuses et marais d'eau douce. On y recense 4 % de la diversité totale des amphibiens du monde, 3,5 % de l'ensemble des reptiles, 10 % des espèces d'oiseaux, 5 % des mammifères et plus de 8 000 plantes. La région abrite une vingtaine d'espèces animales endémiques et surtout, fierté nationale, la plus grande concentration d'aigles harpies au monde, l'oiseau de proie le plus puissant de la planète.

Située au sud-est, la province la plus vaste du pays (16 803 km²) est aussi la moins peuplée (environ 50 000 habitants). Depuis des siècles, la forêt ou selva constitue l'habitat des communautés emberás, wounaans et gunas, ainsi que des descendants des Cimarrones, les esclaves africains fugitifs qui ont trouvé refuge dans cette jungle inhospitalière à l'époque de la colonisation espagnole. Ces populations amérindiennes et noires ont conservé un mode de vie traditionnel écologiquement viable : agriculture de subsistance (plantains, manioc, avocats, maïs et riz), chasse et pêche. Plus récemment, des « métis » en provenance de la péninsule d'Azuero, de Coclé ou du Chiriquí, sont venus s'installer ici dans l'espoir d'y trouver des terres moins chères et moins épuisées que dans leurs provinces d'origine. Ces « colons », appelés localement latinos ou campesinos, travaillent dans l'agriculture (maïs, riz...), l'élevage extensif et l'exploitation forestière. Le teck a été introduit il y a une quarantaine d'années mais les coupes de bois précieux traditionnels continuent.

Le climat est de type tropical, humide à très humide, avec une saison sèche marquée entre janvier et avril. Il fait chaud toute l'année mais l'humidité de la forêt et la topographie influent sur les températures, qui peuvent descendre sous les 18 °C.

Pour protéger cette région de la déforestation galopante qui a commencé à la fin des années 1970 avec l'arrivée de la route, et pour constituer un rempart naturel contre la fièvre aphteuse présente en Amérique du Sud, le gouvernement panaméen a créé en 1980 le parc national du Darién. Ce territoire de 579 000 ha est inscrit au patrimoine mondial de l'humanité (1982) et a le statut de réserve de la biosphère (1983). Dans le prolongement du parc, on trouve également plusieurs zones protégées : le couloir biologique de la Serranía del Bagré (30 000 ha), ainsi qu'une réserve naturelle gérée par l'ONG Ancón : Punta Patiño (31 275 ha). Plus au nord, dans le triangle Metetí – la Palma – Yavisa, se trouvent les réserves du Filo del Tallo et de Canglón.

Régulièrement se pose la question de continuer la route jusqu'à la frontière, à 96 km de Yaviza. Une telle pénétration à travers le Tampon du Darién, au mépris des protections environnementales susmentionnées, provoquerait certainement un énorme gâchis écologique.

Les immanquables du Darién

- **La remontée en pirogue d'un long fleuve boueux** environné d'une végétation exubérante.
- **La finesse de l'artisanat** des communautés amérindiennes.
- **L'observation de la faune et de la flore** des forêts primaires.
- **Les *cantinas* bondées** de la Palma ou Yaviza.
- **Le kayak** avec les dauphins.

Province du Darién

De son côté, le « lobby » pro-route avance l'argument populaire du désenclavement de la région, l'une des plus pauvres du pays, qui a bien du mal à expédier ses produits agricoles vers la capitale. Le gouvernement colombien fait également pression sur les autorités panaméennes pour accéder au marché d'Amérique centrale… En dehors des aspects environnementaux, les questions récentes d'insécurité liées au conflit colombien (en passe de se terminer), de narcotrafic, des migrations d'Africains et de Cubains vers les Etats-Unis, ainsi que des problèmes sanitaires (la fièvre aphteuse présente en Amérique du Sud ne s'est pas propagée en Amérique centrale grâce à la barrière naturelle que forme le Tampon du Darién) vont sans doute alimenter les débats pendant encore de longues années.

Brève histoire de la province de Darién et ses enjeux actuels

La région est peuplée depuis des siècles et peut-être des millénaires par des groupes nomades entre lesquels n'a pas toujours régné l'entente. En 1501, l'expédition de Rodrigo de Bastidas, à laquelle participait le bientôt célèbre Vasco Nuñez de Balboa, longea les côtes luxuriantes du Darién (un an avant Christophe Colomb) en quête d'un hypothétique détroit menant aux Indes. Les Espagnols ne reviendront qu'en 1510, pour fonder Santa María la Antigua del Darién, capitale de la Castille d'Or et premier établissement durable en « terre ferme ». De cette bourgade qui n'existe plus, partira l'expédition de Balboa à la recherche d'une vaste mer où la conduiront les Indiens. Le 25 septembre 1513, du haut de la Loma

En kilt dans le Darién !

Pourquoi donc l'Ecosse a-t-elle intégré le Royaume-Uni en 1707 ? De nombreux historiens avancent l'idée que l'unification à l'Angleterre serait la conséquence de l'échec d'un projet fou dans le Darién… A la fin du XVIIe siècle, l'Ecosse se lance dans une drôle d'aventure : le « Darién Scheme ». L'objectif est d'implanter une colonie afin de faciliter ses échanges commerciaux avec la Chine, le Japon, les îles à épices… L'idée est de créer un chemin à travers la jungle pour transporter les marchandises d'un océan à l'autre, comme le font les Espagnols via le Camino Real plus à l'Ouest, et éviter ainsi un long voyage par le cap Horn tout au sud du continent.

William Paterson, un riche Ecossais qui a bâti sa fortune sur le commerce des épices, fonde la *Company of Scotland Trading to Africa and the Indies*, dont le capital est pour moitié écossais et pour l'autre anglais et hollandais. Craignant de perdre son monopole dans le commerce des épices, la compagnie anglaise East India obtient que l'Angleterre se retire du projet, ce que font également les Hollandais. Les Ecossais, pleins d'orgueil, décident alors de poursuivre seuls l'aventure. La compagnie parvient à récolter 400 000 £, soit l'équivalent de la moitié du capital national écossais !

Le 12 juillet 1698, tout le pays souffle dans les voiles des cinq navires partis de Leith à destination de la terre promise : New Caledonia. Mais la région qui doit faire la fortune du pays est beaucoup moins hospitalière que prévu (William Paterson ne s'était jamais rendu dans le Darién auparavant). La chaleur et l'humidité sont étouffantes et les moustiques redoutables. Les pionniers, 1 200 au départ, défrichent la jungle pour bâtir Fort St Andrew et New Edimbourg.

On commence à cultiver maïs et manioc et à explorer les alentours. Mais très vite les colons sont frappés par la fièvre jaune, le paludisme ou la diphtérie. On compte plusieurs centaines de victimes, et, en juillet 1699, les Ecossais quittent la région. Malheureusement, entre temps, deux nouvelles expéditions, 2 000 hommes sur onze navires, prennent la mer, ne sachant rien du cauchemar vécu dans la forêt tropicale.

En novembre 1699, les Highlanders découvrent la colonie abandonnée, envahie par la végétation. Ils subissent alors le même calvaire que leurs prédécesseurs, sans compter qu'ils doivent affronter en plus les soldats espagnols, soucieux de protéger le monopole de la Couronne dans le trafic inter-océanique. La colonie est définitivement abandonnée en avril 1700. Seuls quelques dizaines de survivants rentrent au pays, un pays complètement ruiné. Sept ans plus tard, l'Angleterre propose de verser à l'Ecosse l'équivalent des sommes engagées dans la folle épopée en échange d'une intégration au Royaume-Uni. Le Parlement écossais accepte ce qu'il a toujours refusé de faire. L'acte d'Union est signé le 16 janvier 1707.

S'équiper pour le Darién

Un bon équipement est indispensable en raison du climat et des insectes. Il comprend bottes en caoutchouc, imperméable, sac étanche de marin (ou un sac poubelle solide) pour y glisser le sac à dos. Hamac avec moustiquaire, insecticide, crème solaire, lunettes de soleil et chapeau (réverbération forte sur les fleuves), lampe électrique si possible frontale, trousse de premier secours, jumelles... Pantalons et tee-shirts longs. Evitez les jeans, ils sèchent lentement une fois humides, et les strings qui sont aussi gênants pour la marche en forêt que les chaussures à talons !

del Guabillo, après trois semaines de marche éprouvante, les conquistadores aperçoivent enfin la mer du Sud : l'océan Pacifique à perte de vue. Quatre jours plus tard, à la Saint-Michel, en l'honneur de qui la baie est baptisée (Bahía de San Miguel), Balboa prend officiellement possession, au nom du roi Fernando le Catholique et de la reine Isabella de Castille, « *des mers, des terres, des côtes et des îles du sud, des royaumes et des provinces qui y sont attachées* ».

La région tombe vite dans l'oubli à la suite du développement des échanges entre la ville de Panamá et Nombre de Dios puis Portobelo, via le Camino Real et le Camino de Cruces. Les esclaves africains en fuite, les redoutés Cimarrones en profitent pour s'y réfugier. La découverte de mines d'or, à la fin du XVIIIe siècle, suscite un regain d'intérêt pour la région mais les exploitations seront de courte durée en raison de la présence de pirates. Ces derniers n'hésitent pas à faire alliance avec les Indiens et les esclaves fugitifs pour attaquer les convois. Au cours du XIXe, la région ne sera perturbée que par les explorations d'audacieux topographes en quête d'un tracé pour un futur canal...

Au XXe siècle, la construction de la route panaméricaine marquera une transformation sensible de la région. La piste tracée à travers la jungle dans les années 1970 amène de nouvelles populations, venues là dans l'espoir de trouver de meilleures conditions de vie. La population de la province triple en vingt ans et des villes comme Metetí poussent soudainement le long de la Panaméricaine, tandis que les fronts pionniers s'enfoncent toujours plus loin dans la forêt : le Darién détient le plus fort taux de déforestation du pays.

Concilier les aspects économiques, sociaux et environnementaux, est devenu l'enjeu principal pour cette région isolée. Les activités agricoles des colons engendrent fréquemment des conflits avec les populations amérindiennes. Ces derniers voient leurs terres brûlées par les métis pour y faire pousser du maïs ou y élever du bétail. Ce ne sont pas seulement des arbres qui disparaissent mais tout un ensemble de plantes médicinales et de connaissances ancestrales les concernant. En quelques années, ces terres deviennent stériles et les colons avancent dans la forêt pour s'en approprier de nouvelles... les différends se règlent parfois à coups de machettes et de tronçonneuses ! Les groupes amérindiens ont obtenu la reconnaissance de *comarcas* (Cémaco, Sambú et Wargandí) qui recouvrent plus d'un quart du territoire, mais les conflits d'intérêts sont toujours d'actualité sachant que les limites foncières ne sont pas toujours clairement identifiées. La situation évolue cependant dans le bon sens. Depuis 2015, il est interdit de couper les derniers bois précieux du Darien. Même pour récupérer le bois mort, il faut des permis. Quant aux nouveaux agriculteurs ou éleveurs de bétail, qui brûlent la forêt pour gagner des surfaces exploitables, ils sont également réprimés. Des feux massifs ont été déclenchés au printemps 2016, et plusieurs personnes ont été emprisonnées.

Parallèlement aux protections que constituent les parcs et *comarcas*, l'écotourisme raisonné pourrait être un moyen de favoriser le développement économique et culturel de la région, par une mise en valeur de ses ressources naturelles. Pour cela, l'image négative d'insécurité que porte en elle la région doit changer. Elle ne concerne en effet réellement que certaines zones frontalières difficilement accessibles, même si les autorités panaméennes et étrangères ont du mal à l'admettre.

Enfin, il n'y a pas de bonne ou mauvaise saison pour visiter la région. La période la plus humide de mai à décembre rendra plus difficile voire impossible la circulation en voiture sur certaines pistes, mais la végétation sera plus verte et les orages dans la forêt feront vibrer vos sens... En saison sèche, il sera plus agréable de marcher dans la jungle et vous aurez moins d'insectes pour ceux qui les craignent. Pour les amateurs en revanche, la période idéale d'observation s'étend de mi-avril à fin mai...

AVERTISSEMENTS

La province de Darién souffre d'une réputation de région dangereuse. La plupart des citadins n'y ont jamais mis les pieds, peu encouragés par les médias qui la décrivent le plus souvent comme une jungle au climat épouvantable, peuplée par quelques Indiens menacés par les incursions armées de la guérilla et des paramilitaires colombiens, sans compter les trafiquants en tout genre et depuis 2016, l'immigration illégale d'Africains et de Cubains…

En particulier dans les endroits où vont les touristes, la réalité ne correspond pas vraiment à ces images véhiculées par les journaux à sensations. Le conflit avec les groupes armés colombiens, guérilla (FARC) et paramilitaires, est en train de se résoudre. L'extension du conflit concernait de toute façon essentiellement les zones proches de la frontière, que le touriste aura beaucoup de difficultés à atteindre. Cependant, le Darien reste encore protégé par la Senafront, la police des frontières omniprésente (et impressionnante, surtout pour ceux qui ne parlent pas espagnol).

- **Actuellement, le principal danger du Darién** est donc de s'aventurer seul dans la forêt dense. Les véritables risques sont ceux qu'abritent naturellement la jungle : certains animaux, insectes et plantes. Ces risques augmentant avec l'isolement et les difficultés d'évacuation en cas d'accident ou de morsure. Pour visiter le Darién profond, le plus sage est donc de recourir aux services d'un guide expérimenté disposant de préférence d'un GPS et d'un téléphone satellitaire. Nous avons vu de grands gaillards rentrés à bout de force d'un trek de 5 jours : ne vous surestimez pas et demandez conseil aux professionnels.

- **Nous vous conseillons de réserver 5 jours** minimum à une semaine ou plus pour le Darien, afin de profiter des merveilles de la région. Les transports sont longs et des imprévus peuvent survenir.

- **Traverser le Darién pour se rendre en Colombie**, rêve de beaucoup d'aventuriers, est une expédition périlleuse. Si elle a déjà été réalisée à pied et à vélo il y a quelques années, c'était dans un contexte différent. Ce périple est dangereux, illégal et bien plus coûteux qu'un vol direct Panamá-Bogotá. La Senafront ne vous laissera pas passer de toute façon…

- **A moins d'avoir du temps**, de partir en bus et de se limiter aux villages proches de la Panaméricaine, se passer de guide (via une agence ou trouvé sur place) pour des raisons économiques n'est pas vraiment une bonne affaire, surtout en cas de pépin. Le coût du transport en pirogues motorisées plombe de toute façon le budget en raison du prix élevé de l'essence dû aux difficultés d'approvisionnement. L'expérience du guide et ses contacts préalables avec des populations locales permettent d'approcher plus facilement les cultures et les modes de vie traditionnels et de ne pas passer à côté de merveilles naturelles qui ne se dévoilent pas facilement. Enfin, un guide reconnu peut vous éviter de mauvaises rencontres et les tracasseries avec les policiers zélés, jamais ravis de voir débarquer des touristes en solo…

- **Pour ceux qui décideront malgré tout de se rendre seuls dans la région**, les renseignements donnés dans les pages suivantes (ne concernant que des endroits relativement « faciles » d'accès) devront être complétés par des informations plus précises fournies par la police locale, MiAmbiente, Ancón et votre ambassade, plus au fait de l'actualité récente. Nous vous proposons également quelques alternatives pour ceux qui, faute de budget suffisant, devraient renoncer à une escapade dans le Darien.

- **Même si en théorie**, le permis pour se rendre au Darien n'est plus nécessaire, on vous le demandera tout de même dès lors que vous quitterez la panaméricaine (ne cherchez pas à comprendre…). Si vous n'avez pas de guide pour s'occuper des formalités administratives, il est donc vivement conseillé de contacter la police des frontières (SENAFRONT) bien en amont à Panamá Ciudad, avant de se rendre dans la province. Il conviendra d'expliquer le but de votre séjour dans le Darién et les endroits où vous vous rendez : à défaut d'autorisation écrite ou de justificatifs, on ne vous laissera pas passer aux poste de police. Il est important de mentionner chacun des lieux où vous souhaitez vous rendre. N'oubliez pas bien sûr votre passeport. Signalez votre présence à la police dès votre arrivée dans un village (avant qu'elle ne vienne à vous).

- **Ayez toujours un comportement correct**, en particulier vis-à-vis des femmes emberás et wounaans qui peuvent vivre poitrine nue dans leurs villages. Emportez de l'eau en bouteille en quantité suffisante. L'argent aussi est à prendre en liquide (une carte de crédit serait ici sans utilité), en évitant les grosses coupures.

LE LONG DE LA PANAMÉRICAINE

Plusieurs villes bordent la panaméricaine. On entre dans le Darien entre Torti et Santa Fé, à Aguas Frias. Le touriste qui part en solo pourra faire quelques haltes pour se ravitailler et prendre des informations. La route est très bonne et s'arrête brusquement dans le petit village de Yavisa. Ensuite, c'est l'aventure, en pirogue, pour rejoindre le sud du parc du Darien à partir d'El Real et Pirre. A partir de Meteti, les touristes peuvent aussi choisir de se rendre plutôt dans le golfe de San Miguel et de découvrir la région de la Palma ou de Sambu. A cause de la surveillance constante de la Senafront, il est difficile de voyager librement au-delà de la panaméricaine sans guide ou bien sans document justifiant des raisons de votre présence.

BAYANO ★★

La première partie de la panaméricaine reste très urbanisée. A partir de Chepo, peu après l'embranchement pour la route des San Blas, le paysage change. Mais c'est à Bayano qu'on commence à voir les majestueux *cuipos*, ces arbres gigantesques qui s'élèvent vers le ciel. Bayano est le nom d'un lac, d'un barrage et d'une petite ville encore située dans la province de Panama. Depuis le bus, regardez sur la gauche, vous devriez voir les îles posées sur l'étendue d'eau.

Transports

Tous les bus pour Meteti et Yavisa peuvent vous arrêter le long de la panaméricaine. Il faudra ensuite qu'on vienne vous chercher.

Se loger

■ **BAYANO ADVENTURE**
✆ +507 6674 1135
www.bayanoadventure.com
antonio@bayanoadventure.com
Se faire déposer en bus à Cañita puis 20 min en voiture jusqu'au lodge.
Prendre contact avec Antonio pour organiser votre venue.
Hors des sentiers battus, cette auberge rurale et centre d'activités tenu par Antonio Mojica dit Tonio, se trouve dans le beau cadre du lac de Bayano. Chambres simples mais confortables en cabañas à la ferme. L'idéal est de rester au moins deux jours et de participer aux loisirs proposés car le site est isolé.

À voir – À faire

■ **COMMUNAUTÉ EMBERA** ★★
✆ +507 6880 6808
A 2 km de la panaméricaine, vers Ipeti après le lac Bayano.
Contacter Adelaïda pour séjourner dans la communauté.

■ **CUEVAS** ★★
Se faire déposer au pont du village Bayano et demander si quelqu'un peut vous accompagner avec un cayuco jusqu'aux grottes.
Entre 25 et 30 US$.
Visite des grottes et de la rivière souterraine après un trajet en barque d'environ 45 min au milieu d'un mini canyon.

Sports – Détente – Loisirs

Kayak sur le lac, équitation, randonnée à vélo ou pédestre, observation des oiseaux, camping et agritourisme sont possibles avec un peu d'organisation.

Visites guidées

■ **DAVID RIOS** ★★
Vers Bayano Adventures Lodge.
✆ +507 6625 2861
Le prix varie selon la taille du groupe.
David Rios organise des tours sur le lac, aux cavernes, mais aussi des séjours écotouristiques et dans les communautés Emberas comme à Maje Cordillera. Il tient aussi un bar et peut préparer à manger sur demande.

TORTÍ ★

Sur la route, bien avant le barrage policier de l'entrée dans la province, vous pourrez faire une halte à Torti, où le sympathique Andrés vous accueillera avec quelques mots de français à l'hôtel-restaurant Avicar. Son aide vous sera très précieuse si vous partez à l'aventure seul, il a de bons contacts dans la région et pourra vous suggérer des alternatives si vous n'avez pas envie de passer vos vacances à vous justifier devant la police.

Transports

Tous les bus pour Meteti et Yavisa peuvent s'arrêter à Torti.

Se loger

■ HÔTEL-RESTAURANTE AVICAR
✆ +507 6746 0051
www.hotelavicar.com
info@hotelavicar.com
Chambres avec salle de de bains, AC et TV. Simple 38 US$, double 44 US$, triple 55 US$, taxes incluses. Restaurant ouvert tous les jours jusqu'à 21h. Petit déjeuner à 3 US$. Déjeuner et dîner entre 3,50 et 10 US$.
L'hôtel dispose de 10 chambres propres et décorées dans l'esprit tropical, réparties dans deux bâtiments autour des piscines. Le restaurant est ouvert en permanence, bien pratique avec une terrasse sympathique entourée d'espaces verts. On vient surtout à Avicar pour discuter avec le propriétaire Andres. Bienveillant et bien renseigné, il accueille avec fierté les voyageurs de l'international dans son modeste établissement.

À voir – À faire

■ PARQUE NATURAL SAN FRANCISCO ★★
✆ +507 6269 4611 / +507 6748 4181
pablokasu@gmail.com
Sur la droite à 7 km avant Torti en allant vers le Darien, 300 m avant la « capilla inmaculada ». Les petits bus blancs vous arrêteront sur demande.
Entrée : 10 US$. Réservez si vous voulez venir à 6h du matin.
Père Pablo, un religieux américain, expatrié depuis 30 ans, entretient les sentiers de ce bois, où, dit-on, il est possible de voir 162 espèces d'oiseaux en un jour ! Outre la conservation de la forêt primaire et des espèces, il veut protéger l'eau de la communauté Wacuco, une denrée rare dans la région. Il a pour projet de construire un deuxième barrage dans les montagnes de la région. Le sentier principal part à 1 km de la maison, et va jusqu'à un petit lac.

AGUAS FRÍAS

Aguas Frías marque l'entrée dans le Darién. A l'arrivée et à la sortie de la province, les visiteurs doivent présenter leur passeport. Au barrage de police, les membres de Senafront, la police des frontières, vous demanderont le motif de votre visite et le lieu où vous séjournerez. Si vous ne voyagez pas avec une agence et que vous n'avez pas de permis, préparez de bons arguments. Les bus marquent un arrêt et attendent les touristes étrangers.
Vous remarquerez le centre de contrôle sanitaire de la COPEG, organisme panaméo-américain en charge de l'éradication et de la prévention d'une maladie provoquée par la lucilie bouchère, une mouche qui pond ses œufs dans les plaies des animaux à sang chaud (y compris l'homme). Pour éviter la propagation dans le reste du pays de bêtes porteuses de la maladie, la COPEG examine tous les animaux sortant de la province. Puis vous suivrez des pick-up surchargés sur la panaméricaine goudronnée, et peut-être aussi des *areos*, les camions militaires, ou des *grúas*, ces gros tracteurs responsables des ornières sur les pistes.

SANTA FÉ ★

A une vingtaine de kilomètres d'Aguas Frías, un peu à l'écart de la Panaméricaine (3 km), ce petit village permet de rejoindre la communauté wounaan de Boca Lara, réputée pour avoir l'un des artisanats les plus fins du pays. Le poste de police se trouve à l'entrée de Santa Fé. On y trouve également un petit hôpital.

Transports

Mêmes bus que pour Metetí et Yaviza, ils marquent tous un arrêt à Santa Fé.

Pratique

■ ECOTOUR DARIEN
M-5 C-35, Calle Villa Nueva
✆ +507 6736 1607
✆ +507 6510 6838
www.ecotourdarien.com
ecotourdarien@gmail.com
Ecotour Darien dispose de deux agences (Panama et Santa Fé) et organise différentes tours dans le Darien : 2j/3n dans la communauté Boca Lara, 3j/4n dans le parc, 2j/2n à Mogue à la recherche de l'aigle harpie et des excursions à la journée (pas forcément une bonne idée) depuis Panama City. Agence appréciée des Panaméens, tarifs intéressants et personnel adorable.

Se loger

■ HOSPEDAJE ROSMED
Dans la rue principale, au-dessus d'un petit supermarché. Chambre simple ou double avec AC autour de 25 US$.
Propre. En face, Cabañas Evelyn propose dix cabañas individuelles pour 3 personnes, avec salle de bains et TV, entre 20 US$ et 25 US$.

RESTAURANTE MARLEN

Dans la rue principale.
Comida corriente et bière fraîche à prix léger. Vous remarquerez le joli toit de penca et plus particulièrement l'ingéniosité de son armature.

À voir – À faire

CENTRO PASTORAL ★★

✆ +507 6670 8489

Contacter sœur Melinda pour organiser votre venue. Vous pourrez sûrement dormir sur place et vous restaurer. Panneaux solaires, toilettes sèches.
Le centre pastoral de 40 hectares, tenu par trois religieuses, enseigne depuis 30 ans aux communautés locales comment utiliser les ressources de la nature pour faire des savons, des crèmes et de la nourriture dans le respect de l'environnement. Observation des oiseaux et des singes dans la forêt secondaire. Possibilité d'acheter les produits.

BOCA LARA ★★★

Communauté wounaan d'un peu plus de 500 personnes, Boca Lara se trouve au bord des ríos Lara et Sabanas, à moins d'une heure de pirogue de Santa Fé. Elle est également accessible par une piste depuis la Panaméricaine, mais uniquement de fin janvier à avril. Le village est réputé pour son artisanat, la principale source de revenus des familles. Les femmes travaillent des mois pour réaliser des paniers (*canastas*) d'une rare finesse. Les hommes, de leur côté, se consacrent à la sculpture du cocobolo et de la tagua : les animaux de la forêt (félins, grenouilles, serpents...) qu'ils façonnent sont étonnants de vérité et de mouvement. Les prix sont justes, ne marchandez pas, par respect pour ce beau travail.
La plupart des hommes et femmes, enfants comme vieillards, vivent torse nu et arborent de superbes peintures corporelles noires réalisées à base de jagua (voir l'encadré). Les femmes portent de jolies jupes, les *parumas*, aux couleurs vives qui rappellent celles des oiseaux, grenouilles ou papillons de la forêt.
Une forêt qui leur apporte tout : ils y pêchent, chassent et cultivent pour se nourrir, cueillent des plantes médicinales, utilisent les troncs d'arbres pour y creuser des pirogues ou construire leurs maisons... Ces maisons sont bâties de façon traditionnelle : sur pilotis, pour résister aux crues du fleuve ; largement ouvertes, sans offrir d'obstacle aux regards des voisins, pour que l'air circule ; et protégées par de jolis et solides toits de palmes. On y accède en gravissant un escalier sculpté dans un rondin.
L'allée herbeuse ou boueuse qui monte du fleuve et traverse le village en ligne droite rappelle qu'avant d'être un village, Boca de Lara était

Recommandation

Apporter des stylos ou des bonbons ne va pas aider la communauté de Boca Lara (pas plus que les autres communautés d'ailleurs). Gardez votre argent pour acheter de l'artisanat sur place et ainsi valoriser le travail des gens du village.

une piste d'atterrissage de l'armée américaine et une base de radars. Installés en 1942 après l'hécatombe de Pearl Harbor, les radars étaient destinés à prévenir d'une éventuelle attaque japonaise contre le Canal. La base servit ensuite, pendant la guerre froide, de station d'écoute pour la CIA... Mais peu après son arrivée au pouvoir, le général Omar Torrijos imposa aux Américains de quitter les lieux, ces derniers n'ayant rien à faire en dehors de la Zone du canal.
En 1970, les Emberas, qui vivaient isolés en noyaux familiaux élargis et de façon nomade le long du fleuve, se regroupèrent pour que leurs enfants soient scolarisés (pour installer un établissement scolaire il fallait un minimum de cent enfants). L'école a été bâtie dès 1973, l'électricité et le téléphone sont apparus à la fin des années 1990, et une mission américaine y a même implanté un centre informatique qui n'a pas fait long feu... le village vit aujourd'hui entre tradition et modernité mais toujours en harmonie avec la nature.
Sur les conseils du guide Michel Puech, qui s'est engagé à l'aider à commercialiser son artisanat, une magnifique maison a été construite par la communauté pour accueillir ses petits groupes de touristes. Demandez-lui de vous faire le récit de sa rencontre avec les habitants.
Pour vous mettre dans l'ambiance, plongez-vous dans *la Fille de Panamá* et *Tempête sur Panamá*, romans de Jean-Michel Thibault qui s'est en partie inspiré de ce village pour ses descriptions de la jungle et des Indiens.

COMUNIDAD BOCA LARA

✆ +507 6343 7269 / +507 6691 3008 / +507 6702 0434
www.puertolara.com
neldopizario@gmail.com
Un habitant viendra vous chercher à Aguas Frias auprès du poste de Senafront. Compter 40 US$ le trajet si vous n'avez pas votre propre véhicule.
25 US$ la nuit, 3 US$ le petit-déjeuner et 4 US$ le déjeuner et le dîner. Il y a de l'espace pour 8 personnes. Entrée 10 US$, pêche 10 US$, sentier 10 US$. Guide à 40 US$ par jour. Contacter Danita, une jeune femme originaire de Boca Lara pour organiser votre séjour.

« Titula su tierra » pour marquer son territoire

Le gouvernement panaméen semble avoir pris conscience de la dimension catastrophique de la déforestation dans le Darién. Les forêts étaient brûlées pour être transformées en pâturages ou y faire pousser du maïs pendant quelques années avant d'être abandonnées quand elles étaient épuisées ou plus assez rentables (on utilise la cendre comme engrais mais les sols deviennent très vite stériles). On estime que plus de la moitié du pays n'est pas cadastré et cette situation n'arrange pas les choses : les propriétaires, souvent des communautés indigènes, n'ont pas de titre de propriété officiel et les colons ne se gênent pas pour se les accaparer. Pour éviter les conflits et responsabiliser les propriétaires, le gouvernement incite la population à demander des titres fonciers afin de mettre en place un cadastre. Vous verrez peut-être le long des routes, dans le Darién et ailleurs, des panneaux « Titula su tierra ». La titularisation facilite l'obtention de prêts hypothécaires pour financer des projets divers. Cette mise en valeur foncière est un moyen efficace de réguler l'exploitation forestière irréfléchie et d'éviter la recherche du gain immédiat qui pousse à défricher.

Pour découvrir la vie des habitants et partager leur quotidien : sentier au mirador, tatouage au jagua, artisanat, pêche, danses. Jolie *casa cultural* avec un hébergement propre et véritable attention aux touristes durant les repas. Ne pas confondre la communauté Boca Lara avec celle d'El Laurel, créée par l'un des habitants de Boca Lara. Les deux communautés n'entretiennent pas de bonnes relations.

Filo del Tallo.

METETÍ

Metete aquí ! Metetí ! « Mets-toi ici, mets-y toi ! » Poussés par les difficultés économiques, les colons de l'Intérieur sont arrivés en même temps que la route à la recherche de nouveaux pâturages. Rapidement les forêts le long de la *carretera* ont été défrichées pour y faire paître le bétail. Le village s'est construit en quelques années, en forme de T, le long de la Panaméricaine et de la route qui mène à Puerto Quimba. Metetí est une ville étendue et détendue, où l'on trouve à peu près tout ce qui sera difficile de trouver plus loin : stations-service, banque, commerces… Une bonne base avant de partir en trek.

Transports

Bus toutes les 45 minutes depuis le terminal d'Albrook à Panamá de 3h à 16h45, environ 5-6 heures de route, 9 US$. Bus fréquents pour Yaviza à 1 heure 15 de route. Possibilité d'attraper ces bus dans chaque grande ville sur la panaméricaine.

Pratique

MIAMBIENTE
Sur la Panaméricaine, avant le carrefour lorsqu'on vient de Panamá.
✆ +507 299 4485 / +507 299 6540
Si vous envisagez un séjour dans le parc national du Darién, vous devez téléphoner ou passer à MiAmbiente à Meteti pour régler l'entrée au parc, réserver votre hébergement et trouver un guide indépendant si vous n'en avez pas. Attention, à Yaviza, El Real ou Pirre, ce sera trop tard et vous devrez faire demi-tour. MiAmbiente vous expliquera comment effectuer un dépôt dans n'importe quel Banco National.

Tourisme - Culture

■ PANAMA EXOTIC ADVENTURES

✆ +507 6673 5381
www.panamadarien.com
exoavent@cwpanama.net

Les séjours sont de quatre jours minimum. Réservez plusieurs semaines à l'avance. Tarifs variables selon les excursions demandées et le nombre de participants (6 personnes maximum).

Le Franco-Panaméen Michel Puech est le spécialiste du Darién ! Une forte personnalité et une envie de communiquer son amour pour ce pays où il réside depuis les années 1970. Beaucoup de professionnalisme et d'éthique pour des voyages à la carte qui laissent place à l'imprévu mais en toute sécurité. Le Darién est pour lui un magnifique terrain de jeu et de découverte : séjour dans des villages emberás ou wounaans, visite de vieux forts espagnols oubliés, treks de plusieurs jours dans la jungle jusqu'au Pacifique (saison sèche), remontées de fleuves en pirogue jusqu'à un village de chercheurs d'or, kayak au milieu des dauphins... Nuits en hamac, en tente ou dans des maisons traditionnelles indiennes pour vivre le Darién authentique... Quelques spécialités : demi-traversées du Darien de 8 jours de la Palma à Playa de Muerto, excursion pour voir un nid d'aigle harpie avec son petit (résa. minimum 3 mois en avance pour l'organisation), treks de 3-4 jours en suivant les sentiers de la région (jusqu'à 6 heures par jour) et en dormant dans les villages indigènes ou en bivouac. Panama Exotic Adventures monte également la logistique pour de nombreux reportages sur le Darién. *Les Nouveaux Explorateurs*, tourné par Canal Plus, a par exemple permis de faire la cantine de l'école de Puerto Indio et d'éclairer tout le village de Villa Kerecia avec des panneaux solaires. Une agence incontournable si vous souhaitez découvrir le Darién !

Argent

■ BANCO NACIONAL DE PANAMA

En face du poste de police
✆ +507 299 6976

L'une des trois banques du Darién (avec Santa Fé et la Palma). Distributeur.

Santé - Urgences

■ HOPITAL – CENTRO DE SALUD

✆ +507 299 6151

Au début de la rue parallèle à la Panaméricaine et perpendiculaire à la route de Puerto Quimba.

Un nouvel hôpital quelques kilomètres avant Metetí.

Le cuipo, le ceiba du Darién

Le *cuipo* (*Cavanillesia platanifolia*) est l'arbre typique du Darién et l'un des plus majestueux du continent ! Aussi remarquable et grand que le *ceiba*, son tronc peut mesurer 2,5 m de diamètre. Il a un rôle régulateur. Il absorbe l'eau en saison humide et la relâche en saison sèche. Ses fleurs rouges s'épanouissent de mars à mai, c'est en été qu'il perd ses feuilles. La graine centrale du fruit est comestible et se mange toastée.

Adresses utiles

■ **FUNDACION PRO-NIÑOS DE DARIEN** ★★
Calle 1ra. El Carmen, Chalet No. 56
Panamá
✆ +507 264 4333 / +507 299 6825
www.darien.org.pa
padrinos@darien.org.pa
Avant d'arriver à Meteti, demandez au chauffeur de vous arrêter devant.
Cette organisation non gouvernementale a été créée en 1990, par l'évêque Rómulo Emiliani, pour combattre la malnutrition chez les enfants de la province. Son objectif est de fournir tous les jours un petit déjeuner et un déjeuner équilibrés aux écoliers. La fondation tente aussi d'apprendre, aux enfants comme aux parents, les notions de base en matière de nutrition et d'hygiène. Environ 10 000 enfants bénéficient de ce programme à l'échelle de la province. La fondation forme également les pères de famille à la gestion durable de leur production agricole. La ferme-école « agro-écologique » se trouve dans la communauté de Villa Darién, sur la route panaméricaine, à moins de 7 km de Metetí et à 500 m de l'université. La fondation fonctionne surtout grâce aux dons et parrainages. Contactez-les pour en savoir plus sur les possibilités de volontariat.

▸ **Autre adresse :** Metetí : Villa Darién, diagonal a la Universidad Nacional.

■ **SENAFRONT**
A l'entrée du village.
✆ +507 299 6135
✆ +507 6150 4683
Vous pouvez vous renseigner sur la situation en vous rendant à l'office du Senafront pour expliquer votre projet. En théorie, le permis n'est plus requis car il n'y a plus de réel problème de sécurité au Darien. Dans les faits, Senafront vous bloquera très rapidement si vous voulez vous aventurer dans la forêt/ les communautés sans guide.

Se loger

■ **HOSPEDAJE ARUBA**
✆ +507 6344 2388
Chambres doubles entre 25 et 40 US$ avec salle de bain, AC, TV.
Un hôtel économique plutôt central, propre et relativement confortable.

À voir – À faire

■ **FILO DEL TALLO** ★★
Accès depuis la route vers Puerto Quimbá.
Entrée 5 US$, à payer à MiAmbiente.
Pour s'aventurer ici, il est recommandé de prendre un guide notamment à cause des serpents auprès de MiAmbiente à Meteti. La Serranía Filo del Tallo est une réserve hydrologique de 24 722 ha – qui va devenir un parc national, constituée d'une forêt tropicale humide. On y rencontre une grande variété d'animaux et de plantes et des paysages enchanteurs.

YAVIZA ★★

Construite à l'endroit où se rencontrent les fleuves Chico et Chucunaque, cette petite bourgade jeune et vivante, peuplée majoritairement de Noirs et de quelques familles emberás, vit surtout de ses cultures de plantains. La Panaméricaine s'y éteint sans gloire mais les quelques cantinas de Yaviza y assurent jour et nuit une ambiance bruyante qui reste toutefois bon enfant, même quand les caisses de bière Atlas sont vides.
Ne manquez pas d'observer le manège des bateaux qui chargent leurs marchandises avant de s'enfoncer dans les fleuves du Darien. Si vous avez de la chance, vous verrez même les cargaisons de vaches, comme l'illustre le superbe documentaire *les routes de l'Impossible Darien*. Observez la *batcha* toute rouillée : les locaux ont recours à ce type de mini-ferry pour transporter les lourdes charges, comme les voitures. Empruntez le pont qui enjambe le Río Chucunaque pour avoir un bon aperçu de ce confluent du río Chico.

Transports

La route goudronnée arrive en bon état jusqu'à Yaviza, où elle s'interrompt brusquement. Allez faire une photo avec le panneau souvenir.

▸ **Bus toutes les 45 minutes** de 3h à 16h45 dans les deux sens entre Yaviza et

© NICOLAS LHULLIER

Embarcadère de Yaviza.

Panamá, via Metetí. 14 US$. Entre 6 et 8 heures de route selon le bus, les contrôles de la police des frontières et la circulation dans l'agglomération de Panamá. Les derniers minibus pour Meteti partent à 18h, 5 US$.

- **Pour El Real ou Boca de Cupe**, il faut prendre une *lancha* partagée pour que cela revienne moins cher. Renseignez-vous bien sur le dernier passage. La plupart du temps, elle ne part que lorsqu'elle est pleine. Avec une agence, vous aurez une *lancha* privative pour gagner du temps.

Pratique

■ POLICE – SENAFRONT
Au port, à côté de l'arrivée des bus.
✆ +507 299 4090
Vous n'aurez pas à chercher la police, elle viendra à vous à la descente du bus. Si vous n'avez ni guide, ni permis, vous aurez encore le droit d'aller en *lancha* à El Real, mais cela n'a aucun intérêt car vous ne pourrez pas entrer dans le parc à Pirre par la suite...

Se loger

■ DONA LAETICIA
✆ +507 294 4409
Compter 15 ou 18 US$ la chambre double avec SBD partagée et 25 US$ avec Salle de bain privée. Eau froide. Ventilateur ou AC.
L'une des seules options à peu près correctes pour dormir à Yaviza avec le fameux Ya Darien (faire attention à vos affaires tout de même).

Se restaurer

■ CASA INDIRA
À côté de l'hôtel 3 América.
Avenue principale,
✆ +507 6914 8139
Plats locaux autour de 5 US$.
Goûtez les délicieuses *patacones* de Yaviza. La seule intoxication pourrait venir de Direct TV...

Des marcheurs clandestins dans le Darién

Durant le seul été 2016, plus de 4 500 migrants des Caraïbes ont emprunté la jungle du Darién pour rejoindre les Etats-Unis via le Panama. Dans les rues de Meteti, ceux qui ont courageusement traversé le « tampon » redoutent une expulsion vers leur pays d'origine après tant d'efforts. Bien souvent en jean et baskets, avec un simple petit sac à dos, ils ne se doutaient pas de ce qui les attendait lorsqu'ils ont quitté Cuba...Pourquoi un tel engouement pour les Etats-Unis de la part des Cubains ? Tout simplement parce que le Cuban Adjustment Act (un texte de 1966) accorde un permis de résidence permanente à toute personne originaire de l'île et ayant vécu un an aux Etats-Unis après une entrée par voie terrestre. Etant donné que les relations diplomatiques s'améliorent entre les deux pays, d'aucuns ont estimé qu'il était temps de rejoindre au plus vite « l'eldorado ». 43 000 personnes y sont parvenues en 2015, selon le Bureau de douanes et de la protection des frontières étasunien.

Une telle épopée est possible puisque l'entrée en Equateur ne requiert pas de visa – on raconte que Rafaël Correa, le président équatorien, se fait un plaisir de contrarier ainsi les Etats-Unis.

En novembre 2015, le Nicaragua et le Costa Rica ont donc fermé leurs frontières, pour éviter la remontée massive de migrants en situation irrégulière de Cuba, mais également d'Haïti et de pays d'Afrique, comme l'Erythrée. Ils transitaient alors en bus à travers le Panama jusqu'à la frontière du Costa Rica, allié historique des Etats-Unis, et se retrouvaient coincés au niveau de Paso Canoas.

En avril 2016, des migrants étaient entrés de force au Costa Rica. Un transfert aérien avait alors été organisé avec le Mexique, et le Panama avait demandé aux Etats-Unis de modifier sa politique migratoire pour que la situation cesse. En mai 2016, face au mécontentement de la population et à la difficulté de gérer les zones d'affluence en continu, le Panama ferme lui aussi sa frontière avec la Colombie à Puerto Obaldia pour les empêcher de poursuite leur route par la terre. Pourtant, l'immigration clandestine se poursuit. Concrètement, des barques attendent les candidats à l'embarcadère de Turbo, côté colombien, pour les conduire à Capurgana, une ville touristique frontalière. A partir de là, ce sont les trafiquants d'humains qui prennent le relais et promettent aux migrants de leur faire traverser la frontière. Le prix est bien souvent plus élevé qu'initialement prévu (quelques centaines de dollars), quand ils ne sont pas détroussés ou abandonnés en pleine jungle au cours des 8 jours de marche. A défaut de « pont aérien » entre la Colombie et les Etats-Unis, des mesures de « déportation volontaire » ont été mises en place pour éviter aux clandestins de risquer leur vie dans la jungle du Darien et leur faire regagner leur pays d'origine.Un très bel épisode des *Routes de l'impossible* (2015), réalisé avec l'aide de Michel Puech de Panama Exotic Adventures, permet de mieux comprendre l'incroyable parcours de ces migrants du monde entier dans l'enfer vert.

À voir – À faire

Un tour dans Yavisa ne vous prendra guère plus de deux heures, avec une halte aux ruines du fort San Geronimo, la traversée vers l'autre rive et quelques photos au port. Observez aussi les magnifiques tags engagés partout dans le village. Les filles seules ne se sentiront pas à l'aise en soirée, mieux vaut rentrer dormir à Meteti.

GOLFE DE SAN MIGUEL

A partir de Meteti, les touristes choisissent généralement d'aborder le parc par le sud (Yavisa-El Real-Pirre) ou bien par le golfe de San Miguel sur le Pacifique. Dans ce cas, ils se rendent à Puerto Quimba pour prendre la *lancha* qui les mènera à la Palma (environ 30 min), à Sambu (3-4h) et lorsque les conditions météo le permettent, c'est-à-dire rarement, à Garachiné. A partir de là, multiples possibilités de treks exigeants avec guide indispensable.

LA PALMA ★★★

Située à l'embouchure du Río Tuira, la capitale du Darién, moins de 5 000 habitants, a l'allure d'un village avec ses maisons de bois colorées qui grimpent dans la colline. L'atmosphère est décontractée, un peu décalée même, lorsqu'on voit ce bus faire toute la journée l'aller-retour dans la rue principale, alors qu'il faut moins de 10 minutes à pied pour se rendre d'un côté à l'autre de la ville. Le trajet coûte tout de même 0,25 U$ pour quelques centaines de mètres... sans doute le bus le plus cher du pays ! Prenez le temps de flâner dans cette rue qui longe le fleuve, de monter sur les hauteurs admirer le panorama, ou pour les amateurs d'assister à un combat de coqs. La Palma est fréquentée par de nombreux marins, commerçants et pêcheurs de passage, ce qui explique le nombre impressionnant de cantinas, lieux de distraction très courus...

Transports

- **Courant 2016, il n'y avait plus de vols charters** avec Air Panama pour la Palma. Le seul moyen d'y accéder est donc la lancha depuis Puerto Quimba.
- **Pick-up puis navettes fluviales** (taxis marítimos). De Metetí, il est possible de se rendre jusqu'à Puerto Quimba (20 km de route goudronnée) en voiture, bus ou pick-up (au moins 5 allers par jour, 2,50 US$). A Puerto Quimba, on prend une petite embarcation à moteur (panga) pour gagner la Palma. Une demi-heure à vive allure sur le río Iglesias en longeant la mangrove avant de rejoindre, pour un dernier petit tronçon, l'énorme río Tuira. Un départ par heure environ entre 7h30 et 18h30 vers la Palma ; entre 5h30 et 17h vers Puerto Quimba. Ces horaires ne sont pas toujours respectés, les bateaux partant quand ils sont pleins (une dizaine de personnes). Tarif : 4,50 US$ par personne.

Pratique

Tous les services se trouvent dans la rue principale. On trouve des cabines téléphoniques un peu partout notamment dans les locaux de Cable & Wireless. Les portables captent. Le cybercafé fonctionnait lors de notre passage.

BANCO NACIONAL DE PANAMÁ

✆ +507 299 6976

Distributeur.

HOSPITAL LA PALMA

✆ +507 299 6146

Se loger

HOTEL BIAQUIRÚ BAGARA

Au-dessus de Casa Ramady.

✆ +507 299 6224

Chambre simple ou double avec salle de bains : 25 US$ avec AC. Avec salle de bains commune : 15 US$.

L'hôtel le plus recommandable. Des chambres bien décorées et propres au 1er étage de la maison. Agréable terrasse donnant sur le fleuve, avec tables et hamacs. Cloisons un peu minces entre les chambres. Evitez celles côté rue, plus bruyantes : musique et coqs !

Se restaurer

Plusieurs restaurants sans prétention dans la rue principale qui proposent une cuisine panaméenne à des prix très raisonnables.

La Palma, village noir du Darién.

© JULIE OLAGNOL

Habitat traditionnel de Sambu dans le Darién.

LA PAELLA DEL PUEBLO

✆ 507 6841 8676

Ouvert du lundi au vendredi de 6h30 à 15h. Petit déjeuner à 3 US$ et déjeuner à 4 US$. Chambres : 12-18 US$.

En plus de l'hôtel-restaurant, Segundo Sugasti est l'homme à connaître à la Palma pour les voyageurs indépendants. Il vous aidera avec la logistique pour les randonnées dans la jungle : trouver un guide, un cheval, du matériel. Il organise aussi avec sa *lancha* des tours dans le golfe pour voir les forts et les dauphins.

À voir – À faire

Pour vous, la Palma sera sans doute le point de départ pour des expéditions en forêt ou la visite des ruines des forts espagnols du XVIIe siècle dans la baie des dauphins. Il est bon de sentir l'ambiance décontractée de ce village. Vous pouvez pour une jolie vue monter la rue vers le quartier de Loma Coposo (prendre l'avenue centrale vers la gauche quand vous tournez le dos au fleuve). Asseyez-vous pour déguster un soda au petit kiosque dominant la ville. Le sentier continue vers la Puentita, petit village de pêcheurs aux maisons en bois colorées, où se trouve un atelier de réparation de bateaux. Compter 10 minutes de marche.

FORTS DE BOCA GRANDE ET DE BOCA CHICA ★★

L'excursion coûte environ 80 US$ depuis la Palma.

Sur les îles situées au milieu de l'estuaire du río Tuira. On y accède en 20 minutes environ depuis la Palma (assurez-vous de l'état du bateau car les courants sont violents). Dominant le golfe de San Miguel, les ruines des deux forts du XVIIe siècle (San Carlos à Boca Chica et San Lorenzo à Boca Grande) témoignent d'une histoire tumultueuse au cours de laquelle les pirates français, hollandais et anglais ont causé bien des soucis aux Espagnols. Encore très peu connues, les ruines intéresseront les passionnés d'histoire. Une végétation exubérante a envahi le chemin d'accès. Egalement plusieurs plages dans les environs, demandez au capitaine du bateau de vous guider. Vous aurez peut-être la chance de voir des dauphins dans la baie.

RÉSERVE NATURELLE DE PUNTA PATIÑO ★★

✆ + 507 269 9415

www.anconexpeditions.com

info@anconexpeditions.com

Cette réserve naturelle de plus de 30 000 ha, sous la protection de l'association Ancón, accueille les touristes via sa filiale commerciale Ancón Expeditions, qui opère depuis Panamá. Transport jusqu'à la Palma, puis le long du fleuve jusqu'au lodge dans l'enceinte de la réserve naturelle. Dominant le golfe San Miguel, les dix *cabañas*, qui disposent de l'air conditionné et de salles de bains privées, offrent le confort aux portes de la forêt vierge. Des guides naturalistes vous initient à la faune et à la flore de la côte marine et de la forêt primaire, avant de vous emmener dans la communauté emberá qui vit sur les rives du río Mogué, dont l'embouchure se trouve à proximité.

La nuit, des phares...

A côté de l'ancienne piste de l'aéroport se trouvent un poste de police et une banque... Une route longe la piste dépourvue d'éclairage pour l'atterrissage de nuit. Elle a été construite au milieu des années 1980 sous Noriega. L'idée était d'y faire stationner les voitures de police la nuit pendant quelques minutes, phares allumés pour indiquer la piste. Les petits avions en provenance de Colombie (à 12 minutes de vol) pouvaient alors se poser sans difficulté. En un rien de temps, des valises pleines de billets étaient déposées à la banque, sous la protection de la police... les coucous repartaient immédiatement sans être repérés par les radars américains !

A côté, se trouve également Punta Alegre, un village afro-dariénite au nom évocateur, vivant essentiellement de la pêche.

Sports - Détente - Loisirs

COMBATS DE COQS
Plusieurs lieux dans la rue principale pour assister aux combats qui ont lieu les samedis et jours fériés. Ces *peleas de gallos* sont très populaires. De nombreux habitants de la Palma élèvent leurs propres coqs de combat, que vous pourrez apercevoir sur les balcons et terrasses des vieilles bâtisses en bois.

SAMBU ★★

Après Punta Patiño, la lancha poursuit sa route de longues heures sur une mer parfois déchaînée pour atteindre Sambu. Vous serez émerveillé de voir les pêcheurs sur leurs petits chalutiers et les pélicans qui rodent dans l'espoir de trouver du poisson. Sambu est un village peuplée d'afro-descendants tandis que Puerto Indio, juste à côté, est une communauté Emberá- Wounaan.

Transports

La piste d'atterrissage n'est plus utilisée. Il n'est donc pas évident de se rendre à Sambu car il faut compter quasiment une journée aller et idem au retour. Les lundis, mercredis et vendredi, la lancha régulière part de Sambu pour Puerto Quimba à 3h du matin. Retour à 7h de Puerto Quimba à Sambu. Compter 20 US$ pour Puerto Indio et 22 US$ pour Sambu. Le trajet aller en lancha privée coûte 180 US$.

Pratique

L'entrée à la comarca coûte 10 US$, dont vous devrez vous acquitter à Puerto Indio.

Se loger

MI SUEÑO
✆ +507 6902 8327
Chambre double à 15 US$ avec SDB à partager.
Ce charmant hôtel tout en bois avec terrasse commune sur la piste d'atterrissage inusitée, est parfait pour décompresser en buvant des bières au retour d'une longue marche. Accueil moyen mais chambres propres bien que très basiques.

Se restaurer

Pour se restaurer, il faut demander aux habitants et aller manger dans une famille après avoir passé sa commande.

GARACHINÉ ★★

Comme à Sambu, il n'y a plus de transport aérien vers Garachiné. La situation géographique de Garachiné rend l'accostage très difficile en bateau. Une lancha vient donc chercher les provisions au bateau.

Pêche dans le rio Sambú.

PROVINCE DU DARIÉN

PLAYA DE MUERTO ★★

Playa de Muerto est une plage de sable gris sur la côte Pacifique, accessible depuis Garachiné lorsque la météo permet d'aborder (très dangereux). Le mieux est de se lancer dans une demi-traversée du Darien de 8 jours, avec un départ vers la Palma. Cette randonnée, avec un guide uniquement, est très exigeante avant la cerise sur la gâteau : l'arrivée sur la plage au sortir de la jungle, où les Emberas vous attendent à bras ouverts.

PARQUE NACIONAL DARIÉN

Le Parc national Darién couvre toute la zone à partir de la fin de la panaméricaine, à Yavisa, jusqu'à la frontière colombienne. C'est ici que vous pourrez remonter des cours d'eau en pirogue, croiser des embarcations chargées de marchandises et faire de splendides balades guidées dans la jungle. Nous traitons dans cette rubrique les parties sud et est du parc. La partie ouest est traitée dans le golfe de San Miguel.

EL REAL ★★

Village reculé du Darién où l'on accède par voie fluviale en une heure depuis Yaviza. Fondé au XVIIe siècle, comme en témoignent les ruines du fort, El Real est la porte d'entrée du parc national du Darién. C'est aussi le dernier village où vous aurez le droit d'aller sans guide.

Transports

- **Des embarcations** pouvant accueillir une dizaine de passagers relient fréquemment El Real et Yaviza pour 5 US$ par personne. Entre 30 minutes et 1 heure 30 selon la charge et la puissance du moteur. Dernières lanchas retour vers 14 ou 15h. Certaines vont jusqu'au marché et d'autres vous arrêtent à 1 km environ du village vers la police des frontières.
- **Pour Pirre,** il faut prendre une jeep, compter environ 1h.

Pratique

Comme partout, pas de nom de rue lisible, lancez-vous ! *¿Donde queda... la Policía, el Centro de salud ?*

■ **MIAMBIENTE**
✆ +507 299 4511
✆ +507 299 4495
Entrée 5 US$, dortoir 15 US$, camping 6 US$. Entrée du guide 3 US$ et couchage 10 US$. Entrée d'un cheval : 25 US$.
Bureau du parc national, où l'on peut obtenir des conseils par téléphone pour se rendre à Pirre. Vous devrez de toute façon en amont régler l'entrée au parc et l'hébergement à Meteti. Attention, à Yavisa ou El Real, c'est trop tard, demi-tour assuré. Par ailleurs, le parc ne vous fournira pas de guide. Si vous ne passez pas par une agence, vous devrez le trouver par vos propres moyens via le bouche à oreille. Nous en indiquons deux recommandés par la Senafront (espagnol indispensable).

Se loger

■ **SEÑORA SABINA**
Calle Balboa, la rue qui mène à la place
✆ +507 299 6557
30 US$ par pers.
3 chambres avec SDB partagée et AC. Jardin. Le fils de Sabine réfléchissait à ouvrir un petit hôtel également.

Se restaurer

■ **FONDA DOÑA LOLA**
Sur la place
✆ +507 299 6743
Señora Dolores peut vous préparer une comida corriente pour environ 3-4 US$.

Visites guidées

■ **ISAAC PIZARRO** ★★
✆ +507 6245 3606 / +507 6907 8050
✆ +507 299 4495
pizarro.3003@hotmail.com
50 US$ la journée (en plus des autres frais bien sûr).
Ce guide guna, un peu brut de décoffrage, est l'un des guides locaux dont vous entendrez immanquablement parler. Isaac est un passionné des oiseaux endémiques comme l'aigle harpie et propose des randonnées dans le parc Darien, du plus classique, au plus aventureux. Il peut venir vous chercher à Panama Ciudad, vous récupérer à Yavisa ou à El Real où il habite et s'occupera du permis et des modalités de MiAmbiente pour vous. Vous devez parler espagnol pour négocier avec lui mais il connaît un peu l'anglais. Pensez bien à lui demander si vous devez apporter de la nourriture et du matériel spécifique.

PIRRE

★★

Station des gardes de MiAmbiente dans le parc du Darien, située à 14 km au sud d'El Real. C'est l'un des meilleurs endroits au monde pour observer les oiseaux, en pleine forêt primaire. Pour y arriver, il est recommandé de prendre un guide. La plupart du temps, les touristes s'y rendent en taxi. De magnifiques cascades ne sont qu'à un quart d'heure à pied de la station et les randonnées sont nombreuses.

Transports

Compter 35 US$ pour l'aller en jeep jusqu'à Pirre.

Se loger

Hébergement rustique à Rancho Frio (15 US$), à 1h30 de Pirre, mais le site est magique. Pas d'électricité. Prendre de l'eau ou des pastilles de purification, et se méfier des serpents.

À voir – À faire

Une randonnée consiste à grimper jusqu'au Cerro Pirre (1 300 m). Vous trouverez un autre campement à mi-chemin à Rancho Plástico et un au sommet. Pour ceux qui préfèrent les activités culturelles, vous pouvez visiter la communauté de Pijibaisal.

■ PIJIBAISAL

★★★

District de Pinogana, El Real

✆ +507 6907 3716

Accès en pirogue durant la saison des pluies et via Pirre en saison sèche (1h de marche depuis Pirre).

Hébergement 10 US$/pers., 15 US$ pour deux. Petit déjeuner 3,5 US$ et 5 US$ déjeuner et dîner. Guide local 30 ou 35 US$ par jour. Entre 12 et 15 US$ pour les activités sur le camp et 40 ou 50 US$ pour le rafting, la pêche etc. Transports en sus.

La communauté Pijibasal est une communauté autochtone embera, située sur les pentes du Cerro Pirre et bordée par la rivière du même nom. Pijibasal dispose d'une infrastructure touristique pour accueillir les visiteurs : une ferme laitière, une maison de la culture avec toilettes et une cuisine traditionnelle. Ils peuvent aussi profiter d'un guide local pour aller à Cerro Pirre et participer à de nombreuses activités : peintures corporelles, cuisine embara, danses, sentiers.

PARQUE NACIONAL DARIÉN

★★★

Créé en 1980, c'est le plus grand parc national du pays et le deuxième d'Amérique centrale. C'est surtout le plus isolé, et le plus riche de l'Amérique tropicale dans la diversité des écosystèmes. Ses 579 000 ha (le tiers de la province) constituent une zone tampon entre le nord et le sud du continent américain. Le parc longe 80 % de la frontière colombienne et recouvre une part importante du fameux Tampon du Darién (protégé également, côté colombien, par le parc national de Los Katios de 72 000 ha).

Il constitue un territoire de passage et de rencontre pour la faune et la flore de deux sous-continents encore séparés il y a trois millions d'années. Presque exclusivement recouvert d'une forêt tropicale primaire et secondaire, mais aussi d'autres habitats (mangroves, côte rocheuse, plages de sable, forêts semi-sèches...), il n'est pas étonnant que le parc abrite de nombreuses espèces endémiques (5 espèces d'oiseaux, 7 mammifères).

56 espèces en voie de disparition dans le reste du continent sont encore en sécurité ici, notamment le fameux aigle harpie, qui niche souvent au sommet des grands *cuipos*. Le parc figure sur la liste du patrimoine mondial de l'Unesco depuis 1981 et constitue également depuis 1982 une réserve de la biosphère. Ces titres ou labels protègent ce vaste territoire d'une exploitation forestière ou minière incontrôlée, même s'ils n'apportent pas forcément les moyens financiers et humains nécessaires pour le contrôle efficace d'une superficie aussi vaste.

MiAmbiente est chargée de cette protection en collaboration avec l'association Ancón. Mais la meilleure garantie pour cet espace sauvage est sans doute la présence des populations amérindiennes. De par leur mode de vie et leur rapport spirituel avec la Tierra Madre, les Emberá, Wounaan et Guna savent que, sans le respect de cette nature, se nourrir, se loger, se soigner comme ils le font depuis des siècles, sera de plus en plus difficile. Leurs modes de vie et leurs croyances ont évolué (tenue vestimentaire, arrivée de l'électricité, du moteur pour la pirogue, implantation d'églises...), mais leur respect de la nature est resté intact. La responsabilité du maintien de cet équilibre fragile incombe en partie au touriste, dont le comportement devra être respectueux de ces communautés et de leur environnement.

▶ **Accès et hébergement dans le parc.** Le parc est d'accès difficile en solo et les installations d'accueil sont limitées, c'est la raison pour laquelle il est sans doute l'un des moins visités du pays. Une chance pour celui qui décide d'y venir, en particulier pour les ornithologues. Le visiteur doit obtenir une autorisation préalable de MiAmbiente, en contactant les bureaux en amont et en payant la réservation dans une banque à Panama ou Meteti par exemple. N'attendez surtout pas d'être Yavisa ou El Real : ce sera trop tard !

Rio Pavarando.

Vous devrez également prendre un guide sinon la police des frontières ne vous laissera probablement pas passer à El Real ou bien du côté du golfe San Miguel. Pour plus de détails, consultez les rubriques correspondantes.
MiAmbiente a plusieurs lieux d'hébergement pour le touriste. Ancón Expeditions réserve à ses clients l'exclusivité de certains, notamment celui de Cana. L'agence offre différentes formules de cinq à huit jours, qui incluent transport, pension complète et randonnées ornithologiques avec guide spécialisé. Renseignez-vous directement auprès de l'agence à Panamá.

SANTA CRUZ DE CANA ★★

Située au pied du Cerro Pirre (1 615 m d'altitude), Cana est une station scientifique gérée par Ancón. C'est l'un des meilleurs sites au monde pour l'ornithologie. Non loin de la station, la jungle s'est refermée sur une vieille locomotive qui reliait Cana à Boca de Cupe chargée de l'or de la mine del Espíritu Santo, abandonnée au début du XXe siècle. Les petits avions charters n'ont plus le droit d'atterrir ce qui rend la visite de Cana très compliquée, à moins d'avoir un hélicoptère…

BAHIA PIÑA ★★

La « Baie des Ananas » est connue dans le monde entier pour son club de pêche.

THE TROPIC STAR LODGE

635 N. Rio Grande Avenue Orlando,
FL 32805 ✆ 1 800 682 3424
www.tropicstar.com
reservations@tropicstar.com

Pour séjourner dans ce paradis, il faut s'y prendre parfois plus d'un an à l'avance… Et y mettre le prix ! Pour 6 jours de pêche, comptez en haute saison entre 3 400 US$ et 12 950 US$ par personne selon le nombre de personne et la durée du séjour, en pension complète, équipement, le bateau « dernier cri » et un capitaine spécialiste, mais pas le transport en avion, ni les 10 % de taxe. Pour s'y rendre, des vols spéciaux sont organisés par le lodge au départ de Panamá Ciudad.

Situé dans le cadre magnifique de Bahía Piña, le Tropic Star Lodge est un lieu mythique dans le monde de la pêche en eaux profondes : plus de 200 records du monde ont été établis dans les eaux chaudes proches du lodge. L'hébergement est l'un des plus exclusifs du pays. Il comprend 16 suites spacieuses, une piscine, un bar… Nombreuses sont les célébrités et millionnaires qui viennent y passer la semaine, pour se reposer ou tester leurs talents. Mais les vraies stars sont là toute l'année, dans l'océan : marlins noirs, bleus et rayés, espadons voiliers et coryphènes en quantité impressionnante. Mais aussi mérous, poissons coqs, pagres… les dorades de 30 kg et les thons de 120 kg ne sont pas rares.

PENSE FUTÉ

Ambiance caribéenne sur l'île de Bastimentos.

PENSE FUTÉ

ARGENT

Monnaie

La monnaie officielle du Panamá est le balboa (du nom du conquistador qui découvrit l'océan Pacifique) en parité fixe avec le dollar américain depuis 1904. Par commodité, nous avons choisi le signe du dollar (US$) et non celui du balboa (PAB ou B/) comme référence tout au long du guide.Le pays n'émet pas de billets de banque et le papier monnaie utilisé est le dollar américain en coupures de 1, 5, 10 et 20. Les billets de 50 US$ et 100 US$ sont rarement acceptés, sauf dans les grands hôtels, stations-service ou supermarchés (il faut parfois présenter sa pièce d'identité). Il est possible de changer ses gros billets dans les banques de Panamá City.Le Panamá fabrique ses propres pièces de 1, 5, 10, 25, 50 *centavos* et 1 balboa, de même dimension et alliage que les cents américains, à l'exception du balboa et du medio balboa (50 cents). Les cents de balboas ou de dollars sont utilisés sans distinction. Les Panaméens emploient souvent les termes *real*, *cuarra* et *peso* pour qualifier respectivement les pièces de 5, 25 et 50 cents.

Taux de change

- **En octobre 2016,** l'euro valait autour de 1,10 dollar (1 US$ = 0,90 €).

Coût de la vie

La vie au Panamá reste relativement abordable pour les Européens et Nord-américains, même si les prix ont considérablement augmenté ces dernières années. Ce qui pèse le plus lourd dans le budget voyage sont les hôtels, les vols intérieurs et les excursions avec un guide.

Budget

En mangeant local, en voyageant en bus et en se passant d'air conditionné dans sa chambre d'hôtel, on peut vivre pour 25 US$ à 50 US$ par jour. Avec un peu plus de confort ou d'activités, de 50 à 90 US$. Pour le luxe, pas de limite… le change euro/dollar fera varier sensiblement le coût du séjour pour un Européen, tout comme la saison touristique.
A noter que les résidents étrangers, à partir de 55 ans pour les femmes et 60 ans pour

les hommes, bénéficient des mêmes avantages que les retraités panaméens : 25 % de réduction dans les restaurants (hors fast foods) ; 25% dans les transports en avion, 30% dans les bus ou bateau ; 50% dans les hôtels du lundi au jeudi (30% du vendredi au dimanche), etc.

Banques et change

Les banques sont ouvertes du lundi au vendredi de 8h à 15h et le samedi de 9h à midi. On trouve des distributeurs presque partout dans le pays, sauf dans les villages (Portobelo, Cerro Punta, etc.) et les régions isolées, comme à San Blas. Les euros ne sont pas acceptés mais échangeables dans quelques banques de la capitale. Il est presque impossible de changer ou de se procurer des *colones* (monnaie du Costa Rica) ou des pesos colombiens au Panamá. Vous pourrez effectuer du change sur place dans une banque, pour les bureaux de change, sachez que les frais peuvent être multipliés par cinq de l'un à l'autre (ces frais sont souvent déjà inclus dans le taux de change affiché). Préférez donc la carte bancaire. Pour les retraits mais aussi les paiements par carte, le taux de change utilisé pour les opérations s'avère généralement plus intéressant que les taux pratiqués dans les bureaux de change (à ce taux s'ajoutent des frais bancaires, indiqués ci-dessous.)

Carte bancaire

Si vous disposez d'une carte bancaire (Visa, MasterCard, etc.), inutile d'emporter des sommes importantes en espèces. Dans les cas où la carte n'est pas acceptée par le commerçant, rendez-vous simplement à un distributeur automatique de billets.
En cas de perte ou de vol de votre carte à l'étranger, votre banque vous proposera des solutions adéquates pour que vous poursuiviez votre séjour en toute quiétude. Pour cela, pensez à noter avant de partir le numéro d'assistance indiqué au dos de votre carte bancaire ou disponible sur internet. Ce service est accessible 7j/7 et 24h/24. En cas d'opposition, celle-ci est immédiate et confirmée dès lors que vous pouvez fournir votre numéro de carte bancaire. Sinon, l'opposition est enregistrée mais vous devez confirmer l'annulation à votre banque par fax ou lettre recommandée.

Conseils avant départ. Pensez à prévenir votre conseiller bancaire de votre voyage. Il pourra vérifier avec vous la limitation de votre plafond de paiement et de retrait. Si besoin, demandez une autorisation exceptionnelle de relèvement de ce plafond.

Retrait

Les cartes bancaires (Visa, MasterCard...) sont le moyen de paiement le plus adéquat.

Le paiement en espèces est bien sûr possible partout, mais évitez tout de même d'avoir de fortes sommes d'argent sur vous.

Trouver un distributeur. Les distributeurs se multiplient et sont présents dans toutes les villes importantes, parfois dans les villages. Ils fonctionnent généralement 24h/24. Pour connaître le plus proche, des outils de géolocalisation de distributeurs sont à votre disposition. Rendez-vous sur visa.fr/services-en-ligne/trouver-un-distributeur ou sur mastercard.com/fr/particuliers/trouver-distributeur-banque.html.

Utilisation d'un distributeur anglophone. De manière générale, le mode d'utilisation des distributeurs automatiques de billets (« ATM » en anglais) est identique à la France. Si la langue française n'est pas disponible, sélectionnez l'anglais. « Retrait » se dit alors « withdrawal ». Si l'on vous demande de choisir entre retirer d'un « checking account » (compte courant), d'un « credit account » (compte crédit) ou d'un « saving account » (compte épargne), optez pour « checking account ». Entre une opération de débit ou de crédit, sélectionnez « débit ». (Si toutefois vous vous trompez dans ces différentes options, pas d'inquiétude, le seul risque est que la transaction soit refusée). Indiquez le montant (« amount ») souhaité et validez (« enter »). A la question « Would you like a receipt ? », répondez « Yes » et conservez soigneusement votre reçu.

Frais de retrait. L'euro n'étant pas la monnaie du pays, une commission est retenue à chaque retrait. Les frais de retrait varient selon les banques et se composent en général d'un frais fixe d'en moyenne 3 euros et d'une commission entre 2 et 3 % du montant retiré. Certaines banques ont des partenariats avec des banques étrangères ou vous font bénéficier de leur réseau et vous proposent des frais avantageux ou même la gratuité des retraits. Renseignez-vous auprès de votre conseiller bancaire. Notez également que certains distributeurs peuvent appliquer une commission, dans quel cas celle-ci sera mentionnée lors du retrait.

▸ *Cash advance.* Si vous avez atteint votre plafond de retrait ou que votre carte connaît un disfonctionnement, vous pouvez bénéficier d'un *cash advance*. Proposé dans la plupart des grandes banques, ce service permet de retirer du liquide sur simple présentation de votre carte au guichet d'un établissement bancaire, que ce soit le vôtre ou non. On vous demandera souvent une pièce d'identité. En général, le plafond du *cash advance* est identique à celui des retraits, et les deux se cumulent (si votre plafond est fixé à 500 €, vous pouvez retirer 1 000 € : 500 € au distributeur, 500 € en *cash advance*). Quant au coût de l'opération, c'est celui d'un retrait à l'étranger.

Paiement par carte

De façon générale, évitez d'avoir trop d'espèces sur vous. Celles-ci pourraient être perdues ou volées sans recours possible. Préférez payer avec votre carte bancaire quand cela est possible. Les frais sont moindres que pour un retrait à un distributeur et la limite des dépenses permises est souvent plus élevée.
Notez que lors d'un paiement par carte bancaire, il est possible que vous n'ayez pas à indiquer votre code pin. Une signature et éventuellement votre pièce d'identité vous seront néanmoins demandées.

▸ Acceptation de la carte bancaire. Les grands hôtels-restaurants, certaines agences de voyages et de plus en plus de commerces acceptent les cartes bancaires internationales. Dans les autres cas, vous trouverez souvent des distributeurs à proximité.

▸ Frais de paiement par carte. Hors zone Euro, les paiements par carte bancaire sont soumis à des frais bancaires. En fonction des banques, s'appliquent par transaction : un frais fixe entre 0 et 1,20 € par paiement, auquel s'ajoutent de 2 à 3 % du montant payé par carte bancaire. Le coût de l'opération est donc globalement moins élevé que les retraits à l'étranger. Renseignez-vous auprès de votre conseiller bancaire.

Transfert d'argent

Avec ce système, on peut envoyer et recevoir de l'argent de n'importe où dans le monde en quelques minutes. Le principe est simple : un de vos proches se rend dans un point MoneyGram® ou Western Union® (poste, banque, station-service, épicerie...), il donne votre nom et verse une somme à son interlocuteur. De votre côté, vous vous rendez dans un point de la même filiale. Sur simple présentation d'une pièce d'identité avec photo et de la référence du transfert, on vous remettra aussitôt l'argent.

Pourboires, marchandage et taxes

▸ Pourboire. Au restaurant, quand le service n'est pas inclus dans la note, il est d'usage de laisser 10% du montant de l'addition comme pourboire. Il arrive aussi que certaines additions « suggèrent » plusieurs niveaux de pourboire, à vous de laisser ce qui vous semble juste. Aux caisses de certains supermarchés, des jeunes sont embauchés pour ranger les courses de la clientèle dans des sacs plastique. Une petite pièce sera appréciée : généralement ces jeunes sont scolarisés et travaillent quelques heures contre un maigre salaire.

▸ Taxes. Attention : il est fréquent que les prix affichés dans les magasins ne prennent pas en compte la taxe de 7% (ITBM) appliquée à tous les achats (sauf produits alimentaires de base et médicaments). De même, beaucoup d'hôtels n'incluent pas dans leurs tarifs affichés les 10 % de l'impôt touristique.

Duty Free

Puisque votre destination finale est hors de l'Union européenne, vous pouvez bénéficier du Duty Free (achats exonérés de taxes). Attention, si vous faites escale au sein de l'Union européenne, vous en profiterez dans tous les aéroports à l'aller, mais pas au retour. Par exemple, pour un vol aller avec une escale, vous pourrez faire du shopping en Duty Free dans les trois aéroports, mais seulement dans celui de votre lieu de séjour au retour.

BAGAGES

Que mettre dans ses bagages ?

En raison de la chaleur et de l'humidité, prévoyez des vêtements légers et amples qui sèchent facilement. Si vous avez oublié votre maillot de bain ou vos tongs, pas de panique, vous aurez l'embarras du choix à des prix défiant toute concurrence dans les boutiques de l'Avenida Central à Panamá Ciudad ! Mais n'oubliez pas votre petite laine, elle vous sera nécessaire dans les bus climatisés ou lors des soirées en altitude.Nous vous conseillons ensuite de prévoir les objets et accessoires suivants qui faciliteront votre séjour (on peut aussi les acheter sur place) :

▸ Contre le soleil : crème solaire à indice élevé (le soleil est terrible, même pour les peaux qui d'habitude bronzent facilement !), lunettes de soleil. Pour les chapeaux, on en trouve de beaux sur place !

- **Contre les insectes :** utiliser des répulsifs (*repelente*), si possible locaux car ils sont plus efficaces. La moustiquaire n'est pas indispensable si vous ne prévoyez pas de nuit isolée en jungle.
- **Pour les régions humides et la marche en forêt :** bottes en caoutchouc (achat sur place), imperméable, sac étanche pour appareil photo.
- **Pour vos appareils électriques :** adaptateur et transformateur (courant à 110 V et prises à fiche plate).
- **Et enfin pour voyager dans les meilleures conditions :** trousse de premier secours, lampe frontale, sac à viande, tente, couteau, cadenas, boules Quiès®, masque et tuba, jumelles, briquet.

Matériel de voyage

INUKA

www.inuka.com

Ce site vous permet de commander en ligne tous les produits nécessaires à votre voyage, du matériel de survie à celui d'observation en passant par les gourdes ou la nourriture lyophilisée.

TREKKING

trekking.fr/bagage

Trekking propose dans son catalogue tout ce dont le voyageur a besoin : trousses de voyage, ceintures multipoche, sacs à dos, sacoches, étuis... Une mine d'objets de qualité pour voyager futé et dans les meilleures conditions.

DÉCALAGE HORAIRE

- **Fuseau horaire GMT – 5 heures.** Pas de changement d'heure selon la saison au Panamá.
- **Par rapport à la France :** – 7 heures de fin mars à fin octobre. – 6 heures de fin octobre à fin mars (en décembre, quand il est 10h au Panamá, il est 16h en France).
- **Même heure** qu'au Quebec en hiver (– 1 heure en été).
- **Même heure qu'en Colombie,** mais + 1 heure par rapport au Costa Rica et au reste de l'Amérique centrale.

ÉLECTRICITÉ, POIDS ET MESURES

- **Système de voltage.** Courant général de 110 Volts, 60 Hz (parfois du 220 V dans les grands hôtels). Prévoir un transformateur si besoin (votre épilateur 220 V fonctionnera sans transformateur à 110 V mais peut-être pas assez vite...). Attention, les prises sont à fiches plates, il faut donc également un adaptateur (*adaptador*, on en trouve de pas cher sur place dans les quincailleries et supermarchés).
- **Système métrique.** Le système métrique est la mesure légale du pays mais suite à la présence américaine du siècle dernier, on utilise souvent les mesures américaines : 1 mile = 1,6 km ; 1 yard (yd) = 90 cm ; 1 foot (ft) = 30 cm ; 1 inch = 2,54 cm : 1 acre = 0,4 hectare.
- **Pour le poids,** on parle en livres et non en kilos : 1 libra (lb) = 0,45 kg ; 1 ounce (oz) = 28 g. L'unité de volume est le litre ou le gallon américain : 1 US gallon = 3,785 litres.

FORMALITÉS, VISA ET DOUANES

Pour un séjour de moins de 180 jours, le touriste français, belge ou canadien n'a pas besoin de visa. Son passeport ne doit pas expirer dans un délai de six mois après la date d'entrée dans le pays. Les Canadiens devront acheter une carte de tourisme (*tarjeta de turismo*, en arrivant à l'aéroport de Panamá, 5 US$). Les ressortissants des pays européens n'en ont pas besoin.

- **Au-delà de 180 jours**, le touriste français peut demander une extension de son autorisation de séjour auprès de l'Office des Migrations et Naturalisation de la capitale, sur présentation de justificatifs (billet d'avion retour, et/ou ressources suffisantes, et/ou références d'un résident se portant garant). Pour éviter de s'engager dans ces démarches à l'approche de l'expiration du délai « touriste » de 6 mois, il peut être intéressant de passer un ou deux jours au Costa Rica, puis de revenir pour recevoir un nouveau tampon d'entrée et donc d'un délai supplémentaire de 6 mois. Les justificatifs de fonds suffisants sont aussi requis lorsque vous arrivez par une frontière terrestre (Paso Canoas, Guabito/Sixaola, Río Sereno) ou maritime (Colón, Puerto Obaldiá), mais dans ce cas une carte de crédit suffit en général pour calmer la police des frontières.

- **Attention,** vous pouvez rester 180 jours dans le pays sans visa particulier, mais votre permis de conduire international est lui valable 90 jours seulement !

- **Pour ceux qui transiteraient par les Etats-Unis**, n'oubliez pas de remplir l'incontournable formulaire ESTA (https://esta.cbp.dhs.gov), assorti d'une taxe de 14 US$.

Attention aux conditions d'entrées et frais de quarantaine pour vos animaux de compagnies. Contactez à l'avance la section consulaire de l'ambassade du Panama en France qui vous indiquera les différents certificats à fournir (vaccin contre la rage traduit en espagnol, etc.).

Obtention du passeport

Tous les passeports délivrés en France sont désormais biométriques. Ils comportent votre photo, vos empreintes digitales et une puce sécurisée. Pour l'obtenir, rendez-vous en mairie muni d'un timbre fiscal, d'un justificatif de domicile, d'une pièce d'identité et de deux photos d'identité. Le passeport est délivré sous trois semaines environ. Il est valable dix ans. Les enfants doivent disposer d'un passeport personnel (valable cinq ans).

- **Conseil futé.** Avant de partir, pensez à photocopier tous les documents que vous emportez avec vous. Vous emporterez un exemplaire de chaque document et laisserez l'autre à quelqu'un en France. En cas de perte ou de vol, les démarches de renouvellement seront ainsi beaucoup plus simples auprès des autorités consulaires. Vous pouvez également conserver des copies sur le site Internet officiel (mon.service-public.fr). Il vous suffit de créer un compte et de scanner toutes vos pièces d'identité et autres documents importants dans l'espace confidentiel.

Formalités et visa

VSI
2, place des Hauts Tilliers
Gennevilliers
✆ 0 826 46 79 19
www.vsi-visa.com
contact@vsi-visa.com
Spécialiste des visas depuis 1984, Visa Sourire International se charge de l'obtention de votre visa, que ce soit pour tourisme, affaires, travail ou stage. Ils interviennent à votre place, y compris dans l'urgence. VSI, la garantie d'obtenir votre visa dans les meilleurs délais en vous évitant des heures d'attente aux consulats et ambassades. Avec VSI voyagez sans soucis !

Douanes

Autorisés à rapporter en France

- **Alcool.** 4 litres de vin, plus 1 litre d'alcool de plus de 22°, ou 2 litres de moins de 22° (le voyageur doit être âgé de 19 ans au moins). 2 litres de rhum autorisés. Ne dépassez pas la limite car les contrôles des douaniers français sont fréquents à l'arrivée...

- **Tabac.** 200 cigarettes ou 50 cigares ou 250 g de tabac à rouler.

- **Marchandises dans bagages personnels.** Le montant total ne doit pas dépasser 430 US$ (aérien et maritime), 300 € (autres moyens de transports). Pour les moins de 15 ans : 150 €.

- **Nourriture.** Tout aliment industriellement sous vide est autorisé (donc les boîtes de conserves industrielles).

- **Gels et aréosols.** Depuis le 26 septembre 2006, les liquides, gels et aérosols sont de nouveau autorisés dans les bagages cabine. Ces articles doivent être rangés dans un sac plastique transparent refermable, sans dépasser pour chacun 100ml. Le volume total du sac ne devra pas dépasser 1 litre. Les articles achetés en duty free sont, eux, autorisés quelle que soit leur contenance.

Interdits

- **Certaines denrées alimentaires** (viandes, fruits et légumes frais, fromages autres qu'à pâte dure).

- **Les articles dangereux** (couteaux, limes, ciseaux, objets tranchants, allumettes...) sont interdits dans les bagages à main mais autorisés dans les bagages en soute. Depuis 2005, les briquets sont interdits en cabine et en soute.

- **Certains produits pharmaceutiques** sans une ordonnance traduite en anglais.

Chiens et chats

- **Le certificat sanitaire** et le certificat de vaccination à jour sont nécessaires.

- **La vaccination antirabique** doit remonter à plus d'un mois et à moins d'un an.

- **Identification.** L'animal doit être muni d'une marque d'identification claire. Cette identification doit être inscrite dans les certificats. Il n'y a pas de quarantaine (sauf pour les îles).

INFO DOUANE SERVICE (IDS)
✆ 08 11 20 44 44
✆ +33 1 72 40 78 50
www.douane.gouv.fr
ids@douane.finances.gouv.fr

Standard téléphonique accessible du lundi au vendredi de 8h30 à 18h. Le premier numéro est à utiliser en France (Numéro spécial à tarification majorée : 0,06 € / min + prix de l'appel), le second est à utiliser depuis l'étranger. Le service de renseignement des douanes françaises à la disposition des particuliers. Les téléconseillers sont des douaniers qui répondent aux questions générales, qu'il s'agisse des formalités à accomplir à l'occasion d'un voyage, des marchandises que vous pouvez ramener dans vos bagages ou des informations utiles pour monter votre société d'import-export. A noter qu'une application mobile est également disponible sur le site de la douane.

HORAIRES D'OUVERTURE

Les Panaméens utilisent souvent le système américain am/pm. 7am = 7h du matin, 11pm = 23h.La majorité des commerces ouvrent du lundi au samedi de 9h à 18/19h, avec parfois une pause d'une heure à midi. Quelques supermarchés et pharmacies sont ouverts 7j/7, 24h/24. Quant aux restaurants, ils peuvent servir toute la journée (parfois même 24h/24 !). Mais, en règle générale, le petit déjeuner est servi à partir de 7h, le déjeuner entre midi et 15h et le dîner de 19h à 21h ou 22h. Les restaurants locaux ferment souvent tôt dans les villages.

- **Administrations :** en semaine de 8h30/9h à 16/17h.
- **Musées nationaux :** du mardi au samedi de 9h à 16/17h (pas de règle pour les musées privés). Ces horaires peuvent varier selon la localité et ne sont donnés qu'à titre indicatif.

INTERNET

Aucune difficulté pour trouver une connexion Internet dans les grandes villes. Le Panamá est à la pointe dans ce domaine et les cybercafés sont nombreux (à Albrook et autour de Iglesia del Carmen notamment). Compter entre 0,75 et 2 US$ l'heure de connexion. Une connexion wifi est présente dans presque tous les hôtels, restaurants et cafés, et de plus en plus de lieux publics offrent une connexion gratuite.

JOURS FÉRIÉS

- **Jours fériés fixes :** 1er janvier, 9 janvier, 1er mai, 3 et 4 novembre, 10 novembre, 28 novembre, 8 décembre, 25 décembre.
- **Jours fériés mobiles :** carnaval, jeudi et vendredi saints.

LANGUES PARLÉES

La langue officielle est l'espagnol. Les autres langues parlées sont celles des sept ethnies amérindiennes, et le guari-guari, un créole anglo-jamaïcain dans la région de Bocas del Toro. L'anglais est parlé par un grand nombre d'habitants en particulier dans les coins touristiques.

- **Apprendre la langue.** Il existe différents moyens d'apprendre quelques bases de la langue et l'offre pour l'auto-apprentissage peut se faire sur différents supports : CD, DVD, cahiers d'exercices ou même directement sur Internet.

■ **ASSIMIL**
11, rue des Pyramides (1er)
Paris
✆ 01 42 60 40 66 / 01 45 76 87 37
www.assimil.com
marketing@assimil.com
Métro Pyramides (lignes 7 et 14).
Précurseur des méthodes d'auto-apprentissage des langues en France, Assimil reste la référence lorsqu'il s'agit d'apprendre à parler ou écrire une langue étrangère avec une méthodologie qui a fait ses preuves : l'assimilation intuitive.

POLYGLOT

www.polyglot-learn-language.com
Gratuit.
Ce site propose à des personnes désireuses d'apprendre une langue d'entrer en contact avec d'autres dont c'est la langue maternelle. Une manière conviviale de s'initier à la langue et d'échanger.

TELL ME MORE ONLINE

www.tellmemore-online.com
Sur ce site Internet, votre niveau est d'abord évalué et des objectifs sont fixés en conséquence. Ensuite, vous vous plongez parmi les 10 000 exercices et 2 000 heures de cours proposés. Enfin, votre niveau final est certifié selon les principaux tests de langues.

PHOTO

Demandez toujours l'autorisation avant de photographier les gens, en particulier dans les communautés amérindiennes. Si vous ne parlez pas la langue, un signe de tête et un sourire fonctionneront. Au-delà de la politesse, cela vous permettra d'obtenir de meilleurs clichés. A San Blas, chez les Guna, ne soyez pas surpris si on vous demande 1 voire 2 US$ par photo et par personne. C'est une règle à laquelle vous devrez vous plier : elle est apparue suite aux abus de photographes qui ont commercialisé les photos (cartes postales) sans l'accord des personnes concernées.

POSTE

Les bureaux de poste (*correos*) sont ouverts en semaine de 7h à 17h et parfois le samedi. Il n'y a pas de distribution individuelle du courrier, puisque pas de boîtes aux lettres privées. C'est le système de « poste restante » (*entrega general*) qui fait le relais, avec sa collection de petites boîtes numérotées (*apartado*). Les timbres (*sello*) s'achètent à la poste. Pour la France, 0,35 US$ pour une carte postale ou 0,45 US$ avec enveloppe. Compter une quinzaine de jours pour l'acheminement vers et depuis l'Europe.

Les cartes postales futées !

Pour les amoureux de carte postale, en envoyer peut être parfois compliqué voire mission impossible. Trouver la bonne carte, un timbre, mais aussi une boite aux lettres pour éviter de traverser tout l'aéroport en fin de séjour, relève parfois de la gageure. L'astuce c'est d'utiliser l'Application OKIWI depuis votre smartphone. Vous sélectionnez l'une de vos photos sur votre téléphone, vous écrivez votre message puis l'adresse de votre destinataire, seule une connexion wifi est nécessaire. L'avantage, OKIWI imprime votre carte et s'occupe de l'envoyer directement par la Poste à votre correspondant. Voilà au moins vous êtes sur d'envoyer une photo qui vous plaît, et puis surtout qu'elle n'arrive pas deux mois après votre retour. Sur internet www.okiwi-app.com et disponible sur *Appstore* et *Android Market*.

QUAND PARTIR ?

Climat

L'un des avantages de cette destination est que l'on peut s'y rendre toute l'année, en saison sèche ou humide. Tout dépend ensuite de la région que l'on souhaite visiter et des activités que l'on a envie de pratiquer : surf, pêche, plongée, farniente, randonnée, observation des baleines, des tortues, des oiseaux, carnaval…

■ **MÉTÉO CONSULT**
www.meteoconsult.fr
Sur ce site français, vous trouverez les prévisions météorologiques pour le monde entier.

Haute et basse saisons touristiques

▶ **La haute saison touristique** s'étend de novembre jusqu'à début avril, englobant les vacances scolaires d'été panaméennes. C'est alors la saison sèche, avec peu de pluies, du soleil et du vent. La très haute saison a lieu au moment des ponts de novembre pour les fêtes nationales (*fiestas patrias*), la semaine entre Noël et le jour de l'an, le carnaval en février et la semaine sainte. Les tarifs des hôtels augmentent alors sensiblement et il est conseillé de réserver bien à l'avance sa chambre.

▶ **A la saison très basse** (mai-juin) vous trouverez peut-être porte close dans les hôtels et restaurants, beaucoup de patrons d'établissements prennent leurs vacances à ce moment-là, avant l'arrivée des touristes européens en juillet-août.

▶ **Quand y aller** par rapport au climat et à l'affluence touristique ? En haute saison, les plages se remplissent à grande vitesse mais rassurez-vous, les coins tranquilles ne manquent pas ! Pendant cet été panaméen, les journées rallongent légèrement. D'un côté, le soleil facilite les déplacements sur les pistes alors moins boueuses (rassurez-vous, les routes sont globalement très bonnes au Panama), de l'autre, le vent rend parfois difficile les déplacements maritimes en petites embarcations. A partir du mois d'avril, les endroits les plus touristiques sont moins fréquentés. Les plu es sont fortes mais elles ne durent que quelques heures. Elles créent une atmosphère particulière, avec des paysages encore plus verdoyants, de magnifiques ciels couleur d'encre et des coups de tonnerre impressionnants !

SANTÉ

Les conditions sanitaires sont satisfaisantes au Panamá. Avant de partir, il n'est jamais superflu de faire une visite de contrôle chez le médecin et un bilan dentaire. Il serait trop bête de se trouver bloqué par une rage de dents ou d'être obligé de rentrer plus tôt que prévu pour une petite maladie.

▶ **Eau.** Si l'eau du robinet est potable à Panamá City, elle ne l'est pas partout dans le reste du pays. Il est recommandé de ne pas boire au robinet. Evitez de consommer des glaçons, ainsi que les glaces et sorbets achetés dans la rue. Il n'est pas toujours facile de savoir si l'eau a été purifiée ou non. Vous pouvez purifier votre eau avec des comprimés désinfectants (Aquatabs®, Drinkwell Chlore®, Micropur®) que vous aurez eu soin d'emporter. Mais attention, les différents désinfectants ne protègent pas contre tous les microbes transmis par l'eau à moins que celle-ci ait été filtrée au préalable. Mieux vaut donc être vacciné contre les maladies transmises de cette manière.

Le virus Zika

Depuis 2015, le sous-continent sud-américain est en état d'alerte face à l'épidémie du virus Zika. Transmis par les moustiques infectés et vraisemblablement arrivé au Brésil lors de la Coupe du monde de Football 2014, ce virus aux symptômes grippaux serait la cause de milliers de cas de microcéphalie du fœtus chez les femmes enceintes infectées. Le Panama est également concerné. Les symptômes de la maladie sont identiques à ceux observés dans les cas de dengue et de chikungunya : fièvre, maux de tête, douleurs articulaires, éruptions cutanées. Si vous êtes enceinte que vous avez un projet de grossesse, il est préférable de repousser votre voyage ou a minima de consulter un médecin pour être informée sur les complications pouvant survenir lors d'une infection par le virus Zika. Si vous ne pouvez pas différer votre voyage, il convient de suivre scrupuleusement les mesures habituelles de protection, y compris de nuit. A tous, il est vivement recommandé de consulter un médecin en cas de fièvre pendant le voyage ou dans les semaines qui suivent le retour en France.

Hygiène alimentaire. Les cas les plus courants sont les troubles intestinaux. Le fait de changer de régime alimentaire est déjà source de perturbations, mais lorsque s'ajoute à cela une nourriture préparée dans des conditions d'hygiène pas nécessairement en phase avec les normes auxquelles nous sommes habitués, cela se traduit la plupart du temps par de fortes diarrhées, également connues sous le nom de turista. Pour l'éviter, attention aux fruits déjà pelés (pas de problème pour ceux que vous pelez vous-même) et aux mets crus. Aussi, faites attention à ne pas manger des fruits ou légumes qui auraient été lavés avec de l'eau non bouillie. Et lavez-vous les mains régulièrement. La source de tous ces maux est également un remède à ceux-ci. En effet, si les diarrhées sont plus désagréables que dangereuses, il faut savoir qu'elles ont pour effet de déshydrater. C'est pourquoi il faut penser à boire beaucoup d'eau purifiée lorsqu'on est atteint de ce genre de troubles intestinaux.

Mer et plages. Les plages ne sont pas toutes autorisées à la baignade. Renseignez-vous. Les courants sont parfois dangereux et il faut donc être prudent : ne vous baignez pas seul, trop loin de la côte, ou après un repas trop copieux (de surcroît bien arrosé). Evitez de plonger soudainement dans l'eau après une exposition prolongée au soleil : pénétrez dans l'eau progressivement. Méfiez-vous des oursins, coraux, raies et méduses.

Piqûres et morsures. Le paludisme (malaria en anglais) est très rare au Panamá. Cela ne dispense tout de même pas de se protéger des piqûres de moustiques par le port de vêtements à manches longues (au mieux imprégnés par un insecticide), l'application de répulsifs sur la peau découverte (Biovectrol, etc.) et l'utilisation d'insecticides dans la chambre (tortillons chinois, diffuseurs électriques) et d'une moustiquaire (Moustiquaire Premium, etc.). Ces mesures permettent d'éviter d'autres maladies transmises par les piqûres d'insectes comme la dengue ou la leishmaniose. En cas de séjour en forêt, la moustiquaire, au mieux imprégnée d'insecticide, est indispensable.

Soleil. Attention aux brûlures dues au soleil. Il faut se montrer prudent et éviter les expositions trop longues. Utilisez des écrans solaires efficaces et n'hésitez pas à vous couvrir avec des vêtements en toile légère et des chapeaux à larges bords. Les enfants à peau claire sont particulièrement vulnérables. A signaler : le vent est trompeur et les nuages ne filtrent pas forcément les UV, on ressent la chaleur du coup de soleil sur la peau alors qu'il est déjà trop tard. L'excès d'exposition solaire est dangereux pour la peau. A court terme, les coups de soleil et autres allergies solaires ne sont pas si graves, mais à long terme les rayonnements UV provoquent un vieillissement accéléré de la peau avec certaines conséquences : cancer de la peau, au pire, mais à coup sûr perte d'élasticité de la peau (vieillissement irréversible). L'idéal est de ne pas s'exposer trop longtemps, chaque jour. A défaut, utilisez des « écrans solaires » ayant un degré de protection suffisant, mais aussi des châles, écharpes, chemises flottantes et chapeaux à larges bords. Evitez les heures les plus chaudes, en milieu de journée. Tenez compte de votre « capital soleil » c'est-à-dire de votre capacité génétique à réparer les dégradations de l'épiderme. Cette vulnérabilité n'est pas la même si on compare une peau rousse (très sensible) à une peau mate ou noire (qui réagit au mieux en prenant une teinte plus foncée faisant office d'écran).

Conseils

Pour recevoir des conseils avant votre voyage, n'hésitez pas à consulter votre médecin. Vous pouvez aussi vous adresser à la société de médecine des voyages du centre médical de l'Institut Pasteur au ✆ 01 45 68 80 88 (www.pasteur.fr/fr/sante/centre-medical) ou vous rendre sur le site du Cimed (www.cimed.org), du ministère des Affaires étrangères à la rubrique « Conseils aux voyageurs » (www.diplomatie.gouv.fr/voyageurs) ou de l'Institut national de veille sanitaire (www.invs.sante.fr).

En cas de maladie ou de problème grave durant votre voyage, consultez rapidement un pharmacien puis un médecin.

GLOBE-DOCTEUR
www.globe-docteur.com
Globe-Docteur est un service qui permet d'entrer en contact avec un médecin, afin d'obtenir des conseils et avis dans le domaine de la santé. En se connectant au site, chacun pourra lancer une conversation par messagerie avec un docteur afin de lui poser les questions de son choix. Les membres pourront également prendre rendez-vous avec le médecin de leur choix. Le RDV se déroule soit par téléphone, soit par visio-conférence sécurisée. Globe-Docteur permet ainsi d'obtenir rapidement des réponses précises issues de professionnels de la santé, qui ont tous une expérience de plusieurs dizaines d'années.

Maladies et vaccins

Si aucun vaccin n'est requis pour entrer sur le territoire panaméen, il est vivement recommandé de se faire vacciner contre certaines maladies comme les hépatites A et B. Pour les enfants, tous les vaccins à réaliser en France doivent ainsi l'être avant le départ. A noter : les autorités exigent un certificat de vaccination antiamarile (fièvre jaune) pour tous les voyageurs originaires ou en provenance de zones infectées (Amérique du Sud). Tous les pays limitrophes sont astreints à cette formalité. Un justificatif original peut vous être demandé.

Dengue

Ce virus assez courant dans les pays tropicaux est transmis par les moustiques Aedes aegypti, le même vecteur du virus Zika et de la chikungunya. La dengue se traduit par un syndrome grippal (fièvre, maux de tête, fortes douleurs articulaires et musculaires). Il n'existe pas de traitement préventif. Ne prenez jamais d'aspirine. Cette maladie pouvant être mortelle, il est fortement recommandé de consulter un médecin en cas de fièvre et de boire de l'eau régulièrement.

Fièvre jaune

La fièvre jaune est une maladie virale, transmise à l'homme par les moustiques. Elle est surtout présente dans les régions tropicales. Après une semaine d'incubation, la maladie provoque fièvres, frissons et maux de tête. Pour les cas les plus graves, après plusieurs jours apparaît un syndrome hémorragique caractérisé par des vomissements de sang noirâtre, un ictère et des troubles rénaux. Il n'existe aucun traitement spécifique pour soigner la fièvre jaune, si ce n'est le repos au lit accompagné de médicaments permettant de lutter contre les symptômes.

L'usine à mouches !

La lucilie bouchère (Chrysomyie de Bezzi ou *Gusano barrenador del ganado* en espagnol) est une grosse mouche qui pond ses œufs par centaines dans les plaies des animaux. Les œufs une fois éclos se transforment en larves qui pénètrent dans la chair. Les larves sont tellement nombreuses que l'animal finit par mourir des infections bactériennes. La maladie, qui s'attaque surtout au bétail mais aussi à l'homme, cause d'énormes dégâts à travers le monde.

Une seule méthode s'avère efficace pour lutter contre ce fléau : des usines un peu spéciales élèvent des millions de larves de la lucilie bouchère dans une mixture indescriptible, avant d'irradier les mâles pendant quelques minutes pour les rendre stériles. On les place ensuite en chambre froide avant de les charger dans des avions. Les mouches sont ensuite lâchées dans les airs au-dessus des forêts, là où les mouches sauvages vivent. Enfin libres, les mâles stériles entrent en concurrence avec les autres mâles pour s'accoupler avec les femelles. Les femelles qui copulent avec les mâles de laboratoire ne produisent pas d'œufs... la capacité de reproduction de l'espèce est ainsi graduellement réduite pour peut-être un jour être éradiquée complètement.

La technique du « lâcher de mouches mâles stériles », qui existe depuis une trentaine d'années, a fait ses preuves, même s'il y aurait eu, de sources non officielles, quelques dérapages... comme un lâcher de mouches « fertiles » après qu'un irradiateur soit tombé en panne ! la COPEG (www.copeg.org), qui importait jusque-là les mouches du Mexique, a inauguré en 2006 une usine de production de mouches stériles près de Pacora. Sa capacité de production est de 100 millions de mouches par semaine !

Hépatite A

Pour l'hépatite A, l'existence d'une immunité antérieure rend la vaccination inutile. Elle est fréquente lorsque vous avez des antécédents de jaunisse, de séjour prolongé à l'étranger ou êtes âgé de plus de 45 ans. L'hépatite A est le plus souvent bénigne mais elle peut se révéler grave, notamment au-delà de 45 ans et en cas de maladie hépatique préexistante. Elle s'attrape par l'eau ou les aliments mal lavés. Si vous êtes porteur d'une maladie du foie, la vaccination contre l'hépatite A est hautement recommandée avant tout type de voyage où l'hygiène est précaire. Elle doit être effectuée en deux fois mais la première injection, un mois avant le départ, suffit à assurer une protection pour un voyage de courte durée. La deuxième (six mois à un an plus tard) renforce la durée de l'immunité pour des dizaines d'années.

Hépatite B

L'hépatite B est plus grave que l'hépatite A. Elle se contracte lors de rapports sexuels ou par le sang. Le vaccin contre l'hépatite B est à faire en deux fois à un mois d'intervalle (mais il existe des vaccinations accélérées en un mois pour les voyageurs pressés), puis un rappel six mois plus tard pour renforcer la durée de la protection.

Leptospirose

La leptospirose est une maladie bactérienne transmissible de l'animal à l'homme. Ses principaux réservoirs sont les eaux douces stagnantes et les rongeurs. Après une à deux semaines d'incubation, des symptômes peu spécifiques apparaissent : fièvre, frissons, douleurs musculaires, articulaires et maux de tête. Bien que souvent bénigne chez l'homme, la maladie peut conduire à l'insuffisance rénale, voire à la mort dans 5 à 20 % des cas. Evitez la baignade en eau douce.

Maladie de Chagas

La phase aiguë de cette maladie parasitaire se traduit par des conjonctivites ou des œdèmes périorbitaires. Après plusieurs années, la phase chronique de la maladie intervient en attaquant le système nerveux, le tube digestif et le cœur. Il n'existe pas de vaccin contre la maladie de Chagas, mais un traitement efficace peut être pris pendant la phase aiguë.

Paludisme

Le paludisme n'est présent que dans certaines régions isolées et très peu touristiques. Inutile donc de prendre des cachets si vous suivez un circuit classique : leurs effets secondaires peuvent vous gâcher le voyage. Si vous envisagez une expédition hors des sentiers battus au milieu de la jungle, consultez votre médecin pour prendre connaissance d'un éventuel traitement préventif adapté. Le plus simple est de réduire les risques de contraction du paludisme en évitant les piqûres de moustiques (répulsif et vêtements couvrants). Entre le coucher et le lever du soleil, près des points d'eau stagnante et des espaces ombragés, les risques de se faire piquer sont les plus élevés.

Rage

La rage est encore présente dans le pays. Il faut donc éviter tout contact avec les chiens, les chats et autres mammifères pouvant être porteurs du virus. L'apparition des premiers symptômes (phobie de l'air et de l'eau) varie entre 30 et 45 jours après la morsure. Une fois ces symptômes constatés, le décès intervient en quelques jours, dans 100 % des cas. En cas de doute, suite à une morsure, il faut donc absolument consulter un médecin, qui vous administrera un vaccin antirabique associé à un traitement adapté. Le vaccin préventif ne dispense pas du traitement curatif en cas de morsure.

Typhoïde

La fièvre typhoïde est une infection bactérienne qui se traduit par de fortes fièvres, une diarrhée fébrile et des troubles de la conscience. Les formes les plus graves peuvent engendrer des complications digestives, neurologiques ou cardiaques. La période d'incubation de la maladie varie entre dix et quinze jours. La contamination se fait par les selles ou la salive, de manière directe (contact avec une personne malade ou un porteur sain) ou indirecte (ingestion d'aliments contaminés : crudités, fruits de mer, eau et glaçons). Le vaccin, actif au bout de deux à trois semaines, vous protège pour trois ans. En cas de contamination et de non-vaccination préventive, un traitement par les fluoroquinolones sera préconisé.

Centres de vaccination

Pour plus d'informations, vous pouvez consulter le site Internet du ministère de la Santé (www.sante.gouv.fr) pour connaître les centres de vaccination proches de chez vous.

CENTRE DE VACCINATION AIR FRANCE
38, quai de Jemmapes (10e)
Paris
✆ 01 43 17 22 00 / 0 892 68 63 64
✆ 01 48 64 98 03
Ouvert du lundi au vendredi de 8h45 à 18h. Nocturne le jeudi jusqu'à 20h. Le samedi de 8h45 à 16h. Fermeture les dimanches et jours fériés uniquement. Rendez-vous possible en semaine entre 9h et 17h.
Centre de vaccination ouvert à tous.

Autre adresse : 3, place Londres Bâtiment Uranus 95703 Roissy Charles de Gaulle.

■ **INSTITUT PASTEUR**
209, rue de Vaugirard (15e)
Paris
✆ 08 90 71 08 11 / 03 20 87 78 00
www.pasteur.fr
Sur le site Internet, vous pouvez consulter la liste des vaccins obligatoires pays par pays.
L'Institut Pasteur, créé en 1888 par Louis Pasteur, est une fondation privée à but non lucratif dont la mission est de contribuer à la prévention et au traitement des maladies, en priorité infectieuses, par la recherche, l'enseignement, et des actions de santé publique. Tout en restant fidèle à l'esprit humaniste de son fondateur Louis Pasteur, le centre de recherche biomédicale s'est toujours situé à l'avant-garde de la science, et a été à la source de plusieurs disciplines majeures : berceau de la microbiologie, il a aussi contribué à poser les bases de l'immunologie et de la biologie moléculaire. Le réseau des Instituts Pasteur, situé sur les 5 continents et fort de 8 500 collaborateurs, fait de cette institution une structure unique au monde.

Autre adresse : 1, rue du Professeur Calmette 59019 Lille.

En cas de maladie

Un réflexe : contacter le consulat de France. Il se chargera de vous aider, de vous accompagner et vous fournira la liste des médecins francophones. En cas de problème grave, c'est aussi lui qui prévient la famille et qui décide du rapatriement. Pour connaître les urgences et établissements aux standards internationaux : consulter les sites www.cimed.org – www. diplomatie.gouv.fr et www.pasteur.fr

Assistancerapatriement-Assistancemédicale

Si vous possédez une carte bancaire Visa® et MasterCard®, vous bénéficiez automatiquement d'une assurance médicale et d'une assistance rapatriement sanitaire valables pour tout déplacement à l'étranger de moins de 90 jours (le paiement de votre voyage avec la carte n'est pas nécessaire pour être couvert, la simple détention d'une carte valide vous assure une couverture). Renseignez-vous auprès de votre banque et vérifiez attentivement le montant global de la couverture et des franchises ainsi que les conditions de prise en charge et les clauses d'exclusion. Si vous n'êtes pas couvert par l'une de ces cartes, n'oubliez surtout pas de souscrire une assistance médicale avant de partir.

■ **PORTAIL DU SERVICE PUBLIC DE LA SÉCURITÉ SOCIALE**
www.securite-sociale.fr
En dehors des informations générales du site principal, vous trouverez davantage d'informations sur l'assistance médicale à l'étranger sur le site du Centre des Liaisons Européennes et Internationales de la Sécurité Sociale (Cleiss). Pour les voyages dans la communauté européenne (ou via cette dernière), n'oubliez pas de demander votre carte européenne d'assurance maladie avant votre départ.

Trousse à pharmacie

Bien que les médicaments communs soient accessibles dans les pharmacies locales, il est important de bien vérifier la provenance de ceux-ci. Des lots distribués par la Securité sociale panaméenne ont en effet été contaminés il y a quelques années. Privilégiez les médicaments certifiés par les grands groupes pharmaceutiques. Dans tous les cas, les médicaments vendus en dehors des officines sont à proscrire. Mieux vaut donc préparer sa pharmacie avant le départ. La trousse du parfait petit voyageur devra au minimum se composer de :

- **Paracétamol** type Doliprane® pour les maux de tête et fièvre. Dans ces régions du monde, évitez de consommer de l'aspirine qui, en cas d'infection par la dengue, risquerait de provoquer une fièvre hémorragique mortelle. Evitez aussi les comprimés effervescents, il peut être compliqué de trouver un verre d'eau.
- **Un antidiarrhéique** tel qu'Imodium® (les comprimés se prennent après chaque selle).
- **Un désinfectant intestinal** tel qu'Ercéfuryl® (comprimés à prendre matin, midi et soir, pendant cinq jours : n'arrêtez surtout pas le traitement dès que ça commence à aller un peu mieux, au risque que les troubles gastriques reprennent de plus belle !).
- **Un antiseptique cutané,** une pommade antimoustiques de type Insect'Ecran® (« pas de piqûres, pas de palu ! »).
- **Une protection solaire** pour lèvres et peau et des crèmes pour soigner brûlures et coups de soleil, telles que Madécassol® ou Biafine®.

Hôpitaux - Cliniques - Pharmacies

■ **CENTRO MEDICO PAITILLA**
Ave. Balboa y C/53
CIUDAD DE PANAMÁ ✆ +507 265 8800
Voir page 131

CLÍNICA HOSPITAL SAN FERNANDO
Las Sabanas
Vía España, vers le Parque Omar
CIUDAD DE PANAMÁ
✆ +507 305 6300
Voir page 131.

HÔPITAL
Derrière l'église, Centro de Salud
EL VALLE
✆ +507 983 6112

HOPITAL MANUEL A. GUERRERO
Paseo Gorgas y C/11
COLON
✆ +507 475 2211

HOSPITAL GENERAL CECILIO CASTILLERO
Ave. Carmelo Spadafora
CHITRÉ
✆ +507 996 4410

JESUS NAZAREÑO CLINICA HOSPITAL
À côté de Galerias
Vía Interamericana,
SANTIAGO
✆ +507 998 1581
Urgences 24h/24.

Urgences

Si vous avez un gros pépin, tournez-vous vers les hôpitaux et cliniques privés qui disposent d'un matériel moderne et de bons spécialistes. Les soins y sont souvent plus onéreux qu'en France mais vous y serez bien soignés (gardez vos ordonnances et factures pour d'éventuels remboursements une fois rentrés). En raison du manque de moyens, les hôpitaux publics sont en général moins sûrs.En province, on trouve dans presque toutes les villes au moins un centre de santé (*centro de salud*). Les pharmacies sont nombreuses et souvent ouvertes 24h/24.

AMBULANCES
CIUDAD DE PANAMÁ
✆ 911 / +507 225 6049
✆ +507 269 0222

POLICE
CIUDAD DE PANAMÁ
✆ 104

POMPIERS (BOMBEROS)
CIUDAD DE PANAMÁ
✆ 103

SÉCURITÉ ET ACCESSIBILITÉ

Dangers potentiels et conseils

Le Panamá est un pays sûr, sans doute le plus sûr d'Amérique centrale. Mais comme partout, le touriste peut représenter une cible privilégiée et il convient de respecter quelques règles élémentaires : ne provoquez pas le voleur potentiel (collier de diamant ou appareil photo reflex autour du cou dans des quartiers populaires, portefeuille dans la poche arrière du pantalon, sac à dos laissé sans surveillance sur une plage déserte, etc.) et méfiez-vous des pickpockets dans la foule (prudence dans les terminaux de bus, les marchés, ou pendant le carnaval !). Il est conseillé d'utiliser des ceintures portefeuille ou autres accessoires bien pratiques pour dissimuler ses devises, mais ayez toujours un peu d'argent liquide à sacrifier en cas d'agression, heureusement très rares.S'il y a un coffre dans votre hôtel, laissez-y votre passeport et n'emportez que la photocopie (avec le tampon d'entrée sur le territoire, les policiers zélés vous le demanderont !). Petite astuce, avant de partir en voyage, scannez vos papiers officiels et enregistrez-les en pièce jointe dans un e-mail. En cas de perte ou de vol, vous pourrez les imprimer dans n'importe quel cybercafé, ce qui facilitera les démarches auprès de l'ambassade. Attention, même si la très grande majorité des chauffeurs de taxis sont honnêtes, quelques personnes nous ont rapporté la fuite de taxis avec les bagages au moment où les passagers étaient en train de monter ou descendre du véhicule (gardez toujours vos affaires de valeur avec vous et ne prenez que les taxis officiels). De même, certaines zones et quartiers sont à éviter car sensibles ou difficiles d'accès. Il est tout d'abord fortement déconseillé de se rendre seul dans la zone frontalière entre le Panamá et la Colombie (on ne vous laissera de toute façon pas passer sans une autorisation de la Senafront, la police des frontières). Dans la capitale, le quartier moderne jouit d'une bonne réputation. Dans le quartier touristique de San Felipe (Casco Antiguo), la sécurité s'est fortement améliorée ces dernières années grâce à la mise en place d'une police du tourisme dissuasive.

Dans les quartiers populaires, écoutez les conseils des locaux qui le plus souvent vous mettent spontanément en garde. Evitez, de jour comme de nuit, les quartiers du Chorillo, Currundú et San Miguelito. La ville de Colón dans son ensemble, exceptée la Zone libre, est dangereuse. Rassurez-vous, le reste du pays est totalement tranquille et vous y flânerez en toute sécurité.

Autres recommandations. Il convient d'être prudent en forêt ou en montagne (se fouler une cheville, se faire piquer ou mordre…) et il est donc conseillé d'avoir recours aux services d'un guide officiel, d'autant que les sentiers ne sont en général pas balisés (rien à voir avec nos PR ou GR). A la plage, attention aux courants, vagues puissantes, insolations, piqûres de raies… Attention aussi à la circulation sur la route, surtout sous la pluie.

Consommation de drogue. Les peines pour commerce, usage ou possession de drogues douces ou dures sont très sévères au Panamá. Vous risquez de lourdes amendes (même pour de petites quantités) et/ou de 8 à 20 ans de prison dans des établissements loin des normes européennes.
Pour connaître les dernières informations sur la sécurité sur place, consultez la rubrique « Conseils aux voyageurs » du site du ministère des Affaires étrangères : www.diplomatie.gouv.fr/voyageurs. Sachez cependant que le site dresse une liste exhaustive des dangers potentiels et que cela donne parfois une image un peu alarmiste de la situation réelle du pays.

Femme seule en voyage

Pas de problème particulier, si ce n'est qu'une touriste (même accompagnée) aura de grandes « chances » de se faire klaxonner et draguer surtout si elle est blanche et blonde. Les Panaméens ont le sang chaud mais restent le plus souvent très corrects. Certains lieux uniquement fréquentés par les hommes, comme les *cantinas* (bars) par exemple, ne sont pas recommandés pour une femme, même accompagnée. Il n'est pas recommandé non plus de se promener seule en pleine nature.

Voyager avec des enfants

Voyager avec des enfants ne pose aucun souci au Panamá et ils seront très bien reçus notamment dans les hôtels fréquentés par les locaux car les Panaméens voyagent toujours en famille. Il convient d'être prudent cependant en particulier dans la forêt (serpents…) ou sur les plages (courants). Dans les communautés amérindiennes, le contact sera instantané avec les enfants, et ce sera une expérience inoubliable.

Voyageur handicapé

Si vous présentez un handicap physique ou mental ou que vous partez en vacances avec une personne dans cette situation, différents organismes et associations s'adressent à vous.

ACTIS VOYAGES

www.actis-voyages.com
actis-voyages@orange.fr
Voyages adaptés pour le public sourd et malentendant.

ADAPTOURS

Le Bourg
2, rue de Vitrezay
Saint-Bonnet-sur-Gironde
✆ 05 46 48 18 87 / 06 84 54 02 4
www.adaptours.fr – info@adaptours.fr
Adaptours est un tour-opérateur qui conçoit, organise et distribue des voyages adaptés aux personnes à mobilité réduite.

AILLEURS ET AUTREMENT

www.ailleursetautrement.fr
contact@ailleursetautrement.fr
Pour des personnes souffrant de handicap physique et/ou mental.

ASSOCIATION DES PARALYSÉS DE FRANCE

www.apf.asso.fr
Informations, conseils et propositions de séjours, en partenariat avec Événements et Voyages.

■ **ÉVÉNEMENTS ET VOYAGES**
47, chemin des Barbières
Chasse-sur-Rhône
✆ 04 72 49 72 41
www.evenements-et-voyages.com
info@eevoyages.com
Sports mécaniques, sports collectifs, festivals et concerts, cette agence est spécialiste des séjours F1, Rallye WRC, Nascar, football. Elle propose à ses clients d'assister à la manifestation de leur choix tout en visitant la ville et la région. Grâce à son département dédié aux personnes handicapées, Événements et Voyages leur permet de voyager dans les meilleures conditions.

Voyageur gay ou lesbien

Si l'homosexualité n'est pas illégale au Panamá, faire preuve de discrétion en public est néanmoins recommandé. L'homosexualité est encore loin d'être acceptée socialement dans tous les secteurs. Dans la capitale, vous trouverez de nombreux établissements *gay friendly*. Quelques noms nous ont été conseillé : Möat, Distincion, Icon ou encore Lips.

TÉLÉPHONE

Comment téléphoner ?

Pour appeler de France au Panamá : 00 + 507 (code pays) + numéro local.

- **Pour appeler la France :** 00 + 33 (code pays) + numéro local sans le 0.
- **Prix d'un appel local :** communications intra-urbaines 0,10 $ pour trois minutes ; interurbaines 0,15/min ; portable 0,35/min.

Téléphone mobile

On trouve encore des téléphones publics à pièces ou carte, mais l'utilisation du portable (*celular*) est très répandue. Les appareils européens fonctionnent rarement au Panamá, à moins d'être équipés de 4 bandes avec une fréquence de 850 Mghz. Si vous souhaitez utiliser votre mobile à l'étranger, vous devez préalablement activer une option en appelant votre Service Clients.
Vous pouvez aussi faire débloquer votre téléphone et acheter une *chip* (puce avec numéro) d'un opérateur local (Más movil, Movistar, Claro, Digicel. Ces deux derniers couvrent mieux les régions isolées : Darién, San Blas...). Vous trouverez des cartes recharges (*tarjeta* de 1 à 10 US$) dans toutes les épiceries ou boutiques de téléphonie. Vous pouvez activer la fonction Internet même avec une carte recharge, pour en général moins de 8 US$ pour 15 jours. WhatsApp est de plus en plus utilisé (davantage que les sms, ceux que l'on reçoit sont le plus souvent des publicités des opérateurs).
Utiliser son téléphone mobile : si vous souhaitez garder votre forfait français, il faudra avant de partir activer l'option internationale (généralement gratuite) en appelant le service clients de votre opérateur. Qui paie quoi ? la règle est la même chez tous les opérateurs. Lorsque vous utilisez votre téléphone français à l'étranger, vous payez la communication, que vous émettiez l'appel ou que vous le receviez. Dans le cas d'un appel reçu, votre correspondant paie lui aussi, mais seulement le prix d'une communication locale. Tous les appels passés depuis ou vers l'étranger sont hors forfait, y compris ceux vers la boîte vocale.

Cabines et cartes prépayées

- **Cabines, taxiphone.** Pour appeler l'étranger ou le Panamá sans vous ruiner, utilisez les centres d'appels (*centro de llamadas*) des cafés Internet : autour de 15 cents/minute vers un fixe en France métropolitaine et 30 cents vers un portable. Dans les rues commerçantes, vous verrez des particuliers portant un écriteau ou criant « *llamadas !* ». Ils proposent d'appeler avec leurs portables personnels à un meilleur prix que les téléphones publics.
- **Cartes prépayées.** Des cartes prépayées comme « TeleChip » sont en vente dans les agences Cable & Wireless, les *chinos* (épiceries) ou les supermarchés. Elles permettent d'appeler à un prix avantageux depuis n'importe quel téléphone fixe : autour de 90 minutes avec une carte de 5 US$ sur un fixe en France, 25 minutes sur un portable.

Librairies de voyage

Paris

■ LIBRAIRIE EYROLLES PRATIQUE
55-63, boulevard Saint-Germain (5e)
✆ 01 46 34 82 75
www.eyrolles.com – librairie@eyrolles.com
M° Maubert-Mutualité ou Cluny-La Sorbonne et RER Saint-Michel
Ouvert du lundi au jeudi de 10h à 19h30 ; le vendredi et le samedi de 10h à 20h. Ouvert le dimanche (en période de Noël). Livraison possible (commande en ligne). 5% de réduction sur les livres français.
Depuis sa création en 1999, la librairie Eyrolles s'est constituée une solide réputation, jusqu'à devenir l'une des plus grandes librairies spécialisées en France. Consacrée à la vie pratique, cette boutique se présente sur deux niveaux. L'un réservé à l'artisanat, au bien-être, à la santé, au jardinage, à la gastronomie et à Paris. L'autre niveau est entièrement dédié au tourisme. Voyageurs du monde, bienvenue au « paradis eyrollien » ! Vous trouverez absolument tout pour préparer votre escapade : cartes, guides, plans ou autres cartes en relief. Il ne vous reste plus qu' à prendre vos billets. Le groupe possède aussi la librairie de Provence à Aix-en-Provence.

■ ULYSSE
26, rue Saint-Louis-en-l'Ile (4e)
✆ 01 43 25 17 35
www.ulysse.fr – ulysse@ulysse.fr
M° Pont-Marie
Ouvert du mardi au vendredi de 14h à 20h. Et sur rdv. Du 20 juin au 20 septembre la propriétaire est absente. Franchissement de l'entrée difficile mais on viendra vous aider.
C'est le « kilomètre zéro du monde », comme le clame le slogan de la maison, d'où l'on peut en effet partir vers n'importe quelle destination grâce à un fonds extraordinaire de livres consacrés au voyage. Catherine Domain, la libraire et fondatrice depuis quarante ans de la librairie, est là pour vous aider dans votre recherche, notamment si vous voulez vous documenter avant d'entreprendre un court ou un long séjour. Membre de la Société des Explorateurs, du Club International des Grands Voyageurs, fondatrice du Cargo Club, du Club Ulysse des petites îles du monde et du Prix Pierre Loti, elle est vraiment une spécialiste du voyage. Vous trouverez ici aussi de nombreuses cartes non disponibles dans les librairies habituelles. Depuis 2005, la propriétaire, Catherine Domain, part s'exiler pendant l'été dans sa libairie à Hendaye au Pays Basque.

■ AU VIEUX CAMPEUR
48, rue des Écoles (5e) ✆ 01 53 10 48 48
www.auvieuxcampeur.fr
M° Maubert-Mutualité
Ouvert du lundi au mercredi et le vendredi de 11h à 19h30 ; le jeudi de 11h à 21h ; le samedi de 10h à 19h30. Livraison possible (commande en ligne).
Le Vieux Campeur c'est le temple du voyageur : vous trouverez de tout pour préparer votre voyage que ce soit dans la cordillière des Andes ou dans un fjord de Laponie. Mais le Vieux Campeur c'est aussi et bien sûr une librairie, une véritable institution qui propose beaucoup d'ouvrages sur la randonnée, de documentation pour organiser son voyage et des guides à theme : eau, neige, terre, tout y est. Au sous-sol se trouvent les cartographies et les guides étrangers. Au rez-de-chaussée, le tourisme vert avec les randonnées, les balades et les raids aventure. Enfin, l'étage fait la part belle à l'escalade, à la spéléo ainsi qu'à la voile et à la plongée. Les commandes sont possibles sur le site Internet. A Paris, près de 30 boutiques de l'enseigne autour de la rue des Écoles dans le Ve arrondissement. Chacune étant spécialisée dans un domaine très précis : chasse, alpinisme, marche à pied, etc. Au Vieux Campeur est aussi présent dans de nombreuses villes en France : Strasbourg, Toulouse, Grenoble ou encore Sallanche. Vous y trouverez forcément votre bonheur.

Bordeaux

■ LIBRAIRIE MOLLAT
15, rue Vital-Carles ✆ 05 56 56 40 40
www.mollat.com
Tram B arrêt Gambetta
Ouvert du lundi au samedi de 9h30 à 19h30. Ouvert le premier dimanche du mois de 14h à 18h.
2016 est une une grande année pour Mollat qui fête ses 120 ans ! A l'occasion, de multiples projets voient le jour : attenant à la librairie entre la rue Porte-Dijeaux et le cours de l'Intendance, un garage de 1 000 m² a ouvert ses portes durant l'été 2016, proposant une salle de conférences (avec caméras), un studio d'enregistrement de pointe…

Vous pourrez venir assister de nombreux concerts, expositions et spectacle vivant. On ne présente plus vraiment cette librairie connue de tous : agencement de 171 083 références, professionnalisme parfait des employés et l'une des plus grandes librairies indépendantes de France. Outre les romans, les poches et les polars, les rayons littérature étrangère, bien-être, tourisme et enseignement, le magasin propose également des CD, des DVD, des livres audios, et des BD et mangas. Le seul risque, pas très dangereux cela dit, est de rester des heures à flâner car la librairie est non seulement très agréable, mais aussi animée par 350 évènements par an, dont de nombreuses conférences avec les auteurs (certaines sont retransmises en direct sur le site internet). Possibilité de commander en ligne où l'on retrouve les coups de cœur des libraires, des *podcasts* des rencontres avec les auteurs, une *newsletter* hebdomadaire, et plus de 2 000 portraits vidéos d'auteurs.

De plus, la librairie Mollat a créé le portail culturel Station Ausone qui propose un agenda d'évènements enrichi par des vidéos, des bibliographies, des liens vers des ressources en ligne et un blog avec des billets hebdomadaires. Le site internet a également été entièrement réactualisé.

Associé au quotidien *Sud-Ouest*, la librairie Mollat créée le Prix du Réel. Ce prix distinguera chaque année un titre de langue française et un titre traduit dont le premier sera décerné en juin 2017.

Lille

LIBRAIRIE AUTOUR DU MONDE

65, rue de Paris ✆ 03 20 78 19 33
www.autourdumonde.biz
contact@autourdumonde.biz
Ouvert le lundi de 14h à 19h ; du mardi au samedi de 10h à 19h.

L'une de ces excellentes librairies indépendantes de province qui permet d'éviter la case Paris. Celle-ci offre un large choix de guides de voyages (régions, France et monde), littérature de voyage (récits, carnets, essais), cartes, plans, atlas, mappemondes et IGN, livres photos, cuisines du monde, jeunesse (lié au voyage). 10 000 références ! le classement est original, il se fait par continent et ensuite par zones géographiques (ex : Algérie à côté du Maroc). L'accueil est charmant et vous êtes sûr de trouver votre bonheur ici. Un coin salon pour consulter les guides est en projet avec une cour intérieure pour boire un petit café. Accès wifi. De plus, la librairie rachète vos livres de voyage, guides et cartes sous forme de bons d'achat ! Des rencontres sont aussi organisées au sein de la librairie ainsi qu'en dehors des murs de cette dernières. Le site internet est vraiement complet avec des conseils de lecture, mais aussi des dossiers dont les thèmes sont orientés autour du voyage. Par exemple autour d'une zone géographique : l'Amérique, le Brésil, mais aussi autour des modes de transport : en train, à vélo etc. Et pour les futurs voyageurs qui ne veulent pas se fatiguer avant de partir, la librairie fait aussi de la vente en ligne !

Lyon

RACONTE-MOI LA TERRE

14, rue du Plat (2e) ✆ 04 78 92 60 22
www.racontemoilaterre.com
librairie2@racontemoilaterre.com
Ouvert le lundi de 12h à 19h30 ; du mardi au samedi de 10h à 19h30. Attention « petite » marche à l'entrée.

Le paradis des globe-trotters et des rêveurs de la planète Terre ! Un espace convivial, accueillant, où l'on trouve des guides de voyage, toutes les cartes, des livres de cuisine, un rayon enfants, la littérature classée par régions du monde. Un conseil avisé et sympathique de véritables libraires qui connaissent aussi bien leur ville, la France, l'Europe que les pays exotiques ! Il y a aussi des mappemondes, des globes terrestres, des objets artisanaux, de la musique autant d'idées cadeaux dépaysants, des produits issus du commerce équitable. La librairie dispose aussi d'un restaurant, où vous aurez la possibilité de déguster des plats originaux venant des quatre coins du monde, et surtout équitables et bio. Situé sous une verrière dans un cadre enchanteur, le restaurant est fort agréable. A l'étage, un café où l'on propose des boissons chaudes, mais aussi des bières internationales et un espace Internet. Des rencontres sont régulièrement organisées. On peut ainsi venir écouter les récits de voyageurs et faire le tour du monde avec eux. Vous avez aussi la possibilité de commander vos livres directement sur le site internet, où des nombreux ouvrages sont accompagnés du « mot du libraire » pour vous orienter et vous conseiller. Des guides de voyage aux polars en passant par les livres spécialisés dans le bien-être, vous avez de quoi satisfaire toutes vos envies !

Autre adresse : Village Oxylane Décathlon – 332, avenue Général-de-Gaulle, Bron.

Montpellier

LES CINQ CONTINENTS

20, rue Jacques-Cœur ✆ 04 67 66 46 70
www.lescinqcontinents.com
contact@lescinqcontinents.com

Ouvert le lundi de 13h à 19h et de 10h à 19h non stop du mardi au samedi.
Les libraires globe-trotters de cette boutique vous aideront à faire le bon choix parmi les nombreux ouvrages sur les cinq continents. Récits de voyage, guides touristiques, ouvrages d'art, cartes géographiques, manuels de cuisine ou livres musicaux vous permettront de mieux connaître divers pays du monde et régions de France. Régulièrement, la librairie organise des rencontres et animations (programme trimestriel disponible sur place). Les Cinq continents, c'est un peu voyager depuis un livre, de façon originale et avec un accueil et un conseil adorables et très professionnels.

Nantes

LA GEOTHEQUE

14, rue Racine ✆ 02 40 74 50 36
www.facebook.com/Librairie-Géothèque
lageotheque@gmail.com
Ouvert du mardi au samedi de 10h à 19h.
Autrefois installée sur la place du Pilori, la librairie la Géothèque avait fermé ses portes en juillet 2015... Bonne nouvelle, tel le phœnix, elle a rouvert ses portes le 24 novembre 2015, au 14 de la rue Racine. Sur pas moins de 160 m² (un sacré gain de place par rapport à l'ancienne librairie) Benoît Albert et toute son équipe proposent ici de nombreux ouvrages de cartographie, des guides et bien sûr de la littérature de voyage, et a étoffé son assortiment depuis la réouverture. On trouvera également dans ce haut lieu « des ailleurs » des expos photos, tableaux et des rencontres avec des auteurs/voyageurs, ainsi que des objets insolites. Une bonne adresse à fréquenter assidûment avant tout début de périple, hexagonal ou plus lointain... Et bien sûr la collection des guides voyages Petit Futé est bien représentée. Qualifiée d'accessible, d'humaine et de chaleureuse, elle a bénéficié du soutien de deux éditeurs et d'un maraîcher pour sa réouverture, ainsi que de nombreux lecteurs tant elle est indispensable à la ville de Nantes. Pour se tenir au courant des dernières nouveautés ainsi que des rencontres et expositions à venir, la page facebook que la librairie est actualisée régulièrement.

Rennes

ARIANE LIBRAIRIE DU VOYAGE

20, rue du Capitaine-Dreyfus
✆ 02 99 79 68 47
www.librairie-voyage.com
Ouvert le lundi de 14h à 19h ; du mardi au samedi de 9h30 à 12h30 et de 14h à 19h.
Entrer chez Ariane, c'est déjà partir un peu... Cartes, accessoires, guides touristiques par milliers, il y a ici tout ce qu'il faut pour préparer sa prochaine aventure. Les libraires, installés depuis 1989 et passionnés par leur métier, savent conseiller leurs clients. Les randonneurs y trouveront des cartes détaillées, les amateurs de destinations extrêmes des ouvrages pratiques, et ceux qui cherchent à entrer en contact avec la population locale des guides de conversation. Pratiques pour éviter les malentendus et de se voir servir un tord-boyaux à 95° en lieu et place du verre d'eau plate commandé. L'Indiana Jones en herbe y trouvera aussi une variété d'accessoires pour voyager en toute sécurité : ceintures à billets, boussoles, oreillers pour l'avion, pochettes à divers usages. Bref, tout pour partir serein, équipé et éviter le fiasco. Ariane dispose aussi d'un rayon beaux-livres, et d'une section récits de voyages, avec des auteurs comme Nicolas Bouvier, Mac Orlan, Cendrars, et bien sûr Stendhal, qui avec ses souvenirs d'Italie a inauguré un genre littéraire en soi. On y trouve enfin des livres sur des pays imaginaires, comme l'hilarant guide sur la Molvanie (« le pays que s'il n'existait pas, il faudrait l'inventer »). Près de 10 000 références, et un site internet sur lequel il est possible de commander vos livres. Une équipe jeune et pleine de connaissances qui fait de cette visite un bon moment. Et le guide papier prend ses lettres de noblesse : car il apporte tant. Le monde est un labyrinthe, Ariane tisse le fil pour vous.

Toulouse

OMBRES BLANCHES

48-50, rue Gambetta
✆ 05 34 45 53 33
www.ombres-blanches.fr
info@ombres-blanches.fr
Ouvert du lundi au samedi de 10h à 19h, le samedi de 10h à 19h30. Certains rayons sont difficiles à atteindre en fauteuil.
Au cœur du centre-ville s'étend la plus grande librairie de Toulouse. Un haut lieu de culture, dans un espace lumineux qui déploie ses ombres blanches entre la rue Gambetta et la rue des Gestes. Pas moins de quatre entrées permettent d'accéder aux rayons jeunesse, littérature, nature et voyage. Flânant parmi les rayonnages, vous ne manquerez pas de feuilleter des romans ou des bandes dessinées, de la psychanalyse ou des ouvrages d'histoire, des livres de poche, de cuisine ou d'art. Vous découvrirez sur table les dernières nouveautés ou les précieuses sélections d'Ombres Blanches. Si cela ne suffit pas, vous recevrez les conseils de libraires chevronnés, et avisés, soigneusement sélectionnés par le maître des lieux, Christian Thorel, afin de choisir parmi les quelques cinq cent mille titres, disponibles immédiatement ou à la commande. Plusieurs coins lecture s'offrent aux flâneurs, en terrasse ou sur canapé.

Côté rue des Gestes, un espace d'exposition sert de cadre aux rencontres de grande qualité, organisées en fin de journée avec des auteurs tout au long de l'année. Ces dernières sont enregistrées, et il est possible de les podcaster sur le site internet. La librairie s'est dotée d'une boutique en ligne, conçue comme un canal de vente complémentaire et un site d'information : des alertes thématiques vous sont proposées, pour recevoir des informations sur les parutions dans des domaines précis. Vous pourrez ainsi commander vos livres en ligne, et venir les retirer directement à la librairie ou vous les faire livrer chez vous. Plus qu'une librairie, Ombres Blanches est une référence.

- **Autres adresses :** 3, rue Mirepoix (langues étrangères) • 33, rue Gambetta (librairie de cinéma)

Belgique

ANTICYCLONE DES AÇORES
Rue Fossé aux Loups 34
BRUXELLES – BRUSSEL
✆ +32 2 217 52 46
www.anticyclonedesacores.be
anticyclone@craenen.be
Ouvert du lundi au samedi de 11h à 18h.
Véritable spécialiste dans les ouvrages de voyages, la librairie est sans conteste la première étape de chaque périple. Voulez-vous jouer à Phileas Fog et faire le tour du monde en 80 jours ? Ou cherchez-vous une idée de balade tout aussi dépaysante dans la périphérie bruxelloise ? les deux sont possibles et servis avec autant de professionnalisme. Entrer ici, c'est déjà voyager !

Cartographie et bibliographie

Sur le pays en général

- **Trotet François,** *le Panamá*, Khartala, 1991.
- **Hans Jankowski,** *Le Panama et ses secrets* (œuvre photographique).
- **Alfredo Castillero**, *Panamá. Panamá la Vieja et le Casco Viejo,* Unesco, 2005. (DVD, livre et plan).

Sur le canal

De nombreux ouvrages en français sur le canal de Panamá (sa construction mais surtout le scandale financier). En voici une liste non exhaustive.

- **Gérard Fauconnier,** *Panamá. Armand Reclus et le canal des deux océans*, Atlantica, coll. Transhumances, 2004.
- **Marc de Banville,** *Canal français, L'aventure illustrée des Français au Panamá*, Canal Valley, 2012 et *Le Canal de Panama : un siècle d'histoires*, Glénat, 2014.
- **Benoît Heimermann,** *Suez et Panamá. La fabuleuse épopée de Ferdinand de Lesseps*, Arthaud, 1996.
- ***Le Canal de Panamá,*** Studio Canal, coll. National Geographic, DVD, 2003.

Sur les Guna

- **Michel Perrin,** *Tableaux kuna. Les molas, un art d'Amérique*, Arthaud, 1998.
- **Michel Lecumberry,** *San Blas. Molas et traditions kunas*, Panamá, Txango, 2010.
- **Jorge Ventocilla**. *Heraclio Herrera, Valerio Nuñez, El Espiritú de la tierra. Plantas y animales en la vida del pueblo kuna*, Barcelona, Icaria Editorial, 1997.

Romans ou biographies écrits ou traduits en français

- **Jean-Michel Thibaux**, *la Fille de Panamá*, 2002 et *Tempête sur Panamá*, Presses de la Cité, 2003.
- **John le Carré**, *le Tailleur de Panamá*, Seuil 1998.
- **René de Obaldia,** *Exobiographie*, Grasset, 1993.
- **Larry Collins,** *les Aigles noirs*, Pocket, 1996.
- **Graham Greene,** *A la rencontre du Général. Histoire d'un engagement*, Robert Laffont, 1984.
- **Gérard de Villiers**, *Embrouilles à Panamá*, Plon, coll. SAS, 1987.
- **Alvaro Mutis,** *Ilona vient avec la pluie*, traduit par Annie Morvan, Grasset, 2002.
- **Georges Simenon,** *Quartier nègre*, Gallimard, coll. Folio Policiers, (1936), 2006.
- **Eduardo Arroyo**, *Panamá Al Brown, 1902-1951*, Grasset, 1998.
- **Stephano Jacomuzzi,** *Swing*, traduit par Alain Sarrabayrouse, Climats, 1990.
- **JMG le Clézio,** *Hasard*, suivi de *Angoli Mala*, Gallimard, coll. Folio, 2001.
- **Nelly Dumouchel,** *Au temps du canal de Panama, l'histoire revisitée,* L'Harmattan, 2011.
- **Juan Gabriel Vásquez**, *Histoire secrète du Costaguana*, Seuil, 2010.

Pour les enfants

- ***Le Voyage à Panamá (Oh ! Wie schön ist Panamá)***. Lotus, 1978.
- **Raphaëlle Bergeret**, *Enfants des Caraïbes. De la Guyane à Panamá*, Gallimard Jeunesse, 1999.

Compilations musicales

- ***Panamá ! Latin, Calypso and Funk on the Isthmus. I, II et III.*** Soundway.

Cartes

En France, vous pourrez trouver la carte *ITP Panamá Travel Map* (2011). Au Panamá, une carte au format pratique vous est offerte dans le magazine *Focus Panamá* et on peut acheter des cartes plus précises au format de poche intitulées *Mapi* ou *Rutas de Aventura*. Pour une carte topographique détaillée, renseignez-vous à l'Instituto Geográfico Nacional Tommy Guardia, situé Calle 57 Oeste y Ave. 6a. A Norte, en face de l'Université nationale.

AVANT SON DÉPART

AMBASSADE DU PANAMÁ
145, avenue de Suffren (15e)
Paris ✆ 01 45 66 42 44
www.ambassadedupanama.fr

CONSULAT DU PANAMÁ
11, quai des Belges (1er)
Marseille ✆ 04 91 90 05 84
www.consulats-marseille.org

SERVICE ARIANE
www.diplomatie.gouv.fr
Ariane est un portail, proposé sur le site du ministère des Affaires étrangères, qui permet, lors d'un voyage de moins de 6 mois, de s'identifier gratuitement auprès du Ministère. Une fois les données saisies, le voyageur pourra recevoir des recommandations liées (par SMS ou mail) à la sécurité dans le pays. En outre, la personne désignée par le voyageur comme « contact » en France sera prévenue en cas de danger. De nombreux conseils et avertissements sont également fournis grâce à ce service !

Sur place

ALLIANCE FRANÇAISE
Calle 44 con Avenida Justo Arosemena,
Edificio Casa Blanca
Bellavista
CIUDAD DE PANAMÁ
✆ +507 264 1931
Voir page 129

AMBASSADE DE FRANCE
Plaza de Francia, Las Bovedas, San Felipe
CIUDAD DE PANAMÁ
✆ +507 211 6200
Voir page 129.

AUTORIDAD DE TURISMO DE PANAMÁ (ATP)
Avenida Balboa y Aquilino De la Guardia
Edificio BICSA Financial Center, Piso 29
CIUDAD DE PANAMÁ
✆ +507 526 7000
Voir page 129.

MAGAZINES ET ÉMISSIONS

FRANCE 24
www.france24.com
Chaîne d'information en continu, France 24 apporte 24h/24 et 7j/7, un regard nouveau à l'actualité internationale. Diffusée en 3 langues (français, anglais, arabe) dans plus de 160 pays, la chaîne est également disponible sur internet (www.france24.com) et les mobiles, pour vous accompagner tout au long de vos voyages.

RADIO FRANCE INTERNATIONALE
www.rfi.fr
89 FM à Paris, également disponible sur Internet en streaming. Pour vous tenir au courant de l'actualité du monde partout sur la planète.

TREK
www.trekhd.tv
Chaîne thématique.
Chaîne du Groupe AB consacrée aux sports en contact avec la nature qui propose une grille composée le lundi par les sports extrêmes ; mardi, les sports en extérieur ; mercredi, les sports de glisse sur neige ; jeudi, les expéditions, avec des voyages extrêmes ; vendredi, le jour des défis avec des jeux télévisés de TV réalité ; samedi, deuxième jour de sports de glisse sur mer ; dimanche, l'escalade, à main nue ou à la pioche. Remplaçant la chaîne Escales, Trek est disponible sur les réseaux câble, satellite et box ADSL

TV5 MONDE
www.tv5monde.com
La chaîne de télévision internationale francophone diffuse des émissions de ses partenaires nationaux (France Télévisions, RTBF, TSR et CTQC) et ses propres programmes.

RESTER

PANAMA ACCUEIL
CIUDAD DE PANAMÁ (Panama)
Voir page 130.

ÉTUDIER

Pour étudier ou poursuivre vos études supérieures, il vous faut prendre contact avec le service des relations internationales de votre université. Préparez-vous alors à des démarches longues. Mais le résultat d'un semestre ou d'une année à l'étranger vous fera oublier ces désagréments tant c'est une expérience personnelle et universitaire enrichissante. C'est aussi un atout précieux à mentionner sur votre CV.

AGENCE POUR L'ENSEIGNEMENT FRANÇAIS À L'ÉTRANGER
23, place de Catalogne (14e)
Paris ✆ 01 53 69 30 90
www.aefe.fr
Sous la tutelle du ministère des Affaires étrangères, l'AEFE est chargée de l'animation de plus de 480 établissements à travers le monde.

Autre adresse : 1, allée Baco, BP 21509 – 44015 Nantes Cedex 1 ✆ 02 51 77 29 03.

CIDJ
www.cidj.com
La rubrique « Europe et International » sur le serveur du C.I.D.J. fournit des informations pratiques aux étudiants qui ont pour projet d'aller étudier à l'étranger.

ÉDUCATION NATIONALE
www.education.gouv.fr
Sur le serveur du ministère de l'Éducation nationale, une rubrique « International » regroupe les informations essentielles sur la dimension européenne et internationale de l'éducation.

MINISTÈRE DES AFFAIRES ÉTRANGÈRES
www.diplomatie.gouv.fr
Les informations mises à disposition dans l'espace culturel du serveur du ministère des Affaires étrangères sont fort utiles.

INVESTIR

Avec une position géographique stratégique, un centre bancaire international de premier ordre, un système économique et politique stable et des conditions d'implantation très souples, les possibilités d'investissement sont réelles au Panamá, en particulier dans le secteur du tourisme et de l'immobilier. Elles sont vivement encouragées par l'Etat toujours en quête d'argent frais. On n'a qu'à consulter les revues touristiques gratuites (*Focus Panamá*, *The Visitor*, etc.) pour s'en rendre compte !

AUPANAMA.COM
Panama
Voir page 84

BUSINESS FRANCE
77, boulevard Saint-Jacques
75998 Paris cedex 14
✆ 08 10 81 78 17
www.businessfrance.fr
L'Agence pour le développement international des entreprises françaises travaille en étroite collaboration avec les missions économiques. Le site Internet recense toutes les actions menées, les ouvrages publiés, les événements programmés et renvoie sur la page du Volontariat International à l'Etranger (VIE).

Autre adresse : Espace Gaymard 2, place d'Arvieux – 13002 Marseille

PANAMA PRIVATE ACCESS – CABINET D'AFFAIRES
Calle 10 Este con Ave B
Casa Garay
CIUDAD DE PANAMÁ (Panama)
✆ +507 6109 4716
Voir page 132

VIVRE-AU-PANAMA.COM
Panama City
CIUDAD DE PANAMÁ (Panama)
✆ +507 395 0689
Voir page 132

TRAVAILLER - TROUVER UN STAGE

ASSOCIATION TELI

27, route de la Fruitière
Chavanod
✆ 04 50 52 26 58
www.teli.asso.fr
Le Club TELI est une association loi 1901 sans but lucratif d'aide à la mobilité internationale créée il y a 20 ans. Elle compte 4 000 adhérents en France et dans 65 pays. Si vous souhaitez vous rendre à l'étranger, quel que soit votre projet, vous découvrirez avec le Club TELI des infos et des offres de stages, de jobs d'été et de travail pour francophones.

CAPCAMPUS

www.capcampus.com
Capcampus est le premier portail étudiant sur le Net en France et possède une rubrique spécialement dédiée aux stages, dans laquelle vous trouverez aussi des offres pour l'étranger. Mais le site propose également toutes les informations pratiques pour bien préparer votre départ et votre séjour à l'étranger.

VOLONTARIAT INTERNATIONAL

www.civiweb.com
Si vous avez entre 18 et 28 ans et êtes ressortissant de l'Espace économique européen, vous pouvez partir en volontariat international en entreprise (VIE) ou en administration (VIA). Il s'agit d'un contrat de 6 à 24 mois rémunéré et placé sous la tutelle de l'ambassade de France. Tous les métiers sont concernés et vous bénéficiez d'un statut public protecteur. Offres sur le site Internet.

WEP

12, quai Saint-Antoine (2e)
Lyon
✆ 04 72 40 40 04
www.wep.fr
info@wep.fr
Wep propose plus de 50 projets éducatifs originaux dans plus de 30 pays, de 1 semaine à 18 mois. Année scolaire à l'étranger, programmes combinés (1 semestre scolaire avec 1 projet humanitaire ou 1 chantier nature ou 1 vacances travail), projets humanitaires mais également stages en entreprise en Europe, Australie, Nouvelle-Zélande, Canada et États-Unis, et Jobs & Travel (visa vacances travail) en Australie et Nouvelle-Zélande : voici un petit aperçu des nombreuses possibilités disponibles.

Autre adresse : Cour Saint Joseph, 5 rue de Charonne. 75011 Paris.

INDEX

A

ACHUTUPU **396**
AGUADULCE **244**
AGUAS FRIAS **408**
AILIGANDI **396**
ALMIRANTE **336**
AMADOR, ALBROOK, ANCON ET L'OUEST **119, 142, 148, 152, 162, 167**
ANABOCA 353
ANTON **238**
APROVACA – JARDIN D'ORCHIDEES 232
ARBOL CUADRADO 233
ARCHIPEL DE BOCAS DEL TORO (L') **338**
ARCHIPEL DE LAS PERLAS **184**
ARENA (LA) **273**
ARMILA **398**
ARTESANIAS OCUEÑAS 276
ASCENSION DU VOLCAN BARU 317
ATALAYA **252**
AU NORD DE SANTIAGO **248**

B

BAHIA PIÑA **420**
BAIE DES DAUPHINS 373
BAMBITO **319**
BASILICA SANTIAGO APOSTOL 243
BASTIMENTOS **361**
BAT CAVE ET BAHIA HONDA 370
BAYANO **407**
BIG CREEK **355**
BIOMUSEO – MUSEO DE LA BIODIVERSIDAD . . 163
BOCA CHICA **321**
BOCA DEL DRAGO **357**
BOCA LARA **409**
BOCAS DEL TORO **339**
BOCATORITO **372**
BOQUETE **303**
BOTANICAL GARDENS FINCA LOS MONOS 353

C

CAFE RUIZ 311
CALDERA **314**
CALIDONIA **119, 136, 146, 159, 166**
CAMBUTAL **292**
CAMINO DE PLANTACION 175
CAMINO DEL OLEODUCTO - PIPELINE ROAD . . 175
CANGILONES – MINI CANYON 321
CASA GONGORA 156
CASASOLA NONCONVENTIONAL ART & DESIGN . . 156
CASCADAS CHORRO LAS MOZAS 233
CASCO VIEJO . **117, 133, 143, 149, 151, 153, 165**
CASONA, FERIA DE ANTIGÜEDADES (LA) 302
CATEDRAL METROPOLITANA DE PANAMA 157
CATEDRAL SAN JOSE DE DAVID 302
CAUSEWAY – LA CALZADA DE AMADOR 162
CAYO CORAL 368
CAYO ROALDAN 376
CAYOS ZAPATILLAS 370
CENTRE DE RECHERCHE PUNTA CULEBRA 162
CENTRE MODERNE ET L'EST **119, 146, 151, 160, 166**
CENTRO DE CONVENCIONES ATLAPA 160
CENTRO DE VISITANTES DE GATUN 201
CENTRO DE VISITANTES DE MIRAFLORES 172
CENTRO PASTORAL 409
CERRO ANCON ET MI PUEBLITO 162
CERRO AZUL – CERRO JEFE **176**
CERRO CARIGUANA 233
CERRO DEL VIGIA 183
CERRO GAITAL 233
CERRO LA CRUZ 183
CERRO PUNTA **319**
CHANGUINOLA **332**
CHICHIME **393**
CHIGUIRI ARRIBA **235**
CHITRE **268**
CIENAGA DE LAS MACANAS 272
CINTA COSTERA 160
CINTA COSTERA III 157
CITY SIGHTSEEING PANAMA 152
CIUDAD DE PANAMA **110**
COCLE DEL NORTE **204**
COLON **194**
COMMUNAUTE EMBERA 407
COMMUNAUTES EMBERA WOUNAAN DU RIO CHAGRES 177
COSTA ABAJO **203**
COSTA ARRIBA **206**
CUANGO **221**
CUEVAS 407
CUIPO **202**

D

DAVID **298**

E

ECOLE DE FOLKLORE « DORA PEREZ DE ZARATE » 279
EL COPECITO **224**
EL COWBOY 291
EL PALMAR **180**
EL REAL **418**
EL RINCON DE LA BIODIVERSIDAD 233
EL VALLE **226**
ELLA DRUA **204**
EMBERA QUERA **205**
ESCLUSAS DE AGUA CLARA **199**
ESCLUSAS DE COCOLI **173**
ESCLUSAS DE GATUN **199**
ESCLUSAS DE MIRAFLORES **168**
ESCLUSAS DE PEDRO MIGUEL **173**
EST DE LA PROVINCE (L') **176**

F

FABRICATION DE POLLERAS 279
FARALLON **236**
FARO 220
FERME BIOLOGIQUE EL SALTO 250
FILO DEL TALLO 412
FINCA CERIANA 317
FINCA DRACULA 320
FINCA JANSON 318
FINCA LA MILAGROSA – CAFETALES DON ALFREDO 311
FINCA TRANQUILA 373
FORTIFICACIONES DE PORTOBELO 211
FORTS DE BOCA GRANDE ET DE BOCA CHICA . 416
FUERTE BATERIA DE SANTIAG 212
FUERTE BATERIA SAN JERONIMO 212
FUERTE SAN FERNANDO 212
FUERTE SAN LORENZO **202**

G

GAMBOA **174**
GARACHINE **417**
GARDI YANTUPU **388**
GARTI SUGDUP **387**
GARTI TUPILE **388**
GOLFE DE CHIRIQUI (LE) **321**
GOLFE DE MONTIJO (LE) **252**
GOLFE DE SAN MIGUEL **414**
GUARARÉ **279**

H

HACIENDA EL EDEN 275
HACIENDA SAN ISIDRO 275
HAUTES TERRES DU CHIRIQUI (LES) **303**
HUMEDAL DEL GOLFO DE MONTIJO 252
HUMEDAL SAN-SAN POND SAK 335

I

IGLESIA DE SAN ATANACIO 279
IGLESIA DE SAN JOSE 157
IGLESIA DE SAN PEDRO 183
IGLESIA DE SANTA LIBRADA 282
IGLESIA LA MERCED 157
IGLESIA SAN FELIPE 212
IGLESIA SAN FELIPE NERI 157
IGLESIA SAN JUAN DE DIOS 212
IGLESIA Y CONVENTO DE SANTO DOMINGO 157
ILES (LES) **182**
INDIA DORMIDA (LA) 233
INSTITUTO NACIONAL DE CULTURA 158
ISLA BARRO COLORADO **203**
ISLA BASTIMENTOS **360**
ISLA BOCA BRAVA **327**
ISLA CAÑAS **289**
ISLA CARENERO **358**
ISLA COLÓN **338**
ISLA CONTADORA **184**
ISLA DIABLO (NIADUB) **392**
ISLA ESTRELLA **393**
ISLA GOBERNADORA **265**
ISLA GRANDE **217**
ISLA HIERBA **392**
ISLA IGUANA 285
ISLA IGUANA **389**
ISLA PAJAROS 358
ISLA PASTORES **376**
ISLA PERRO **392**
ISLA POPA **373**
ISLA SABOGA **188**
ISLA SAN CRISTÓBAL **371**
ISLA SAN JOSE **189**
ISLA SOLARTE **373**
ISLA TABOGA **182**
ISLA TIADUP **392**
ISLA VIVEROS **189**

J

JARDIN BOTANIQUE ET ZOO EL NISPERO 233

K

KALU YALA 152

L

LAGO GATUN 203
LAGUNA DE CHIRIQUI 337
LAGUNA SAN CARLOS 235
LAS LAGUNAS 318
LAS MINAS 276
LAS SABANITAS 206
LAS SALINAS 245
LITTORAL DE BOCAS DEL TORO (LE) 332
LONG DU RIO GATUN (LE) 204

M

MAMITUPU 397
MARIATO 252
MARIPOSARIO BUTTERFLY HAVEN 234
MASCARAS JOSE GONZALES 273
MERCADO DE ABASTOS 163
METETI 410
MI JARDIN ES SU JARDIN 311
MIEL (LA) 399
MIRAMAR 221
MONTIJO 252
MUSEO AFROANTILLANO 159
MUSEO BELISARIO PORRAS 282
MUSEO DE ARTE CONTEMPORÁNEO (MAC) . . 163
MUSEO DE HERRERA 273
MUSEO DE LA NACION GUNA 391
MUSEO DE LA NACIONALIDAD 279
MUSEO DE PENONOME 240
MUSEO DEL CANAL 158
MUSEO GUNA 388
MUSEO MANUEL F. ZÁRATE 279
MUSEO REGIONAL DE VERAGUAS 248
MUSEO STELLA SIERRA
(MUSEO DE LA SAL Y EL AZUCAR) 245

N

NALUNEGA 392
NARASGANDUP (NARANJO CHICO) 393
NARGANA ET CORAZON DE JESUS 394
NATA 243
NOMBRE DE DIOS 220
NORD DU CANAL DE PANAMA (LE) 199
NUEVA GORGONA 180

© GUALBERTOBECERRA – ISTOCKPHOTO

Eglise de Penonomé.

O

OCÚ . . . 276
OFICINA DEL CASCO ANTIGUO . . . 152
OJO DE AGUA . . . 337
OUEST ET LES PLAGES (L') . . . 178

P

PALACIO DE LAS GARZAS . . . 158
PALACIO MUNICIPAL . . . 158
PALENQUE . . . 221
PALMA (LA) . . . 414
PANAMÁ CANAL RAILWAY COMPANY . . . 163
PANAMA LA VIEJA . . . 160
PANAMA RAINFOREST DISCOVERY CENTER . . . 175
PARITA . . . 274
PARQUE INTERNACIONAL DE LA AMISTAD (PILA) . . 320
PARQUE INTERNACIONAL LA AMISTAD . . . 336
PARQUE METROPOLITANO . . . 164
PARQUE MUNICIPAL SUMMIT . . . 173
PARQUE NACIONAL PORTOBELO . . . 216
PARQUE NACIONAL ALTOS DE CAMPANA . . 178
PARQUE NACIONAL CAMINO DE CRUCES . . . 173
PARQUE NACIONAL CERRO HOYA . . . 255
PARQUE NACIONAL CHAGRES . . . 176
PARQUE NACIONAL COIBA . . . 265
PARQUE NACIONAL DARIEN . . . 418, 419
PARQUE NACIONAL MARINO GOLFO DE CHIRIQUI . . . 324
PARQUE NACIONAL MARINO ISLA BASTIMENTOS . . . 369
PARQUE NACIONAL OMAR TORRIJOS . . . 242
PARQUE NACIONAL SARIGUA . . . 274
PARQUE NACIONAL SOBERANIA . . . 175
PARQUE NACIONAL VOLCAN BARU . . . 311
PARQUE NATURAL SAN FRANCISCO . . . 408
PARQUE OMAR . . . 161
PASEO ESTEBAN HUERTAS (PASEO DE LAS BOVEDAS) . . . 158
PATIO INDIGO . . . 372
PEDASI . . . 282
PELICANO BEACH . . . 370
PENONOME . . . 238
PESE . . . 275
PIEDRA PINTADA (LA) . . . 234, 314
PIJIBAISAL . . . 419
PINTADA (LA) . . . 240
PIRRE . . . 419
PLAGE LA CALETA ET PORT DE PECHE DE EL SALAO . . . 245
PLAGES . . . 212, 285
PLANTATIONS DE CAFE EL TUTE . . . 250
PLASTIC BOTTLE VILLAGE . . . 353
PLAYA BLUFF . . . 356
PLAYA CORONADO . . . 180
PLAYA DE MUERTO . . . 418
PLAYA ESTRELLA . . . 358
PLAYA GAVILLA . . . 326
PLAYA GUANICO . . . 291
PLAYA HERMOSA . . . 326
PLAYA LA RESTINGA . . . 184
PLAYA LARGA . . . 370
PLAYA LAS LAJAS . . . 329
PLAYA LOS DESTILADEROS . . . 286
PLAYA MORILLO . . . 254
PLAYA PRIMERA OU WIZARD . . . 364
PLAYA VENAO . . . 286
PLAYÓN CHICO . . . 395
PLAZA BOLIVAR . . . 158
PLAZA DE FRANCIA . . . 159
PLAZA HERRERA . . . 159
PLAZA INDEPENDANCIA . . . 159
POCRI . . . 246
POLO BEACH . . . 370
PORTOBELO . . . 207
POZOS DE AGUAS TERMALES . . . 234
PROVINCE DE COCLE . . . 224
PROVINCE DE COLÓN . . . 192
PROVINCE DE HERRERA . . . 268
PROVINCE DE LOS SANTOS . . . 278
PROVINCE DE SAN BLAS – GUNA YALA . . . 380
PROVINCE DE VERAGUAS . . . 247
PROVINCE DU CHIRIQUI . . . 298
PROVINCE DU DARIEN . . . 402
PUENTE DE LAS AMERICAS . . . 165
PUERTO LINDO . . . 213
PUERTO OBALDÍA . . . 398
PUNTA (LA) . . . 220
PUNTA CHAME . . . 179

Q

QUEBRADA BANANO . . . 337

R

RAFFINERIE DE SUCRE DE SANTA ROSA . . . 246
REAL ADUANA DE PORTOBELO . . . 211
REFUGIO DE VIDA SILVESTRE CENEGON DEL MANGLE . . . 273
REPRESA DE GATUN . . . 201
RESERVA MONTUOSO . . . 277
RESERVE NATURELLE DE PUNTA PATIÑO . . . 416
RÍO MAR . . . 181
RIO ZARATI . . . 240
ROUTE DES ORCHIDEES . . . 250

S

SALT CREEK 368
SAMBU 417
SAN CARLOS 180
SAN CRISTÓBAL 371
SAN FRANCISCO 248
SAN MIGUEL CENTRO 241
SANTA CATALINA 256
SANTA CLARA 235
SANTA CRUZ DE CANA 420
SANTA FE. 248, 408
SANTIAGO 247
SANTO DOMINGO 282
SECTEUR ACHUTUPU 396
SECTEUR CORAZON DE JESUS 394
SECTEUR GARTI. 386
SECTEUR PLAYON CHICO. 395
SECTEUR PORVENIR 389
SECTEUR PUERTO OBALDIA 398
SECTEUR RED FROG BEACH 365
SECTEUR RIO SIDRA 393
SECTEURS CAYOS LIMONES ET CAYOS HOLANDESES 392
SECTEURS SUD ET EST DE L'ILE 367
SENDERO DE LOS QUETZALES 312
SENDERO DEL PIANISTA 312
SENDERO ESPIRITU DEL BOSQUE 175
SENDERO LA CULEBRA 312
SENDERO NATURAL EL CHARCO 175
SENDERO PIPELINE 312
SENTIER DES QUETZALES 320
SERPENTARIO MARAVILLAS TROPICALES. 234
SITE ARCHEOLOGIQUE DE BARRILES 318
SITE ARCHEOLOGIQUE EL CAÑO 243
SONA 255
SOURCES D'EAU CHAUDE DE CALDERA. 315
SUD DU CANAL DE PANAMA (LE) 168

T

TEATRO NACIONAL 159
THE LOST WATERFALLS 312
TONOSÍ 291
TORIO. 254
TORTI 407
TORTUAGRO CAMBUTAL 295

U

UAGUITUPU 396
UGUPTUPU 391

V

VILLA DE LOS SANTOS (LA) 278
VOLCAN 315

W

WICHUBWALA 391

Y

YANDUP 395
YAVIZA 412

Casco viejo, plaza Herrera.

COLLABOREZ À LA PROCHAINE ÉDITION PANAMÁ

COLLABOREZ À LA PROCHAINE ÉDITION
PANAMÁ

COLLABOREZ À LA PROCHAINE ÉDITION
PANAMÁ

COLLABOREZ À LA PROCHAINE ÉDITION
PANAMÁ

COLLABOREZ À LA PROCHAINE ÉDITION
PANAMÁ

COLLABOREZ À LA PROCHAINE ÉDITION
PANAMÁ

COLLABOREZ À LA PROCHAINE ÉDITION
PANAMÁ